INSIGHT

통합사회

▶▶ 소개

INSIGHT 통합사회

수능, 핵심을 꿰뚫다

· 2022 개정 교육과정에 해당하는 기출문제 선별
· 1학년 개념부터 3학년 실전 수능 문제까지 단계별로 완성하는 통합사회 수능 대비서

2022 개정 교육과정이 적용된 통합사회 수능은 한 번도 출제된 적 없고, 그에 맞는 2·3학년 수준의 기출문제도 전무한 상황입니다. 기존의 1학년 문제처럼 쉽게 출제될 일은 절대로 없을 거라고 예상되는데, 이를 대비할 수 있는 시중 문제집이 없습니다. 그래서 수험생의 마음으로 학습하고 직접 만들었습니다.

수능 과목이지만 고난도 내신 문제 대비도 어려운,
1학년 수준의 문제밖에 없어서 답답했던 학생들을 위한 책

통합사회의 각 단원을 분석하며, 수능 출제 가능성이 높은 개념들이 지리, 일반사회, 윤리 과목과 어떻게 연결되는 지를 짚고, 그 연결성을 바탕으로 실제 수능에 가까운 난이도까지 학습할 수 있도록 재구성했습니다. 흔들리지 않고 자신 있게 수능을 준비할 수 있도록, 이 책이 하나의 길잡이가 되어주기를 기대합니다.

[STEP.0] 수능 예시 문항, 유사 문항 연습

2024년 9월, 2025년 4월 평가원에서 공식적으로 발표한 수능 예시 문항을 완벽하게 분석하여 수록했습니다.
또한 예시 문항과 유사한 문항을 제작하여 다양한 유형을 연습할 수 있도록 구성했습니다.

[STEP.1] 통합사회 기출

2025년 모의고사는 개정 교육과정이 도입된 첫 해의 문제로 앞으로의 출제 방향을 알려주는 중요한 문항입니다.
출제 경향을 분석하고, 관련된 문항을 2018년 기출부터 2025년 기출까지 선별하여 수록했습니다.
기본 단계의 문제로 구성되어 있으므로 개념 학습 직후 바로 풀어보며 이해도를 점검할 수 있습니다.

[STEP.2] 학력평가 기출

STEP1 보다 한 단계 심화된 기출문제로 사고력과 개념 응용력을 강화할 수 있는 문항들로 구성했습니다.
고난도 내신 문제를 대비하기에도 적절한 문항이 수록되어 있으며 개념 학습을 끝낸 후 풀기 적합합니다.

[STEP.3] 평가원 및 수능 기출

실전 수능에 가까운 고난도 문제들로 구성했습니다. 모든 단원에 대한 기초 학습을 완벽하게 끝낸 후 풀어보는 것을 권장합니다. 또한 2022 개정 교육과정의 내용 요소가 아닌 일부 부분은 각 문제의 해설에 기재해 두었으니 참고하시길 바랍니다. 1등급, 만점을 목표로 최종 실력 점검과 완벽한 실전 대비가 가능합니다.

차례

▶▶ 1단원. 인권 보장과 헌법

1단원. 인권 보장과 헌법

1. 인권의 의미와 현대 사회의 인권

· 인권의 확장 과정: 영국 명예 혁명, 미국 독립 혁명, 프랑스 혁명, 영국 차티스트 운동, 독일
  바이마르헌법, 세계 인권 선언
· 현대 사회의 인권: 주거권, 환경권, 문화권, 안전권 등

2. 인권 보장을 위한 헌법의 역할과 시민 참여

· 기본권: 자유권, 평등권, 사회권, 참정권, 청구권
· 인권 보장을 위한 헌법의 제도적 장치: 법치주의, 기본권 구제 제도(위헌 법률 심판, 헌법 소원 심판),
  권력 분립 제도
· 인권 보장을 위한 시민 참여: 민원 제기, 선거 참여, 청원, 재판 청구, 집회 및 시위 참여 등 시민
  불복종(사상가의 입장, 정당화 조건)

3. 인권 문제의 양상과 해결 방안

· 사회적 소수자 문제
· 청소년 노동권 보장

| 출제 경향 |

· 난이도: 시민 불복종 부분은 다소 고난도로 출제됨, 이외 기본권 유형과 특징, 기본권 보장 제도,
  사회적 소수자, 청소년 노동권 보장 부분도 고난도로 출제될 가능성이 있음
· 주요 유형
– 인권 확장 과정 부분은 기본 개념 위주로, 기본권 보장 제도는 유형과 특징을 묻는 문항이 주로
  출제됨
– 시민 불복종 부분은 사상가의 주요 입장을 구분하는 문제가 주로 출제됨
– 사회적 소수자와 청소년 노동권 보장 부분은 사례를 제시하고 분석하는 문항의 유형이 주로
  출제됨

COMMENT

– 통합사회 1에 비해 통합사회 2는 출제 요소가 다소 많음, 기존 정치와 법, 사회문화, 생활과
  윤리에서 어렵게 출제되던 부분들로 STEP 2, 3 문제 풀이를 통해 심화 학습을 하는 것이 중요함
– 1학년 수준보다 높은 난이도로 출제될 가능성이 크므로, 기본 개념을 명확하게 학습한 후 고난도
  문제를 푸는 연습이 필요함
– 문제를 풀며 개념을 확장할 수 있는 문항으로 구성했으며 선지 본문과 자주 출제되는 오답
  선지를 정리하며 학습하면 어렵게 출제되어도 만점을 받을 수 있을 것으로 예상됨

1

2024 수능대비예시_평가원6

(가)에 해당하는 권리에 대한 설명으로 옳은 것은?

> 위 그림은 산업 혁명 시기에 나타난 계급 간의 빈부 격차를 풍자한 것이다. 윗부분은 부유한 계급의 편안한 생활을, 아랫부분은 탄광에서 일하는 굶주린 노동자를 표현하였다. 이처럼 산업혁명 이후 발달한 자본주의는 인간 생활의 물질적 향상을 가져왔지만 자본의 집중에 의한 빈부의 격차를 초래하였다. 궁핍과 빈곤으로 인해 기본적인 생활 수준을 영위하지 못하자 인간다운 생활을 가능하게 하는 물적 토대를 국가에 요구할 수 있는 권리인 [(가)] 의 보장이 요구되었다.

① 미국 독립 선언에서 천명되었다.
② 바이마르 헌법에 최초로 명시되었다.
③ 프랑스의 인권 선언에 영향을 주었다.
④ 영국에서는 명예혁명을 계기로 실현되었다.
⑤ 차티스트 운동 당시 인민헌장에 규정되었다.

| 문항 분석 |

- 1단원 인권 보장과 헌법, 1-1. 인권의 의미와 현대 사회의 인권
- 내용 요소: 인권의 확장 과정, 영국 명예 혁명, 미국 독립 선언, 프랑스 인권 선언, 바이마르 헌법, 차티스트 운동

| 자료 및 선지 분석 |

- 산업 혁명 시기 계급 간 빈부 격차 심화, 기본적인 생활 수준을 영위하지 못하는 사회 문제 발생 → 인간다운 생활을 가능하게 하는 물적 토대를 국가에 요구할 수 있는 권리 (가) 사회권 보장을 요구함
- 사회권: 국가에 대해 인간다운 생활의 보장을 요구할 수 있는 권리, 실질적 평등의 실현을 국가에게 요구할 수 있는 권리

① 미국 독립 선언에서 천명되었다. (X)
  영국 명예 혁명, 미국 독립 혁명, 프랑스 혁명은 근대 시민 혁명으로 신분 제도 폐지, 재산권, 신체의 자유 등 자유와 평등에 관한 기본적 인권이 선언됨

② 바이마르 헌법에 최초로 명시되었다. (O)
  자본주의 경제의 급속한 성장으로 인한 사회 불평등 심화로 최소한의 인간다운 생활과 실질적 평등을 보장해야 할 필요성이 제기되고, 1919년 독일 바이마르 헌법에서 사회권을 처음으로 규정함

③ 프랑스의 인권 선언에 영향을 주었다. (X)
  프랑스 인권 선언은 프랑스 혁명 과정에서 선포된 것으로 사회권이 등장하기 이전 시기에 해당함

④ 영국에서는 명예혁명을 계기로 실현되었다. (X)
  영국 명예혁명을 계기로 채택된 것은 권리 장전에 해당함
  권리 장전은 왕권의 제한을 명시하고, 의회의 권한을 강조하여 입헌 군주제의 기초를 확립함

⑤ 차티스트 운동 당시 인민헌장에 규정되었다. (X)
  차티스트 운동은 영국 노동자 계급의 선거권 확대 요구 운동으로, 인민헌장에는 성인 남자의 보통 선거권을 요구하는 내용이 규정됨

| 출제 경향 확인 |

- 인권 보장의 역사, 인권 확장 과정에 대한 문제가 출제됨
- 근대 시민 혁명 시기의 인권 보장과 이후 인권 확장 과정을 이해하는 것이 중요

2

(가)에 들어갈 내용으로 옳은 것은? [1.5점]

【사료로 보는 역사】

"공께서 저희를 기꺼이 도와주신다니 깊이 감사드립니다. … 저희 국왕은 가톨릭 우대 정책을 펼치고 의회의 동의 없이 정책을 추진하려고 합니다. 저희는 종교, 자유, 재산과 관련한 국왕의 정책에 불만이 큽니다. … 우리 잉국 사람 스물 중 열아홉은 변화를 갈망합니다."

해설

위 서신은 국왕 제임스 2세에게 불만을 품은 고위층 인사들이 윌리엄에게 보낸 것으로, 본인들의 국왕을 물리쳐 달라는 내용이다. 이들 요청에 응해 윌리엄은 함대를 이끌고 바다를 건너가 런던으로 진군하였고, 겁에 질린 제임스 2세는 프랑스로 도주하였다. 이후 윌리엄과 메리는 공동 왕으로 추대되었으며, 의회의 요구에 따라 ________(가)________

① 「인민헌장」을 발표하였다.
② 「권리 장전」을 승인하였다.
③ 「바이마르 헌법」을 제정하였다.
④ 「세계 인권 선언」을 공포하였다.
⑤ 「인간과 시민의 권리 선언」을 선포하였다.

| 문항 분석 |

· 1단원 인권 보장과 헌법, 1-1. 인권의 의미와 현대 사회의 인권
· 내용 요소: 영국 명예 혁명, 인간과 시민의 권리 선언, 인민 헌장, 바이마르 헌법, 세계 인권 선언

| 자료 및 선지 분석 |

· 영국에서 의회가 전제 군주제를 폐위하고 메리와 윌리엄을 공동 왕으로 추대하여 정권 교체가 이루어짐 → 영국 명예 혁명, 의회의 요구에 따라 (가) 권리 장전을 승인함

① 「인민헌장」을 발표하였다. (X)
인민헌장은 영국 노동자 계급의 선거권 확대 요구 운동인 차티스트 운동에서 발표함
성인 남자의 보통 선거권을 요구하는 내용이 규정됨

② 「권리 장전」을 승인하였다. (O)
영국 명예 혁명으로 의회의 승인 없는 법 제정과 과세 금지, 의회에서 발언의 자유, 인신의 자유 등을 명시함, 왕권 제한을 명시하고 의회 권한을 강조하여 입헌 군주제의 기초를 확립함

③ 「바이마르 헌법」을 제정하였다. (X)
산업 혁명 이후 인간다운 생활과 실질적 평등 보장의 필요성이 제기되면서, 1919년 독일 바이마르 헌법이 제정되어 최초로 사회권을 규정함

④ 「세계 인권 선언」을 공포하였다. (X)
제2차 세계 대전 이후 인권 침해에 대한 반성과 인권 보호를 취지로, 국제 연합(UN) 총회에서 1948년 인권 보장의 국제적 기준인 세계 인권 선언을 채택함

⑤ 「인간과 시민의 권리 선언」을 선포하였다. (X)
프랑스 혁명 과정에서 천부 인권, 자유권, 국민 주권, 저항권, 소유권 등의 침해 불가를 명시한 인간과 시민의 권리 선언을 선포함

| 출제 경향 확인 |

· 인권 보장의 역사, 인권 확장 과정에 대한 문제가 출제됨
· 근대 시민 혁명 시기의 인권 보장과 이후 인권 확장 과정을 이해하는 것이 중요

3

다음 자료에 대한 설명으로 옳은 것은? [2점]

> ○ 군사 훈련을 받던 갑은 훈련소 측으로부터 종교 행사에 참여하도록 강요받았다. 갑은 거부 의사를 밝혔으나 강압적 조치에 의해 결국 종교 행사에 참여할 수밖에 없었다. 이에 갑은 종교 활동을 자유롭게 할 수 있다는 내용의 ㉠ 기본권을 침해받았다며 헌법재판소에 심판을 청구하였다.
> ○ 국회의원이 꿈이었던 을은 검정고시에 합격하고 국립 ○○ 대학교의 수시 모집에 지원하고자 하였다. 하지만 법률에 근거하여 규정된 국립 ○○ 대학교 수시 모집 요강에서는 검정고시 출신자의 응시 자격을 제한하였다. 이에 을은 능력에 따라 균등하게 교육받을 수 있다는 내용의 ㉡ 기본권을 침해 받았다며 헌법재판소에 심판을 청구하였다.

① ㉠은 국가로부터 간섭받지 않을 권리로서의 기본권에 해당한다.
② ㉡은 국가의 정치적 의사 결정 과정에 참여할 수 있는 권리로서의 기본권에 해당한다.
③ ㉠과 ㉡ 모두 정당한 목적이 있다면 법률적 근거가 없어도 제한될 수 있다.
④ 갑과 달리 을은 기본권 보장을 위한 수단적 성격을 지닌 기본권을 행사하였다.
⑤ 을과 달리 갑은 헌법 소원 심판을 청구하였다.

| 문항 분석 |

· 1단원 인권 보장과 헌법,
  1-2. 인권 보장을 위한 헌법의 역할과 시민 참여
· 내용 요소: 기본권(자유권, 평등권, 사회권, 참정권, 청구권), 기본권 제한

| 자료 및 선지 분석 |

· 국가 권력의 간섭 없이 자유롭게 생활할 수 있는 권리, 종교의 자유 침해 → ㉠ 자유권
· 능력에 따라 균등하게 교육받을 수 있는 권리 → ㉡ 사회권
  교육을 받을 권리, 근로의 권리, 사회 보장을 받을 권리 등은 사회권에 해당함

① ㉠은 국가로부터 간섭받지 않을 권리로서의 기본권에 해당한다. (O)
  ㉠은 자유권으로 개인의 자유로운 생활에 대하여 국가 권력에 의한 간섭이나 침해를 받지 않을 권리에 해당함
  신체의 자유, 양심의 자유, 사생활의 비밀과 자유, 언론의 자유 등이 이에 해당함

② ㉡은 국가의 정치적 의사 결정 과정에 참여할 수 있는 권리로서의 기본권에 해당한다. (X)
  국가의 정치적 의사 결정 과정에 참여할 수 있는 권리로서의 기본권은 참정권에 해당함

③ ㉠과 ㉡ 모두 정당한 목적이 있다면 법률적 근거가 없어도 제한될 수 있다. (X)
  정당한 목적이라도 법률적 근거가 없다면 제한될 수 없음
  기본권은 국회가 제정한 법률에 의거하여 제한될 수 있음
  - 기본건 제한 요건: 목적 요건(국가 안전 보장, 질서 유지, 공공복리), 형식 요건(법률에 의거하여 제한), 방법 요건(과잉 금지의 원칙)

④ 갑과 달리 을은 기본권 보장을 위한 수단적 성격을 지닌 기본권을 행사하였다. (X)
  갑과 을은 모두 다른 기본권을 보장하기 위한 수단적 권리인 청구권을 행사함

⑤ 을과 달리 갑은 헌법 소원 심판을 청구하였다. (X)
  갑과 을은 모두 헌법 소원 심판을 청구함

| 출제 경향 확인 |

· 기본권의 보장과 제한에 대한 문제가 출제됨, 기본권의 의미, 등장 배경, 특징을 위주로 학습해야 함

4

교사의 질문에 대한 학생의 답변으로 옳지 <u>않은</u> 것은?
[2.5점]

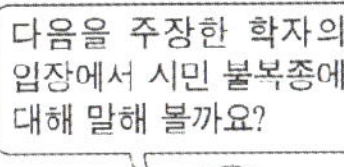

① 부정의한 법일지라도 시민 불복종의 대상이 아닐 수 있어요.
② 폭력 행위에 가담하는 것은 시민 불복종으로 간주될 수 없어요.
③ 시민 불복종은 공유된 정의관에 근거하여 헌법 체계에 저항 하는 행위예요.
④ 시민 불복종은 처벌이 따를 수 있음에도 불구하고 공개적으로 행해지는 위법 행위예요.
⑤ 기본적 자유 보장을 요구할 권리가 체제 유지를 위한 준법 의무와 충돌할 때 시민 불복종이 발생할 수 있어요.

| 문항 분석 |

· 1단원 인권 보장과 헌법,
  1-2. 인권 보장을 위한 헌법의 역할과 시민 참여
· 내용 요소: 시민 불복종

| 자료 및 선지 분석 |

· 법이나 정책이 심각하게 부정의할 경우, 다수가 공유하고 있는 정의관을 근거로, 법의 충실성의 한계 내에서 불복종 할 수 있다고 봄 → 롤스의 시민 불복종

① **부정의한 법일지라도 시민 불복종의 대상이 아닐 수 있어요. (O)** 어느 정도의 부정의를 넘어서지만 않는다면 보통 그 법과 정책에 따라야 한다고 봄
심각하게 부정의한 법의 경우 시민 불복종의 대상이 됨

② **폭력 행위에 가담하는 것은 시민 불복종으로 간주될 수 없어요. (O)** 시민 불복종은 비폭력적인 방법을 사용해야 함
시민 불복종의 정당화 조건은 '최후의 수단, 비폭력, 공동선 추구, 공개성, 처벌 감수'에 해당함

③ **시민 불복종은 공유된 정의관에 근거하여 헌법 체계에 저항 하는 행위예요. (X)**
롤스는 시민 불복종을 헌법 체계에 저항하는 행위가 아니라, 헌법을 존중하면서 심각한 부정의를 바로잡기 위한 행위라고 봄
'법에 대한 충실성의 한계 내에서 부정의에 항거함으로써 정의로부터의 이탈을 방지하고 교정하는 데 도움이 된다'고 말함

④ **시민 불복종은 처벌이 따를 수 있음에도 불구하고 공개적으로 행해지는 위법 행위예요. (O)**
시민 불복종의 정당화 조건은 '최후의 수단, 비폭력, 공동선 추구, 공개성, 처벌 감수'에 해당함

⑤ **기본적 자유 보장을 요구할 권리가 체제 유지를 위한 준법 의무와 충돌할 때 시민 불복종이 발생할 수 있어요. (O)**
자기 자신과 타인의 기본적 자유가 부정되는 심각한 부정의의 경우 시민 불복종이 발생할 수 있음

| 출제 경향 확인 |

· 기존 통합사회에서도 시민 불복종에 관한 내용이 출제되었지만, 비교적 평이하게 출제되었음. 제시된 예시 문항은 생활과 윤리 과목 수준의 문항으로 구성됨. 추후 어렵게 출제될 가능성이 있는 부분임

5

(가)~(라)에 들어갈 수 있는 옳은 내용만을 〈보기〉에서 있는 대로 고른 것은?

헌법은 연소자의 근로에 대한 특별한 보호에 관해 규정하고 있습니다. 이처럼 청소년의 노동 인권 보호를 강조하는 이유를 사회 불평등의 관점에서 분석하고, 근로 기준법상 연소자 보호 규정과 관련지어 설명해 봅시다.

청소년은 신체적·정신적으로 근로를 감당할 능력이 부족하기 때문에 성인에 비해 불리한 위치에 있으므로 청소년 근로에 대한 보호와 우선적 배려가 요구됩니다. 따라서 근로 계약 체결 과정에서 연소자를 보호하기 위해 [(가)]와/과 같은 규정을 마련하고 있으며, [(나)]을/를 명시하여 업무에 있어 안전과 건강에 대한 보호를 하고 있습니다.

청소년은 [(다)]을/를 이유로 사회적 소수자로 인정될 수 있으며 노동 인권을 침해받기도 합니다. 이에 친권자나 후견인 등에게 미성년자에게 불리한 근로 계약에 대한 해지권을 부여하고, 연소자의 근로 능력과 교육 시간 확보의 필요성 등을 고려하여 [(라)]을/를 규정해 근로 시간에 대한 특별한 보호를 하고 있습니다.

─── 〈 보 기 〉 ───

ㄱ. (가): 친권자 또는 후견인의 미성년자 근로 계약에 대한 대리 금지

ㄴ. (나): 도덕상 또는 보건상 유해·위험한 사업에 사용 금지

ㄷ. (다): 후천적 요인과 수적 열세로 인하여 노동 현장에서 다른 구성원으로부터 차별을 받거나 부당한 처우의 대상이 됨

ㄹ. (라): 근로 시간이 4시간 이상인 경우에는 사용자로 하여금 근로 시간 도중에 30분 이상의 휴게 시간을 주도록 함

① ㄱ, ㄴ   ② ㄱ, ㄷ   ③ ㄷ, ㄹ
④ ㄱ, ㄴ, ㄹ   ⑤ ㄴ, ㄷ, ㄹ

| 문항 분석 |

· 1단원 인권 보장과 헌법, 1-3. 인권 문제의 양상과 해결 방안
· 내용 요소: 청소년 노동권, 사회적 소수자

| 자료 및 선지 분석 |

· (가), (나), (라): 연소 근로자 보호 규정
· (다): 청소년이 사회적 소수자인 이유

- ㄱ. (가): 친권자 또는 후견인의 미성년자 근로 계약에 대한 대리 금지 (O)

  미성년자의 근로 계약은 법정 대리인(친권자나 후견인)의 동의를 얻어 본인이 직접 체결해야 하며, 친권자나 후견인이 미성년자의 근로 계약을 대리할 수 없음

- ㄴ. (나): 도덕상 또는 보건상 유해·위험한 사업에 사용 금지 (O) 사용자는 18세 미만자(연소자)를 도덕상 또는 보건상 유해·위험한 사업에 사용하지 못함

- ㄷ. (다): 후천적 요인과 수적 열세로 인하여 노동 현장에서 다른 구성원으로부터 차별을 받거나 부당한 처우의 대상이 됨 (X)

  사회적 소수자란 신체적 또는 문화적 특징 때문에 주류 집단의 구성원에게 차별받으며, 스스로 차별받는 집단에 속해 있다고 인식하는 사람들을 의미함

  청소년은 선천적 요인으로 인해 노동 현장에서 다른 구성원으로부터 차별 받거나 부당한 처우의 대상이 됨

  집단 구성원의 수와 관계 없이 사회적 영향력이 작고 약자의 위치에 있기 때문에 사회적 소수자라고 봄

- ㄹ. (라): 근로 시간이 4시간 이상인 경우에는 사용자로 하여금 근로 시간 도중에 30분 이상의 휴게 시간을 주도록 함 (X) 근로 시간이 4시간 이상인 경우에는 30분 이상의 휴게 시간을 근로 시간 도중 주어야 한다는 것은 모든 근로자에게 적용되는 규정임

  연소 근로자의 능력과 교육 시간 확보의 필요성 등을 고려한 규정에 해당하지 않음

| 출제 경향 확인 |

· 기존 통합사회, 정치와 법 과목의 '청소년 근로 보호' 부분과 유사하게 출제됨

6

다음 자료에 대한 옳은 설명만을 〈보기〉에서 고른 것은?

[2.5점]

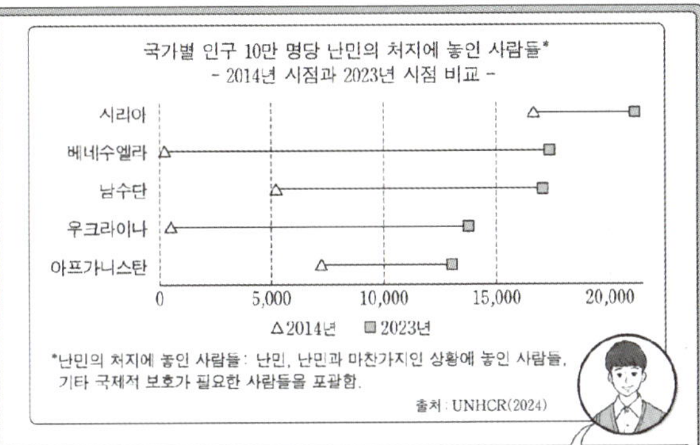

그래프에 제시된 국가의 난민들을 연구한 결과에 따르면, ㉠ 그들은 주류 집단에 속한 사람들에게 차별받고 있었으며, 스스로도 차별받는다고 인식하고 있었습니다. 다행히 국제 사회의 행위 주체 A와 B가 이들을 위해 노력하고 있습니다. 가령, 국제 연합과 같은 A는 난민 문제를 공론화하고 있으며, 국제 앰네스티, 국경 없는 의사회 등 민간 주도로 구성된 B는 난민 구호를 위한 세계 시민들의 연대를 촉구하고 있습니다.

─────── 〈 보 기 〉 ───────

ㄱ. 2023년 인구 10만 명당 난민의 처지에 놓인 사람들은 제시된 국가 중 베네수엘라가 가장 적다.

ㄴ. 각 국가 인구 중 난민의 처지에 놓인 사람들의 2014년과 2023년 간 비율 차이는 시리아보다 우크라이나가 크다.

ㄷ. ㉠은 사회적 소수자에 해당한다.

ㄹ. A와 달리 B는 국제법을 바탕으로 가입국 간 합의를 통해 활동한다.

① ㄱ, ㄴ ② ㄱ, ㄷ ③ ㄴ, ㄷ ④ ㄴ, ㄹ ⑤ ㄷ, ㄹ

| 문항 분석 |

· 1단원 인권 보장과 헌법, 1-3. 인권 문제의 양상과 해결 방안
· 내용 요소: 사회적 소수자 차별, 세계 인권 문제의 양상, 난민, 국제기구, 국제 비정부 기구

| 자료 및 선지 분석 |

· ㉠: 주류 집단에 속한 사람들에게 차별받고 있으며, 스스로 차별받는다고 인식하는 사람들 → 사회적 소수자
· A: 국제기구
· B: 국제 비정부 기구

─ ㄱ. 2023년 인구 10만 명당 난민의 처지에 놓인 사람들은 제시된 국가 중 베네수엘라가 가장 적다. (X)
2023년 인구 10만 명 당 난민의 처지에 놓인 사람들은 제시된 국가 중 아프가니스탄이 가장 적음

─ ㄴ. 각 국가 인구 중 난민의 처지에 놓인 사람들의 2014년과 2023년 간 비율 차이는 시리아보다 우크라이나가 크다. (O) 2014년과 2023년 간 비율 차이는 우크라이나가 시리아보다 큼

─ ㄷ. ㉠은 사회적 소수자에 해당한다. (O)
신체적 또는 문화적 특징 때문에 주류 집단의 구성원에게 차별받으며, 스스로 차별받는 집단에 속해 있다고 인식하는 사람들로 사회적 소수자에 해당함

─ ㄹ. A와 달리 B는 국제법을 바탕으로 가입국 간 합의를 통해 활동한다. (X)
국제법을 바탕으로 가입국 간 합의를 통해 활동하는 것은 A 국제기구에 대한 설명임
B 국제 비정부 기구는 개인이나 민간단체를 중심으로 구성된 행위 주체임

| 출제 경향 확인 |

· 자료를 기반으로 분석 및 해석하는 문제가 평이하게 출제됨

7

다음 자료는 인권 발달 역사에서 등장하는 한 문서의 주요 내용을 나타낸 것이다. 이에 대한 설명으로 옳은 것은?

> 아래의 요구 사항은 1838년부터 10년 동안 지속된 영국 노동자 계급의 (가) 확대 운동 과정에서 나온 것이다.
>
> 〈요구 사항〉
>
> · 선거를 매년 시행하라.
> · 선거구를 동등하게 하라.
> · 하원 의원에게 봉급을 지급하라.
> · 모든 의원 선거를 비밀 선거로 하라.
> · 하원 의원 출마자의 재산 자격을 없애라.
> · 모든 성인 남성에게 의원 선거권을 부여 하라.

① (가)는 기본권 보장을 위한 수단적 성격의 권리이다.
② (가)는 바이마르 헌법에 최초로 명시되었다.
③ 차티스트 운동 당시 인민헌장에 규정되었다.
④ 왕권에 대한 의회의 우위를 확인한 선언이다.
⑤ 정치 참여에 대한 모든 제한을 폐지하고자 하였다.

| 문항 분석 |

· 1단원 인권 보장과 헌법, 1-1. 인권의 의미와 현대 사회의 인권
· 내용 요소: 기본권, 영국 명예 혁명, 차티스트 운동, 인민헌장, 바이마르 헌법

| 자료 및 선지 분석 |

· 인민 헌장: 영국 노동자들의 선거권 확대와 비밀 투표를 요구한 선언문 → (가) 참정권 확대 운동인 차티스트 운동을 전개

① (가)는 기본권 보장을 위한 수단적 성격의 권리이다. (X)
(가)는 주권자인 국민이 국가 기관의 형성과 국가의 정치적 의사 결정에 참여할 수 있는 권리인 참정권임
기본권 보장을 위한 수단적 성격의 권리는 청구권에 해당함

② (가)는 바이마르 헌법에 최초로 명시되었다. (X)
바이마르 헌법에 최초로 명시된 것은 사회권에 해당함
바이마르 헌법은 모든 국민의 인간다운 생활을 보장하는 사회권을 최초로 명시함

③ 차티스트 운동 당시 인민헌장에 규정되었다. (O)
시민 혁명 이후에도 선거권은 일정 이상 이상의 재산을 가진 성인 남성으로 제한됨, 이에 노동자들을 중심으로 영국 차티스트 운동이 일어났고 그 과정에서 경제력에 따른 참정권의 차별을 폐지할 것을 주장하는 인민헌장이 발표됨

④ 왕권에 대한 의회의 우위를 확인한 선언이다. (X)
왕권에 대한 의회의 우위를 확인한 선언은 영국 명예 혁명의 결과로 제정된 권리 장전에 해당함

⑤ 정치 참여에 대한 모든 제한을 폐지하고자 하였다. (X)
차티스트 운동은 정치 참여에 대한 모든 제한을 폐지하려 한 것이 아니라, 재산에 따른 피선거권 제한, 차별을 폐지하고자 함, 여성의 참정권에 대한 요구는 포함되지 않음

COMMENT 인권 보장의 역사, 인권 확장 과정에 대한 문제는 평이한 난이도로 출제될 것으로 예상됨, 근대 시민 혁명 시기의 인권 보장과 이후 인권 확장 과정의 기본 내용을 이해하면 어렵지 않게 해결할 수 있음

8

다음 사례에 대한 분석으로 옳은 것은?

> 갑은 ○○법이 2050년까지 탄소 중립을 달성하겠다는 목표를 설정했음에도 불구하고 2031~2049년의 구체적인 온실가스 감축 목표 수치를 제시하지 않아 자신을 포함한 미래 세대의 기본권을 침해한다며 헌법 소원 심판을 청구하였다. 이에 대해 헌법 재판소는 ○○법이 기본권을 침해한다고 판단하고 헌법 불합치 결정을 내렸다.
> 구치소에 수용중인 을은, 구치소장이 수용자 거실에 설치한 폐쇄 회로 텔레비전(CCTV)으로 인해 기본권을 침해당했다며, 헌법 소원 심판을 청구하였다. 이에 헌법 재판소는 목적이 정당하고, 목적 달성에 적합한 수단이며, 피해의 최소성과 법익의 균형성을 갖추었다고 판단하여 기각 결정을 내렸다.

① 갑이 침해당했다고 주장하는 기본권은 실질적 평등 실현을 위해 등장한 현대적 권리이다.
② 을이 침해당했다고 주장하는 기본권은 합리적 이유 없이 차별을 받지 않을 권리이다.
③ 갑과 을이 침해당한 기본권은 기본권 제한의 요건과 한계를 준수하더라도 제한될 수 없는 본질적 권리이다.
④ 헌법 재판소는 구치소장의 행위가 과잉 금지 원칙을 위배했다고 판단하였다.
⑤ 갑과 을이 청구한 심판은 법률의 위헌 여부가 재판의 전제가 된 경우에 이루어진다.

| 문항 분석 |

· 1단원 인권 보장과 헌법,
  1-2. 인권 보장을 위한 헌법의 역할과 시민 참여
· 내용 요소: 기본권, 기본권 제한, 기본권 구제 제도

| 자료 및 선지 분석 |

① **갑이 침해당했다고 주장하는 기본권은 실질적 평등 실현을 위해 등장한 현대적 권리이다. (O)**
갑이 침해당했다고 주장하는 기본권은 환경권으로 사회권에 해당함, 사회권은 모든 국민의 인간다운 생활 보장과 실질적 평등의 실현을 국가에 요구할 수 있는 권리로 실질적 평등 실현을 위해 등장한 현대적 권리에 해당함

② **을이 침해당했다고 주장하는 기본권은 합리적 이유 없이 차별을 받지 않을 권리이다. (X)**
을이 침해당했다고 주장하는 기본권은 자유권으로 국가 권력에 의한 간섭이나 침해를 받지 않을 권리에 해당함
합리적 이유 없이 차별을 받지 않을 권리는 평등권임

③ **갑과 을이 침해당한 기본권은 기본권 제한의 요건과 한계를 준수하더라도 제한될 수 없는 본질적 권리이다. (X)**
사회권과 자유권을 포함한 기본권은 기본권 제한의 요건과 한계를 준수하면 제한될 수 있는 권리임

④ **헌법 재판소는 구치소장의 행위가 과잉 금지 원칙을 위배했다고 판단하였다. (X)**
헌법 재판소는 구치소장의 행위가 과잉 금지 원칙을 위배하지 않았다고 판단하여 기각 결정을 내림
기본권을 제한하는 목적의 정당성, 수단의 적합성, 피해의 최소성, 법익의 균형성이 모두 충족되었다고 판단함

⑤ **갑과 을이 청구한 심판은 법률의 위헌 여부가 재판의 전제가 된 경우에 이루어진다. (X)**
갑과 을이 청구한 심판은 권리 구제형 헌법 소원 심판에 해당함, 법률의 위헌 여부가 재판의 전제가 된 경우에 이루어지는 것은 위헌 심사형 헌법 소원 심판임
– 권리 구제형 헌법 소원 심판: 국가 권력의 행사 또는 불행사 때문에 기본권을 침해받은 국민이 청구하는 심판
– 위헌 심사형 헌법 소원 심판: 재판 당사자가 법원에 위헌 법률 심판 제청 신청을 하였으나 받아들여지지 않았을 경우 헌법재판소에 직접 청구하는 심판

COMMENT 천재 교과서 통합사회2에는 위헌 심사형 헌법 소원 심판과 권리 구제형 헌법 소원 심판을 나누어 설명함, 구분해서 학습할 필요가 있음

9

다음을 주장한 사상가의 입장으로 적절한 것만을 〈보기〉에서 고른 것은? [3점]

> 시민 불복종 이론은 입헌 민주주의에 대한 순수히 법적인 관점을 보충하고 있다. 그것은 법에 분명히 반하는 것이긴 하지만 법에 대한 충실성과 민주 체제의 기본적인 정치적 원리들에 호소함으로써 합법적인 민주적 권위에 반대할 수 있는 근거를 정식화하려는 것이다.

───〈 보 기 〉───
ㄱ. 시민 불복종은 불법 행위이지만 법치를 존중하는 행위이다.
ㄴ. 기본적 자유를 제한하는 법은 시민 불복종의 대상일 수 밖에 없다.
ㄷ. 부정의한 법을 변혁하고자 불가피하게 다른 법을 위반하는 시민 불복종은 정당화될 수 있다.
ㄹ. 시민 불복종은 비민주적 체제의 변혁을 목적으로 이루어져야 한다.

① ㄱ, ㄴ ② ㄱ, ㄷ ③ ㄴ, ㄷ ④ ㄴ, ㄹ ⑤ ㄷ, ㄹ

| 문항 분석 |

· 1단원 인권 보장과 헌법,
  1-2. 인권 보장을 위한 헌법의 역할과 시민 참여
· 내용 요소: 시민 불복종

| 자료 및 선지 분석 |

· 사상가: 롤스
  시민 불복종 = 심각하게 부정의한 법이나 정책에 변혁을 가져올 목적으로 행해지는, 법에 반하는 정치적 행위

- **ㄱ. 시민 불복종은 불법 행위이지만 법치를 존중하는 행위이다. (O)** 롤스는 시민 불복종은 법에 대한 충실성의 한계 내에서 이루어지는 의도적인 위법 행위라고 봄
즉, 부정의를 바로잡는 행위로 위법 행위지만 동시에 법치를 존중하는 행위라고 봄

- **ㄴ. 기본적 자유를 제한하는 법은 시민 불복종의 대상일 수 밖에 없다. (X)** 기본적 자유는 다른 기본적 자유를 위해 제한될 수 있으며, 기본적 자유를 심각하게 위반하지 않은 법에 대해서는 시민 불복종의 대상이 아닐 수 있다고 봄
시민 불복종의 대상은 평등한 자유의 원칙, 공정한 기회 균등의 원칙을 현저하게 위반한 경우에 국한된다고 봄

- **ㄷ. 부정의한 법을 변혁하고자 불가피하게 다른 법을 위반하는 시민 불복종은 정당화될 수 있다. (O)**
롤스는 시민 불복종 행위가 불복종의 대상이 되고 있는 바로 그 법을 위반하라고 요구하지는 않음, 특수한 경우에는 그 법을 위반하지 않고 정의로운 법을 위반하는 방식으로 시민 불복종이 가능하다고 봄
시민 불복종 정당화 조건: 최후의 수단, 비폭력적인 방법, 목적의 정당성, 공개적 진행, 처벌 감수

- **ㄹ. 시민 불복종은 비민주적 체제의 변혁을 목적으로 이루어져야 한다. (X)**
롤스는 정치 체제의 변혁을 시민 불복종의 목적으로 보지 않음, 체제 전체를 뒤엎는 행위가 아니라, 심각하게 부정의한 법이나 정책의 변혁을 목적으로 함

COMMENT 시민 불복종 부분은 다소 고난도로 출제될 가능성이 높음, 문제를 통해 사상가의 주요 입장을 정리해 두는 것이 중요함

10

다음 자료에 대한 옳은 설명으로 옳은 것은?

> 교사: 청소년은 노동 현장에서 다른 구성원으로부터 차별을 받거나 부당한 처우의 대상이 될 수 있기 때문에 사회적 소수자로 인정될 수 있으며 노동 인권을 침해받기도 합니다. 다음은 갑(남, 16세)과 을(여, 18세)과 각각 체결한 근로 계약의 공통된 내용 중 일부입니다.
> 근로 기준법 규정과 관련하여 살펴봅시다.
>
> 1. 기간: 2024년 7월 15일부터 2025년 8월 10일까지
> 2. 근로 시간: 11시~18시(휴게 시간: 13시~14시)
> 3. 근무일: 매주 수요일~일요일/ 휴일: 매주 월, 화요일
> 4. 임금: 법정 최저 임금(시간급)
> 5. 기타: 30분 이상 지각할 경우, 당일 임금은 지급하지 않음

① 청소년은 수적 열세라는 특성에 의해 사회적 소수자로 규정된다.
② 갑은 독자적으로 임금을 청구할 수 없으므로 갑의 법정 대리인에게 임금을 지급해야 한다.
③ 을의 연령을 증명하는 가족 관계 기록 사항에 관한 증명서를 사업장에 갖추어 두어야 한다.
④ 갑과 을이 맺은 근로 계약의 전체 내용은 무효이다.
⑤ 을과 합의하여 을이 매 근무일 20시까지 2시간 더 근무하게 되더라도 근로 기준법에 위배되지 않는다.

| 문항 분석 |

· 1단원 인권 보장과 헌법, 1-3. 인권 문제의 양상과 해결 방안
· 내용 요소: 사회적 소수자, 청소년 노동권

| 자료 및 선지 분석 |

· 갑: 16세, 연소 근로자(18세 미만 근로자)
· 을: 18세, 미성년자

① 청소년은 수적 열세라는 특성에 의해 사회적 소수자로 규정된다. (X) 사회적 소수자가 수적 열세가 아닌 권력의 열세라는 특성에 의해 규정됨, 청소년은 노동 현장에서 다른 구성원으로부터 차별을 받거나 부당한 처우의 대상이 될 수 있기에 사회적 소수자로 분류됨

② 갑은 독자적으로 임금을 청구할 수 없으므로 갑의 법정 대리인에게 임금을 지급해야 한다. (X)
독자적으로 임금을 청구할 수 있으며, 법정 대리인이 아닌 갑(본인)에게 임금을 전액 통화로 지급해야 함

③ 을의 연령을 증명하는 가족 관계 기록 사항에 관한 증명서를 사업장에 갖추어 두어야 한다. (X)
을은 연소 근로자가 아니므로 을의 연령을 증명하는 가족 관계 기록 사항에 관한 증명서를 사업장에 갖추어 두지 않아도 됨
연령을 증명하는 가족 관계 기록 사항에 관한 증명서는 18세 미만인 사람(연소자)를 고용하는 경우에 필요함

④ 갑과 을이 맺은 근로 계약의 전체 내용은 무효이다. (X)
근로 계약서 내용 일부가 무효라고 하더라도 근로 계약 전체가 무효가 되는 것은 아님, 근로 기준법에 위반되는 계약 내용은 그 부분에 한해 무효임

⑤ 을과 합의하여 을이 매 근무일 20시까지 2시간 더 근무하게 되더라도 근로 기준법에 위배되지 않는다. (O)
을의 근무 시간은 1일 6시간으로, 매 근무일 2시간 연장 근무 하더라도 1주 40시간 근로로 근로 기준법에 위반되지 않음
갑은 연소 근로자로 1일 2시간씩 연장 근무를 하는 것은 근로 기준법에 위배됨, 15세 이상 18세 미만인 사람(연소 근로자)의 근로 시간은 원칙적으로 1일 7시간, 1주 35시간을 초과하지 못하지만, 합의한 경우 1일 1시간, 1주 5시간을 초과하지 않는 한 가능함

1

다음은 인권 확장의 역사적 전개 과정에서 발표된 문서의 일부이다. 밑줄 친 ㉠~㉢에 대한 설명으로 옳은 것은? [2점]

㉠ 인간과 시민의 권리 선언 (1789년)	제1조 인간은 태어나면서부터 자유로우며 평등한 권리를 가진다. 제6조 법은 일반 의지의 표현이다. 모든 시민은 직접 또는 대표를 통해서 법 제정에 참여할 수 있는 권리가 있다.
㉡ 바이마르 헌법 (1919년)	제109조 모든 국민은 법률 앞에 평등하다. 남녀는 원칙적으로 국민으로서의 동일한 권리를 가지며 의무를 진다. 제151조 경제생활의 질서는 모든 사람에게 인간다운 생활을 보장할 것을 목적으로 하는 정의의 원칙에 기초하여야 한다.
㉢ 세계 인권 선언 (1948년)	제1조 모든 사람은 태어날 때부터 자유롭고 존엄하며 평등하다. 제22조 모든 사람은 사회의 구성원으로서 사회 보장을 받을 권리가 있다. 또한 모든 사람은, 국가의 자체적인 노력과 국제적인 협력을 통해 …(후략).

① ㉠은 차티스트 운동을 계기로 선포되었다.
② ㉡에서 최초로 사회권을 명시하였다.
③ ㉠과 달리 ㉡에는 자유와 평등을 국민의 권리로 명시하였다.
④ ㉠과 달리 ㉢에는 천부 인권 사상이 나타나 있다.
⑤ ㉢과 달리 ㉡에는 연대권이 나타나 있다.

2

다음 자료의 (가)에 대한 설명으로 가장 적절한 것은? (단, (가)는 기본권 유형 중 하나임.) [1.5점]

사료로 읽는 인권의 역사

뉴질랜드에 거주하는 21세 이상 여성들이 제출한 청원서 내용은 다음과 같습니다. 수년 동안 많은 여성들이 (가) 의 확대를 의회에 청원해 왔습니다. 이 청원의 정당성과 타당성은 상원 및 하원 의회에서 확인되었으나, 여전히 권리 행사를 위한 규정은 마련되지 않았습니다. …(중략)… 따라서 다음 총선에서 여성이 투표할 수 있도록 의회에 간절히 요청합니다.

해설

위 사료는 1893년 뉴질랜드 의회에 제출된 청원서 중 일부분으로, 당시 뉴질랜드 전체 성인 여성의 1/4에 가까운 3만 2천여 명이 서명한 274m의 문서이다. 이 청원서는 세계 최초로 여성 (가) 을/를 보장해달라는 내용을 담고 있다. 같은 해 9월 19일 뉴질랜드 의회에서 모든 여성에게 투표권을 주는 법안이 통과된 것을 계기로 여성 (가) 운동은 전 세계로 확산되었다.

① 바이마르 헌법에 최초로 명시된 권리이다.
② 다른 기본권 보장의 전제가 되는 권리이다.
③ 국가 권력으로부터 간섭받지 않을 권리이다.
④ 기본권 보장을 위한 수단적 성격의 권리이다.
⑤ 국가의 의사 결정 과정에 참여할 수 있는 권리이다.

3
2024.11(고1)_학평10

(가), (나)는 인권의 역사적 발달 과정에서 발표된 문서의 일부이다. 이에 대한 옳은 설명만을 〈보기〉에서 고른 것은? [2점]

(가)	(나)
인간과 시민의 권리 선언(1789) 제1조 인간은 태어나면서부터 자유로우며 평등한 권리를 가진다. 제17조 소유권은 신성불가침의 권리이므로 법에서 규정한 공공의 필요에 의해 명백히 요구되는 때 이외에는 누구도 박탈할 수 없다.	**바이마르 헌법(1919)** 제153조 소유권은 헌법에 의하여 보장된다. … (중략) … 소유권의 행사는 동시에 공공의 복리에 적합해야 한다. 제163조 모든 국민에게는 노동할 기회가 주어진다. 일자리를 얻지 못한 국민은 생계비를 지원받을 수 있다.

< 보 기 >
ㄱ. (가)는 천부 인권 사상을 반영하고 있다.
ㄴ. (나)는 사회권을 명시하고 있다.
ㄷ. (가)는 (나)와 달리 국가의 적극적인 역할을 강조하고 있다.
ㄹ. (나)는 (가)와 달리 사유 재산 제도를 부정하고 있다.

① ㄱ, ㄴ ② ㄱ, ㄷ ③ ㄴ, ㄷ ④ ㄴ, ㄹ ⑤ ㄷ, ㄹ

4
2024.6(고1)_학평13

밑줄 친 '인민 헌장'에 대한 설명으로 가장 적절한 것은? [2점]

① 명예 혁명의 배경이 되었다.
② 참정권 확장의 계기가 되었다.
③ 미국 독립 선언의 기초가 되었다.
④ 인권 보장의 국제적 기준을 제시하였다.
⑤ 모든 사회적 차별 철폐를 주요 내용으로 한다.

5
2023.6(고1)_학평7

다음은 인권 확장의 역사적 전개 과정에서 발표된 문서의 일부 이다. 이에 대한 옳은 설명만을 〈보기〉에서 고른 것은? [3점]

(가)	(나)
권리 장전 **(1689년)** 1. '국왕은 의회의 동의 없이 법의 효력을 정지하거나 법의 집행을 정지할 수 있는 권력이 있다.'는 주장은 위법이다. 4. 국왕의 대권을 구실로 의회의 승인 없이 … (중략) … 국왕이 쓰기 위한 금전을 징수하는 것은 위법이다.	**인간과 시민의 권리 선언** **(1789년)** 제1조 인간은 자유롭게, 그리고 평등한 권리를 가지고 태어난다. 제2조 모든 정치적 결사의 목적은 인간의 자연적이고 침해할 수 없는 권리를 보존하는 데 있다. 제3조 모든 주권 원칙은 국민에게 있다.

< 보 기 >
ㄱ. (가)는 사회권이 명시된 최초의 문서이다.
ㄴ. (나)는 천부 인권과 국민 주권의 원리를 반영하고 있다.
ㄷ. (가)와 (나)는 모두 계몽사상의 영향을 받았다.
ㄹ. (가)는 (나)와 달리 사회 계약설을 근거로 하고 있다.

① ㄱ, ㄴ ② ㄱ, ㄷ ③ ㄴ, ㄷ ④ ㄴ, ㄹ ⑤ ㄷ, ㄹ

6
2022.11(고1)_학평7

다음 자료에 대한 옳은 설명만을 〈보기〉에서 있는 대로 고른 것은? [3점]

(가) 미국 독립 선언문	(나) 유엔 아동 권리 협약
… 모든 사람은 평등하게 태어났고, 조물주는 몇 개의 양도할 수 없는 권리를 부여했으며, … ㉠정부의 정당한 권력은 시민의 동의로부터 유래하고 ….	당사국은 아동이 … 건강의 회복을 위한 시설을 이용할 권리를 인정한다. … 권리의 완전한 실현을 점진적으로 달성하기 위해 ㉡국제 협력을 증진하고 장려해야 한다.

< 보 기 >
ㄱ. (나)는 아동이 인권의 주체임을 전제하고 있다.
ㄴ. (가)와 달리 (나)는 천부 인권 사상을 제시하고 있다.
ㄷ. ㉠을 통해 (가)가 국민 주권의 원리를 제시하고 있음을 알 수 있다.
ㄹ. ㉡을 통해 (나)가 아동 권리 보장을 위한 국제적 연대를 강조하고 있음을 알 수 있다.

① ㄱ, ㄴ   ② ㄱ, ㄹ   ③ ㄴ, ㄷ
④ ㄱ, ㄷ, ㄹ   ⑤ ㄴ, ㄷ, ㄹ

7

밑줄 친 ㉠~㉢에 대한 옳은 설명만을 〈보기〉에서 고른 것은? [3점]

<카렐 바작의 인권 3세대론>

구분	인권 목록
1세대 인권	○ ㉠노예적 예속 상태로부터의 자유 ○ 생명과 자유, 안전에 관한 권리 등
2세대 인권	○ ㉡사회 보장을 받을 권리 ○ 교육에 관한 권리 등
3세대 인권	○ 평화에 관한 권리 ○ ㉢인도주의적 재난 구제를 받을 권리 등

─── 〈 보 기 〉 ───
ㄱ. ㉠은 국가의 적극적인 개입을 요구하는 권리이다.
ㄴ. ㉡은 자본주의의 문제점을 해결하는 과정에서 등장하였다.
ㄷ. ㉢은 집단적이고 연대적인 성격의 권리이다.
ㄹ. ㉢은 서구 사회의 시민 혁명을 계기로 보장받기 시작하였다.

① ㄱ, ㄴ ② ㄱ, ㄷ ③ ㄴ, ㄷ ④ ㄴ, ㄹ ⑤ ㄷ, ㄹ

8

밑줄 친 ㉠에 대한 옳은 설명만을 〈보기〉에서 고른 것은? [2점]

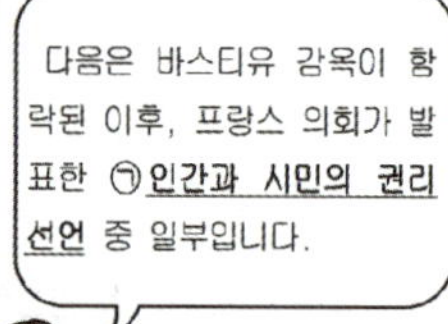

─── 〈 보 기 〉 ───
ㄱ. 사유 재산 제도를 부정한다.
ㄴ. 자유와 평등의 이념을 강조한다.
ㄷ. 사회권을 자유권보다 우선하는 권리로 본다.
ㄹ. 천부 인권 사상과 국민 주권 사상을 반영하고 있다.

① ㄱ, ㄴ ② ㄱ, ㄷ ③ ㄴ, ㄷ ④ ㄴ, ㄹ ⑤ ㄷ, ㄹ

9

다음은 프랑스 인권 선언의 일부이다. 이에 대한 옳은 분석만을 〈보기〉에서 있는 대로 고른 것은? [3점]

제1조 인간은 태어나면서부터 자유로우며 평등한 권리를 가진다.
제2조 모든 정치적 결사의 목적은 그 무엇도 침해할 수 없는 인간의 자연권을 보전하는데 있다. 그 권리는 자유, 재산, 안전 및 압제에 대한 저항이다.
제3조 모든 주권의 원천은 본래 국민에게 있다. 어떤 개인이나 단체라 하더라도 국민에게서 나오지 않은 권위를 행사할 수 없다.
제16조 법의 준수가 보장되지 않거나, 권력 분립이 확정되지 않은 사회는 결코 헌법을 갖추었다고 할 수 없다.

─── 〈 보 기 〉 ───
ㄱ. 국민 주권 사상이 반영되어 있다.
ㄴ. 권력 분립을 전제로 한 입헌주의가 나타나 있다.
ㄷ. 환경권과 같은 사회권 중심의 인권이 강조되어 있다.
ㄹ. 시민의 자유, 평등에 관한 기본적인 권리가 명시되어 있다.

① ㄱ, ㄴ   ② ㄱ, ㄷ   ③ ㄷ, ㄹ
④ ㄱ, ㄴ, ㄹ   ⑤ ㄴ, ㄷ, ㄹ

10

다음 자료에 대한 옳은 설명만을 〈보기〉에서 고른 것은?
[3점]

(가)〈바이마르 헌법〉	(나)〈인종 차별 철폐 협약〉
제109조 모든 국민은 법률 앞에 평등하다. 남녀는 원칙적으로 국민으로서의 동일한 권리를 가지며 의무를 진다. 제111조 모든 국민은 전 국가 내에서 이전의 자유를 가진다. 제159조 노동 조건 및 거래 조건의 유지 및 개선을 위한 결사의 목적은 누구에게 대하여도 또한 어떠한 직업에 대하여도 보장한다.	제1조 1. ㉠인종 차별은 인종, 피부색 등에 근거를 둔 어떠한 구별, 배척, 제한 또는 우선권을 말하며, … 제2조 2. 협약 체결국은 …사회적, 경제적, 문화적 등에 있어서 특정 인종 집단 또는 개인의 적절한 발전과 보호를 보증하는 특수하고 구체적인 조치를 취하여 이들에게 완전하고 평등한 인권과 기본적 자유의 향유를 보장토록 한다.

< 보 기 >
ㄱ. ㉠은 후천적 차이에 의한 불평등이다.
ㄴ. (가)는 사회권이 문서에 명시된 최초의 헌법이다.
ㄷ. (가)와 달리 (나)에는 합리적인 이유 없이 차별받지 않을 권리가 반영되어 있다.
ㄹ. (가), (나) 모두 국가 권력의 간섭에서 벗어나 자유롭게 생활할 수 있는 권리가 반영되어 있다.

① ㄱ, ㄴ ② ㄱ, ㄷ ③ ㄴ, ㄷ ④ ㄴ, ㄹ ⑤ ㄷ, ㄹ

11

다음은 교사가 학생에게 쓴 메일의 일부이다. 이에 대한 설명으로 옳은 것은? [3점]

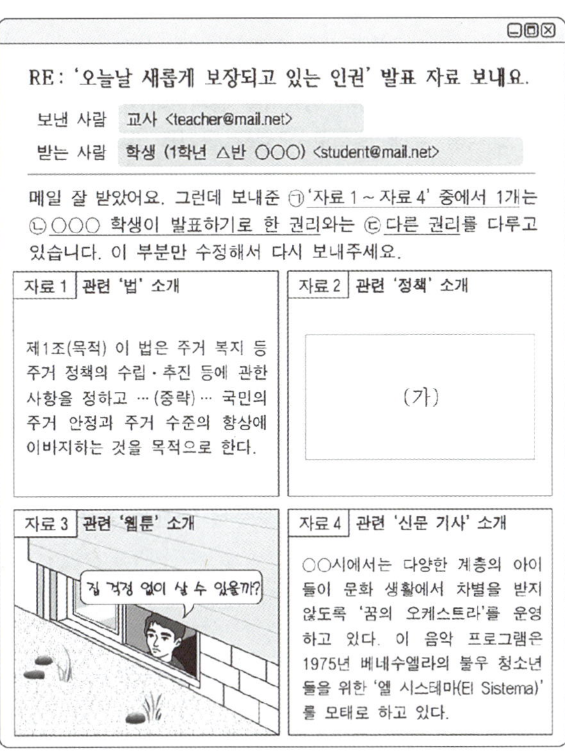

① ㉠에 해당하는 자료는 '자료1'이다.
② ㉢은 각종 위험으로부터 안전을 보호받을 권리이다.
③ ㉡은 ㉢과 달리 인권의 범위가 넓어지면서 등장한 권리이다.
④ ㉢은 ㉡과 달리 대기의 질이 나빠지면서 등장한 권리이다.
⑤ (가)에는 취약 계층에게 임대 주택을 우선 공급하는 정책의 내용이 들어갈 수 있다.

12

A~C에 대한 설명으로 옳은 것은? (단, A~C는 각각 문화권, 안전권, 환경권 중 하나임.) [1.5점]

인권	학교 생활 속 인권 보장 사례
A	각 교실에 공기 청정기를 설치하여 미세 먼지와 각종 유해 물질로 오염된 공기를 정화함으로써 실내 공기질을 관리하여 쾌적한 환경을 제공한다.
B	이중 언어 말하기 대회, 다문화 급식 체험의 날 등을 실시하여 학생이 다양한 문화를 이해하고 체험할 수 있는 기회를 제공한다.
C	학생 보호 인력인 배움터 지킴이는 등·하굣길 교통 안전 지도, 학교 내·외부인 출입 관리 등으로 학생 및 교직원에게 안전한 학교 생활을 지원한다.

① A는 재난과 사고의 위험으로부터 안전을 보장받을 권리이다.
② B는 다양한 문화에 대한 이해를 증진하는 데 기여하는 권리이다.
③ C는 쾌적하고 안정적인 주거 환경에서 인간다운 생활을 할 권리이다.
④ C와 달리 B는 타인에게 양도 가능한 권리이다.
⑤ A와 달리 B, C는 현대 사회에서 확장된 인권이다.

13

밑줄 친 ㉠에 대한 옳은 설명만을 〈보기〉에서 고른 것은? [2점]

> ─── 〈 보 기 〉 ───
> ㄱ. 사회의 다양성 확대에 기여하는 권리이다.
> ㄴ. 문화적 정체성 확립에 도움을 주는 권리이다.
> ㄷ. 쾌적한 주거 환경 조성을 강조하는 권리이다.
> ㄹ. 전염병으로부터 자신의 안전을 보장해 주는 권리이다.

① ㄱ, ㄴ ② ㄱ, ㄷ ③ ㄴ, ㄷ ④ ㄴ, ㄹ ⑤ ㄷ, ㄹ

14

표는 현대 사회의 인권 (가), (나)와 관련된 사례를 나타낸 것이다. 이에 대한 옳은 설명만을 〈보기〉에서 고른 것은? (단, (가), (나)는 각각 주거권, 환경권 중 하나임.) [3점]

인권	사 례
(가) 	프랑스 파리의 일부 청년들은 9㎡ 크기의 '하녀방(Chambre de bonne)'에 살고 있다. 이는 소설 소공녀의 세라가 하녀로 전락했을 때 머문 다락방과 비슷하다고 붙여진 별명이다. 이 방은 엘리베이터나 화장실도 없고 주택이나 아파트 건물의 꼭대기 층에 있다. 여름에 옥탑방 온도는 40℃까지 올라간다. 파리도 런던과 마찬가지로 소득 대비 임대료가 비싼 도시 중 하나이다. － ○○ 신문, ○월 ○일 －
(나) 	◇◇ 지역 산업단지에서 화석연료 대량 사용으로 대기오염이 심각하게 발생하였고, 이와 관련된 사망자가 약 500명에 이른다고 △△ 환경단체연합이 밝혔다. 이 단체는 호흡기 질환 등으로 인한 사회적 손실을 금액으로 환산하면 2022년 기준 약 3조 원에 이를 것으로 추산했다. 또한 화석연료에 계속 의존할 경우, 대기오염 물질로 인한 누적 사망자가 2050년에는 2만여 명까지 증가할 것이라고 주장하였다. － □□ 신문, □월 □일 －

> ─── 〈 보 기 〉 ───
> ㄱ. (가)는 (나)와 달리 천부 인권적 성격을 가진다.
> ㄴ. (가)와 (나)는 모두 현대 사회에서 확장된 인권이다.
> ㄷ. (가)의 사례에서 쾌적한 주거환경이 보장되고 있음을 알 수 있다.
> ㄹ. (나)의 사례를 통해 과거에 비해 환경권이 더 강조될 것으로 예상할 수 있다.

① ㄱ, ㄴ ② ㄱ, ㄷ ③ ㄴ, ㄷ ④ ㄴ, ㄹ ⑤ ㄷ, ㄹ

15

기본권 유형 A, B에 대한 설명으로 옳은 것은? [2.5점]

○ 사회적 편견이나 차별적 관행이 반영된 데이터를 학습한 인공 지능을 활용하여 재판을 할 경우, 합리적이지 않은 이유로 차별받지 않을 권리인 [A]를 침해할 우려가 있다.
○ 판례에 대한 빅데이터를 학습한 인공 지능을 법관의 재판 업무에 보조적으로 활용할 경우, 재판 지연 해소에 도움이 된다. 이를 통해 기본권 보장을 위한 수단적 권리인 [B]를 더 많은 사람이 보장받을 수 있다.

① A는 다른 기본권 보장의 전제 조건이 되는 권리이다.
② B는 국가 권력의 간섭을 배제하는 권리이다.
③ A와 달리 B는 인간의 존엄과 가치를 보장하기 위한 권리이다.
④ B와 달리 A는 국가의 의사 결정 과정에 참여할 수 있는 권리이다.
⑤ A, B는 모두 국가의 존재를 전제로 한 적극적 권리이다.

16

기본권의 유형 A~C에 대한 설명으로 옳은 것은? (단, A~C는 각각 자유권, 평등권, 사회권 중 하나임.) [3점]

○ 갑은 출근하던 중 지하철에서 경찰관에게 체포되었다. 하지만 이 과정에서 체포의 이유 및 변호인의 조력을 받을 권리를 전혀 고지받지 못해 [A]를 침해당했다.
○ 을은 열악한 고시원에서 살고 있다. 최저 주거 기준에 미치지 못하는 고시원 시설로 인해 인간다운 생활을 할 권리인 [B]를 침해당했다.
○ 평소 간호사가 되고 싶었던 병은 ○○병원 간호사 채용 시험에 응시하였다. 그러나 합리적 이유 없이 성별만을 이유로 채용에서 배제되어 [C]를 침해당했다.

① A의 예로 교육을 받을 권리를 들 수 있다.
② B는 국가 권력으로부터 간섭받지 않을 방어적 권리이다.
③ C는 가장 최근에 등장한 현대적 권리이다.
④ B는 A와 달리 국가의 존재를 전제로 한 적극적 권리이다.
⑤ C는 B와 달리 다른 기본권 보장을 위한 수단적 성격의 권리이다.

17

밑줄 친 '권리'에 해당하는 기본권에 대한 설명으로 옳은 것은? [2점]

헌법 재판소는 대통령 관저로부터 100미터 이내의 장소에서 옥외 집회 또는 시위를 금지하고 위반 시 형사 처벌하도록 규정한 ○○법 해당 조항이 헌법에 위반된다고 판단하였다. 해당 조항은 대통령의 원활한 직무 수행을 보장하기 위한 것이지만, 대통령 관저 인근 일대에서의 모든 집회를 예외 없이 금지하는 것은 공동의 목적을 가진 다수의 사람이 자유롭게 일시적인 모임을 가질 수 있는 <u>권리</u>를 침해하기 때문이라고 본 것이다.

① 다른 기본권을 보장하기 위한 수단적 권리이다.
② 국가 권력의 간섭을 받지 않을 소극적 권리이다.
③ 바이마르 헌법에서 최초로 보장되기 시작한 권리이다.
④ 인간다운 생활 보장을 국가에 요구할 수 있는 권리이다.
⑤ 정치적 의사 형성 과정에 참여할 수 있는 능동적 권리이다.

18

기본권 유형 A~C에 대한 설명으로 옳은 것은? (단, A~C는 각각 자유권, 평등권, 참정권 중 하나임.) [3점]

아래 그림은 [질문1], [질문2]에 대해 '예', '아니요' 중 같은 답을 할 수 있는 것끼리 점선으로 묶은 것이다.

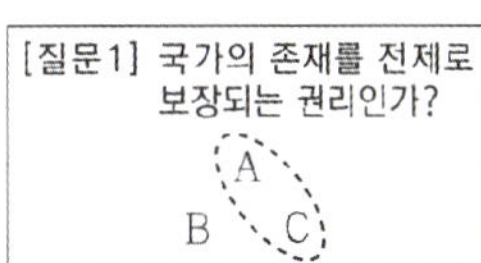

① A는 가장 최근에 등장한 권리이다.
② B는 국가의 정치 과정에 참여할 수 있는 권리이다.
③ C는 자본주의의 문제점을 해결하는 과정에서 등장한 권리이다.
④ A는 B, C와 달리 적극적 성격의 권리이다.
⑤ C는 A, B와 달리 다른 기본권 구제를 위한 수단적 권리이다.

19

A에 해당하는 기본권의 특징에 대한 질문에 모두 옳게 응답한 학생은? [3점]

> 한 장애인 단체가 국가인권위원회에 진정을 냈다. 이 단체는 "선거관리위원회는 사전투표소 대부분이 1층에 설치돼 투표소 접근이 가능하다고 했지만, 발달장애인의 투표를 돕는 투표보조인이 기표소에 들어가지 못하게 제지당하는 등 장애인의 ___A___ 침해 사례가 여전했다."고 주장했다.

질문 ＼ 학생	갑	을	병	정	무
핵심적이고 포괄적인 권리인가?	○	○	×	×	×
국가 권력의 간섭을 받지 않을 방어적 권리인가?	×	○	○	×	×
국가의 의사 결정 과정에 참여할 수 있는 권리인가?	○	×	○	×	○
다른 기본권을 보장하기 위한 수단적 성격의 권리인가?	×	○	○	○	×

(○: 예. ×: 아니요)

① 갑　　② 을　　③ 병　　④ 정　　⑤ 무

20

기본권 A, B에 대한 설명으로 옳은 것은? [3점]

> 갑은 범죄 행위로 유죄를 선고받고 집행 유예 중이라는 이유로 자신의 선거권을 제한하는 ○○법이 국가의 정치 과정에 국민이 참여할 수 있는 권리인 ___A___ 를 침해하는 것은 물론 일반 국민과 집행 유예 중인 자를 차별 취급하는 것이므로 ___B___ 를 침해한다고 판단하여 헌법 소원 심판을 청구하였다.

① A의 예로 공무 담임권을 들 수 있다.
② A는 법률로도 제한할 수 없는 권리이다.
③ B는 다른 기본권 침해 시 이를 구제받기 위한 수단적 권리이다.
④ A는 B와 달리 모든 사회생활 영역에서 차별받지 않을 권리이다.
⑤ B는 A와 달리 적극적 성격의 권리이다.

21

기본권 (가)~(다)에 대한 설명으로 옳은 것은? [3점]

기본권	관련 헌법 조항
(가)	○ 모든 국민은 신체의 자유를 가진다. ○ 모든 국민은 학문과 예술의 자유를 가진다.
(나)	○ 모든 국민은 근로의 권리를 가진다. ○ 모든 국민은 교육을 받을 권리를 가진다.
(나)	○ 모든 국민은 청원권을 가진다. ○ 모든 국민은 재판을 청구할 권리를 가진다.

① (가)는 차티스트 운동에 의해 보장된 권리이다.
② (나)는 국가 권력의 간섭을 배제하는 권리이다.
③ (다)는 다른 기본권을 보장하기 위한 수단적 권리이다.
④ (나)는 (가)보다 역사적으로 앞서서 보장되었다.
⑤ (가)~(다)는 모두 바이마르 헌법에 최초로 명시되었다.

22

기본권 (가), (나)에 대한 옳은 설명만을 〈보기〉에서 고른 것은? [3점]

기본권	우리나라 관련 헌법 조항
(가)	제24조 모든 국민은 법률이 정하는 바에 의하여 선거권을 가진다.
(나)	제26조 ① 모든 국민은 법률이 정하는 바에 의하여 국가 기관에 문서로 청원할 권리를 가진다.

─── 〈 보 기 〉 ───
ㄱ. (가)는 정치 과정에 참여할 수 있는 권리이다.
ㄴ. (가)는 법률로도 제한할 수 없는 절대적 권리이다.
ㄷ. (나)는 침해된 권리를 구제하기 위한 수단적 권리이다.
ㄹ. (나)는 국가 권력의 간섭을 받지 않을 소극적 권리이다.

① ㄱ, ㄴ　② ㄱ, ㄷ　③ ㄴ, ㄷ　④ ㄴ, ㄹ　⑤ ㄷ, ㄹ

23

2018.9(고1)_학평4

기본권 (가)~(라)에 대한 옳은 설명을 〈보기〉에서 고른 것은? [2점]

기본권	우리나라 헌법 관련 조항
(가)	제11조 ① 모든 국민은 법 앞에 평등하다.
(나)	제12조 ① 모든 국민은 신체의 자유를 가진다.
(다)	제24조 모든 국민은 법률이 정하는 바에 의하여 선거권을 가진다.
(라)	제31조 ① 모든 국민은 능력에 따라 균등하게 교육 받을 권리를 가진다.

〈 보 기 〉
ㄱ. (나)는 적극적 성격의 권리에 해당한다.
ㄴ. (다)는 국가의 정치 과정에 참여할 수 있는 권리이다.
ㄷ. (라)는 (나)와 달리 현대 복지 국가에서 그 중요성이 약해지고 있다.
ㄹ. (가)와 (나)는 모두 천부인권의 성격을 가진다.

① ㄱ, ㄴ ② ㄱ, ㄷ ③ ㄴ, ㄷ ④ ㄴ, ㄹ ⑤ ㄷ, ㄹ

24

2018.11(고1)_학평8

다음 공약 내용이 공통적으로 추구하는 기본권에 대한 설명으로 가장 적절한 것은? [3점]

○ ◇◇◇당: 1인 자영업자로 분류되어 노동자로 인정받지 못했던 특수고용직 노동자들에게도 노동 3권을 보장하여 삶의 질을 향상시킬 수 있는 노동 조건을 만들겠습니다.
○ △△△당: 기초 연금 지급액을 인상하여 어르신들의 경제적 어려움을 완화하고, 노후 생활의 안정에 기여하는 사회 안전망을 강화하겠습니다.

① 역사적으로 가장 오래된 권리이다.
② 국가에 의해 인간다운 삶을 보장받을 권리이다.
③ 국가의 의사 결정 과정에 참여할 수 있는 권리이다.
④ 국가로부터 간섭받지 않고 자유롭게 생활할 권리이다.
⑤ 기본권이 침해당했을 때 구제를 청구할 수 있는 권리이다.

25

2023.9(고1)_학평16

다음 자료는 기본권 제한에 관한 우리나라 헌법 조항 중 일부이다. 이에 대한 옳은 설명만을 〈보기〉에서 고른 것은? [3점]

제37조 ② 국민의 모든 자유와 권리는 국가안전보장·질서유지 또는 공공복리를 위하여 필요한 경우에 한하여 ㉠법률로써 제한할 수 있으며, 제한하는 경우에도 자유와 권리의 본질적인 내용을 침해할 수 없다.

〈 보 기 〉
ㄱ. 국민의 기본권은 어떠한 경우에도 제한할 수 없다.
ㄴ. 기본권 제한을 통해 보호하려는 공익보다 침해되는 개인의 이익이 커야 한다.
ㄷ. 기본권을 제한할 때는 정당한 목적을 달성하는 데 필요한 범위 안에서만 제한하여야 한다.
ㄹ. ㉠의 이유는 국민의 기본권이 국가에 의해 함부로 침해당하지 않도록 보장하기 위함이다.

① ㄱ, ㄴ ② ㄱ, ㄷ ③ ㄴ, ㄷ ④ ㄴ, ㄹ ⑤ ㄷ, ㄹ

26

2022.11(고1)_학평17

다음은 뉴스 보도의 일부이다. 밑줄 친 ㉠~㉣에 대한 설명으로 옳지 <u>않은</u> 것은? [2점]

① ㉠은 법률의 적용 및 해석을 통한 재판을 담당한다.
② ㉡은 국가 기관 간 견제를 통해 권력 남용을 방지하고자 한다.
③ ㉢은 국민의 기본권 침해를 막기 위해 헌법 소원 심판을 담당한다.
④ ㉣은 개인이 국가의 부당한 간섭을 받지 않을 권리이다.
⑤ ㉤은 인권 보장을 위한 국가의 최고법이다.

27
2025.11(고1)_학평6

다음 자료에 대한 옳은 설명만을 〈보기〉에서 고른 것은? [2점]

갑은 인터넷 게시판에 익명으로 댓글을 작성하려고 하였으나 운영자가 게시판 이용 시 본인 확인 절차를 거치도록 조치하여 댓글을 게시하지 못하였다. 이에 갑은 본인 확인 절차를 거쳐야만 게시판을 이용할 수 있도록 하는 제도를 규정한 법령 조항들로 인해 ㉠헌법상 자유권이 침해당하였다고 판단하여, ㉡헌법 소원 심판을 청구하였다. 　(가)　은/는 해당 법령 조항들이 게시판 이용자의 표현의 자유를 사전에 제한하여 의사 표현 자체를 위축시켜, 갑의 자유권을 침해한다는 이유로 위헌 결정을 내렸다.

― 〈 보 기 〉 ―
ㄱ. (가)는 법률을 제정하는 기관이다.
ㄴ. (가)는 위헌 법률 심판권을 갖는다.
ㄷ. ㉠은 국가의 최고법으로서 인권을 기본권으로 규정하고 있다.
ㄹ. 갑이 청구한 ㉡은 재판 중인 사건에서 다루는 법률의 위헌 여부를 심사하는 제도이다.

① ㄱ, ㄴ ② ㄱ, ㄷ ③ ㄴ, ㄷ ④ ㄴ, ㄹ ⑤ ㄷ, ㄹ

28
2025.9(고1)_학평16

다음 교사의 질문에 대해 옳게 답변한 학생만을 고른 것은? [1.5점]

수업 자료	**과제 게시판**	자유 게시판 · 통합사회 E-class

○ 교사 : 우리나라 헌법에 명시된 인권 보장을 위한 제도적 장치에 대해 답변해 볼까요?

↳ 갑 : 국가 권력의 행사는 국민의 대표 기관인 국회에서 제정한 법률에 따라 이루어져야 해요.

↳ 을 : 기본권 제한의 요건을 헌법에 명시하여 부당한 국가 권력의 행사로부터 국민의 기본권을 보장하고 있어요.

↳ 병 : 기본권을 침해받은 국민은 국가인권위원회에 헌법 소원 심판을 청구하여 침해받은 기본권을 구제받을 수 있어요.

↳ 정 : 권력 분립 제도에 따라 국회는 입법권, 정부는 사법권, 법원은 행정권을 각각 담당하고 있어요.

① 갑, 을 ② 갑, 병 ③ 을, 병 ④ 을, 정 ⑤ 병, 정

29
2022.9(고1)_학평14

밑줄 친 ㉠~㉣에 대한 옳은 설명만을 〈보기〉에서 고른 것은? [3점]

○○법 개정을 위해서 국민이 할 수 있는 정치 참여 방법을 제시해 봅시다.

정책 제안 홈페이지에 ㉠○○법 개정 관련 정책 아이디어를 온라인으로 제출할 수 있습니다.

국회의원 선거에서 ○○법의 개정을 공약으로 내세운 ㉡후보자에게 투표를 할 수 있습니다.

○○법의 개정을 촉구하는 ㉢집회에 참석하거나 ㉣청원서를 작성할 수 있습니다.

― 〈 보 기 〉 ―
ㄱ. ㉠은 정치 참여 주체의 정치적 효능감을 향상시킨다.
ㄴ. ㉢은 정치 권력에 대한 국민의 감시 기능을 강화시킨다.
ㄷ. ㉡은 ㉠과 달리 대의 민주주의의 한계를 보완할 수 있다.
ㄹ. ㉢, ㉣은 모두 집단적 정치 참여 방법에 해당한다.

① ㄱ, ㄴ ② ㄱ, ㄷ ③ ㄴ, ㄷ ④ ㄴ, ㄹ ⑤ ㄷ, ㄹ

30
2025.9(고1)_학평4

밑줄 친 행위들이 정당화되기 위한 조건만을 〈보기〉에서 고른 것은? [2점]

〈사례 1〉
1930년대 인도를 식민 지배하던 영국은 인도인의 소금 제조와 판매를 금지하고, 반드시 영국으로부터 소금을 구매하도록 하는 소금법을 제정했다. 이에 대해 부당함을 느낀 간디는 소금법 폐지를 주장하는 행진을 평화적으로 이끌어 소금법 폐지라는 결과를 얻었다.

〈사례 2〉
1950년대 미국 정부는 흑인과 백인을 차별하는 인종 분리법을 시행하였다. 흑인 여성 로자 파크스는 백인에게 버스 자리를 양보하지 않아 경찰에 체포되었다. 이 사건을 계기로 몽고메리의 흑인들은 버스 승차거부 운동을 시작했고, 흑인들의 인권 운동이 확산되었다.

― 〈 보 기 〉 ―
ㄱ. 위법 행위에 대한 법적인 처벌을 받아들여야 한다.
ㄴ. 효율적인 목표 달성을 위해 폭력이 허용되어야 한다.
ㄷ. 개인의 이익이 아닌 사회정의 실현을 목적으로 해야한다.
ㄹ. 합법적인 노력이 시도되기 전에 공개적으로 이루어져야 한다.

① ㄱ, ㄴ ② ㄱ, ㄷ ③ ㄴ, ㄷ ④ ㄴ, ㄹ ⑤ ㄷ, ㄹ

31

그림의 강연자가 지지할 입장으로 가장 적절한 것은?
[2점]

① 시민 불복종은 공공의 이익을 위해 시행되어야 한다.
② 시민 불복종에 따른 처벌을 받아들이지 않아야 한다.
③ 시민 불복종은 정의로운 법을 대상으로 실시되어야 한다.
④ 시민 불복종은 합법적인 노력보다 먼저 이루어져야 한다.
⑤ 시민 불복종의 목적 달성을 위해서는 폭력도 허용되어야 한다.

32

다음 자료는 서술형 평가 문항 및 답안의 채점 결과이다. 이에 대한 옳은 설명만을 〈보기〉에서 고른 것은? [3점]

[문항] ㉠시민 불복종이 정당화되기 위한 조건을 3가지 서술하시오. (각 조건별로 채점하며, 옳은 조건 1개당 1점을 부여함.)
[답안] ○비폭력적인 방법으로 이루어져야 한다.
　　　○사회 정의 실현을 목표로 삼아야 한다.
　　　○___________(가)___________
채점 결과 　　　　　　(㉡)

─── 〈 보 기 〉 ───
ㄱ. ㉠은 시민 참여의 한 방법이다.
ㄴ. ㉡이 2점이라면 (가)에는 '현행 법규를 위반하지 않는 범위 내에서 이루어져야 한다.'가 들어갈 수 있다.
ㄷ. (가)에 '정당성 확보를 위해 비공개적으로 이루어져야 한다.'가 들어간다면 ㉡은 3점이다.
ㄹ. (가)에 '합법적 방법으로 문제를 해결할 수 없을 때 최후의 수단으로 사용해야 한다.'가 들어간다면 ㉡은 2점이다.

① ㄱ, ㄴ ② ㄱ, ㄷ ③ ㄴ, ㄷ ④ ㄴ, ㄹ ⑤ ㄷ, ㄹ

33

그림은 어떤 사상가가 제자에게 쓴 가상 편지이다. 시민 불복종에 대한 이 사상가의 입장으로 가장 적절한 것은?
[2.5점]

제자 ○○에게

"부정의(不正義)한 법과 정책에 맞서 우리는 어떻게 행동해야 할까요?"라는 자네의 질문에 대해 곰곰이 생각해 보았다네. 거의 정의로운 사회의 시민이라면 일부 법이 부정의하더라도, 그 법이 정당한 절차로 제정되었다면 따라야 할 의무가 있지. 하지만 어떤 법이나 정책이 인간의 기본적 자유와 권리를 심각하게 침해한다면, 그때는 시민 불복종이라는 수단을 통해 맞서야 하네. 시민 불복종은 부정의한 법이나 정책에 변혁을 가져올 목적으로 행해지는, 법에 반하는 정치적 행위라네. 시민 불복종이 정당화되기 위해서는 공개적이고 비폭력적으로 이루어져야 하며, 그 행위의 법적인 결과를 기꺼이 받아들이겠다는 의지가 있어야 하지.

① 시민 불복종이 초래하는 법적인 처벌을 거부해야 한다.
② 시민 불복종은 정의로운 사회로 나아가는 데 기여한다.
③ 부정의한 모든 법과 정책은 시민 불복종의 대상이 된다.
④ 시민 불복종은 위법 행위이므로 비밀리에 이루어져야 한다.
⑤ 공익을 위해서라면 시민 불복종에 폭력 행위가 수반될 수 있다.

34

밑줄 친 ㉠, ㉡과 같은 행위가 정당화되기 위한 조건으로 적절하지 <u>않은</u> 것은? [2점]

○ 마틴 루터 킹은 흑인 차별 문제의 심각성을 일깨우는 데 중요한 역할을 한 인물이다. 그는 1955년 시내버스 이용의 흑인 차별 대우에 반대하여 5만 명의 흑인 시민이 참가한 ㉠몽고메리 버스 승차 거부 운동을 비폭력적으로 이끌었다.
○ 1930년 영국 정부는 '소금법'으로 인도 사람들을 억압하였다. 간디는 영국 정부에 '소금법'의 폐지를 요구하였으나 받아들여지지 않자, 이에 대한 저항의 표시로 ㉡소금 행진을 평화적으로 이끌었다.

① 비폭력적인 방법으로 이루어져야 한다.
② 사회 정의의 실현을 목표로 삼아야 한다.
③ 정당성 확보를 위해 비공개적으로 이루어져야 한다.
④ 위법 행위에 따른 현행법상의 처벌을 감수해야 한다.
⑤ 합법적 방법으로 문제를 해결할 수 없을 때 최후의 수단으로 사용해야 한다.

35

2022.9(고1)_학평13

다음 글에서 강조하는 내용으로 가장 적절한 것은? [2점]

> 나는 극단적인 인종 차별주의자들처럼 법률을 무시하라고 주장하는 것이 아니다. 그렇게 되면 우리 사회는 무정부 상태가 될 것이다. 부당한 법률을 위반하는 사람은 어떠한 형벌도 달갑게 받아들여야 한다. 양심적으로 볼 때 부당하다고 판단되는 법률을 위반하되 지역 사회의 양심에 그 법률의 부당성을 호소하기 위해서 징역형도 불사하는 사람이야말로 법률을 지극히 존중하는 사람이다.

① 모든 법률을 그 자체로 정당한 것으로 보아야 한다.
② 법률은 특정 인종의 이익을 위해서 제정되어야 한다.
③ 법률을 강자의 이익을 정당화하는 도구로 사용해야 한다.
④ 법률이 없는 무정부 상태를 이상적인 상태로 보아야 한다.
⑤ 부당한 법률에 불복종하기 위해서는 처벌을 감수해야 한다.

36

2020.9(고1)_학평6

밑줄 친 ㉠이 시민 불복종으로서 정당화되기 위한 조건만을 〈보기〉에서 있는 대로 고른 것은? [2점]

> 2014년에 일어난 홍콩의 ㉠우산 혁명은 홍콩 행정 장관 선거의 완전 직선제를 요구하며 79일간 이어진 시위를 말한다. 시민들이 시위 과정에서 경찰이 뿌리는 최루액을 막기 위해 들기 시작한 우산이 시위의 상징이 되면서 우산 혁명으로 불리게 되었다.

─── 〈 보 기 〉───
ㄱ. 공개적이며 비폭력적이어야 한다.
ㄴ. 현행 법규를 위반하지 않는 범위 내에서 행해져야 한다.
ㄷ. 사회 정의 실현을 목표로 하는 양심적인 행동이어야 한다.
ㄹ. 다른 방법으로는 문제를 해결할 수 없을 때 사용되는 최후의 수단이어야 한다.

① ㄱ, ㄴ　　② ㄴ, ㄹ　　③ ㄷ, ㄹ
④ ㄱ, ㄴ, ㄷ　　⑤ ㄱ, ㄷ, ㄹ

37

2021.9(고1)_학평7

다음은 통합사회 형성평가 문항지이다. 학생이 받을 점수로 옳은 것은? [3점]

1학년 □반 이름: □□□		
[문제] 시민 불복종의 정당화 조건에 관한 설명이 맞으면 O에, 틀리면 X에 √ 표시하시오. (맞은 항목 당 1점 부여)		

시민 불복종의 정당화 조건	O	X
위법 행위에 대한 처벌을 감수해야 한다.	√	
비폭력적인 방법을 통해서 이루어져야 한다.	√	
공익을 위하여 비공개적으로 이루어져야 한다.	√	
사회 정의 실현을 목표로 하는 행위이어야 한다.	√	
다른 방법으로는 해결할 수 없는 최후의 수단이어야 한다.		√

① 1점　　② 2점　　③ 3점　　④ 4점　　⑤ 5점

38

2018.9(고1)_학평20

다음 사례에 나타난 운동이 정당화되기 위한 조건만을 〈보기〉에서 있는 대로 고른 것은? [3점]

> 1950년대 미국 앨라배마주에는 흑백 분리법에 따라 버스 내 흑인과 백인의 좌석이 나뉘어 있었고, 흑인은 백인에게 자리를 양보해야 한다는 규정이 있었다. 그런데 만석이 된 버스에서 백인에게 자리를 양보할 것을 요구받은 흑인 여성 로자 파크스가 이를 거부하였고, 이로 인해 체포되었다. 흑인 사회는 로자 파크스 사건에 분노했고, 흑인들은 마틴 루터 킹 목사를 중심으로 그들에게 허용되지 않은 구역에서 자신들의 권리를 주장하다 경찰에 연행되었다. 1년간의 노력 끝에 결국 흑백 분리법은 위헌 판결을 받았다.

─── 〈 보 기 〉───
ㄱ. 어떠한 경우에도 법률을 준수해야 한다.
ㄴ. 폭력적 행위를 해서라도 목적을 달성해야 한다.
ㄷ. 합법적으로 문제를 해결할 수 없을 때 사용되어야 한다.
ㄹ. 사익 추구가 아닌 사회 정의 실현을 목적으로 해야 한다.

① ㄱ, ㄴ　　② ㄴ, ㄹ　　③ ㄷ, ㄹ
④ ㄱ, ㄴ, ㄷ　　⑤ ㄱ, ㄷ, ㄹ

39
2024.9(고1)_학평10

다음 사례에서 부각되는 사회적 소수자의 특징으로 가장 적절한 것은? [2점]

> 유럽의 식민지 경쟁으로 흑인들이 살고 있던 ○○국에 백인들이 유입되었다. ○○국 전체 인구의 10% 정도를 차지하는 백인들이 점차 권력을 잡아갔다. 정권을 잡은 소수의 백인들로부터 다수의 흑인들은 거주 공간·직업·투표권을 제한당하는 등 사회 전반에 걸쳐 차별을 받았다.

① 사회적 소수자는 집단의 크기에 의해 결정되는 것이 아니다.

② 사회적 소수자에 대한 차별은 개인적 능력 차이에 기인한다.

③ 사회적 소수자를 규정하는 기준은 절대적이며 변하지 않는다.

④ 사회적 소수자는 해당 사회에서 지배적인 영향을 끼치는 집단과 동일한 신체적 특징을 가지고 있다.

⑤ 사회적 소수자는 해당 사회에서 지배적인 영향을 끼치는 집단보다 경제적 자원 획득에 유리한 위치에 있다.

40
2023.9(고1)_학평15

(가), (나)에서 공통으로 추론할 수 있는 내용으로 가장 적절한 것은? [2점]

> (가) 장애인 의무 고용 제도란 국내 사업주에게 일정 비율 이상의 장애인을 고용하도록 의무를 부과하는 제도로, 이를 이행하지 않으면 부담금을 내야 한다. 그러나 아직 우리 사회에서는 장애인에 관한 사회적 인식이 크게 바뀌지 않아 여전히 장애인 고용은 저조한 수준에 머물러 있다.
>
> (나) 남녀 고용 평등법은 고용 시장에서의 여성의 채용·승진·임금 차별을 막기 위해서 제정되었다. 하지만 법이 시행된 이후에도 성차별적 인식으로 인해 여전히 여성은 임금과 고용에서 차별을 받고 있다.

① 성별에 따른 차별이 장애에 따른 차별보다 강하다.

② 사회적 소수자를 규정하는 기준은 절대적이며 변하지 않는다.

③ 장애인과 여성에 대한 사회적 차별은 개인적 능력 차이에서 기인한다.

④ 사회적 소수자 우대 정책으로 인한 역차별 문제도 함께 해소해야 한다.

⑤ 사회적 소수자에 대한 차별을 해소하기 위해서는 법과 제도의 시행뿐만 아니라 의식 개선도 이루어져야 한다.

41

다음 글에서 강조하는 내용으로 가장 적절한 것은? [2점]

> 우리 사회에서 장애인은 취업에서 차별을 겪는 경우가 많다. 이러한 차별을 개선하기 위해 정부는 장애인의 의무 고용률을 중앙 정부와 지방 자치 단체 등에서는 3.4%, 일정 규모 이상의 일반 사업장에서는 3.1%로 정하고 이를 이행하지 않으면 부담금을 부과하고 있다. 지속적인 정부 정책의 시행으로 장애인의 고용 여건은 점차 개선되고 있는데, 이는 사회 문제 해결을 위한 정부 정책의 수립이 중요하다는 점을 보여주는 사례이다.

① 사회적 소수자 우대 정책으로 인한 역차별 문제를 해결해야 한다.
② 사회적 소수자가 겪는 차별을 개선하기 위한 법과 제도의 도입이 필요하다.
③ 집단의 크기에 의해 사회적 소수자가 결정되는 것이 아님을 인식해야 한다.
④ 사회적 소수자들은 자신들이 차별받는 집단에 속해 있다는 의식을 가져야 한다.
⑤ 사회적 소수자가 겪는 인권 문제에 대한 사회 구성원들의 의식 개선이 필요하다.

42

다음 자료는 사회적 소수자에 관한 사례이다. 이에 대한 설명으로 옳은 것은? (단, A, B는 각각 불교, 이슬람교 중 하나임.) [2.5점]

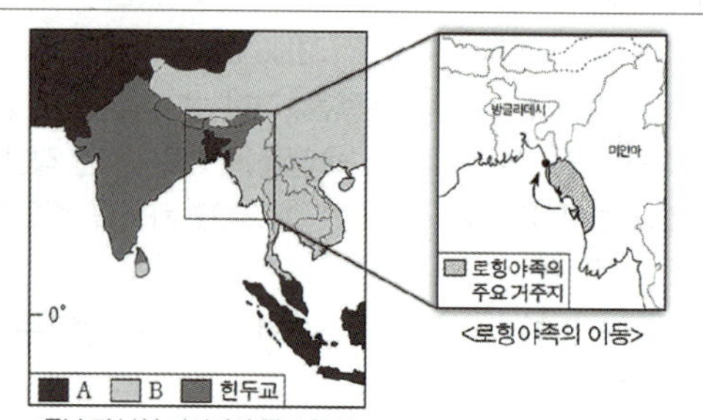

> 동남 및 남부 아시아 지역은 다양한 문화와 종교가 혼재하여 분쟁이 발생하기도 한다. 대다수가 A를 믿는 로힝야족은 주로 B를 믿는 미얀마에서 종교적, 역사적 갈등을 겪고 차별을 받아 왔다. 이러한 박해를 피해 로힝야족의 여성 갑은 A 신도의 비중이 큰 방글라데시 난민촌으로 이주하였다. 갑은 난민촌 밖으로의 이동 제한, 경제 활동 금지 등으로 인해 ㉠주거권, 안전권, 환경권을 보장받지 못해, 이러한 난민에 대한 차별에 비참함을 느끼고 있다. 또한 갑은 남성과 동행해야만 의료 서비스를 받을 수 있는 절차 등 여성에 대한 지속적 차별이 부당하다고 여기고 있다.

① A의 대표적인 종교 경관은 탑과 불상이다.
② B는 쿠란의 율법을 중시한다.
③ ㉠은 근대 시민 혁명 이전부터 강조된 권리이다.
④ 한 개인이 여러 사회적 소수자 집단에 중첩되어 속할 수 있음을 보여 준다.
⑤ 사회적 소수자는 선천적 요인이 아닌 후천적 요인에 의해 결정됨을 보여 준다.

43

다음은 청소년 노동권에 대한 수업 활동을 정리한 자료이다. 이에 대한 설명으로 옳은 것은? [3점]

<규칙> 사례에 대한 법적 판단이 옳으면 '○', 옳지 않으면 '×'로 표시한다. '○', '×'를 옳게 표시하면 배정된 점수를 획득한다.
<사례> 사업주 A(45세)와 고등학생 B(17세)가 1일 5시간, 주 25시간의 근로 계약을 체결했다.

<갑, 을, 병의 답변 결과>

<사례>에 대한 법적 판단	배점	갑	을	병
B는 A에게 단독으로 임금을 청구할 수 있다.	1점	○	×	○
B는 A에게 근무 시간 중 휴게시간을 요구할 수 없다.	2점	○	×	○
A와 B의 합의가 있을 경우, 최저 임금제를 적용하지 않을 수 있다.	3점	×	○	×
법정 대리인의 동의가 있더라도 B는 보건상 유해한 업종에 종사할 수 없다.	4점	×	○	○

① 갑이 획득한 점수는 5점이다.
② 획득한 점수의 합이 가장 높은 사람은 을이다.
③ 옳게 답한 개수가 가장 많은 사람은 병이다.
④ 을이 갑보다 옳게 답한 개수가 1개 더 많다.
⑤ 병이 획득한 점수는 갑이 획득한 점수보다 3점이 더 높다.

44

다음 자료에 대한 옳은 설명만을 〈보기〉에서 고른 것은? [2.5점]

< 근로 계약서 >

사용자 갑과 근로자 을(16세)은 다음과 같이 근로 계약을 체결한다.
1. 근로 계약 기간 : 2025. 7. 21. (월) ~ 2025. 8. 1. (금)
··· (중략) ···
4. 근로 시간 : 09:00 ~ 17:00 (휴게 시간 : 13:00 ~ 14:00)
5. 근무일 : 매주 월요일 ~ 금요일
6. 임 금 : 시간당 11,000원

* 2025년의 법정 최저 임금은 시간당 10,030원이고, 을은 고등학생임.

━━ < 보 기 > ━━
ㄱ. 을이 계약대로 근무할 경우 1일 임금은 88,000원이다.
ㄴ. 을의 법정 대리인은 을의 근로 계약을 대리하여 체결할 수 있다.
ㄷ. 갑과 을이 합의하면 1일 1시간의 연장 근로가 가능하다.
ㄹ. 갑은 을의 연령을 증명하는 가족 관계 기록 사항에 관한 증명서를 사업장에 갖추어야 한다.

① ㄱ, ㄴ ② ㄱ, ㄷ ③ ㄴ, ㄷ ④ ㄴ, ㄹ ⑤ ㄷ, ㄹ

45

다음은 통합사회 형성 평가지이다. 학생이 표시한 답이 옳은 것만을 ㉠~㉣ 중에서 고른 것은? [2점]

〈 형성 평가 〉
※ 고등학생(17세)이 근로 계약 체결 시 알아 두어야 할 유의 사항에 대한 진술이 맞으면 '예', 틀리면 '아니요'에 ✔표시하시오.

1. 임금을 독자적으로 청구할 수 있다.
　　　　　　　　예 ✔ 아니요 □ ······ ㉠
2. 법정 대리인이 근로 계약을 대신 체결해야 한다.
　　　　　　　　예 □ 아니요 ✔ ······ ㉡
3. 성인과 동일하게 법정 최저 임금을 보장받는다.
　　　　　　　　예 □ 아니요 ✔ ······ ㉢
4. 근로 시간은 원칙적으로 1일 7시간을 초과하지 못한다.
　　　　　　　　예 □ 아니요 ✔ ······ ㉣

① ㉠, ㉡ 　② ㉠, ㉢ 　③ ㉡, ㉢
④ ㉡, ㉣ 　⑤ ㉢, ㉣

정답과 해설 **17**쪽 ↓

46
2023.11(고1)_학평9

다음 사례에 대한 설명으로 옳은 것은? [3점]

> 중학교를 졸업한 갑(16세)은 ○○ 대형 마트 사장 을
> (41세)과 2023년 1월 2일부터 2023년 2월 1일까지
> 매장 내 상품 진열 및 정리를 하기로 근로 계약을 체결
> 하였다. 다음은 계약 내용 중 일부이다.
> ○ 근로 시간: 13시~21시(휴게 시간: 17시~18시)
> ○ 근무일: 월~금(휴일: 토, 일)
> ○ 임금: 시간당 9,000원
> * 갑의 친권자는 부모이며, 2023년 법정 최저 임금은 시간당
>   9,620원임.

① 갑은 부모의 동의 없이도 근로 계약을 체결할 수 있다.
② 갑과 을은 근로 계약의 내용을 문서로 작성하지 않아
도 된다.
③ 갑의 근로 시간은 근로 기준법에 위반되지 않는다.
④ 갑은 근로 계약대로 시간당 9,000원의 임금만 요구할
수 있다.
⑤ 갑과 을이 합의하더라도 갑은 연장 근로를 할 수 없다.

47
2023.9(고1)_학평12

다음 질문에 대해 옳은 답변을 한 사람만을 고른 것은?
[2점]

www.청소년 노동인권 상담소.kr

질문 저는 올해 16세가 된 고등학생입니다. 근로 계약서를 쓰기 전에 제가 알아 두어야 할 근로 기준이나 근로자의 권리에는 무엇이 있을까요?

답변
↳ 갑: 연소 근로자도 성인과 동일하게 최저 임금을 적용받습니다.
↳ 을: 연소 근로자는 임금 청구 시 반드시 법정 대리인의 동의가 필요합니다.
↳ 병: 연소 근로자는 법정 대리인의 동의가 있어도 보건상 유해 업종에서 근로할 수 없습니다.
↳ 정: 연소 근로자는 단결권, 단체 교섭권, 단체 행동권과 같은 노동 3권을 보장 받을 수 없습니다.

① 갑, 을   ② 갑, 병   ③ 을, 병
④ 을, 정   ⑤ 병, 정

48
2020.11(고1)_학평19

다음은 근로 계약서의 일부이다. 이에 대한 설명으로
옳은 것은? [3점]

> **< 근로 계약서 >**
>
>   사업자 갑(40세)과 근로자 을(17세)은 다음과 같이 근로 계약을
> 체결한다.
>
> 1. 계약 기간: 2020. 1. 1. ~ 2020. 2. 29.
> 2. 근무 장소 및 업무 내용: ○○ 제과점 / 상품 계산 및 청소
> 3. ㉠근로 시간: ㉡오전 9시 ~ 오후 3시
> 4. 근무일 / 휴일: 월 ~ 금 / 토, 일
> 5. ㉢임금: 시간당 7,000원

* 2020년의 법정 최저 임금은 시간당 8,590원임.

① ㉠은 근로 계약서에 명시하지 않아도 된다.
② ㉡의 경우 을은 갑에게 휴게 시간을 요구할 수 있다.
③ 을은 ㉢에 합의했으므로 법정 최저 임금을 요구할 수
없다.
④ 근로 계약 시 을의 부모 동의는 필요하지 않다.
⑤ 갑은 을에게 임금 전액을 현금이 아닌 상품권으로 지
급할 수 있다.

49

다음은 청소년 노동 인권에 대한 수업 장면이다. (가)에 들어갈 학생의 옳은 답변만을 〈보기〉에서 고른 것은? [3점]

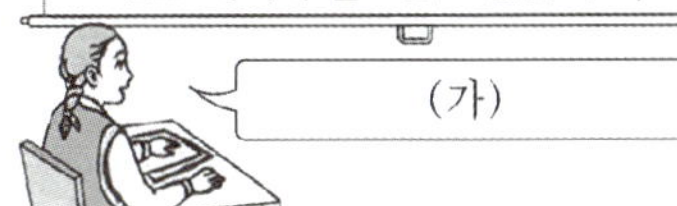

< 보 기 >

ㄱ. 성인과 동일한 최저 임금을 보장받습니다.

ㄴ. 자신의 임금을 독자적으로 청구할 수 있습니다.

ㄷ. 보호자가 대리하여 근로 계약을 체결해야 합니다.

ㄹ. 근무 시간 도중의 휴게 시간을 요구할 수 없습니다.

① ㄱ, ㄴ ② ㄱ, ㄷ ③ ㄴ, ㄷ ④ ㄴ, ㄹ ⑤ ㄷ, ㄹ

50

갑, 을, 병에 대한 옳은 설명만을 〈보기〉에서 고른 것은? [3점]

＊ 2022년 법정 최저 임금은 시간당 9,160원이다.

< 보 기 >

ㄱ. 갑은 A에게 법정 최저 임금을 요구할 수 없다.

ㄴ. 을이 계약대로 근무할 경우 을의 1일 임금은 70,000원이다.

ㄷ. 병은 부모님의 동의 없이 B에게 단독으로 임금을 청구할 수 있다.

ㄹ. 갑, 을, 병은 모두 야간 근로가 원칙적으로 금지된다.

① ㄱ, ㄴ ② ㄱ, ㄷ ③ ㄴ, ㄷ ④ ㄴ, ㄹ ⑤ ㄷ, ㄹ

STEP. 2 학력평가 기출

1

2025.9(고2) 정치와법_학평17

기본권 유형 A, B에 대한 설명으로 옳은 것은? (단, A, B는 각각 자유권, 사회권 중 하나임.) [2점]

- 헌법 재판소는 음주 측정 거부 전력이 있는 운전자가 또다시 음주한 상태로 자동차를 운전하였을 경우 운전면허 취소 처분을 할 수 있도록 하는 도로 교통법 해당 조항이 운전을 직업으로 하는 사람의 직업 선택의 자유를 과도하게 제한하여 A를 침해한다는 청구인의 주장을 기각하였다.
- 헌법 재판소는 탄소 중립 기본법 해당 조항에서 2031년부터 2049년까지의 온실가스 감축 목표에 관한 정량적 수준을 규정하지 않고 이를 정부에 위임한 것은 기후 위기라는 위험 상황에 상응하는 보호 조치로서 필요한 최소한의 성격을 갖추지 못하였을 뿐 아니라 법률 유보 원칙에도 반하는 것으로 쾌적한 환경에서 생활할 권리가 포함된 B를 침해한다고 보았다.

① A는 다른 기본권 보장의 전제가 되는 수단적 권리이다.
② B는 실질적 평등의 실현을 위해 등장한 현대적 권리이다.
③ A와 달리 B는 국가의 간섭이나 침해를 받지 않을 방어적 권리이다.
④ B와 달리 A는 입법자가 법률을 통해 기본권을 구체화할 때 행사할 수 있는 권리이다.
⑤ A와 B 모두 법률로도 제한할 수 없는 절대적 권리이다.

2

2025.11(고2) 정치와법_학평6

기본권 유형 A, B에 대한 설명으로 옳은 것은? [3점]

근대 입헌주의 헌법에 규정된 A는 개인의 생활에 대한 국가 권력의 간섭과 침해를 받지 않을 권리이다. 이 권리를 국가나 타인에 의해 침해당했을 때 그에 대한 구제를 받을 가능성이 없다면 기본권 보장의 실효성이 없을 것이다. 따라서 권리를 침해당했을 때 국가에 이를 구제해 달라고 요구할 수 있는 권리로, 기본권 보장을 위한 수단적 성격을 지닌 B의 보장이 필요하다.

① A는 소극적이고 방어적인 권리이다.
② A는 국가에 특정 행위를 요구할 수 있는 절차적 권리이다.
③ B는 합리적인 이유 없이 차별을 받지 않을 권리이다.
④ B는 국민이 국가 기관의 형성에 참여할 수 있는 권리이다.
⑤ A, B 모두 의회가 제정한 법률로도 제한할 수 없는 권리이다.

3

다음 자료에 대한 설명으로 옳은 것은? [3점]

① (가)가 '인간다운 삶의 보장을 국가에 요구할 수 있는 권리이다.'일 때, 공을 A 방향으로 쏘면 점수를 얻을 수 있다.

② (가)가 '국가의 정치적 의사 결정 과정에 참여할 수 있는 권리이다.'일 때, 공을 B 방향으로 쏘면 점수를 얻을 수 있다.

③ (가)가 '모든 영역에서 부당한 차별을 받지 않을 권리이다.'일 때, 공을 D 방향으로 쏘면 점수를 얻을 수 없다.

④ A 방향으로 공을 쏘아 점수를 얻었다면 (가)에 '가장 최근에 등장한 기본권이다.'가 들어갈 수 있다.

⑤ C 방향으로 공을 쏘아 점수를 얻었다면 (가)에 '국가로부터의 간섭이나 침해를 배제하는 방어적 권리이다.'가 들어갈 수 없다.

4

밑줄 친 ㉠이 해당되는 기본권 유형에 대한 설명으로 옳은 것은? [3점]

교도소에 수감 중인 갑은 자신이 소송을 제기한 재판에 출석하려고 하였으나, 교도소장은 갑이 재판 출석에 필요한 차량 운행 등에 소요되는 비용을 사전에 납부하지 않았다는 이유로 갑의 재판 출석을 허용하지 않았다. 이에 갑은 교도소장이 ㉠헌법과 법률이 정한 법관에 의하여 법률에 의한 재판을 받을 권리를 침해했다고 주장하였다.

① 기본권 보장을 위한 수단적 권리이다.

② 가장 최근에 등장한 현대적 권리이다.

③ 합리적 이유 없이 차별을 받지 않을 권리이다.

④ 국가 권력에 의한 침해를 배제하는 소극적 권리이다.

⑤ 국가의 정치적 의사 형성 과정에 참여하는 능동적 권리이다.

5

기본권 유형 A에 대한 설명으로 옳은 것은? [3점]

갑은 외국에서 국회 의원 선거에 참여할 예정이었으나 감염병 확산으로 해당 재외 공관의 선거 사무가 재외 투표 기간 개시일 직전 중지되어 급히 귀국하였다. 그러나 갑은 '재외 투표 기간 개시일 전에 귀국하여 이를 신고한 경우에만 투표할 수 있다'고 규정한 법률 조항으로 인해 투표하지 못하였다. 이에 갑은 해당 조항이 국민이 대표자를 선출할 수 있는 권리를 내용으로 하는 A를 침해한다며 헌법 소원 심판을 청구하였고, 해당 조항이 과잉 금지 원칙을 위반하여 갑의 A를 침해한다는 결정이 내려졌다.

① 정치 과정에 참여할 수 있는 능동적 권리이다.

② 다른 기본권 보장을 위한 절차적·수단적 권리이다.

③ 국가 권력에 의한 간섭을 배제하는 방어적 권리이다.

④ 인간다운 생활의 보장을 국가에 요구할 수 있는 적극적 권리이다.

⑤ 자본주의 발달에 따른 빈부 격차 문제를 해결하고자 등장한 현대적 권리이다.

6
2024.11(고2) 정치와법_학평17

기본권 유형 A에 대한 설명으로 옳은 것은? [2점]

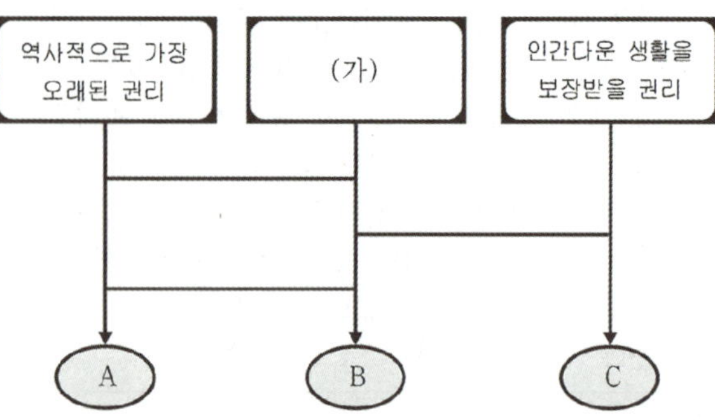

① 국민 주권주의를 실현하는 능동적 권리이다.
② 실질적 평등 실현을 위해 등장한 현대적 권리이다.
③ 국가의 간섭이나 침해를 받지 않을 방어적 권리이다.
④ 기본권 침해 시 이를 구제받기 위한 절차적 권리이다.
⑤ 헌법에 열거되지 않더라도 보장되는 포괄적 권리이다.

7
2023.3(고2) 정치와법_학평9

그림은 사다리 게임을 활용하여 기본권 유형 A~C를
구분한 것이다. 이에 대한 설명으로 옳은 것은? (단,
A~C는 각각 자유권, 청구권, 사회권 중 하나임.) [3점]

＊사다리 게임 규칙 : 세로줄을 따라 아래로 내려가다 가로줄을 만나면
가로줄을 따라 이동하고 다시 세로줄을 따라 내려가는 과정을 반복함.

① A는 다른 기본권 보장을 위한 수단적 권리이다.
② B는 국가의 정치 과정에 참여할 수 있는 권리이다.
③ C의 실현을 위해 우리 헌법은 최저 임금제 시행을 규
  정하고 있다.
④ A와 B는 적극적 권리, C는 소극적 권리이다.
⑤ (가)에 '외부로부터 간섭을 받지 않을 권리'가 들어갈
  수 있다.

8
2021.11(고2) 정치와법_학평12

기본권 유형 A에 대한 설명으로 옳은 것은? [2점]

○○법 △△조항은 법학 전문 대학원의 석사 학위 취득
자에게만 변호사 시험 응시 자격을 부여하고 있다. 해당
조항으로 변호사 자격을 취득할 수 없게 된 청구인은 국
가의 간섭을 받지 않고 자신이 원하는 직업을 자유로이
선택할 수 있는 권리인 A를 침해받았다고 주장하였다.
이에 헌법 재판소는 해당 조항이 청구인의 A를 침해하지
않는다고 판결하였다.

① 국가 권력에 의한 침해를 배제하는 방어적 권리이다.
② 기본권 침해 시 이를 구제받기 위한 절차적 권리이다.
③ 자본주의의 문제점을 해결하기 위해 등장한 권리이다.
④ 국가의 존재를 전제로 하여 인정되는 적극적 권리이다.
⑤ 주권자로서 국가의 정치 과정에 참여할 수 있는 권리
  이다.

9
2020.11(고2) 정치와법_학평6

다음 자료에 대한 설명으로 옳은 것은? (단, A~C는
각각 사회권, 참정권, 청구권 중 하나이다.) [3점]

정치와 법 형성 평가

2학년 ○반 ○번 이름 : ◇◇◇

■ A ~ C 중 다음 각 내용에 해당하는 기본권을 쓰시오.

내용	기본권	점수
능력에 따라 균등하게 교육을 받을 권리	C	1점
건강하고 쾌적한 환경에서 생활할 수 있는 권리	C	ⓛ
국가 및 공공 단체의 구성원으로서 직무를 담당할 수 있는 권리	㉠	1점
헌법과 법률이 정한 법관에 의해 공정하고 신속한 재판을 받을 수 있는 권리	A	0점

＊옳은 답의 경우 1점, 옳지 않은 답의 경우 0점을 부여함.

① ㉠은 B, ⓛ은 1점이다.
② 근로의 권리는 A에 해당한다.
③ B는 다른 기본권 보장을 위한 수단적 권리이다.
④ C는 국민 주권주의의 실현을 위한 정치적 기본권이다.
⑤ A는 C와 달리 현대 복지 국가 헌법에서 보장된다.

10

기본권의 유형 A, B에 대한 설명으로 옳은 것은? (단, A, B는 각각 자유권, 사회권 중 하나이다.) [2점]

질문 　　　　　　　 기본권	A	B
역사석으로 가장 오래된 기본권인가?	예	아니요
다른 기본권 보상을 위한 수단적 성격의 권리인가?	아니요	㉠
(가)	아니요	예

① A는 국가 권력으로부터 간섭받지 않을 권리이다.
② B는 국가의 정치 과정에 참여할 수 있는 권리이다.
③ A는 B와 달리 적극적 성격의 권리이다.
④ ㉠은 '예'이다.
⑤ (가)에는 '다른 기본권 보장의 전제 조건이 되는 권리인가?'가 들어갈 수 있다.

11

기본권 A에 대한 설명으로 가장 적절한 것은? (단, A는 사회권, 참정권, 청구권 중 하나이다.) [3점]

① 가장 최근에 등장한 현대적 권리이다.
② 국가의 정치 과정에 참여할 수 있는 권리이다.
③ 기본권 침해를 구제받기 위한 수단적 권리이다.
④ 국가 권력으로부터 간섭받지 않을 방어적 권리이다.
⑤ 최소한의 인간다운 생활을 보장받을 수 있는 권리이다.

12

밑줄 친 ㉠, ㉡이 공통적으로 해당되는 기본권의 유형에 대한 설명으로 옳은 것은? [2점]

○ 갑은 출근 시 ○○역 사거리의 교통 혼잡으로 인해 지각을 자주 하였다. 이에 갑은 △△지방 자치 단체에 ○○역 사거리의 회전 교차로 설치를 요청하는 ㉠청원서를 제출하였다.
○ 을은 폭행 혐의로 구속 상태에서 수사를 받았으나 목격자의 진술이 잘못된 것으로 확인되어 무죄 취지의 불기소 처분을 받았다. 이에 을은 국가를 상대로 자신을 구금한 것에 대한 ㉡보상을 청구하였다.

① 합리적 이유 없이 차별을 받지 않을 권리이다.
② 실질적 평등의 실현을 위해 등장한 현대적 권리이다.
③ 국가 권력에 의한 침해를 배제하는 소극적 권리이다.
④ 국가의 정치적 의사 결정에 참여할 수 있는 능동적 권리이다.
⑤ 다른 기본권이 침해되었을 때 이를 구제하기 위한 수단적 권리이다.

13

(가)에 들어갈 내용으로 옳은 것은? [2점]

우리나라 헌법은 국민의 기본권 보장을 핵심 원칙으로 하지만 국가 안전 보장, 질서 유지, 공공복리를 목적으로 하는 경우에 한하여 기본권 제한을 허용하고 있다. 헌법은 기본권 제한이 정당한 목적을 달성하는 데 필요한 범위 내로 그쳐야 하고 　(가)　 에 근거해야 하며 기본권을 제한하더라도 자유와 권리의 본질적인 내용을 침해해서는 안 된다고 규정하고 있다. 이처럼 기본권 제한의 한계를 엄격하게 규정하는 것은 국가 기관의 권력 남용으로부터 국민의 기본권을 충실히 보장하기 위함이다.

① 전통과 관습　　　　② 대통령의 명령
③ 국무 회의의 결정　　④ 국민 다수의 여론
⑤ 국회에서 제정한 법률

14
2020.9(고2) 정치와법_학평8

그림은 우리나라 헌법 기관 A, B를 구분한 것이다. A가 B를 견제하는 수단으로 옳은 것은? (단, A, B는 각각 국회, 대통령 중 하나이다.) [2점]

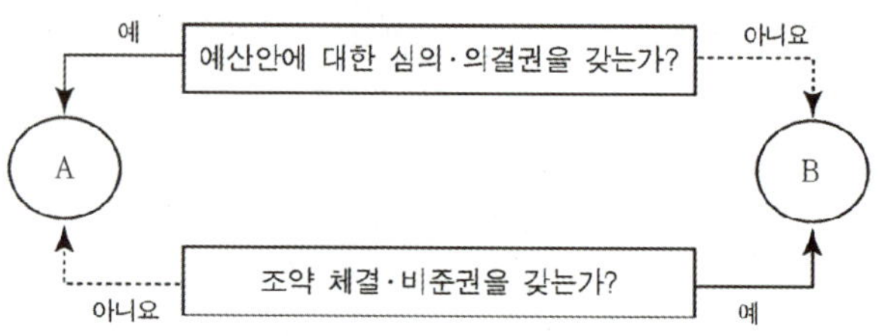

① 탄핵 소추권
② 법률안 거부권
③ 국무 위원 임명 제청권
④ 명령·규칙·처분 심사권
⑤ 대법원장·대법관 임명권

16
2023.6(고2) 정치와법_학평8

A, B에 해당하는 권한으로 옳은 것은? [3점]

우리나라 헌법은 권력 분립의 원리에 따라 국가 기관 간 상호 견제 수단을 규정하고 있다. 예를 들어 입법부가 행정부를 견제하는 수단으로 A를, 사법부가 행정부를 견제하는 수단으로 B를 들 수 있다. 이러한 상호 견제 수단은 국가 기관의 위헌·위법한 권력 행사를 방지함으로써 국민의 자유와 권리 보장에 기여할 수 있다.

	(A)	(B)
①	사면권	탄핵 심판권
②	탄핵 심판권	국무총리 임명 동의권
③	국정 감사권	사면권
④	국무총리 임명 동의권	명령·규칙·처분 심사권
⑤	명령·규칙·처분 심사권	국정 감사권

15
2025.3(고2) 정치와법_학평16

다음 자료는 우리나라의 국가 기관 간 상호 견제 수단을 나타낸 것이다. 이에 대한 설명으로 옳은 것은? (단, (가), (나)는 각각 정부, 법원 중 하나임.) [3점]

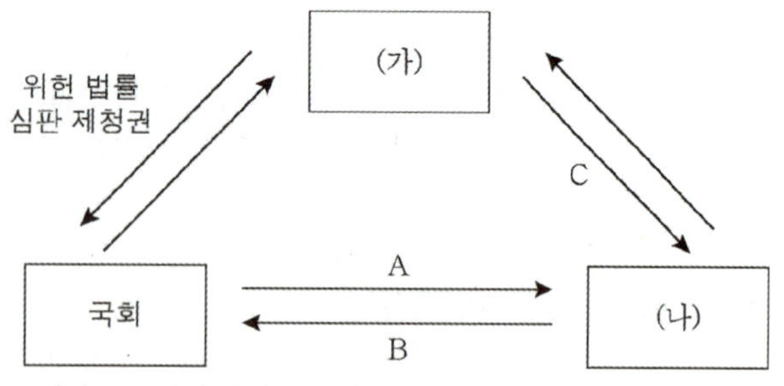

① (가)는 외국과 조약을 체결하고 외교 사절을 파견한다.
② (나)는 대법원과 각급 법원으로 구성된다.
③ 국정 감사권은 A에 해당한다.
④ 국무총리 임명 동의권은 B에 해당한다.
⑤ 예산안 심의·확정권은 C에 해당한다.

17
2024.6(고2) 정치와법_학평15

그림은 우리나라 헌법 기관 A~C의 상호 견제 중 일부를 나타낸 것이다. 이에 대한 설명으로 옳은 것은? (단, A~C는 각각 국회, 대통령, 대법원 중 하나임.) [3점]

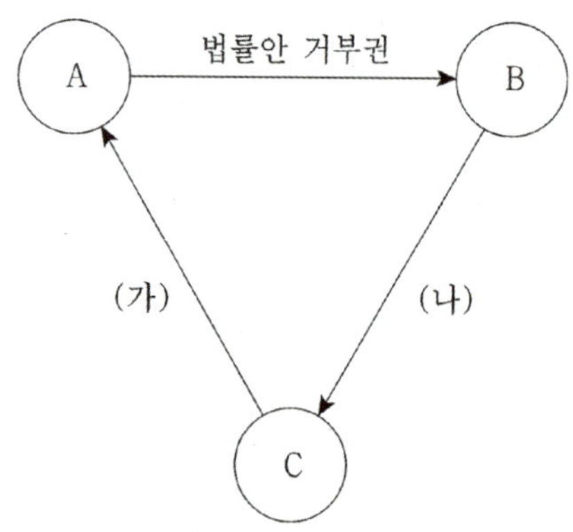

① A는 선거 소송에 대한 최종심을 관할한다.
② B는 국가 안위에 관한 중요 정책을 국민 투표에 부칠 수 있다.
③ C는 사면을 명할 수 있다.
④ (가)에 '국무총리 임명 동의권'이 들어갈 수 있다.
⑤ (나)에 '탄핵 소추권'이 들어갈 수 있다.

18

다음 자료에 대한 설명으로 옳은 것은? (단, A~C는 각각 국회, 대통령, 법원 중 하나임.) [3점]

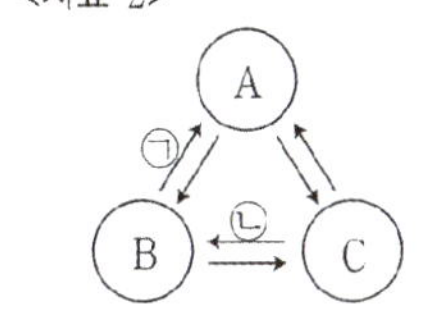

① A는 명령·규칙·처분 심사권을 가진다.
② B는 조약의 체결·비준권을 가진다.
③ C는 긴급 재정·경제 처분 및 명령권을 가진다.
④ ㉠에는 '국무총리 임명 동의권'이 들어갈 수 있다.
⑤ ㉡에는 '정당 해산 심판권'이 들어갈 수 있다.

19

〈자료 1〉의 결과를 〈자료 2〉에 적용할 경우, (가), (나)에 해당하는 우리나라 헌법 기관 간 견제 수단을 옳게 연결한 것은? [2점]

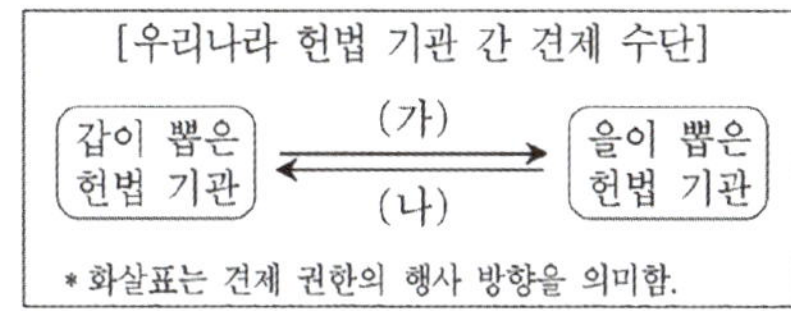

	(가)	(나)
①	탄핵 소추권	권한 쟁의 심판권
②	탄핵 소추권	감사원장 임명 동의권
③	국무위원 해임 건의권	법률안 거부권
④	국무위원 해임 건의권	위헌 정당 해산 심판권
⑤	명령·규칙·처분 심사권	법률안 거부권

20

다음 자료에 대한 옳은 설명만을 〈보기〉에서 고른 것은?
[3점]

- ○ □□ 법원의 판사 갑은 재판 진행 도중 "이번 사건의 전제인 ○○법 제19조는 헌법에 위반된다."라는 결정을 구하는 ㉠위헌 법률 심판을 A에 제청하였다.
- ○ ◇◇법 제8조 위반으로 1심 재판을 받고 있는 을은 담당 재판부에 "◇◇법 제8조는 헌법에 위반된다."라는 결정을 구하는 위헌 법률 심판의 제청을 신청하였으나 기각되자 A에 ㉡헌법 소원 심판을 청구하였다.

< 보 기 >

ㄱ. A는 대법원이다.
ㄴ. ㉠은 행정부가 입법부를 견제하는 수단이다.
ㄷ. ㉠을 통해 헌법이 법률보다 상위법임을 알 수 있다.
ㄹ. ㉡은 국민의 기본권 보호를 목적으로 한다.

① ㄱ, ㄴ　② ㄱ, ㄷ　③ ㄴ, ㄷ　④ ㄴ, ㄹ　⑤ ㄷ, ㄹ

21

밑줄 친 ㉠, ㉡에 대한 설명으로 옳은 것은? [2점]

갑은 자동차 운전 중 휴대전화를 사용하여 범칙금 통고서를 받았으나 이에 불복하여 정식 재판을 청구하였다. 재판 중 갑은 재판의 전제가 된 법률 조항에 대하여 ㉠위헌 법률 심판 제청 신청을 하였으나 기각되었고, 이에 해당 법률 조항의 위헌 여부에 대한 ㉡헌법 소원 심판을 청구하였다.

---

① ㉠은 갑의 신청 없이 법원이 직권으로 할 수 없다.
② ㉡은 위헌 심사형 헌법 소원 심판이다.
③ ㉡의 결과에 불복할 경우 갑은 대법원에 상고할 수 있다.
④ ㉡을 담당하는 기관은 명령·규칙의 위헌·위법 여부에 대한 최종 심사권을 가진다.
⑤ ㉠의 신청은 헌법 재판소에, ㉡의 청구는 법원에 해야 한다.

22

다음 사례에 대한 옳은 분석만을 〈보기〉에서 고른 것은?
[3점]

갑은 자신의 반려견이 수의사 을의 진료 행위로 실명 위기를 겪게 되었다고 생각하여 정보 통신망에 을의 이름 및 진료 행위를 구체적으로 작성하고자 하였다. 그런데 공연히 사실을 적시하여 사람의 명예를 훼손한 자를 처벌하도록 규정한 형법 제307조 제1항으로 인해 그러한 내용을 작성하면 처벌받을 수도 있음을 알게 되자, 갑은 해당 조항이 표현의 자유를 침해한다며 헌법 소원 심판을 청구하였다. 이에 대해 헌법 재판소는 해당 조항이 인격을 보호하기 위한 것이므로 입법 목적이 정당하고, 명예 훼손 행위를 상당히 억제할 것이기에 적합한 수단이라고 밝혔으며 명예 훼손 행위에 대한 실효적 구제 방법이 마련되어 있지 않은 상황에서 이 조항을 대체하면서도 기본권을 덜 침해하는 수단이 존재하지 않는다고 판단하였다. 또한, 사실이라는 이유만으로 특정인에 대한 명예 훼손 행위가 무분별하게 허용된다면 개인의 명예와 인격은 제대로 보호받기 어려울 것이라며 해당 조항이 법익의 균형성을 갖추었다고 보아 갑의 청구를 기각하였다.

< 보 기 >

ㄱ. 갑이 침해당했다고 주장하는 기본권은 다른 기본권을 보장하기 위한 수단적 권리이다.
ㄴ. 헌법 재판소는 해당 조항이 명예 훼손 행위를 억제하는데 적절하지 않은 방법이라고 판단하였다.
ㄷ. 헌법 재판소는 해당 조항이 피해의 최소성을 갖추었다고 판단하였다.
ㄹ. 헌법 재판소는 해당 조항을 통해 보호하려는 개인의 명예와 인격보다 제한되는 표현의 자유가 더 크다고 할 수 없다고 판단하였다.

① ㄱ, ㄴ　② ㄱ, ㄷ　③ ㄴ, ㄷ　④ ㄴ, ㄹ　⑤ ㄷ, ㄹ

23

2023.6(고2) 정치와법_학평15

다음 사례에 대한 분석으로 옳은 것은? [3점]

> 갑은 안경사가 아닌 자의 안경업소 개설을 금지하고 이를 어길 시 처벌하도록 규정한 △△법을 위반하였다는 이유로 기소되어 유죄 판결을 받자 항소하였다. 갑은 항소심 계속 중 해당 법률 조항들이 직업의 자유를 침해한다며 ○○법원에 위헌 법률 심판 제청 신청을 하였고, ○○법원은 헌법 재판소에 위헌 법률 심판을 제청하였다. 이에 헌법 재판소는 해당 법률 조항들이 과잉 금지의 원칙에 위반되지 않는다고 결정하였다.

① 갑이 침해당했다고 주장하는 기본권은 적극적 성격의 권리이다.
② ○○법원은 해당 법률 조항들이 헌법에 위반된다고 판단하였다.
③ 헌법 재판소는 해당 법률 조항들에 대해 위헌 심사형 헌법 소원 심판을 하였다.
④ 헌법 재판소는 해당 법률 조항들이 목적의 정당성을 충족하지 못한다고 판단하였다.
⑤ 헌법 재판소의 결정으로 인해 안경사가 아닌 자의 안경업소 개설이 가능해졌다.

24

2024.6(고2) 정치와법_학평16

다음 사례에 대한 법적 판단으로 옳은 것은? [3점]

> 갑은 사람을 비방할 목적으로 정보통신망을 통하여 공공연하게 사실을 드러내어 다른 사람의 명예를 훼손한 자를 형사 처벌하도록 규정한 ○○법 조항을 위반했다는 이유로 재판을 받게 되었다. 갑은 해당 법률 조항이 표현의 자유를 침해한다며 △△법원에 위헌 법률 심판 제청을 신청하였으나 기각되자 헌법 소원 심판을 청구하였다. 헌법 재판소는 해당 법률 조항이 과잉 금지의 원칙에 위반되지 않는다고 결정하였다.

① 갑이 침해받았다고 주장한 기본권은 평등권에 해당한다.
② △△법원은 해당 법률 조항이 헌법에 위반되지 않는다고 판단하였다.
③ 갑은 권리 구제형 헌법 소원 심판을 청구하였다.
④ 갑이 청구한 헌법 소원 심판은 △△법원이 직권으로 청구할 수 있다.
⑤ 헌법 재판소는 해당 법률 조항이 헌법에 위반된다고 판단하였다.

25

2022.6(고2) 정치와법_학평15

다음 사례에 대한 옳은 법적 판단만을 〈보기〉에서 고른 것은? [3점]

> 공직자 윤리법에 따라 재산 등록 의무가 있는 혼인한 여성인 갑은 배우자의 직계 존속 재산을 등록하지 않았다는 이유로 경고 처분을 받자 취소를 구하는 소송을 제기하였다. 갑은 소송 계속 중 해당 법률 조항이 헌법에 위반된다며 ○○법원에 위헌 법률 심판 제청 신청을 하였고, ○○법원은 헌법 재판소에 위헌 법률 심판 제청을 하였다. 이에 헌법 재판소는 해당 법률 조항이 혼인한 남성 등록 의무자와 달리 일부의 혼인한 여성 등록 의무자의 경우에만 배우자의 직계 존속 재산을 등록하도록 하는 것은 성별에 의한 차별에 해당하므로 목적의 정당성을 인정할 수 없다고 밝혔다.

< 보 기 >
ㄱ. ○○법원은 갑의 제청 신청이 없으면 직권으로 위헌 법률 심판을 제청할 수 없다.
ㄴ. ○○법원은 해당 법률 조항이 헌법에 위반된다고 판단하였다.
ㄷ. 헌법 재판소는 해당 법률 조항에 대해 위헌 심사형 헌법 소원 심판을 하였다.
ㄹ. 헌법 재판소는 해당 법률 조항이 과잉 금지의 원칙에 위반된다고 판단하였다.

① ㄱ, ㄴ ② ㄱ, ㄷ ③ ㄴ, ㄷ ④ ㄴ, ㄹ ⑤ ㄷ, ㄹ

26
2025.9(고2) 생활과윤리_학평8

그림의 사상가가 긍정의 대답을 할 질문으로 가장 적절한 것은? [3점]

① 시민 불복종은 민주 헌법을 규제하는 원칙에 대한 항거인가?
② 시민 불복종은 부정의한 모든 법에 대해 행사되어야 하는가?
③ 시민 불복종은 개인적 도덕 원칙에 의거하여 행사되어야 하는가?
④ 시민 불복종은 법에 대한 충실성의 한계를 벗어나는 행위인가?
⑤ 시민 불복종은 불법적이지만 민주 체제를 안정시키는 행위인가?

27
2023.6(고2) 생활과윤리_학평13

밑줄 친 '정당화 조건'의 내용으로 적절하지 <u>않은</u> 것은? [3점]

① 공개적으로 시행되어야 한다.
② 비폭력적인 방법을 사용해야 한다.
③ 위법 행위에 대한 처벌을 감수해야 한다.
④ 개인적 도덕 원칙과 종교적 신념에 근거해야 한다.
⑤ 일부의 정의롭지 못한 법이나 정책에 국한되어야 한다.

28
2025.3(고2) 생활과윤리_학평16

그림의 강연자가 지지할 입장으로 적절한 것만을 〈보기〉에서 고른 것은? [3점]

< 보 기 >
ㄱ. 정의에 대한 존경심보다 법에 대한 존경심을 키워야 한다.
ㄴ. 인권을 훼손하는 제도에 대한 불복종은 정당화될 수 있다.
ㄷ. 자신의 양심에 어긋나더라도 국가의 제도를 준수해야 한다.
ㄹ. 부당한 법에 저항하는 것은 인간의 의무에 부합할 수 있다.

① ㄱ, ㄴ ② ㄱ, ㄷ ③ ㄴ, ㄷ ④ ㄴ, ㄹ ⑤ ㄷ, ㄹ

29
2023.11(고2) 생활과윤리_학평17

다음을 주장한 사상가의 입장으로 가장 적절한 것은? [3점]

시민 불복종은 법이나 정부의 정책에 변혁을 가져올 목적으로 행해지는, 공공적이고 비폭력적이며 양심적이긴 하지만 법에 반하는 정치적 행위이다. 이러한 시민 불복종은 대체로 질서 정연하면서도 정의에 대한 다소 심각한 위반이 일어나는 사회에 요청되며, 헌법과 사회 제도 일반을 규제하는 정의의 원칙들에 의해 지도되고 정당화된다.

① 시민 불복종의 목적은 정치 체제를 변혁하는 것이다.
② 시민 불복종은 폭력이 수반되더라도 정당화될 수 있다.
③ 시민 불복종은 위법이지만 사회 정의를 추구하는 행위이다.
④ 시민 불복종은 다수결의 원칙에 의거하여 지도되어야 한다.
⑤ 시민 불복종의 참여자는 부정의한 모든 법에 불복종해야 한다.

30
2025.11(고2) 생활과윤리_학평4

갑, 을 사상가들의 입장으로 적절하지 **않은** 것은? [3점]

> 갑: 시민 불복종의 실행 여부를 결정할 때 우리는 결과
> 주의적으로 접근해야 한다. 우리는 시민 불복종을
> 통해 중단시키려고 하는 악의 크기와 시민 불복종이
> 가져올 법과 민주주의에 대한 존중심의 감소 정도를
> 저울질해 보아야 한다.
> 을: 시민 불복종은 우리 사회를 규제하는 정의의 원칙들
> 에 의해 지도되어야 한다. 평등한 자유의 원칙이나
> 기회균등의 원칙을 심각하게 위반한 법과 정책에 대
> 해 시민 불복종이 이루어져야 한다.

① 갑: 시민 불복종은 다수가 동의한 법에 대해서도 실행
가능하다.
② 갑: 시민 불복종은 사회적 이익과 손해를 고려하여 실
행되어야 한다.
③ 을: 시민 불복종의 목적은 부정의한 정치 체제를 변혁
하는 것이다.
④ 을: 시민 불복종의 대상에 기본권을 침해하는 법이 포
함될 수 있다.
⑤ 갑과 을: 시민 불복종은 위법적이지만 사회 정의를 지
향하는 행위이다.

31
2025.6(고2) 생활과윤리_학평9

다음을 주장한 사상가의 입장으로 적절한 것만을
〈보기〉에서 고른 것은? [3점]

> ○ 시민 불복종은 다수의 정의감에 호소하여 사회 협동
> 체의 원칙이 존중되지 않고 있음을 정당하게 알리는
> 것이다. 정치적 다수자에게 정상적인 호소를 성실하
> 게 해왔지만 그것이 실패한 경우 시민 불복종을 생각
> 해 볼 수 있다.
> ○ 시민 불복종이 법을 어기는 것이기는 하지만 법에 대
> 한 충실성은 그 행위의 공공적이고 비폭력적인 성격
> 과 그 행위의 법적인 결과들을 받아들이겠다는 의지
> 에 의해 표현된다.

─── 〈 보 기 〉───
ㄱ. 시민 불복종은 합법적이며 공개적인 시도이다.
ㄴ. 시민 불복종은 최후의 수단으로 시도되어야 한다.
ㄷ. 시민 불복종은 처벌을 감수해야 하는 정의로운 행
위이다.
ㄹ. 시민 불복종은 오직 개인적인 도덕 원칙에 근거해
야 한다.

① ㄱ, ㄴ ② ㄱ, ㄷ ③ ㄴ, ㄷ ④ ㄴ, ㄹ ⑤ ㄷ, ㄹ

32

갑, 을 사상가들의 입장으로 가장 적절한 것은? [3점]

> 갑: 시민 불복종은 거의 정의로운 사회에서 사회 협동 체제의 조건이 지켜지고 있지 않음을 다수의 정의감에 호소하는 행위이다. 또한 그것은 공공적이고 비폭력적인 것으로, 법에 충실한 범위 내에서 법에 대한 불복종을 나타낸다.
>
> 을: 시민 불복종은 민주주의적 의사 결정을 복원하려는 시도이다. 만약 다수결에 의해 승인된 악에 대항하려고 한다면, 우리가 중단시키려는 악의 크기와 우리의 행위가 가져올 민주주의에 대한 존중심의 감소 정도를 저울질해 봐야 한다.

① 갑: 시민 불복종으로 인해 받게 될 처벌까지 거부해야 한다.

② 갑: 정의의 원칙에 위배되는 모든 법에 대해 불복종해야 한다.

③ 을: 다수의 견해에 부합하지 않는 시민 불복종은 정당화될 수 없다.

④ 을: 시민 불복종이 의도하는 목표의 달성 가능성을 고려해야 한다.

⑤ 갑과 을: 정의로운 헌법하에서는 부정의한 법이 제정될 수 없다.

33

갑, 을 사상가들의 입장으로 옳지 <u>않은</u> 것은? [3점]

> 갑: 시민 불복종은 다수자가 갖는 정의감에 호소하여 자유롭고 평등한 인간들 간의 자유로운 협동의 조건이 침해되었다는 것을 정당하게 알리는 것이다. 이때 시민 불복종은 법에 대한 충실성의 한계 내에서 이루어져야 한다.
>
> 을: 시민 불복종을 통해 심각하게 도덕적으로 그른 것을 중단하고자 할 때 자문해야 할 도덕적 문제들이 있다. 우리는 중단하려고 하는 악의 크기와 우리의 행위가 가져올 법과 민주주의에 대한 존중심의 감소 정도를 저울질해봐야 한다.

① 갑: 시민 불복종은 부정의한 모든 법을 대상으로 행해져야 한다.

② 갑: 시민 불복종은 거의 정의로운 사회 내에서 성립될 수 있다.

③ 을: 시민 불복종은 사회적 이익을 증진할 목적으로 행해져야 한다.

④ 을: 시민 불복종은 민주적 의사 결정을 복원하려는 정당한 시도이다.

⑤ 갑과 을: 시민 불복종은 위법적이지만 부정의를 개선하기 위한 행위이다.

34
2024.6(고2) 생활과윤리_학평13

그림의 강연자가 지지할 주장으로 적절하지 <u>않은</u> 것은?
[3점]

① 시민 불복종은 합법적이며 도덕적인 행위이다.
② 시민 불복종은 민주적 입헌 체제의 안정에 기여한다.
③ 시민 불복종은 공공의 정의관에 근거하여 정당화될 수 있다.
④ 시민 불복종 참여자는 불복종에 대한 처벌을 감수해야 한다.
⑤ 시민 불복종 참여자는 평등한 자유의 원칙을 준수하고자 한다.

35
2022.11(고2) 생활과윤리_학평17

다음을 주장한 사상가의 입장으로 가장 적절한 것은?
[3점]

> 시민 불복종은 법이나 정부의 정책에 변혁을 가져올 목적으로 행해지는, 공공적이고 비폭력적이며 양심적이긴 하지만 법에 반하는 정치적 행위이다. 이러한 행위를 통해서 우리는 공동 사회의 다수자가 갖는 정의감을 나타낸다. 시민 불복종의 정당화 여부는 법과 제도의 부정의한 정도에 달려 있다.

① 시민 불복종은 다수의 정의감에 호소하는 양심적 행위이다.
② 시민 불복종은 정치 체제의 변혁을 목적으로 하는 행위이다.
③ 시민 불복종은 비공개적으로 이루어져야 하는 정치적 행위이다.
④ 시민 불복종은 부정의한 모든 법을 의도적으로 어기는 행위이다.
⑤ 시민 불복종은 최후의 수단으로 폭력이 허용될 수 있는 행위이다.

36
2024.11(고2) 생활과윤리_학평17

갑, 을 사상가들의 입장으로 적절하지 <u>않은</u> 것은? [3점]

> 갑: 어느 정도 정의로운 민주 체제에서 시민 불복종은 공유하고 있는 정의관에 의거해야 한다. 이러한 정의관의 기본 원칙에 대한 심각한 침해는 굴종이 아니면 반항을 일으키게 된다.
> 을: 민주주의 사회에서 시민 불복종은 공리주의적 관점에서 정당화될 수 있다. 우리는 불의한 법에 불복종할 경우와 복종할 경우의 장점과 단점을 비교하여 평가해 보아야 한다.

① 갑: 시민 불복종은 종교적 가르침에 의거하여 실시되어서는 안 된다.
② 갑: 소수자의 자유를 침해하는 법에 대해 시민 불복종을 할 수 있다.
③ 을: 시민 불복종으로 인해 초래되는 법적인 처벌을 감수해야 한다.
④ 을: 시민 불복종을 통해 중단시킬 해악의 크기를 고려할 필요는 없다.
⑤ 갑과 을: 다수결에 의해 제정된 법도 시민 불복종의 대상이 될 수 있다.

37
2021.11(고2) 생활과윤리_학평4

다음을 주장한 사상가의 입장으로 가장 적절한 것은?
[3점]

> 시민 불복종은 법에 대한 충실성의 한계 내에서 공동체의 정의감을 기반으로 하는 정치적 행위이다. 입헌 체제를 안정화시키는 방법인 시민 불복종은 신중하고 양심적인 정치적 신념의 표현인 청원의 형태로 이루어지며, 타인을 해칠 가능성이 있는 폭력 행위와 양립할 수 없다.

① 시민 불복종은 정치 체제의 변혁을 목적으로 한다.
② 시민 불복종의 대상은 모든 부정의한 법과 제도이다.
③ 시민 불복종은 처벌을 감수해야 하는 위법 행위이다.
④ 시민 불복종은 개인이 지닌 종교적 신념에 근거해야 한다.
⑤ 시민 불복종은 사회의 안정을 위협하는 비공개적 행위이다.

38

(가)의 사상가 갑, 을의 입장을 (나) 그림으로 탐구할 때, A~C에 해당하는 적절한 질문만을 〈보기〉에서 고른 것은? [3점]

(가)	갑: 시민 불복종은 분명히 법에 반하는 행위이다. 하지만 시민 불복종은 공유된 정의감에 대한 호소이고, 공인된 협동의 원리를 환기시킨다. 을: 법에 대한 존경심보다 먼저 정의에 대한 존경심을 길러야 한다. 법에 대한 존경심 때문에 양심적인 사람조차도 불의의 하수인이 되고 있기 때문이다.
(나)	(그림)

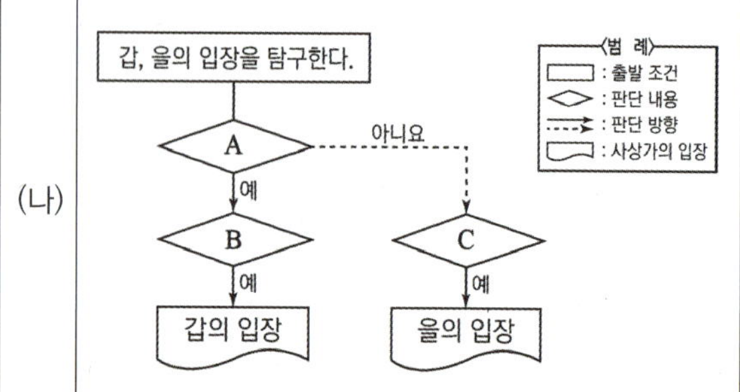

ㄱ. A: 법에 대한 양심적 거부는 모두 시민 불복종에 해당하는가?
ㄴ. B: 모든 부정의한 법과 정책은 시민 불복종의 대상이 되는가?
ㄷ. B: 시민 불복종은 정의의 원칙에 의해 정당화될 수 있는가?
ㄹ. C: 부정의한 법에 대한 즉각적 불복종은 정당화될 수 있는가?

① ㄱ, ㄴ ② ㄱ, ㄷ ③ ㄴ, ㄷ ④ ㄴ, ㄹ ⑤ ㄷ, ㄹ

39

표는 갑국 전체 인구 및 장애 인구의 성별 학력 수준을 나타낸 것이다. 이에 대한 옳은 분석만을 〈보기〉에서 고른 것은? [3점]

(단위: %)

구분		무학	초졸	중졸	고졸	대학 이상
전체	전체 인구	3.5	13.6	10.6	30.7	41.6
	장애 인구	11.6	28.8	16.2	28.1	15.3
남성	전체 인구	1.7	11.2	10.0	30.9	46.2
	장애 인구	4.8	23.4	17.2	34.5	20.1
여성	전체 인구	5.3	16.0	11.2	30.5	37.0
	장애 인구	21.8	36.9	14.7	18.5	8.1

* 무학은 초등교육을 받지 않았거나 중퇴한 경우 또는 미취학을 의미함.

ㄱ. 남성 장애 인구는 여성 장애 인구보다 적다.
ㄴ. 전체 여성 중졸자 수는 전체 남성 초졸자 수와 같다.
ㄷ. 남성 장애 인구에서 고졸 이상이 차지하는 비율이 여성 장애 인구에서 고졸 이상이 차지하는 비율보다 높다.
ㄹ. 남성 전체 인구에서 중졸 이하가 차지하는 비율이 여성 전체 인구에서 중졸 이하가 차지하는 비율보다 높다.

① ㄱ, ㄴ ② ㄱ, ㄷ ③ ㄴ, ㄷ ④ ㄴ, ㄹ ⑤ ㄷ, ㄹ

40

(가), (나)에 대한 설명으로 가장 적절한 것은? [2점]

> (가) 갑국에서 가장 낮은 신분이었던 사람들은 법적으로 그들에 대한 사회적 차별이 금지되었지만, 여전히 계속되는 차별로 인해 갑국 사회에서 번듯한 직업을 갖기가 힘들다. 그래서 그들 중 일부는 이러한 차별을 피해 을국으로 이주하기도 한다. 그러나 이주 후 그들은 을국의 주류 구성원과 문화적 차이로 인해 또 다른 형태의 차별을 받고 있다.
>
> (나) 과거 병국에서는 인종 차별 정책을 실시했었다. 그래서 흑인들은 전체 인구 중 가장 많은 비중을 차지했지만 이보다 작은 비중을 차지했던 백인들에 의해 경제적 권리와 사회적 권리를 박탈당하며 차별적인 대우를 받았다. 이후 병국 사회에서 인종 차별 정책은 폐지되었지만, 여전히 흑인이라는 이유로 취업, 문화생활 등에서 차별적 대우가 계속되고 있다.

① (가)는 사회적 소수자가 주류 집단에 비해 경제적 자원 획득에 유리한 위치에 있음을 보여 준다.

② (가)는 특정 사회의 사회적 소수자가 다른 사회에서는 사회적 소수자가 아닐 수 있음을 보여 준다.

③ (나)는 사회적 소수자가 구성원 수의 많고 적음에 의해 결정되는 것은 아님을 보여 준다.

④ (나)는 선천적 요인이 아닌 후천적 요인으로만 사회적 소수자가 될 수 있음을 보여 준다.

⑤ (가), (나)는 모두 사회적 소수자에 대한 우대 정책이 역차별을 낳을 수 있음을 보여 준다.

41

(가), (나)에 대한 설명으로 가장 적절한 것은? [2점]

> (가) 갑국에서 A민족은 다수를 차지하고 있지만, 주류 집단인 B민족과 피부색이 다르다는 이유로 사회적 차별을 받았다. 최근 갑국 정부가 A민족을 위한 적극적 우대 정책을 시행하였으나, A민족에 대한 차별은 여전히 지속되고 있다.
>
> (나) 출신국에서 주류 집단이었던 C민족은 내전을 피하기 위해 을국으로 이주하였다. 그러나 C민족은 을국의 국교가 아닌 다른 종교를 믿는다는 이유로 사회적 차별을 받았다. 최근 을국 정부가 C민족을 위한 적극적 우대 정책을 시행하였고, C민족에 대한 차별은 완화되고 있다.

① (가)는 사회적 소수자가 권력의 열세가 아닌 수적 열세라는 특성에 의해 규정된다는 점을 보여 준다.

② (나)는 특정 사회의 사회적 소수자가 다른 사회에서는 사회적 소수자가 아닐 수 있음을 보여 준다.

③ (가)와 달리 (나)는 귀속적 특성으로 인해 사회적 소수자가 될 수 있음을 보여 준다.

④ (나)와 달리 (가)는 제도적 차원의 노력을 통해 차별이 개선될 수 있음을 보여 준다.

⑤ (가), (나)는 모두 적극적 우대 정책이 역차별을 낳을 수 있음을 보여 준다.

42

다음은 인터넷 포털 사이트의 질문 및 답변 화면이다. 갑~정 중 법적으로 타당하게 조언한 사람만을 고른 것은? [3점]

Q. 저는 17세 고등학생인데요. 방학 중에 빵집에서 일하기로 했어요. 사장님이 제가 연소 근로자라며 올해 최저 임금인 시간급 8,590원보다 적은 7,000원을 주시겠대요. 평일 09시부터 18시까지 근무하는데, 12시부터 13시까지는 휴게 시간이에요. 내일 근로 계약서를 쓰기로 했는데, 별 문제 없겠죠?

ㄴ 갑 | 연소 근로자도 최저 임금을 보장받으니, 시간급 인상을 요구하세요.

ㄴ 을 | 연소 근로자의 근로 시간은 어떤 경우에도 1일에 7시간을 초과할 수 없어요.

ㄴ 병 | 휴게 시간은 법적으로 문제가 없네요.

ㄴ 정 | 부모님이 학생을 대리하여 근로 계약을 체결하는 것이 안전하겠네요.

① 갑, 을 ② 갑, 병 ③ 을, 병 ④ 을, 정 ⑤ 병, 정

43

갑, 을에게 해 줄 법적 조언으로 옳지 <u>않은</u> 것은? [3점]

① 갑 – 사용자가 근로자를 해고하려면 적어도 30일 전에 예고해야 합니다.
② 갑 – 사용자가 근로자를 해고하려면 해고 사유와 해고 시기를 서면으로 통지해야 합니다.
③ 을 – 연소 근로자도 최저 임금을 보장받아야 합니다.
④ 을 – 부당 노동 행위를 이유로 법원에 재판을 청구할 수 있습니다.
⑤ 을 – 연소 근로자는 연장 근로를 하더라도 1일 근로 시간이 8시간을 초과할 수 없습니다.

44

다음 자료에 대한 설명으로 옳은 것은? [3점]

○○마트 사장 갑은 을(18세)과 ㉠근로 계약을 체결하였다. 다음은 갑과 을이 체결한 근로 계약 내용 중 일부이다.

1. 계약 기간 : 2024년 1월 1일 ~ 2024년 2월 29일
2. 근무 장소 : ○○마트
3. 업무 내용 : 마트 내 상품 정리 및 청소
4. 근로 시간 : 09시 ~ 14시(휴게 시간 : 12시 ~ 13시)
5. 근무일 / 휴일 : 매주 월요일 ~ 금요일, 주휴일 매주 일요일
6. 임금 : ㉡시급 9,000원
7. 임금 지급 방법 : ㉢을의 어머니 계좌에 입금
8. 기타 : ㉣노동조합에 가입할 경우 해고함.

* 2024년 법정 최저 임금은 시간당 9,860원임.

① 을은 연소 근로자에 해당한다.
② ㉠은 을이 부모의 동의 없이 체결할 수 있다.
③ ㉡은 을이 최저 임금제의 적용을 받지 않으므로 적법하다.
④ ㉢은 근로 기준법에 위배되지 않는다.
⑤ ㉣은 부당 노동 행위에 해당한다.

45

다음 자료에 대한 법적 판단으로 옳은 것은? [3점]

고등학교 재학 중인 A(17세)는 ○○ 대형 마트 사장 B와 근로 계약을 체결하였다. 이후 A의 요청에 따라 근로 계약 내용을 수정하여 근로 계약을 체결하였다. 수정 전, 후 달라진 근로 계약 내용은 다음과 같다.

구분	수정 전	수정 후
근로 시간	9시 ~ 14시 (휴게 시간 : 12시 ~ 13시)	9시 ~ 19시 (휴게 시간 : 12시 ~ 13시)
근무일	매주 월요일부터 목요일까지	매주 월요일부터 금요일까지
임금	시간당 9,160원	시간당 9,500원

* 2022년 법정 최저 임금은 시간당 9,160원이며, 수정 전, 후 계약 기간은 2022년 7월 18일부터 2022년 8월 18일까지임.

① 근로 계약 내용 수정 전 임금은 근로 기준법에 위반된다.
② 근로 계약 내용 수정 후 근로 시간은 근로 기준법에 위반된다.
③ A는 B에게 독자적으로 임금을 청구할 수 없다.
④ A의 법정 대리인은 A를 대리하여 B와 근로 계약을 체결할 수 있다.
⑤ B는 고용 노동부 장관이 발급한 A에 대한 취직 인허증을 사업장에 갖추어 두어야 한다.

46

다음 자료에 대한 법적 판단으로 옳은 것은? [3점]

① 갑의 법정 대리인은 갑의 근로 계약을 대리할 수 있다.
② 갑이 사용자와 합의한 경우 근무일에 19시까지 연장 근로를 할 수 있다.
③ 을의 휴게 시간은 근로 기준법에 위반된다.
④ 을과 달리 갑은 근로 계약을 체결하기 위해 고용 노동부 장관이 발급한 취직 인허증을 지녀야 한다.
⑤ 사용자는 갑과 을의 연령을 증명하는 가족 관계 기록 사항에 관한 증명서를 사업장에 갖추어 두어야 한다.

47

다음 자료에 대한 설명으로 옳은 것은? (단, 을은 17세의 고등학생이며, 법정 대리인의 동의를 얻어 근로 계약을 체결하였음.) [3점]

근 로 계 약 서

갑(사용자)과 을(근로자)은 다음과 같이 근로 계약을 체결한다.
1. 근로 계약 기간 : 2025. 1. 1. ~ 2025. 1. 31.
2. 근무 장소 : ○○ 커피 전문점
3. 업무 내용 : 매장 정리 및 청소
4. 근무일 및 휴일 : 매주 월 ~ 금(주휴일 매주 토요일)
5. 근로 시간 : ㉠09:00 ~ 17:00(휴게 시간 12:00 ~ 13:00)
6. 임금 : ㉡시간당 10,000원
7. 기타 : ㉢10분 이상 지각할 경우 당일 임금은 지급하지 않음.
   ㉣임금 총액의 50%는 ○○ 커피 전문점 음료 교환권으로 지급함.

* 2025년 법정 최저 임금은 시간당 10,030원임.

① 이 계약은 갑이 을의 부모와도 체결할 수 있다.
② ㉠은 근로 기준법에 위배된다.
③ ㉡은 갑과 을이 합의한다면 유효하다.
④ ㉢은 부당 노동 행위에 해당한다.
⑤ ㉣이 무효라고 하더라도 이 근로 계약 전체가 무효가 되는 것은 아니다.

48

밑줄 친 ㉠~㉣에 대한 옳은 설명을 〈보기〉에서 고른 것은? [2점]

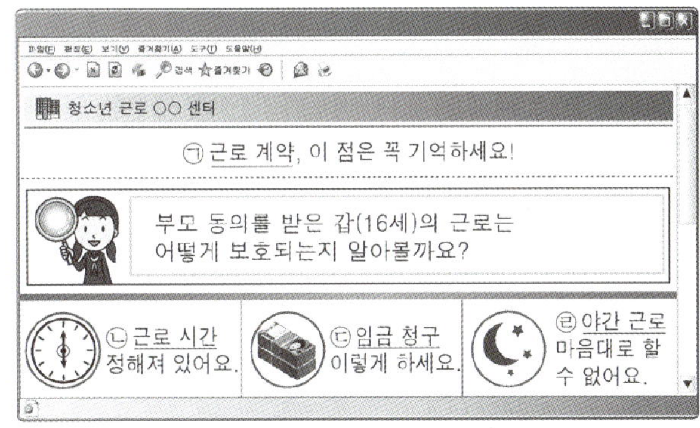

< 보 기 >

ㄱ. ㉠의 내용 중 근로 기준법에 위반되는 계약 내용은 그 부분에 한해 무효이다.
ㄴ. 갑과 사용자 간 합의가 있다면 갑의 ㉡은 1일 9시간을 초과할 수 있다.
ㄷ. 갑은 독자적으로 ㉢을 할 수 있다.
ㄹ. 갑은 부모의 동의만 있다면 ㉣을 할 수 있다.

① ㄱ, ㄴ ② ㄱ, ㄷ ③ ㄴ, ㄷ ④ ㄴ, ㄹ ⑤ ㄷ, ㄹ

49

그림의 (가)에 들어갈 옳은 답변만을 〈보기〉에서 고른 것은? [3점]

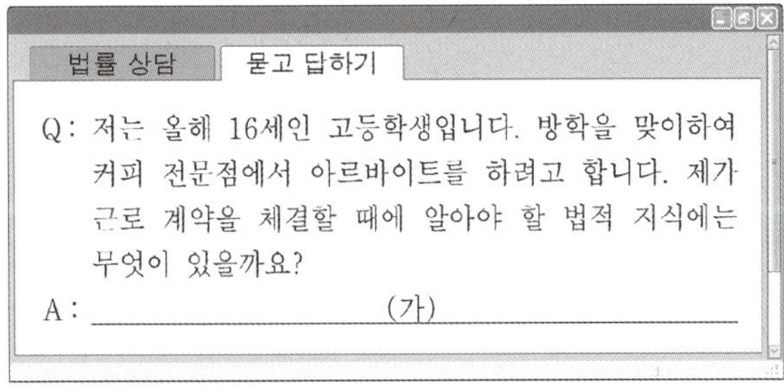

< 보 기 >

ㄱ. 독자적으로 임금을 청구할 수 없습니다.
ㄴ. 성인과 동일하게 최저 임금제의 적용을 받습니다.
ㄷ. 1일 근로 시간은 최대 5시간을 초과할 수 없습니다.
ㄹ. 근로 계약 체결 시 법정 대리인의 동의가 필요합니다.

① ㄱ, ㄴ ② ㄱ, ㄷ ③ ㄴ, ㄷ ④ ㄴ, ㄹ ⑤ ㄷ, ㄹ

50

자료에 나타난 갑의 사례에 대해 법적으로 옳게 판단한 내용을 〈보기〉에서 고른 것은? [3점]

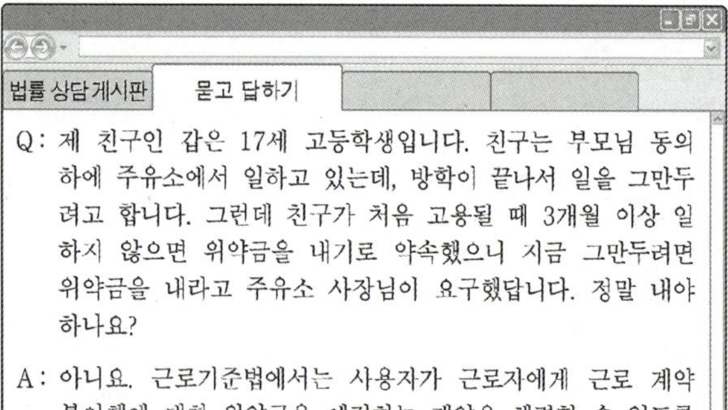

─〈 보 기 〉─

ㄱ. 갑이 주유소 사장과 맺은 근로 계약의 전체 내용은 무효이다.
ㄴ. 주유소 사장은 갑의 임금 중 일부를 상품권으로 지급해도 된다.
ㄷ. 주유소 사장은 갑의 부모 동의서와 가족 관계 증명서를 사업장에 갖추어 두어야 한다.
ㄹ. 갑은 1일 법정 근로 시간이 7시간이지만 주유소 사장과 합의하에 1시간 연장하여 일할 수 있다.

① ㄱ, ㄴ ② ㄱ, ㄷ ③ ㄴ, ㄷ ④ ㄴ, ㄹ ⑤ ㄷ, ㄹ

1 2025.9(고3) 정치와법_모평6

기본권 유형 A에 대한 설명으로 옳은 것은? [2점]

> 코로나19로 인한 긴급 재난 지원금 지급 대상자 중 '외국인만으로 구성된 가구'의 범위에 영주권자 및 결혼 이민자만 포함시키고 난민 인정자를 제외한 '긴급 재난 지원금 가구 구성 및 이의 신청 처리 기준'이 난민 인정자의 A를 침해한다는 헌법 재판소 결정이 나왔다. 이는 코로나19로 인하여 경제적 타격을 입었다는 점에 있어서는 영주권자, 결혼 이민자, 난민 인정자 간에 차이가 있을 수 없으므로 그 회복을 위한 지원금 수급 대상이 될 자격에 있어서 역시 이들 사이에 차이가 발생한다고 볼 수 없다고 헌법 재판소가 판단하였기 때문이다.

① 국가 권력에 의한 간섭을 배제하는 방어적 권리이다.
② 국민이 국가 기관의 형성에 참여할 수 있는 권리이다.
③ 다른 기본권을 침해당했을 때 구제받기 위한 절차적 권리이다.
④ 사회생활의 모든 영역에서 불합리한 차별을 받지 않을 권리이다.
⑤ 기본권 제한의 요건과 한계를 준수하더라도 제한될 수 없는 본질적 권리이다.

2 2025.6(고3) 정치와법_모평3

기본권 유형 A에 대한 설명으로 옳은 것은? [3점]

> A는 개인의 생활에 대한 국가 권력의 간섭이나 침해를 배제하는 방어적 권리로서, 근대 입헌주의 헌법에 규정된 소극적 기본권이다. 따라서 헌법상 A의 보장은 국가에 의한 A의 설정을 의미하는 것이 아니라 국가에 의한 A의 확인과 선언을 의미한다.

① 다른 기본권을 보장하기 위한 수단적 권리이다.
② 인간다운 생활의 보장을 요구할 수 있는 권리이다.
③ 헌법에 열거되지 않더라도 보장되는 포괄적 권리이다.
④ 국민이 국가 기관의 형성에 참여할 수 있는 권리이다.
⑤ 자본주의의 문제점을 해결하는 과정에서 등장한 권리이다.

3 2024.6(고3) 정치와법_모평6

기본권 유형 A에 대한 설명으로 옳은 것은? [2점]

> 사적 영역에 나타난 경제적 불평등으로 인해 개인의 자유와 권리 보장이 공허한 것에 불과해지면서, 개인의 자유를 실질적으로 향유할 수 있는 조건을 마련하기 위해 A가 보장되기 시작하였다. '빈곤으로부터의 자유'에서 출발한 A는 인간의 존엄에 상응하는 최소한의 물질적인 생활을 국가에 의해 보장받을 수 있는 권리이며, 경제적 생존의 문제를 넘어 비경제적인 영역에까지 그 대상과 범위가 확대되고 있다.

① 국가 권력에 의한 침해를 배제할 수 있는 방어적 권리이다.
② 기본권 침해 시 구제를 요구할 수 있는 수단적·절차적 권리이다.
③ 헌법에 열거되지 아니한 권리를 도출할 수 있는 포괄적 성격의 권리이다.
④ 국가에 대해 적극적 급부를 요구하는 권리로 '인간다운 생활을 할 권리'가 포함된다.
⑤ 인간의 존엄 실현을 위한 전제 조건으로 근대 입헌주의 헌법에서부터 보장되기 시작한 권리이다.

---

4   2024.9(고3) 정치와법_모평3

기본권 유형 A에 대한 설명으로 옳은 것은? [3점]

> A는 인간으로서의 권리가 아니라 국민으로서의 권리이므로 국가 내적 권리이다. 주권적 의사 표시로서, 대표를 선출하고 공무를 담임할 수 있는 권리를 포함하는 A는 민주주의의 실현 과정과 분리하여 생각할 수 없다. 민주주의의 전제인 A는 국민 주권의 원리를 실현하는 필수적인 권리이다.

① 국가 기관의 형성에 참여할 수 있는 능동적 권리이다.
② 인간다운 생활을 국가에 요구할 수 있는 적극적 권리이다.
③ 국가 권력에 의한 부당한 침해를 배제하는 방어적 권리이다.
④ 기본권 구제를 적극적으로 요구할 수 있는 절차적 권리이다.
⑤ 헌법에 열거하지 않아도 보장받을 수 있는 포괄적 권리이다.

---

5   2022.11(고3) 정치와법_수능12

기본권 유형 A, B에 대한 설명으로 옳은 것은? [2점]

> 사적 영역에 대한 국가의 침해를 배제함으로써 보장되는 A와 달리 B는 국가가 인간 존엄의 실현을 위해 필요한 사회적 조건을 형성함으로써 보장된다. 자본주의의 폐단을 시정하기 위해 생성·발전되어 온 B가 확대될수록 A가 축소되는 경향이 있다고 볼 여지도 있지만, 궁극적으로 A와 B는 인간의 존엄과 자유로운 인격 발현이라는 헌법 이념 아래에서 조화된다.

① A는 침해된 기본권을 구제하기 위한 수단적 권리이다.
② B는 실질적 평등의 실현을 위해 등장한 적극적 권리이다.
③ B에는 '외부로부터의 강제 없이 개인의 양심을 형성할 권리'가 포함된다.
④ A와 달리 B는 국가 기관의 형성과 국가의 정치적인 의사 결정 과정에 참여하는 권리이다.
⑤ A와 B 모두 과잉 금지 원칙을 준수하더라도 법률로써 제한할 수 없는 권리이다.

---

6   2023.9(고3) 정치와법_모평3

기본권 유형 A, B에 대한 설명으로 옳은 것은? [2점]

> A는 국가 권력에 의해 침해되지 않음으로써 보장되는 소극적인 성격을 가지고 있기 때문에 사적 영역에 대한 국가 개입의 배제가 요구된다. 이에 반해 실질적 평등의 실현을 목적으로 하는 B는 국가의 적극적 급부와 배려를 통해 비로소 보장될 수 있기 때문에 오히려 국가의 개입을 필요로 한다.

① A는 헌법에 열거되지 않더라도 보장되는 포괄적 권리이다.
② B는 국민이 국가 기관의 형성에 참여할 수 있는 권리이다.
③ A와 달리 B는 인간의 존엄과 가치를 보장하기 위한 권리이다.
④ B와 달리 A는 자본주의의 문제점을 해결하는 과정에서 등장한 권리이다.
⑤ A와 B 모두 다른 기본권을 보장하기 위한 수단적 권리이다.

---

7   2022.9(고3) 정치와법_모평3

(가)~(다)는 기본권에 관한 우리나라 헌법 조항 중 일부이다. 이에 대한 설명으로 옳은 것은? [2점]

> (가) 모든 국민은 통신의 비밀을 침해받지 아니한다.
> (나) 모든 국민은 법률이 정하는 바에 의하여 공무 담임권을 가진다.
> (다) 모든 국민은 인간다운 생활을 할 권리를 가진다.

① (가)에 규정된 기본권은 국가 권력에 의한 침해를 배제하는 소극적 권리이다.
② (나)에 규정된 기본권은 다른 기본권 보장을 위한 수단적 권리이다.
③ (다)에 규정된 기본권은 법률로도 제한할 수 없는 절대적 권리이다.
④ (나)와 달리 (다)에 규정된 기본권은 국민 주권주의를 실현하는 능동적 권리이다.
⑤ (다)와 달리 (가)에 규정된 기본권은 실질적 평등 실현을 위해 등장한 현대적 권리이다.

8

기본권 유형 A에 대한 설명으로 옳은 것은? [3점]

> 기본권 침해 시 구제 가능성이 없다면 기본권 보장의 실효성이 없으므로, 기본권이 침해되거나 침해당할 우려가 있을 경우 국가에 필요한 조치나 구제 절차를 요구할 수 있는 권리인 A가 보장되어야 한다. 헌법에 근거해 보장되는 A는 법률에 의해 행사 절차가 구체화 되어야 행사할 수 있는 권리이다.

① 기본권 보장을 위한 기본권으로 수단적 성격의 권리이다.
② 국가 권력의 간섭이나 침해를 배제하는 소극적 권리이다.
③ 헌법에 열거되지 않아도 보장되는 권리로 포괄성을 가진다.
④ 기본권의 본질적 내용으로서 법률로 제한할 수 없는 권리이다.
⑤ 국민이 국가 기관 구성에 참여하거나 국가 기관의 구성원으로 선임될 수 있는 권리이다.

9

다음 사례에서 갑~병이 공통적으로 침해받은 기본권에 대한 설명으로 옳은 것은? [2점]

> - □□위원회 소속 위원으로 공직자였던 갑은 법원, 검찰, 경찰 공무원 등 다른 공직자와는 달리, □□위원회법 규정으로 인해 퇴직 후 일정 기간 공직 선거법상의 선거에 출마할 수 없었다.
> - 자신의 자전거로 출근하다 교통사고를 당한 근로자 을은 회사가 제공하는 통근 버스로 출근하다 다친 다른 근로자와는 달리, 산업 재해 보상 보험법상 업무상 재해에 해당하지 않음을 이유로 요양 급여를 받지 못하였다.
> - 대한민국 국적을 가지고 있는 영유아 중에서 재외 국민인 영유아를 보육료·양육 수당의 지원 대상에서 제외한 정부 지침 등으로 인해 국내에서 재외 국민인 영유아를 양육하는 병은 자녀의 보육료·양육 수당을 지원받지 못하였다.

① 합리적 이유 없이 차별을 받지 않을 권리이다.
② 다른 기본권을 보장하기 위한 수단적 권리이다.
③ 국가의 간섭이나 침해를 받지 않을 방어적 권리이다.
④ 국가의 정치 과정에 참여할 수 있는 능동적 권리이다.
⑤ 인간다운 생활의 보장을 국가에 요구할 수 있는 권리이다.

10
2022.6(고3) 정치와법_모평3

기본권 유형 A, B에 대한 설명으로 옳은 것은? (단, A와 B는 각각 자유권과 사회권 중 하나임.) [3점]

① B는 국가에 특정 행위를 요구할 수 있는 절차적 권리이다.
② A와 달리 B는 실질적 평등 실현에 기여하는 권리이다.
③ A와 달리 B는 다른 기본권 보장을 위한 수단적 권리이다.
④ B와 달리 A는 근대 입헌주의 헌법에서부터 보장된 권리이다.
⑤ A, B 모두 기본권 제한의 요건과 한계가 준수될 경우 법률로써 제한될 수 있는 권리이다.

11
2021.6(고3) 정치와법_모평6

(가)~(다)는 기본권에 관한 우리나라의 헌법 조항 중 일부이다. 이에 대한 설명으로 옳은 것은? [2점]

> (가) 모든 국민은 사생활의 비밀과 자유를 침해받지 아니 한다.
> (나) 누구든지 성별·종교 또는 사회적 신분에 의하여 정치적·경제적·사회적·문화적 생활의 모든 영역에 있어서 차별을 받지 아니한다.
> (다) 국민의 모든 자유와 권리는 국가 안전 보장·질서 유지 또는 공공복리를 위하여 필요한 경우에 한하여 법률로써 제한할 수 있으며, 제한하는 경우에도 자유와 권리의 본질적인 내용을 침해할 수 없다.

① (가)에 규정된 기본권은 다른 기본권이 침해되었을 때 이를 구제하기 위한 수단적 권리이다.
② (가)에 규정된 기본권은 인간다운 생활의 보장을 국가에게 적극적으로 요구할 수 있는 권리이다.
③ (나)에 따르면 합리적 이유의 유무와 관계없이 모든 차별이 허용되지 않는다.
④ (다)는 국가 권력의 남용을 방지하여 국민의 기본권을 보장하는 것을 목적으로 한다.
⑤ (다)에 따르면 기본권을 제한하는 목적의 정당성이 인정된다면 수단의 적합성은 고려될 필요가 없다.

12
2021.9(고3) 정치와법_모평3

다음 사례에서 갑, 을이 공통적으로 침해받은 기본권 유형에 대한 설명으로 옳은 것은? [2점]

> ○ 뇌물죄로 구속 수사를 받고 있는 갑은 변호인의 조력을 받고자 변호인과의 접견을 요청하였으나, 수사 기관은 법률의 근거 없이 자의적으로 이를 거부하였다.
> ○ 다큐멘터리 영화를 제작한 을은 영화관에서 이를 상영하고자 하였으나, 정부 기관은 헌법에서 금지하는 사전 검열을 통해 정당한 이유 없이 영화 상영을 불허하였다.

① 다른 기본권을 보장하기 위한 수단적 권리이다.
② 실질적 평등 실현을 위해 등장한 현대적 권리이다.
③ 국가의 정치 과정에 참여할 수 있는 능동적 권리이다.
④ 인간다운 생활을 국가에 요구할 수 있는 적극적 권리이다.
⑤ 국가 권력의 간섭이나 침해를 받지 않을 방어적 권리이다.

13
2021.9(고3) 정치와법_모평5

우리나라 헌법의 기본 원리 (가)에 대한 설명으로 가장 적절한 것은? [2점]

> 한편 민주적 정당성을 직접 확보할 수 없는 대법원의 장(長)이 헌법 기관을 구성하도록 하는 것이, 자유 민주주의의 법적 기초로서 모든 국가 권력의 정당성의 근거가 국민에게 있다는 우리나라 헌법의 기본 원리인 (가)에 위반된다는 주장이 제기되고 있다. 그러나 헌법에 근거하여 대법원의 장(長)의 임명 과정에 대통령과 국회가 권한을 행사하므로, 민주적 정당성 확보에 문제가 없다는 반론도 있다.

① 국가가 경제 민주화를 위하여 경제에 관한 규제와 조정을 할 수 있는 토대가 된다.
② 근대 자유방임적 시장 경제 발전 과정에서 나타난 결함을 극복하기 위해 등장하였다.
③ 국가 의사를 최종적으로 결정할 수 있는 최고의 권력을 국민이 보유하고 있다는 것을 의미한다.
④ 상호주의 원칙에 따라 국제법과 조약이 정하는 바에 의하여 외국인의 지위를 보장하는 근거가 된다.
⑤ 국가로부터 문화 활동의 자유가 보장되고 국가에 의하여 문화 활동이 보호·지원되어야 한다는 원리이다.

14

우리나라 헌법의 기본 원리 A에 대한 설명으로 가장 적절한 것은? [3점]

대의 기관이 국가 권력을 행사하는 데 필요한 민주적 정당성은 선거를 통해 임기 동안 일괄적으로 부여받는 일회적인 것이 아니라 임기 중에도 끊임없이 획득해야 하는 것으로 이해되어야 합니다. 자유 민주주의하에서 국민은 자유롭게 자신의 정치적 의사를 표명할 수 있어야 하고, 대의 기관은 표출된 국민의 의사에 지속적으로 반응해야 하며 그렇지 않을 경우 국민에 대해 정치적 책임을 져야 합니다. 이를 통해서 국가 의사를 결정하는 최고의 권력이 국민에게 있다는 원리인 A를 실질화할 수 있습니다.

① 헌법 개정 시 필수적으로 국민 투표를 거쳐야 하는 근거가 된다.
② 상호주의 원칙에 따라 외국인의 법적 지위를 보장하는 근거가 된다.
③ 분단국가라는 상황을 전제로 한 우리나라의 특유한 헌법 원리이다.
④ 국가가 문화 활동의 자유를 보장하고 문화생활을 위한 조건을 조성해야 한다는 원리이다.
⑤ 국가가 적정한 소득의 분배를 유지하기 위해 경제에 관한 규제와 조정을 할 수 있는 토대가 된다.

15

밑줄 친 'A원칙'에 대한 옳은 설명만을 〈보기〉에서 있는 대로 고른 것은? [2점]

기본권은 최대한 보장되어야 하지만, 공익이나 타인의 기본권과 조화를 이루기 위해서 부득이 제한될 수 있다. 그러나 기본권을 제한하더라도 특정 기본권 주체에게 일방적인 희생이 강요되어서는 안 되며, 가능한 한 기본권이 보장될 수 있도록 최소한의 제한에 그쳐야 한다. 이러한 이유로 헌법은 법률에 의한 기본권 제한 가능성을 인정하면서도 <u>A원칙</u>에 따라 '필요한 경우에 한하여' 기본권 제한을 허용하고 있다. 이에 따르면 기본권 제한은 공익이 요구하는 범위 내에서 적합하고 필요하며 법익의 균형이 유지되는 경우에 한해 가능하다.

〈 보 기 〉

ㄱ. 기본권 제한의 목적과 수단 사이에 적정한 비례 관계가 유지 되어야 한다는 원칙이다.
ㄴ. 소극적·방어적 성격의 권리를 제한하는 법률의 위헌 여부를 심사하는 기준으로 활용된다.
ㄷ. A원칙에서 '목적의 정당성'은 기본권 제한의 수단이 목적 달성을 위해 필요 최소한에 그쳤는지를 심사하는 것이다.

① ㄱ ② ㄷ ③ ㄱ, ㄴ ④ ㄴ, ㄷ ⑤ ㄱ, ㄴ, ㄷ

16

2019.11(고3) 정치와법_수능10

다음 사례에 대한 법적 판단으로 옳지 <u>않은</u> 것은? [2점]

> 미결 수용자로 구치소에 있었던 갑은 구치소의 종교 행사에 참석하고 싶었으나 구치소장이 이를 금지하여 참석할 수 없었다. 갑은 종교의 자유 침해를 주장하면서 참석 불허 조치의 위헌 확인을 구하는 심판을 헌법 재판소에 청구하였다. 이에 대해 헌법 재판소는 이 조치는 시설의 안전과 질서 유지, 공범과 접촉 방지라는 목적을 달성하기 위한 적절한 방법이라고 할 수 있지만, 공범이 없는 경우는 물론이고 공범이 있더라도 다른 시간대에 각각 참석하도록 할 수 있으므로 필요 최소한의 조치였다고 보기 어렵다고 판단했다. 또한 이 조치로 얻어질 공익이 갑의 불이익보다 더 크다고 단정할 수 없다고 보아 인용 결정을 하였다.

① 갑은 권리 구제형 헌법 소원 심판을 청구하였다.
② 구치소장의 적극적인 공권력의 행사가 심판 대상이다.
③ 헌법 재판소는 구치소장의 종교 행사 참석 불허 조치는 적합한 수단이라고 판단하였다.
④ 헌법 재판소는 구치소장의 종교 행사 참석 불허 조치보다 침해가 작은 방법이 없었다고 판단하였다.
⑤ 위 결정에 대해 피청구인인 구치소장은 재항고할 수 없다.

17

2025.9(고3) 정치와법_모평12

다음 자료에 대한 설명으로 옳은 것은? [3점]

> 헌법 재판소는 헌법 해석과 관련된 분쟁의 해결을 위한 사법 기관으로 다양한 심판을 담당한다. 이 중 A는 법률의 위헌 여부가 재판의 전제가 되었을 때, 소송 당사자의 제청 신청 또는 법원의 직권에 따른 제청으로 해당 법률의 위헌 여부를 결정하는 심판이다. B는 법원이 소송 당사자의 A제청 신청을 받아들이지 않아 소송 당사자가 헌법 재판소에 직접 청구하는 심판이다. C는 공권력의 행사 또는 불행사로 인한 기본권 침해 여부를 판단하는 심판이다.

① A는 위헌 심사형 헌법 소원 심판이다.
② 국회에서 제정한 법률에 근거를 둔 명령이나 규칙은 A의 대상이 아니다.
③ B에 대한 헌법 재판소의 결정에 불복한 청구인은 대법원에 재항고할 수 있다.
④ 국민뿐만 아니라 법원도 C의 청구권자이다.
⑤ B와 달리 C는 국회의 입법권에 대한 견제 수단이 된다.

18

다음 사례에 대한 분석으로 옳은 것은? [3점]

구치소에 수용 중인 갑은, 구치소장이 수용자 거실에 설치한 폐쇄 회로 텔레비전(CCTV)으로 인해 기본권을 침해당했다며, 헌법 재판소에 권리 구제형 헌법 소원 심판을 청구하였다. 이에 대해 헌법 재판소는 구치소장의 해당 행위는 갑을 보호하기 위한 것으로 그 목적이 정당하고, 교도관의 감시만으로는 사고 발생을 막는 데 한계가 있으므로 목적 달성에 적합한 수단이며, 수용자가 입게 되는 피해를 최소화하기 위한 조치를 취하고 있다는 점에서 피해의 최소성을 갖추었다고 보았다. 또한 이로 인해 갑의 사생활의 비밀 및 자유가 제한되더라도, 이를 통해 보호하려는 공익이 더 크기 때문에 법익의 균형성을 갖추었다고 판단하여 기각 결정을 내렸다.

① 갑이 침해당했다고 주장하는 기본권은 '기본권 침해를 구제받기 위한 수단적 성격'을 가진다.
② 갑이 청구한 심판은 법률의 위헌 여부가 재판의 전제가 된 경우에 이루어진다.
③ 갑의 헌법 소원 심판 청구는 사회권적 기본권의 행사에 해당한다.
④ 헌법 재판소는 구치소장의 행위가 과잉 금지 원칙을 위배하지 않았다고 판단하였다.
⑤ 헌법 재판소는 보호하려는 공익보다 침해되는 사익이 더 작다고 할 수 없으므로 기본권 제한의 한계를 넘었다고 판단하였다.

19

다음 자료에 대한 법적 판단 및 추론으로 옳은 것은?
[3점]

갑은 △△법 위반죄로 징역 3년에 집행 유예 5년의 판결을 선고받고 해당 판결이 확정되었다. 한 달 후 ㅁㅁ법을 위반한 갑은 기소되었고, 1심 법원에서 징역 6월을 선고받고 항소하였지만 기각되었다. 이에 갑은 상고하였으나 A가 이를 기각하여 징역 6월의 형이 확정되었고, 그 결과 형법 조항에 따라 갑에 대한 위의 집행 유예 선고는 효력을 잃게 되었다. 이에 다른 구제 절차를 거칠 수 없었던 갑은 해당 형법 조항이 이중 처벌 금지의 원칙 등에 위반된다며 기본권 침해 여부를 판단하는 심판인 (가) 을/를 B에 청구하였다. 이에 대해 B는 범죄자에 대한 재사회화와 사회 방위를 도모하려는 공익의 중대성은 인정하면서도, 해당 형법 조항에 따라 집행되는 형은 이미 선고된 형이므로 신체의 자유가 추가로 제한된다고 보기 어려운 점 등을 이유로, 해당 형법 조항으로 제한되는 갑의 기본권이 이를 통해 달성하려는 공익보다 중하지 않다고 보아 갑의 청구를 기각한다는 결정을 하였다.

① A는 해당 형법 조항의 위헌 여부가 재판의 전제가 된 경우에도 B에 (가)를 청구할 수 없다.
② 갑은 A의 판결이 자신의 신체의 자유를 침해하였다고 주장하며 B에 그 판결을 대상으로 (가)를 청구하였다.
③ B는 해당 형법 조항을 통한 기본권 제한이 목적은 정당하지만 필요한 범위를 벗어난 것이라고 판단하였다.
④ B의 결정으로 법원은 갑의 △△법 위반죄 사건에 대하여 다시 재판을 하여 새로운 형을 부과하였을 것이다.
⑤ A의 장(長), B의 장(長) 모두 직무 집행에 있어 헌법이나 법률을 위반한 경우에도 탄핵 심판의 대상이 되지 않는다.

20

다음 자료에 대한 옳은 법적 판단만을 〈보기〉에서 있는 대로 고른 것은? [3점]

> 갑은 선거 기간 동안 특정 후보와 정당을 지지하는 모임을 개최했다는 혐의로 기소되었다. 상고심 계속 중, 갑은 선거 기간 동안 모든 집회를 제한하는 ○○법 조항이 헌법에 위반된다고 주장하면서 A에 (가) 제청 신청을 하였으나 기각되자, B에 ○○법 조항이 헌법에 위반된다는 결정을 구하는 (나) 을/를 청구하였다. 이에 B는 ○○법 조항의 입법 목적은 정당하나, 선거의 공정성을 해치는 것이 명백하지 않은 집회나 모임의 개최, 정치적 표현까지 금지·처벌하는 것은 입법 목적의 달성에 필요한 범위를 넘는 과도한 제한이라고 보았다.

─── 〈 보 기 〉───

ㄱ. A는 항소 법원의 결정에 대한 재항고 사건을 심판한다.
ㄴ. B는 ○○법 조항이 과잉 금지 원칙에 위배된다고 보았다.
ㄷ. A는 직권으로 B에 (가)를 제청 신청할 수 있다.
ㄹ. 갑이 청구한 (나)는 공권력의 행사 또는 불행사로 인한 기본권 침해 여부를 판단하는 심판이다.

① ㄱ, ㄴ 　　② ㄱ, ㄹ 　　③ ㄷ, ㄹ
④ ㄱ, ㄴ, ㄷ 　　⑤ ㄴ, ㄷ, ㄹ

21

다음 자료에 대한 옳은 법적 판단만을 〈보기〉에서 있는 대로 고른 것은? [2점]

> HOME 〉 언재 〉 ◇◇◇의 헌법 교실
>
> **형사 보상 청구권 관련 헌법 재판소 결정 분석**
>
> 헌법 재판소는 갑이 항소심 계속 중 청구한 헌법 소원 심판에서 당해 사건에 적용되는 ○○법 조항의 위헌 여부가 재판의 전제가 된다고 판단하고, 해당 조항이 형벌 체계상 균형을 상실하여 평등의 원칙에 위배된다고 판단하였다. 한편, ○○법 위반죄 등으로 징역 2년 6월을 선고받고 판결 확정 후 형의 집행이 종료된 을은 ○○법 조항에 대한 위헌 결정을 이유로 재심을 청구하였다. 재심 절차에서 을은 ○○법 조항보다 법정형이 가벼운 형법 조항이 적용되어 징역 2년을 선고받았고, 항소 및 상고가 기각되어 판결이 확정되었다.
>
> 이후 을은 무죄 이외에 '재심 절차에서 감형된 경우'를 형사 보상 대상으로 규정하지 않은 형사 보상법 □□조항이 자신의 기본권을 침해한다며 헌법 소원 심판을 청구하였다. 헌법 재판소는 □□조항은 '무죄 재판을 받아 확정된 사건'의 피고인에게 적용되는 조항이므로, 무죄 재판을 받지 않은 을에게는 □□조항이 아닌 형사 보상법 △△조항이 적용된다고 판단하고 심판 대상을 변경하였다. 그리고 헌법 재판소는 '재심 판결에서 선고된 형을 초과하여 집행된 구금'에 대하여 보상 요건을 규정하지 않은 △△조항이 을의 기본권을 침해한다고 판단하였다. 이에 따라 재심 판결에서 선고된 형을 초과하여 집행된 구금에 대해서도 형사 보상을 청구할 수 있는 계기가 마련되었다.

─── 〈 보 기 〉───

ㄱ. 갑이 청구한 헌법 소원 심판에서는 위헌 법률 심판 제청 결정을 구하는 갑의 신청에 대한 항소 법원의 기각 결정을 심판 대상으로 하였다.
ㄴ. 을은 공권력 작용으로 인하여 헌법상 보장된 기본권이 침해되었음을 이유로 권리 구제형 헌법 소원 심판을 청구하였다.
ㄷ. 헌법 재판소는 을이 청구한 헌법 소원 심판에서 형사보상법 △△조항이 헌법상 과잉 금지의 원칙에 위반된다고 판단하였다.

① ㄱ 　② ㄴ 　③ ㄱ, ㄷ 　④ ㄴ, ㄷ 　⑤ ㄱ, ㄴ, ㄷ

22

다음 자료에 대한 설명으로 옳은 것은? [2점]

○○시장이 경유차 소유자인 갑에게 □□법에 따라 환경 개선 부담금 부과 처분을 하자, 갑은 그 처분의 취소를 구하는 소를 제기하였다. 갑은 소송 계속 중 이 처분의 근거가 되는 □□법 조항이 헌법에 위반된다고 주장하면서 A에 ┌ (가) ┐ 제청 신청을 하였으나 기각되자, B에 해당 법률 조항이 헌법에 위반된다는 결정을 구하는 ┌ (나) ┐ 을/를 청구하였다. 이에 B는 해당 법률 조항이 국가에게 부여된 환경 보전이라는 헌법적 과제 실현을 위한 것이므로 입법 목적의 정당성이 인정되고, 경유차 소유자에게 환경 개선 부담금을 부과하는 것은 입법 목적을 실현하기 위한 적합한 수단이라고 보았다. 또한 이보다 덜 제한적인 방법은 없으며, 쾌적한 환경 조성이라는 공익은 제한되는 사익에 비해 결코 작지 않다고 판단하였다.

① A는 갑의 제청 신청 없이는 B에 (가)를 제청할 수 없다.
② 갑이 청구한 (나)는 공권력의 불행사로 인한 기본권 침해 여부를 판단하는 심판이다.
③ (가)와 달리 (나)는 국회의 입법권에 대한 견제 수단이 된다.
④ B는 해당 법률 조항이 과잉 금지 원칙에 위배되지 않는다고 보았다.
⑤ B의 장(長)은 헌법 개정안을 발의할 수 있다.

23

다음 자료에 대한 옳은 설명만을 〈보기〉에서 있는 대로 고른 것은? [3점]

HOME 〉 연재 〉 □□□의 헌법 교실

헌법 소원 심판 알아보기

헌법 소원 심판은 공권력으로부터 기본권을 보장하기 위한 기본권 구제 제도라는 본질을 가진다. 본래적 의미의 헌법 소원 심판인 A는 공권력 작용으로 인하여 기본권을 침해받은 자가 다른 법률상 구제 절차를 모두 거친 후 헌법 재판소에 그 구제를 청구하는 것이다. 그러나 헌법 재판소법에는 당해 사건의 당사자가 B를 제청 신청하였으나 법원으로부터 기각된 경우에 청구하는 C도 헌법 소원 심판으로 규정되어 있다. 우리나라에서 A와 별도로 C를 헌법 소원 심판으로 규정한 이유는 원칙적으로 법원의 재판을 A의 대상에서 배제하고 있어 B의 제청 신청에 대한 법원의 기각 결정에 대하여 구제받을 수 있는 방법이 없기 때문인 것으로 이해된다. C는 형식적으로는 헌법 소원 심판이지만, 실질적으로는 헌법 재판소의 관장 사항 중 하나인 B에 해당한다.

〈 보 기 〉

ㄱ. 소송 당사자는 당해 사건을 담당하는 법원에 B의 제청 결정을 구하는 신청을 하지 않은 경우 C를 청구할 수 없다.
ㄴ. B와 달리 C는 당해 사건에 적용되는 법률의 위헌 여부가 재판의 전제가 되어야 할 것을 요구하지 않는다.
ㄷ. A와 C 모두 헌법상 보장된 기본권을 침해한 공권력 작용에 대해서만 심판을 청구할 수 있다.

① ㄱ　　② ㄴ　　③ ㄱ, ㄷ　④ ㄴ, ㄷ　⑤ ㄱ, ㄴ, ㄷ

24

다음을 주장한 사상가의 입장으로 가장 적절한 것은? [3점]

시민 불복종은 민주 사회를 특징짓는 공공적인 정의관으로부터 생겨난다. 시민 불복종의 이론은 입헌 민주주의에 대한 법적인 관점을 보충하고 있다. 그것은 법에 반하는 것이긴 하지만 법에 대한 충실성과 민주 체제의 정치적 원리들에 호소하는 방식으로 합법적인 민주적 권위에 반대할 수 있는 근거를 정식화하는 것이다.

① 사회 기본 구조의 규제 원칙에 대한 시민 불복종이 허용될 수는 없다.
② 시민 불복종이 성립하지 않는 사회는 부정의하다고 볼 수 밖에 없다.
③ 시민 불복종이 정의로운 체제의 안정성을 이유로 제한될 수는 없다.
④ 기본적 자유를 제한하는 법은 시민 불복종의 대상일 수밖에 없다.
⑤ 헌법에 근거한 법을 위반하는 시민 불복종이 정당화될 수는 없다.

25

다음을 주장한 사상가의 입장으로 적절한 것만을 〈보기〉에서 있는 대로 고른 것은? [2점]

> 시민 불복종은 법에 대한 충실성의 한계 내에서 부정의한 법에 대한 불복종을 나타낸다. 시민 불복종 행위에 가담함으로써 소수자는 다수자에게 그들의 행위가 정의의 원칙들에 대한 위반으로 해석되기를 바라는지 아니면 공통된 정의감에 비추어 소수자의 합당한 요구를 인정하고자 하는지를 숙고하도록 강요하게 된다.

―――――〈 보 기 〉―――――
ㄱ. 시민 불복종은 다수자의 정의감을 나타내는 양심적인 행위이다.
ㄴ. 시민 불복종은 법의 경계선 내에서 행해지는 정치적 행위이다.
ㄷ. 부정의한 법의 변혁은 시민 불복종의 목적이 아니라 결과이다.

① ㄱ ② ㄴ ③ ㄱ, ㄷ ④ ㄴ, ㄷ ⑤ ㄱ, ㄴ, ㄷ

26

갑, 을 사상가들의 입장으로 적절하지 <u>않은</u> 것은? [3점]

> 갑: 시민 불복종은 법에 대한 충실성의 한계 내에서 부정의에 대해 항거하는 위법한 행위이다. 이는 공동 사회의 다수가 갖는 정의감을 나타내고, 자유롭고 평등한 사람들 사이에서 정의의 원칙이 존중되고 있지 않음을 선언하는 것이다.
> 을: 시민 불복종은 합법적인 수단이 실패했을 때 사용될 수 있는 적합한 수단이다. 우리는 중단시키려고 하는 악의 크기와 우리의 행위가 가져올 법과 민주주의에 대한 존중의 심각한 감소 정도를 저울질해 봐야 한다.

① 갑: 시민 불복종은 민주적 체제의 합법성을 인정하는 시민의 행위이다.
② 갑: 거의 정의로운 사회에서 부정의한 모든 법은 시민 불복종의 대상이다.
③ 을: 시민 불복종이 산출할 사회적 이익과 해악이 고려되어야 한다.
④ 을: 부정의를 해결할 수 있는 합법적 방법이 우선적으로 고려되어야 한다.
⑤ 갑, 을: 시민 불복종 참여자는 위법 행위에 대한 처벌을 감수해야 한다.

27

2024.9(고3) 생활과윤리_모평12

다음을 주장한 사상가의 입장으로 적절한 것만을 〈보기〉에서 고른 것은? [3점]

시민들의 기본적 자유가 침해될 때 시민 불복종으로 반대한다면 기본적 자유는 더 확고해질 것으로 생각된다. 시민 불복종은 다수자가 정의감을 갖고 있는 거의 정의로운 사회에서만 합당한 행위임을 인식해야 한다. 거의 정의로운 사회는 공유된 정의관이 존재하는 사회라는 것을 뜻한다.

─── 〈 보 기 〉 ───

ㄱ. 국가의 처벌이 시민 불복종의 대상이 되는 경우는 없다.
ㄴ. 기본적 자유를 침해한 법에 대한 항거도 정당하지 않을 수 있다.
ㄷ. 시민 불복종은 공유된 정의관에 따른 숙고를 권력자들에게 촉구한다.
ㄹ. 시민 불복종은 다수자의 정의감을 전제하므로 소수자가 주체일 수는 없다.

① ㄱ, ㄴ ② ㄱ, ㄷ ③ ㄴ, ㄷ ④ ㄴ, ㄹ ⑤ ㄷ, ㄹ

28

2023.9(고3) 생활과윤리_모평7

다음을 주장한 사상가의 입장으로 가장 적절한 것은? [3점]

시민 불복종은 정치 체제의 합법성을 인정하고 받아들이는 시민들에 의해서만 행해진다. 이때, 시민 불복종 행위가 항의의 대상이 되고 있는 바로 그 법을 위반하라는 요구를 하지는 않는다. 그것은 사람들이 직접적인 시민 불복종이라 부르는 것뿐만 아니라 간접적인 시민 불복종이라 부르는 것까지도 고려하고 있다. 때로는 부정의하다고 간주되는 법이나 정책도 어기지 말아야 할 강력한 이유가 있다.

① 시민 불복종은 정치 체제의 효율성을 이유로 제한될 수 있다.
② 시민 불복종이 성립되지 않는 사회가 정의로운 사회일 수는 없다.
③ 안정적인 체제에서는 시민 불복종 행위에 대해 처벌하지 않는다.
④ 공적 심의를 거친 정책이 시민 불복종의 대상이 될 수는 없다.
⑤ 시민 불복종은 다수결의 원칙에 대한 반대를 표하는 정치 행위이다.

29

(가)의 갑, 을 사상가들의 입장을 (나) 그림으로 탐구하고자 할 때, A~C에 들어갈 적절한 질문만을 〈보기〉에서 있는 대로 고른 것은? [3점]

(가)	갑: 시민 불복종은 그 결과의 좋음에 의해 정당화된다. 따라서 우리는 시민 불복종으로 인해 발생하는 법과 민주주의에 대한 존중심의 감소 정도마저 고려해야 한다. 을: 시민 불복종은 시민들의 정의관에 의해 정당화된다. 따라서 시민 불복종은 헌법과 사회 제도 일반을 규제하는 정의의 원칙들에 의해 지도되어야 한다.
(나)	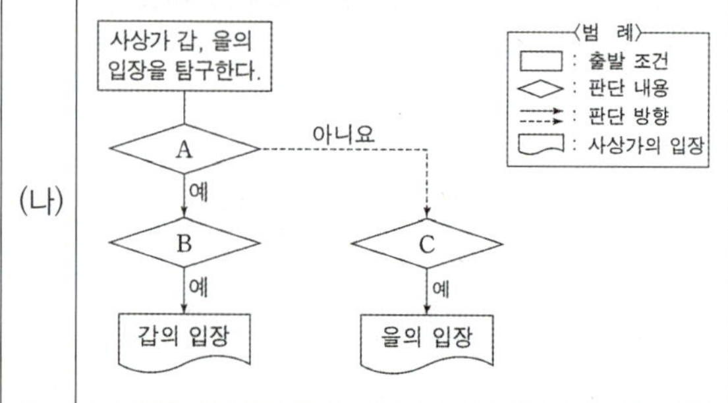

───── 〈 보 기 〉 ─────

ㄱ. A: 시민 불복종은 법의 부당함을 다수에게 강요하는 행위인가?

ㄴ. B: 시민 불복종은 민주주의적 결정을 복원하려는 시도인가?

ㄷ. C: 시민 불복종은 정의로운 법을 제정할 절차가 불완전하여 발생할 수 있는가?

ㄹ. C: 이익 집단의 시민 불복종은 공공의 정의관에 근거해야 허용될 수 있는가?

① ㄱ, ㄴ　　② ㄱ, ㄷ　　③ ㄴ, ㄹ
④ ㄱ, ㄷ, ㄹ　　⑤ ㄴ, ㄷ, ㄹ

30

갑, 을 사상가들의 입장으로 적절한 것만을 〈보기〉에서 있는 대로 고른 것은? [3점]

갑: 시민 불복종을 결심함에 있어서 우리는 결과론적 관점에서 불복종을 통해 중단시키고자 하는 악의 크기와 우리의 행위가 가져올 법에 대한 존중의 감소 가능성을 저울질해 봐야 한다. 을: 시민 불복종은 공동체의 정의감에 호소하기에, 평등한 자유의 원칙에 대한 심한 위반이나 공정한 기회 균등의 원칙에 대한 현저한 위배에 국한되어야 한다.

───── 〈 보 기 〉 ─────

ㄱ. 갑: 시민 불복종은 불법 행위이지만 법치를 존중하는 행위이다.

ㄴ. 을: 종교의 자유를 부정하는 법은 시민 불복종의 대상이 된다.

ㄷ. 을: 부정의한 법을 변혁하고자 불가피하게 다른 법을 위반하는 시민 불복종은 정당화될 수 있다.

ㄹ. 갑, 을: 다수결 원칙에 따라 민주적으로 제정된 법은 시민 불복종의 대상이 아니다.

① ㄱ, ㄴ　　② ㄱ, ㄹ　　③ ㄷ, ㄹ
④ ㄱ, ㄴ, ㄷ　　⑤ ㄴ, ㄷ, ㄹ

31
2024.6(고3) 생활과윤리_모평14

(가)의 사상가 갑, 을, 병의 입장을 (나) 그림으로 탐구하고자 할 때, A~D에 들어갈 적절한 질문만을 〈보기〉에서 고른 것은? [3점]

(가)	갑: 시민 불복종의 대상은 평등한 자유의 원칙에 대한 심대한 위반이나 공정한 기회 균등의 원칙에 대한 현저한 위반에 국한되어야 한다. 을: 공리의 관점에서 시민 불복종이 중단시키려는 악의 크기와 그것이 가져올 법과 민주주의에 대한 존중심의 감소 가능성을 저울질해 보아야 한다. 병: 우리는 법에 대한 존경심보다는 먼저 정의에 대한 존경심을 가져야 한다. 법이 독단에 치우쳐 있다면 양심에 따라 저항해야 한다.
(나)	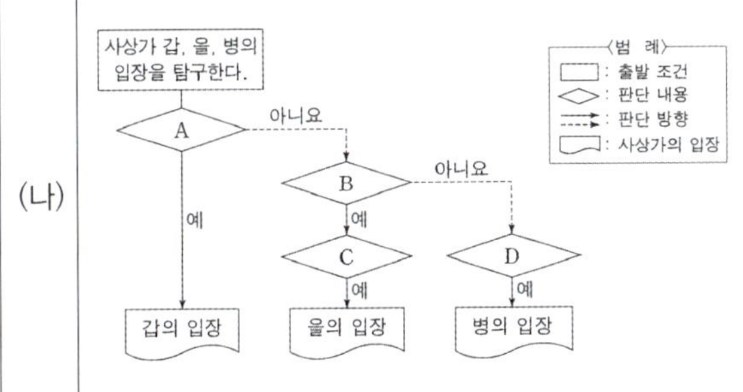

─── 〈 보 기 〉 ───
ㄱ. A: 다수 의사를 반영한 법은 시민 불복종 대상에서 제외되어야 하는가?
ㄴ. B: 양심에서 비롯된 시민 불복종도 실패 가능성이 크면 정당성을 상실할 수 있는가?
ㄷ. C: 법에 대한 존중이 강한 민주 사회일수록 시민 불복종이 옹호될 가능성이 높은가?
ㄹ. D: 시민 불복종은 개인적 양심과 사회적 승인에 근거해야 하는가?

① ㄱ, ㄴ ② ㄱ, ㄷ ③ ㄴ, ㄷ ④ ㄴ, ㄹ ⑤ ㄷ, ㄹ

32
2022.9(고3) 생활과윤리_모평8

갑, 을 사상가들의 입장으로 적절한 것만을 〈보기〉에서 고른 것은? [3점]

갑: 시민 불복종은 해당 문제를 다수에게 알리려는 시도이거나 국가적인 관심을 촉구하는 것이다. 이때 우리는 중단시키려는 악의 크기와 우리의 행위가 가져올 법과 민주주의에 대한 존중심의 감소 정도를 저울질해 봐야 한다. 을: 시민 불복종은 정치적 다수자로 하여금 공통된 정의감에 비추어 소수자의 합당한 요구에 대한 숙고를 강요한다. 이는 헌법과 사회 제도 일반을 규제하는 정의의 원칙들에 의해 지도되고 정당화되기에 정치적 행위가 된다.

─── 〈 보 기 〉 ───
ㄱ. 갑: 시민 불복종의 목적은 결코 그 수단을 정당화할 수 없다.
ㄴ. 을: 합법적인 민주적 권위에 대한 시민 불복종은 가능하다.
ㄷ. 을: 다수의 정의감이 상실될 때 시민 불복종은 반드시 요청된다.
ㄹ. 갑과 을: 시민 불복종이 가져올 효과를 신중히 고려해야 한다.

① ㄱ, ㄴ ② ㄱ, ㄷ ③ ㄴ, ㄷ ④ ㄴ, ㄹ ⑤ ㄷ, ㄹ

33

(가)의 갑, 을 사상가들의 입장을 (나) 그림으로 탐구하고자 할 때, A~C에 들어갈 적절한 질문만을 〈보기〉에서 고른 것은? [3점]

(가)	갑: 시민 불복종은 거의 정의로운 사회 내에서 그 체제의 합법성을 인정하는 시민들에게서만 일어난다. 따라서 시민 불복종은 공유된 정의관에 의해 정당화된다. 을: 시민 불복종은 공리주의 원리에 의해 정당화되어야 한다. 따라서 우리는 시민 불복종이 사회에 미칠 전체적인 이익과 손해를 저울질해 봐야 한다.
(나)	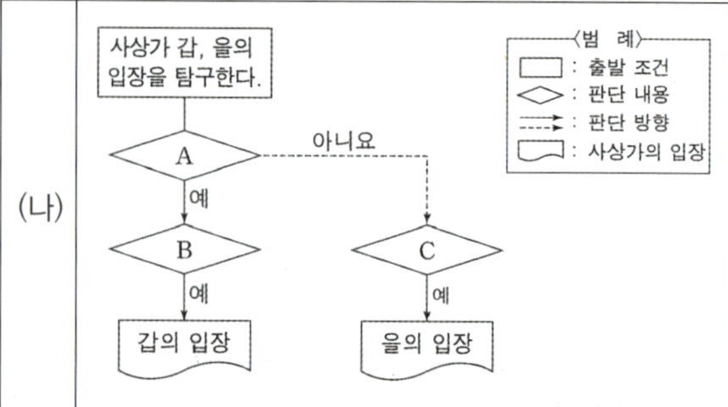

───── 〈 보 기 〉 ─────

ㄱ. A: 시민 불복종은 법에 대한 존중심을 감소시킬 수 있는가?

ㄴ. B: 시민 불복종이 정당한 법에 대한 위반을 수반할 수 있는가?

ㄷ. B: 심각한 부정의가 존재하는 민주 체제에서는 시민 불복종이 가능한가?

ㄹ. C: 다수의 견해를 진정으로 반영한 법에 대한 시민 복종은 불가능한가?

① ㄱ, ㄴ ② ㄱ, ㄷ ③ ㄴ, ㄷ ④ ㄴ, ㄹ ⑤ ㄷ, ㄹ

34

그림은 서양 사상가 갑, 을의 가상 대화이다. 갑, 을의 입장으로 적절한 것만을 〈보기〉에서 있는 대로 고른 것은? [2점]

───── 〈 보 기 〉 ─────

ㄱ. 갑: 차등의 원칙을 위반한 정책은 시민 불복종의 대상이 된다.

ㄴ. 갑: 매우 부정의한 입헌 체제에서 시민 불복종은 성립할 수 없다.

ㄷ. 을: 시민 불복종을 하는 시민은 보편적 법치 원리를 존중한다.

ㄹ. 갑, 을: 시민 불복종으로 발생할 불행한 결과를 고려해야 한다.

① ㄱ, ㄴ   ② ㄱ, ㄹ   ③ ㄴ, ㄷ
④ ㄱ, ㄷ, ㄹ ⑤ ㄴ, ㄷ, ㄹ

35

다음을 주장한 사상가의 입장으로 가장 적절한 것은?
[3점]

> 나는 시민 불복종을 흔히 법이나 정부의 정책에 변혁을 가져올 목적으로 행해지는 공공적이고 비폭력적이며 법에 반하는 정치적 행위라 정의하고자 한다. 이러한 행위는 법에 대한 충실성의 한계 내에서 부정의에 항거함으로써 정의로부터의 이탈을 방지하고, 부정의를 교정하는 데 도움이 된다. 정당한 시민 불복종에 참여하고자 하는 일반적 성향은 질서 정연한 사회 속에 안정을 가져다준다.

① 시민 불복종은 개인의 이익이 아닌 집단의 이익에 근거해야 한다.
② 시민 불복종은 사회의 기본 구조가 아주 부정의하면 성립할 수 없다.
③ 시민 불복종은 헌법의 정당성에 이의를 제기하는 정치적 행위이다.
④ 시민 불복종은 비민주적 체제의 변혁을 목적으로 이루어져야 한다.
⑤ 시민 불복종의 근거인 다수의 정의감은 개인의 양심과 양립할 수 없다.

36

다음 자료에 대한 설명으로 옳은 것은? [3점]

□□신문   ○○○○년 ○○월 ○○일

갑국의 '이민자 통합 프로그램' 이대로 좋은가?

며칠 전 갑국에서는 야외 공연장을 가득 메운 사람들 사이에서 이민자들의 외모와 음식 문화를 비하하는 노래가 울려 퍼졌다. 갑국 내 극소수에 불과해 오랜 기간 취업과 임금 등에서 차별받아 온 ㉠이민자들은 이에 강하게 반발했고 양측의 충돌로 인해 유혈 사태가 발생하게 되었다. 특히 이를 해결하는 과정에서 경찰이 ㉡이민자가 아닌 갑국 사람들은 조사하지 않고 이민자들에 대해서만 강압 수사를 벌이면서 문제는 더욱 심각해졌다. 이러한 일련의 사건들로 인해 그동안 갑국 정부가 추진해 왔던 '이민자 통합 프로그램'의 효과가 의문시되고 있다.

① ㉠은 사회적 소수자로서의 정체성을 갖고 있다.
② ㉠에 비해 ㉡은 정치권력의 열세에 놓여 있다.
③ ㉡에 비해 ㉠은 경제적 자원 획득에서 유리한 위치에 있다.
④ 제도적 차원의 노력을 통해 차별을 해소한 사례를 보여준다.
⑤ 한 사회 내에서 수적으로 우세하더라도 사회적 소수자가 될 수 있음을 보여 준다.

37

다음 자료에 대한 설명으로 옳은 것은? [3점]

> ○ 갑국에서 일하는 외국인 노동자 A는 행인과 다툼을 겪고 경찰서에 가게 되었다. A는 갑국의 언어에 익숙하지 않아 모국어로 진술서를 작성할 수 있게 해 달라고 요청하였다. 이에 경찰은 갑국 언어로 진술서를 작성해야 한다고 되어 있는 업무 지침에 따라 A의 요구를 거부하였고, 갑국 국민과 달리 A는 정당한 법적 조력을 받을 수 없었다.
> ○ 을국 국민인 B는 어린 시절 교통사고로 다리를 다쳐 휠체어를 사용해 왔다. B는 학교에 입학하려 하였으나 관할 관청은 화재 규정을 근거로 휠체어가 대피에 방해가 된다며 입학을 허가하지 않았다. B의 부모는 지속적으로 청원을 냈고 그 결과 을국에서는 장애를 이유로 차별해서는 안 된다는 법이 제정되어 B는 공교육을 받을 수 있게 되었다.

① A는 주류 집단의 제도적 배제로 인해 차별을 받았다.
② B는 사회적 소수자에 대한 우대 정책의 혜택을 받았다.
③ B와 달리 A는 신체적 특성을 이유로 차별을 받았다.
④ 갑국의 사례에는 역차별의 문제가 나타난다.
⑤ 을국의 사례에는 수적 우세에도 불구하고 차별을 받는 사회적 소수자가 나타난다.

38

사회적 소수자 A, B에 대한 설명으로 옳은 것은? [3점]

> ○ 갑국에 사는 노인 A는 취업 시장에서 불이익을 받거나 카페 등 특정한 장소에서 입장에 제한을 받는 등 나이가 많다는 이유로 차별받았다.
> ○ 강제 이주로 3대째 을국에서 살고 있는 이주민의 3세 B는 을국 사람들과 구분되는 민족적, 인종적 특성으로 인해 을국에서 차별받았다.

① A는 B와 달리 권력의 열세로 인해 차별받았다.
② A는 B와 달리 여러 사회적 소수자 집단에 중첩되어 속해 있다.
③ B는 A와 달리 고정 관념으로 인해 차별의 대상이 되었다.
④ B는 A와 달리 식별 가능성으로 인해 차별의 대상이 되었다.
⑤ A와 B는 모두 귀속적 특성으로 인해 차별받았다.

39

다음 자료에 대한 옳은 설명만을 〈보기〉에서 고른 것은?
[3점]

A국으로 이주한 갑은 □□보건소 주임으로 근무하면서 여성이라는 이유로 근로 조건에서 차별을 당하자 승진을 통해 이를 극복하려고 지방 관리직 시험에 응시하려 했다. 보건소 부소장은 규정상 A국 국적이 없으면 관리직이 될 수 없다는 이유로 접수를 거부했다. 이에 갑은 □□시를 상대로 수험 자격이 있음을 확인해 달라는 소송을 제기했다. 1심 법원은 A국 국적을 가진 사람이 공권력을 행사하는 관리직이 되는 게 원칙이므로 외국인의 관리직 취임이 불가능하다고 판단했다. 하지만 2심 법원은 □□시의 처분이 헌법이 보장한 직업 선택의 자유를 제한하고 차별 금지를 위반했다는 점에서 위법이라고 판단했다. □□시는 2심 판결에 불복하여 현재 상고심을 준비 중이다. 이에 A국 ㉠시민 사회를 중심으로 2심 판결을 지지하며 □□시의 판결 불복을 규탄하는 집회가 전국 각지에서 일어났다.

───────────〈 보 기 〉───────────

ㄱ. 갑은 적극적 우대 조치로 인해 역차별을 받는 집단에 속해 있다.

ㄴ. 갑은 여러 사회적 소수자 집단에 속해 다양한 차별을 받았다.

ㄷ. 2심 판결은 사회적 소수자의 불리한 위치를 제도적으로 개선하자는 주장의 근거가 될 수 있다.

ㄹ. ㉠은 사회적 소수자에게 A국 국민과 동등한 권리를 부여해서는 안 된다고 인식하고 있다.

① ㄱ, ㄴ ② ㄱ, ㄷ ③ ㄴ, ㄷ ④ ㄴ, ㄹ ⑤ ㄷ, ㄹ

40

다음 두 사례에서 공통적으로 도출할 수 있는 결론으로 가장 적절한 것은? [2점]

○ 갑국에서 외국인 근로자는 전체 인구의 약 10%에 해당한다. 이들을 대상으로 일상생활에서 차별받은 경험 여부를 조사했더니 대다수가 갑국 사회에서 차별받은 경험이 있다고 응답했다. 또한 내국인의 경우처럼 남성보다 여성이 더 심한 차별을 받는 것으로 나타났다.

○ 을국은 A민족과 B민족으로 구성되어 있는데, B민족이 전체 인구의 70% 정도임에도 정치·경제의 대부분을 장악한 A민족으로부터 차별을 받는다. 한편 을국에서는 종교에 따른 차별도 존재하는데, B민족의 경우 국교가 아닌 타 종교를 믿는 사람들은 더 심한 차별을 받고 있다.

① 수적으로 열세이기 때문에 사회적 소수자가 된다.

② 사회적 소수자에 대한 우대 정책이 역차별을 낳을 수 있다.

③ 한 개인이 여러 사회적 소수자 집단에 중첩되어 속할 수 있다.

④ 사회적 소수자를 규정하는 기준은 가변적이지 않고 고정적이다.

⑤ 사회적 소수자는 선천적 요인이 아닌 후천적 요인에 의해 결정된다.

41

사회적 소수자 A~E에 대한 설명으로 옳은 것은? [2점]

> **주말 드라마 등장인물 소개**
>
> **A** 일본으로 이주한 한국인 여성. 한국인이라는 이유로 차별받으며 살았지만 끝까지 귀화하지 않고 B를 키워 냄.
>
> **B** A의 아들이며, 재일 교포 2세라는 이유로 차별을 겪음. 일본에서 탄광 노동자로 일하면서 광부들의 열악한 노동 환경 개선을 위해 활동함.
>
> **C** 일본 국적의 혼혈인으로 B와 함께 탄광에서 일하고 있음. 피부색이 다르다는 이유로 차별받았으며 B에게 동질감을 느껴 친구가 됨.
>
> **D** 어린 시절 사고로 장애를 갖게 되어 학창 시절 차별을 겪음. 장애에 대한 사회적 차별에 힘들어하였지만 B, E를 만나 위안을 얻음.
>
> **E** 일본 권력가의 딸로 B와 사랑에 빠졌으나, 집안의 반대로 헤어질 결심을 하고 미국으로 유학을 떠남. 언어가 다른 낯선 땅에서 동양인이자 여성이라는 이유로 이중의 차별에 시달림.

① A는 B와 달리 역차별을 받았다.

② B는 C와 달리 수적인 열세로 인해 차별을 받았다.

③ C는 D와 달리 선천적 요인으로 인해 차별을 받았다.

④ D는 E와 달리 주류 집단과 구별되는 문화적 차이로 인해 차별을 받았다.

⑤ E는 A와 달리 국적이 주류 집단과 다르다는 이유로 차별을 받았다.

42

사회적 소수자와 관련한 현상 A~E에 대한 설명으로 옳은 것은? [2점]

> A: 갑국에서 인구 비중이 90%를 넘는 흑인은 경제, 사회, 정치 등 대부분의 영역에서 종속적인 위치에 처해 있다.
>
> B: 노인은 일반적으로 노동 생산성이 낮을 것이라는 편견으로 인해 고용상의 차별을 받기도 한다.
>
> C: 소수 민족 구성원이기만 한 사람보다 소수 민족 구성원이면서 장애가 있는 사람이 사회적 차별을 더 많이 받기도 한다.
>
> D: 최근에는 비정규직 노동자, 이주 노동자, 북한 이탈 주민 등 다양한 유형의 사회적 소수자가 등장하고 있다.
>
> E: 을국에서 을국 국교를 믿는 사람이 병국에서는 그 종교를 믿는다는 이유로 사회적 소수자가 되기도 한다.

① A는 사회적 소수자가 권력의 열세가 아닌 수적 열세라는 특성에 의해 규정된다는 점을 보여준다.

② B는 사회적 소수자에 대한 우대 정책이 역차별을 낳을 수 있음을 보여준다.

③ C는 한 개인이 여러 사회적 소수자 집단에 중첩되어 속할 수 있음을 보여준다.

④ D는 사회적 소수자가 후천적인 요인보다 생득적인 요인으로 결정됨을 보여준다.

⑤ E는 사회적 소수자에 대한 규정이 가변적이지 않고 고정적임을 보여준다.

43

다음 자료의 A~E에 대한 설명으로 옳은 것은? [3점]

A는 전쟁을 피해 홀로 이주해 온 어머니 B와 어린 시절 사고로 시각 장애인이 된 아버지 C 사이에서 태어났다. B는 여성이라는 이유로 취업이 힘들었고 C도 장애인이라는 이유로 차별을 받았다. 그런데 시각 장애인만 안마사가 될 수 있도록 한 제도가 도입되어 C는 안마사로 일하게 되었다. 같은 시기 안마사가 되고 싶어 했던 비장애인 D가 이 제도에 대해 국가 기관에 문제를 제기하면서 시각 장애인에 대한 사회적 관심이 높아졌다. 이를 지켜보던 A는 시각 장애인을 대변하는 법조인이 되어야겠다고 다짐했다. 이후 A는 법을 공부하러 갑국에 유학을 갔고 그곳에서 외국인이자 여성이라는 이유로 부당한 대우를 받게 되자, 난민 여성으로 차별받았던 B의 아픔을 이해하게 되었다. A는 유학 생활을 마치고 귀국하여 법률 회사에 입사하였다. 그리고 장애인 의무 고용 제도의 요건을 충족하여 입사한 E와 함께 사회적 소수자 인권 보호를 위한 법 개정을 위해 노력하고 있다.

① A는 B와 달리 한 개인이 여러 사회적 소수자 집단에 중첩되어 속할 수 있음을 보여 주는 사례이다.
② B는 C와 달리 후천적 요인으로 인해 차별을 받았다.
③ D는 E와 달리 주류 집단이 아니라는 이유로 차별을 받았다.
④ A와 D는 사회적 소수자에 대한 차별을 제도적으로 해결하고자 하였다.
⑤ C와 E는 사회적 소수자의 불리한 위치를 개선하기 위한 정책의 적용을 받았다.

44

다음 자료의 A~D에 대한 설명으로 옳은 것은? [2점]

인권 다큐멘터리 영화제 주요 작품 소개

A : 갑국에서 대다수의 어린 여자 아이들이 단지 여자라는 이유만으로 취학을 하지 못하는 실상을 추적한 작품
B : 을국 정부에게 고용 안정과 처우 개선을 요구하는 비정규직 노동자들의 목소리를 담은 작품
C : 병국의 지배 세력에게 억압과 착취를 당하는 병국 내 소수 민족의 아픔을 표현한 작품
D : 정국에서 새로운 정보 기기를 잘 다루지 못하는 노인들이 겪고 있는 여러 가지 어려움을 취재한 작품

① A는 B와 달리 인간의 선천적 요인으로 인한 차별을 다룬 작품이다.
② B는 C와 달리 구성원 수의 많고 적음에 따라 규정되는 사회적 소수자를 다룬 작품이다.
③ C는 D와 달리 연령대에 따라 처우가 달라지는 차별을 다룬 작품이다.
④ D는 A와 달리 적극적 우대 조치로 인해 역차별을 받는 집단을 다룬 작품이다.
⑤ A와 C는 사회적 소수자에 대한 차별 사례를, B와 D는 해당 사회 주류 집단에 대한 우대 사례를 다룬 작품이다.

45

(가)에 들어갈 수 있는 내용으로 옳은 것은? [3점]

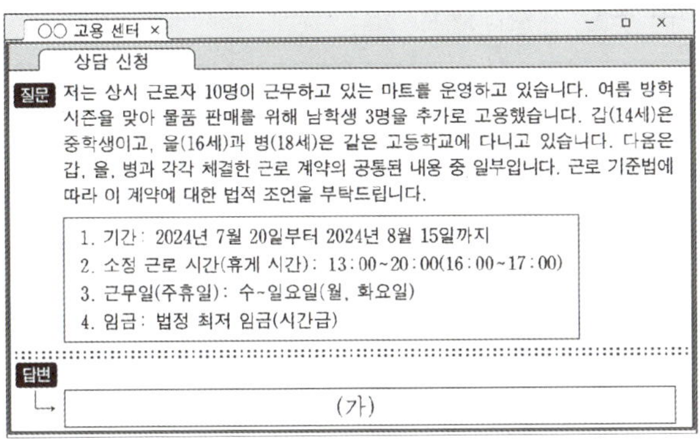

① 갑은 독자적으로 임금을 청구할 수 없으니 갑의 법정 대리인에게 임금을 지급해야 합니다.

② 을을 근로자로 사용하기 위해서는 고용 노동부 장관이 발급한 취직 인허증이 있어야 합니다.

③ 을이 근로 계약 내용대로 일요일에 근무한다면, 을에게 통상 임금의 50%를 가산하여 지급해야 합니다.

④ 병의 연령을 증명하는 가족 관계 기록 사항에 관한 증명서를 사업장에 갖추어 두어야 합니다.

⑤ 병과 합의하여 병이 매 근무일 22시까지 2시간 더 근무하게 하더라도 근로 기준법에 위배되지 않습니다.

46

(가)에 들어갈 수 있는 내용으로 옳은 것은? [3점]

① 합의한 임금이 법정 최저 임금보다 적어도 갑은 법정 최저 임금을 요구할 수 없습니다.

② 갑과 합의하여 매 근무일에 1시간씩 연장 근무하는 것은 근로 기준법에 위배되지 않습니다.

③ 갑이 근로 계약 내용대로 토요일에 근무할 경우, 갑에게 통상임금의 50% 이상을 가산하여 지급해야 합니다.

④ 갑은 독자적으로 임금을 청구할 수 없으니 을에게 임금을 지급해야 합니다.

⑤ 갑의 근로 계약을 을이 대리하여 체결하는 것은 근로 기준법에 위배되지 않습니다.

47

다음 자료에 나타난 갑의 근로 계약에 대한 옳은 법적 판단만을 〈보기〉에서 고른 것은? [3점]

가족으로부터
드라마·15세 이상

등장인물 소개

갑 남자, 현재 16세 고등학생
사실혼 관계인 A(남)와 B(여) 사이에서 태어나 A와 B의 사실혼 관계 해소 후 B에 의해 양육되었다. B가 C와 법률혼을 한 이후에는 B, C와 함께 살고 있으며, 갑과 B 사이에만 친자 관계가 있다. 방학을 맞이하여 2개월 동안 사장 D가 운영하는 ○○ 대형 마트에서 일하려고 한다.

을 여자, 현재 22세 공무원
법률혼 관계인 C와 D 사이에서 태어나 C가 D와 이혼을 한 이후 C에 의해 양육되었다. C와 D는 법원에 이혼 의사의 확인을 신청하고 적법한 절차를 거쳐 이혼 의사를 확인받아 이혼하였는데, 을이 D로부터 심히 부당한 대우를 받은 것이 이혼의 사유였다. 1년 전 B와 C가 법률혼을 하면서 적법한 절차를 거쳐 B에게 양자로 입양되었다.

이번 회 술거리

16세인 갑은 B의 동의를 얻어 '근무일은 매주 화요일부터 토요일, 소정 근로 시간은 13시부터 21시(휴게 시간 : 18시~19시), 업무 내용은 ○○ 대형 마트 내 상품 정리'를 내용으로 하는 근로 계약을 D와 체결하였다. 며칠 후 주휴일인 월요일에 쉬고 있던 갑은 D로부터 매 근무일 1시간씩 추가로 근로할 것을 제안받고 B와 의논하러 가던 중 갑작스런 B의 사고 소식을 듣게 된다.

─── 〈 보 기 〉 ───

ㄱ. A가 갑의 근로 계약 체결을 대리하지 않았으므로 근로기준법에 위배된다.

ㄴ. D는 갑과 합의한 '소정 근로 시간'을 서면으로 명시하여 교부하여야 한다.

ㄷ. D는 B의 동의서와 갑의 연령을 증명하는 가족 관계 기록 사항에 관한 증명서를 모두 사업장에 갖추어 두어야 한다.

ㄹ. D가 갑의 근로 시간을 매 근무일 22시까지 연장하는 것은 갑과의 합의가 있어도 근로 기준법에 위배된다.

① ㄱ, ㄴ ② ㄱ, ㄷ ③ ㄴ, ㄷ ④ ㄴ, ㄹ ⑤ ㄷ, ㄹ

48

(가)에 들어갈 수 있는 내용으로 옳은 것은? [3점]

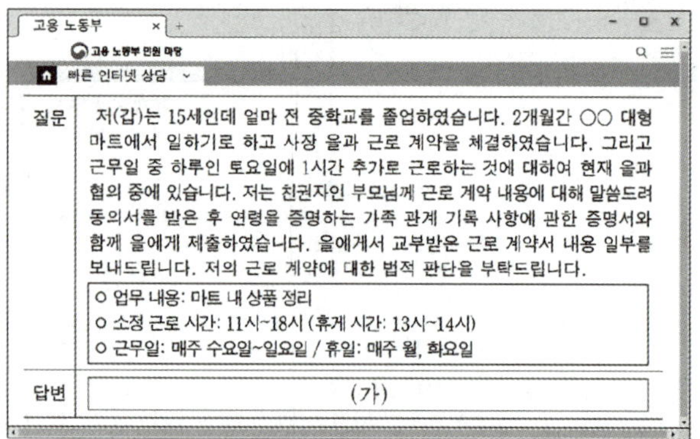

① 갑의 친권자가 갑의 근로 계약 체결을 대리하지 않았으므로 근로 기준법에 위배됩니다.

② 을이 갑을 근로자로 사용하기 위해서는 고용 노동부 장관이 발급한 취직 인허증이 필요합니다.

③ 갑은 연소 근로자로 일요일 근로가 원칙적으로 금지되므로 근무일을 변경해야 합니다.

④ 갑은 친권자의 동의를 얻어야 을에게 독자적으로 임금을 청구할 수 있습니다.

⑤ 갑이 을과 합의하에 토요일에 1시간 추가 근로를 하더라도 근로 기준법상 1일 법정 근로 시간을 초과하지 않습니다.

49

다음 사례에 대한 옳은 법적 판단만을 〈보기〉에서 있는 대로 고른 것은? [3점]

다음은 갑, 을, 병이 각각 대형 마트인 ○○ 마트 사장 정과 체결한 근로 계약의 공통된 내용 중 일부이다. 단, 근로 계약 체결 시 연장 근로에 대해 어떠한 합의도 없었다.

1. 근로 계약 기간 : 2021년 7월 1일부터 2021년 8월 31일까지
2. 근무 장소 : ○○ 마트
3. 업무의 내용 : ○○ 마트 내 상품 정리
4. 소정 근로 시간 : 9시~18시(휴게 시간 : 12시~13시)
5. 근무일 / 휴일 : 매주 월요일~금요일 근무, 주휴일 매주 토, 일요일
6. 임금
   - 시간급 : 시간당 9,500원
   - 임금 지급일 : 매월 25일
   - 지급 방법 : 근로자에게 직접 지급( ), 근로자 명의 예금 통장에 입금(✓)

* 2021년 법정 최저 임금은 시간당 8,720원임.
** 갑, 을, 병은 모두 중학교를 졸업하였음.

표는 각 질문으로 갑, 을, 병을 구분한 후, '예', '아니요' 중 같은 답변에 해당하는 사람끼리 묶은 것이다.

질문	
[질문1] 민법상 미성년자에 해당합니까?	갑 을 / 병
[질문2] 취직 인허증이 필요합니까?	갑 을 / 병
[질문3] 근로 시간이 원칙적으로 1일 7시간, 1주 35시간을 초과하지 못합니까?	갑 / 을 병

───── 〈 보 기 〉─────

ㄱ. 을의 근로 계약에는 근로 기준법을 위반한 내용이 포함되어 있다.

ㄴ. 갑뿐만 아니라 을의 근로 계약도 친권자나 후견인이 대리할 수 없다.

ㄷ. 근로 기준법상 갑과 정이 연장 근로에 합의하더라도 1일에 1시간, 1주에 5시간을 초과할 수 없다.

ㄹ. 병이 부모의 동의 없이 정과 근로 계약을 체결했다면 병은 이를 취소할 수 있다.

① ㄱ, ㄴ   ② ㄱ, ㄷ   ③ ㄷ, ㄹ
④ ㄱ, ㄴ, ㄹ   ⑤ ㄴ, ㄷ, ㄹ

50

2020.11(고3) 정치와법_수능10

(가)에 들어갈 적절한 내용만을 〈보기〉에서 있는 대로
고른 것은? [2점]

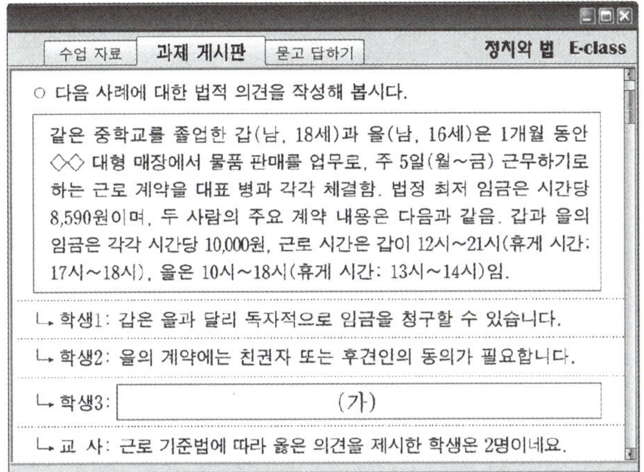

〈 보 기 〉

ㄱ. 갑이 계약대로 근무할 경우 갑의 1일 임금은 90,000원
　입니다.

ㄴ. 을의 연장 근로는 을과 병 사이의 합의가 있어도 1
　일 1시간, 1주일 5시간을 초과할 수 없습니다.

ㄷ. 갑과 달리 을에게는 야간 또는 휴일 근로가 원칙적
　으로 금지됩니다.

ㄹ. 병은 갑과 을의 연령을 증명하는 가족 관계 기록 사
　항에 관한 증명서를 사업장에 갖추어 두어야 합니다.

① ㄱ, ㄴ　　　② ㄱ, ㄹ　　　③ ㄴ, ㄷ
④ ㄱ, ㄷ, ㄹ　　⑤ ㄴ, ㄷ, ㄹ

▶▶ 2단원. 사회 정의와 불평등

2단원. 사회 정의와 불평등

1. 정의의 의미와 실질적 기준
· 아리스토텔레스의 정의
· 분배적 정의의 실질적 기준: 능력에 따른 분배, 업적에 따른 분배, 필요에 따른 분배
· 교정적 정의: 응보주의 칸트, 예방주의 베카리아

2. 다양한 정의관의 특징과 적용
· 자유주의적 정의관: 롤스, 노직
· 공동체주의적 정의관: 매킨타이어, 왈처

3. 다양한 불평등 현상과 정의로운 사회 실현
· 사회 불평등 현상: 사회 계층의 양극화, 공간 불평등, 사회적 약자에 대한 차별
· 정의로운 사회 실현을 위한 제도적 노력: 사회 복지 제도, 지역 격차 완화 정책, 적극적 평등 실현
  조치

| 출제 경향 |
· 난이도: 교정적 정의, 자유주의적 정의관 부분은 다소 고난도로 출제됨, 이외 정의의 기준, 사회
  불평등 현상 부분은 다소 평이하게 출제되는 경향이 있음
· 주요 유형
  – 분배적 정의의 실질적 기준 부분은 각 기준의 장점과 비판에 대한 이해를 평가하는 문항이 주로
    출제됨
  – 교정적 정의 부분은 형벌과 사형 제도에 관한 칸트와 베카리아의 입장을 구분하는 문제가 주로
    출제됨
  – 자유주의적 정의관 부분은 롤스와 노직의 입장을 구분하는 문제가 주로 출제됨
  – 사회 불평등 현상 부분은 자료를 제시하고 이를 해석 및 적용하는 문제, 혹은 사회 보장 제도의
    구체적 특징을 묻는 문항이 주로 출제됨

COMMENT
– 기존 통합사회 기출에서는 분배적 정의의 실질적 기준과 자유주의적 정의관과 공동체주의적
  정의관을 비교하는 다소 쉬운 문항이 주로 출제되었다면, 2022 개정 교육과정부터는 생활과
  윤리 과목의 문항처럼 주요 사상가의 입장을 정확하게 구분하는 유형이 출제되고 있음. 실제로
  평가원 예시 문항과 2025학년도 9월, 11월 모의고사에서도 이러한 경향이 확인됨. STEP2, 3의
  문제를 활용해 주요 사상가의 입장을 정확하게 이해하는 것이 중요함. 1학년 수준보다 높은
  난이도로 출제될 가능성이 크므로, 출제 경향을 충분히 분석한 후 심화 학습을 병행하는 것이
  중요함
– 사회 불평등 부분은 단원 간, 단원 내 융합이 용이한 부분으로 융합형 문항으로 출제될 가능성이
  큼, 분배적 정의의 실질적 기준과 공동체주의적 정의관, 기본권, 사회적 소수자 부분과 주로
  연계됨

1

2025 수능대비예시_평가원16

그림의 강연자가 지지할 입장으로 가장 적절한 것은?
[2점]

① 살인범이라 하더라도 그의 존엄성은 마땅히 존중되어야 한다.
② 형벌은 개인의 선이 아니라 공동체 전체의 선을 증진하기 위한 수단이다.
③ 범죄자가 자신이 저지른 범죄 행위에 대해 책임지도록 하는 형벌은 없다.
④ 범죄자가 형벌로 인해 받는 고통은 그가 범죄로 인해 끼친 해악을 능가해야 한다.
⑤ 살인에 대한 사형 이외의 형벌은 범죄 예방 효과가 감소하므로 교정적 정의에 부합하지 않는다.

| 문항 분석 |

· 2단원 사회 정의와 불평등, 2-1. 정의의 의미와 실질적 기준
· 내용 요소: 교정적 정의, 칸트, 응보주의

| 자료 및 선지 분석 |

· 형벌 = 오직 범죄자가 범죄를 저질렀기 때문에 가해져야 한다
→ 칸트, 응보주의

① **살인범이라 하더라도 그의 존엄성은 마땅히 존중되어야 한다. (O)** 살인범이라도 그의 생득적인 인격성은 존중되어야 한다고 봄, 범죄자에게 자신의 자율적 행위에 대해 책임을 지게하여 인간 존엄성을 실현해야 한다고 주장함
사형은 살인자의 고통받는 인격을 해방하여 인간의 존엄성을 실현하는 것이라고 함

② **형벌은 개인의 선이 아니라 공동체 전체의 선을 증진하기 위한 수단이다. (X)**
형벌은 선을 증진하기 위한 수단으로 가해질 수 없으며, 오직 범죄자가 범죄를 저질렀기 때문에 가해져야 한다고 봄

③ **범죄자가 자신이 저지른 범죄 행위에 대해 책임지도록 하는 형벌은 없다. (X)**
범죄에 상응하는 동등한 형벌을 부과하여 책임지도록 해야 한다고 봄

④ **범죄자가 형벌로 인해 받는 고통은 그가 범죄로 인해 끼친 해악을 능가해야 한다. (X)**
형벌의 질과 양은 동해(同害) 보복법에 의해서 결정되어야 한다고 봄

⑤ **살인에 대한 사형 이외의 형벌은 범죄 예방 효과가 감소하므로 교정적 정의에 부합하지 않는다. (X)**
응보주의 관점에서 사형 이외의 형벌은 동등성(평등성)의 원리에 부합하지 않기 때문에 교정적 정의에 부합하지 않는다고 봄
칸트는 범죄 예방 효과를 목적으로 형벌을 부과하는 것은 범죄자를 수단으로 취급하는 것이므로 반대함

| 출제 경향 확인 |

· 기존 생활과 윤리 과목의 기출 문제와 유사하게 출제됨
· 교정적 정의에 대한 응보주의, 예방주의 주요 사상가 입장을 파악하는 것이 중요함

2

(가)의 갑, 을 사상가들의 입장을 (나) 그림으로 탐구하고자 할 때, A~C에 들어갈 적절한 질문만을 〈보기〉에서 고른 것은?

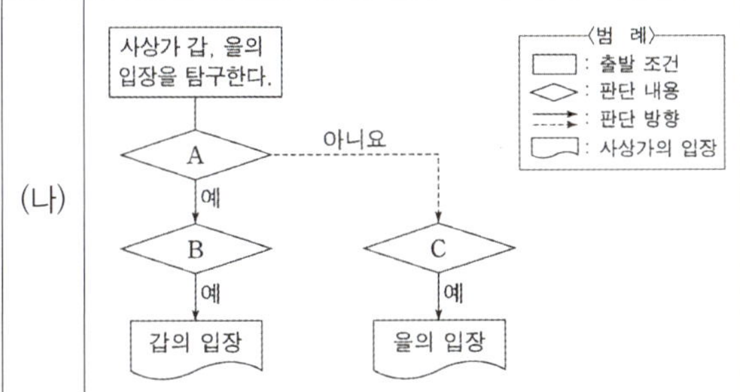

(가)	갑: 한 사람의 소유물은 취득, 이전, 교정의 원리에 의해 권리를 부여받았으면 정당하다. 각 개인의 소유물이 정당하다면 소유물의 전체 집합, 즉 분배도 정당하다. 을: 공정으로서의 정의는 공정한 합의의 관념을 기본 구조 자체로 확장시킨다. 무지의 베일이라 부른 특징을 갖는 원초적 입장이 이러한 관점을 구체화한다.

─── 〈 보 기 〉 ───

ㄱ. A: 정의로운 사회에서 경제적 불평등이 허용될 수 있는가?
ㄴ. B: 각 개인은 자신의 정당한 소유물에 대한 배타적 사용권을 갖는가?
ㄷ. B: 자신이 직접 노동하지 않더라도 정당하게 소유물을 얻는 것이 허용될 수 있는가?
ㄹ. C: 사회적 약자의 경제적 이익을 증진하는 것을 최우선의 정의 원칙으로 삼아야 하는가?

① ㄱ, ㄴ ② ㄱ, ㄷ ③ ㄴ, ㄷ ④ ㄴ, ㄹ ⑤ ㄷ, ㄹ

| 문항 분석 |

· 2단원 사회 정의와 불평등, 2-2. 다양한 정의관의 특징과 적용
· 내용 요소: 자유주의적 정의관, 롤스, 노직

| 자료 및 선지 분석 |

· 갑: 자유 지상주의를 주장한 노직
· 을: 평등주의적 자유주의를 주장한 롤스

─ ㄱ. A: 정의로운 사회에서 경제적 불평등이 허용될 수 있는가? (X) 롤스와 노직이 모두 긍정의 답을 할 질문임
롤스는 차등의 원칙, 기회균등의 원칙이 충족될 때 경제적 불평등이 허용될 수 있다고 봄
노직은 소유물이 취득, 이전의 공정한 절차를 통해 분배되었다면 결과가 불평등하더라도 공정하다고 보며, 정의로운 사회에서도 경제적 불평등이 허용될 수 있다고 봄

─ ㄴ. B: 각 개인은 자신의 정당한 소유물에 대한 배타적 사용권을 갖는가? (O) 노직이 긍정의 답을 할 질문임
개인의 정당한 소유물에 대해 배타적, 절대적 권리를 지닌다고 봄

─ ㄷ. B: 자신이 직접 노동하지 않더라도 정당하게 소유물을 얻는 것이 허용될 수 있는가? (O)
노직이 긍정의 답을 할 질문임
이전의 원칙에 의해 취득한 소유물에 대해서는 자신이 직접 노동하지 않더라도 정당한 소유 권리가 있다고 봄

─ ㄹ. C: 사회적 약자의 경제적 이익을 증진하는 것을 최우선의 정의 원칙으로 삼아야 하는가? (X)
롤스가 부정의 답을 할 질문임
모든 사람은 평등한 기본적 자유를 최대한 누려야 한다는 평등한 자유의 원칙을 제1원칙으로 봄

| 출제 경향 확인 |

· 기존 생활과 윤리 과목의 기출 문제와 유사하게 출제됨
· 자유주의적 정의관(롤스, 노직)의 입장을 정확하게 이해하는 것이 중요함

3

(가)의 갑, 을 사상가들의 입장을 (나) 그림으로 표현할 때, A~C에 해당하는 적절한 진술만을 〈보기〉에서 고른 것은? [2.5점]

(가)	갑: 원초적 입장의 사람들은 누구도 자신이 처한 우연적 여건을 알지 못한다. 이러한 상황에 놓인 사람들은 자신이 가장 불리한 상황에 놓일 가능성을 염두에 두고 정의의 원칙에 합의하게 된다. 을: 개인은 자신의 정당한 소유물에 대한 배타적이고 절대적인 권리를 지닌다. 취득과 이전에서의 정의의 원리 또는 교정의 원리에 의해 어떤 소유물에 대한 권리를 부여받았다면 그 권리는 정당하다.
(나)	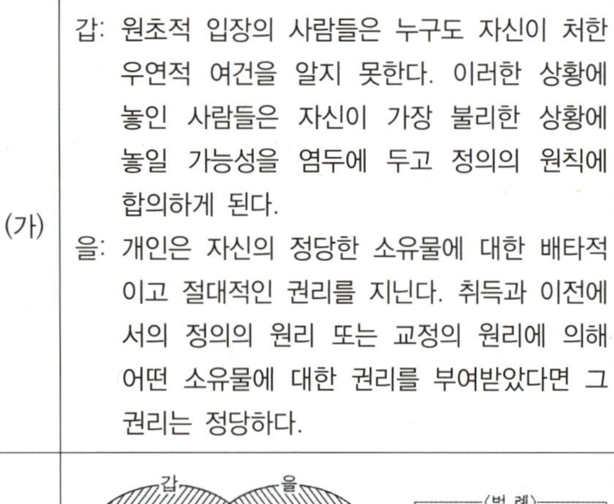

〈 보 기 〉

ㄱ. A: 정의의 원칙은 우연성이 배제된 상황에서 합의된다.
ㄴ. A: 분배 결과의 정당성 여부는 분배 과정의 정당성에 달려 있다.
ㄷ. B: 최대 다수의 복지 증진을 목적으로 소수자의 자유가 침해되어서는 안 된다.
ㄹ. C: 개인은 자기 노동의 산물에 대해서만 소유 권리를 지닐 수 있다.

① ㄱ, ㄴ ② ㄱ, ㄷ ③ ㄴ, ㄷ ④ ㄴ, ㄹ ⑤ ㄷ, ㄹ

| 문항 분석 |

· 2단원 사회 정의와 불평등, 2-2. 다양한 정의관의 특징과 적용
· 내용 요소: 자유주의적 정의관, 롤스, 노직

| 자료 및 선지 분석 |

· 갑: 평등주의적 자유주의를 주장한 롤스
· 을: 자유 지상주의를 주장한 노직

– ㄱ. A: 정의의 원칙은 우연성이 배제된 상황에서 합의된다. (O) 롤스만의 입장에 해당함
정의의 원칙은 사회적·자연적 우연성이 배제된 무지의 베일을 쓴 원초적 입장에서 합의된다고 봄

– ㄴ. A: 분배 결과의 정당성 여부는 분배 과정의 정당성에 달려 있다. (X) 롤스와 노직의 공통된 입장에 해당함
롤스와 노직은 모두 분배 결과의 정당성 여부는 결과가 아닌 절차에 달려있다고 봄

– ㄷ. B: 최대 다수의 복지 증진을 목적으로 소수자의 자유가 침해되어서는 안 된다. (O)
롤스와 노직의 공통된 입장에 해당함
롤스는 평등한 자유의 원칙을 제1원칙으로 보며 기본적 자유가 최대 다수의 복지 증진을 목적으로 침해되어서는 안된다고 봄
기본적 자유는 다른 기본적 자유와 상충할 때 제한될 수 있다고 봄
노직은 개인의 소유권과 자유는 배타적, 절대적 권리로 침해되어서는 안된다고 봄

– ㄹ. C: 개인은 자기 노동의 산물에 대해서만 소유 권리를 지닐 수 있다. (X)
노직의 입장에 해당하지 않음
노직은 이전의 원칙에 의해 취득한 소유물에 대해서는 노동을 투여하지 않았지만 정당한 소유 권리가 있다고 봄

| 출제 경향 확인 |

· 기존 생활과 윤리 과목의 기출 문제와 유사하게 출제됨
· 자유주의적 정의관(롤스, 노직)의 입장을 정확하게 이해하는 것이 중요함

4

다음 자료에 대한 옳은 설명만을 〈보기〉에서 있는 대로 고른 것은?

우리나라 사회 복지 제도 중 ㉠ 의료 급여 제도는 생활이 어려운 사람에게 의료 급여를 함으로써 보건과 사회 복지의 증진을 목표로 하는 제도이다. 2022년에는 전국 인구의 약 3%가 이 제도의 수급권자였다. 시도별 의료 급여 수급권자 비율이 가장 낮은 지역은 1.2%, 가장 높은 지역은 4.6%로 차이가 있다. 수급권자 비율이 전국 평균보다 낮은 시도는 서울, 경기, 울산, 충남, 세종이다.

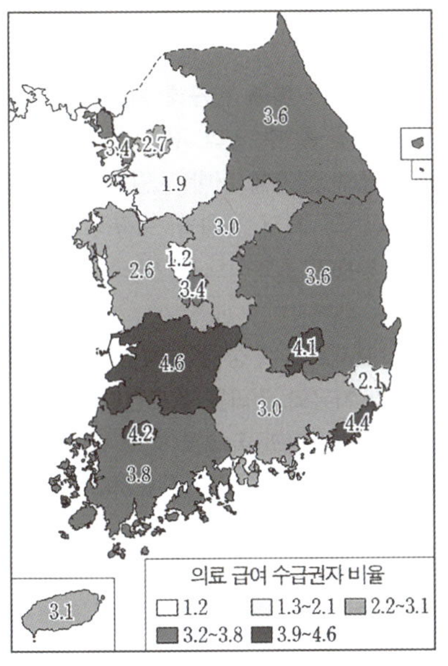

통계청(2022)

< 보 기 >

ㄱ. 광역시는 모두 ㉠의 수급권자 비율이 4.0% 이상이다.
ㄴ. ㉠의 수급권자 비율이 가장 낮은 지역은 충청권에 위치한다.
ㄷ. ㉠은 인간의 기본적 필요 충족을 분배적 정의의 기준으로 적용하였다.
ㄹ. ㉠은 공공 부조에 해당하며, 정부 재정으로 비용을 전액 충당하는 것을 원칙으로 한다.

① ㄱ, ㄴ ② ㄱ, ㄷ ③ ㄷ, ㄹ
④ ㄱ, ㄴ, ㄹ ⑤ ㄴ, ㄷ, ㄹ

문항 분석

· 2단원 사회 정의와 불평등
  2-3. 다양한 불평등 현상과 정의로운 사회 실현
· 내용 요소: 사회 복지 제도, 공공 부조, 분배적 정의의 기준

자료 및 선지 분석

· ㉠ 의료 급여 제도: 공공 부조

- ㄱ. 광역시는 모두 ㉠의 수급권자 비율이 **4.0%** 이상이다. **(X)** 울산 2.1%, 대전 3.4%, 인천 3.4%로 4.0% 미만임

- ㄴ. ㉠의 수급권자 비율이 가장 낮은 지역은 충청권에 위치한다. **(O)** 의료 급여 수급권자 비율이 가장 낮은 지역은 세종 1.2% 으로 충청권에 위치함

- ㄷ. ㉠은 인간의 기본적 필요 충족을 분배적 정의의 기준으로 적용하였다. **(O)**
  의료 급여 제도는 공공 부조로 저소득 계층에게 최소한의 삶을 보장하기 위해 국가가 전액 지원하는 제도임
  따라서 기본적 필요 충족, 필요에 따른 분배를 정의의 기준으로 적용함

- ㄹ. ㉠은 공공 부조에 해당하며, 정부 재정으로 비용을 전액 충당하는 것을 원칙으로 한다. **(O)**
  의료 급여 제도는 공공 부조에 해당하며, 수익자 부담 원칙이 아닌 정부 재정으로 비용을 전액 충당하는 것을 원칙으로 함

출제 경향 확인

· 자료를 기반으로 분석 및 해석하는 문제가 평이하게 출제됨
· ㄷ 선지에서 분배적 정의 내용을 융합하여 출제함

5

2025 수능대비예시_평가원13

밑줄 친 ㉠~㉤에 대한 설명으로 가장 적절한 것은?

[2.5점]

① ㉠은 '적극적 평등 실현 조치'에 해당한다.
② ㉡으로 기초 연금을 통해 빈곤에 처한 노인 가구의 생활 여건이 개선된 것을 들 수 있다.
③ ㉢은 사회적 존재로서 구성원의 책임과 의무보다 독립적 자아로서 개인의 자유와 권리를 강조한다.
④ ㉣에서는 필요에 따른 분배보다 업적에 따른 분배를 강조할 것이다.
⑤ ㉤의 사례로 비수도권 지역에 혁신도시를 건설하여 공공 기관을 이전한 것을 들 수 있다.

| 문항 분석 |

· 2단원 사회 정의와 불평등
  2-3. 다양한 불평등 현상과 정의로운 사회 실현
· 내용 요소: 사회 불평등 현상, 사회 계층 양극화, 사회적 약자, 공간 불평등, 적극적 평등 실현 조치, 분배적 정의의 기준

| 자료 및 선지 분석 |

① ㉠은 '적극적 평등 실현 조치'에 해당한다. (X)
  저소득층의 기본적 생활 수준을 보장하기 위한 제도는 사회 보장 제도에 해당함
  적극적 평등 실현 조치는 오랫동안 사회적으로 차별받아 온 사회적 약자에게 직간접적으로 혜택을 주는 정책임

② ㉡으로 기초 연금을 통해 빈곤에 처한 노인 가구의 생활 여건이 개선된 것을 들 수 있다. (O)
  기초 연금을 통해 빈곤에 처한 노인 가구의 생활 여건이 개선된 것은 국민의 최저 생활을 보장하고 자립을 지원하는 제도인 공공 부조가 효과적으로 기능한 사례에 해당함

③ ㉢은 사회적 존재로서 구성원의 책임과 의무보다 독립적 자아로서 개인의 자유와 권리를 강조한다. (X)
  공동체에 대한 소속감과 유대를 통해 형성된 정체성을 바탕으로 공동선을 실현하는 것이 중요하다는 관점은 공동체주의적 정의관에 해당함
  공동체주의적 정의관은 개인의 자유와 권리보다 사회적 존재로서 구성원의 책임과 의무를 강조함

④ ㉣에서는 필요에 따른 분배보다 업적에 따른 분배를 강조할 것이다. (X)
  장애인의 기본적 욕구를 충족하기 위해 자원을 분배하는 방안은 업적에 따른 분배가 아닌 필요에 따른 분배를 강조함

⑤ ㉤의 사례로 비수도권 지역에 혁신도시를 건설하여 공공 기관을 이전한 것을 들 수 있다. (X)
  우리나라가 국토 개발 초기 단계에 시행했던 정책은 성장 거점 개발 정책임
  비수도권 지역에 혁신 도시를 건설하여 공공 기관을 이전한 것은 공간 불평등을 해소하기 위해 시행한 균형 개발 정책에 해당함

| 출제 경향 확인 |

· ③ 선지에서 공동체주의적 정의관, ④ 선지에서 분배적 정의 기준 부분을 융합하여 출제함

6

(가)의 갑, 을 사상가들의 입장을 (나) 그림으로 표현할 때, A~C에 해당하는 적절한 진술만을 〈보기〉에서 고른 것은?

(가)	갑: 오직 보복법만이 형벌의 질과 양을 명확하게 제시할 수 있다. 공적 정의가 원리와 표준으로 삼는 것은 어느 쪽으로도 더 기울지 않는 동등성의 원리이다. 을: 형벌은 범법 행위를 억제하기에 충분한 정도의 가혹성만 갖춰야 한다. 종신 노역형은 사형보다 범죄 의도를 제지하는 데 필요한 엄격함을 더 많이 갖고 있다.
(나)	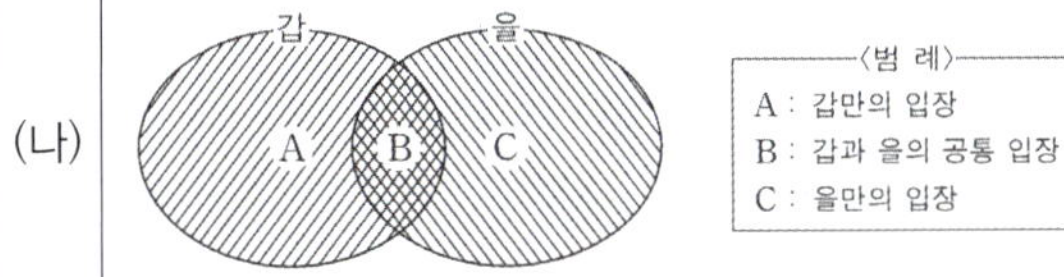

〈 보 기 〉

ㄱ. A: 사형은 살인범을 수단으로서만 대하려는 응분의 보복 행위이다.
ㄴ. B: 형벌은 사적인 보복이 아니라 공적인 정의를 실현해야만 한다.
ㄷ. B: 범죄와 형벌 간에 비례 관계가 성립해야 한다.
ㄹ. C: 범죄 억제력이 있는 형벌도 정당하지 않은 경우가 있다.

① ㄱ, ㄴ ② ㄱ, ㄷ ③ ㄴ, ㄷ ④ ㄴ, ㄹ ⑤ ㄷ, ㄹ

| 문항 분석 |

· 2단원 사회 정의와 불평등, 2-1. 정의의 의미와 실질적 기준
· 내용 요소: 교정적 정의, 응보주의, 예방주의, 칸트, 베카리아

| 자료 및 선지 분석 |

· 갑: 보복법, 동등성의 원리 → 칸트, 응보주의
· 을: 범죄 행위 억제, 종신 노역형 → 베카리아, 예방주의

– ㄱ. A: 사형은 살인범을 수단으로서만 대하려는 응분의 보복 행위이다. (X) 칸트의 입장에 해당하지 않음
칸트는 응보주의에 바탕을 둔 형벌은 인간을 단지 수단으로 취급하는 것이 아니라고 봄, 자신의 자율적 행위에 대한 책임을 지게 하는 것이므로 인격을 존중하는 것이라고 봄

– ㄴ. B: 형벌은 사적인 보복이 아니라 공적인 정의를 실현해야만 한다. (O) 칸트와 베카리아의 공통된 입장에 해당함
칸트와 베카리아는 모두 형벌이 공적인 정의의 실현을 위해 이루어져야 한다고 봄

– ㄷ. B: 범죄와 형벌 간에 비례 관계가 성립해야 한다. (O)
칸트와 베카리아의 공통된 입장에 해당함
칸트는 동등성의 원리에 따라 범죄 행위에 상응하는 동등한 형벌을 부과해야 한다고 보며, 베카리아는 형벌의 크기는 사회에 끼친 사회적 해악에 비례해야 한다고 봄

– ㄹ. C: 범죄 억제력이 있는 형벌도 정당하지 않은 경우가 있다. (X) 칸트와 베카리아의 공통된 입장에 해당함
칸트는 범죄 억제를 위한 수단으로 형벌이 가해져서는 안된다고 봄
베카리아는 사형은 범죄 억제력이 있지만 생명은 양도할 수 없는 것으로 부당하다고 봄, 또한 범죄 억제력이 있는 형벌도 사회 전체의 이익을 증진하지 않는다면 정당하지 않을 수 있다고 봄

COMMENT 교정적 정의 부분은 다소 고난도로 출제될 가능성이 높음, 문제를 통해 사상가의 주요 입장을 정리해 두는 것이 중요함

7

(가)의 갑, 을 사상가들의 입장을 (나) 그림으로 탐구하고자 할 때, A~C에 들어갈 적절한 질문만을 〈보기〉에서 고른 것은? [2점]

(가)	갑: 정의의 원칙에 따라 모든 사람은 기본적 자유에 대하여 동등한 권리를 가져야 한다. 그리고 재산과 소득의 분배는 모든 사람에게 이익이 되도록 해야 한다. 을: 정의의 원리에 따르면 과거의 상황이 사물에 대한 응분의 자격을 창조한다. 과거의 상황이나 사람들의 과거 행위는 사물에 대한 차별적인 소유 권리나 응분의 자격을 창조한다.
(나)	(아래 그림 참조)

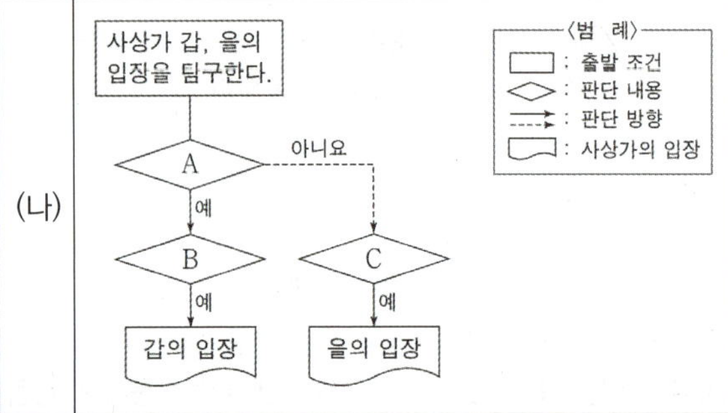

< 보 기 >

ㄱ. A: 최소 수혜자를 위한 재분배 정책을 정당화할 수 있는가?
ㄴ. B: 정의로운 분배 결과로 생긴 불평등은 조정의 대상인가?
ㄷ. B: 최소 수혜자에게 이익이 되지 않는다면 소득은 평등하게 분배되어야 하는가?
ㄹ. C: 각 개인에게 소유물을 분배하는 최소 국가만이 정의로운가?

① ㄱ, ㄴ ② ㄱ, ㄷ ③ ㄴ, ㄷ ④ ㄴ, ㄹ ⑤ ㄷ, ㄹ

| 문항 분석 |

· 2단원 사회 정의와 불평등, 2-2. 다양한 정의관의 특징과 적용
· 내용 요소: 자유주의적 정의관, 롤스, 노직

| 자료 및 선지 분석 |

· 갑: 정의의 원칙, 평등한 기본적 자유의 원칙, 차등의 원칙 → 롤스
· 을: 과거의 상황이 사물에 대한 응분의 자격을 창조 차별적인 소유 권리 → 노직

- ㄱ. A: 최소 수혜자를 위한 재분배 정책을 정당화할 수 있는가? (O) 롤스는 긍정, 노직은 부정의 답을 할 질문임
롤스는 차등의 원칙에 따라 경제적 불평등은 최소 수혜자에게 최대 이익이 될 때에만 허용된다고 보며 재분배 정책은 정당하다고 봄
노직은 부의 재분배 정책은 개인의 소유 권리를 침해한다고 보며 최소 수혜자를 위한 재분배 정책은 부정의하다고 봄

- ㄴ. B: 정의로운 분배 결과로 생긴 불평등은 조정의 대상인가? (X) 롤스가 부정의 답을 할 질문임
롤스는 절차적 정의에 근거하여 절차가 정의롭다면 분배 결과도 정의롭다고 봄, 따라서 정의로운 분배 결과로 생긴 불평등은 조정의 대상이 아님

- ㄷ. B: 최소 수혜자에게 이익이 되지 않는다면 소득은 평등하게 분배되어야 하는가? (O)
롤스가 긍정의 답을 할 질문임
차등의 원칙에 따라 재산의 불평등한 분배는 최소 수혜자에게 이익이 될 때에만 가능함, 그렇지 않을 경우에는 평등하게 분배되어야 한다고 봄

- ㄹ. C: 각 개인에게 소유물을 분배하는 최소 국가만이 정의로운가? (X)
노직이 부정의 답을 할 질문임
노직은 최소 국가가 각 개인에게 소유물을 분배하는 역할을 수행하는 국가라고 보지 않음
최소 국가는 개인의 소유권을 침해하지 않고 개인의 권리를 보호하는 역할을 수행한다고 봄

COMMENT 자유주의적 정의관 부분은 다소 고난도로 출제될 가능성이 높음, 문제를 통해 사상가의 주요 입장을 정리해 두는 것이 중요함

8

다음은 통합사회 수업 장면이다. 밑줄 친 ㉠~㉤에 대한 설명으로 가장 적절한 것은?

교사: 지난 시간에 조사한 사회 불평등 현상과 정의로운 사회를 위한 다양한 제도와 실천 방안에 대해 발표해 볼까요?

갑: 저는 ㉠사회 계층 양극화 현상을 주제로 계층 간 소득 격차를 알아보고, ㉡기초 연금 제도에 대해 조사했습니다.

을: 저는 사회적 약자를 주제로 이들의 인간다운 삶을 지원하는 사회 복지 제도에 대해 조사했습니다. ㉢국민연금과 의료 급여, 노인 돌봄 서비스에 대해 알아보며 이러한 제도가 효과적으로 기능한 사례를 살펴봤습니다.

병: 저는 을과 같은 주제로 사회적 약자들이 겪는 차별과 이를 해결하기 위한 ㉣적극적 평등 실현 조치에 대해 조사했습니다.

정: 저는 공간적 불평등을 주제로 ㉤1970년대 정부 주도의 개발 방식에 대해 조사했습니다. 추가적으로 이를 해결하기 위한 지역 격차 완화 정책을 알아보았습니다.

---

① ㉠은 중간 계층의 비중이 늘어나고 상층과 하층의 비중이 줄어드는 현상이다.
② ㉡은 ㉢보다 소득 재분배 효과가 크다.
③ ㉡과 ㉢은 모두 소극적이고 방어적인 성격의 권리를 보장하는 제도이다.
④ ㉣은 업적주의에 기초하여 차별의 해소와 평등의 실현을 보장하는 정책이다.
⑤ ㉤은 국토 개발의 형평성을 추구한 전략이다.

| 문항 분석 |

· 2단원 사회 정의와 불평등
  2-3. 다양한 불평등 현상과 정의로운 사회 실현
· 내용 요소: 사회 불평등, 사회 계층 양극화, 사회 보장 제도, 사회적 약자, 적극적 평등 실현 조치, 성장 거점 개발 정책

| 자료 및 선지 분석 |

① **㉠은 중간 계층의 비중이 늘어나고 상층과 하층의 비중이 줄어드는 현상이다. (X)** ㉠ 사회 계층 양극화은 중간 계층의 비중이 줄어들고 상층과 하층의 비중이 늘어나며 양극단으로 쏠리는 현상을 의미함

② **㉡은 ㉢보다 소득 재분배 효과가 크다. (O)**
㉡ 기초 연금은 공공 부조, ㉢ 국민연금은 사회 보험에 해당함
소득 재분배란 국가가 소득 분배의 불평등을 줄이기 위해 시행하는 각종 정책으로 공공 부조와 사회 보험은 모두 소득 재분배 효과가 있음
공공 부조는 국가나 지방 자치 단체가 비용을 전액 부담하여 생활 유지 능력이 없거나 생활이 어려운 사람들을 지원하는 제도로 소득 재분배 효과가 더 큼

③ **㉡과 ㉢은 모두 소극적이고 방어적인 성격의 권리를 보장하는 제도이다. (X)**
㉡ 기초 연금, ㉢ 국민연금은 모두 인간다운 삶을 보장하는 제도로 사회권을 보장하는 제도임
소극적이고 방어적인 성격의 권리는 자유권에 해당함

④ **㉣은 업적주의에 기초하여 차별의 해소와 평등의 실현을 보장하는 정책이다. (X)**
㉣ 적극적 평등 실현 조치는 업적주의에 기초하지 않음
업적주의는 개인의 성취를 기준으로 기회와 보상을 분배하는 것에 해당함
적극적 평등 실현 조치는 필요에 의한 분배 제도임

⑤ **㉤은 국토 개발의 형평성을 추구한 전략이다. (X)**
㉤은 성장 거점 개발 정책으로 국토 개발의 형평성보다 효율성을 추구한 전략임

COMMENT ③ 선지에서 기본권, ④ 선지에서 분배적 정의 기준 부분을 융합하여 출제함

STEP. 1 통합사회 기출

1

㉠에 들어갈 진술로 가장 적절한 것은? [3점]

> 나는 한정된 재화로 모든 사람의 욕구를 충족시킬 수 없기 때문에 분배의 몫을 결정할 때에는 당사자들이 성취하고 이바지한 업적의 정도에 따라 분배해야 한다고 생각한다. 그런데 어떤 사람은 업적에 따라 분배할 경우 능력이 부족한 사람에게 불리한 결과가 나타나므로 사회 불평등의 문제를 개선하기 위해서는 사회 구성원들의 필요를 기준으로 분배해야 한다고 주장한다. 나는 필요에 따른 분배 방식이 '⎯⎯⎯㉠⎯⎯⎯'는 문제점이 있다고 생각한다.

① 타고난 능력의 우열이 지나치게 중시될 수 있다.
② 사회 구성원들 간의 경제적 격차가 커질 수 있다.
③ 경쟁을 과열시켜 비인간적인 사회를 만들 수 있다.
④ 열심히 일하려는 사람의 노동 의욕이 저하될 수 있다.
⑤ 사회적·경제적 약자에 대한 배려가 부족해질 수 있다.

2

(가)의 입장에서 (나)의 A에게 제시할 조언으로 가장 적절한 것은? [2점]

(가)	사회 구성원이 인간으로서 기본적인 삶을 유지할 수 있도록 최소한의 필요를 충족시키는 분배를 해야 한다.
(나)	○○시의 △△자선단체에서 근무하는 A는 연말에 모금된 불우 이웃 돕기 성금을 어떻게 분배해야 할지 고민하고 있다.

① 모든 시민들에게 균등하게 분배해야 합니다.
② 나이가 많은 사람에게 우선적으로 분배해야 합니다.
③ 직업이 있는 사람에게 우선적으로 분배해야 합니다.
④ 가장 빈곤한 사람에게 우선적으로 분배해야 합니다.
⑤ 부양가족이 적은 사람에게 우선적으로 분배해야 합니다.

3

다음 자료는 교정적 정의에 관한 어떤 사상가의 입장이다. 이 사상가의 입장으로 옳지 **않은** 것은? [2.5점]

> 범죄가 적을수록 사회에 이익이 된다. 형벌의 목적은 오직 범죄자가 시민들에게 새로운 해악을 입힐 가능성을 방지하고, 타인들이 유사한 범죄 행위를 할 가능성을 억제시키는 것이다. 범죄에 대한 가장 강력한 억제력은 살인범이 사형되는 장면을 목격하는 데서 생겨나지 않는다. 그보다는 자유를 박탈당한 채 비참한 노동으로 그가 사회에 끼친 손해를 속죄하는 모습을 오래 보게 하는 것이 더 효과적이다.

① 범죄자를 교화하는 것은 형벌의 목적에 포함된다.
② 살인을 예방하기 위해 사형을 대체할 형벌이 존재한다.
③ 형벌은 범죄 행위에 대한 응당한 보복으로 가해져야 한다.
④ 형벌은 사회적 이익이 증진되는 방향으로 부과되어야 한다.
⑤ 범죄 억제를 위해 형벌의 강도보다 형벌의 지속도를 중시해야 한다.

4

(가), (나) 사상에 대한 옳은 설명만을 〈보기〉에서 고른 것은? [2점]

> (가) 개인은 공동체의 전통이나 가치로부터 독립적이고 자율적인 존재이다. 공동체의 이익은 공동체에 속한 개인이 자유롭게 이익을 추구함으로써 증가할 수 있다.
> (나) 개인은 공동체의 영향을 받으며 정체성을 형성해 나가는 존재이다. 공동체 속에서 살아가는 구성원 각자는 공동체가 발전함으로써 행복한 삶을 영위할 수 있다.

─ 〈 보 기 〉 ─
ㄱ. (가)는 개인의 자유와 권리의 보장을 중시한다.
ㄴ. (가)는 공동체가 개인의 삶의 방식을 결정한다고 본다.
ㄷ. (나)는 공동체의 발전을 위한 개인의 책무를 강조한다.
ㄹ. (가), (나)는 모두 개인의 이익과 공동체의 이익이 항상 배타적이라고 본다.

① ㄱ, ㄴ ② ㄱ, ㄷ ③ ㄴ, ㄷ ④ ㄴ, ㄹ ⑤ ㄷ, ㄹ

6

(가)의 입장에 비해 (나)의 입장이 갖는 상대적 특징을 그림의 ㉠~㉤ 중에서 고른 것은? [3점]

> (가) 공동체는 개인이 자신의 목적을 달성하기 위해 선택하는 수단이다. 공동체는 개인이 자신의 목적을 효과적으로 성취할 수 있도록 구성되어야 한다.
> (나) 공동체는 개인이 자아 정체성을 구성하고 삶의 방향을 형성하는 데 중요한 기반이 된다. 개인은 공동체의 가치와 전통을 내면화하여 자아를 실현해야 한다.

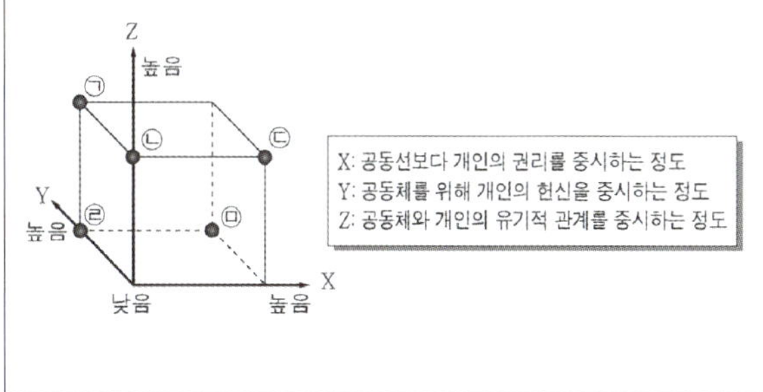

① ㉠ ② ㉡ ③ ㉢ ④ ㉣ ⑤ ㉤

5

갑, 을의 입장으로 적절하지 <u>않은</u> 것은? [2점]

① 갑: 개인의 좋은 삶의 모습은 공동체에 의해 결정된다.
② 갑: 개인선의 실현이 공동선의 실현으로 이어질 수 있다.
③ 갑: 개인의 선택은 자아 정체성 형성에 중요한 역할을 한다.
④ 을: 개인은 연대 의식을 갖고 사회 문제 해결에 참여해야 한다.
⑤ 을: 개인은 공동체가 지향하는 가치와 규범을 내면화해야 한다.

7

(가)의 갑, 을의 입장에서 서로에게 제기할 수 있는 비판을 (나) 그림으로 표현할 때, A, B에 해당하는 내용으로 가장 적절한 것은? [3점]

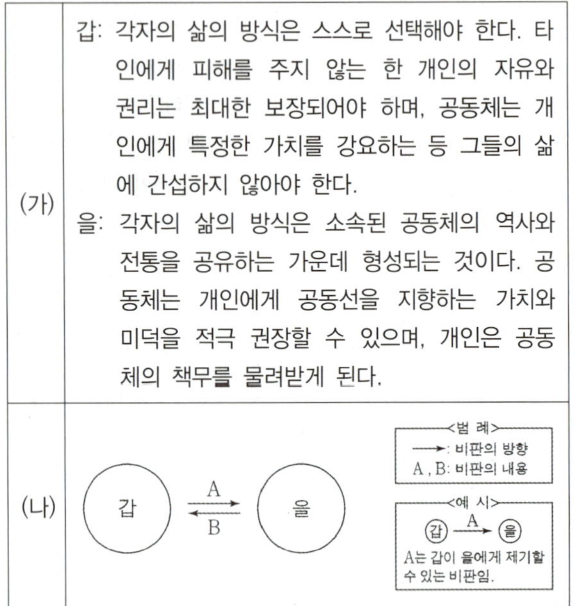

① A: 공동체가 개인의 삶의 방식을 규제해야 함을 간과한다.
② A: 개인의 자유는 어떤 경우에도 제한될 수 없음을 간과한다.
③ A: 개인은 공동체가 권장하는 미덕을 함양해야 함을 간과한다.
④ B: 공동체는 개인의 정체성 형성의 중요한 토대가 됨을 간과한다.
⑤ B: 공동체는 개인의 권리를 보장하는 수단에 불과함을 간과한다.

8

갑, 을의 입장에 대한 설명으로 옳은 것은? [3점]

> 갑: 개인의 자유는 무엇보다 중요하다. 따라서 타인의 자유를 침해하지 않는 범위에서 개인의 자유가 최대한 보장되어야 모든 사람들이 좋은 삶을 누릴 수 있다. 이를 위해 공동체는 개인에게 특정한 가치를 강요해서는 안 된다.
> 을: 개인의 정체성은 공동체의 영향을 받으며 형성된다. 따라서 개인이 공동체가 요구하는 책무를 이행하여 공동체 발전에 기여해야 모든 사람들이 좋은 삶을 누릴 수 있다. 이를 위해 공동체는 개인에게 공동체의 가치를 적극적으로 장려해야 한다.

① 갑은 개인의 자유가 무제한적으로 보장되어야 한다고 본다.
② 을은 공동체 발전을 위해 개인에게 주어지는 의무가 있다고 본다.
③ 갑은 을과 달리 개인이 공동체의 가치를 내면화해야 한다고 본다.
④ 을은 갑과 달리 개인이 공동체와 무관하게 정체성을 형성한다고 본다.
⑤ 갑과 을은 모두 개인이 좋은 삶을 누리는 데 공동체의 역할은 불필요하다고 본다.

9

그림의 강연자가 지지할 입장으로 가장 적절한 것은?
[3점]

① 사회적 약자를 배려하는 제도를 시행해야 한다.
② 소득에 따라 직업에 대한 접근 기회를 제한해야 한다.
③ 특정 계층만이 사회 지도층 자리에 오를 수 있어야 한다.
④ 사회 정의 실현을 위해 빈부 격차가 모두 사라져야 한다.
⑤ 기본적 자유를 개인의 능력에 따라 차등적으로 보장해야 한다.

10

갑, 을 사상가들의 입장으로 가장 적절한 것은? [2점]

갑: 정의로운 사회에서 사회적·경제적 불평등은 다음 조건을 충족하는 경우에 허용될 수 있다. 최소 수혜자에게 최대의 이익을 보장하고, 모든 사람에게 직책이나 직위에 오를 기회가 균등하게 주어져야 한다.
을: 정의로운 사회에서는 개인의 자유와 소유권을 최우선적인 가치로 여겨야 한다. 어떤 소유물의 취득과 이전의 과정이 부당하다면 국가가 교정해야 하지만, 정당하다면 그 소유물에 대한 소유 권리를 보장해야 한다.

① 갑: 최소 수혜자의 이익을 위해 기본적 자유는 제한될 수 있다.
② 갑: 타고난 재능에 따라 기회가 차등적으로 분배되어야 한다.
③ 을: 사유 재산권은 공공의 복지 정책을 위해 제한되어야 한다.
④ 을: 개인의 소유권 보호를 위한 국가의 개입은 정당화될 수 있다.
⑤ 갑과 을: 정의로운 사회에서는 모든 사회적·경제적 불평등이 사라져야 한다.

11

다음 정의의 원칙에 대한 입장으로 옳지 <u>않은</u> 것은?
[3점]

정의의 두 원칙은 다음과 같다. 첫째, 개인은 기본적 자유에 있어 평등한 권리를 가져야 한다. 둘째, 사회적·경제적 불평등은 다음과 같은 두 가지 조건이 충족될 때 허용된다. 최소 수혜자에게 우선적으로 최대의 이익을 보장하도록 이루어져야 하고, 공정한 기회균등의 원칙에 따라 모든 사람에게 지위와 직책이 개방되어야 한다.

① 양심의 자유나 언론의 자유를 최대한 보장해야 한다.
② 사회 구성원의 경제적 이익 추구가 허용되어야 한다.
③ 개인의 자유를 침해하더라도 최소 수혜자를 도와야 한다.
④ 정의로운 사회에서도 사회적·경제적 불평등은 존재할 수 있다.
⑤ 지위나 직책에 오를 기회가 모두에게 공평하게 개방되어야 한다.

12

2023.3(고1)_학평2

다음 가상 편지를 쓴 사상가의 입장으로 적절한 것만을 〈보기〉에서 고른 것은? [3점]

○○에게

　자네가 정의의 원칙에 대해 물었기에 나의 생각을 말하겠네. 정의의 원칙은 누구에게도 유리하거나 불리하지 않도록 설정된 가상 상황에서 도출될 때 공정성이 보장된다네. 내가 제시하는 정의의 원칙은 다음과 같다네. 첫째, 모든 사람은 기본적 자유를 평등하게 누려야 한다. 둘째, 사회적·경제적 불평등은 최소 수혜자에게 최대의 이익을 보장하도록, 그리고 공정한 기회균등의 조건 아래 모든 사람에게 개방된 직책이나 직위와 결부되도록 편성되어야 한다. 이러한 정의의 원칙이 적용된다면 공정성이 확보된 정의로운 사회가 될 것이네.

〈 보 기 〉

ㄱ. 정의로운 사회에서는 경제적 불평등이 존재하지 않는다.
ㄴ. 정의의 원칙은 누구에게도 유리하거나 불리하지 않은 상황에서 선택된다.
ㄷ. 정의로운 사회 실현을 위해서는 최소 수혜자의 이익을 고려할 필요가 없다.
ㄹ. 정의의 원칙에 의하면 모든 사람의 기본적 자유는 평등하게 보장되어야 한다.

① ㄱ, ㄴ ② ㄱ, ㄷ ③ ㄴ, ㄷ ④ ㄴ, ㄹ ⑤ ㄷ, ㄹ

13

2021.3(고1)_학평5

다음을 주장한 사상가의 입장으로 적절하지 <u>않은</u> 것은?
[3점]

정의로운 사회에서 모든 사람들은 표현의 자유, 신체의 자유 등 기본적 자유를 누릴 수 있는 평등한 권리를 가져야 한다. 그리고 사회적 지위나 직책을 얻을 수 있는 기회를 공정하게 보장받아야 한다. 단, 사회적·경제적 불평등은 가장 불리한 여건에 있는 사람들에게 최대 이익이 보장되는 경우에만 허용된다.

① 기본적 자유는 모두가 평등하게 누려야 한다.
② 재화는 모든 사람에게 똑같이 분배되어야 한다.
③ 사회적 약자의 처지를 개선하는 제도가 필요하다.
④ 정의로운 사회에서도 경제적 불평등은 허용될 수 있다.
⑤ 공직자가 될 수 있는 기회는 모두에게 개방되어야 한다.

14

2025.11(고1)_학평20

(가)의 갑, 을 사상가들의 입장을 (나) 그림으로 표현할 때, A~C에 해당하는 옳은 진술만을 〈보기〉에서 고른 것은? [2.5점]

(가)	갑: 정의의 원칙은 합의의 당사자들이 무지의 베일을 쓴 원초적 입장에서 채택될 수 있다. 정의의 원칙에 따라 최소 수혜자에게 최대의 이익을 보장한다면, 사회적·경제적 불평등은 허용될 수 있다. 을: 정의는 각자가 소유하고 있는 것에 대해 각자가 소유 권리를 갖는 것이다. 국가는 각자가 지닌 소유 권리를 보장하기 위해 존재하며, 그 이상의 정책을 추진한다면 그것은 소유 권리를 침해하는 행위가 된다.
(나)	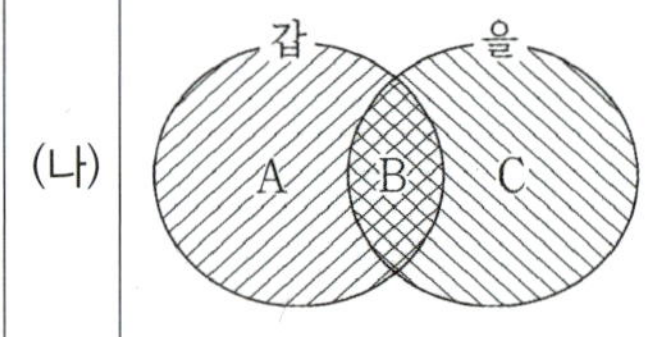

〈 보 기 〉

ㄱ. A: 정의로운 사회에서도 경제적 불평등은 정당화될 수 있다.
ㄴ. B: 사유 재산에 대한 권리를 보장하는 것은 국가의 책무이다.
ㄷ. B: 정의는 공동체가 개인의 삶의 방식을 규제할 때 실현된다.
ㄹ. C: 최소 수혜자의 이익을 증진하기 위한 과세 정책은 개인의 소유권을 침해한다.

① ㄱ, ㄴ ② ㄱ, ㄷ ③ ㄴ, ㄷ ④ ㄴ, ㄹ ⑤ ㄷ, ㄹ

15
2025.3(고1)_학평4

그림은 인터넷 게시판 화면이다. 밑줄 친 '나'의 입장을 지지하는 댓글만을 ㉠~㉣ 중에서 있는 대로 고른 것은? [3점]

나는 다음과 같은 정의의 원칙을 제안합니다. 우선 모든 사람은 양심의 자유나 종교의 자유 같은 기본적 자유를 평등하게 누려야 합니다. 다음으로 사회적·경제적 불평등은 사회적 약자에게 최대의 이익이 보장되는 경우에만 허용되어야 합니다. 그리고 모든 사람에게 사회적 지위나 직책을 얻을 수 있는 공정한 기회가 균등하게 보장되어야 합니다.

↳ ㉠ 지위 획득에서 공정한 기회가 보장되어야 해요.
↳ ㉡ 경제적 불평등은 어떤 경우에도 허용될 수 없어요.
↳ ㉢ 모든 사람은 기본적 자유를 평등하게 누려야 해요.
↳ ㉣ 정의 실현을 위해 사회적 약자를 고려해야 해요.

① ㉠, ㉡
② ㉠, ㉣
③ ㉡, ㉢
④ ㉠, ㉢, ㉣
⑤ ㉡, ㉢, ㉣

16
2018.3(고1)_학평7

㉠에 들어갈 내용으로 가장 적절한 것은? [2점]

① 표현의 자유를 제한해야 함을 강조합니다.
② 사회적 약자를 배려해서는 안 된다는 점을 강조합니다.
③ 기본적 자유를 모두가 평등하게 누려야 함을 강조합니다.
④ 재화를 모든 사람에게 똑같이 분배해야 함을 강조합니다.
⑤ 경제적 불평등은 어떤 경우에도 허용될 수 없음을 강조합니다.

17
2025.9(고1)_학평24

밑줄 친 ㉠~㉢에 대한 옳은 진술에만 모두 '✓'를 표시한 학생은? [2점]

오늘날 우리 사회에는 다양한 불평등 현상이 나타나고 있다. 정의 실현을 가로막는 사회 불평등의 대표적 사례로는 ㉠사회 계층의 양극화와 ㉡사회적 약자에 대한 차별이 있고, 지역 간 경제적·사회적·문화적으로 격차가 발생하는 ㉢공간 불평등이 있다.

진술 \ 학생	갑	을	병	정	무
㉠은 중위층의 비율이 증가하고 상위층과 하위층의 비율이 감소하는 현상이다.	✓	✓			
㉡의 사례로는 이주 노동자에 대한 임금 체불 문제가 있다.			✓	✓	✓
㉢의 원인으로 지역 개발의 형평성보다 효율성을 강조한 성장 거점 개발 정책의 추진이 있다.			✓	✓	✓
㉡은 적극적 평등의 실현, ㉢은 수도권으로의 공공 기관 이전을 통해 해소할 수 있다.	✓			✓	✓

① 갑
② 을
③ 병
④ 정
⑤ 무

18
2023.11(고1)_학평18

다음 글의 (가)에 들어갈 내용으로 가장 적절한 것은? [2점]

제목: ________(가)________

과거 우리나라는 정부 주도의 성장 중심 개발을 추진하였다. 이 과정에서 수도권은 인구와 산업 및 편의 시설 등의 기능이 집중되어 크게 성장하였지만, 비수도권은 상대적으로 성장이 정체되고, 낙후되는 문제가 발생하였다. 이를 해결하기 위해 정부는 다양한 정책을 추진하고 있다. 대표적인 정책으로 공공 기관 지방 이전 계획이 있으며, 이에 따라 전국에 주요 혁신 도시를 지정하여 수도권 소재의 공공 기관을 지방으로 이전하고 있다.

① 공간 불평등 해소를 위한 정부의 노력
② 저출산·고령화 문제 해결을 위한 정책
③ 다문화 사회의 갈등 해소를 위한 개인적 노력
④ 시장 경제 질서의 효율성 향상을 위한 기업의 노력
⑤ 과시 소비로 인한 계층 간 위화감 해소를 위한 정책

19

그림은 우리나라에서 시행되고 있는 정책 소개 자료이다. ㉠, ㉡에 대한 설명으로 옳은 것은? [2점]

㉠○○ 사업	㉡△△ 제도
문화 취약 지역 노인의 문화 예술 향유 기회를 확대해요.	우수한 지방 인재의 공직 진출을 지원해요.
대상	**대상**
문화 취약 지역 거주 노인	지방 소재 학교 졸업(예정)자
방법	**방법**
찾아가는 문화 프로그램 운영, 문화를 매개로 한 사회 참여형 문화 활동 지원	채용 예정 인원의 일정 비율 이상을 지방 소재 학교 졸업(예정)자로 선발

① ㉠은 공공 부조에 해당한다.
② ㉠은 '업적에 따른 분배'를 통해 분배적 정의를 실현하려는 정책이다.
③ ㉡은 적극적 평등 실현 조치로 인해 발생하는 역차별을 줄이기 위한 정책이다.
④ ㉠, ㉡ 중 ㉡만이 사회적 약자에 대한 차별을 해소하기 위한 정책이다.
⑤ ㉠, ㉡을 통해 공간 불평등 완화를 기대할 수 있다.

20

다음 자료에 대한 설명으로 옳은 것은? (단, A, B는 각각 공공 부조, 사회 보험 중 하나임.) [2.5점]

우리 헌법은 "국가는 사회 보장·사회 복지 증진에 노력할 의무를 진다."라고 규정하고 있다. 이를 통해 우리나라는 인간다운 생활의 보장을 국가에 요구할 수 있는 권리인 <u>(가)</u> 를 보장하고자 사회 복지 제도를 운영하고 있다. 그중 A는 일정 수준의 소득이 있는 개인, 기업, 정부가 비용을 분담하여 구성원에게 발생하는 사회적 위험에 대비하는 제도이다. 또한 B는 국가의 책임하에 생활 유지 능력이 없거나 어려운 국민의 최저 생활을 보장하고 자립을 지원하는 제도이다.

① (가)는 소극적이고 방어적인 성격의 권리이다.
② A는 사전 예방보다 사후 처방 성격이 강하다.
③ B의 사례로 국민 기초 생활 보장 제도를 들 수 있다.
④ A에 비해 B는 소득 재분배 효과가 작다.
⑤ A, B는 모두 비금전적 지원을 원칙으로 한다.

21

갑, 을의 입장에 대한 옳은 설명만을 〈보기〉에서 고른 것은? [3점]

〈 보 기 〉

ㄱ. 갑은 수도권과 비수도권 간 균형 개발을 중시하고 있다.
ㄴ. 을은 지역 격차 완화를 위한 개발이 필요함을 강조하고 있다.
ㄷ. 갑은 을과 달리 인구가 적은 지역을 중심으로 개발해야 한다는 주장에 동의할 것이다.
ㄹ. 을은 갑과 달리 수도권 소재 공공 기관의 지방 이전 정책을 지지할 것이다.

① ㄱ, ㄴ　② ㄱ, ㄷ　③ ㄴ, ㄷ　④ ㄴ, ㄹ　⑤ ㄷ, ㄹ

22

(가)에 들어갈 내용으로 가장 적절한 것은? [2점]

우리나라 수도권의 면적은 전체 국토 면적의 약 12%에 불과하지만, 경제 발전 과정에서 추진된 성장 위주의 개발 정책의 영향으로 기업, 공공 기관 및 각종 교육·문화·의료 시설 등이 수도권에 집중되었다. 이로 인해 비수도권에서 수도권으로 인구 유입은 지속되고 있으며, 2020년에는 수도권 인구가 비수도권 인구를 처음으로 넘어섰다. 따라서 수도권에 집중된 인구와 다양한 기능을 비수도권으로 분산하고, 비수도권의 경제 활성화와 생활 환경 개선에 힘써 <u>(가)</u> 을/를 완화해야 한다.

① 세대 간 차이에 따른 갈등
② 개인주의적 가치관의 확산
③ 성별에 따른 선입견과 편견
④ 노동자와 사용자 사이의 갈등
⑤ 지역 격차에 따른 공간 불평등 현상

23

다음에서 나타나는 건강 불평등 문제에 대한 옳은 설명을 〈보기〉에서 고른 것은? [3점]

주로 숲 모기에 의해 전염되는 지카 바이러스는 태아의 뇌 기능을 저하시켜 소두증을 일으킨다. 임산부와 태아의 건강을 위협하는 이 바이러스는 방충망을 살 돈이 없는 빈곤층, 하수 처리 시설이 미흡한 지역, 방역 시스템이 제대로 작동하지 않는 저소득 국가에서 주로 발생한다. 또한 이러한 건강 불평등 현상은 건강 보험 제도와 같은 사회 보장 제도가 취약한 지역에서 더 심각하게 나타난다.

〈 보 기 〉
ㄱ. 사회 계층에 따라 건강 불평등이 나타날 수 있다.
ㄴ. 공간 불평등은 건강 불평등을 초래하는 요인이 된다.
ㄷ. 선진국에서는 건강 불평등 문제가 나타나지 않는다.
ㄹ. 건강 불평등 문제는 개인의 의식 개혁만으로 해결 가능하다.

① ㄱ, ㄴ ② ㄱ, ㄷ ③ ㄴ, ㄷ ④ ㄴ, ㄹ ⑤ ㄷ, ㄹ

24

밑줄 친 ㉠~㉣에 대한 옳은 설명만을 〈보기〉에서 있는 대로 고른 것은? [2점]

우리나라는 1970년대에 정부 주도의 ㉠성장 거점 개발을 추진하였다. 이로 인해 ㉡수도권은 인구와 자본의 유입으로 크게 성장했지만, 비수도권은 상대적으로 성장이 정체되거나 낙후되었다. 우리나라는 이러한 ㉢수도권과 비수도권 간의 격차를 해결하기 위해 다양한 ㉣지역 격차 완화 정책을 추진하고 있다.

〈 보 기 〉
ㄱ. ㉠은 투자의 효율성보다 지역 간 형평성을 강조한다.
ㄴ. ㉡은 국토의 공간적 불평등이 심화하였음을 의미한다.
ㄷ. ㉢은 사회 통합을 저해하는 요인으로 작용할 수 있다.
ㄹ. ㉣의 사례로 '수도권 소재 공공 기관의 지방 이전'을 들 수 있다.

① ㄱ, ㄷ ② ㄱ, ㄹ ③ ㄴ, ㄹ
④ ㄱ, ㄴ, ㄷ ⑤ ㄴ, ㄷ, ㄹ

25

다음은 학생 필기 내용의 일부이다. 밑줄 친 ㉠~㉣에 대한 옳은 설명만을 〈보기〉에서 있는 대로 고른 것은? [3점]

<우리나라의 ㉠공간 불평등 현상>
◦ 원인
 - 정부 주도의 ㉡성장 중심 개발 전략 추진
◦ 문제점
 - 국토의 균형 발전을 저해함.
 - 사회 통합을 어렵게 하는 요인으로 작용함.
◦ 해결 방안
 - ㉢중앙 정부의 지방 육성 정책
 - 지방 자치 단체와 지역 주민 중심의 ㉣지역 경쟁력 강화

〈 보 기 〉
ㄱ. ㉠: 도시와 촌락 간의 경제적 수준 차이를 포함한다.
ㄴ. ㉡: 국토 개발의 효율성보다는 형평성을 추구한 전략이다.
ㄷ. ㉢: '공공기관 지방 이전'을 예로 들 수 있다.
ㄹ. ㉣: '지역의 특성을 살릴 수 있는 지역 브랜드 개발'을 예로 들 수 있다.

① ㄱ, ㄴ ② ㄱ, ㄹ ③ ㄴ, ㄷ
④ ㄱ, ㄷ, ㄹ ⑤ ㄴ, ㄷ, ㄹ

26

2020.11(고1)_학평16

갑, 을의 입장만을 〈보기〉에서 고른 것은? [3점]

> 갑: 사회적 약자를 위한 적극적 우대 조치가 필요하다. 왜냐하면 적극적 우대 조치는 오랫동안 부당한 차별을 받아 온 사회적 약자들의 불이익을 보상해 주고, 사회 구성원들 간의 갈등을 줄일 수 있는 제도이기 때문이다.
>
> 을: 사회적 약자를 위한 적극적 우대 조치는 시행되어서는 안 된다. 왜냐하면 적극적 우대 조치는 업적주의 원칙에 위배되고, 사회적 약자가 아닌 사람들의 기본적 권리를 침해할 수 있으며, 사회 구성원들 간의 갈등을 초래할 수 있기 때문이다.

─────── 〈 보 기 〉 ───────

ㄱ. 갑: 적극적 우대 조치는 사회 불평등을 완화하기 위한 것이다.

ㄴ. 을: 적극적 우대 조치는 능력에 따른 분배를 실현하는 것이다.

ㄷ. 을: 적극적 우대 조치가 시행되면 역차별이 발생할 수 있다.

ㄹ. 갑, 을: 적극적 우대 조치는 사회 통합을 어렵게 만들 수 있다.

① ㄱ, ㄴ ② ㄱ, ㄷ ③ ㄴ, ㄷ ④ ㄴ, ㄹ ⑤ ㄷ, ㄹ

27

2019.11(고1)_학평4

갑의 입장에서 을의 입장에 대해 제기할 수 있는 반론으로 가장 적절한 것은? [3점]

> 갑: 적극적 우대 정책은 과거부터 차별로 인해 고통 받아 온 사회적 약자에게 유리한 기회를 제공한다. 이러한 정책은 궁극적으로 모든 사회 성원이 동등한 이익을 누리기 위해 필요하다.
>
> 을: 적극적 우대 정책은 수혜자를 제외한 사람들의 기회를 박탈하여 또 다른 차별을 유발한다. 이러한 정책은 소수자에게 개인의 노력과 무관하게 과도한 혜택을 주어 새로운 차별을 야기할 수 있다.

① 적극적 우대 정책이 업적주의 원칙에 충실한 제도임을 간과하고 있다.

② 적극적 우대 정책이 집단 간 불평등을 심화시킬 수 있음을 간과하고 있다.

③ 적극적 우대 정책이 개인의 정당한 성취를 무시할 수 있음을 간과하고 있다.

④ 적극적 우대 정책이 수혜자를 제외한 사람들의 권리를 침해할 수 있음을 간과하고 있다.

⑤ 적극적 우대 정책이 사회적 다양성을 증진시켜 공동선 실현에 기여할 수 있음을 간과하고 있다.

1

그림의 강연자가 지지할 주장으로 적절하지 <u>않은</u> 것은?
[3점]

① 공익을 지향하는 법을 지키지 않는 것은 정의롭지 못하다.
② 공공의 재화를 기여도에 비례하여 분배하는 것은 정의롭다.
③ 사람 간의 관계에서 옳음을 추구하면 정의는 실현될 수 있다.
④ 정의는 비례를 지키는 것, 부정의는 비례를 깨뜨리는 것이다.
⑤ 사람 간의 가해와 피해의 불균등을 교정하는 것은 부정의하다.

2

다음을 주장한 사상가의 입장으로 적절하지 <u>않은</u> 것은?
[3점]

정의로운 것은 법을 지키는 것이며 공정한 것이고, 부정의한 것은 법을 어기는 것이며 공정하지 않은 것이다. 정의로운 분배는 각자의 가치에 따라 이루어져야 한다. 이에 대해서는 모든 사람이 동의하지만, 모든 사람이 가치라고 말하는 것은 같은 것이 아니다. 그러므로 분배적으로 정의로운 것은 일종의 비례적인 것이다.

① 각자의 가치에 따라 마땅한 몫을 분배하는 것이 정의롭다.
② 올바른 법은 시민에게 덕 있는 사람이 하는 일을 명령한다.
③ 모든 사람이 지지하는 가치가 동일해야 분배가 공정해진다.
④ 공동체의 행복을 지향하는 법을 잘 따르는 행위는 정의롭다.
⑤ 가치가 동등함에도 동등하지 않은 몫을 받는 것은 옳지 않다.

3

다음 강연자의 입장만을 〈보기〉에서 고른 것은? [3점]

< 보 기 >
ㄱ. 각 사람의 필요에 따른 분배가 정의로운 분배이다.
ㄴ. 공동체의 법규를 잘 지키는 것은 정의로운 행위이다.
ㄷ. 교정적 정의는 이익과 손해의 동등함을 회복하는 것이다.
ㄹ. 분배적 정의는 만인에게 재화를 동일하게 분배하는 것이다.

① ㄱ, ㄴ　② ㄱ, ㄷ　③ ㄴ, ㄷ　④ ㄴ, ㄹ　⑤ ㄷ, ㄹ

4

㉠에 들어갈 진술로 가장 적절한 것은? [3점]

나는 형벌은 다른 선을 촉진하기 위한 수단이 아니라, 오직 범죄자가 범죄를 저질렀다는 이유만으로 부과되어야 한다고 생각한다. 왜냐하면 인간은 단지 타인의 의도를 위한 수단으로만 취급되어서는 안 되기 때문이다. 그런데 어떤 사상가는 형벌 그 자체는 악이지만 공리의 원리에 의해 더욱 큰 악을 없애는 경우에만 인정될 수 있다고 주장한다. 나는 이 사상가가 [　　　㉠　　　] 고 생각한다.

① 형벌의 본질은 범죄를 예방하는 데 있음을 간과한다
② 형벌의 집행은 응보의 원리에 따라야 함을 간과한다
③ 형벌의 목적은 범죄자를 교화하는 데 있음을 간과한다
④ 형벌의 크기는 범죄의 해악에 비례해야 함을 간과한다
⑤ 형벌의 방법은 사회적 유용성을 고려하여 정해야 함을 간과한다

5　　　　　　　　2022.9(고2) 생활과윤리_학평17

갑, 을 사상가들의 입장으로 적절한 것만을 〈보기〉에서 고른 것은? [3점]

> 갑: 형벌은 언제나 오직 범죄자가 범죄를 저질렀기 때문에 범죄자에게 가해져야 한다. 또한 동등성의 원리를 공적인 정의의 원리와 표준으로 삼아야 한다.
> 을: 형벌은 타인들의 범죄를 억제시키기에 충분한 정도의 강도만을 가져야 한다. 종신 노역형은 가장 완강한 자의 마음을 억제시키기에 충분할 정도로 엄격성을 지니고 있다.

〈 보 기 〉

ㄱ. 갑: 형벌 집행의 목적은 공동체의 이익을 증진하는 것이다.
ㄴ. 갑: 사형은 살인범을 인격적 존재로 대우하는 합당한 형벌이다.
ㄷ. 을: 형벌의 효과는 형벌의 강도보다 그 지속성에 달려 있다.
ㄹ. 갑, 을: 보복법만이 형벌의 질과 양을 명확하게 제시한다.

① ㄱ, ㄴ　② ㄱ, ㄷ　③ ㄴ, ㄷ　④ ㄴ, ㄹ　⑤ ㄷ, ㄹ

6　　　　　　　　2025.9(고2) 생활과윤리_학평3

갑, 을 사상가들의 입장으로 가장 적절한 것은? [3점]

> 갑: 형벌은 동등성의 원리에 따라 집행되어야 한다. 만약 어떤 사람이 살인을 저질렀다면 그에게 법적으로 집행되는 사형 외에 범죄와 보복의 동등성은 없다.
> 을: 형벌은 인간의 정신에 지속적인 인상을 줄 수 있어야 한다. 범죄자의 불행을 본보기로 보여 주는 종신 노역형이 사형보다 효과적인 범죄 억제력을 지닌다.

① 갑: 형벌은 범죄자에 대한 사적 보복으로 부과되는 것이다.
② 갑: 사형은 오직 사회적 선을 증진하는 수단으로 가해져야 한다.
③ 을: 형벌의 크기는 범죄가 사회에 끼친 해악에 비례해야 한다.
④ 을: 사형은 시민들에게 어떠한 본보기도 제공할 수 없는 형벌이다.
⑤ 갑과 을: 형벌의 정당성은 공리의 원리를 기준으로 판단해야 한다.

7　　　　　　　　2023.11(고2) 생활과윤리_학평8

갑, 을 사상가들의 입장으로 적절하지 <u>않은</u> 것은? [3점]

> 갑: 형벌의 목적은 범죄 예방이다. 인간의 정신에 가장 큰 영향을 미치는 것은 고통의 강렬함이 아니라 지속성이므로, 사형보다 종신 노역형이 범죄 예방에 더 큰 효과를 가져온다. 부질없이 잔혹한 형벌은 정의와 사회적 합의에 반할 뿐이다.
> 을: 형벌은 오직 범죄자가 범죄를 저질렀다는 이유만으로 부과되어야 한다. 공적 정의의 기초가 되는 원리는 동등성의 원리이므로, 만일 누가 살인을 했다면 그는 죽어야만 한다. 오직 보복법만이 형벌의 질과 양을 명확히 제시할 수 있다.

① 갑: 형벌의 부과는 사회 계약에 의해 정당화될 수 있다.
② 갑: 사형보다 범죄의 예방에 더 효과적인 형벌이 존재한다.
③ 을: 형벌은 범죄를 억제하기에 충분한 강도만을 가져야 한다.
④ 을: 보복법에 따라 살인범을 사형시키는 것은 공적 정의에 부합한다.
⑤ 갑과 을: 국가는 범죄자를 처벌할 수 있는 법적 권한을 갖고 있다.

8　　　　　　　　2022.11(고2) 생활과윤리_학평8

갑, 을 사상가들의 입장으로 적절하지 <u>않은</u> 것은? [3점]

> 갑: 사형은 고통받는 인격 안의 인간성을 끔찍하게 만들 수도 있을 모든 가혹 행위에서 범죄자를 벗어나게 해 준다. 살인범에게 사형 외에 범죄와 보복의 동등성은 없다.
> 을: 사형을 대체한 종신 노역형만으로도 가장 완강한 자의 마음을 억제하기에 충분한 정도의 엄격성을 지닌다. 종신 노역형은 사형 이상의 확실한 효과를 가져온다.

① 갑: 살인범에게 사형 이외의 형벌 부과는 부정의하다.
② 갑: 형벌은 동등성의 원리에 근거하여 부과되어야 한다.
③ 을: 형벌에 대한 집행 권한은 사회 계약으로부터 나온다.
④ 을: 사형에 비해 종신 노역형이 범죄 예방에 더 효과적이다.
⑤ 갑, 을: 형벌은 사회적 선을 촉진하기 위한 수단이 되어야 한다.

9

2025.6(고2) 생활과윤리_학평7

(가)의 갑, 을 사상가들의 입장을 (나) 그림으로 표현할 때, A~C에 해당하는 적절한 진술만을 〈보기〉에서 고른 것은? [3점]

(가)	갑: 형벌의 목적은 범죄자가 시민에게 새로운 해악을 입힐 가능성을 방지하고, 타인이 유사한 행위를 할 가능성을 억제하는 것이다. 따라서 형벌은 인간의 정신에 가장 효과적이고 지속적인 인상을 만들어 내야 한다. 을: 형벌의 법칙은 하나의 정언 명령이며, 오직 보복법만이 형벌의 질과 양을 명확하게 제시할 수 있다. 따라서 살인범은 살인을 저질렀다는 그 이유만으로 사형에 처해져야 한다.
(나)	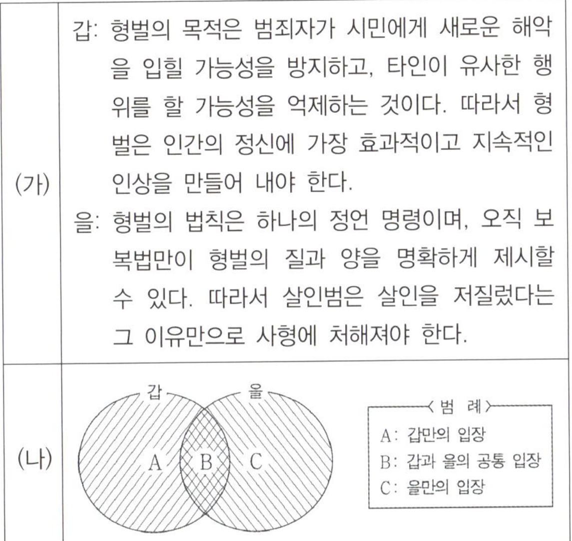

〈 보 기 〉

ㄱ. A: 형벌이 통제하고자 하는 대상은 범죄자로 국한되어야 한다.
ㄴ. B: 범죄와 형벌 사이에는 비례 관계가 성립되어야 한다.
ㄷ. B: 사형이 종신 노역형보다 범죄 예방에 더 효과적이다.
ㄹ. C: 사형은 공적 정의를 실현하기 위한 정당한 형벌이다.

① ㄱ, ㄴ ② ㄱ, ㄷ ③ ㄴ, ㄷ ④ ㄴ, ㄹ ⑤ ㄷ, ㄹ

10

2024.6(고2) 생활과윤리_학평14

(가)의 사상가 갑, 을의 입장에서 서로에게 제기할 수 있는 비판을 (나) 그림으로 표현할 때, A, B에 해당하는 내용으로 가장 적절한 것은? [3점]

(가)	갑: 사형은 살인자에 대한 정당한 형벌이다. 왜냐하면 형벌은 동등성의 원리에 따라야 하기 때문이다. 형벌은 정언 명령으로 주어지므로 사회의 다른 선을 촉진하기 위한 수단으로 집행되어서는 안 된다. 을: 사형은 범죄 억제 효과가 거의 없다. 인간의 정신에 가장 큰 영향을 미치는 것은 형벌이 주는 강렬한 인상이 아니라 반복적인 인상이기 때문에 사형보다는 종신 노역형이 더 효과적이다.
(나)	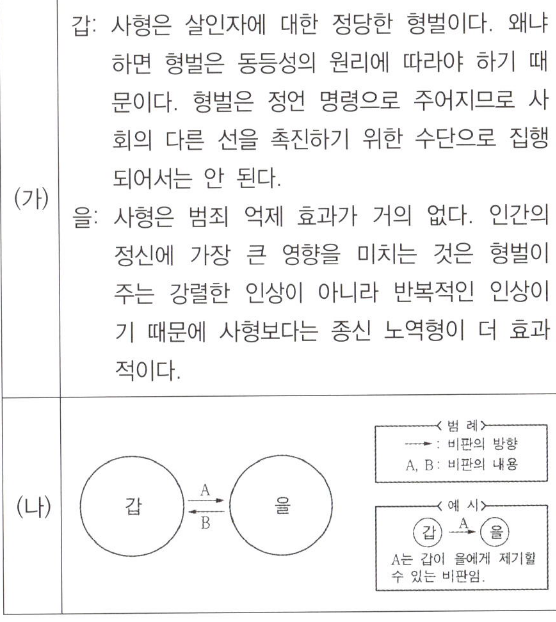

① A: 형벌은 법률을 통해서 집행되어야 함을 간과한다.
② A: 사형은 질서 유지를 위한 수단이 되어야 함을 간과한다.
③ A: 사형은 살인자의 행위에 대한 응분의 보복임을 간과한다.
④ B: 형벌과 범죄 간에 비례 관계가 성립해야 함을 간과한다.
⑤ B: 형벌이 주는 공포는 지속성보다 강도에서 나옴을 간과한다.

11

(가)의 갑, 을 사상가들의 입장을 (나) 그림으로 표현할 때, A~C에 해당하는 옳은 진술만을 〈보기〉에서 고른 것은? [3점]

(가)	갑: 형벌은 범죄자를 위해서가 아니라 시민의 이익을 위해 집행되어야 한다. 인간 정신에 큰 효과를 끼치는 것은 형벌의 강도가 아니라 지속성이므로 종신 노역형만으로도 범죄 예방의 확실한 효과를 가져온다. 을: 형벌은 결코 범죄자나 시민 사회를 위한 수단이어서는 안 된다. 인간은 단지 누군가의 의도를 위한 한낱 수단으로서만 취급될 수 없으므로 형벌은 항상 범죄자가 범죄를 저질렀다는 이유만으로 부과되어야 한다.

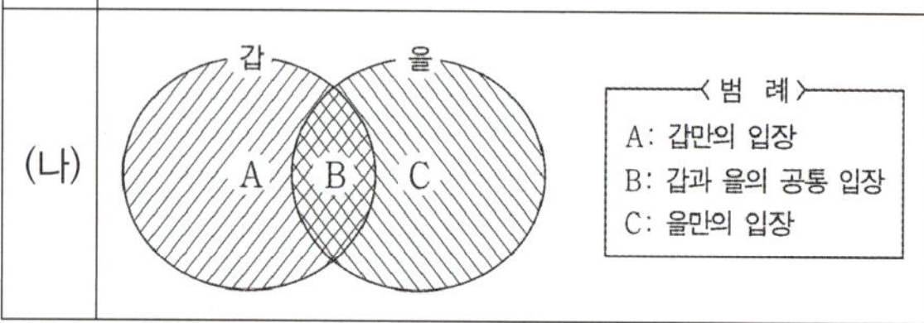

─── 〈 보 기 〉 ───

ㄱ. A: 형벌은 사회적 이익 증진을 위해 집행되어야 한다.
ㄴ. B: 형벌은 범죄의 해악에 비례하여 부과되어야 한다.
ㄷ. B: 사회적 유용성이 전혀 없는 형벌은 부과하지 말아야 한다.
ㄹ. C: 사형 제도는 인간의 존엄성 실현을 위해 폐지되어야 한다.

① ㄱ, ㄴ   ② ㄱ, ㄷ   ③ ㄴ, ㄷ   ④ ㄴ, ㄹ   ⑤ ㄷ, ㄹ

12

(가)의 사상가 갑, 을의 입장을 (나) 그림으로 탐구하고자 할 때, A~C에 해당하는 적절한 질문만을 〈보기〉에서 있는 대로 고른 것은? [3점]

(가)	갑: 형벌이 정당화되려면 범죄를 억제하기에 충분한 정도의 강도만 갖춰야 한다. 종신 노역형은 범죄를 의도하는 자를 제지하기에 충분한 엄격성을 지니고 있으며, 나아가 사형 이상의 확실한 효과를 가져온다. 을: 형벌은 어떤 다른 선을 촉진하기 위한 한낱 수단으로서 가해질 수 없고, 오직 범죄를 저질렀다는 사실에만 근거해야 한다. 살인범에게 법적으로 집행되는 사형 외에 범죄와 보복의 동등성을 갖는 형벌은 없다.

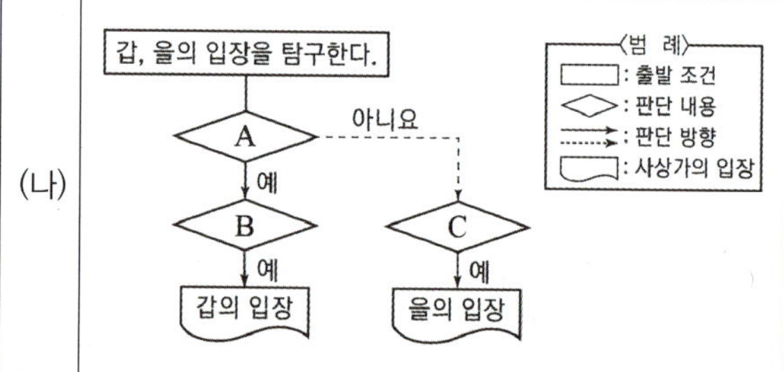

─── 〈 보 기 〉 ───

ㄱ. A: 공적 정의를 실현하기 위해 사형제는 유지되어야 하는가?
ㄴ. A: 형벌의 목적은 범죄로 인한 사회적 해악을 방지하는 것인가?
ㄷ. B: 사형은 범죄를 억제하는 데 가장 효과적인 형벌인가?
ㄹ. C: 사형은 살인범의 인간 존엄성을 존중하는 형벌인가?

① ㄱ, ㄴ   ② ㄱ, ㄷ   ③ ㄴ, ㄹ
④ ㄱ, ㄷ, ㄹ   ⑤ ㄴ, ㄷ, ㄹ

13

(가)의 갑, 을 사상가들의 입장을 (나) 그림으로 탐구할 때, A~C에 해당하는 질문으로 가장 적절한 것은? [3점]

(가)	갑: 형벌은 사회계약의 관점에서 검토될 수 있으며 법은 공공의 이익을 지향하는 일반 의지를 반영해야 한다. 살인자는 법을 위반함으로써 시민이 아닌 적으로 간주되어 처형되는 것이다. 을: 형벌은 범죄를 억제하기에 충분한 정도의 가혹성만을 지녀야 하며, 범죄 억제력 측면에서 사형보다 종신 노역형이 더 효과적이다. 사형은 한 시민의 존재를 파괴하는 국가의 전쟁 행위일 뿐이다.
(나)	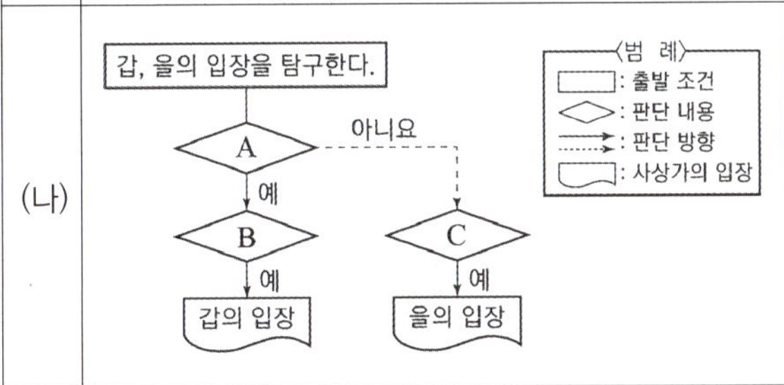

① A: 형벌은 공공의 선을 증진하는 것을 목표로 해야 하는가?
② A: 살인자에 대한 사형은 사회계약의 내용에 포함될 수 있는가?
③ B: 사형은 살인자를 도덕적 인격으로서 존중하기 위한 형벌인가?
④ C: 형벌의 지속성보다는 형벌의 가혹성을 더욱 중시해야 하는가?
⑤ C: 형벌은 범죄를 예방하기 위한 수단으로 가해져서는 안 되는가?

14

(가)의 갑, 을, 병 사상가들의 입장에서 서로에게 제기할 수 있는 비판을 (나) 그림으로 표현할 때, A~F에 해당하는 내용으로 가장 적절한 것은? [3점]

(가)	갑: 공적인 정의가 원리와 표준으로 삼는 것은 동등성의 원리이다. 오직 보복법만이 형벌의 질과 양을 명확하게 제시할 수 있다. 을: 형벌은 범죄를 억제시키기에 충분한 정도의 강도만을 가져야 한다. 사형을 대체하는 종신 노역형만으로도 가장 완강한 자의 마음을 억제시키기에 충분하다. 병: 살인자가 처형당할 때는 시민이 아니라 적으로 간주된다. 그러한 처벌의 판결은 그가 사회 계약을 깨뜨렸고 더 이상 국가 구성원이 아니라는 증거이다.
(나)	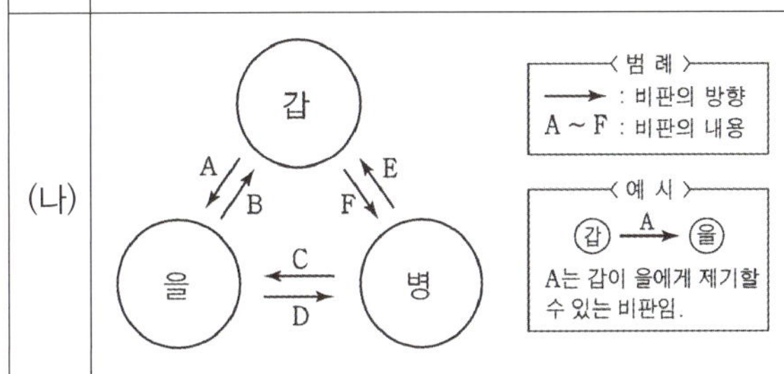

① A: 사형은 살인이라는 범죄를 예방하는 효과적 수단임을 간과한다.
② B와 D: 살인자가 받아야 하는 유일한 형벌은 사형임을 간과한다.
③ C: 형벌에 대한 정당성은 사회 계약으로부터 도출됨을 간과한다.
④ E: 사형은 시민의 생명과 안전을 위해 집행되어야 함을 간과한다.
⑤ F: 국가의 존립과 살인자의 존속은 양립할 수 없음을 간과한다.

15

(가)의 갑, 을, 병 사상가들의 입장을 (나) 그림으로 탐구하고자 할 때, A~D에 해당하는 적절한 질문만을 〈보기〉에서 있는 대로 고른 것은? [3점]

(가)	갑: 형벌은 타인들의 범죄를 억제시키기에 충분한 정도의 강도만을 가져야 한다. 사형을 대체한 종신 노역형만으로도 가장 완강한 자의 마음을 억제시킬 수 있다. 을: 형벌의 법칙은 하나의 정언 명령이며, 오직 보복법만이 형벌의 질과 양을 명확하게 제시할 수 있다. 따라서 만약 어떤 사람이 살인을 했다면, 그는 죽어야만 한다. 병: 사회 계약의 목적은 계약자 보호이다. 우리가 사람을 죽였을 경우 기꺼이 사형을 받겠다고 동의하는 것은 우리 자신이 살인자에게 희생되고 싶지 않기 때문이다.
(나)	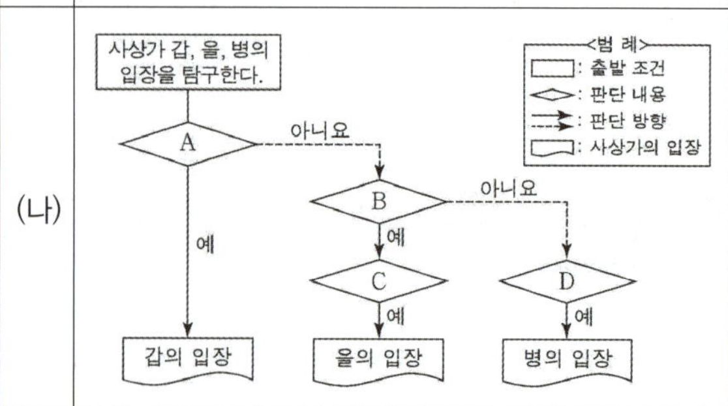

〈 보 기 〉

ㄱ. A: 국가가 사형을 선고하는 법을 제정하는 것은 부당한가?
ㄴ. B: 사형은 사회적 선을 촉진하기 위한 수단이 될 수 있는가?
ㄷ. C: 살인자라도 그의 생득적인 인격성은 존중되어야 하는가?
ㄹ. D: 사회 계약을 파기한 살인자는 국가의 구성원에서 제외되는가?

① ㄱ, ㄴ ② ㄴ, ㄷ ③ ㄷ, ㄹ
④ ㄱ, ㄴ, ㄹ ⑤ ㄱ, ㄷ, ㄹ

16

그림은 서술형 평가 문제와 학생 답안이다. 학생 답안의 ㉠~㉤ 중 옳지 <u>않은</u> 것은? [3점]

서술형 평가

○ 문제 : (가), (나)의 입장을 비교하여 서술하시오.

(가) 개인은 독립적이고 자율적인 존재이며, 개인이 사회보다 우선한다. 개인의 자유로운 이익 추구가 사회 전체의 이익 증대로 이어질 수 있다.
(나) 공동체는 개인 존재의 출발점이며, 개인은 공동체 속에서 자신의 역할과 삶의 목적을 찾을 수 있다. 공동체가 발전함으로써 개인은 행복한 삶을 영위할 수 있다.

○ 학생 답안

　(가)는 ㉠<u>사회가 개인의 자유를 보호하기 위해 존재한다고 보며</u>, ㉡<u>개인선의 실현이 사회 발전으로 이어질 수 있다고 본다</u>. 이에 비해 (나)는 ㉢<u>공동체가 개인이 자아 정체성을 형성하는 데 중요한 기반이 된다고 보며</u>, ㉣<u>공동선의 실현이 구성원 각자의 개인선으로 이어질 수 있다고 본다</u>. 한편 (가)는 (나)와 달리 ㉤<u>개인을 공동체의 발전을 위한 하나의 수단이라고 본다</u>.

① ㉠ ② ㉡ ③ ㉢ ④ ㉣ ⑤ ㉤

17

(가)의 입장에 비해 (나)의 입장이 갖는 상대적 특징을 그림의 ㉠~㉤ 중에서 고른 것은? [3점]

(가) 인간은 사회적 존재이다. 개인의 자아는 사회에 선행하여 존재할 수 없다. 개인의 자아 정체성은 공동체와의 관계를 통해 형성된다.
(나) 인간은 독립적 존재이다. 개인은 공동체 성립 이전에 이미 자유롭게 존재하며 자신의 선택에 따라 살아간다. 공동체는 이런 개인의 존엄성 보장을 위해 만들어진다.

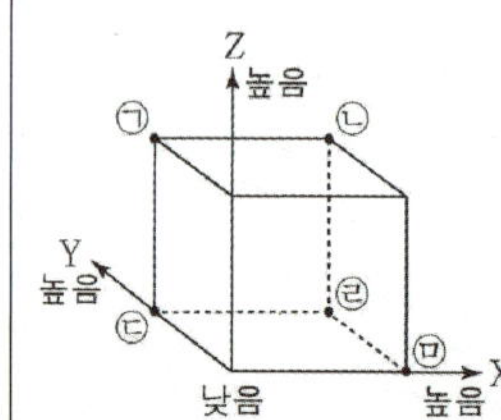

① ㉠ ② ㉡ ③ ㉢ ④ ㉣ ⑤ ㉤

18

갑, 을 사상가들의 입장으로 가장 적절한 것은? [3점]

> 갑: 분배는 가장 곤란한 처지에 있는 사람을 포함한 그 사회의 모든 사람의 협력을 이끌어내도록 이루어져야 한다. 이를 위해 순수한 가상의 상황인 원초적 입장하에서 합의를 통해 정의의 원칙을 도출한다.
> 을: 분배가 정의로울 충분조건은 그 분배하에서 모든 사람들이 자신들이 소유하고 있는 것에 대한 소유 권리를 소유함이다. 정의로운 상황으로부터 정의로운 단계를 거쳐 발생하는 것은 무엇이나 그 자체로 정의롭다.

① 갑: 원초적 입장의 당사자들은 타인의 이익을 고려하여 합의한다.
② 갑: 경제적 불평등은 모두에게 이익이 되어도 정당화될 수 없다.
③ 을: 과거 상황이나 행위가 소유물에 대한 권리를 정당화할 수 있다.
④ 을: 정형적 원리에 따른 분배를 통해 소유 권리가 보장되어야 한다.
⑤ 갑과 을: 개인의 천부적 재능 자체는 공동 자산으로 간주될 수 있다.

19

갑, 을 사상가들의 입장으로 가장 적절한 것은? [3점]

> 갑: 정의의 원칙들은 평등한 최초의 상황인 원초적 입장에서 합의될 것이라는 사실에 근거하여 정당화된다. 정의의 원칙들은 사회의 기본 구조에 적용되며, 의무와 권리의 할당을 규제하고 사회적·경제적 이익의 배분을 규제한다.
> 을: 정의로운 상황으로부터 정의로운 단계를 거쳐 발생하는 것은 무엇이나 그 자체로 정의롭다. 취득에서의 정의의 원리에 따라 그리고 이전에서의 정의의 원리에 따라 소유물을 취득한 자는 그 소유물에 대한 소유 권리가 있다.

① 갑: 정의의 원칙은 가상적 상황에서 다수결의 원리로 도출된다.
② 갑: 원초적 입장의 당사자는 자신과 타인의 이익에 무관심하다.
③ 을: 개인의 소유권은 취득에서의 정의의 원칙을 통해서만 생성된다.
④ 을: 소유물이 자유롭게 이전되었다면 교정의 대상에서 제외된다.
⑤ 갑과 을: 분배 결과의 공정함은 분배 절차의 공정함을 통해 실현된다.

20

갑, 을 사상가들의 입장에서 볼 때, 질문에 모두 옳게 대답한 것은? [3점]

> 갑: 정의는 분배의 문제가 아니라 소유에 대한 정당성의 문제이다. 만일 어떤 개인이 취득과 양도에서의 정의의 원칙에 의해 소유 권리를 부여받았다면 그 소유는 정당한 것이다.
>
> 을: 정의로운 분배는 원초적 입장에서 합의된 정의의 원칙에 따르는 것이다. 정의의 원칙에 따라 개인의 기본적 자유를 보장하고 최소 수혜자에게 최대 이익이 돌아가게 해야 한다.

	질문	대답	
		갑	을
①	공정한 절차와 과정을 통해 발생한 분배의 결과는 정당한가?	예	예
②	노동을 통해 취득한 재화에 대해서만 소유의 권리를 가지는가?	예	아니요
③	사회 정의를 실현하기 위해 경제적 불평등은 최소화해야 하는가?	예	아니요
④	사회 전체의 유용성을 위한 개인의 기본권 침해는 정당화될 수 있는가?	아니요	예
⑤	이상적인 국가는 부정의를 교정하기 위해 분배 과정에 개입할 수 있는가?	아니요	아니요

21

갑, 을 사상가들의 입장만을 〈보기〉에서 있는 대로 고른 것은? [3점]

> 갑: 정의로운 분배의 충분조건은 모든 사람들이 자신의 소유물에 대한 소유 권리를 갖는 것이다. 취득과 이전에서의 정의의 원리에 의해 어떤 사람이 소유물에 대한 권리를 부여받았으면 그 소유물은 정당한 것이 된다.
>
> 을: 정의로운 분배의 원칙들은 무지의 베일 속에서 선택된다. 그 결과 아무도 타고난 우연의 결과로 인해 유리하거나 불리해지지 않으며, 소득의 불평등은 최소 수혜자에게 최대의 이익이 되는 경우에만 정당한 것이 된다.

〈 보 기 〉

ㄱ. 갑: 소유 권리는 자기 노동의 결과에 대해서만 정당화된다.

ㄴ. 을: 부의 재분배를 위해 개인의 기본적 자유가 제한될 수 있다.

ㄷ. 을: 경제적 불평등은 모두에게 이익이 될 때 정당화될 수 있다.

ㄹ. 갑과 을: 분배 절차의 공정성이 분배 결과의 정당성을 보장한다.

① ㄱ, ㄴ ② ㄱ, ㄷ ③ ㄷ, ㄹ
④ ㄱ, ㄴ, ㄹ ⑤ ㄴ, ㄷ, ㄹ

22

갑, 을 사상가들의 입장으로 가장 적절한 것은? [3점]

> 갑: 소유 권리의 정당성은 취득, 이전, 불의의 교정 원리에 의해 결정된다. 따라서 정당한 소유권을 가진 사람이 그 소유물을 자유롭게 이전했다면, 그 결과가 불평등해도 정의롭다.
>
> 을: 분배는 원초적 입장에서 합의한 원칙에 따를 때 정의롭다. 이러한 원칙 중 차등의 원칙은 사회적·경제적 불평등이 최소 수혜자에게 최대 이익이 될 때 정당화된다는 것을 의미한다.

① 갑: 취득과 이전의 원리를 통해서만 재화가 획득된다.
② 갑: 경제적 불평등은 모두에게 이익이 되어야 정당하다.
③ 을: 사회적 약자를 고려한 분배는 정의의 원칙에 어긋난다.
④ 을: 원초적 입장에서 개인은 자신의 타고난 재능을 알고 있다.
⑤ 갑과 을: 분배의 정당성은 분배 결과가 아닌 절차에 달려있다.

23

(가)의 갑, 을 사상가들의 입장에서 서로에게 제기할 수 있는 비판을 (나) 그림으로 표현할 때, A, B에 해당하는 내용으로 가장 적절한 것은? [3점]

(가)	갑: 공정으로서의 정의의 이론에 따르면, 사회의 기본 구조에 대한 정의의 원칙들은 원초적 합의의 대상이다. 그것은 자신의 이익 증진에 관심을 가진 합리적인 사람들이 평등한 최초의 입장에서 채택하게 될 원칙이다. 을: 소유물에서의 정의의 이론에 따르면, 한 사람의 소유물은 취득과 이전에서의 정의의 원리 또는 불의의 교정의 원리에 의해 소유물에 대한 권리를 부여받았으면 정당한 것이 된다.
(나)	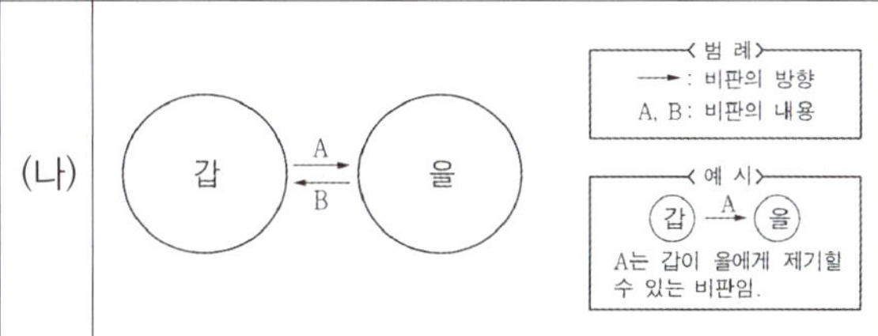

① A: 천부적으로 타고난 재능은 그 자체로 정의롭지 않음을 간과한다.
② A: 모두에게 이익이 되지 않는 경제적 불평등은 부정의함을 간과한다.
③ A: 개인은 정당한 소유물에 대한 배타적 사용권을 지님을 간과한다.
④ B: 분배 결과의 정당성은 분배 절차의 공정성에 의해 보장됨을 간과한다.
⑤ B: 다수의 이익을 위한 기본적 자유의 침해는 허용될 수 없음을 간과한다.

24

(가)의 갑, 을 사상가들의 입장을 (나) 그림으로 탐구하고자 할 때, A~C에 해당하는 적절한 질문만을 〈보기〉에서 있는 대로 고른 것은? [3점]

(가)	갑: 원초적 상황에서의 사람들은 기본적 권리와 의무의 할당에 있어서 평등을 요구한다. 사회적·경제적 불평등은 모든 사람, 그중에서도 최소 수혜자에게 불평등을 보상할 만한 이득을 가져오는 경우에만 정당하다. 을: 소유물에서의 정의는 역사적인 것이다. 취득의 원리는 소유되지 않은 것들의 사유화를 다루며, 이전의 원리는 소유물의 이전을 다룬다. 교정의 원리는 불의의 상태를 시정하기 위한 것이다.
(나)	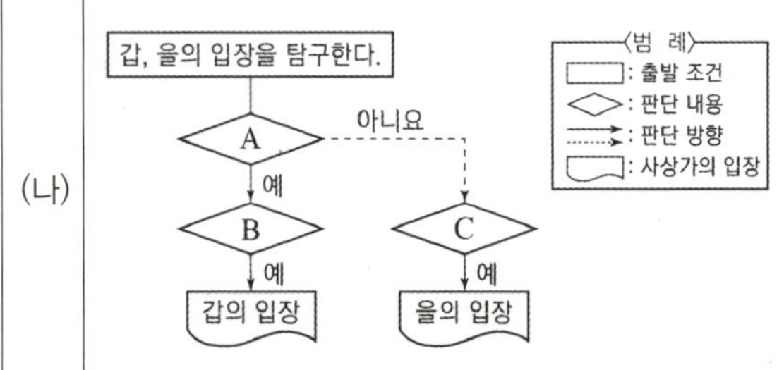

〈 보 기 〉

ㄱ. A: 사회적 이익의 총량을 극대화하는 분배만이 정의로운가?
ㄴ. B: 경제적 불평등이 존재해도 정의가 실현될 수 있는가?
ㄷ. B: 기본적 자유는 절대적인 것으로 무제한 허용되어야 하는가?
ㄹ. C: 국가는 불의를 시정하기 위해 분배 과정에 개입할 수 있는가?

① ㄱ, ㄷ   ② ㄱ, ㄹ   ③ ㄴ, ㄹ
④ ㄱ, ㄴ, ㄷ   ⑤ ㄴ, ㄷ, ㄹ

25

(가)의 갑, 을 사상가들의 입장을 (나) 그림으로 표현할 때, A~C에 해당하는 적절한 진술만을 〈보기〉에서 있는 대로 고른 것은? [3점]

(가)	갑: 순수한 가상 상황인 원초적 입장에서 합의된 정의의 원칙은 공정하다. '공정으로서의 정의'란 말은 여기서 생겨난다. 을: 취득과 이전, 교정의 원리에 의해 어떤 소유물에 대한 권리를 부여받았으면 정당하다. 이것이 '소유물에서의 정의'의 일반적 개요이다.
(나)	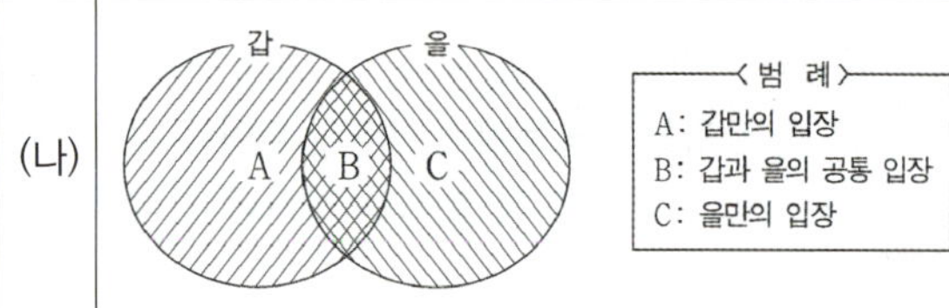

〈 보 기 〉

ㄱ. A: 정의의 원칙은 가상적 상황에서 도출되어야 공정하다.
ㄴ. B: 개인의 소유물은 천부적 재능을 기준으로 분배되어야 한다.
ㄷ. B: 정의로운 사회에서도 부의 불균등한 분배가 정당화될 수 있다.
ㄹ. C: 사회적 유용성 증진을 목적으로 하는 국가의 재분배는 정의롭다.

① ㄱ, ㄷ   ② ㄱ, ㄹ   ③ ㄴ, ㄹ
④ ㄱ, ㄴ, ㄷ   ⑤ ㄴ, ㄷ, ㄹ

26

2023.6(고2) 생활과윤리_학평11

(가)의 갑, 을 사상가들의 입장을 (나) 그림으로 표현할 때, A~C에 해당하는 적절한 진술만을 〈보기〉에서 고른 것은? [3점]

(가)	갑: 정의의 원리는 원초적 입장에서 도출된다. 원초적 입장에서 우리는 자신에게 유리하게 작용할 수 있는 사회적·자연적 우연성의 영향력을 최소화함으로써 공정한 합의의 절차를 설정할 수 있다. 을: 분배가 정의로운가는 분배가 어떻게 이루어졌는가에 달려 있다. 개인에게 취득과 이전에서의 정의의 원리 또는 불의에 대한 교정의 원리에 따라 소유권이 부여되었다면 그 소유는 정당하다.
(나)	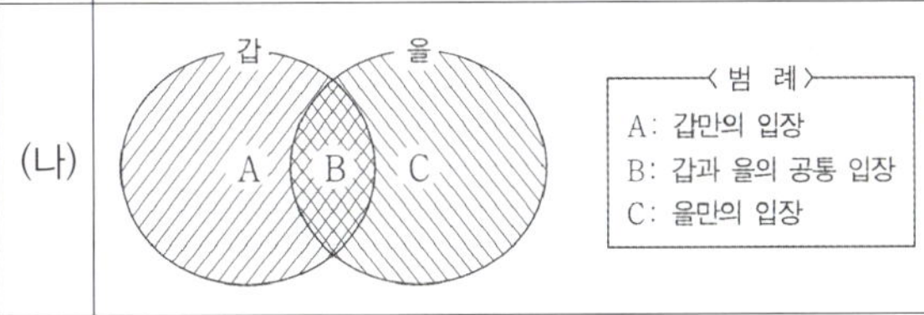

─────── 〈 보 기 〉 ───────

ㄱ. A: 분배 방식은 사회적·자연적 우연성에 따라 정해져야 한다.

ㄴ. B: 분배 절차의 공정성으로 분배 결과의 공정성이 보장된다.

ㄷ. B: 분배 과정에 대한 국가 개입이 정당화되는 경우가 있다.

ㄹ. C: 소유물에 대한 권리는 취득과 이전에서의 정의의 원리에 의해서만 부여된다.

① ㄱ, ㄴ ② ㄱ, ㄷ ③ ㄴ, ㄷ ④ ㄴ, ㄹ ⑤ ㄷ, ㄹ

27

2025.11(고2) 생활과윤리_학평8

갑, 을 사상가들의 입장으로 적절한 것만을 〈보기〉에서 있는 대로 고른 것은? [3점]

갑: 원초적 입장에서 선택된 정의의 원칙들은 공정한 합의나 약정의 결과가 된다. 이 원칙들은 분배 몫에 있어서 사회적 우연성이나 천부적 운명의 영향을 경감시키고자 한다. 을: 분배에 있어서 정의의 소유 권리론은 역사적이다. 정의의 역사적 원리에 따르면 과거의 상황이나 사람들의 과거 행위는 사물에 대한 차별적인 소유 권리나 응분의 자격을 창조한다.

─────── 〈 보 기 〉 ───────

ㄱ. 갑: 사회적 우연성은 그 자체로 부정의하므로 제거되어야 한다.

ㄴ. 갑: 원초적 입장의 합의 당사자들은 상호 동등한 관계에 있게 된다.

ㄷ. 을: 분배 결과의 정당성은 분배 과정의 정당성에 의해 판단된다.

ㄹ. 갑과 을: 정의의 원칙은 가상적인 상황에서 도출되어야 한다.

① ㄱ, ㄹ   ② ㄴ, ㄷ   ③ ㄴ, ㄹ
④ ㄱ, ㄴ, ㄷ   ⑤ ㄱ, ㄷ, ㄹ

28

(가)의 갑, 을 사상가들의 입장에서 서로에게 제기할 수 있는 비판을 (나) 그림으로 표현할 때, A, B에 해당하는 내용으로 가장 적절한 것은? [3점]

(가)	갑: 원초적 입장에서 무지의 베일을 쓴 당사자들은 평등한 자유의 원칙, 공정한 기회균등의 원칙, 차등의 원칙에 합의할 것이다. 분배는 이러한 정의의 원칙들을 충족시키는 한에서 정당화된다. 을: 최소 국가에서 취득·이전·교정에서의 정의의 원칙에 따라 어떤 소유물을 취득한 자는 그 소유물에 대한 권리를 가진다. 누구도 이런 원칙들의 적용에 의하지 않고서는 그 소유물에 대한 소유 권리가 없다.
(나)	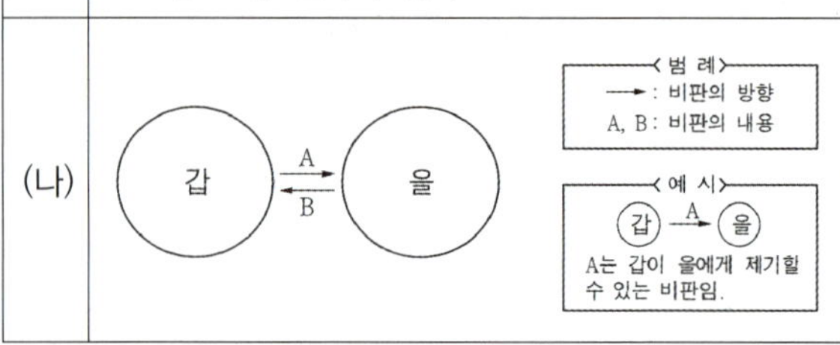

① A: 개인의 소유권을 침해하지 않는 최소 국가만이 정당화될 수 있음을 간과한다.
② A: 분배의 공정성은 분배의 결과보다 절차를 기준으로 판단해야 함을 간과한다.
③ A: 경제적 불평등은 최소 수혜자에게 최대 이익이 되어야 정당한 것임을 간과한다.
④ B: 국가가 분배 문제에 전혀 관여하지 않아야 분배 정의가 실현된다는 것을 간과한다.
⑤ B: 사유 재산을 소유할 권리는 다른 기본적 자유와 상충할 때 제한될 수 있음을 간과한다.

29

(가)의 갑, 을 사상가들의 입장을 (나) 그림으로 탐구할 때, A~C에 들어갈 적절한 질문만을 〈보기〉에서 고른 것은? [3점]

(가)	갑: 차등의 원칙은 최소 수혜자의 이익이 향상된다는 기대가 충족될 때, 천부적 재능으로 인한 이익이 정당화된다는 것을 의미한다. 이 원칙은 사회적·경제적 불평등을 규정하는 역할을 한다. 을: 최초 취득과 이전의 원리에 따라 소유물을 획득한 자는 그것에 대한 정당한 소유 권리를 가진다. 이 원리는 정의로운 절차를 거쳐 발생하는 것은 무엇이나 그 자체로 정의롭다는 것을 의미한다.
(나)	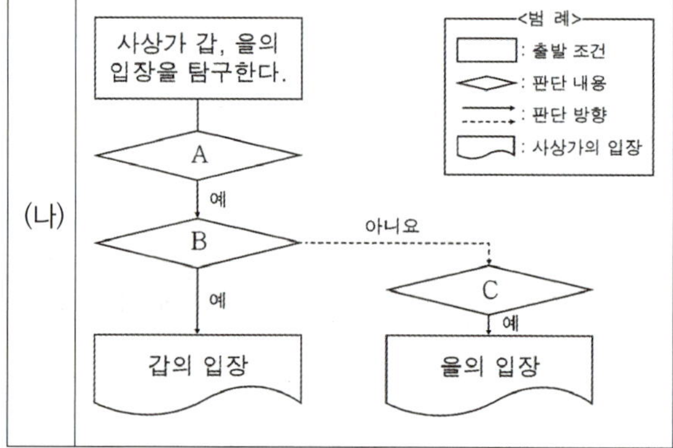

─── ＜ 보 기 ＞ ───
ㄱ. A: 국가는 개인의 자유를 보장해야 하는가?
ㄴ. B: 정의로운 사회에서도 불평등이 존재할 수 있는가?
ㄷ. B: 분배 절차의 공정성이 분배 결과의 정의로움을 보장하는가?
ㄹ. C: 개인은 정당하게 취득한 재화에 대한 배타적 권리를 가지는가?

① ㄱ, ㄴ ② ㄱ, ㄹ ③ ㄴ, ㄷ ④ ㄴ, ㄹ ⑤ ㄷ, ㄹ

30

2022.9(고2) 생활과윤리_학평12

(가)의 갑, 을 사상가들의 입장을 (나) 그림으로 표현할 때, A~C에 해당하는 적절한 진술만을 〈보기〉에서 고른 것은? [3점]

(가)	갑: 분배 정의의 충분 조건은 모든 사람들이 자신의 소유물에 대한 소유 권리를 갖는 것이다. 소유물에서의 정의는 역사적이므로 소유 상태는 합법적 경로를 통해야만 한다. 을: 사회 기본 구조에 대한 정의의 원칙들은 원초적 합의의 대상이다. 이 원칙들은 자유롭고 합리적인 사람들이 평등한 최초의 입장에서 그들 조직체의 기본 조건을 규정하는 것으로 채택하게 될 원칙들이다.
(나)	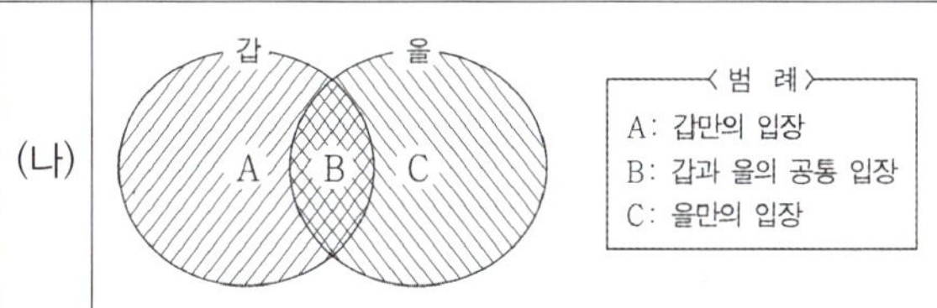

〈 보 기 〉

ㄱ. A: 분배 결과의 차등은 정의로운 사회에서도 존재할 수 있다.
ㄴ. B: 다수의 이익을 위해 기본적 자유를 침해하는 것은 부당하다.
ㄷ. B: 정의에 부합하는 결과는 절차의 공정성에서 비롯된다.
ㄹ. C: 복지 증진을 위해 세금을 부과하는 것은 소유권 침해이다.

① ㄱ, ㄴ ② ㄱ, ㄷ ③ ㄴ, ㄷ ④ ㄴ, ㄹ ⑤ ㄷ, ㄹ

31

2022.11(고2) 생활과윤리_학평15

(가)의 갑, 을 사상가들의 입장을 (나) 그림으로 탐구하고자 할 때, A~C에 해당하는 적절한 질문만을 〈보기〉에서 있는 대로 고른 것은? [3점]

(가)	갑: 정의로운 국가에서 한 사람의 소유물은 취득과 이전에서의 정의의 원리, 또는 불의의 교정의 원리에 의해 그가 그 소유물에 대한 권리를 부여받았으면 정당하다. 을: 정의의 원칙들은 자연적·사회적 우연성이 배제된 원초적 입장에서 무지의 베일을 쓴 당사자들에 의해 채택된다. 이러한 까닭에 정의의 원칙들은 공정한 합의나 약정의 결과가 된다.
(나)	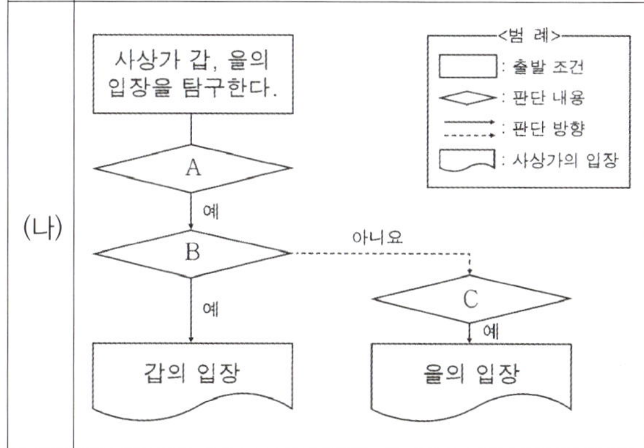

〈 보 기 〉

ㄱ. A: 재화의 분배 과정에서 국가 개입은 정당화될 수 있는가?
ㄴ. A: 정의로운 사회에서 경제적 불평등은 정당화될 수 있는가?
ㄷ. B: 사회적 약자들의 처지 개선을 위한 기본적 자유의 제한은 정당한가?
ㄹ. C: 원초적 입장에서 당사자들은 자신의 능력과 사회적 지위를 모르는가?

① ㄱ, ㄷ   ② ㄴ, ㄷ   ③ ㄴ, ㄹ
④ ㄱ, ㄴ, ㄹ   ⑤ ㄱ, ㄷ, ㄹ

32

다음을 주장한 현대 서양 사상가의 입장으로 가장 적절한 것은? [2점]

덕을 소유하고 실행하면 우리는 실천에 내재된 선들을 성취할 수 있다. 그런데 우리는 개인의 자격만으로는 덕을 실행할 수 없다. 우리 각자는 분리된 자아가 아니라, 특수한 사회적·역사적 정체성의 담지자이기 때문이다. 따라서 우리 각자는 나의 가족, 나의 도시, 나의 민족으로부터 물려받은 다양한 부채와 유산, 정당한 기대와 책무들을 도덕적 출발점으로 삼아야 한다.

① 오직 유용성의 원리에 따라 일관성 있게 행위 해야 한다.
② 공동체의 전통과 역사보다 개인의 선호를 중시해야 한다.
③ 옳고 선한 행위를 습관화하여 유덕한 성품을 길러야 한다.
④ 구체적 상황과 무관하게 보편적 도덕 원리를 따라야 한다.
⑤ 인간의 욕망과 감정을 배제하고 도덕 법칙을 정립해야 한다.

33

다음을 주장한 사상가의 입장으로 가장 적절한 것은? [3점]

나는 누군가의 아들이거나 딸 또는 사촌이고, 이 도시나 저 도시의 시민이다. 나는 이 친족, 저 부족, 이 나라에 속한다. 이처럼 나는 내 가족, 내 도시, 내 부족, 내 나라의 과거에서 다양한 빚과 유산을 물려받으며 조상들의 기대와 후손으로서의 의무도 물려받는다. 이것들은 나의 도덕적 출발점을 구성한다.

① 자연적 감정을 배제하고 이성에 따라 행위해야 한다.
② 공동체의 역사와 전통을 바탕으로 덕을 실천해야 한다.
③ 타고난 성품인 덕을 발휘하여 도덕적으로 행위해야 한다.
④ 구체적 상황과 무관하게 보편적 도덕 원리에 따라야 한다.
⑤ 행위자의 유덕한 성품보다 행위의 도덕성에 주목해야 한다.

34

그림의 강연자가 지지할 입장으로 옳지 <u>않은</u> 것은? [2점]

① 공동선보다 개인선을 추구하는 삶이 더 바람직하다.
② 공동체의 역사와 전통은 개인의 자아실현에 영향을 준다.
③ 유덕한 품성은 개인이 속한 공동체의 서사 위에서 구성된다.
④ 타인과 더불어 살아가기 위해 공동체 의식을 함양해야 한다.
⑤ 도덕적 실천을 위해 행위자가 처한 사회적 상황을 고려해야 한다.

35

다음을 주장한 사상가의 입장으로 옳지 <u>않은</u> 것은? [2점]

우리 모두는 우리가 처한 각각의 상황들 속에서 우리를 하나의 특수한 사회적 정체성의 담지자로서 파악한다는 것이 중요하다. 나는 나의 가족, 나의 도시, 나의 민족으로부터 다양한 부채와 유산, 정당한 기대와 책무들을 물려받는다. 이러한 역할의 담지자로서 우리 모두는 삶의 주어진 사실과 도덕적 출발점을 구성한다.

① 공동체의 전통은 개인의 도덕성에 영향을 준다.
② 도덕적 정체성은 공동체적 관계 속에서 형성된다.
③ 도덕적 가치는 사회적 맥락에 따라 달라질 수 있다.
④ 도덕 판단에서 행위자의 역사적 특수성을 고려해야 한다.
⑤ 덕성의 함양보다 보편적 도덕 법칙의 탐구를 중시해야 한다.

36
2023.3(고2) 한국지리_학평4

다음 자료의 ㉠~㉢에 대한 옳은 설명만을 〈보기〉에서 있는 대로 고른 것은? [3점]

<심층 탐사 : ㉠ 수도권 집중 현상>

전문가 : 수도권은 남한 면적의 약 11.8%에 불과하지만 전체 인구의 약 50.4%가 거주하고 있고 국내 총생산의 약 52.5%를 차지하고 있습니다.

진행자 : 이러한 편중과 관련하여 비수도권에서 나타나는 문제에는 어떤 것들이 있을까요?

전문가 : ________㉡________ 문제가 대표적입니다.

진행자 : 수도권 집중 현상을 완화하기 위해 정부는 어떤 노력을 하고 있나요?

전문가 : 정부는 ________㉢________와/과 같은 정책을 시행하고 있습니다.

─── 〈 보 기 〉 ───

ㄱ. ㉠은 3차 산업보다 1차 산업에서 두드러지게 나타난다.

ㄴ. ㉡에는 '수도권으로의 지역 인재 유출'이 들어갈 수 있다.

ㄷ. ㉢에는 '수도권에 위치한 공공 기관 및 공기업의 비수도권으로의 이전'이 들어갈 수 있다.

① ㄱ　② ㄴ　③ ㄱ, ㄷ　④ ㄴ, ㄷ　⑤ ㄱ, ㄴ, ㄷ

37
2024.3(고2) 한국지리_학평12

다음 글의 (가)에 들어갈 내용으로 가장 적절한 것은? [2점]

________(가)________, 이대로 괜찮은가?

충청남도는 2019년 기준 전국 석탄 화력 발전량의 약 50%를 차지하고 있다. 충청남도에서 생산되는 전기의 상당량은 수도권에서 사용되는데 석탄 화력 발전소에서 배출한 초미세 먼지 농도는 수도권이 충청남도보다 낮다. 이 문제는 여러 지방 자치 단체의 이해가 충돌하기 때문에 중앙 정부가 나서서 해결책을 마련할 필요가 있다.

① 문화 격차

② 핌피 현상

③ 환경 불평등

④ 젠트리피케이션

⑤ 석탄 산업 합리화 정책

38
2016.3(고2) 한국지리_학평17

다음은 지역 개발에 관한 학생들의 대화 내용이다. (가), (나) 지역 개발 방법에 대한 옳은 설명을 〈보기〉에서 고른 것은? [2점]

─── 〈 보 기 〉 ───

ㄱ. (가)는 우리나라에서 1970년대에 적용되었다.

ㄴ. (나)는 성장 거점 개발 방법이다.

ㄷ. (가)는 (나)보다 경제적 형평성을 중요시한다.

ㄹ. (나)는 (가)보다 지역 주민의 참여도가 높다.

① ㄱ, ㄴ　② ㄱ, ㄷ　③ ㄴ, ㄷ　④ ㄴ, ㄹ　⑤ ㄷ, ㄹ

39
2022.3(고2) 생활과윤리_학평14

갑, 을의 입장으로 적절하지 <u>않은</u> 것은? [2점]

갑: 적극적 우대 조치는 지금까지 차별받아 온 집단을 우대함으로써 개인의 능력이나 노력을 온전히 고려하지 못한다. 이는 또 다른 차별을 가져와 업적주의를 훼손할 수 있다.

을: 적극적 우대 조치는 차별받아 온 집단의 불리한 여건 개선에 기여한다. 업적만을 고려할 경우 부당한 차별이 없는 경쟁을 보장할 수 없으므로 적극적 우대 조치가 필요하다.

① 갑: 적극적 우대 조치의 시행은 역차별을 야기할 수 있다.

② 갑: 특정 집단에 대한 우대는 개인의 성취를 폄하할 수 있다.

③ 을: 차별받아 온 집단을 위한 사회적 여건 개선이 필요하다.

④ 을: 누구나 부당한 차별 없이 경쟁에 참여할 수 있어야 한다.

⑤ 갑, 을: 업적주의는 차별의 해소와 평등의 실현을 보장한다.

40

2020.6(고2) 생활과윤리_학평16

다음 토론의 핵심 쟁점으로 가장 적절한 것은? [3점]

> 갑: 공정한 사회를 위해 사회적 약자를 보호하고 차별을 종식시켜야 합니다. 특히 우리 사회의 차별을 종식시키기 위해서는 과거의 차별로 인해 고통받는 사람들을 우대해야 합니다.
>
> 을: 사회적 약자를 보호하고 차별을 종식시켜야 한다는 사실에는 동의합니다. 하지만 과거의 차별을 근거로 특정 집단을 우대하는 것은 역차별의 문제를 발생시킬 수 있습니다.
>
> 갑: 아닙니다. 우리 사회가 차별받아 온 집단에 대해 배려하지 않는다면 공정한 사회를 기대할 수 없습니다. 따라서 현세대가 적극적으로 나서서 책임을 져야 합니다.
>
> 을: 잘못에 대한 책임은 당사자가 져야 합니다. 따라서 공정한 사회를 만들겠다는 이유로 잘못이 없는 현세대에게 부담을 주는 것은 부당합니다.

① 사회적 약자를 보호하고 차별을 종식시켜야 하는가?

② 차별을 받는 사람들은 사회적 약자라고 할 수 있는가?

③ 과거의 차별을 보상하기 위해 현세대의 책임이 필요한가?

④ 공정한 사회를 만들기 위해 구성원들의 노력이 필요한가?

⑤ 개인의 능력과 업적에 따른 분배는 사회의 공정성을 해치는가?

41

2019.9(고2) 생활과윤리_학평11

갑의 입장에 비해 을의 입장이 갖는 상대적 특징을 그림의 ㉠~㉢ 중에서 고른 것은? [3점]

> 갑: 사회적 약자에 대한 우대 정책은 사회적 긴장을 완화하고 사회 전체의 행복을 증진하기 위해 필요하다. 따라서 장애인, 소수 인종 등의 사회적 약자가 과거부터 받아 온 차별을 바로잡을 수 있도록 정책적으로 지원해야 한다.
>
> 을: 사회적 약자에 대한 우대 정책은 일반 사람의 기회를 박탈하여 또 다른 차별과 갈등을 유발할 수 있다. 또한 사회적 약자에 대한 특혜는 다른 사람들의 노력이나 성취를 무시하는 것이므로 공정하지 못하다.

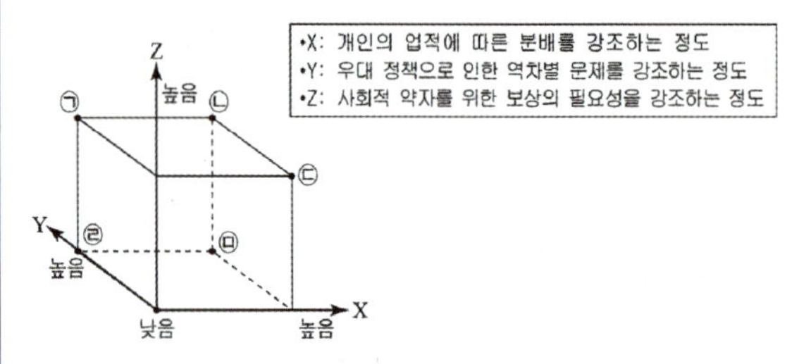

① ㉠ ② ㉡ ③ ㉢ ④ ㉣ ⑤ ㉤

42

갑은 부정, 을은 긍정의 대답을 할 질문으로 가장 적절한 것은? [2점]

> 갑: 과거부터 차별받아 왔던 집단에 대해서는 적절한 보상이 이루어져야 합니다. 따라서 고졸 채용 할당제는 오랫동안 취업, 연봉, 승진 등에서 차별을 받아왔던 능력 있는 고졸자들을 정당하게 대우하기 위해 반드시 필요한 정책입니다.
> 을: 물론 과거의 차별에 대한 정당한 보상은 필요합니다. 그러나 고졸 채용 할당제는 열심히 노력한 대졸자에게 또 다른 차별을 낳을 수 있으므로 사회 정의에 어긋납니다.
> 갑: 아닙니다. 사회 정의 실현을 위해서는 학벌 위주 문화를 개선할 필요가 있습니다. 이를 위해 능력 있는 고졸자들에게 공정한 기회를 제공함으로써 차별을 해소해야 합니다.
> 을: 공정한 기회 제공은 반드시 필요합니다. 그러나 고졸 채용 할당제는 능력이 뛰어나더라도 고졸이 아니라는 이유로 채용에서 배제하는 것이므로 오히려 능력 있는 사람의 기회를 빼앗는 것입니다.

① 능력을 갖춘 사람에 대한 정당한 대우가 필요한가?
② 사회 정의의 실현을 위해 공정한 기회 제공이 필요한가?
③ 과거부터 차별받아 왔던 집단에 대한 보상은 정의로운가?
④ 고졸 채용 할당제는 역차별을 유발하는 부당한 정책인가?
⑤ 필요를 유일한 기준으로 삼아 사회적 가치를 분배해야 하는가?

43

다음 두 사례에 대한 설명으로 옳은 것은? [3점]

> ○ 갑국에서는 고등 교육 기회에서 오랜 기간 소수 민족이 받아 왔던 차별을 해소하기 위해 신입생 정원의 5% 이상을 소수 민족 학생으로 충원할 경우 해당 대학에 보조금을 지원하는 제도를 시행하고 있다.
> ○ 을국에서는 장애인 고용을 촉진하기 위해 공기업의 총 고용 인원 중 장애인이 4% 미만일 경우 해당 공기업에 과태료를 부과하는 제도를 시행하고 있다.

① 갑국에서는 사회 불평등을 사회적 관점에서 접근하지 못하고 있다.
② 을국은 사회 제도의 개선보다 개인의 의식 개혁을 통해 차별을 해소하고자 한다.
③ 갑국은 을국과 달리 보상보다는 제재를 통해 제도의 목적을 달성하고자 한다.
④ 을국에서는 갑국과 달리 역차별 문제의 발생 소지가 없다.
⑤ 갑국과 을국 모두 사회적 소수자에 대한 적극적 우대 조치를 시행하고 있다.

44

우리나라의 사회 보장 제도 A~C에 대한 설명으로 옳은 것은? (단, A~C는 각각 공공 부조, 사회 보험, 사회 서비스 중 하나임.) [3점]

> ○ '노령, 장애, 사망 시 본인 및 가족에게 연금 급여를 실시하는 제도가 포함되는가?'라는 질문으로 A와 C를 구분할 수 있다.
> ○ '금전적 지원을 원칙으로 하는가?'라는 질문으로 B와 C를 구분할 수 없다.
> ○ (가)라는 질문으로 A와 B를 구분할 수 있다.

① A에는 국민 건강 보험 제도가 포함된다.
② B는 상호 부조의 원리를 기반으로 한다.
③ C는 원칙적으로 모든 국민을 대상으로 한다.
④ B, C 모두 사후 처방적 성격이 강하다.
⑤ (가)에는 '강제 가입을 원칙으로 하는가?'가 들어갈 수 있다.

45

다음 기사에 대해 옳게 이해한 학생만을 〈보기〉에서 고른 것은? [3점]

> ### OO 뉴스
>
> #### 세계가 부러워하는 국민 건강 보험
>
> 외국인들이 우리나라에 살면서 놀라는 것 중 하나가 저렴한 병원 진료비와 높은 수준의 의료 서비스이다. 그 바탕이 국민 건강 보험 제도라는 것을 알게 된 A국 정부 관계자는 우리나라의 국민 건강 보험 제도를 자기 나라에 도입하고 싶다고 말하였다.

< 보 기 >

갑: 우리나라의 공공 부조가 세계적으로 인정받고 있군.
을: 사후 처방보다는 사전 예방 성격의 제도에 대한 얘기군.
병: 운용 비용을 모두 국가가 부담하는 제도가 나타나 있군.
정: 금전적 지원을 원칙으로 하는 사회 보장 제도 중 하나에 대한 기사야.

① 갑, 을   ② 갑, 병   ③ 을, 병
④ 을, 정   ⑤ 병, 정

46

우리나라 사회 보장 제도의 유형 A, B의 일반적인 특징에 대한 설명으로 옳은 것은? (단, A, B는 각각 공공 부조, 사회 보험 중 하나임.) [2점]

① A는 강제 가입의 원칙이 적용된다.
② B는 상호 부조의 원리를 바탕으로 한다.
③ A는 B에 비해 사전 예방적 성격이 강하다.
④ B는 A에 비해 소득 재분배 효과가 크다.
⑤ A, B 모두 비금전적 지원을 원칙으로 한다.

47

우리나라 사회 보장 제도의 유형 A~C의 일반적인 특징에 대한 질문에 모두 옳게 응답한 학생은? (단, A~C는 각각 공공 부조, 사회 보험, 사회 서비스 중 하나이다.) [3점]

유형	사례
A	국민의 질병 및 부상에 대한 예방·진단·치료·재활, 출산, 사망, 건강 증진에 대하여 보험 급여 제공
B	전문 교육을 받은 산모·신생아 관리사가 출산 가정을 방문하여 산모와 신생아를 돌봐 주는 서비스를 제공
C	생활 유지 능력이 없거나 생활이 어려운 사람에게 질병, 부상, 출산 등에 대하여 의료 급여 제공

질문	갑	을	병	정	무
A는 B와 달리 강제 가입을 원칙으로 하는가?	×	×	○	○	○
B는 C와 달리 비금전적 지원을 원칙으로 하는가?	×	○	×	○	○
C는 A에 비해 사전 예방적 성격이 강한가?	○	×	○	○	×

(○: 예, ×: 아니요)

① 갑   ② 을   ③ 병   ④ 정   ⑤ 무

48

우리나라 사회 보장 제도의 유형 A~C의 일반적인 특징에 대한 설명으로 옳은 것은? (단, A~C는 각각 공공 부조, 사회 보험, 사회 서비스 중 하나이다.) [2점]

유형	사례
A	실업자에게 실업 급여를 실시하여 생활의 안정 및 구직 활동을 촉진하는 제도
B	생활이 어려운 사람에게 질병·부상·출산 등에 따른 의료비를 지원하여 국민 보건을 향상시키는 제도
C	출산 가정에 산모·신생아 관리사의 가정 방문 서비스를 지원하여 산모·신생아의 건강 관리, 식사 준비 등을 돕는 제도

① A는 강제 가입을 원칙으로 한다.
② B는 수혜자와 비용 부담자가 일치한다.
③ A는 B와 달리 소득 재분배 효과가 나타난다.
④ B는 C와 달리 비금전적 지원을 원칙으로 한다.
⑤ C는 A와 달리 미래의 위험에 대한 사전 예방적 성격을 지닌다.

49

2023.11(고2) 사회문화_학평6

우리나라 사회 보장 제도의 유형 A, B의 일반적인 특징에 대한 설명으로 옳은 것은? (단, A, B는 각각 공공 부조, 사회 보험 중 하나임.) [2점]

① A는 강제 가입을 원칙으로 한다.
② B는 국가나 지방 자치 단체가 비용을 전액 부담한다.
③ A는 B와 달리 소득 재분배 효과가 있다.
④ B는 A에 비해 사전 예방적 성격이 강하다.
⑤ A는 보편적 복지 이념을, B는 선별적 복지 이념을 바탕으로 한다.

50

2018.11(고2) 사회문화_학평3

그림은 우리나라 사회 보장 제도의 유형 A~C를 구분한 것이다. 이에 대한 설명으로 옳은 것은? (단, A~C는 각각 공공 부조, 사회 보험, 사회 서비스 중 하나이다.) [3점]

금전적 지원을 원칙으로 하는가?
아니요 → A
예 → B
예 → C
아니요 → A
예 → B
아니요 → C
(가)

① A는 미래의 위험을 보험의 방식으로 대비한다.
② B와 C 모두 국가가 비용을 전액 부담한다.
③ A는 B, C와 달리 소득 재분배 효과가 나타난다.
④ 국민연금이 B에 해당한다면, 고용 보험은 C에 해당한다.
⑤ (가)가 "강제 가입의 원칙이 적용되는가?"라면, 국민 기초 생활 보장 제도는 C에 해당한다.

51

2021.3(고2) 사회문화_학평20

다음은 수업의 한 장면이다. ㉠, ㉡에 대한 옳은 설명만을 〈보기〉에서 고른 것은? [3점]

교사 : 다음 힌트가 설명하는 우리나라의 복지 제도를 알아맞혀 보세요. 힌트를 듣고 정답을 알면, 먼저 손을 들고 '정답!'이라고 외쳐 주세요.

힌트 1. 이 제도는 국가와 지방 자치 단체의 재정으로 제도 시행에 소요되는 비용 전액을 부담합니다.

학생 1 : 정답! ㉠ 입니다.
교사 : 오답입니다. ㉠은 사회 보험에 해당합니다.

힌트 2. 이 제도는 생활이 어려운 사람에게 필요한 급여를 제공하여 이들의 최저 생활을 보장하고 자활을 돕는 것을 목적으로 합니다.

학생 2 : 정답! ㉡ 입니다.
교사 : 네, 정답입니다.

―〈 보 기 〉―
ㄱ. ㉠은 사회적 위험을 사전에 대비하기 위한 것이다.
ㄴ. ㉡은 공공 부조에 해당한다.
ㄷ. ㉠과 달리 ㉡의 수혜자는 모든 국민이다.
ㄹ. ㉡과 달리 ㉠은 빈부 격차를 줄이는 데 기여한다.

① ㄱ, ㄴ ② ㄱ, ㄷ ③ ㄴ, ㄷ ④ ㄴ, ㄹ ⑤ ㄷ, ㄹ

52

다음 자료에 대한 옳은 설명만을 〈보기〉에서 고른 것은?
(단, A, B는 각각 공공 부조, 사회 보험 중 하나임.)
[3점]

○ **게임 규칙**
  갑, 을은 각각 우리나라 사회 보장 제도 유형 A, B 중 하나를 선택한 후 5장(카드 1~카드 5)으로 구성된 카드 1세트씩을 받는다. 각 카드에는 A 또는 B의 특징이 적혀 있다. 갑, 을은 각각 자신이 선택한 사회 보장 제도 유형의 특징이라고 판단하는 카드를 2장씩 제시한다. 자신이 선택한 사회 보장 제도 유형만의 특징에 해당하는 카드는 한 장당 2점, 해당하지 않는 카드는 한 장당 0점, A, B의 공통된 특징에 해당하는 카드는 한 장당 1점을 받는다. 획득한 총점이 높은 사람이 승리한다.

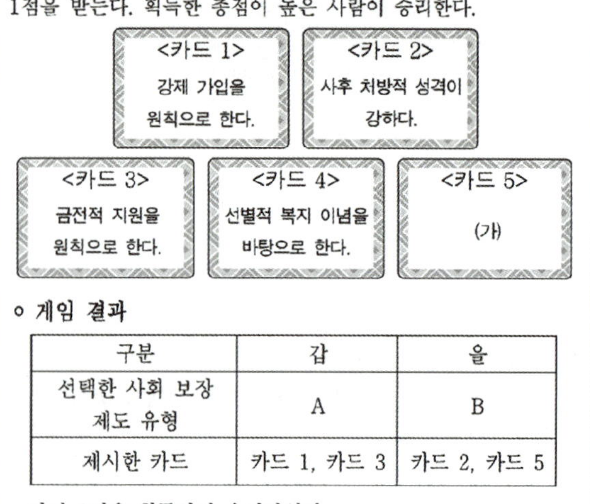

○ **게임 결과**

구분	갑	을
선택한 사회 보장 제도 유형	A	B
제시한 카드	카드 1, 카드 3	카드 2, 카드 5

갑이 3점을 획득하여 승리하였다.

〈 보 기 〉

ㄱ. A에 비해 B는 소득 재분배 효과가 작다.
ㄴ. B와 달리 A는 상호 부조의 원리를 바탕으로 한다.
ㄷ. A는 사회 보험, B는 공공 부조이다.
ㄹ. (가)에 '비용을 국가나 지방 자치 단체가 전액 부담하는 것을 원칙으로 한다.'가 들어갈 수 있다.

① ㄱ, ㄴ ② ㄱ, ㄷ ③ ㄴ, ㄷ ④ ㄴ, ㄹ ⑤ ㄷ, ㄹ

STEP. 3 평가원 및 수능 기출

1
2019.3(고3) 생활과윤리_학평14

㉠에 들어갈 적절한 내용만을 〈보기〉에서 있는 대로 고른 것은? [3점]

> 고대 어느 사상가는 "정의는 일종의 비례이며, 비례는 비율의 동등성이다. 사람들이 나누어야 하는 몫은 그들의 관계에 비례할 때 정의롭다."라고 주장하였다. 이에 의하면 A와 B가 맺는 관계가 C와 D가 맺는 관계와 같다고 할 때, 이를 치환하면 A와 C가 맺는 관계는 B와 D가 맺는 관계와 같다. 그래서 A와 C의 합과 B와 D의 합은 그 관계가 같다. 나는 분배적 정의에 관한 이 사상가의 입장을 지지한다. 그런데 재화를 나눔에 있어 어떤 사람들은 응분의 몫보다 더 많이 취하고 어떤 사람들은 더 적게 취하는 경우가 있다. 이러한 경우는 [㉠] 옳지 않다.

─ 〈 보 기 〉─
ㄱ. 기하학적 비례에 따라 몫을 분배하지 않으므로
ㄴ. 사람들에게 재화를 동일하게 분배하지 않으므로
ㄷ. 산술적 비례에 따라 모두가 중간의 몫을 갖지 못하므로
ㄹ. 가치에 비례하는 몫을 누리지 못하는 사람이 발생하므로

① ㄱ, ㄷ　　　② ㄱ, ㄹ　　　③ ㄴ, ㄹ
④ ㄱ, ㄴ, ㄷ　　⑤ ㄴ, ㄷ, ㄹ

2
2018.6(고3) 생활과윤리_모평6

갑, 을 사상가들 모두가 부정의 대답을 할 질문으로 옳은 것은? [3점]

> 갑: 형벌은 보편 법칙을 입법하려는 의지의 형태로 범죄자의 자유의지를 범죄자 자신에게 실현시켜 주는 것이다. 형벌은 스스로가 한 행위에 응분의 책임을 부과하는 것이다.
> 을: 공공 의사의 표현인 법은 살인을 증오하고 그 행위를 처벌한다. 살인범에게 지속적인 고통을 주는 형벌이 범죄 억제에 가장 확실한 효과를 가져온다.

① 형벌은 범죄와의 응보적 관계에 따라 부과해야 하는가?
② 사형은 사적 차원의 보복이 아닌 공적 차원의 형벌인가?
③ 사형은 살인범의 인간으로서의 존엄을 지켜주는 형벌인가?
④ 형벌로 얻는 공공 이익은 형벌이 초래할 해악보다 커야 하는가?
⑤ 형벌의 목적은 범죄자 교화가 아닌 타인의 범죄 예방에 국한되는가?

3

(가)의 갑, 을 사상가들의 입장에서 서로에게 제기할 수 있는 비판을 (나) 그림으로 표현할 때, A, B에 해당하는 내용으로 가장 적절한 것은? [3점]

(가)	갑: 정의는 그것이 어떠한 대가로든 매도되면 정의이기를 그친다. 몇몇 이익을 끌어내는 것을 생각하기 전에 범죄자는 형벌을 받아야 할 상태에 있어야 한다. 형벌의 법칙은 정언 명령이다. 을: 정의는 만인의 행복에 무한한 영향을 미치는 방식을 말할 뿐이다. 법은 특수 의사의 총체인 일반 의사를 대표하며 형벌권은 개인이 각자 공탁한 최소한의 몫의 총합이다. 그 이상의 것은 정의가 아니다.
(나)	갑 → 을

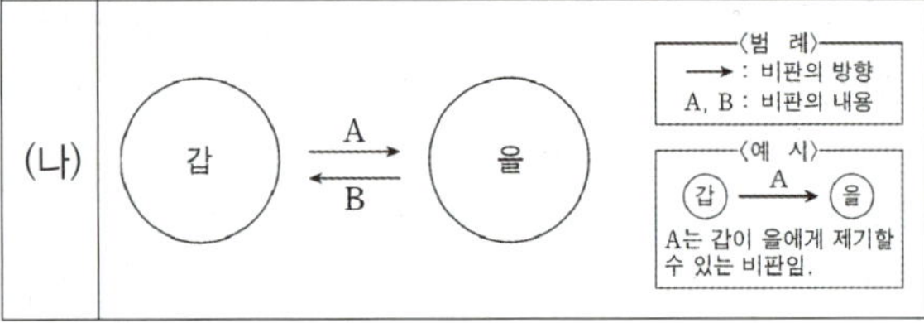

① A: 범죄에 상응하는 형벌도 정의에 부합하지 않을 수 있음을 간과한다.
② A: 정의에 반하는 개인의 욕망은 형벌로써 억제해야 함을 간과한다.
③ B: 형벌은 시민에게 두려움을 주어야만 정의에 부합함을 간과한다.
④ B: 범죄의 경중은 공리를 해치려는 범죄자의 의도에 따라 판단됨을 간과한다.
⑤ B: 형벌은 범죄를 예방하기에 충분한 정도를 능가하여 부과해야 함을 간과한다.

4

갑, 을 사상가들의 입장으로 적절한 것만을 〈보기〉에서 있는 대로 고른 것은? [3점]

갑: 법은 개개인의 특수 의사의 총체인 일반 의사를 대표한다. 그런데 자신의 생명을 빼앗을 권능을 타인에게 기꺼이 양도하는 자는 없다. 그러므로 사형은 사회 계약에 포함될 수 없다. 을: 사회 계약에 사형이 포함될 수 없다는 이유로 모든 사형의 부적법성을 주장하는 것은 궤변이고 법의 왜곡이다. 형벌은 오직 범죄자가 범죄를 저질렀기 때문에 행해지는 것이며, 형벌의 법칙은 하나의 정언 명령이다.

〈 보 기 〉

ㄱ. 갑: 범죄 억제력은 형벌의 강도가 아니라 지속도에서 나온다.
ㄴ. 갑: 종신 노역형은 범죄자보다 시민들에게 더 큰 공포를 준다.
ㄷ. 을: 형벌 자체는 범죄자의 존엄성을 실현하기 위한 필요악이다.
ㄹ. 갑과 을: 사형을 오직 본보기로 집행하는 것은 부당하다.

① ㄱ, ㄴ 　② ㄱ, ㄷ 　③ ㄴ, ㄹ
④ ㄱ, ㄷ, ㄹ 　⑤ ㄴ, ㄷ, ㄹ

5

(가)의 갑, 을 사상가들의 입장을 (나) 그림으로 표현할 때, A~C에 해당하는 적절한 진술만을 〈보기〉에서 고른 것은? [3점]

(가)	갑: 사형은 주권과 법의 원천이 되는 권능으로부터 나온 것은 아니다. 종신 노역형은 단지 한 범죄자만 있어도 지속적인 본보기를 제공할 수 있다. 을: 사법적 형벌은 결코 범죄자 자신이나 시민 사회를 위해서 어떤 다른 선을 촉진하기 위한 한낱 수단으로서 가해질 수는 없다.
(나)	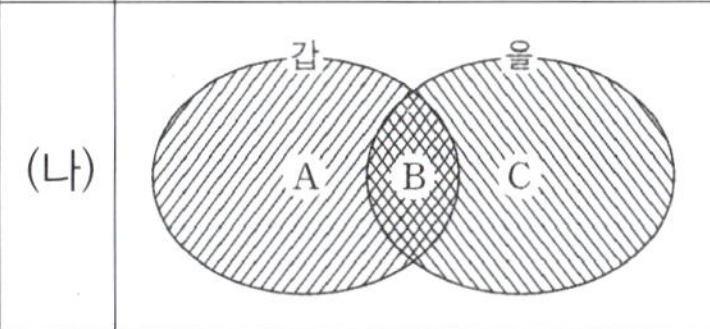

—— 〈 보 기 〉 ——

ㄱ. A: 사형은 공포를 유발하는 효과가 없으므로 폐지해야 한다.

ㄴ. B: 형벌은 응당한 비례 원리를 준수하여 부과해야 한다.

ㄷ. B: 범죄 억제력이 있는 형벌도 정당하지 않은 경우가 있다.

ㄹ. C: 형벌은 오직 범죄자의 인격 교화가 목적인 정언 명령이다.

① ㄱ, ㄴ ② ㄱ, ㄷ ③ ㄴ, ㄷ ④ ㄴ, ㄹ ⑤ ㄷ, ㄹ

6

갑, 을 사상가들의 입장으로 가장 적절한 것은? [3점]

갑: 누구든 그가 처벌받아야 할 행동을 원했기 때문에 처벌받는 것이다. 아무리 고통이 가득한 삶이라도 삶과 죽음은 같은 종류의 것이 아니다. 법정의 심판대 앞에서 살인죄에 대한 최상의 균형자는 사형이다. 을: 누구든 자신의 생명을 빼앗을 권한을 기꺼이 양도하지 않을 것이다. 사회 계약의 목적은 공리, 즉 최대 다수의 보다 종신 노역형이 공리에 부합한다. 최대 행복이며, 이것이 인간적 정의의 기초이다.

① 갑: 범죄자는 범행이 아닌 처벌을 원했기 때문에 처벌받는 것이다.

② 갑: 사형은 살인범을 수단으로서만 대하려는 응분의 보복 행위이다.

③ 을: 종신 노역형은 비공개로 집행하는 것이 범죄 예방에 효과적이다.

④ 을: 사형은 범죄 억제력이 최대이므로 사회 계약의 목적에 부합한다.

⑤ 갑, 을: 형벌은 사적인 보복이 아니라 공적인 정의를 실현해야만 한다.

7

(가)의 갑, 을 사상가들의 입장에서 서로에게 제기할 수 있는 비판을 (나) 그림으로 표현할 때, A, B에 해당하는 내용으로 가장 적절한 것은? [3점]

(가)	갑: 사형의 고통과 달리 종신 노역형의 고통은 일생에 걸쳐 분산된다. 범죄자가 계속해서 고통받는 모습은 시민에게 사형보다 더 큰 인상을 준다. 을: 누군가가 살인했다면 그는 죽어야 한다. 이 경우 범죄와 동일한 응보는 가해자에게 사법적으로 집행되는 죽음뿐이다.
(나)	그림

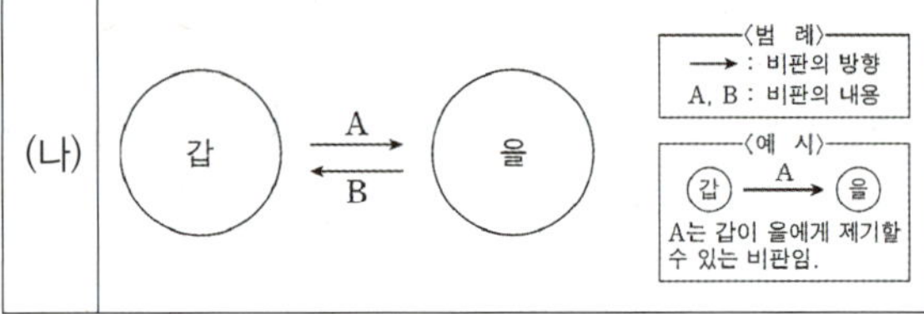

① A: 종신 노역형보다는 사형이 더 유용한 형벌임을 간과한다.
② A: 법이 규정한 것을 넘어서는 형벌이 효과적임을 간과한다.
③ A: 사회적 선의 증진이 형벌을 부과하는 목적임을 간과한다.
④ B: 사적 보복은 응보법에 따를 경우에만 정당화됨을 간과한다.
⑤ B: 형벌은 범죄자의 자발적 동의를 근거로 부과됨을 간과한다.

8

갑, 을 사상가들의 입장으로 적절한 것만을 〈보기〉에서 고른 것은? [3점]

갑: 법은 공공 의사의 표현이다. 법은 살인을 미워하고 처벌한다. 그런데 그런 법이 스스로 살인을 범한다니 얼마나 어리석은가. 사형은 한 시민에 대한 국가의 전쟁이다. 이 전쟁은 필요하지도 효과적이지도 않다. 을: 법을 제정하는 행위는 일반 의지의 행사이다. 위법 행위와 형벌의 관계에 따라 형법이 제정된다. 국가에 맞서 전쟁을 선포한 죄인을 사형에 처할 때 우리는 그를 국가의 적으로서 처벌하는 것이다.

─────〈 보 기 〉─────
ㄱ. 갑: 형벌은 모든 고통을 한순간에 집중시켜야만 효과적이다. ㄴ. 갑: 법은 살인을 금지하므로 법에 의해 살인하는 형벌은 부당하다. ㄷ. 을: 모든 형벌은 범죄자를 시민의 일원으로서 처벌하는 것이다. ㄹ. 갑과 을: 사회 계약의 목적에 반하는 형벌은 정당성이 없다.

① ㄱ, ㄴ ② ㄱ, ㄷ ③ ㄴ, ㄷ ④ ㄴ, ㄹ ⑤ ㄷ, ㄹ

9

2022.9(고3) 생활과윤리_모평12

갑, 을, 병 사상가들의 입장으로 가장 적절한 것은?

[3점]

> 갑: 형벌은 동등성의 원리에 따라서 내려져야 한다. 사형은 살인에 대한 최상의 균형자이다. 이는 정의가 선험적으로 정초된 보편적인 법칙들에 따라 의욕하는 바이다.
>
> 을: 형벌은 시민의 이익을 위해 집행되어야 한다. 사형은 정말로 유용하고 정당한가? 사형은 국가가 유용하다고 판단한 경우 한 사람의 시민에 대해 벌이는 전쟁이다.
>
> 병: 형벌은 사회에 해악을 끼치는 모든 위법 행위를 막는 것에 목적을 둔다. 형벌의 가치는 어떠한 경우에도 위법 행위에서 얻는 이득의 가치를 능가하기에 충분해야 한다.

① 갑: 살인범은 살인을 의욕한 자로서 어떠한 인격성도 지닐 수 없다.
② 을: 일반 시민이 법을 두려워하지 않도록 형벌을 집행해야 한다.
③ 병: 공동체의 해악을 방지한다면 형벌 그 자체는 악이 아니다.
④ 갑과 을: 공적 정의는 만인의 행복에 영향을 미치는 방식일 뿐이다.
⑤ 을과 병: 범죄자에게 가능한 한 적은 고통을 주는 동시에 범죄 억지력을 갖는 형벌은 허용될 수 있다.

10

2022.6(고3) 생활과윤리_모평10

(가)의 갑, 을, 병 사상가들의 입장에서 서로에게 제기할 수 있는 비판을 (나) 그림으로 표현할 때, A~F에 해당하는 내용으로 가장 적절한 것은? [2점]

(가)	갑: 처벌 그 자체는 고통을 주므로 악이다. 하지만 처벌이 더 큰 악을 제거한다면 양적 공리의 원칙에 의해 허용된다. 을: 형벌은 강도보다 지속성을 중시해야 한다. 사형은 한 시민에 대한 국가의 전쟁이므로 허용되어서는 안 된다. 병: 살인자는 사형에 처해져야 한다. 누구든지 그가 형벌을 받아야 할 행위를 의욕했기 때문에 형벌을 받는 것이다.
(나)	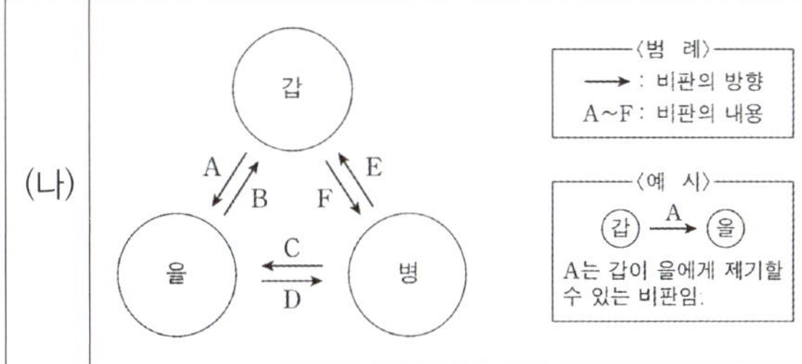

① A: 형벌을 통해 행위를 통제하고자 하는 대상은 범죄자에 국한되어야 함을 간과한다.
② B: 형벌의 종류와 크기는 사회적 파급 효과를 고려하여 정해야 함을 간과한다.
③ C, E: 형벌은 사회적 선을 촉진하기 위한 수단으로 가해질 수 없음을 간과한다.
④ D: 사형을 통해 지속적으로 공포 인상을 주어 범죄를 예방해야 함을 간과한다.
⑤ F: 형벌로부터 초래되는 해악은 형벌을 부과할 때 고려해야 할 사항이 아님을 간과한다.

11

(가)의 갑, 을, 병 사상가들의 입장에서 서로에게 제기할 수 있는 비판을 (나) 그림으로 표현할 때, A~F에 해당하는 내용으로 가장 적절한 것은? [2점]

(가)	갑: 법은 사회적 결합의 계약 조건이기 때문에, 법에 복종하는 시민들이 법의 제정자가 되어야 한다. 법은 일반 의지에 의해 행사되어야 한다. 을: 법은 공적 정의를 실현하기 위해 동등성의 원리에 따라 형벌을 규정해야 한다. 오직 보복법만이 형벌의 질과 양을 명확하게 제시할 수 있다. 병: 법은 공익을 증진하기 위해 제정되어야 한다. 그러므로 법은 범죄자가 아닌 시민의 이익을 위해 사형을 대체한 종신 노역형을 규정해야 한다.
(나)	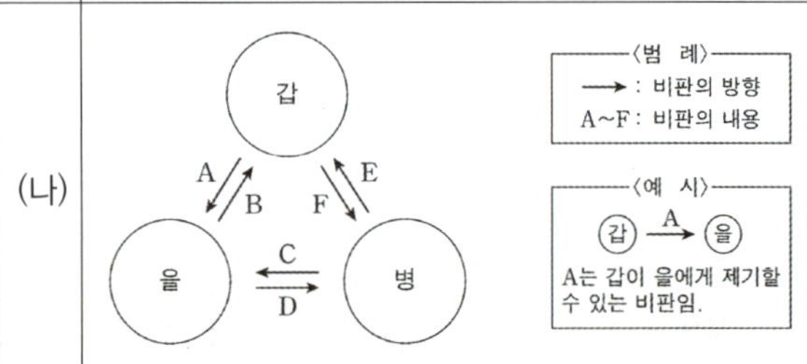

① A, F: 범죄와 형벌 간에 비례 관계가 성립해야 함을 간과한다.
② B: 살인자는 더 이상 국가 구성원이 아니라는 사실을 간과한다.
③ C: 사형은 범죄 억제력이 전혀 없는 잔혹한 형벌일 뿐임을 간과한다.
④ D: 형벌에 대한 범인의 동의가 형벌권의 기초가 아님을 간과한다.
⑤ E: 사형제 존폐를 계약자의 생명 보존을 위해 정해야 함을 간과한다.

12

(가)의 갑, 을, 병 사상가들의 입장에서 서로에게 제기할 수 있는 비판을 (나) 그림으로 표현할 때, A~F에 해당하는 내용으로 가장 적절한 것은? [3점]

(가)	갑: 형벌의 목적은 국가 구성원의 생명 보존에 있다. 형벌은 사회 계약에 기초하며, 일반 의지에 복종하기를 거부하는 자에게 내리는 국가의 강제이다. 을: 형벌의 목적은 범죄 예방에 있다. 종신 노역형은 가장 완강한 자의 마음을 억제시키기에 충분하며, 사형 이상의 확실한 효과를 가진다. 병: 형벌의 목적은 정의 실현에 있다. 공적인 정의는 동등성의 원리를 기준으로 하며, 오직 보복법만이 형벌의 질과 양을 명확하게 제시할 수 있다.
(나)	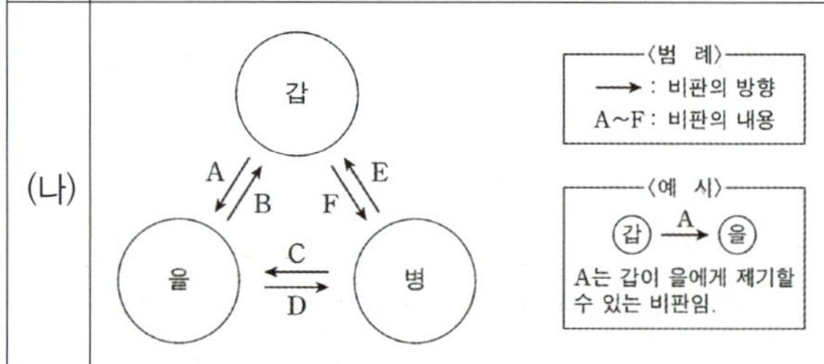

① A: 시민의 생명 보존이 사형의 정당화 근거가 아님을 간과한다.
② B와 D: 사형은 범죄 억제력이 없는 비인도적 형벌임을 간과한다.
③ C: 형벌받아야 할 자의 동의가 형벌권의 기초가 아님을 간과한다.
④ E: 사형은 시민의 자격을 상실한 자에게 내리는 형벌임을 간과한다.
⑤ F: 살인자에게는 사형 이외의 형벌이 정당화될 수 없음을 간과한다.

13

2020.11(고3) 생활과윤리_수능19

(가)의 갑, 을, 병 사상가들의 입장에서 서로에게 제기할 수 있는 비판을 (나) 그림으로 표현할 때, A~F에 해당하는 내용으로 적절하지 <u>않은</u> 것은? [3점]

(가)	갑: 형벌은 범죄자가 처벌받을 행위를 의욕했기 때문에 가해져야 하며, 결코 어떤 다른 선을 촉진하기 위한 수단으로서 가해질 수 없다. 을: 형벌은 범죄를 억제하기에 충분한 정도의 강도만을 지녀야 한다. 따라서 사형보다 고통이 길게 유지되어 오랫동안 본보기로 기능하는 형벌이 필요하다. 병: 사형은 죄인을 시민이 아닌 적으로서 처벌하는 것이다. 그 판결은 그가 사회 계약을 파기하여 이미 국가의 구성원이 아니라는 증명이자 선언이다.
(나)	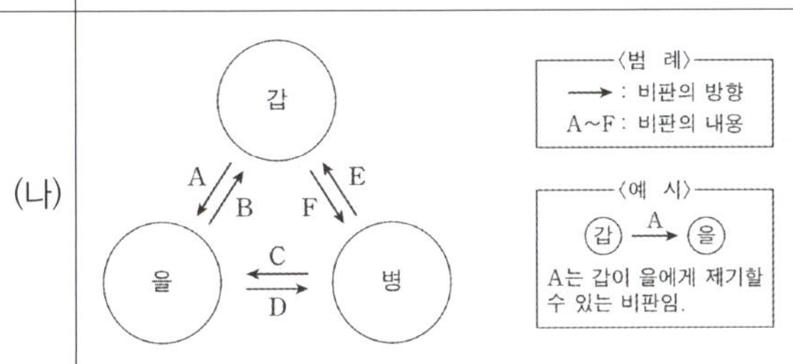

① A: 형벌의 질과 양은 동해(同害) 보복법에 의해서 결정되어야 함을 간과한다.
② B, D: 형벌은 국가 존립을 위한 수단으로 집행될 수 있음을 간과한다.
③ C: 사회 계약은 살인범을 사형에 처할 수 있는 근거가 됨을 간과한다.
④ E: 사형은 일반 시민들의 안전을 지키기 위해 실행되어야 함을 간과한다.
⑤ F: 사형 선고를 받은 사람도 목적적 존재로 대우받아야 함을 간과한다.

14

2024.6(고3) 생활과윤리_모평19

(가)의 갑, 을, 병 사상가들의 입장에서 서로에게 제기할 수 있는 비판을 (나) 그림으로 표현할 때, A~F에 해당하는 내용으로 가장 적절한 것은? [3점]

(가)	갑: 형벌의 법칙은 하나의 정언 명령이다. 그러므로 살인을 했거나 그에 협력했던 살인자는 누구든 사형에 처해지지 않으면 안 된다. 을: 시민은 계약을 통해 자기 생명을 처분하기보다 보존하려고 궁리한다. 그러므로 살인자는 시민이 아닌 국가의 적으로 간주되어 사형에 처해져야 한다. 병: 사형은 한 사람의 시민에 대한 국가의 전쟁이다. 사형이 유용하지도 않고 필요하지도 않음을 드러냄으로써 나는 인도주의의 대의를 선취하고자 한다.
(나)	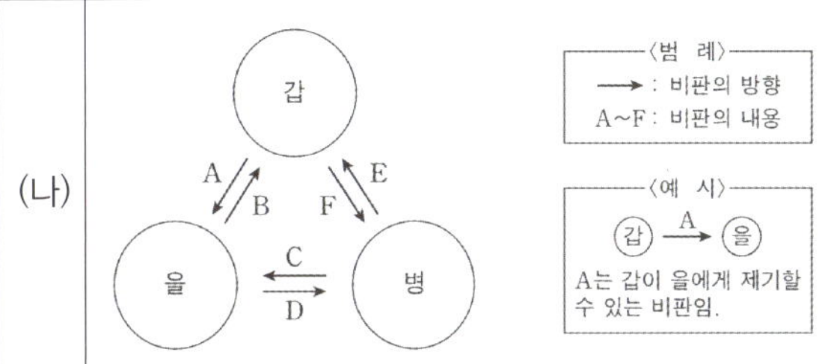

① A와 F: 살인자는 시민 사회에서 제거될 수밖에 없음을 간과한다.
② B: 사형은 국가 존립이 아니라 정의 실현을 위해 집행됨을 간과한다.
③ C: 사회 계약에 근거해 모든 종류의 형벌이 집행될 수 있음을 간과한다.
④ D: 사형의 선고와 집행은 살인자의 동의를 전제하지 않음을 간과한다.
⑤ E: 동해 보복 원리에 어긋나는 형벌도 정당화될 수 있음을 간과한다.

15

(가)의 갑, 을, 병 사상가들의 입장에서 서로에게 제기할 수 있는 비판을 (나) 그림으로 표현할 때, A~F에 해당하는 내용으로 가장 적절한 것은? [3점]

(가)	갑: 사형은 살인에 상응하는 보복을 위한 것이다. 또한 사형은 인간성을 해치는 죄책감으로부터 사형수를 해방시켜 준다. 을: 사형은 한순간에 강렬한 인상만을 줄 뿐이다. 반면, 종신 노역형은 더 큰 공포를 안겨 주므로 인간 정신에 미치는 효과가 사형에 비해 크다. 병: 사형은 죄인을 적으로 간주하는 것으로서, 그에 대한 재판과 판결은 그가 더 이상 국가의 구성원이 아니라는 증명이자 선고이다.
(나)	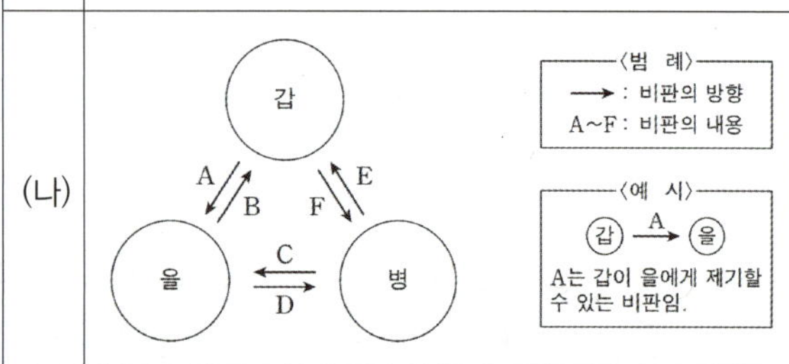

① A, C: 형벌이 주는 공포는 강도보다 지속성에서 나옴을 간과한다.

② B: 종신 노역형이 범죄자를 목적으로 대우하는 형벌임을 간과한다.

③ D: 사형은 시민의 범죄 의욕을 전혀 억제할 수 없음을 간과한다.

④ E: 사형은 시민들의 생명을 지키기 위해 실행되는 형벌임을 간과한다.

⑤ F: 범죄자를 처벌하는 것은 그가 처벌을 의욕했기 때문임을 간과한다.

16

그림의 사상가가 지지할 입장으로 가장 적절한 것은? [3점]

① 원초적 합의는 모두의 복지를 위한 사회를 지향하지 않는다.

② 공정으로서의 정의에 따른 사회는 우연성이 작용하지 않는다.

③ 원초적 입장에서 사회 기본 구조의 원칙까지 합의되지는 않는다.

④ 순수 절차적 정의에는 분배 결과가 정의로운지 판단할 근거가 있다.

⑤ 무지의 베일 속 개인은 자신이 선을 추구할 수 있는 존재임을 모른다.

17

갑, 을 사상가들의 입장으로 적절한 것만을 〈보기〉에서 고른 것은? [3점]

> 갑: 원초적 입장은 그 입장에서 도달된 기본적 합의가 공정함을 보장해주는 적절한 최초 상태이다. 바로 이 때문에 공정으로서의 정의란 명칭이 생겨난 것이다.
>
> 을: 국가에 관한 우리의 결론에 따르면 강요, 절도, 사기 등으로부터의 보호와 같은 최소한의 기능에 그 역할이 국한된 최소국가만이 도덕적으로 정당화된다.

> ───〈 보 기 〉───
> ㄱ. 갑: 무지의 베일 속 개인은 자유롭고 평등한 인격체이다.
> ㄴ. 갑: 원초적 입장의 당사자들은 상호 신뢰할 수 있는 존재들이다.
> ㄷ. 을: 오직 최소국가에서만 개인의 소유 권리가 존재할 수 있다.
> ㄹ. 갑과 을: 정의의 원칙이 보장하는 기본적 권리는 제한 될 수 없다.

① ㄱ, ㄴ ② ㄱ, ㄷ ③ ㄴ, ㄷ ④ ㄴ, ㄹ ⑤ ㄷ, ㄹ

18

2025.6(고3) 생활과윤리_모평19

(가)의 갑, 을 사상가들의 입장을 (나) 그림으로 탐구하고자 할 때, A~C에 들어갈 적절한 질문만을 〈보기〉에서 있는 대로 고른 것은? [2점]

(가)	갑: 정형화된 분배의 원리는 재분배 행위를 필요로 한다. 소유 권리론의 관점에서 재분배는 사실상 사람들의 권리 침해 행위를 포함하기 때문에 심각한 문제이다. 을: 무지의 베일은 당사자들이 속할 사회에서 그들의 위치를 확인할 근거를 차단한다. 이로 인해 특정한 정의관에 대한 만장일치의 선택이 가능해진다.
(나)	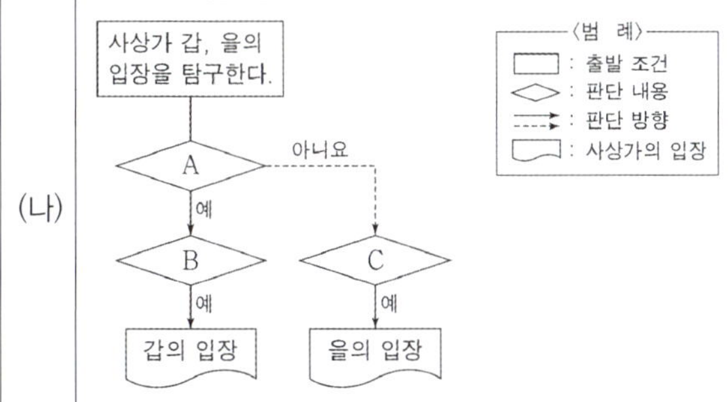

〈 보 기 〉

ㄱ. A: 과세 정책은 개인의 소유권을 필연적으로 침해하는가?
ㄴ. B: 자기 노동을 통한 취득물의 소유가 부당할 수도 있는가?
ㄷ. C: 원초적 계약의 당사자는 자신이 최소 수혜자가 될 확률을 합리적으로 계산할 수 있는가?
ㄹ. C: 최소 수혜자에게 가장 큰 이익이 되는 분배는 사회 구성원 모두에게 이익이 될 수 있는가?

① ㄱ, ㄷ　　② ㄴ, ㄷ　　③ ㄴ, ㄹ
④ ㄱ, ㄴ, ㄹ　　⑤ ㄱ, ㄷ, ㄹ

19

2024.9(고3) 생활과윤리_모평10

(가)의 갑, 을 사상가들의 입장을 (나) 그림으로 탐구하고자 할 때, A~C에 들어갈 적절한 질문만을 〈보기〉에서 고른 것은? [2점]

(가)	갑: 정의의 원칙은 공정한 최초 상황에서 계약 당사자가 합의하는 원칙이다. 우연적 사실들에 관한 지식을 배제한 조건에서 합의한 원칙은 정의로운 것이다. 을: 소유 권리론은 취득, 이전(移轉) 및 교정 과정을 주제로 삼는다. 그 역할이 개인의 소유 권리 보호에 국한된 최소 국가만이 유일하게 정당한 국가이다.
(나)	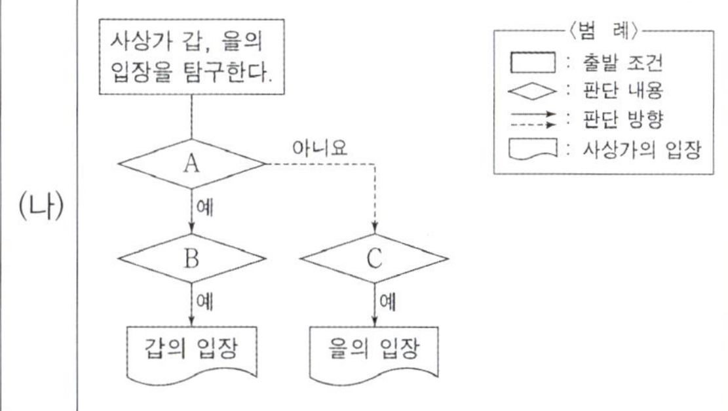

〈 보 기 〉

ㄱ. A: 공정한 절차를 거친다면 그 분배는 모두 정의로운가?
ㄴ. B: 원초적 입장에서 당사자들의 합의는 호혜적인 사회를 지향하게 되는가?
ㄷ. C: 최소국가는 시민들의 권리를 차별적으로 보호하는가?
ㄹ. C: 취득 원칙과 이전 원칙을 충족했다면 그 소유는 모두 정의로운가?

① ㄱ, ㄴ　② ㄱ, ㄷ　③ ㄴ, ㄷ　④ ㄴ, ㄹ　⑤ ㄷ, ㄹ

20

갑, 을 사상가들의 입장으로 적절한 것만을 〈보기〉에서 있는 대로 고른 것은? [3점]

갑: 무지의 베일 속에 있는 당사자들은 어떤 종류의 특정 사실을 알지 못한다고 가정된다. 각자는 사회에서 자기의 지위나 계층을 모르며, 천부적 자산, 능력, 지능, 체력 등을 어떻게 타고나는지 자신의 운수를 모른다.
을: 소유물에서의 정의 이론의 일반적 개요를 말하자면, 한 사람의 소유물은 취득과 이전에서의 정의의 원리 또는 불의의 교정의 원리에 의해 그 소유물에 대한 권리를 부여받았으면 정당한 것이다.

─── 〈 보 기 〉 ───

ㄱ. 갑: 정의로운 분배 결과로 생긴 불평등은 조정의 대상이 아니다.
ㄴ. 갑: 사회 구성원 모두의 협력을 가능하게 하는 분배만이 정당하다.
ㄷ. 을: 부정의한 분배의 교정 외에 국가의 역할을 허용해선 안 된다.
ㄹ. 갑과 을: 분배 정의의 목표는 개인의 자유와 기본적 필요 보장에 있다.

① ㄱ, ㄴ
② ㄱ, ㄷ
③ ㄷ, ㄹ
④ ㄱ, ㄴ, ㄹ
⑤ ㄴ, ㄷ, ㄹ

21

(가)의 갑, 을 사상가들의 입장을 (나) 그림으로 탐구하고자 할 때, A~C에 들어갈 적절한 질문만을 〈보기〉에서 있는 대로 고른 것은? [2점]

(가)
갑: 차등의 원칙은 사회적 협동을 위한 기본 원칙이다. 이 원칙은 천부적 재능을 가진 사람들이 불우한 사람들을 돕는 한에서 각자의 자질을 사용하게 한다.
을: 차등의 원칙은 정의를 위한 공정한 기반을 제시하지 못한다. 개인의 천부적 재능과 이로부터 나오는 것에 대한 소유 권리는 그 개인에게 있다.

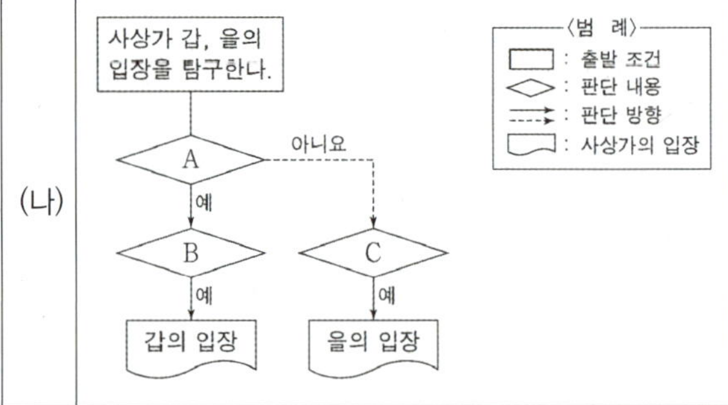

(나)

─── 〈 보 기 〉 ───

ㄱ. A: 개인의 소유권을 침해하지 않는 과세 정책이 가능한가?
ㄴ. B: 차등의 원칙은 더 큰 재능의 소유자에게 유익할 수 있는가?
ㄷ. B: 재산의 평등한 분배가 정의 원칙에 의해 허용될 수 있는가?
ㄹ. C: 국가는 자유롭게 체결된 계약의 이행을 강제할 수 있는가?

① ㄱ, ㄴ
② ㄱ, ㄷ
③ ㄴ, ㄹ
④ ㄱ, ㄷ, ㄹ
⑤ ㄴ, ㄷ, ㄹ

22

2023.11(고3) 생활과윤리_수능14

갑, 을 사상가들의 입장으로 적절한 것만을 〈보기〉에서 있는 대로 고른 것은? [2점]

> 갑: 정의의 일차적 주제는 사회의 기본 구조, 즉 사회의 주요 제도가 권리와 의무를 배분하고 사회 협동체로부터 생긴 이익의 분배를 정하는 방식이다. 사회의 기본 구조를 규제하는 원칙은 원초적 합의의 대상이다.
>
> 을: 정의의 주제는 세 가지이다. 즉, 누구의 소유물도 아니던 것이 어떻게 누군가의 소유물이 될 수 있는가, 한 사람의 소유물이 어떻게 다른 사람의 소유물이 될 수 있는가, 그리고 부정의를 어떻게 바로잡을 수 있는가이다.

─── 〈 보 기 〉 ───

> ㄱ. 갑: 차등의 원칙은 천부적 능력의 차등이 있어도 성립한다.
> ㄴ. 을: 각 개인에게 소유물을 분배하는 최소 국가만이 정의롭다.
> ㄷ. 을: 소유물 취득의 정당성은 타인의 처지 개선을 요구한다.
> ㄹ. 갑과 을: 개인은 사유 재산을 소유할 불가침적 권리를 지닌다.

① ㄱ, ㄷ ② ㄱ, ㄹ ③ ㄴ, ㄷ
④ ㄱ, ㄴ, ㄹ ⑤ ㄴ, ㄷ, ㄹ

23

2021.11(고3) 생활과윤리_수능10

갑, 을 사상가들의 입장으로 적절한 것만을 〈보기〉에서 고른 것은? [3점]

> 갑: 노동자들에게 그들이 소유 권리를 갖는 것들을 주지 않는 분배 행위는 정의롭지 못하다. 그런데 소유 권리는 과거의 상황이나 사람들의 과거 행위에 근거하기 때문에 분배적 정의는 역사적 원리에 따라야 한다.
>
> 을: 기본적 자유들은 서로 상충할 수 있기에 조정되어야 하지만, 가능한 한 가장 광범위하게 보장되어야 한다. 하지만 최소 수혜자에게 이익이 되고 직위와 직책의 기회가 공정하다면 재산 및 소득의 분배는 균등할 필요가 없다.

─── 〈 보 기 〉 ───

> ㄱ. 갑: 도덕적 공과(功過)에 따른 소유 권리의 불평등은 정의롭다.
> ㄴ. 을: 차등 원칙은 모든 성원을 고려한 상호 이익의 원칙이다.
> ㄷ. 을: 기본적 자유는 절대적이기에 각 개인에게 평등해야 한다.
> ㄹ. 갑, 을: 개인은 자신의 유리한 천부적 자산을 소유할 권한을 갖는다.

① ㄱ, ㄴ ② ㄱ, ㄷ ③ ㄴ, ㄷ ④ ㄴ, ㄹ ⑤ ㄷ, ㄹ

24

2022.11(고3) 생활과윤리_수능9

갑, 을 사상가들의 입장으로 적절한 것만을 〈보기〉에서 있는 대로 고른 것은? [2점]

> 갑: 기본적 자유의 체제는 모든 사람에게 평등하게 보장되어야 하고, 사회적·경제적 이익의 분배는 공정한 기회균등의 원칙과 차등의 원칙에 의해 규제되어야 한다.
> 을: 분배 정의에 있어서 소유 권리론은 역사적이다. 과거의 상황이나 사람의 과거 행위는 사물에 대한 차별적인 소유 권리나 응분의 자격을 낳는다.

〈 보 기 〉

ㄱ. 갑: 최소 수혜자에게 이익이 되지 않는 한 소득은 평등하게 분배되어야 한다.
ㄴ. 갑: 기본적 자유들이 상충하더라도 그 기본적 자유들은 서로 균등하게 보장되어야 한다.
ㄷ. 을: 자신의 노동을 투여하지 않고 취득한 소유물에 대한 정당한 소유 권리는 성립할 수 있다.
ㄹ. 갑과 을: 능력에 따른 분배는 정의 원칙에 어긋날 수 있다.

① ㄱ, ㄴ   ② ㄴ, ㄷ   ③ ㄷ, ㄹ
④ ㄱ, ㄴ, ㄹ   ⑤ ㄱ, ㄷ, ㄹ

25

2022.9(고3) 생활과윤리_모평15

(가)의 갑, 을 사상가들의 입장을 (나) 그림으로 탐구하고자 할 때, A~C에 해당하는 적절한 질문만을 〈보기〉에서 있는 대로 고른 것은? [2점]

(가)	갑: 정의 이론은 사회의 기본 구조를 정하는 방식을 다룬다. 정의의 일차적 주제는 사회의 주요 제도에 의해 권리와 의무를 배분하고 사회 협동체로부터 생긴 이익의 분배를 정하는 방식에 관한 것이다. 을: 분배 정의에 관한 정형적 원리는 재분배 행위를 반드시 불러온다. 소유 권리론의 관점에서 볼 때 재분배는 개인들의 권리를 침해한다. 소유권을 지켜 줄 최소 국가는 우리를 불가침의 개인들로 취급한다.

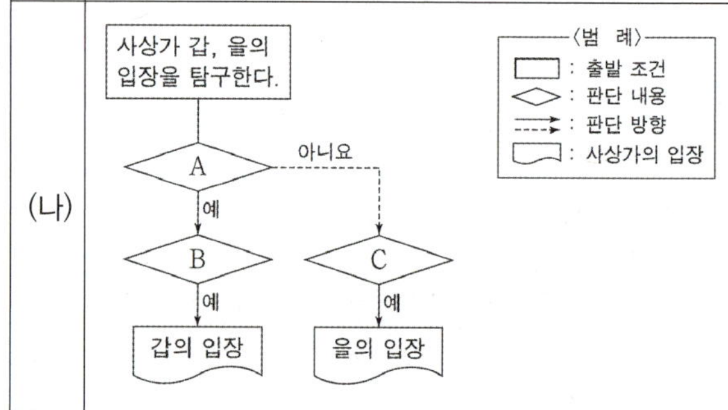

〈 보 기 〉

ㄱ. A: 공정한 분배를 위해 올바른 결과에 대한 독립적 기준이 필수적으로 요구되는가?
ㄴ. B: 더 많은 재능을 타고난 자가 자신의 재능을 활용하여 더 많은 이익을 획득하도록 장려되는 경우가 있는가?
ㄷ. B: 정의 원칙 수립 시 당사자 간 합의는 가설적이고 비역사적인가?
ㄹ. C: 과거 상황은 사물에 대한 차별적 소유권을 창출하는 요인인가?

① ㄱ, ㄴ   ② ㄱ, ㄷ   ③ ㄷ, ㄹ
④ ㄱ, ㄴ, ㄹ   ⑤ ㄴ, ㄷ, ㄹ

26

갑, 을 사상가들의 입장으로 적절한 것만을 〈보기〉에서 있는 대로 고른 것은? [2점]

갑: 사람이 천부적으로 타고난 것이나 사회의 어떤 특정한 지위에 태어나는 것은 정의롭다거나 부정의하다고 할 수 없다. 이것은 단지 자연적 사실에 불과하다. 정의 여부가 문제되는 것은 제도가 그러한 사실들을 처리하는 방식이다.

을: 정형적 분배 원리는 생산과 분배를 독립된 주제로 취급한다. 하지만 소유 권리론에 따르면 이들은 분리된 것이 아니다. 생산과 관련된 사람들의 과거 행위는 사물들에 대한 차별적인 소유 권리를 창조한다.

─── 〈 보 기 〉 ───

ㄱ. 갑: 차등의 원칙은 자연적 운의 도덕적 임의성을 처리하는 공정한 분배의 원칙이다.

ㄴ. 갑: 최소 수혜자에게 이득이 된다면 천부적 재능으로 인한 소득 격차도 허용될 수 있다.

ㄷ. 을: 역사적 원리에 따른 부의 불평등은 정당화될 수 있다.

ㄹ. 갑, 을: 개인은 사회적 운의 결과물에 대해 정당한 자격을 갖지 않는다.

① ㄱ, ㄴ   ② ㄱ, ㄹ   ③ ㄷ, ㄹ
④ ㄱ, ㄴ, ㄷ   ⑤ ㄴ, ㄷ, ㄹ

27

현대 사상가 갑, 을의 입장으로 적절한 것만을 〈보기〉에서 고른 것은? [2점]

갑: 도덕적 관점에서 볼 때 자연적 자산이 자의적이건 아니건 상관없이, 개인은 이에 대한 소유 권리를 지니며 이로부터 창출되는 결과물에 대해서도 그러하다.

을: 도덕적 관점에서 볼 때 자연적 자산은 자의적이기 때문에, 개인은 자신의 더 큰 천부적 능력을 사회에 있어서 더 유리한 출발점으로 이용할 자격은 없다.

─── 〈 보 기 〉 ───

ㄱ. 갑: 지능 지수에 따른 분배 원리는 역사적이고 정형적이다.

ㄴ. 을: 사유 재산을 소유할 권리는 제1원칙에 의해 평등해야 한다.

ㄷ. 을: 천부적 능력이 분배 몫의 결정에 미치는 영향을 경감시킬 필요는 없다.

ㄹ. 갑과 을: 자연적·사회적 우연성의 이용에 따른 경제적 불평등은 허용될 수 있다.

① ㄱ, ㄴ ② ㄱ, ㄷ ③ ㄴ, ㄷ ④ ㄴ, ㄹ ⑤ ㄷ, ㄹ

28

(가)의 사상가 갑, 을, 병의 입장을 (나) 그림으로 탐구할 때, A~D에 해당하는 적절한 질문만을 〈보기〉에서 있는 대로 고른 것은? [3점]

(가)	갑: 정의란 준법적인 것과 공정한 것을 포함한다. 사회적 재화의 분배는 기하학적 비례에, 시민들 간의 분쟁 해결은 산술적 비례에 합치해야 한다. 을: 정의의 원칙은 원초적 합의의 대상이다. 이 원칙은 자유롭고 합리적인 사람들이 평등한 최초 입장에서 공동체의 기본 조건을 규정한 것이다. 병: 정의론의 핵심은 소유 권리에 관한 정의이다. 정의의 원리에 따라 취득한 소유물에 대한 권리가 자신에게 있다면, 그 분배는 정의로운 것이다.
(나)	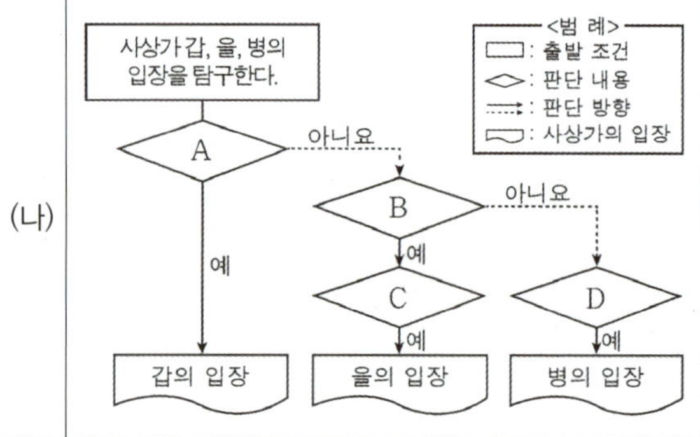

< 보 기 >

ㄱ. A: 기하학적 비례로써 교정적 정의를 실현할 수 있는가?

ㄴ. B: 최소 수혜자를 위한 재분배 정책을 정당화할 수 있는가?

ㄷ. C: 공리의 원리보다 기회 균등의 원리를 추구해야 하는가?

ㄹ. D: 최소 국가에서 분배적 정의가 실현될 수 있는가?

① ㄱ, ㄴ　　　② ㄱ, ㄹ　　　③ ㄷ, ㄹ
④ ㄱ, ㄴ, ㄷ　　　⑤ ㄴ, ㄷ, ㄹ

29

갑, 을, 병 사상가들의 입장에서 서로에 대해 비판할 수 있는 내용으로 가장 적절한 것은? [3점]

갑: 분배 정의에서 옳음은 서로 균등한 사람들이 균등한 사물을 가져야 한다는 점이다. 만약 균등하지 않은 사람들이 균등한 몫을 차지할 경우에 분쟁과 불평등이 생긴다. 을: 분배 정의의 원칙은 자유롭고 평등한 시민들에 의해서 합의된다. 과거의 우연적 영향과 이득들이 정의의 원칙에 관한 합의에 영향을 끼쳐서는 안 된다. 병: 분배 정의의 원리에 따르면 과거의 상황이나 행위는 소유 권리를 창조한다. 따라서 재분배는 개인들의 소유 권리를 심각하게 침해하기 때문에 옳지 않다.

	~이	~에게	비판 내용
①	갑	을	공정한 절차를 따를 때 정의로운 분배가 성립됨을 간과한다.
②	을	갑	분배에서 옳음이 기하학적 비례에 의해서 생겨남을 간과한다.
③	을	병	부정의를 바로잡기 위한 국가의 재분배가 허용될 수 있음을 간과한다.
④	병	갑	각자에게 각자의 몫을 줄 때 공정한 분배가 실현됨을 간과한다.
⑤	병	을	개인들의 소유 권리가 역사적인 과정을 거쳐 형성됨을 간과한다.

30

(가)의 사상가 갑, 을, 병의 입장을 (나) 그림으로 탐구할 때, A~D에 해당하는 적절한 질문만을 〈보기〉에서 있는 대로 고른 것은? [3점]

(가)	갑: 분배는 각자가 지닌 가치에 따라 마땅한 상이 주어질 때 정의롭다. 균등하지 않은 사람들이 균등한 몫을 가질 때 분쟁과 불평이 생겨난다. 을: 분배는 합리적 개인이 유불리를 배제한 채 도출한 원칙에 의거할 때 정의롭다. 사회적·자연적 우연성은 부의 획득에서 유리하게 작용하지 않아야 한다. 병: 분배는 모든 사람에게 소유 권리가 확립될 때 정의롭다. 정형화된 원리에 따른 분배는 개인들의 권리를 침해하므로 바람직하지 않다.
(나)	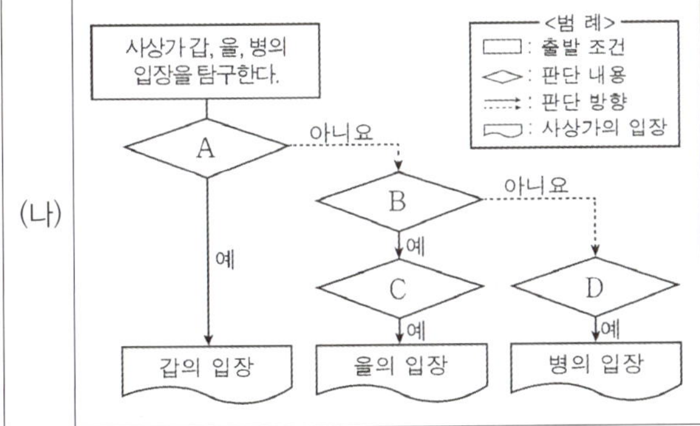

─── 〈 보 기 〉 ───
ㄱ. A: 산술적 비례에 따를 때 분배적 정의가 실현되는가?
ㄴ. B: 절차의 공정성으로 결과의 공정성을 확보할 수 있는가?
ㄷ. C: 정의로운 사회에서도 경제적 불평등은 존재할 수 있는가?
ㄹ. D: 부정의를 교정하기 위한 국가의 개입은 필요한가?

① ㄱ, ㄴ　　② ㄱ, ㄹ　　③ ㄷ, ㄹ
④ ㄱ, ㄴ, ㄷ　　⑤ ㄴ, ㄷ, ㄹ

31

다음 사상가의 관점에서 〈문제 상황〉 속 A에게 제시할 조언으로 가장 적절한 것은? [2점]

> 덕은 인간이 습득한 하나의 성질로서, 그것을 소유하고 실천함으로써 우리는 어떤 실천 관행에 내재하고 있는 선들을 성취할 수 있다. 이에 반해 덕의 결여는 결과적으로 그러한 선들의 성취를 방해한다. 핵심적 덕들이 없다면 우리는 실천 관행에 내재된 선에 접근할 수 없다.
>
> 〈문제 상황〉
> 학생 A는 평소 좋아하는 가수의 콘서트에 가기 위해 용돈을 모으고 있다. 그러던 중 우연히 영상 플랫폼에서 자신과 같은 지역에 사는 결식아동에 대한 영상을 보고 그동안 모은 용돈으로 아동을 후원해야 할지 고민하고 있다.

① 자신이 속한 공동체의 공유된 핵심 가치를 실현하도록 행동하세요.
② 관습을 따르기보다 자율적 준칙에 따라 소신 있게 행동하세요.
③ 공동체의 도덕적 전통에 구애됨 없이 도구적 이성에 따라 행동하세요.
④ 유용한 결과를 기준으로 삼아 공동체 이익을 증진하도록 행동하세요.
⑤ 공동선에 순응하기보다는 자신만의 고유한 선 관념에 따라 행동하세요.

32

2023.6(고3) 생활과윤리_모평3

다음을 주장한 사상가의 입장으로 적절한 것만을 〈보기〉에서 고른 것은? [3점]

덕은 인간이 습득한 성질로, 인간의 선을 성취할 수 있도록 하는 데 필수적이다. 이것은 개인이 삶의 서사적 통일성 속에서 좋은 삶의 목적을 이해하는 능력이며, 도덕적 전통의 보존과 관련된다.

─── 〈 보 기 〉 ───
ㄱ. 공동체의 선보다 보편적인 도덕 원칙을 더 중시해야 한다.
ㄴ. 개인은 공동체를 벗어나면 덕을 실천하는 방법을 배울 수 없다.
ㄷ. 도덕 판단을 할 때 행위자보다 행위 자체를 중시해야 한다.
ㄹ. 개인의 도덕적 정체성은 사회적·역사적 맥락 속에서 형성되어야 한다.

① ㄱ, ㄴ ② ㄱ, ㄷ ③ ㄴ, ㄷ ④ ㄴ, ㄹ ⑤ ㄷ, ㄹ

33

2018.11(고3) 생활과윤리_수능2

갑 사상가가 을 사상가에게 제기할 반론으로 가장 적절한 것은? [2점]

갑: 개인은 가족, 이웃과 같은 공동체 속에서 자신의 도덕적 정체성을 찾아야 한다. 구체적 공동체를 벗어나면 덕을 실천할 기회도, 실천하는 방법을 배울 기회도 없다.
을: 행복은 쾌락의 향유와 고통의 부재를 의미한다. 어떤 종류의 쾌락이 다른 종류의 쾌락보다 바람직하고 가치 있다는 사실을 인정하는 것은 유용성의 원리와 양립 가능하다.

① 인간은 고통을 피하고 쾌락을 추구하는 존재임을 무시한다.
② 자유로운 선택을 위해 구체적 맥락을 배제해야 함을 무시한다.
③ 도덕 판단의 기준이 행위의 동기가 아닌 결과임을 간과한다.
④ 사회 전체의 행복 최대화가 보편적 도덕 원리임을 간과한다.
⑤ 유용성의 합리적 계산보다 공동체의 전통이 중요함을 간과한다.

34

2025.10(고3) 한국지리_학평5

다음 자료의 (가) 또는 (나)를 옹호하는 입장에서 서로에게 제기할 수 있는 문제점을 아래와 같이 표현할 때, A, B에 해당하는 내용으로 적절한 것만을 〈보기〉에서 있는 대로 고른 것은? (단, (가), (나)는 각각 균형 개발, 성장 거점 개발 중 하나임.) [2점]

─── 〈 보 기 〉 ───
ㄱ. A: 투자의 효율성이 저하될 수 있다.
ㄴ. A: 역류 효과가 클 경우 지역 격차가 심화될 수 있다.
ㄷ. B: 지역 이기주의가 초래될 수 있다.
ㄹ. B: 지역 주민의 참여도가 낮아질 수 있다.

① ㄱ, ㄴ   ② ㄴ, ㄷ   ③ ㄷ, ㄹ
④ ㄱ, ㄴ, ㄹ   ⑤ ㄱ, ㄷ, ㄹ

35

다음은 한국지리 온라인 수업의 한 장면이다. 답글의 내용이 적절한 학생만을 있는 대로 고른 것은? [2점]

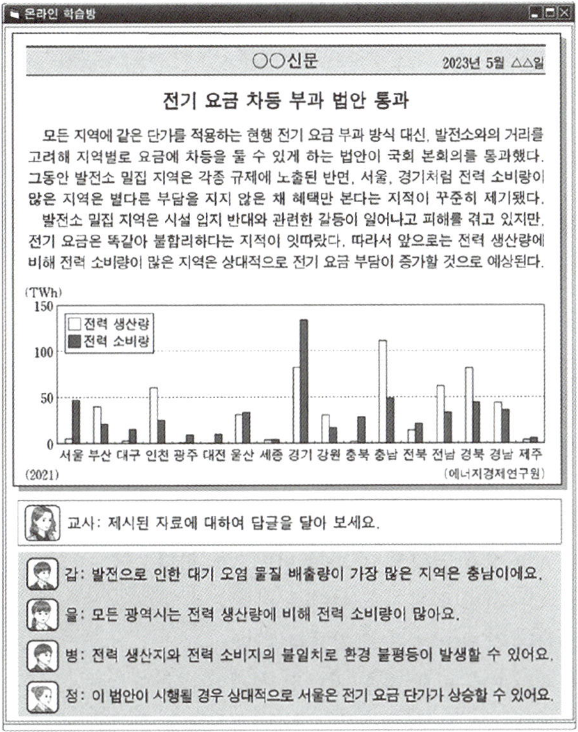

① 갑, 을　　② 을, 병　　③ 병, 정
④ 갑, 을, 병　　⑤ 갑, 병, 정

36

(가)의 주장을 (나) 그림으로 나타낼 때, ㉠에 대한 반론의 근거로 가장 적절한 것은? [3점]

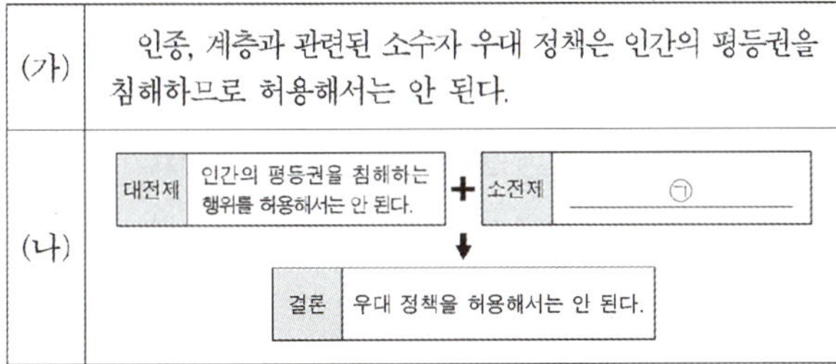

① 우대 정책은 소수자에 대한 차별을 심화시킨다.
② 우대 정책은 실질적 기회 균등 실현에 기여한다.
③ 우대 정책은 사회 전체의 이익을 증진하지 못한다.
④ 우대 정책은 수혜자가 아닌 사람들의 권리를 침해한다.
⑤ 우대 정책은 인종과 계층 간 화합을 저해하는 제도이다.

37

다음 토론의 핵심 쟁점으로 가장 적절한 것은? [2점]

> 갑: 우리 사회의 차별을 종식시키기 위해서는 과거의 차별로 인해 고통받는 사람들을 우대해야 합니다.
> 을: 우리 사회의 차별은 사라져야 합니다. 그러나 과거의 차별을 근거로 특정 집단을 우대하는 것은 역차별입니다.
> 갑: 과거의 차별에 대한 보상은 역차별이 아니라 출발선을 같게 하려는 것입니다. 차별받아 온 집단에 대한 배려 없이는 공정한 사회를 기대할 수 없습니다.
> 을: 과거의 차별에 대해 잘못이 없는 현세대에게 부담을 주는 것은 부당합니다. 이것은 잘못이 없는 사람에게 벌을 주는 것과 같습니다.

① 업적과 성과를 기준으로 한 사회적 차별은 정당한가?
② 소수자 집단을 사회적으로 차별하는 것은 불공정한가?
③ 과거의 차별 때문에 고통받는 집단을 우대해야 하는가?
④ 사회적 차별을 철폐해야 공정한 사회를 이룰 수 있는가?
⑤ 특정 집단에 대한 보상은 능력을 기준으로 해야 하는가?

38

㉠에 들어갈 진술로 가장 적절한 것은? [2점]

> 나는 과거부터 차별을 받아 온 사회적 약자를 위한 소수 집단 우대 정책이 사회적 통합에 기여하고 정의 사회를 구현하기 위해 필요하다고 생각한다. 그런데 어떤 사람들은 이러한 정책이 사회적 약자라는 이유만으로 우대하는 것이기 때문에 정당하지 못하다고 주장한다. 나는 이러한 주장이 [㉠] 는 점을 간과하고 있다고 생각한다.

① 사회적 약자에 대한 배려가 또 다른 차별을 낳을 수 있다
② 여건이 불리한 집단에 대한 우대가 사회적 분열을 초래한다
③ 소외 계층의 이익을 보장하여 실질적 평등을 실현해야 한다
④ 사회적 가치는 개개인의 업적과 성취에 따라 분배되어야 한다
⑤ 과거의 차별에 대해 잘못이 없는 현 세대는 보상의 책임이 없다

39

다음 (가)~(다)의 일반적인 특징에 대한 옳은 설명만을 〈보기〉에서 고른 것은? (단, (가)~(다)는 각각 공공 부조, 사회 보험, 사회 서비스 중 하나이다.) [3점]

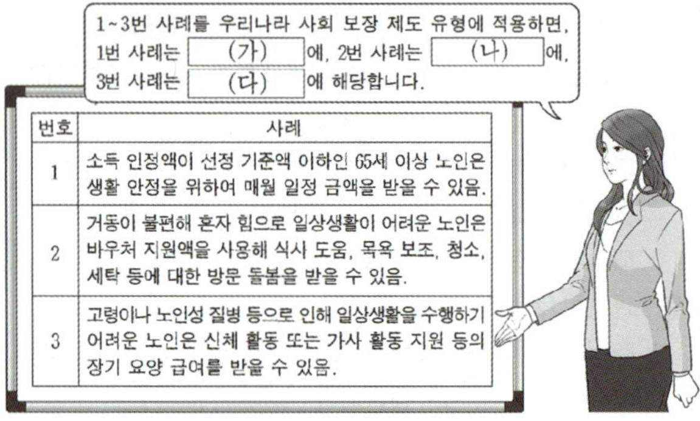

번호	사례
1	소득 인정액이 선정 기준액 이하인 65세 이상 노인은 생활 안정을 위하여 매월 일정 금액을 받을 수 있음.
2	거동이 불편해 혼자 힘으로 일상생활이 어려운 노인은 바우처 지원액을 사용해 식사 도움, 목욕 보조, 청소, 세탁 등에 대한 방문 돌봄을 받을 수 있음.
3	고령이나 노인성 질병 등으로 인해 일상생활을 수행하기 어려운 노인은 신체 활동 또는 가사 활동 지원 등의 장기 요양 급여를 받을 수 있음.

―――――〈 보 기 〉―――――
ㄱ. (가)는 사전 예방적 성격이 강하다.
ㄴ. (가)는 (다)보다 소득 재분배 효과가 크다.
ㄷ. (다)는 (가)와 달리 정부가 비용 전액을 부담한다.
ㄹ. (다)는 (나)와 달리 금전적 지원을 원칙으로 한다.

① ㄱ, ㄴ　② ㄱ, ㄷ　③ ㄴ, ㄷ　④ ㄴ, ㄹ　⑤ ㄷ, ㄹ

40

다음 자료에 제시된 우리나라 사회 보장 제도에 대한 설명으로 옳은 것은? [2점]

발달장애인 부모 상담 지원 사업

발달장애를 가진 자녀를 돌보느라 정작 자신은 돌보지 못한 부모에게 전문적인 심리 상담을 제공해 드립니다.

▷ **누가 받을 수 있나요?**
　발달장애인 자녀를 둔 부모 및 보호자
▷ **어떤 혜택을 받을 수 있나요?**
　회당 50 ~ 100분, 개별/집단 상담 지원
▷ **어떻게 신청하나요?**
　주소지의 주민 센터를 방문하여
　관련 서류 제출

① 강제 가입을 원칙으로 한다.
② 가입자 간 상호 부조의 성격이 강하다.
③ 미래의 위험을 보험의 방식으로 대처한다.
④ 빈곤층의 최저 생활 보장을 목적으로 한다.
⑤ 도움이 필요한 국민에게 비금전적 지원을 제공하고자 한다.

41

우리나라 사회 보장 제도 A~C의 일반적인 특징에 대한 설명으로 옳은 것은? (단, A~C는 각각 사회 보험, 공공 부조, 사회 서비스 중 하나임.) [2점]

복지 Q&A

질문
최근 회사에서 해고를 당해서 생계가 막막합니다. 출산 후 몸도 좋지 않아 아이를 돌보는 데 어려움이 있습니다. 도움받을 수 있는 제도를 안내해 주세요.

답변
도움받을 수 있는 첫 번째 제도는 A의 하나로, 이 제도는 생활이 어려운 사람에게 필요한 급여를 지급하여 최저 생활을 보장하고 자활을 지원해 주고 있습니다. 두 번째 제도는 B의 하나로, 이 제도는 실직자에게 일정 기간 실업 급여를 지급해 생활 안정에 도움을 주어 재취업의 기회를 제공해 주고 있습니다. 세 번째 제도는 C의 하나로, 이 제도는 산모·신생아 건강 관리사가 일정 기간 출산 가정을 방문해 산모·신생아 돌봄 서비스를 제공해 주고 있습니다. 이 세 가지 제도 중 본인이 지원 대상에 해당하는 것이 있는지 확인해 보십시오.

① A는 상호 부조의 원리를 바탕으로 한다.
② B는 선별적 복지의 이념을 바탕으로 한다.
③ C는 강제 가입을 원칙으로 한다.
④ A는 B에 비해 사후 처방적 성격이 강하다.
⑤ B와 C는 모두 금전적 지원을 원칙으로 한다.

42

우리나라의 사회 복지 제도 유형 A~C의 일반적 특징에 대한 설명으로 옳은 것은?(단, A~C는 각각 공공 부조, 사회 보험, 사회 서비스 중 하나이다.) [3점]

A에 필요한 비용은 사업주, 근로자 또는 자영업자가 부담하는 것을 원칙으로 하되, 국가도 비용의 일부를 부담할 수 있다. 반면, B는 비용의 전부를 국가와 지방 자치 단체가 부담하는 것을 원칙으로 한다. C는 수익자 부담을 원칙으로 하되, 일정 소득 수준 이하의 국민에 대한 비용의 전부 또는 일부는 국가와 지방 자치 단체가 부담한다.

① A는 사후 처방적 성격을 가진다.
② B는 상호 부조의 원리를 바탕으로 한다.
③ A는 B에 비해 수혜 대상자의 범위가 넓다.
④ C는 B와 달리 금전적 지원을 원칙으로 한다.
⑤ A, C는 모두 강제 가입을 원칙으로 한다.

43

그림은 우리나라 사회 보장 제도 A~C를 구분한 것이다. 이에 대한 설명으로 옳은 것은? (단, A~C는 각각 공공 부조, 사회 보험, 사회 서비스 중 하나이다.) [3점]

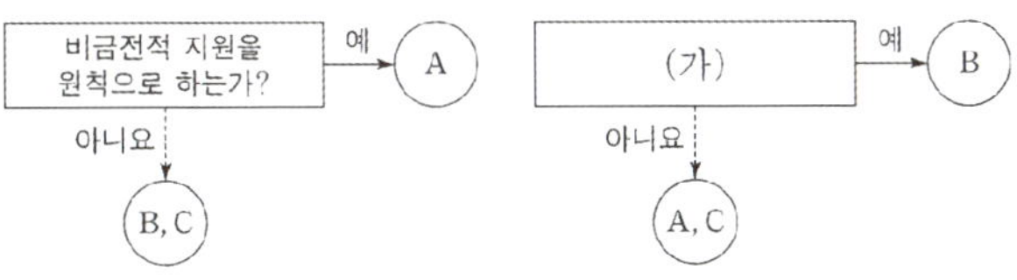

① A는 B, C와 달리 사전 예방적 성격이 강하다.

② B보다 C가 대상자의 범위가 넓다면, B는 A에 비해 소득 재분배 효과가 작다.

③ C가 사회 보험이면, (가)에는 '강제 가입을 원칙으로 하는가?'가 적절하다.

④ (가)가 '국가와 지방 자치 단체가 비용을 모두 부담하는가?'라면, A와 C의 대상자는 중복될 수 없다.

⑤ (가)가 '상호 부조의 원리를 기반으로 하는가?'라면, C는 생활 유지 능력이 없거나 생활이 어려운 사람을 대상으로 한다.

44

다음 자료에 대한 설명으로 옳은 것은? (단, A~C는 각각 우리나라의 공공 부조, 사회 보험, 사회 서비스 중 하나이다.) [3점]

○ 문제 : 제시된 응답을 할 수 있도록 답란 (가), (나)에 A ~ C를 비교하는 질문을 쓰시오.

3학년 2반 15번 ○○○

응답		답란(질문)	교사 채점
예	(가)	A와 달리 B는 복지 제공에 민간 부문이 참여하는가?	○
아니요	(나)	B와 C는 수익자 부담 원칙이 존재한다는 공통점을 갖는가?	X

① A와 달리 B는 선별적 복지 이념을 바탕으로 한다.

② B와 달리 C는 비금전적 지원을 원칙으로 한다.

③ C와 달리 A는 상호 부조의 원리를 구현하고자 한다.

④ (가)에서 A 대신에 C를 썼다면 채점 결과는 달라진다.

⑤ (나)에서 C 대신에 A를 썼다면 채점 결과는 달라진다.

45

(가)~(다)의 일반적인 특징에 대한 설명으로 옳은 것은? (단, (가)~(다)는 각각 공공 부조, 사회 보험, 사회 서비스 중 하나이다.) [2점]

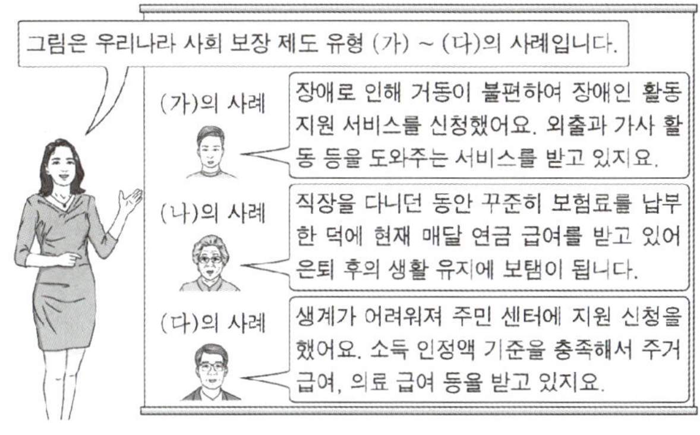

① (가)는 강제 가입 원칙이 적용된다.

② (나)는 미래의 위험에 대한 사전 예방적 성격을 지닌다.

③ (다)는 수혜 정도에 따른 비용 부담을 원칙으로 한다.

④ (다)는 (나)와 달리 소득 재분배 효과가 있다.

⑤ (가), (나)는 모두 국가나 지방 자치 단체가 비용을 전액 부담하는 것을 원칙으로 한다.

46

다음 자료에 대한 설명으로 옳은 것은? (단, A와 B는 각각 우리나라의 공공 부조와 사회 보험 중 하나이다.) [3점]

표는 각 질문에 대한 A와 B의 답변을 모두 적은 후, 그 중 일부 답변을 보이지 않게 가린 것이다.

질문	답변	
	A	B
사후 처방보다 사전 예방의 성격이 강한가?	예	
(가)		
(나)	아니요	
계(답변 '예'의 개수)	2개	2개

① A는 공공 부조, B는 사회 보험이다.

② A와 달리 B는 금전적 지원을 원칙으로 한다.

③ 기초 연금 제도는 A에, 국민 기초 생활 보장 제도는 B에 해당한다.

④ (가)에 '소득 재분배 효과가 있는가?'가 들어갈 수 있다.

⑤ (나)에 '의무 가입을 원칙으로 하는가?'가 들어갈 수 있다.

47

우리나라의 사회 보장 제도 (가), (나)에 대한 설명으로 옳은 것은? [2점]

> (가) 실직하여 재취업 활동을 하는 근로자에게 일정 기간 동안 소정의 급여를 지급하여 실업 중 생활 안정을 돕고 재취업의 기회를 지원하는 제도이다. 이에 필요한 재원은 개인, 기업, 정부가 공동으로 부담한다.
> (나) 생활 유지 능력이 없거나 생활이 어려운 국민들의 진찰·검사, 처치·수술, 입원, 간호 등에 필요한 의료 급여를 지급하는 제도이다. 이에 필요한 재원은 국고보조금과 지방자치단체의 출연금 등으로 조성한 기금으로 마련한다.

① (가)는 상호 부조의 원리가 적용된다.
② (나)는 수혜 정도에 따라 비용을 부담한다.
③ (가)는 (나)와 달리 소득 재분배 효과가 나타난다.
④ (나)는 (가)와 달리 강제 가입의 원칙이 적용된다.
⑤ (가)는 사후 처방적 성격, (나)는 사전 예방적 성격이 강하다.

48

표는 우리나라의 사회 보장 제도 A, B와 그 사례를 나타낸 것이다. 이에 대한 옳은 설명을 〈보기〉에서 고른 것은? [3점]

구분	사례
A	(가) , 국민 건강 보험 제도 등
B	국민 기초 생활 보장 제도, 기초 연금 제도 등

─── 〈 보 기 〉 ───
ㄱ. A는 가입자가 비용을 부담하지 않는다.
ㄴ. B는 사전 예방보다 사후 처방의 성격이 강하다.
ㄷ. A와 B는 모두 비금전적인 지원을 원칙으로 한다.
ㄹ. (가)에 국민 연금 제도가 들어갈 수 있다.

① ㄱ, ㄴ ② ㄱ, ㄷ ③ ㄴ, ㄷ ④ ㄴ, ㄹ ⑤ ㄷ, ㄹ

49

다음 자료에 대한 분석으로 옳은 것은? (단, A~C는 각각 사회 보험, 공공 부조, 사회 서비스 중 하나이다.) [3점]

> 우리나라 사회 보장 제도 유형 A~C 중 A는 B와 달리 금전적 지원을 원칙으로 한다. 또한, C는 A와 달리 상호 부조의 원리가 적용된다. 우리나라 (가), (나) 지역의 모든 가구는 A~C 중 한 가지 이상의 혜택을 받고 있으며, 지역별 중복 수혜 가구 비율은 다음과 같다.
>
> (단위 : %)
>
> | 구분 | (가) 지역 | (나) 지역 |
> |---|---|---|
> | A와 B의 중복 수혜 가구 | 10 | 20 |
> | A와 C의 중복 수혜 가구 | 6 | 9 |
> | B와 C의 중복 수혜 가구 | 50 | 45 |
>
> * (가) 지역의 각 수치에는 A, B, C 중복 수혜 가구 비율(2%)이, (나) 지역의 각 수치에는 A, B, C 중복 수혜 가구 비율(5%)이 포함되어 있다.

① A는 B, C와 달리 사전 예방적 목적을 가진다.
② B는 A, C와 달리 보편적 복지의 이념을 바탕으로 한다.
③ C는 A, B와 달리 비용 부담자와 수혜자가 일치하지 않는다.
④ 사회 보험과 사회 서비스의 혜택은 모두 받지만, 공공 부조의 혜택은 받지 않는 가구의 비율은 (나) 지역이 (가) 지역보다 높다.
⑤ 사회 보험과 공공 부조의 혜택은 모두 받지만, 사회 서비스의 혜택은 받지 않는 가구의 비율은 (가), (나) 지역이 같다.

50

그림은 우리나라 사회 보장 제도의 유형 A~C를 구분한 것이다. 이에 대한 설명으로 옳은 것은? (단, A~C는 각각 사회 보험, 공공 부조, 사회 서비스 중 하나이다.) [2점]

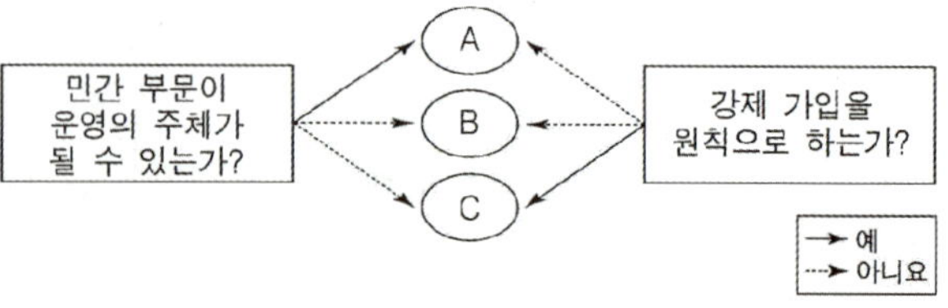

① A와 C의 대상자는 상호 배타적이다.
② B는 A와 달리 수혜자 부담 원칙이 적용된다.
③ C는 B와 달리 상호 부조의 원리가 적용된다.
④ B는 사전 예방적, C는 사후 처방적 성격이 강하다.
⑤ 소득 재분배 효과는 C>B>A 순으로 나타난다.

51

다음 자료에 대한 분석으로 옳은 것은? [3점]

> 갑국의 사회 보장 제도는 A, B만 존재하며, A, B는 우리나라의 사회 보장 제도와 동일하다. A, B 모두 금전적 지원을 원칙으로 하며, A와 달리 B는 상호 부조의 원리가 적용되는 제도이다. 표는 갑국의 (가), (나) 지역별 전체 인구 중 A, B 수급자의 비율과 비(非)수급자의 비율을 나타낸 것이다. 갑국은 (가), (나) 지역으로만 구성되며, (나) 지역의 인구는 (가) 지역의 인구의 3배이다. 비(非)수급자는 A나 B 중 어느 것의 수급자도 아닌 사람이다.
>
> (단위 : %)
>
> | 구분 | (가) 지역 | (나) 지역 | 전체 |
> |---|---|---|---|
> | A 수급자 | 20 | 28 | ㉠ |
> | B 수급자 | 76 | 72 | 73 |
> | A와 B 중복 수급자 | ㉡ | 13 | 14 |
> | 비(非)수급자 | 21 | ㉢ | 15 |

① ㉠은 ㉡보다 작다.

② (가) 지역의 비(非)수급자 수는 갑국 전체의 A와 B 중복 수급자 수보다 많다.

③ (나) 지역에서 사후 처방적 성격이 강한 제도의 수급자 비율은 ㉢의 2배보다 크다.

④ 보편적 복지 이념을 바탕으로 하는 제도에만 해당하는 수급자 비율은 (가) 지역이 (나) 지역보다 크다.

⑤ 정부 재정으로 비용을 전액 충당하는 것을 원칙으로 하는 제도에만 해당하는 수급자 수는 (나) 지역이 (가) 지역의 5배이다.

52

다음 자료에 대한 옳은 설명만을 〈보기〉에서 고른 것은? [3점]

> 갑국은 정부 예산만을 재원으로 경제적 형편이 어려운 노인에게 급여를 지급하는 우리나라의 연금 제도와 같은 ㉠○○연금 제도를 도입하고자 한다. 연금 지급액을 놓고 A안과 B안을 검토 중인데, 다음은 ○○연금 제도 시행 전의 상대적 빈곤율과 A안 또는 B안을 시행할 경우 예상되는 상대적 빈곤율을 제시한 표의 일부이다. 제도 시행 전후의 상대적 빈곤율은 현재 시점의 노인 가구를 기준으로 계산한 것이다.
>
> | 가구 형태 | 가구 수 (만 가구) | 상대적 빈곤율(%) | | |
> |---|---|---|---|---|
> | | | 제도 시행 전 | 제도 시행 후 | |
> | | | | A안 | B안 |
> | 1인 가구 | 100 | 50 | 25 | 20 |
> | 부부 가구 | 200 | 40 | 20 | 15 |
> | 기타 가구 | | | | |
>
> * 갑국의 노인 가구는 1인 가구(65세 이상 노인 1명), 부부 가구(65세 이상 노인 2명) 및 기타 가구로 구분됨
> ** 상대적 빈곤율은 가구 소득이 정부가 가구 형태별로 결정한 일정 금액 미만인 가구의 비율임.

> ───── 〈 보 기 〉 ─────
>
> ㄱ. ㉠은 상호 부조의 원리를 바탕으로 한다.
>
> ㄴ. ㉠은 사전 예방적 성격보다 사후 처방적 성격이 강하다.
>
> ㄷ. A안 시행 전후의 상대적 빈곤 가구 수 차이는 1인 가구가 부부 가구보다 작다.
>
> ㄹ. 상대적 빈곤에 해당하는 부부 가구 인구는 A안을 시행할 경우가 B안을 시행할 경우보다 10만 명 많다.

① ㄱ, ㄴ ② ㄱ, ㄷ ③ ㄴ, ㄷ ④ ㄴ, ㄹ ⑤ ㄷ, ㄹ

 # 3단원. 시장경제와 지속가능발전

3단원. 시장경제와 지속가능발전

1. 자본주의의 전개 과정과 시장경제
· 자본주의의 전개 과정: 상업 자본주의, 산업 자본주의, 수정 자본주의, 신자유주의
· 경제체제: 시장경제 체제, 계획 경제 체제, 혼합 경제 체제

2. 합리적 선택과 경제 주체의 역할
· 합리적 선택: 편익, 명시적 비용, 암묵적 비용, 기회 비용, 매몰 비용
· 시장 실패의 요인: 독과점, 공공재, 외부 효과(긍정적 외부효과, 부정적 외부 효과)
· 경제 주체의 역할: 가계(노동자, 소비자), 기업, 정부

3. 자산 관리와 금융 생활 설계
· 금융 자산: 예금, 주식, 채권 - 수익성, 안전성, 유동성
· 금융 생활 설계: 생애 주기, 금융 의사 결정: 물가, 금리, 환율 변동

4. 국제 분업과 무역
· 국제 무역: 절대 우위, 비교 우위, 특화, 국제 분업

| 출제 경향 |

· 난이도: 합리적 선택, 국제 분업과 무역 부분은 다소 고난도로 출제될 가능성이 있음, 이외
  자본주의 전개 과정과 경제 체제, 경제 주체의 역할, 금융 자산 부분은 다소 평이하게 출제되는
  경향이 있음
· 주요 유형
  – 자본주의 역사적 전개 과정과 경제 체제의 특징을 구분하는 문제가 주로 출제됨
  – 합리적 선택 부분은 비용과 편익을 구체적으로 계산하고 상황에 적용하는 문항이 주로 출제됨
  – 자산 관리와 금융 생활 설계 부분은 금융 자산의 구체적 특징과 이를 구분하는 문제가 주로
    출제됨
  – 국제 분업과 무역 부분은 생산의 기회비용을 파악하고 비교 우위를 기반으로 국제 무역을
    분석하는 문항이 주로 출제됨

COMMENT

– 기존 통합사회 기출은 1학년 수준으로 출제되었음에도 불구하고, 합리적 선택과 국제 분업
  부분은 오답률이 높았음. 2022 개정 교육과정부터는 복잡한 제시문을 기반으로 사례를 분석하는
  고난도 문항이 출제될 것으로 예상되며, 실제로 2025학년도 11월 모의고사에서도 이러한 경향이
  확인됨. STEP2, 3의 문제를 활용해 편익과 기회비용 계산 및 비교 우위에 기반한 국제 분업을
  분석하는 문항에 대한 연습이 필요함

1

밑줄 친 '저'에 대한 설명으로 옳은 것은?

> 친애하는 후버 대통령과 대법원장, 그리고 여러분! 지금 저와 여러분은 공통적인 난국에 직면해 있습니다. 이러한 난국은 다행히 물질적인 것에만 관련된 것입니다. 물가는 믿을 수 없을 정도로 떨어졌습니다. 상업 거래에서는 돈이 돌지 않고, 생산 기업은 말라죽은 잎사귀처럼 여기저기에 흩어져 있습니다. 농민들은 생산물을 팔 시장을 찾을 수가 없고, 수만 가정에 수년동안 저축해 온 돈은 삽시간에 사라졌습니다. 더욱 중대한 것은 다수의 실업자들이 냉혹한 생존 문제에 직면해 있습니다. …(중략)… '검은 목요일'로부터 시작된 지금의 난국으로 인해 우리 미국 국민들은 좌절한 일이 없습니다. 그들은 지도자가 규율과 방향을 제시해 줄 것을 요구하며 저를 자신들의 소원을 실현시키는 인물로 만들고 있습니다. 저는 이 임무를 소명으로 기꺼이 받아들일 것이며, 대통령으로서의 헌신을 서약함에 있어 겸허하게 신의 축복을 기원하는 바입니다.

① 자본가와 노동자 간의 계급 투쟁을 강조하였다.
② 대규모 공공사업을 벌이는 등 뉴딜 정책을 실시하였다.
③ 신자유주의에 근거하여 노동 시장의 유연성을 강화하였다.
④ 제1차 석유 파동으로 인한 경기 침체를 극복하고자 하였다.
⑤ 국부론을 저술하여 개인의 경제적 자율성 보장을 역설하였다.

문항 분석

· 3단원 시장경제와 지속가능발전
  3-1. 자본주의 전개 과정과 시장 경제
· 내용 요소: 시장 실패, 대공황, 수정 자본주의, 뉴딜 정책

자료 및 선지 분석

· '저': 루스벨트 대통령
  경제 대공황으로 인한 문제를 해결하기 위해 정부의 적극적 시장 개입을 강조하며 수정 자본주의를 주장함

① 자본가와 노동자 간의 계급 투쟁을 강조하였다. (X)
  자본가와 노동자 계급 간의 투쟁을 강조한 것은 사회주의임

② 대규모 공공사업을 벌이는 등 뉴딜 정책을 실시하였다. (O)
  루스벨트는 경제 대공황 문제를 해결하기 위해 대규모 공공사업을 시행하며 경제를 회복시키는 뉴딜정책을 시행함

③ 신자유주의에 근거하여 노동 시장의 유연성을 강화하였다. (X) 루스벨트는 경제 대공황 문제를 해결하기 위해 정부의 적극적 개입을 강조한 수정 자본주의를 주장함

④ 제1차 석유 파동으로 인한 경기 침체를 극복하고자 하였다. (X) 석유 파동으로 인한 경기 침체를 극복하기 위해 신자유주의가 대안으로 등장함

⑤ 국부론을 저술하여 개인의 경제적 자율성 보장을 역설하였다. (X) 국부론을 저술한 사람은 애덤 스미스로 산업 자본주의 시대의 경제학자임

출제 경향 확인

· 자본주의의 역사적 전개 과정에 대한 문제가 출제됨
· 상업 자본주의, 산업 자본주의, 수정 자본주의, 신자유주의의 등장 배경과 특징을 위주로 학습해야 함

2

밑줄 친 '이 시기'에 있었던 사실로 옳은 것은? [1.5점]

> <u>이 시기</u>는 제임스 와트가 개량한 증기 기관이 새로운 동력으로 사용되기 전까지 지속된 시대로, 서유럽의 통치자들이 본인의 권력 강화를 위해 중앙 집권적 관료제와 상비군을 유지하고자 하였다. 그들은 이러한 통치 체제 확립에 필요한 자금을 마련하기 위해 교역을 장려했으며, 일부 상인에게는 막대한 세금 납부를 조건으로 특혜를 부여하였다. 이러한 제휴는 통치자와 상인 모두의 부와 권력을 증대하였다. 통치자들은 금이나 은을 확보하여 많은 함선을 만들고 강력한 군사력을 갖추어 영토 확장을 도모하였다. 또한 통치자와 상인 계층은 완전히 새로운 교역망을 통한 막대한 이윤 창출을 기대하였다.

① 대공황이 발생하였다.
② 독점 자본주의가 등장하였다.
③ 중상주의 정책이 확산하였다.
④ 두 차례의 석유 파동이 일어났다.
⑤ 서브프라임 모기지가 증가하였다.

| 문항 분석 |

· 3단원 시장경제와 지속가능발전
  3-1. 자본주의 전개 과정과 시장 경제
· 내용 요소: 상업 자본주의, 대공황, 독점 자본주의, 중상주의, 석유 파동, 서브프라임 모기지

| 자료 및 선지 분석 |

· '이 시기': 산업 혁명 전까지의 시대, 교역을 통한 막대한 이윤 창출 → 상업 자본주의 시기

① **대공황이 발생하였다. (X)**
  경제 대공황은 독점 자본주의 출현 이후 시장 실패가 나타난 시기에 발생했으며 수정 자본주의가 등장하게 된 배경에 해당함

② **독점 자본주의가 등장하였다. (X)**
  독점 자본주의는 산업 자본주의 시기에 자유 경쟁이 지나치게 강조된 결과로 등장함

③ **중상주의 정책이 확산하였다. (O)**
  상품의 유통 및 무역을 통해 이윤을 추구하는 상업 자본주의 시기에는 국가의 보호 아래 상업 및 수출 중심의 무역으로 국가의 부를 늘리려는 중상주의 정책이 확산됨

④ **두 차례의 석유 파동이 일어났다. (X)**
  석유 파동은 1970년대에 일어났으며, 신자유주의의 등장 배경에 해당함

⑤ **서브프라임 모기지가 증가하였다. (X)**
  서브프라임 모기지란 고위험 주택담보대출로 2008년 금융위기의 원인임

| 출제 경향 확인 |

· 자본주의의 역사적 전개 과정에 대한 문제가 출제됨
· 상업 자본주의, 산업 자본주의, 수정 자본주의, 신자유주의의 등장 배경과 특징을 위주로 학습해야 함

3

밑줄 친 ⓒ을 통해 해결하고자 하는 ⑦의 발생 원인에 대한 설명으로 옳은 것은?

> 미국의 독립 혁명, 프랑스 혁명 등을 거쳐 확립된 근대 입헌주의 헌법은 시민 계급이 자유를 극대화하는 데 필요한 최소한의 질서 유지를 위해서만 국가의 물리적 강제력 행사를 허용하였다. 사적 자치의 원칙을 강조한 근대법 체제하에서는 개인의 자유로운 경제 활동이 최대한 보장되었지만, ⑦시장에서 자원이 효율적으로 배분되지 못하는 현상이 나타나게 되었다. 특히 상품의 생산 과정에서 배출되는 오염 물질로 인한 환경 피해의 경우 오염 물질의 방출이 당시의 과학 기술 수준으로 피할 수 없는 경우라면 행위자의 과실이 인정되지 않아 피해자가 구제받을 수 없는 문제가 발생하게 되었다. 이에 왜곡된 시장경제 구조를 바로잡기 위해 국가의 개입을 인정하는 조항 등이 헌법에 자리 잡게 되었고, 환경 오염으로 피해가 발생한 경우 ⓒ고의나 과실 여부와 관계없이 원인자에게 손해 배상 책임을 인정하는 입법이 이루어졌다.

① 외부 불경제가 발생하여 시장 거래량이 사회적 최적 거래량보다 많아졌다.
② 비경합성과 비배제성을 특성으로 하는 재화에 무임승차자의 문제가 초래되었다.
③ 독과점 형태의 시장 구조로 인하여 부당한 공동 행위와 불공정 거래 행위가 발생하였다.
④ 정보가 제한된 상황에서 정부의 시장 개입이 사회 후생 개선에 실패하는 현상이 나타났다.
⑤ 산업 자본주의 국가들이 자유 방임주의를 근거로 국가의 시장 개입을 최소화하는 작은 정부를 추구하였다.

│ 문항 분석 │

· 3단원 시장경제와 지속가능발전 3-1. 자본주의 전개 과정과 시장 경제 + 3-2. 합리적 선택과 경제 주체의 역할
· 내용 요소: 시장 실패, 공공재, 독과점, 외부 효과, 정부 실패

│ 자료 및 선지 분석 │

· ⑦: 시장에서 자원이 효율적으로 배분되지 못하는 현상
  → 시장 실패
· ⓒ: 부정적 외부 효과를 개선하기 위한 방안
· ⓒ을 통해 해결하고자 하는 ⑦의 발생 원인: 외부 불경제

① 외부 불경제가 발생하여 시장 거래량이 사회적 최적 거래량보다 많아졌다. (O)
  다른 경제 주체에게 의도하지 않은 손해를 주고도 대가를 지불하지 않는 외부 불경제, 부정적 외부 효과가 발생함
  부정적 외부 효과는 사회적 최적 수준보다 과다 생산 및 소비되어 시장 실패의 요인이 됨

② 비경합성과 비배제성을 특성으로 하는 재화에 무임승차자의 문제가 초래되었다. (X)
  한 사람의 소비가 다른 사람의 소비 기회를 감소시키지 않는 비경합성과 소비의 대가를 지불하지 않은 사람도 소비할 수 있는 비배제성을 특성으로 하는 재화는 공공재임
  공공재는 무임승차자의 문제를 초래하여 시장 실패의 요인이 되지만 제시된 사례와 관련이 없음

③ 독과점 형태의 시장 구조로 인하여 부당한 공동 행위와 불공정 거래 행위가 발생하였다. (X)
  독과점 형태의 시장 구조로 인한 가격 담합 등은 불공정 거래 행위로 불완전 경쟁을 유발하여 시장 실패의 요인이 되지만 제시된 사례와 관련이 없음

④ 정보가 제한된 상황에서 정부의 시장 개입이 사회 후생 개선에 실패하는 현상이 나타났다. (X)
  정보의 제한으로 인한 정부 실패의 사례가 제시되지 않음

⑤ 산업 자본주의 국가들이 자유 방임주의를 근거로 국가의 시장 개입을 최소화하는 작은 정부를 추구하였다. (X)
  제시된 사례의 시장 실패 요인은 외부 불경제, 부정적 외부 효과에 해당함

│ 출제 경향 확인 │

· 구체적 사례를 통해 시장 실패의 요인을 파악하도록 하는 문제가 출제됨

4

다음 자료에 대한 설명으로 옳은 것은? (단, A~C는 예금, 주식, 채권 중 하나임.)

[평가 요소] 금융 자산 A~C의 일반적 특징

[서술형 문항]

〈1〉 C와 구별되는 A의 일반적 특징을 1가지만 쓰시오. (1점)
〈2〉 C와 구별되는 B의 일반적 특징을 1가지만 쓰시오. (1점)
〈3〉 A와 구별되는 C의 일반적 특징을 1가지만 쓰시오. (1점)

[학생 답안지]

서술형 문항	답안	점수
〈1〉	배당 수익을 기대할 수 있다.	1점
〈2〉	예금자 보호 제도의 적용을 받는다.	1점
〈3〉	(가)	㉠

＊각 문항별로 채점하며, 옳은 답안은 1점, 틀린 답안은 0점을 부여함.

① A는 계약 기간 동안 일정한 금액을 매달 납입하여 만기 시에 원금과 이자를 받는 자산이다.
② 일반적으로 A는 C보다 안전성이 높다.
③ 일반적으로 B는 A보다 수익성이 높다.
④ B와 C는 모두 이자 수익을 기대할 수 있다.
⑤ (가)에 '시세 차익을 기대할 수 있다.'가 들어가면, ㉠은 '1점'이다.

| 문항 분석 |

· 3단원 시장경제와 지속가능발전
  3-3. 자산 관리와 금융 생활 설계
· 내용 요소: 예금, 주식, 채권, 수익성, 안전성, 유동성

| 자료 및 선지 분석 |

· 배당 수익을 기대할 수 있는 금융 자산은 주식으로 A는 주식에 해당함
· 예금자 보호 제도의 적용을 받는 금융 자산은 예금으로 B는 예금이며, C는 채권임

① A는 계약 기간 동안 일정한 금액을 매달 납입하여 만기 시에 원금과 이자를 받는 자산이다. (X)
매달 일정 금액을 납입하여 만기 시에 원금, 이자를 받는 자산은 예금임

② 일반적으로 A는 C보다 안전성이 높다. (X)
주식은 채권보다 수익성이 높음

③ 일반적으로 B는 A보다 수익성이 높다. (X)
예금은 주식보다 안전성이 높음

④ B와 C는 모두 이자 수익을 기대할 수 있다. (O)
예금과 채권은 모두 이자 수익을 기대할 수 있음

⑤ (가)에 '시세 차익을 기대할 수 있다.'가 들어가면, ㉠은 '1점'이다. (X)
시세 차익을 기대할 수 있는 금융 자산은 주식과 채권임, (가)에는 주식과 구별되는 채권의 특징이 들어가야 하기 때문에 (가)에 '시세 차익을 기대할 수 있다.'가 들어가면 ㉠은 '0점'임

| 출제 경향 확인 |

· 금융 자산의 일반적인 특징을 구별하는 문항이 평이하게 출제됨

5

다음 자료에 대한 설명으로 옳은 것은? (단, A~C는 각각 정기 예금, 주식, 채권 중 하나임.)[2점]

표는 갑이 금융 상품 A, B, C 중 하나를 선택하여 투자하기 위해 작성한 것이다. 갑은 편익과 기회비용만을 고려하여 금융 상품을 선택하며 세 상품 모두 명시적 비용은 없다. 이때 편익은 수익성과 안전성 등을 고려하여 화폐 단위로 평가한 것이다.

금융 상품	A	B	C
편익(만 원)	90	80	100
이자 수익	있음	없음	있음
시세 차익	없음	있음	있음

① A는 배당 수익을 기대할 수 있다.
② C는 예금자 보호 제도의 적용을 받는다.
③ 일반적으로 B는 A에 비해 안전성이 높다.
④ 채권 선택의 암묵적 비용은 100만 원이다.
⑤ 정기 예금 선택의 기회비용과 주식 선택의 기회비용은 같다.

| 문항 분석 |

· 3단원 시장경제와 지속가능발전
  3-3. 자산 관리와 금융 생활 설계
· 내용 요소: 예금, 주식, 채권, 수익성, 안전성, 유동성

| 자료 및 선지 분석 |

· 이자 수익은 있으나 시세 차익은 기대할 수 없는 금융 상품인 A는 예금, 이자 수익이 없는 B는 주식, 이자 수익과 시세 차익이 모두 있는 C는 채권임

① A는 배당 수익을 기대할 수 있다. (X)
예금은 배당 수익을 기대할 수 없음, 배당 수익을 기대할 수 있는 금융 상품은 주식임

② C는 예금자 보호 제도의 적용을 받는다. (X)
채권은 예금자 보호 제도의 적용을 받지 않음, 예금자 보호 제도의 적용을 받는 금융 상품은 예금임

③ 일반적으로 B는 A에 비해 안전성이 높다. (X)
주식은 예금에 비해 안전성이 낮고 수익성이 높음

④ 채권 선택의 암묵적 비용은 100만 원이다. (X)
채권 선택의 암묵적 비용은 90만 원에 해당함

⑤ 정기 예금 선택의 기회비용과 주식 선택의 기회비용은 같다. (O)
정기 예금 선택의 기회비용과 주식 선택의 기회비용은 모두 100만 원으로 동일함

| 출제 경향 확인 |

· ④, ⑤ 합리적 선택 부분을 융합하여 출제함

6

다음 수업 장면에서 〈상황 1〉, 〈상황 2〉에 대한 설명으로 옳은 것은? [2.5점]

> 다음 자료에는 X재와 Y재만을 생산하는 갑국과 을국이 각 재화 1단위를 생산하는 데 필요한 노동자 수가 상황별로 제시되어 있습니다. 이 자료를 분석하여 무역의 발생 원리에 대해 알아봅시다.

〈상황 1〉

구분	X재	Y재
갑국	1명	2명
을국	2명	1명

〈상황 2〉

구분	X재	Y재
갑국	1명	2명
을국	2명	3명

① 〈상황 1〉에서 갑국은 X재와 Y재 생산에 모두 절대 우위를 갖는다.

② 〈상황 2〉에서 무역이 발생하는 이유를 절대 우위로 설명할 수 있다.

③ 〈상황 2〉에서 X재 1단위 생산을 위해 포기해야 하는 Y재의 양은 갑국이 을국보다 많다.

④ 〈상황 1〉과 〈상황 2〉에서 Y재를 특화해서 생산하는 나라는 모두 갑국이다.

⑤ 〈상황 1〉과 〈상황 2〉 모두에서 무역이 발생하는 이유를 비교 우위로 설명할 수 있다.

| 문항 분석 |

- 3단원 시장경제와 지속가능발전
  3-4. 국제 분업과 무역
- 내용 요소: 절대 우위, 비교 우위, 국제 무역

| 자료 및 선지 분석 |

- 〈상황1〉 생산의 기회비용

구분	갑국	을국
X재	Y재 1/2개	Y재 2개
Y재	X재 2개	X재 1/2개

갑국은 X재에 비교 우위를, 을국은 Y재에 비교 우위를 가짐

- 〈상황2〉 생산의 기회비용

구분	갑국	을국
X재	Y재 1/2개	Y재 2/3개
Y재	X재 2개	X재 3/2개

갑국은 X재에 비교 우위를, 을국은 Y재에 비교 우위를 가짐

① **〈상황 1〉에서 갑국은 X재와 Y재 생산에 모두 절대 우위를 갖는다. (X)**
갑국은 X재에, 을국은 Y재에 절대 우위를 가짐

② **〈상황 2〉에서 무역이 발생하는 이유를 절대 우위로 설명할 수 있다. (X)**
갑국이 X재, Y재에 절대 우위를 갖기 때문에 절대 우위로 무역이 발생하는 이유를 설명할 수 없음

③ **〈상황 2〉에서 X재 1단위 생산을 위해 포기해야 하는 Y재의 양은 갑국이 을국보다 많다. (X)**
X재 1단위 생산을 위해 갑국은 Y재 1/2개를, 을국은 Y재 2/3개를 포기해야 함

④ **〈상황 1〉과 〈상황 2〉에서 Y재를 특화해서 생산하는 나라는 모두 갑국이다. (X)**
갑국은 X재에 비교 우위를 가지므로 X재를 특화해서 생산하며 Y재는 을국이 특화하여 생산함

⑤ **〈상황 1〉과 〈상황 2〉 모두에서 무역이 발생하는 이유를 비교 우위로 설명할 수 있다. (O)**
비교 우위를 갖는 재화를 특화하여 생산하고, 양국 모두에게 이익이 되는 교역 비율로 무역이 진행될 것임

| 출제 경향 확인 |

- 국제 무역 부분은 더 고난도로 출제될 가능성이 있는 부분임

7

다음 자료에 대한 설명으로 옳은 것만을 〈보기〉에서 고른 것은?

> 1970년대 들어 세계 경제는 갑작스러운 원유 공급의 불안정으로 인해 심각한 충격을 받았다. 국제 원유 가격이 급등하면서 물가는 빠르게 상승했고, 동시에 경기 침체가 이어지며 전례 없는 스태그플레이션이 발생하였다. 기존의 (가) 사상을 기반으로 한 대규모 공공 사업 등의 정책은 이러한 복합 위기를 효과적으로 해결하지 못했다. 재정 건전성을 확보하려는 움직임이 강화되었으며 이러한 변화는 기업과 금융 자본의 활동을 더욱 활발하게 만들었고, 세계화된 교역망 속에서 새로운 성장과 이윤을 강조하는 (나) 사상이 확산되었다.

― 〈 보 기 〉 ―
ㄱ. (가)에서 (나)로의 변화는 정부 실패로 인해 나타났다.
ㄴ. 경제 대공황은 (가)의 등장 배경으로 작용하였다.
ㄷ. (나)를 토대로 '뉴딜 정책'이 추진되었다.
ㄹ. (나)는 (가)와 달리 복지 예산의 확대를 지향한다.

① ㄱ, ㄴ　② ㄱ, ㄷ　③ ㄴ, ㄷ　④ ㄴ, ㄹ　⑤ ㄷ, ㄹ

| 문항 분석 |

· 3단원 시장경제와 지속가능발전
　3-1. 자본주의 전개 과정과 시장 경제
· 내용 요소: 석유 파동, 스태그플레이션, 수정 자본주의, 뉴딜 정책, 신자유주의

| 자료 및 선지 분석 |

· (가): 수정 자본주의, (나): 신자유주의

- ㄱ. (가)에서 (나)로의 변화는 정부 실패로 인해 나타났다. (O) 수정 자본주의에서 신자유주의로의 변화는 정부 실패로 인해 나타남
정부 실패란 시장의 문제점을 개선하기 위한 정부의 개입이 문제를 해결하지 못하거나 오히려 악화시키는 현상임
시장 실패를 보완하기 위해 정부가 적극적으로 개입했으나 과도한 개입이 비효율과 부작용을 낳았다는 인식이 확산되며 신자유주의가 등장함

- ㄴ. 경제 대공황은 (가)의 등장 배경으로 작용하였다. (O) 경제 대공황은 독점 자본주의 출현 이후 시장 실패가 나타난 시기에 발생했으며 수정 자본주의가 등장하게 된 배경에 해당함

- ㄷ. (나)를 토대로 '뉴딜 정책'이 추진되었다. (X) 뉴딜 정책은 신자유주의가 아닌, 수정 자본주의를 토대로 추진됨

- ㄹ. (나)는 (가)와 달리 복지 예산의 확대를 지향한다. (X) 신자유주의는 수정 자본주의와 달리 복지 예산의 축소와 공기업의 민영화를 지향함

COMMENT 1번, 2번 문항과 유사하게 자본주의의 역사적 전개 과정을 묻는 문제임

8

(가)~(라)에 해당하는 조사 주제로 적절한 것만을 〈보기〉에서 고른 것은?

시장 실패의 요인	조사 주제
공공재	(가)
외부 경제	(나)
외부 불경제	(다)
불완전 경쟁	(라)

─── 〈 보 기 〉 ───
ㄱ. (가) – 비경합성으로 인한 무임승차자 문제
ㄴ. (나) – 사회적 최적 수준보다 과다 생산, 소비 되는 이유
ㄷ. (다) – 사회적 최적 수준의 거래를 유도하기 위한 정부의 과세 정책
ㄹ. (라) – 독과점 시장에서의 불공정 거래 행위 사례

① ㄱ, ㄴ ② ㄱ, ㄷ ③ ㄴ, ㄷ ④ ㄴ, ㄹ ⑤ ㄷ, ㄹ

| 문항 분석 |

· 3단원 시장경제와 지속가능발전
  3-2. 합리적 선택과 경제 주체의 역할
· 내용 요소: 시장 실패, 공공재, 외부 경제, 외부 불경제, 불완전 경쟁

| 자료 및 선지 분석 |

· 공공재의 무임승차자 문제, 생산량 부족과 외부 효과, 불완전 경쟁 시장은 모두 시장이 자원을 효율적으로 배분하지 못하게 하는 시장 실패의 요인이 됨

- ㄱ. (가)– 비경합성으로 인한 무임승차자 문제 (X)
  무임승차자 문제는 공공재의 비배제성으로 인해 발생하는 현상임
  비경합성은 '한 사람의 소비가 다른 사람의 소비 기회를 감소시키지 않는 것'이며, 비배제성은 '소비의 대가를 지불하지 않은 사람도 소비할 수 있는 것'임
  무임승차자 문제는 비배제성으로 인해 소비자들이 대가를 지불하지 않고 소비하는 문제에 해당함

- ㄴ. (나)– 사회적 최적 수준보다 과다 생산, 소비 되는 이유 (X) 외부 경제, 긍정적 외부 효과는 다른 경제 주체에게 의도하지 않은 이익을 주고 대가를 받지 않는 것으로 사회적 최적 수준보다 과소 생산 및 소비됨

- ㄷ. (다)– 사회적 최적 수준의 거래를 유도하기 위한 정부의 과세 정책 (O)
  외부 불경제, 부정적 외부 효과는 사회적 최적 수준보다 과다 생산 및 소비됨, 정부는 세금을 부과해 생산 및 소비를 감소시켜 사회적 최적 수준의 거래를 유도함

- ㄹ. (라)– 독과점 시장에서의 불공정 거래 행위 사례 (O)
  독과점 시장은 담합 등의 불공정 거래 행위로 경쟁이 제한된 불완전 경쟁 시장임

COMMENT 시장 실패 요인에 대한 기본적인 내용을 묻는 문항임

9

다음 자료에 대한 설명으로 옳은 것은? (단, A~D는 각각 정기 예금, 요구불 예금, 채권, 주식 중 하나임)

> 표는 금융 상품 A~D로 구성된 투자 포트폴리오의 조정 전후 상품별 금액을 나타낸다. '시세 차익을 기대할 수 있는가?'로 A와 B는 구분되지 않으며, '이자 수익을 기대할 수 있는가?'로 B와 C는 구분된다. 조정 후 입출금이 자유로운 상품의 비율은 낮아졌다.
>
> (단위: 만 원)
>
> | 구분 | A | B | C | D |
> |------|----|----|----|----|
> | 조정 전 | 20 | 25 | 20 | 35 |
> | 조정 후 | 5 | 30 | 30 | 35 |

① 일반적으로 A는 D에 비해 유동성이 낮다.

② 일반적으로 B는 C에 비해 수익성이 높다.

③ 조정 후 이자 수익을 기대할 수 있는 상품의 총액은 커졌다.

④ 조정 후 배당 수익을 기대할 수 있는 상품의 총액은 예금자 보호 제도의 적용을 받는 금융 상품의 총액과 같다.

⑤ 조정 후 만기가 있는 상품의 총액은 커졌다.

| 문항 분석 |

· 3단원 시장경제와 지속가능발전
  3-3. 자산 관리와 금융 생활 설계
· 내용 요소: 예금, 주식, 채권, 유동성, 수익성, 만기, 이자 수익, 시세 차익, 배당 수익

| 자료 및 선지 분석 |

· 입출금이 자유로운 상품의 비율이 낮아졌다고 했기 때문에 A는 요구불 예금임
· '시세 차익을 기대할 수 있는가?'로 A와 B는 구분되지 않는다고 했기 때문에 B는 요구불 예금과 같이 시세 차익을 기대할 수 없는 금융 상품인 정기 예금임
· '이자 수익을 기대할 수 있는가?'로 B와 C는 구분된다고 했기 때문에 C는 정기 예금과 달리 이자 수익을 기대할 수 없는 주식에 해당하며, 따라서 D는 채권임
· A: 요구불 예금, B: 정기 예금, C: 주식, D: 채권

① 일반적으로 A는 D에 비해 유동성이 낮다. (X)
요구불 예금은 채권에 비해 유동성이 높음

② 일반적으로 B는 C에 비해 수익성이 높다. (X)
정기 예금은 주식에 비해 안전성이 높고, 수익성이 낮음

③ 조정 후 이자 수익을 기대할 수 있는 상품의 총액은 커졌다. (X)
이자 수익을 기대할 수 있는 상품은 요구불 예금, 정기 예금, 채권으로 조정 전 80만 원에서 조정 후 70만 원으로 줄어듦

④ 조정 후 배당 수익을 기대할 수 있는 상품의 총액은 예금자 보호 제도의 적용을 받는 금융 상품의 총액과 같다. (X)
배당 수익을 기대할 수 있는 상품은 주식이며, 예금자 보호 제도의 적용을 받는 금융 상품은 요구불 예금과 정기 예금임, 조정 후 주식 총액은 30만 원, 요구불 예금과 정기 예금의 총액은 35만 원으로 같지 않음

⑤ 조정 후 만기가 있는 상품의 총액은 커졌다. (O)
만기가 있는 상품은 정기 예금, 채권으로 조정 전 60만 원에서 조정 후 65만 원으로 총액이 커짐

COMMENT 금융 상품의 기본적인 특징에 대해 묻는 문항임

10

다음 자료에 대한 설명으로 옳은 것은?

> 표는 직선인 생산 가능 곡선상에서 X재와 Y재만을 생산하는 갑국과 을국의 교역 전 X재 최대 생산 가능량과 X재 1개 생산의 기회비용을 나타낸다.
>
> | 구분 | 갑국 | 을국 |
> | --- | --- | --- |
> | X재 최대 생산 가능량 | 80개 | 100개 |
> | X재 1개 생산의 기회비용 | Y재 1/4개 | Y재 4/5개 |
>
> 양국은 비교 우위가 있는 재화만을 생산하여 양국 모두 이익이 발생하는 교환 비율에 따라 교역한다. 교역 후 갑국은 X재 50개와 Y재 15개를 소비하였다. 단, 교역은 거래 비용 없이 양국 간에만 이루어지고, 생산된 재화는 모두 소비된다.

① 갑국의 Y재 최대 생산 가능량은 320개이다.
② 을국은 X재 생산에 비교 우위를 갖는다.
③ 양국 간 X재와 Y재의 교환 비율은 1:2이다.
④ 교역 후 을국의 X재 소비량은 30개이다.
⑤ 무역이 발생하는 이유를 절대 우위로 설명할 수 있다.

| 문항 분석 |

· 3단원 시장경제와 지속가능발전
  3-4. 국제 분업과 무역
· 내용 요소: 절대 우위, 비교 우위, 국제 무역

| 자료 및 선지 분석 |

· 생산의 기회비용

구분	갑국	을국
X재	Y재 1/4개	Y재 4/5개
Y재	X재 4개	X재 5/4개

갑국은 X재를, 을국은 Y재를 특화하여 생산함

· 최대 생산 가능량

구분	갑국	을국
X재	80개	100개
Y재	20개	80개

갑국은 X재만 80개를 생산하고, 50개를 소비함. 즉, X재 30개는 을국에 수출한 것임. Y재 15개는 을국에서 수입한 것으로 X재 2개 당 Y재 1개의 비율로 교역함

① **갑국의 Y재 최대 생산 가능량은 320개이다. (X)**
   갑국은 Y재 1개 생산의 기회 비용이 X재 4개이므로, Y재 최대 생산 가능량은 20개임

② **을국은 X재 생산에 비교 우위를 갖는다. (X)**
   을국은 Y재 1개 생산의 기회비용이 갑국보다 작음, 따라서 Y재 생산에 비교 우위를 가짐

③ **양국 간 X재와 Y재의 교환 비율은 1:2이다. (X)**
   X재 2개 당 Y재 1개의 비율로 교환하므로 양국 간 X재와 Y재의 교환 비율은 2:1임

④ **교역 후 을국의 X재 소비량은 30개이다. (O)**
   을국은 Y재를 특화하여 80개 생산하고, Y재 15개를 수출하여 얻은 X재 30개를 소비함

⑤ **무역이 발생하는 이유를 절대 우위로 설명할 수 있다. (X)**
   을국이 X재, Y재에 절대 우위를 갖기 때문에 절대 우위로 무역이 발생하는 이유를 설명할 수 없음

COMMENT 국제 분업과 무역 부분은 고난도로 출제될 가능성이 있음, 생산의 기회비용과 최대 생산 가능량, 교역 비율을 계산하는 방법을 학습해 둘 것

STEP. 1 통합사회 기출

1

자본주의 전개 과정에서 나타난 (가)~(다)에 대한 설명으로 옳은 것은? [3점]

- 산업 혁명으로 상품의 대량 생산이 가능해지면서 산업 자본주의가 성장하게 되었다. 당시 애덤 스미스는 '보이지 않는 손'의 기능을 강조하며 ▢(가)▢ 사상을 제시하였다.
- 1970년대 석유 파동을 겪으면서 정부의 역할을 제한하고 시장의 자유로운 경제활동을 강조하는 ▢(나)▢ 사상이 확산되었다.
- 대공황의 결과 나타난 대량 실업과 경기 침체를 극복하고자 정부의 적극적인 시장 개입을 강조하는 ▢(다)▢ 사상이 등장하게 되었다.

① (가)는 큰 정부를 지향한다.
② (나)를 토대로 '뉴딜 정책'이 추진되었다.
③ (다)는 공기업의 민영화, 복지 축소를 지향한다.
④ (가), (다)는 (나)와 달리 사유 재산 제도를 인정한다.
⑤ 역사적으로 (가)-(다)-(나) 순으로 등장하였다.

3

다음은 자본주의의 전개 과정을 도식화한 것이다. 이에 대한 설명으로 옳은 것은? (단, (가), (나)는 각각 신자유주의, 수정 자본주의 중 하나이다.) [3점]

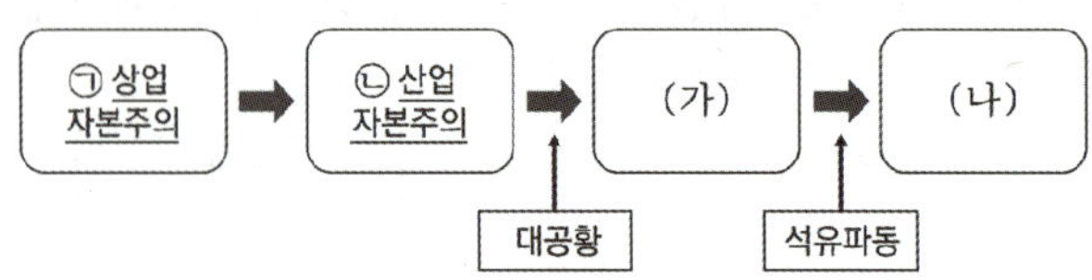

① 산업 혁명은 ㉠의 등장 배경으로 작용하였다.
② ㉠은 ㉡과 달리 '보이지 않는 손'의 역할을 중시하였다.
③ (나)는 공기업의 민영화에 적극적이다.
④ (가)는 (나)와 달리 정부의 시장 개입을 축소해야 한다고 본다.
⑤ (나)는 (가)와 달리 복지 예산의 확대를 추구한다.

2

표에 대한 설명으로 옳은 것은? (단, A, B는 각각 수정 자본주의, 신자유주의 중 하나이다.) [3점]

질문	A	B
대공황을 배경으로 등장하였나?	예	아니요
정부의 적극적 시장 개입을 옹호하는가?	예	㉠
(가)	아니요	예

① A는 작은 정부를 지향한다.
② B는 공기업의 민영화를 지지한다.
③ B는 자원 배분에 있어서 효율성보다 형평성을 추구한다.
④ ㉠에는 '예'가 적절하다.
⑤ (가)에는 '사유 재산 제도를 인정하는가?'가 적절하다.

4

그림은 자본주의의 전개 과정 중 일부를 나타낸 것이다. 이에 대한 설명으로 옳은 것은? [2점]

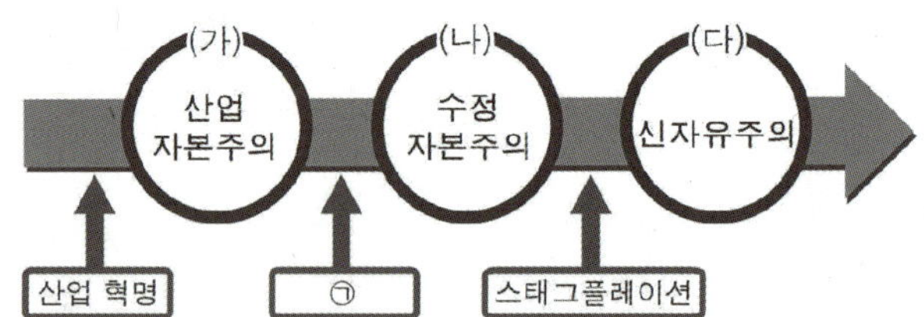

① ㉠에는 세계 대공황이 들어갈 수 있다.
② (가)는 국내 산업 보호를 위한 중상주의를 지향한다.
③ (가)에서 (나)로의 변화는 정부 실패로 인해 나타났다.
④ (가), (다)는 (나)와 달리 사유 재산 제도를 인정한다.
⑤ (나), (다)는 모두 공기업 민영화, 복지 예산 축소를 지향한다.

5

경제학자 갑, 을의 주장에 대한 옳은 설명만을 〈보기〉에서 고른 것은? [3점]

> 갑: 개인의 이익 추구가 사회 전체의 조화와 이익을 가져온다. 왜냐하면 개인이 사익을 추구하는 과정에서 누가 의도하지 않아도 효율적인 자원 배분이 이루어져 국부의 증대로 이어지기 때문이다.
> 을: 대공황과 같이 경기가 침체된 상황에서는 정부가 지출을 확대하여 일자리를 창출함으로써 실업 문제를 해결하고 유효 수요를 늘려야 한다.

< 보 기 >
ㄱ. 갑은 큰 정부를 지향한다.
ㄴ. 을은 정부의 시장 개입이 필요하다고 본다.
ㄷ. 갑은 을보다 '보이지 않는 손'의 역할을 강조한다.
ㄹ. 을은 갑과 달리 경제 주체들 간의 자유로운 경쟁을 중시한다.

① ㄱ, ㄴ ② ㄱ, ㄷ ③ ㄴ, ㄷ ④ ㄴ, ㄹ ⑤ ㄷ, ㄹ

6

그림의 A, B는 각각 수정 자본주의와 신자유주의 중 하나이다. 이에 대한 설명으로 옳은 것은? [3점]

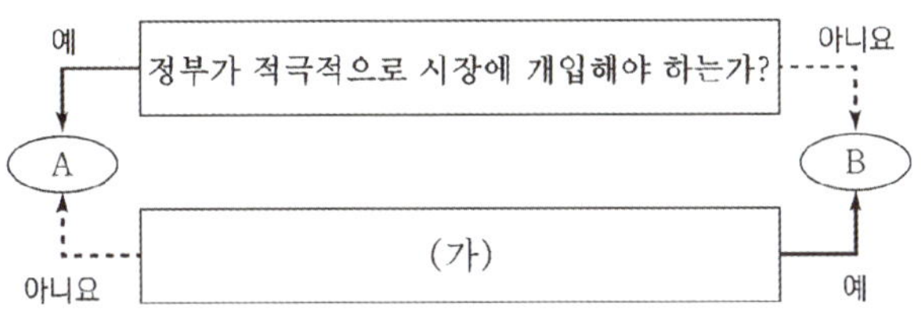

① A는 시장 실패에 대한 대응으로 등장하였다.
② A는 큰 정부보다 작은 정부를 지향할 것을 주장한다.
③ B는 '보이지 않는 손'의 역할을 인정하지 않는다.
④ B는 자원 배분에 있어 효율성보다 형평성을 추구한다.
⑤ (가)에는 '복지 정책을 강화해야 하는가?'가 들어갈 수 있다.

7

표의 A, B는 각각 수정 자본주의와 신자유주의 중 하나이다. 이에 대한 설명으로 옳은 것은? (단, 질문에 대한 대답은 '예', '아니요'로만 할 수 있음.) [3점]

질문	A	B
복지 정책을 강화해야 하는가?	아니요	예
(가)	㉠	㉡

① A를 토대로 뉴딜 정책이 추진되었다.
② B는 노동 시장의 유연화를 지향한다.
③ (가)가 '공기업의 민영화를 찬성하는가?'라면, ㉠은 '아니요', ㉡은 '예'이다.
④ ㉠과 ㉡이 서로 다른 대답이라면, (가)에는 '사유 재산 제도를 인정하는가?'가 들어갈 수 없다.
⑤ ㉠과 ㉡이 동일한 대답이라면, (가)에는 '큰 정부보다 작은 정부를 지향하는가?'가 들어갈 수 있다.

8

경제학자 갑, 을의 입장에 대한 설명으로 옳은 것은? (단, 갑, 을은 각각 수정 자본주의, 신자유주의 중 하나를 주장함.) [3점]

> 갑: 대공황과 같이 경기가 침체된 상황에서는 정부가 시장에 적극적으로 개입하여 일자리를 창출하고 소비를 증진시켜야 한다.
> 을: 정부의 적극적 시장 개입은 정부 실패를 초래한다. 시장에서의 경쟁의 자유야말로 사회 발전의 필수적인 요소이기 때문에 시장의 자유를 지켜야 한다.

① 갑은 공기업 민영화와 복지 정책의 축소를 주장한다.
② 갑은 자유 시장 경제를 부정하고 계획 경제를 주장한다.
③ 을은 큰 정부보다 작은 정부를 지향할 것을 주장한다.
④ 을은 개인이 재산을 자유롭게 소유할 수 있음을 부정한다.
⑤ 갑은 을과 달리 '보이지 않는 손'의 원리를 인정한다.

9

다음 자료에 대한 분석 및 추론으로 옳은 것은? [2.5점]

갑은 편익과 비용만을 고려하여 A상품 구입 여부를 결정한다. A상품을 구입하기 위해 갑은 대중교통을 이용해 이동해야 하며, A상품을 구매하는 데 소요되는 시간 동안에는 아르바이트를 할 수 없어 임금을 받지 못한다. 표는 갑의 A상품 구입에 영향을 미치는 모든 요인을 금액으로 나타낸 것이다.

요인	금액
A 상품 구입에 따른 편익	(가)
A 상품의 가격	3만 원
대중교통 이용료	1만 원
지급받지 못하는 임금	2만 원

갑이 구입하고자 하는 A상품은 소비자들이 소비할 때마다 다른 사람에게 일정액의 피해를 발생시키는 상품이다. 그런데 ㉠해당 피해액은 소비자들의 A상품 구입에 따른 편익과 비용에 영향을 미치지 않는다. 이로 인해 ㉡A상품은 사회적으로 적정한 수준보다 과다 거래된다.

① 갑의 A상품 구입에 따른 명시적 비용과 암묵적 비용은 같다.
② (가)가 '5만 원'이면, 갑은 A상품을 구입한다.
③ 갑이 A상품을 구입할 때 ㉠은 매몰 비용이다.
④ ㉡은 개별 소비자들의 A상품에 대한 윤리적 소비로 인해 발생한 현상이다.
⑤ ㉡을 해결하기 위한 정부의 대책으로 A상품 소비자에 대한 세금 부과를 들 수 있다.

10

다음 자료에 대한 분석 및 추론으로 옳은 것은? [3점]

갑은 주말 저녁 3시간 동안의 여가를 즐기기 위해 체험료가 3만 원인 ㉠도자기 공예 체험과 관람료가 2만 원인 ㉡밴드 공연 관람 중 하나를 합리적으로 선택하고자 한다. 갑의 선택에 따른 편익을 화폐 가치로 표시하면 각각 ㉢4만 원으로 같다. 단, 제시된 내용 이외의 조건은 고려하지 않는다.

① ㉠ 선택에 따른 명시적 비용은 1만 원이다.
② ㉡ 선택에 따른 암묵적 비용은 3만 원이다.
③ ㉠은 ㉡보다 선택에 따른 기회비용이 작다.
④ ㉡은 ㉠과 달리 선택에 따른 편익이 기회비용보다 크다.
⑤ ㉢이 5만 원으로 상승하면 ㉠을 선택하는 것이 합리적이다.

11

다음 자료에 대한 옳은 분석 및 추론만을 〈보기〉에서 고른 것은? [3점]

갑은 여행을 가기 위해 이동 수단 A~C 중 하나를 합리적으로 선택하려고 한다. 표는 A~C의 가격과 갑의 선택으로 발생하는 편익을 나타낸다. 단, 제시된 자료 외에 다른 조건은 고려하지 않는다.

이동 수단	가격(만 원)	편익(만 원)
A	4	7
B	5	9
C	㉠7	15

〈 보 기 〉

ㄱ. A 선택의 암묵적 비용은 4만 원이다.
ㄴ. B 선택의 명시적 비용은 5만 원이다.
ㄷ. C 선택의 기회비용이 가장 크다.
ㄹ. ㉠이 '10'으로 변동하면 B 선택의 기회비용은 감소한다.

① ㄱ, ㄴ ② ㄱ, ㄷ ③ ㄴ, ㄷ ④ ㄴ, ㄹ ⑤ ㄷ, ㄹ

12

자료에 대한 옳은 설명만을 〈보기〉에서 고른 것은? [3점]

갑은 한정된 용돈으로 ㉠뮤지컬 관람과 ㉡연극 관람 중 하나를 합리적으로 선택한다. 표는 갑의 각 선택에 따른 편익과 관람료를 화폐 단위로 나타낸 것이다. 단, 제시된 자료 외에 다른 조건은 고려하지 않는다.

선택	편익(원)	관람료(원)
뮤지컬 관람	8만	3만
연극 관람	4만	2만

〈 보 기 〉

ㄱ. ㉠은 ㉡보다 명시적 비용이 크다.
ㄴ. ㉠은 ㉡보다 암묵적 비용이 크다.
ㄷ. ㉠을 선택하는 것이 합리적이다.
ㄹ. ㉠, ㉡의 편익이 50%씩 감소하면 갑의 선택은 달라진다.

① ㄱ, ㄴ ② ㄱ, ㄷ ③ ㄴ, ㄷ ④ ㄴ, ㄹ ⑤ ㄷ, ㄹ

13

다음 자료에 대한 옳은 분석만을 〈보기〉에서 고른 것은? (단, 제시된 내용 외에 다른 요인은 고려하지 않는다.) [3점]

> 갑은 환경을 보호하기 위한 실천 방법으로 전기 자전거를 구매하여 이동 수단으로 사용하고자 한다. 갑은 전기 자전거 A~C 중 하나를 선택하여 구매하려고 하며, 표는 화폐 단위로 표시한 A~C 각각의 편익과 가격을 나타낸다.
>
> (단위: 만 원)
>
> | 구분 | A | B | C |
> | --- | --- | --- | --- |
> | 편익 | 80 | 100 | 120 |
> | 가격 | 60 | 70 | 110 |

〈 보 기 〉

ㄱ. B를 선택하는 것이 합리적이다.
ㄴ. B를 선택할 경우의 명시적 비용은 100만 원이다.
ㄷ. C를 선택할 경우의 암묵적 비용은 30만 원이다.
ㄹ. A를 선택할 경우의 기회비용은 C를 선택할 경우보다 크다.

① ㄱ, ㄴ ② ㄱ, ㄷ ③ ㄴ, ㄷ ④ ㄴ, ㄹ ⑤ ㄷ, ㄹ

14

밑줄 친 ㉠~㉣에 대한 옳은 분석만을 〈보기〉에서 고른 것은? (단, 수강료는 환불되지 않으며, 다른 조건은 고려하지 않음.) [3점]

> 갑은 한정판 '아이돌 포토 카드' 판매 시간과 요가 수업 시간이 겹치자 둘 중 무엇을 선택할 것인지 고민하였다. '아이돌 포토 카드'는 재판매 시장에서 ㉠기존 가격보다 5배 이상 비싼 가격에 판매될 정도로 인기가 높다. 결국 갑은 ㉡월 20만 원의 수강료를 지불한 요가 수업 대신 ㉢3만 원을 주고 ㉣'아이돌 포토 카드'를 구매하는 합리적 선택을 하였다.

〈 보 기 〉

ㄱ. ㉠은 '아이돌 포토 카드'의 희소성 때문에 발생한다.
ㄴ. ㉡은 ㉣의 기회비용에 포함된다.
ㄷ. ㉢은 ㉣의 명시적 비용이다.
ㄹ. 갑은 ㉣의 편익이 기회비용보다 작다고 판단했다.

① ㄱ, ㄴ ② ㄱ, ㄷ ③ ㄴ, ㄷ ④ ㄴ, ㄹ ⑤ ㄷ, ㄹ

15

다음 갑의 선택에 대한 분석으로 옳은 것은? (단, 갑이 예매한 해외 패키지 여행 상품은 환불이나 재판매가 되지 않으며, 제시된 내용 외의 다른 요인은 고려하지 않는다.) [3점]

> 대학생 갑은 여름 방학 중 2주 동안 ㉠커피 전문점에서 아르바이트를 할지 해외로 패키지 여행을 떠날지 고민하고 있다. 얼마 전 해외 패키지 여행 상품을 ㉡100만 원에 예매하였지만, 같은 기간에 커피 전문점에서 아르바이트를 할 경우 ㉢100만 원의 돈을 벌 수 있기 때문이다. 고민 끝에 갑은 커피 전문점에서 아르바이트를 하기로 하였다.

① ㉠에서는 희소성으로 인한 경제 문제가 발생하지 않는다.
② ㉡은 매몰 비용에 해당한다.
③ ㉢은 커피 전문점에서 아르바이트를 할 경우에 발생하는 명시적 비용이다.
④ 해외로 패키지 여행을 떠날 경우에 발생하는 암묵적 비용은 없다.
⑤ 커피 전문점에서 아르바이트를 할 경우에 얻는 편익은 기회비용보다 작다.

16

자료에 대한 옳은 분석만을 〈보기〉에서 고른 것은? [3점]

> 합리적 소비자인 갑은 실내화를 구입하려 한다. 실내화는 A, B, C 세 가지 종류가 있다. 표는 갑이 세 가지 실내화에 대해 화폐 단위로 평가한 결과를 나타낸다.
>
> (단위: 원)
>
> | 실내화 종류 | 가격 | 편익 |
> | --- | --- | --- |
> | A | 20,000 | 56,000 |
> | B | 25,000 | 50,000 |
> | C | 18,000 | 60,000 |

〈 보 기 〉

ㄱ. A는 B보다 명시적 비용이 크다.
ㄴ. B가 C보다 선택에 따른 기회비용이 작다.
ㄷ. C를 선택하는 것이 합리적이다.
ㄹ. A~C의 편익이 50%씩 감소해도 갑의 선택은 같다.

① ㄱ, ㄴ ② ㄱ, ㄷ ③ ㄴ, ㄷ ④ ㄴ, ㄹ ⑤ ㄷ, ㄹ

17

갑의 선택에 대한 옳은 설명만을 〈보기〉에서 고른 것은?
[3점]

> 갑은 좋아하는 가수의 공연 티켓과 평소 갖고 싶던 브랜드의 한정판 운동화 구매 여부를 놓고 ㉠고민에 빠졌다. 왜냐하면 현재 갑이 가진 용돈으로는 둘을 모두 구매할 수 없기 때문이다. 결국 갑은 ㉡시험공부까지 포기해야 하는 공연 관람 대신에 한정판 운동화를 구매하는 합리적 선택을 하였다.

― 〈 보 기 〉 ―
ㄱ. ㉠은 희소성 때문에 발생한다.
ㄴ. ㉡으로 인한 편익은 갑이 공연 티켓을 구매할 경우 발생하는 명시적 비용이다.
ㄷ. 갑의 한정판 운동화 구매로 인한 편익은 기회비용보다 크다.
ㄹ. 갑의 공연 티켓 구매는 한정판 운동화 구매에 비해 편익에서 기회비용을 뺀 값이 크다.

① ㄱ, ㄴ ② ㄱ, ㄷ ③ ㄴ, ㄷ ④ ㄴ, ㄹ ⑤ ㄷ, ㄹ

18

표에 대한 분석으로 옳은 것은? [3점]

> 합리적 소비자인 갑은 휴대폰을 새로 구입할 예정이며, 갑의 휴대폰 선택의 기준은 표와 같다. (단, 편익의 크기는 점수로 표시하였다.)

평가 항목 / 휴대폰	가격 (40점)	디자인 (30점)	기능 (20점)	인기도 (10점)
A	35	30	20	10
B	35	25	18	8
C	40	20	16	9

① A를 선택하는 것이 합리적이다.
② 기능만을 고려한다면 B를 선택할 것이다.
③ 갑은 평가 항목 중 디자인을 가장 중시한다.
④ 총편익의 순위는 인기도의 순위와 일치한다.
⑤ 가격 항목에 10%의 가중치 부여 시 A보다 C의 총편익이 크다.

19

밑줄 친 ㉠ ~ ㉣에 대한 옳은 설명만을 〈보기〉에서 고른 것은? [2점]

> 갑은 자신과 아내를 위해 ㉠통신 회사의 부사장을 그만두고 미스터 맘*이 되었다. 시간이 무한하다면 갑은 부사장직과 가사를 전담하는 일 중에서 하나를 ㉡선택할 필요가 없다. 하지만 ㉢세상에 공짜 점심은 없다는 말처럼 모든 선택에는 대가가 따른다. 갑처럼 기꺼이 ㉣미스터 맘을 선택한 사람들은 가사와 육아를 전담하는 것이 직장을 다니는 것보다 합리적이라고 판단한 것이다.
> *미스터 맘: 직장 생활 대신 가사와 육아를 전담하는 남편

― 〈 보 기 〉 ―
ㄱ. ㉠은 갑이 미스터 맘을 선택한 것에 따른 편익이다.
ㄴ. ㉡의 문제는 욕구에 비해 자원이 희소하기 때문에 발생한다.
ㄷ. ㉢은 모든 선택에는 기회비용이 따른다는 것을 의미한다.
ㄹ. ㉣은 직장 생활의 편익이 기회비용보다 크다고 판단한 것이다.

① ㄱ, ㄴ ② ㄱ, ㄷ ③ ㄴ, ㄷ ④ ㄴ, ㄹ ⑤ ㄷ, ㄹ

20

밑줄 친 ㉠~㉢에 대한 설명으로 옳은 것은? [3점]

> 점심을 먹기 위해 중국집을 찾은 갑은 짜장면과 짬뽕 중 하나를 선택할 수밖에 없어 고민에 빠졌다. ㉠5,500원을 주고 짜장면을 먹을 것인지, ㉡6,000원을 주고 짬뽕을 먹을 것인지 한참 고민하던 갑은 ㉢짜장면을 선택했다.

① ㉠은 짜장면 선택의 명시적 비용이다.
② ㉡은 짬뽕 선택의 암묵적 비용이다.
③ ㉢의 편익이 작을수록 갑의 선택은 합리적이다.
④ 짜장면 선택의 기회비용은 ㉠과 ㉡의 합이다.
⑤ ㉠과 ㉡의 차는 매몰 비용이므로 선택 시 고려해서는 안 된다.

21

2024.9(고1)_학평16

A, B에 대한 옳은 설명만을 〈보기〉에서 고른 것은? [3점]

- ○ __A__ 는 일반적인 재화나 서비스와는 다른 특성을 가진다. 대가를 지급하지 않은 사람도 소비할 수 있고, 한 사람이 소비한다고 해서 다른 사람의 소비 기회가 줄어들지 않는다.
- ○ 어떤 경제 주체의 행동이 제3자에게 의도하지 않은 손해를 끼치면서도 이에 대한 대가를 치르지 않을 때 __B__ 가 발생하였다고 본다.

〈 보 기 〉
ㄱ. A는 시장에서 과다 생산된다.
ㄴ. 정부는 A를 공급하는 역할을 담당한다.
ㄷ. B는 긍정적 외부 효과이다.
ㄹ. A, B 모두 자원이 비효율적으로 배분되는 시장 실패의 요인이다.

① ㄱ, ㄴ ② ㄱ, ㄷ ③ ㄴ, ㄷ ④ ㄴ, ㄹ ⑤ ㄷ, ㄹ

22

2023.11(고1)_학평5

밑줄 친 '독감 백신 접종'의 사례에서 나타나는 시장의 한계에 대한 설명으로 옳은 것은? [3점]

독감 백신 접종은 독감에 걸릴 확률을 현저히 줄이거나 걸리더라도 큰 증상 없이 지나가게 해 준다. 사람들은 이러한 효과를 고려하여 대가를 지불하고 독감 백신을 접종한다. 그런데 어떤 사람이 독감 백신을 접종하면 주변의 백신 미접종자는 독감에 걸릴 확률이 낮아지는 효과를 얻는다. 그럼에도 불구하고 백신 접종자는 백신 미접종자에게 어떠한 대가도 받지 않는다.

① 독점 시장에서 거래된다.
② 시장의 공정한 경쟁을 저해한다.
③ 사회적으로 필요로 하는 양보다 적게 소비된다.
④ 대가를 지불하지 않더라도 누구나 소비할 수 있다.
⑤ 한 사람의 소비가 다른 사람이 소비할 수 있는 양을 감소시키지 않는다.

23

2022.9(고1)_학평10

시장 실패의 사례 (가), (나)에 대한 옳은 설명만을 〈보기〉에서 고른 것은? [3점]

(가) 국내 ○○ 제품 시장에서 점유율이 높은 4개 기업이 담합을 통해 제품 가격을 공동으로 인상하였다. 이에 공정거래위원회는 해당 기업들에게 시정 명령을 내리고 과징금을 부과하기로 결정하였다.
(나) ◇◇ 공장이 주변 하천에 폐수를 몰래 방출하여 많은 물고기가 폐사하였다. 이 하천은 농업용수로 이용될 뿐 아니라, 인근 해안가와 연결되어 있어 생태계의 피해가 더욱 심각해질 것으로 예상된다.

〈 보 기 〉
ㄱ. (가)는 전체 공급자 간에 공정한 경쟁이 이루어지고 있다.
ㄴ. (나)는 시장에 대한 정부 개입의 근거가 된다.
ㄷ. (나)는 (가)와 달리 긍정적 외부 효과가 발생한 사례이다.
ㄹ. (가), (나)는 모두 자원의 효율적인 배분이 저해되고 있다.

① ㄱ, ㄴ ② ㄱ, ㄷ ③ ㄴ, ㄷ ④ ㄴ, ㄹ ⑤ ㄷ, ㄹ

24

2018.9(고1)_학평17

A, B에 대한 설명으로 옳은 것은? [2점]

- ○ __A__ 의 대표적인 사례로는 국방 및 치안 서비스가 있다. 이것은 대가를 지불하지 않아도 누구든지 사용할 수 있으며, 한 사람이 사용하여도 다른 사람이 얼마든지 사용할 수 있다.
- ○ 어떤 경제 주체들의 경제 활동이 다른 경제 주체에게 의도하지 않은 이익을 주거나, 의도하지 않게 피해를 주는데도 이에 대해 아무런 경제적 대가를 받거나 치르지 않는 경우를 __B__ 라고 한다.

① A는 무임승차자 문제가 발생하지 않는다.
② A는 시장에만 맡길 경우 일반적으로 과잉 생산된다.
③ B는 보조금 지급이나 조세 제도로 해결될 수 있다.
④ B는 시장에서 자원이 효율적으로 배분됨을 보여준다.
⑤ B는 정부 개입을 축소해야 한다는 주장의 근거가 된다.

25
2023.9(고1)_학평20

(가), (나)에서 공통으로 도출할 수 있는 기업의 역할로 가장 적절한 것은? [2점]

> (가) A기업은 글로벌 탄소 감축 기여도를 높이기 위해 넷제로*와 RE100** 실현 의지를 담은 보고서를 발간했다. A기업은 해당 보고서를 통해 2030년 넷제로와 RE100을 모든 계열사에서 동시에 달성하겠다는 의지를 밝히고, 온실가스 감축 목표 달성을 위한 중장기 전략도 공개했다.
>
> (나) B기업은 해양 폐기물을 자사 제품의 부품 소재로 재활용하고 있다. 더 나아가 모든 신제품에 재활용 소재 적용, 제품 패키지에서 플라스틱 소재 제거, 매립 폐기물 제로화 등의 비전을 실천 중이다.
>
> * 넷제로(netzero): 6대 온실가스의 순 배출량을 0(zero)으로 만드는 것
> ** RE100: 기업의 소비 전력 100%를 재생 에너지로 충당하겠다는 글로벌 캠페인

① 회계를 투명하게 운영해야 한다.
② 노동자의 근로 조건을 개선해야 한다.
③ 소비자의 경제적 이익을 보호해야 한다.
④ 공정한 경쟁을 통해 이윤을 추구해야 한다.
⑤ 친환경적인 생산을 통해 환경 보호에 기여해야 한다.

26
2021.9(고1)_학평14

경제 주체 A~C에 대한 옳은 설명만을 〈보기〉에서 고른 것은? (단, A~C는 각각 가계, 기업, 정부 중 하나이다.) [3점]

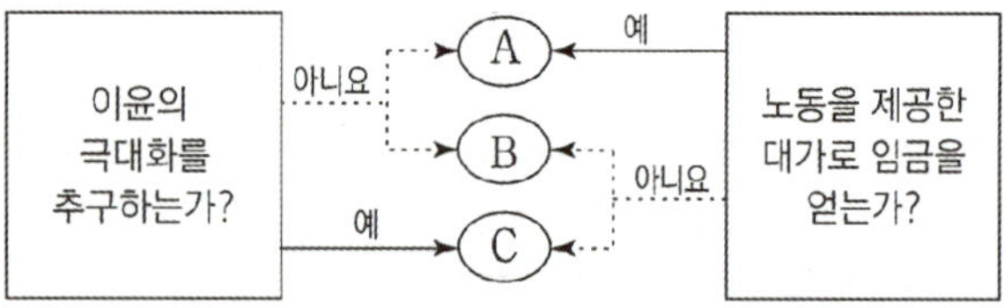

─── 〈 보 기 〉 ───
ㄱ. A는 소비를 통해 효용을 얻고자 한다.
ㄴ. B는 공공 서비스를 제공한다.
ㄷ. C는 생산 요소의 공급자이다.
ㄹ. A와 B는 C에게 조세를 납부한다.

① ㄱ, ㄴ ② ㄱ, ㄷ ③ ㄴ, ㄷ ④ ㄴ, ㄹ ⑤ ㄷ, ㄹ

27
2025.11(고1)_학평17

다음 자료에 대한 분석 및 추론으로 옳은 것은? [2.5점]

> A국 국민 갑은 자신의 자산 전부인 5,000달러를 금융 상품에 투자하고 있다. 표는 갑이 투자하고 있는 금융 상품별 투자액을 나타낸다.
>
> | 금융 상품 | 투자액(달러) |
> |---|---|
> | A국 ○○은행의 정기 예금 | 1,000 |
> | A국 ◇◇기업 주식 | 2,500 |
> | B국이 발행한 채권 | 1,500 |
>
> 갑은 아래의 신문 기사에 나타난 경제 상황을 고려하여 자신이 보유하고 있는 금융 상품에 대한 투자 비중을 조정하는 금융 의사 결정을 하려고 한다.
>
> **△△ 신문**
>
> A국 중앙은행이 기준 금리 인상을 결정하였다. B국에서 발생한 내전이 장기간 이어지면서 B국으로부터 수입하는 원자재 가격 급등으로 인하여 ⊙물가 상승세가 심화된 데 따른 조치로 해석된다. □□ 경제 연구소는 이번 금리 인상 결정이 시중 금리 인상으로 이어져 대출 부담이 증가할 수 있지만, A국 물가 안정에 도움이 될 것이라 전망했다.

① 갑은 배당 수익을 기대할 수 있는 금융 상품에 가장 적은 금액을 투자하고 있다.
② 갑의 총투자액 중 시세 차익을 기대할 수 있는 금융 상품 투자액이 차지하는 비율은 80%이다.
③ ⊙은 가계의 소비를 증가시키는 요인이다.
④ A국의 금리 변동은 갑의 ○○은행 정기 예금 비중의 감소 요인이다.
⑤ 금융 자산의 안전성만을 고려한다면, 갑은 B국이 발행한 채권에 대한 투자 비중을 늘리는 것이 합리적이다.

28

2024.11(고1)_학평8

그림은 갑과 을의 금융 자산별 보유액을 나타낸다. 이에 대한 설명으로 옳은 것은? [3점]

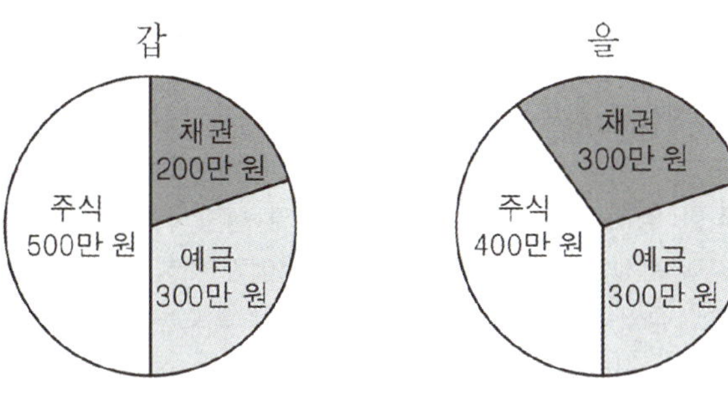

① 배당금을 기대할 수 있는 금융 자산의 보유액은 을이 갑보다 크다.
② 이자 수익을 기대할 수 있는 금융 자산의 보유액은 갑과 을이 같다.
③ 시세 차익을 기대할 수 있는 금융 자산의 보유액은 갑과 을이 같다.
④ 예금자 보호 제도의 적용을 받는 금융 자산의 보유액은 갑이 을보다 크다.
⑤ 정부나 기업 등이 자금을 빌린 후 제공하는 증서인 금융 자산의 보유액은 갑과 을이 같다.

29

2023.11(고1)_학평14

표는 자산 관리의 원칙 A~C를 정리한 것이다. 이에 대한 옳은 설명만을 〈보기〉에서 고른 것은? (단, A~C는 각각 수익성, 안전성, 유동성 중 하나임.) [2점]

구분	내용
A	금융 자산의 원금이 보전될 수 있는 정도
B	금융 자산을 쉽고 빠르게 현금화할 수 있는 정도
C	금융 자산의 가격 상승이나 이자 수익을 기대할 수 있는 정도

〈 보 기 〉
ㄱ. A는 유동성, B는 안전성, C는 수익성이다.
ㄴ. 일반적으로 A가 높은 금융 자산은 C도 높다.
ㄷ. 예금은 채권보다 B가 높다.
ㄹ. 주식은 예금보다 A, B가 모두 낮다.

① ㄱ, ㄴ ② ㄱ, ㄷ ③ ㄴ, ㄷ ④ ㄴ, ㄹ ⑤ ㄷ, ㄹ

30

2023.3(고1)_학평14

다음 자료에 대한 설명으로 옳은 것은? [2점]

① 갑은 소득보다 지출이 큰 상황일 것이다.
② 을은 병과 달리 수익성을 강조하고 있다.
③ 원금을 잃지 않을 가능성은 ㉠이 ㉡보다 높다.
④ 정은 ㉡을 ㉠보다 선호할 것이다.
⑤ ㉡과 달리 ㉠은 시세 차익을 기대할 수 있다.

31

2022.11(고1)_학평15

밑줄 친 ㉠~㉢의 일반적인 특징에 대한 설명으로 옳은 것은? [2점]

갑: ㉠○○ 정기 예금과 ㉡△△ 채권에 각각 투자하려고 하는데 조언을 부탁드립니다.
을: ○○ 정기 예금의 수익률이 낮기 때문에, △△ 채권과 함께 ㉢□□ 주식에 투자하는 것을 추천해 드립니다.

① ㉠은 배당 수익을 기대할 수 있다.
② ㉡은 예금자 보호 제도의 적용 대상이다.
③ ㉢은 ㉠보다 안전성이 높다.
④ ㉠과 ㉡은 모두 이자 수익을 기대할 수 있다.
⑤ ㉡과 ㉢은 모두 시세 차익을 기대할 수 없다.

32

표는 갑이 보유하고 있는 금융 자산의 비중 변화를 나타낸 것이다. 이에 대한 설명으로 옳은 것은? [3점]

(단위:%)

구분	㉠예금	㉡주식	㉢채권	계
2019년	40.5	31.5	28.0	100.0
2020년	29.5	31.5	39.0	100.0

① ㉡은 ㉠에 비해 일반적으로 안전성이 높다.
② ㉢은 ㉡과 달리 만기가 없다.
③ ㉠, ㉡은 모두 배당 수익을 기대할 수 있다.
④ 2019년에 이자 수익을 기대할 수 있는 금융 자산의 비중은 60%보다 크다.
⑤ 2020년에 시세 차익을 기대할 수 있는 금융 자산의 비중은 2019년보다 감소하였다.

33

밑줄 친 ㉠~㉢의 일반적 특징에 대한 설명으로 옳은 것은? [2점]

① ㉠은 배당금을 기대할 수 있다.
② ㉡은 이자 수익을 기대할 수 있다.
③ ㉢은 예금자 보호 제도의 대상이다.
④ ㉠은 ㉡에 비해 안전성이 높다.
⑤ ㉡은 ㉢과 달리 만기가 있다.

34

다음 자료는 물가 안정 및 고용 안정 대책을 주제로 한 학생들의 활동이다. 가장 높은 점수를 획득한 학생은? [3점]

각 학생은 경제 상황 카드 (가), (나)에서 1장, 대책 카드 A~C에서 2장을 선택할 수 있다. 선택한 대책 카드에 적힌 경제 정책 수단이 선택한 경제 상황 카드에 적힌 경제 문제를 해결하기에 적합한 경우에만 대책 카드 1장 당 1점씩 획득하고, 그렇지 않은 대책 카드는 0점이다. 카드의 구성과 학생 갑~무의 선택은 아래와 같다.

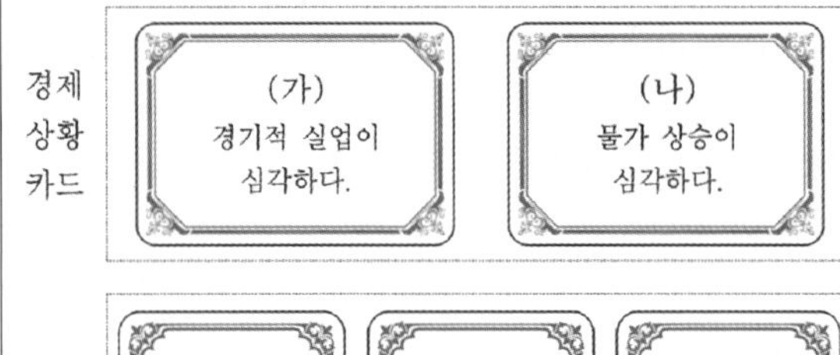

학생	경제 상황 카드	대책 카드
갑	(가)	A, B
을	(가)	A, C
병	(가)	B, C
정	(나)	A, B
무	(나)	A, C

① 갑 　② 을 　③ 병 　④ 정 　⑤ 무

35

2025.3(고1)_학평16

다음 자료의 (가)~(다)에 들어갈 내용으로 옳게 작성된 댓글만을 〈보기〉에서 있는 대로 고른 것은? [3점]

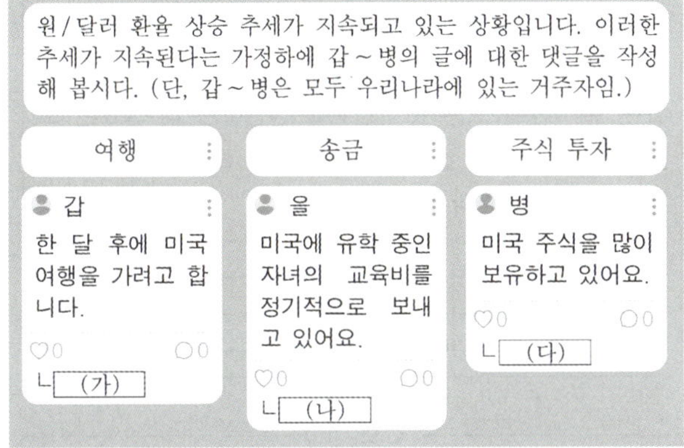

― 〈 보 기 〉 ―
ㄱ. (가) – 원화를 달러로 서둘러 환전하세요.
ㄴ. (나) – 갈수록 교육비 부담이 커지겠네요.
ㄷ. (다) – 보유 주식의 달러화 표시 가격이 변함없다면 원화로 환산한 보유 주식의 가치가 떨어지겠군요.

① ㄱ
② ㄷ
③ ㄱ, ㄴ
④ ㄴ, ㄷ
⑤ ㄱ, ㄴ, ㄷ

36

2019.3(고1)_학평16

A로 인해 발생할 경제 상황에 대한 옳은 추론을 〈보기〉에서 고른 것은? [2점]

가계의 소비와 기업의 투자가 크게 증가하면 물가가 지속적으로 상승하는 현상, 즉 A가 발생할 수 있다.

― 〈 보 기 〉 ―
ㄱ. 은행 예금자는 불리해질 것이다.
ㄴ. 연금 생활자는 유리해질 것이다.
ㄷ. 수출은 감소하고, 수입은 증가할 것이다.
ㄹ. 돈을 빌린 사람은 불리해지고, 빌려준 사람은 유리해질 것이다.

① ㄱ, ㄴ ② ㄱ, ㄷ ③ ㄴ, ㄷ ④ ㄴ, ㄹ ⑤ ㄷ, ㄹ

37

2018.3(고1)_학평20

(가)에 들어갈 학생의 옳은 답변을 〈보기〉에서 고른 것은? [3점]

― 〈 보 기 〉 ―
ㄱ. 수출이 불리해집니다.
ㄴ. 외채 상환 부담이 증가합니다.
ㄷ. 우리나라를 찾는 미국인 관광객의 비용 부담이 커집니다.
ㄹ. 미국에 유학 중인 자녀를 둔 가정의 경제적 부담이 커집니다.

① ㄱ, ㄴ ② ㄱ, ㄷ ③ ㄴ, ㄷ ④ ㄴ, ㄹ ⑤ ㄷ, ㄹ

38

2024.11(고1)_학평12

다음 자료에 대한 분석으로 옳은 것은? [3점]

갑국과 을국은 각각 쌀과 반도체만을 생산한다. 표는 갑국과 을국의 각 재화 1단위 생산에 필요한 노동자 수를 나타낸다. 단, 양국의 생산 요소는 노동뿐이며, 노동자 수는 동일하다.

구분	갑국	을국
쌀	2명	3명
반도체	4명	5명

① 쌀의 최대 생산 가능량은 갑국이 을국보다 적다.
② 을국은 쌀과 반도체 생산에 모두 절대 우위를 가진다.
③ 갑국의 쌀 1단위 생산의 기회비용은 반도체 2단위이다.
④ 반도체 1단위 생산의 기회비용은 갑국이 을국보다 작다.
⑤ 갑국은 쌀 생산에, 을국은 반도체 생산에 비교 우위를 가진다.

39

다음 자료는 무역 원리에 관한 갑과 을의 입장을 나타낸 것이다. 이에 대한 설명으로 옳은 것은? [2점]

> 갑: A국은 동일한 양의 면화를 B국보다 적은 노동력으로 생산할 수 있고, B국은 동일한 양의 설탕을 A국보다 적은 노동력으로 생산할 수 있다고 하자. 이때 각각 자국이 더 적은 노동력으로 생산할 수 있는 상품만을 생산하여, 자국이 생산하지 않은 상품을 무역으로 얻는다면 양국 모두 이익을 얻을 수 있다. 이처럼 각 국가는 자국이 생산한 상품을 다른 국가와 무역하면 부를 증대시킬 수 있다.
>
> 을: 갑의 주장에 따른다면, 한 국가가 다른 국가보다 모든 상품을 더 적은 노동력으로 생산할 수 있는 경우 무역은 발생하지 않는다. 따라서 각국 상품의 생산비를 비교할 때는 각 국가가 생산을 위해 포기해야 할 다른 상품의 양을 살펴보아야 한다. 예를 들어, C국은 포도주 1단위 생산에 80명, 면화 1단위 생산에 90명이 필요하며, D국은 포도주 1단위 생산에 120명, 면화 1단위 생산에 100명이 필요하다고 하자. C국이 포도주와 면화 모두 D국보다 더 적은 노동력으로 생산할 수 있더라도, C국은 <u>(가)</u> 생산에, D국은 <u>(나)</u> 생산에만 집중하여 무역을 하면 양국 모두 이익을 얻을 수 있다.

① 갑은 비교 우위에 기반하여 무역의 필요성을 주장한다.
② 갑, 을은 모두 특화를 통한 국제 분업의 필요성을 주장한다.
③ A국과 B국이 설탕 생산에 동일한 노동력을 투입할 경우, 설탕 생산량은 A국이 B국보다 많다.
④ C국과 D국 중 D국은 포도주와 면화 생산에 모두 절대 우위가 있다.
⑤ (가)에는 면화, (나)에는 포도주가 들어간다.

40

다음 자료에 대한 옳은 분석만을 〈보기〉에서 고른 것은? [3점]

> 쌀과 옷만을 생산하는 갑국과 을국은 비교 우위를 가지는 재화만을 특화하여 두 국가끼리만 교역하고자 한다. 표는 쌀 1단위 또는 옷 1단위를 생산하는 데 필요한 노동 시간을 나타낸 것이다. 단, 양국은 모두 노동만을 생산 요소로 사용한다.
>
> | 구분 | 갑국 | 을국 |
> |---|---|---|
> | 쌀 | 1시간 | 2시간 |
> | 옷 | 2시간 | 6시간 |

> ─── 〈 보 기 〉 ───
> ㄱ. 갑국에서 쌀 1단위 생산에 대한 기회비용은 옷 2단위이다.
> ㄴ. 을국의 노동 시간이 10시간일 경우 쌀 2단위와 옷 2단위를 동시에 생산할 수 있다.
> ㄷ. 갑국은 쌀과 옷 생산에 대해 모두 절대 우위를 가진다.
> ㄹ. 을국은 쌀 생산에 대해 비교 우위를 가진다.

① ㄱ, ㄴ ② ㄱ, ㄷ ③ ㄴ, ㄷ ④ ㄴ, ㄹ ⑤ ㄷ, ㄹ

41

다음 자료에 대한 옳은 분석만을 〈보기〉에서 고른 것은?
[3점]

표는 갑국과 을국의 쌀과 물고기 1단위 생산에 필요한 노동자 수를 나타낸 것이다. 단, 갑국과 을국은 쌀과 물고기만을 생산하며, 노동만을 생산 요소로 사용한다.

구분	갑국	을국
쌀	5명	15명
물고기	10명	15명

〈 보 기 〉

ㄱ. 을국은 쌀과 물고기 생산에 대해 모두 절대 우위를 가진다.
ㄴ. 갑국의 물고기 1단위 생산의 기회비용은 쌀 2단위 이다.
ㄷ. 물고기 1단위 생산의 기회비용은 을국이 갑국보다 크다.
ㄹ. 갑국은 쌀 생산에 대해 비교 우위를 가진다.

① ㄱ, ㄴ ② ㄱ, ㄷ ③ ㄴ, ㄷ ④ ㄴ, ㄹ ⑤ ㄷ, ㄹ

42

다음 자료에 대한 옳은 분석만을 〈보기〉에서 고른 것은?
[3점]

갑과 을은 함께 제과점을 열어 마카롱과 샌드위치만 만들어 팔기로 하고 각자 두 상품을 만들고 있다. 그림은 갑과 을이 각각 1시간 동안 최대한 만들 수 있는 마카롱 수 또는 샌드위치 수를 나타낸다.

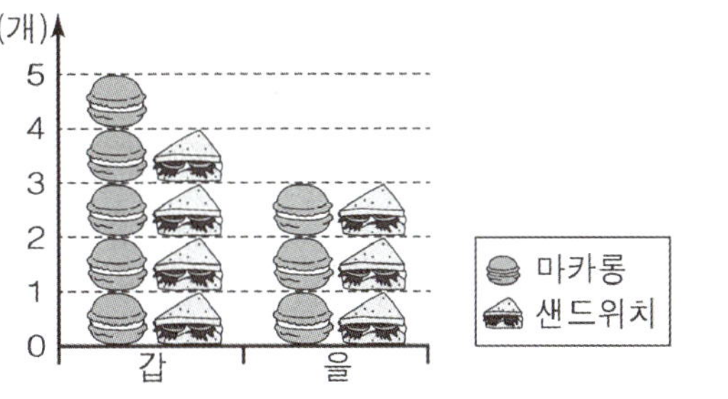

〈 보 기 〉

ㄱ. 갑은 마카롱을 만드는 데 절대 우위를 가진다.
ㄴ. 을은 샌드위치를 만드는 데 비교 우위를 가진다.
ㄷ. 갑이 샌드위치를 1개 만드는 데 따른 기회비용은 마카롱 5개이다.
ㄹ. 을은 1시간 동안 마카롱 3개와 샌드위치 3개를 동시에 만들 수 있다.

① ㄱ, ㄴ ② ㄱ, ㄷ ③ ㄴ, ㄷ ④ ㄴ, ㄹ ⑤ ㄷ, ㄹ

1 2025.3(고2) 경제_학평17

(가), (나)에 들어갈 수 있는 내용으로 옳은 것은? [2점]

> 1970년대에 들어 두 차례의 석유 파동으로 경기 침체와 동시에 물가가 상승하는 ⎯(가)⎯ 이 발생하였다. 이러한 위기를 정부의 개입으로 해결할 수 없게 되자, 정부가 시장에 개입하면 오히려 더 비효율적인 상황이 나타나므로 경제를 시장 원리에 맡기는 것이 최선이라는 주장이 등장하였는데, 이를 ⎯(나)⎯ 라고 한다.

	(가)	(나)
①	인플레이션	신자유주의
②	인플레이션	자유방임주의
③	디플레이션	자유방임주의
④	스태그플레이션	신자유주의
⑤	스태그플레이션	수정 자본주의

2 2024.3(고2) 경제_학평12

표는 자본주의 발달 과정에 대해 학생들이 선정한 발표 주제이다. 발표 주제를 적절하게 정한 학생만을 고른 것은? [2점]

학생	자본주의 발달 과정	발표 주제
갑	상업 자본주의	스태그플레이션에 대응하는 정부의 바람직한 역할 논쟁
을	산업 자본주의	산업 혁명으로 인한 산업 자본의 축적 과정
병	독점 자본주의	절대 왕정의 중상주의 정책과 신항로 개척
정	수정 자본주의	대공황 극복 과정에서 나타난 자본주의 경제 체제의 변화

① 갑, 을 ② 갑, 병 ③ 을, 병 ④ 을, 정 ⑤ 병, 정

3 2021.3(고2) 경제_학평3

그림은 자본주의의 역사적 전개 과정을 나타낸 것이다. 이에 대한 설명으로 옳은 것은? [2점]

(가)	(나)	(다)	(라)
15세기 이후 상업자본주의 발전	18세기 이후 산업자본주의 전개	20세기 수정자본주의 등장	1970년대 ㉠신자유주의 확산

① (가)에서는 자유 무역을 추구하는 중상주의 정책이 확산되었다.
② (나)에서는 정부가 시장에 적극적으로 개입하여 시장 실패 문제를 해결하고자 하였다.
③ (다)에서는 정부 지출 확대를 통해 경기 침체를 극복하려는 뉴딜 정책이 추진되었다.
④ (라)에서는 경제 대공황을 극복하기 위한 정부의 경제적 역할이 강조되었다.
⑤ (다)에서 발생한 빈부 격차 문제를 해결하기 위해 ㉠이 등장하였다.

4 2024.11(고2) 경제_학평1

(가), (나)에 들어갈 수 있는 내용으로 옳은 것은? (단, A, B는 각각 계획 경제 체제, 시장 경제 체제 중 하나임.) [2점]

> 교사: 지난 시간에 배운 A, B에 대해 설명해 볼까요?
> 갑: A에서는 '보이지 않는 손'의 기능을 중시합니다.
> 을: B에서는 ⎯(가)⎯
> 병: A와 B에서는 모두 ⎯(나)⎯
> 교사: 세 학생 모두 옳게 설명했네요.

① (가)−정부의 명령에 의해 자원이 배분됩니다.
② (가)−기본적인 경제 문제가 발생하지 않습니다.
③ (가)−원칙적으로 생산 수단의 사적 소유를 인정합니다.
④ (나)−자원 배분의 효율성보다 형평성을 강조합니다.
⑤ (나)−민간 경제 주체의 자유로운 경쟁을 강조합니다.

5

경제 체제 A, B에 대한 설명으로 옳은 것은? (단, A와 B는 각각 시장 경제 체제와 계획 경제 체제 중 하나이다.)

① A에서는 희소성에 의한 경제 문제가 발생하지 않는다.
② A에서는 '보이지 않는 손'에 의해 경제 문제를 해결한다.
③ B에서는 자원 배분의 효율성보다 형평성을 중시한다.
④ A에서는 B와 달리 경제적 유인을 강조한다.
⑤ B에서는 A와 달리 사적 이윤 추구 활동을 중시한다.

6

다음 글에 나타난 갑국과 을국에 대한 설명으로 옳은 것은? [2점]

> 갑국과 을국은 각각 계획 경제 체제와 시장 경제 체제 중 하나를 채택하고 있다. 갑국에서는 시장 가격 기구에 의해 자원이 배분되고, 을국에서는 정부의 결정과 통제에 의해 자원이 배분된다.

① 갑국에서는 사유 재산권 보장을 중시한다.
② 을국에서는 개별 경제 주체의 경제적 자율성을 보장한다.
③ 갑국과 달리 을국에서는 경제적 유인 체계를 중시한다.
④ 을국과 달리 갑국에서는 빈부 격차가 발생하지 않는다.
⑤ 갑국과 을국에서는 모두 '보이지 않는 손'의 기능을 중시한다.

7

그림은 질문에 따라 경제 체제 A, B를 구분한 것이다. 이에 대한 설명으로 옳은 것은? (단, A, B는 각각 계획 경제 체제, 시장 경제 체제 중 하나임.) [2점]

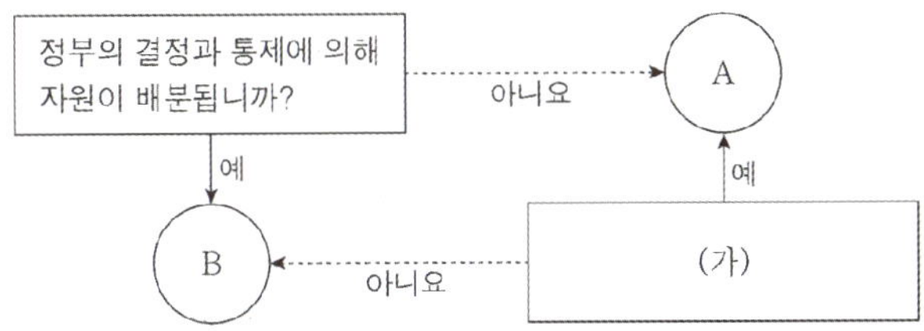

① A는 계획 경제 체제, B는 시장 경제 체제이다.
② A에서는 경쟁을 통한 사적 이윤 추구 활동이 보장된다.
③ B에서는 '보이지 않는 손'의 자원 배분 기능이 중시된다.
④ (가)에는 '경제 문제 해결 과정에서 정부의 명령이 중시됩니까?'가 들어갈 수 있다.
⑤ (가)에는 '민간 경제 주체의 자유로운 경제 활동이 보장됩니까?'가 들어갈 수 없다.

8

갑국과 을국에 대한 설명으로 옳은 것은? (단, 갑국, 을국은 각각 계획 경제 체제, 시장 경제 체제 중 하나를 채택함.) [2점]

> ○ 갑국에서 모든 생산 수단은 국가 소유이다. 정부는 생산에 필요한 모든 비용을 부담하며 계획과 명령에 따라 국민들에게 재화와 서비스를 배분한다.
> ○ 을국에서 모든 생산자는 민간 기업이다. 소비자는 재화와 서비스를 자유롭게 선택하고 비용은 개인이 부담한다. 생산자는 더 많은 경제적 가치를 얻기 위해 소비자의 선호도가 높은 재화와 서비스를 생산하려 한다.

① 갑국은 사익 추구를 통해 경제 문제를 해결한다.
② 을국은 생산물의 배분 방식을 정부가 결정한다.
③ 생산자의 이윤 추구 동기는 갑국이 을국보다 강하다.
④ 민간 경제 주체의 자율성은 을국이 갑국보다 높다.
⑤ 갑국과 을국은 모두 '보이지 않는 손'의 기능을 중시한다.

9

표는 질문에 따라 경제 체제 A, B를 구분한 것이다. 이에 대한 설명으로 옳은 것은? (단, A, B는 각각 시장 경제 체제, 계획 경제 체제 중 하나임.) [3점]

질문	A	B
정부의 계획과 명령에 따라 자원이 배분되는가?	㉠	㉡
민간 경제 주체의 자유로운 경제 활동이 중시되는가?	㉢	㉣
(가)	예	아니요

① A가 계획 경제 체제라면, ㉡과 ㉢에는 모두 '예'가 들어간다.
② B가 시장 경제 체제라면, ㉠과 ㉣에는 모두 '아니요'가 들어간다.
③ ㉠이 '예'라면, B는 사유 재산권의 제한으로 경제적 유인이 부족하다.
④ ㉢이 '아니요'라면, A는 시장 가격에 의한 자원의 배분을 중시한다.
⑤ (가)에는 '자원의 희소성에 따른 기본적인 경제 문제가 발생하는가?'가 들어갈 수 없다.

10

표는 질문에 따라 경제 체제 A, B를 구분한 것이다. 이에 대한 설명으로 옳은 것은? (단, A, B는 각각 계획 경제 체제와 시장 경제 체제 중 하나이다.) [2점]

구분	A	B
정부의 결정과 통제에 따라 경제 문제를 해결하는가?	예	아니요
(가)	아니요	예
(나)	예	아니요

① A는 '보이지 않는 손'에 의한 자원 배분을 강조한다.
② A는 B보다 자원 배분의 효율성을 중시한다.
③ B는 A보다 기업의 이윤 추구 동기가 강하게 나타난다.
④ (가)에는 '민간 경제 주체의 자유로운 경쟁을 강조하는가?'가 들어갈 수 없다.
⑤ (나)에는 '사유 재산의 보장을 원칙으로 하는가?'가 들어갈 수 있다.

11

다음 자료에 대한 옳은 분석만을 〈보기〉에서 고른 것은? [3점]

[게임 규칙]
○ 원판 A ~ F에는 각각 '시장 경제 체제', '계획 경제 체제'가 무작위로 기재되어 있고, 갑과 을은 원판을 한 번씩만 돌릴 수 있다.
○ 갑과 을은 개인별로 '시장 경제 체제'에만 해당하는 일반적인 특징이 기재된 카드 3장과 '계획 경제 체제'에만 해당하는 일반적인 특징이 기재된 카드 3장, 총 6장을 배부받는다. 단, 모든 카드에 기재된 내용은 각각 다르다.
○ 갑과 을은 원판을 돌려 나온 경제 체제의 일반적인 특징에 해당하는 카드 3장을 선택해야 하고, 3장 모두 옳게 선택한 사람이 승리한다.

[게임 결과]
○ 원판을 돌려 갑은 A, 을은 D가 나왔고, 을이 승리하였다.

단, 원판 A와 D에는 서로 다른 경제 체제가 기재되어 있고, 갑과 을이 선택한 카드의 내용은 다음과 같다.

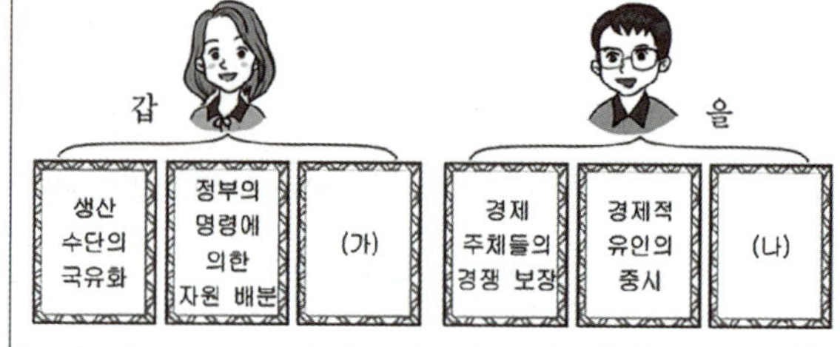

─── 〈 보 기 〉 ───
ㄱ. (가)에는 '개인 성과에 따른 차등 분배 강조'가 들어갈 수 없다.
ㄴ. (나)에는 '시장 가격 기구의 기능 중시'가 들어갈 수 있다.
ㄷ. (가)와 (나)의 내용이 서로 바뀌어도 을이 승리한다.
ㄹ. A에 기재된 경제 체제는 D에 기재된 경제 체제와 달리 기본적인 경제 문제를 해결하는데 효율성을 우선시한다.

① ㄱ, ㄴ ② ㄱ, ㄷ ③ ㄴ, ㄷ ④ ㄴ, ㄹ ⑤ ㄷ, ㄹ

12

2021.11(고2) 경제_학평4

경제 체제 A, B에 대한 옳은 설명만을 〈보기〉에서 고른 것은? (단, A와 B는 각각 계획 경제 체제와 시장 경제 체제 중 하나이다.) [2점]

> 정부의 명령과 통제에 의한 경제 활동이 이루어지는 A를 유지해 온 갑국은 낮은 생산성으로 인한 문제를 오랫동안 겪고 있다. 이에 민간 경제 주체의 자율적인 선택을 바탕으로 경제 활동이 이루어지는 B를 도입해야 한다는 주장이 제기되고 있다.

─────〈 보 기 〉─────
ㄱ. A는 가격 기구에 의한 경제 문제 해결을 중시한다.
ㄴ. B는 개별 경제 주체의 이익 추구 활동을 보장한다.
ㄷ. A와 달리 B는 일반적으로 국가가 생산 수단을 소유한다.
ㄹ. A, B에서는 모두 기본 경제 문제가 발생한다.

① ㄱ, ㄴ ② ㄱ, ㄷ ③ ㄴ, ㄷ ④ ㄴ, ㄹ ⑤ ㄷ, ㄹ

13

2024.6(고2) 경제_학평6

다음 자료에 대한 분석 및 추론으로 옳은 것은? [3점]

> 갑은 A, B 중 하나를 합리적으로 선택하여 구매하고자 한다. 표는 A, B의 가격과 갑이 선택으로 얻는 편익을 나타낸다. 단, 제시된 자료 외에 다른 조건은 고려하지 않는다.
>
> | 구분 | 가격(만 원) | 편익(만 원) |
> |---|---|---|
> | A | 100 | 180 |
> | B | ㉠130 | 250 |

① A선택의 명시적 비용은 280만 원이다.
② B선택의 암묵적 비용은 120만 원이다.
③ A선택의 기회비용은 B선택의 기회비용보다 크다.
④ A선택의 순편익은 양(+)의 값을 가진다.
⑤ ㉠이 '180'으로 변동해도 갑의 선택은 변함이 없다.

14

2024.9(고2) 경제_학평5

다음 자료에 대한 옳은 분석만을 〈보기〉에서 고른 것은? [3점]

> 갑은 건강을 위해 체육관에 등록하려고 한다. 표는 A~C 체육관 선택에 따른 갑의 편익과 기회비용을 나타낸다. 갑은 편익과 기회비용만을 고려하여 A~C체육관 중 하나를 합리적으로 선택하고자 한다. A, C 체육관을 선택할 경우와 달리 B체육관을 선택할 경우 친구에게 이용권을 무상으로 양도받기로 하여 명시적 비용은 발생하지 않는다. 단, 제시된 내용 이외의 다른 조건은 고려하지 않는다.
>
> (단위: 만 원)
>
> | 구분 | A체육관 | B체육관 | C체육관 |
> |---|---|---|---|
> | 기회비용 | 35 | 17 | 38 |
> | 편익 | 30 | 20 | 35 |

─────〈 보 기 〉─────
ㄱ. C체육관을 선택하는 것이 합리적이다.
ㄴ. A체육관 선택의 암묵적 비용은 B체육관 선택의 암묵적 비용보다 작다.
ㄷ. A체육관 선택의 명시적 비용은 C체육관 선택의 명시적 비용보다 3만 원 작다.
ㄹ. B체육관 선택의 순편익은 A체육관 선택의 순편익과 달리 양(+)의 값을 갖는다.

① ㄱ, ㄴ ② ㄱ, ㄷ ③ ㄴ, ㄷ ④ ㄴ, ㄹ ⑤ ㄷ, ㄹ

15

다음 자료에 대한 분석 및 추론으로 옳은 것은? [3점]

갑, 을은 노트북A, B 중 하나를 편익과 기회비용만을 고려하여 합리적으로 선택하고자 한다. 표는 갑, 을이 노트북 A, B로부터 얻는 편익을 나타낸다. 7월과 9월에 노트북A, B로부터 얻는 갑, 을의 편익은 변함이 없고, 7월에 노트북A, B의 가격은 100만 원이다. 9월에는 노트북A만 ㉠할인된 가격으로 판매하고, 노트북B는 가격 변화가 없다. 단, 제시된 내용 이외의 조건은 고려하지 않는다.

(단위: 만 원)

구분		노트북A	노트북B
편익	갑	200	230
	을	200	210

① ㉠이 '90만 원' 미만일 경우 을은 9월에 노트북B를 선택한다.
② ㉠이 '80만 원'일 경우 갑이 노트북B를 선택할 때 순편익은 7월보다 9월이 작다.
③ 갑이 노트북A를 선택할 때 기회비용은 7월과 9월이 같다.
④ 갑이 노트북B를 선택할 때 암묵적 비용은 7월보다 9월이 작다.
⑤ 을이 7월에 노트북A를 선택할 때 암묵적 비용은 100만 원이다.

16

다음 자료에 대한 분석으로 옳은 것은? [3점]

갑은 가격이 동일한 X재~Z재 중 하나를 편익과 기회비용만을 고려하여 합리적으로 선택하고자 한다. 그림은 갑의 선택에 따른 편익과 암묵적 비용을 나타낸 표의 일부이다. 단, 제시된 내용 이외의 조건은 고려하지 않는다.

(단위: 달러)

구분	X재	Y재	Z재
편익	4	3	2
암묵적 비용	1	2	

① X재 선택에 따른 기회비용은 4달러이다.
② Y재 선택에 따른 명시적 비용은 3달러이다.
③ Z재 선택에 따른 암묵적 비용은 3달러이다.
④ X재 선택에 따른 순편익은 양(+)의 값이다.
⑤ Y재와 Z재 선택에 따른 순편익은 서로 같다.

17

그림은 경제 학습지이다. 이에 대한 설명으로 옳은 것은? [3점]

<합리적 선택>
◆ 의미 : 편익에서 기회비용을 뺀 순편익이 가장 큰 값을 갖는 대안을 선택하는 것
  ○ 기회비용
  － 의미 : [(가)   ]
  － 구성 : ㉠명시적 비용 ＋ ㉡암묵적 비용
◆ 활동하기
  표는 재화 A~C의 가격과 선택에 따른 편익을 나타낸다. 무엇을 선택하는 것이 합리적 선택일까?

구분	A	B	C
가격(만 원)	4	6	8
편익(만 원)	7	8	9

① (가)에는 '이미 지출하여 회수할 수 없는 비용'이 들어갈 수 있다.
② ㉠은 A를 선택할 때가 가장 크다.
③ ㉡은 B를 선택할 때와 C를 선택할 때가 같다.
④ 기회비용은 B를 선택할 때보다 A를 선택할 때가 크다.
⑤ 순편익은 A를 선택할 때보다 C를 선택할 때가 크다.

18
2023.11(고2) 경제_학평6

다음 자료에 대한 분석으로 옳은 것은? [2점]

갑은 토요일 오후 3시간의 여가를 즐기기 위해 영화 관람, 게임, 운동 중 하나를 편익과 기회비용을 고려하여 선택하고자 한다. 표는 갑의 영화 관람, 게임, 운동 선택에 따른 편익과 명시적 비용을 나타낸다.

(단위: 원)

구분	영화 관람	게임	운동
편익	14,000	17,000	20,000
명시적 비용	10,000	14,000	18,000

① 영화 관람 선택에 따른 암묵적 비용은 5,000원이다.
② 게임 선택에 따른 기회비용은 14,000원이다.
③ 운동 선택에 따른 기회비용은 편익보다 2,000원 작다.
④ 게임보다 운동 선택에 따른 암묵적 비용이 크다.
⑤ 영화 관람을 선택하는 것이 합리적이다.

19
2024.11(고2) 경제_학평13

다음 자료에 대한 분석 및 추론으로 옳은 것은? [3점]

갑은 커피와 주스 중 하나를 편익과 기회비용만을 고려해 합리적으로 선택하려고 한다. 표는 커피와 주스 선택에 따른 갑의 편익을 나타낸다.

구분	커피	주스
편익	3,000원	4,000원

① 커피 선택의 명시적 비용은 주스 선택의 명시적 비용보다 크다.
② 커피 선택의 암묵적 비용은 주스 선택의 암묵적 비용보다 크다.
③ 커피 선택의 기회비용은 4,000원이다.
④ 주스 선택의 순편익은 2,000원이다.
⑤ ㉠이 '1,500원'으로 변동하여도 갑의 선택은 변함이 없다.

20
2023.6(고2) 경제_학평4

다음 자료에 대한 분석으로 옳은 것은? [3점]

표는 갑이 A재 또는 B재를 선택하는 데 따른 편익과 기회비용을 나타낸다. 갑은 편익과 기회비용만을 고려하여 A재와 B재 중 하나를 합리적으로 선택하려고 한다.

(단위: 만 원)

구분		A재	B재
편익		240	260
기회비용	명시적 비용	㉠	100
	(가)	160	140

① ㉠은 '120'이다.
② (가)는 매몰 비용이다.
③ A재 선택의 기회비용은 B재 선택의 기회비용보다 작다.
④ A재 가격이 10% 하락하면 A재 선택의 순편익은 양(+)의 값을 갖는다.
⑤ B재 가격이 10% 상승하더라도 갑의 선택은 변함이 없다.

21
2022.11(고2) 경제_학평2

다음 자료에 대한 옳은 설명만을 〈보기〉에서 고른 것은? [3점]

갑은 여행을 가기 위해 ㉠가이드 투어 비용 3만 원을 미리 지불하였다. 그런데 여행을 가는 대신 아르바이트를 한 후 테니스를 할 기회가 생겨 1안과 2안 중 하나를 선택하려고 한다. 단, 가이드 투어 비용은 환불받을 수 없다.

○ 1안: 가이드 투어 비용 이외에 추가로 여행 경비 10만 원을 들여 여행을 감. 여행의 편익은 ⎡ A ⎤ 만 원임.
○ 2안: 아르바이트를 한 후 테니스를 함. ㉡아르바이트를 하고 얻는 임금은 10만 원, 테니스를 하고 얻는 편익은 12만 원임. 단, 테니스장 시설 사용료 2만 원을 내야 함.

─── 〈 보 기 〉 ───
ㄱ. ㉠은 2안 선택에 따른 기회비용에 포함된다.
ㄴ. ㉡은 1안 선택에 따른 암묵적 비용에 포함된다.
ㄷ. A가 '30'보다 크면 1안을 선택하는 것이 합리적이다.
ㄹ. 1안 선택에 따른 명시적 비용은 2안 선택에 따른 명시적 비용보다 작다.

① ㄱ, ㄴ ② ㄱ, ㄷ ③ ㄴ, ㄷ ④ ㄴ, ㄹ ⑤ ㄷ, ㄹ

22
2022.9(고2) 경제_학평4

다음 자료에 대한 분석으로 옳은 것은? (단, 제시된 내용 이외의 다른 조건은 고려하지 않는다.) [3점]

갑은 중고 거래 애플리케이션을 통해 스마트 워치 A ~ C 중 하나를 구매하려고 한다. 각각의 제품 정보는 오른쪽 자료와 같고, 제품에 대한 편익은 아래 표와 같다.

제품	편익
A	310,000원
B	280,000원
C	300,000원

① A를 선택하는 것이 합리적이다.
② B를 선택할 때의 순편익은 양(+)의 값을 갖는다.
③ C를 선택할 때의 기회비용은 235,000원이다.
④ A를 선택할 때와 B를 선택할 때의 암묵적 비용은 같다.
⑤ A를 선택할 때의 기회비용은 B를 선택할 때의 기회비용보다 크다.

23
2021.11(고2) 경제_학평15

다음 자료에 대한 옳은 분석만을 〈보기〉에서 고른 것은? [3점]

표는 ○○ 애플리케이션 이용 요금제를 나타낸다. 갑은 6개월간, 을은 1년간 ○○ 애플리케이션을 이용하기 위해 각각 A~C 중 하나를 선택하고자 한다. 단, 갑과 을의 ○○ 애플리케이션 이용에 따른 편익은 월 2,000원으로 같다.

요금제	이용 기간	내용
A	1개월	5,000원을 내고 1개월간 이용
B	1년	10,000원을 내고 1년간 이용
C	무제한	15,000원을 내고 기간 제한 없이 이용

< 보 기 >

ㄱ. 갑의 A 선택에 따른 명시적 비용은 B 선택에 따른 명시적 비용보다 작다.
ㄴ. 갑의 C 선택에 따른 순편익은 양(+)의 값을 가진다.
ㄷ. 을의 B 선택에 따른 기회비용은 C 선택에 따른 기회비용보다 작다.
ㄹ. 갑과 을의 합리적 선택에 따른 명시적 비용은 같다.

① ㄱ, ㄴ ② ㄱ, ㄷ ③ ㄴ, ㄷ ④ ㄴ, ㄹ ⑤ ㄷ, ㄹ

24

다음 자료에 대한 분석으로 옳은 것은? [3점]

> 갑은 택시 호출 앱을 통해 3종류의 택시 중 하나를 이용하려 한다. 택시별 편익은 일반택시를 이용할 경우 11,000원, 바로택시를 이용할 경우 13,000원, 고급택시를 이용할 경우 14,000원이고, 택시별 이용 요금은 그림과 같다. 단, 제시된 내용 이외의 요인은 고려하지 않는다.

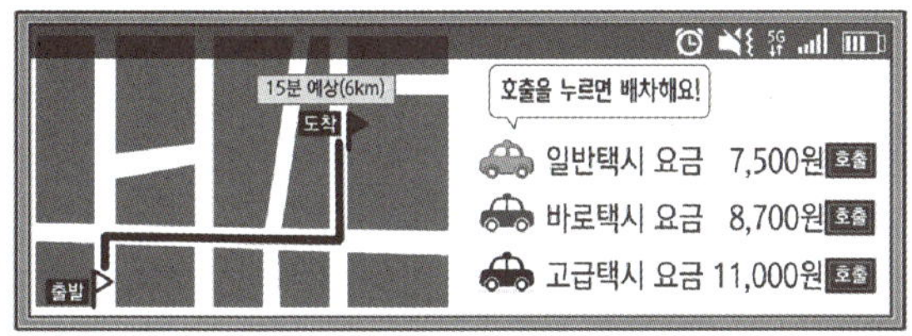

① 고급택시를 이용하는 것이 합리적이다.
② 일반택시를 이용할 때 기회비용이 가장 작다.
③ 바로택시를 이용할 때 암묵적 비용이 가장 크다.
④ 일반택시를 이용할 때 명시적 비용은 3,500원이다.
⑤ 바로택시를 이용할 때 순편익은 음(−)의 값을 갖는다.

25

다음 글에 대한 설명으로 가장 적절한 것은? [2점]

> 환경 문제가 심각해지면서 환경친화적 제품을 구매하는 소비자들이 증가하고 있다. 이러한 소비자들은 일회용품 사용을 줄이기 위해 노력하고, 환경 보전에 앞장서는 기업의 제품을 선택하기도 한다. □□기업은 매장 내 일회용 컵 사용을 줄여 소비자들로부터 환경친화적 기업이라는 평가를 얻었고, 이에 지속적으로 환경 경영을 실천하고 있다.

① 일자리 창출로 고용을 확대하는 기업의 역할이 나타난다.
② 공정한 경쟁 구조 확립을 촉구하는 소비자의 요구가 나타난다.
③ 지속 가능한 개발을 위해 정부가 실시하는 환경 정책이 나타난다.
④ 신제품 개발을 통해 경제 활성화에 기여하려는 기업의 의사 결정 과정이 나타난다.
⑤ 기업이 사회적 책임을 실천하도록 영향을 미치는 소비자의 윤리적 소비 행태가 나타난다.

26

그림은 경제 기사의 일부이다. 기사에 나타난 정부의 경제적 역할로 가장 적절한 것은? [2점]

> ### ◇◇ 신문
> ○○○○년 ○○월 ○○일
>
> 정부는 가격을 담합한 □□제품의 제조·판매 업체 6곳을 적발하고 과징금을 부과하기로 했다. 6개 업체는 마치 1개 사업자처럼 지난 12년 동안 □□제품의 가격을 동일하게 인상하거나 유지했다. 정부는 '이러한 기업의 행위는 가격 경쟁을 차단하여 경제 전반에 부정적 영향을 미치므로 강력한 제재가 필요하다.'고 밝혔다.

① 정부 활동에 필요한 재화와 서비스를 구입한다.
② 세입과 세출을 조절하여 물가 안정을 유도한다.
③ 불공정 거래 행위를 규제하여 시장 경제 질서를 유지한다.
④ 부적절한 규제를 개혁하여 창의적인 기업 활동을 보장한다.
⑤ 시장에서 충분히 공급되기 어려운 재화와 서비스를 제공한다.

27

(가)에 들어갈 정부의 경제적 역할로 가장 적절한 것은? [2점]

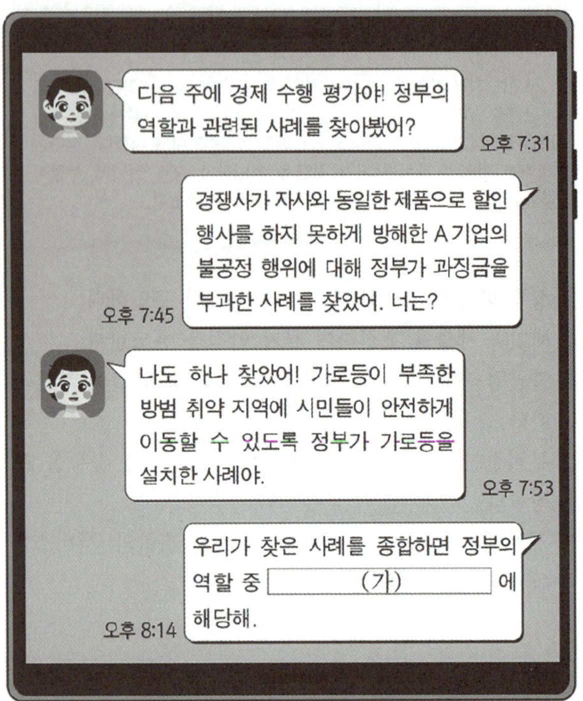

① 정부 활동에 필요한 재화와 서비스의 구입
② 자원의 효율적 배분을 위한 시장 기능의 보완
③ 경제적 불평등 완화를 위한 소득 재분배 정책 실시
④ 노동자의 권리 보호를 위한 관련 법률 규정의 강화
⑤ 사회적 책임을 성실히 이행한 기업에 대한 경제적 지원

28

그림은 인터넷에서 (가)를 검색한 화면이다. (가)에 들어갈 내용으로 가장 적절한 것은? [2점]

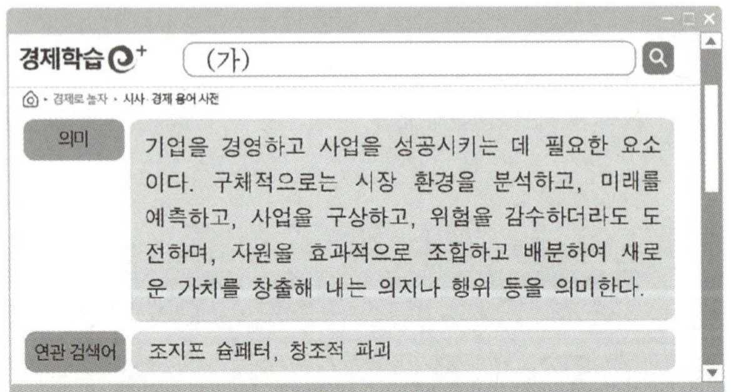

① 공정 거래   ② 기업 윤리   ③ 투명 경영
④ 기업가 정신   ⑤ 사회적 책임

29

(가), (나)에 들어갈 용어로 옳은 것은? [2점]

○ 공유지는 무한하지는 않지만 [(가)] 으로 인해 대가 지불 여부와 상관없이 누구나 사용할 수 있다. 이와 같은 공유지의 특성을 가진 목초지에 자신의 이익을 추구하는 사람들이 소를 마구마구 방목한 결과, 목초지가 황폐화되는 현상을 '공유지의 비극'이라고 한다.

○ 레몬은 보기에는 좋으나 실상은 시큼하고 맛없는 과일로 여겨진다. 이와 같은 레몬의 특성에 빗대어, 상품 거래에서 구매자와 판매자 사이에 나타나는 [(나)] (으)로 인해 겉보기에 그럴듯한 상품만 거래되고 품질이 좋은 상품은 자취를 감추게 되는 시장을 '레몬 시장'이라고 한다.

	(가)	(나)
①	배제성	외부 효과
②	비배제성	불완전 경쟁
③	비배제성	정보의 비대칭성
④	비경합성	불완전 경쟁
⑤	비경합성	정보의 비대칭성

30

다음 자료에 나타난 내용으로 가장 적절한 것은? [2점]

가로등 불빛을 누가 얼마나 이용했는지 정확히 측정할 수 없기 때문에 요금을 내지 않는 사람의 이용을 막을 수 없다. 그 결과 아무도 가로등 이용 요금을 내지 않는다. 이에 기업은 가로등 생산을 통해 이윤을 창출할 수 없어 가로등을 생산하지 않게 된다. 이로 인해 어두운 골목길 곳곳에는 가로등이 필요한 양만큼 공급되지 않는다.

① 정부의 개입으로 인해 정부 실패가 발생한다.
② 불공정 거래 행위로 인해 시장 실패가 발생한다.
③ 재화의 비배제성으로 인해 시장 실패가 발생한다.
④ 소비자의 도덕적 해이로 인해 시장 실패가 발생한다.
⑤ 정보의 비대칭성으로 인해 역선택의 문제가 발생한다.

31

(가)에 들어갈 내용으로 가장 적절한 것은? [2점]

<경제 서술형 평가>

이름 : ○○○

점수 : **30** 점

○ 문제 : [(가)]의 문제를 해결하여 효율성을 높일 수 있는 대책을 3가지 서술하시오. [1가지당 10점, 총 30점]

○ 학생 답안

1) 공기업을 민영화한다.

2) 비대한 관료 조직을 정비한다.

3) 시민이 직접 불필요한 예산 집행을 감시한다.

① 정부 실패
② 외부 불경제
③ 공공재 부족
④ 독과점 시장
⑤ 소득 분배의 불평등

32

(가)에 들어갈 내용으로 가장 적절한 것은? [2점]

최근 프로 야구에서 A구단은 새로 영입한 선수 갑 때문에 피해를 입었다. 계약 당시 갑이 만성 발목 통증과 체력 저하 문제를 숨긴 탓이다. A구단은 갑의 건강 상태를 알지 못한 채 경기 성적이 비슷한 다른 선수들과 같은 조건으로 계약을 체결했으나, 갑은 두 경기 출전 후 발목 통증으로 더 이상 경기에 나서지 못했다. 결국 A구단은 전력이 약해지고 재활 치료와 관련된 비용까지 추가로 부담하게 되었다. 이 사례는 [(가)] 을 보여준다.

① 정보의 비대칭성으로 불리한 선택을 할 수 있음
② 기업 간 담합으로 자원이 비효율적으로 배분될 수 있음
③ 시장의 진입 장벽으로 자유로운 경쟁이 제한될 수 있음
④ 정부의 과도한 규제로 시장의 비효율성이 초래될 수 있음
⑤ 시장에 대한 정부의 정보 부족으로 자원이 낭비될 수 있음

33

다음 사례에서 도출할 수 있는 결론으로 가장 적절한 것은? [2점]

갑국의 ○○지역에서는 인구 증가로 인하여 많은 경작지와 건축용 목재가 필요해졌다. 이에 주인 없는 산림에서는 자신만의 이익을 추구하려는 사람들의 무분별한 산림 훼손 행위가 발생해 많은 산림이 벌거숭이가 되었다. 이와 같은 '공유지의 비극'을 해결하기 위해 ○○지역 사람들은 자발적으로 자체 조직을 결성하고 규칙을 만들어 산림을 관리하였다. 그 결과 황폐한 산림이 점차 울창한 숲으로 변화하였다.

① 시장 실패는 재화의 비경합성으로 인해 발생한다.
② 시장 실패를 개선하기 위한 정부의 역할에는 한계가 있다.
③ 정부의 적극적인 시장 개입으로 인해 정부 실패가 발생한다.
④ 자원의 효율적 배분을 위해 정부의 시장 개입은 필수적이다.
⑤ 민간 부문의 자체적인 노력이 시장 실패 해결에 기여할 수 있다.

34

밑줄 친 ㉠, ㉡에 대한 설명으로 옳은 것은? [2점]

해외 공연장에서 열린 인기 가수 ㉠A의 콘서트가 성공적으로 마무리되었다. A의 콘서트 입장권은 높은 가격에도 예매 시작 5분 만에 매진되어 해외 현지에서 많은 관심을 끌었다. A의 소속사는 콘서트를 관람하지 못한 팬들을 위해 ㉡A의 콘서트 영상을 유료 온라인 동영상 플랫폼에 게시하였고, 유료 이용권을 구매한 사람은 누구나 횟수 제한 없이 A의 콘서트 영상을 시청할 수 있게 되었다.

① ㉠은 비배제성을 갖는다.
② ㉡은 공유 자원에 해당한다.
③ ㉠과 달리 ㉡은 비경합성을 갖는다.
④ ㉡과 달리 ㉠은 무임승차자 문제가 발생한다.
⑤ ㉠, ㉡은 모두 남용으로 인한 자원 고갈 문제가 나타난다.

35

그림은 재화의 유형 A~C를 질문에 따라 구분한 것이다. 이에 대한 설명으로 옳은 것은? (단, A~C는 각각 희소성이 있는 재화임.) [2점]

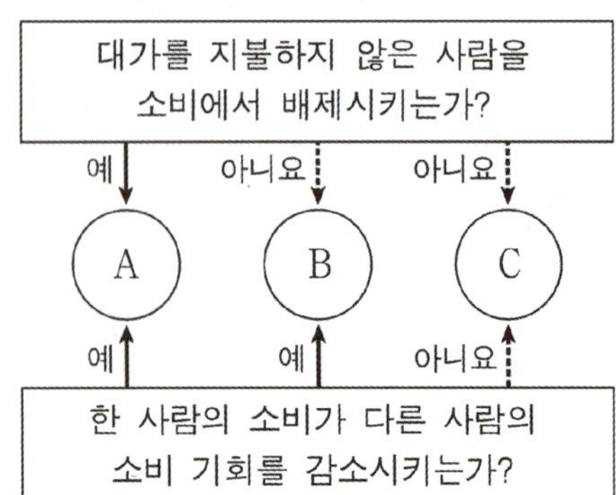

① A는 공공재이다.
② 국방 서비스는 B에 해당한다.
③ 공해상의 어족 자원은 C에 해당한다.
④ A는 B와 달리 무임승차자 문제가 발생할 수 있다.
⑤ B는 C에 비해 남용으로 인한 고갈 문제가 발생할 가능성이 높다.

36

밑줄 친 ㉠, ㉡에 대한 설명으로 옳은 것은? [2점]

① ㉠은 소비의 비경합성을 가진다.
② ㉡은 소비의 비배제성을 가진다.
③ ㉡과 달리 ㉠은 남용에 따른 고갈 문제가 발생한다.
④ ㉠과 달리 ㉡은 희소성을 가진다.
⑤ ㉠, ㉡은 모두 무임승차의 문제가 발생한다.

37

그림은 외부 효과의 사례 (가), (나)를 카드 뉴스로 만든 것이다. 이에 대한 옳은 설명만을 〈보기〉에서 고른 것은? [3점]

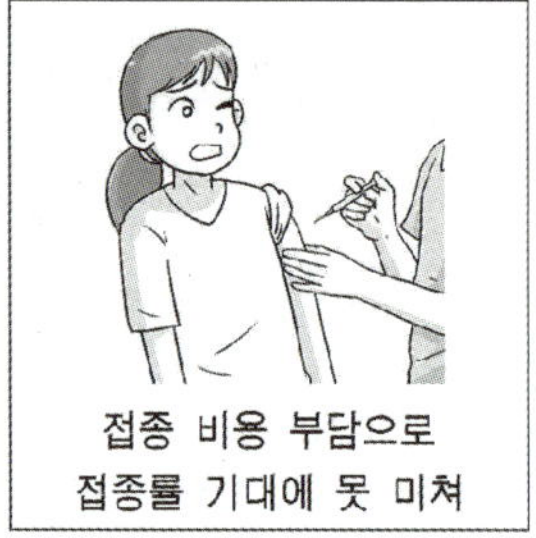

< 보 기 >
ㄱ. (가)는 긍정적 외부 효과, (나)는 부정적 외부 효과의 사례이다.
ㄴ. (가)는 사회적으로 적정한 수준보다 적게 소비된다.
ㄷ. (가)는 (나)와 달리 경제적 유인을 통해 해결할 수 있다.
ㄹ. (나)는 (가)와 달리 자원이 효율적으로 배분되지 못한 상황이다.

① ㄱ, ㄴ ② ㄱ, ㄷ ③ ㄴ, ㄷ ④ ㄴ, ㄹ ⑤ ㄷ, ㄹ

38

2022.3(고2) 경제_학평8

(가), (나)에 대한 옳은 설명만을 〈보기〉에서 고른 것은?
[3점]

(가) 과수원 주변에서 양봉업자가 꿀벌을 기른다면 과수원 주인은 이전보다 더 많은 과일을 수확할 수 있지만, 그 혜택에 대해 양봉업자에게 대가를 지급하지 않는다.

(나) 최근 집 안에서 동영상을 보며 운동하는 사람들이 늘어났다. 이로 인해 발생하는 층간 소음 때문에 공동주택 주민들 사이에 갈등이 증가하고 있다.

─── 〈 보 기 〉 ───

ㄱ. 흡연으로 인한 간접흡연 피해는 (나)와 같은 유형의 외부 효과 사례이다.

ㄴ. (가)는 외부 경제, (나)는 외부 불경제 사례에 해당한다.

ㄷ. (가)는 (나)와 달리 자원이 효율적으로 배분된 사례이다.

ㄹ. (나)는 (가)와 달리 경제적 유인을 통해 해결할 수 있다.

① ㄱ, ㄴ ② ㄱ, ㄷ ③ ㄴ, ㄷ ④ ㄴ, ㄹ ⑤ ㄷ, ㄹ

39

2025.3(고2) 경제_학평15

다음 자료에 대한 분석으로 옳은 것은? [3점]

X재 시장에서 갑 기업은 유일한 공급자이고 이윤을 극대화하는 수준에서 생산량을 결정한다. 최근 갑 기업의 X재 생산 과정에서 환경 오염이 발생하여 주변 주민이 피해를 겪게 되자, 정부는 ㉠갑 기업의 X재 생산 과정에 드는 총비용에 주민이 겪는 피해 비용만큼을 추가시키는 정책 시행을 고려하고 있다. 표는 갑 기업의 X재 생산량에 따른 총수입, 총비용, 환경 오염으로 주민이 겪는 피해 비용을 나타낸다.

X재 생산량(개)		1	2	3	4	5
갑 기업	총수입(만 원)	10	19	27	34	40
	총비용(만 원)	12	18	22	25	32
주민이 겪는 피해 비용(만 원)		0	1	3	8	17

① X재는 사회적 최적 수준보다 과소 생산되고 있다.

② X재 시장에서는 긍정적 외부 효과가 발생하고 있다.

③ ㉠을 시행할 경우 X재의 생산량을 3개에서 4개로 늘릴 때 추가적으로 드는 비용은 3만 원이다.

④ ㉠을 시행할 경우 X재의 시장 공급량은 4개이다.

⑤ ㉠을 시행할 경우 갑 기업의 이윤은 ㉠시행 전에 비해 7만 원 감소한다.

40

2022.3(고2) 경제_학평16

그림은 생애 주기에 따른 소득과 소비 곡선을 나타낸 것이다. 이에 대한 옳은 설명만을 〈보기〉에서 고른 것은? [2점]

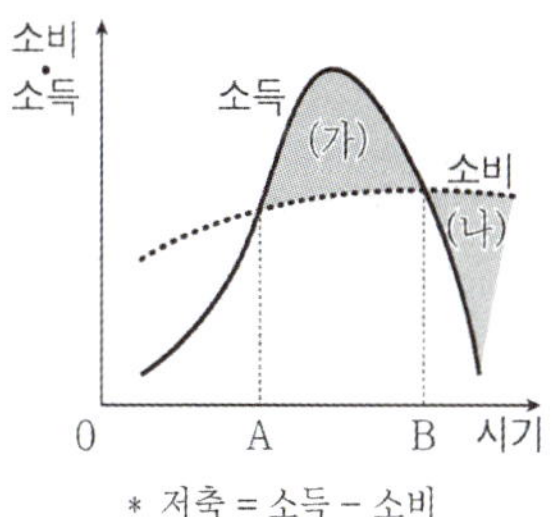

─── 〈 보 기 〉 ───

ㄱ. (가)는 양(+)의 저축에 해당한다.

ㄴ. 평균 수명의 연장은 (나)가 줄어드는 요인이 된다.

ㄷ. 생애 기간 누적 저축액은 B 시점에서 가장 많다.

ㄹ. A와 B 시기 사이에는 소득이 지속적으로 감소한다.

① ㄱ, ㄴ ② ㄱ, ㄷ ③ ㄴ, ㄷ ④ ㄴ, ㄹ ⑤ ㄷ, ㄹ

41

2025.6(고2) 경제_학평20

다음 자료에 대한 분석으로 옳은 것은? [3점]

정부는 생산 측면에서만 외부 효과가 발생한 X재와 Y재 시장에서 공급자에게 세금을 부과하거나 보조금을 지급하는 정책을 시행하였다. 그 결과 두 시장의 균형은 모두 사회적 최적 수준을 달성하였다. 표는 정책 시행 전후 두 시장의 균형 가격을 나타낸다. 단, X재와 Y재는 모두 수요와 공급 법칙을 따른다.

(단위 : 달러)

구분	X재 균형 가격	Y재 균형 가격
정책 시행 이전	P_1	P_2
정책 시행 이후	P_1-10	P_2+20

① X재 시장에서는 외부 불경제, Y재 시장에서는 외부 경제가 발생하였다.
② 정부는 X재 1개당 10달러의 보조금을 지급하였다.
③ 정책 시행 이전 Y재 생산의 사적 비용은 사회적 비용보다 크다.
④ 정책 시행 이후 X재 시장에서 균형 거래량은 증가하였다.
⑤ 정책 시행 이후 Y재 시장에서 생산자 잉여는 증가하였다.

42

2023.3(고2) 경제_학평7

그림은 갑의 생애 주기에 따른 저축의 변화를 나타낸다. 이에 대한 설명으로 옳은 것은? [2점]

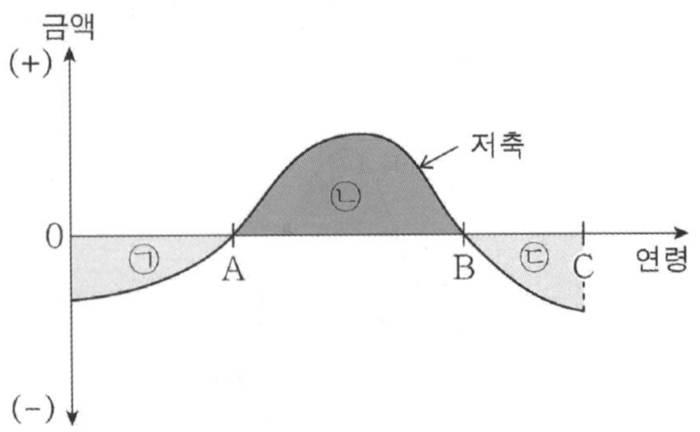

① 0~A 기간에는 양(+)의 저축이 나타났다.
② A~B 기간에는 소득보다 소비가 컸다.
③ B~C 기간에는 소득 대비 소비가 지속적으로 감소했다.
④ 0~C 기간 중 누적 저축액은 B 시점에 가장 많았다.
⑤ 갑이 0~C 기간의 소득과 소비를 일치시켰다면 ㉡ 면적은 ㉠과 ㉢ 면적의 합보다 크다.

43

2025.3(고2) 경제_학평4

다음 자료에 대한 옳은 설명만을 〈보기〉에서 고른 것은? [2점]

일반적으로 ㉠수익성이 높은 금융 상품일수록 ㉡안전성이 낮고 안전성이 높은 금융 상품일수록 수익성이 낮다. 또한 금융 상품에 따라 ㉢유동성에도 차이가 나타난다. 따라서 금융 자산을 합리적으로 관리하려면 자산을 보유하는 목적과 투자 성향에 따라 수익성, 안전성, 유동성을 고려하여 다양한 금융 상품에 적절히 배분해야 하며, 이를 포트폴리오 투자라고 한다. [(가)   ] 라는 격언은 이러한 포트폴리오 투자의 필요성을 강조하는 말이다.

〈 보 기 〉

ㄱ. 일반적으로 주식에 비해 채권은 ㉠이 높다.
ㄴ. ㉢은 금융 상품의 가격 상승이나 이자 수익을 기대할 수 있는 정도를 뜻한다.
ㄷ. 원금과 이자 보전을 중시하는 투자자는 ㉠보다 ㉡이 높은 금융 상품 위주로 포트폴리오를 구성할 것이다.
ㄹ. (가)에는 '달걀을 한 바구니에 담지 말라.'가 들어갈 수 있다.

① ㄱ, ㄴ ② ㄱ, ㄷ ③ ㄴ, ㄷ ④ ㄴ, ㄹ ⑤ ㄷ, ㄹ

44
2025.3(고2) 경제_학평12

다음 자료에 대한 설명으로 옳은 것은? (단, A~C는 각각 요구불 예금, 주식, 채권 중 하나이며, A~C는 각 금융 상품의 일반적인 특징을 가짐.) [3점]

표는 갑이 1,000만 원으로 구성한 금융 상품 포트폴리오이다. 단, 갑이 구성한 포트폴리오에서 배당 수익을 기대할 수 있는 금융 상품의 비중이 가장 낮으며, 예금자 보호 제도의 적용을 받는 금융 상품의 비중이 가장 높다.

금융 상품	A	B	C
금액(만 원)	200	300	500

① A는 만기가 있는 금융 상품이다.
② B는 주주로서의 지위를 부여하는 금융 상품이다.
③ A와 C는 모두 발행 주체가 빌린 돈을 갚기로 약속한 증서이다.
④ 이자 수익을 기대할 수 있는 금융 상품의 총액은 300만 원이다.
⑤ 시세 차익을 기대할 수 있는 금융 상품의 총액은 500만 원이다.

45
2023.11(고2) 경제_학평18

표는 금융 상품별 갑의 투자액 대비 을의 투자액의 비(比)를 나타낸다. 이에 대한 분석으로 옳은 것은?
[2점]

구분	정기 예금	채권	주식
갑의 투자액 대비 을의 투자액의 비(比)	1.5	1	0.5

① 이자 수익을 기대할 수 있는 금융 상품에 대한 투자액은 갑이 을보다 적다.
② 배당 수익을 기대할 수 있는 금융 상품에 대한 투자액은 갑이 을보다 적다.
③ 시세 차익을 기대할 수 있는 금융 상품에 대한 투자액은 갑이 을보다 적다.
④ 발행 주체의 부채를 증가시키는 금융 상품에 대한 투자액은 갑이 을보다 많다.
⑤ 예금자 보호 제도 적용을 받는 금융 상품에 대한 투자액은 갑이 을보다 많다.

46
2024.3(고2) 경제_학평18

금융 상품 A~C에 대한 설명으로 옳은 것은? [3점]

그림은 금융 상품 A~C가 적혀 있는 공을 각 질문에 대한 답(예/아니요)으로 구분하여 같은 답끼리 바구니에 담은 결과이다. 단, A~C는 각각 요구불 예금, 주식, 채권 중 하나이며, 각 금융 상품의 일반적인 특징을 갖는다.

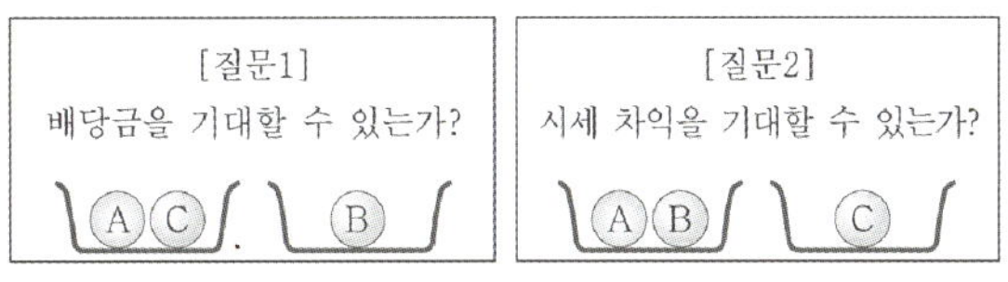

① A는 주주로서의 지위를 부여하는 금융 상품이다.
② B는 만기가 있는 금융 상품이다.
③ C는 예금자 보호 제도가 적용되는 금융 상품이다.
④ B는 A와 달리 발행 주체가 빌린 돈을 갚기로 약속한 증서이다.
⑤ B는 C와 달리 이자 수익을 기대할 수 있다.

47
2024.3(고2) 경제_학평15

다음 자료에 대한 옳은 분석만을 〈보기〉에서 고른 것은?
[3점]

표는 금융 상품 A~C의 특징이 점수화된 자료에 갑이 중시하는 정도에 따라 가중치를 부여한 것이다. 갑은 각 점수에 가중치를 곱한 값들의 합이 가장 큰 금융 상품에 투자하려 한다.

평가 기준	금융 상품별 점수			갑이 부여한 가중치
	A	B	C	
수익성	3점	2점	1점	5
안전성	1점	2점	3점	3
유동성	2점	2점	3점	1

〈 보 기 〉

ㄱ. 쉽게 현금으로 바꿀 수 있는 정도는 A가 C보다 크다.
ㄴ. 시세 차익이나 이자 수익 등을 기대할 수 있는 정도는 B가 C보다 크다.
ㄷ. 갑은 안전성보다 수익성을 중시한다.
ㄹ. 갑은 B에 투자할 것이다.

① ㄱ, ㄴ ② ㄱ, ㄷ ③ ㄴ, ㄷ ④ ㄴ, ㄹ ⑤ ㄷ, ㄹ

48

2022.3(고2) 경제_학평9

다음 대화에 대한 분석 및 추론으로 옳은 것은? [2점]

> 교사: A와 B는 각각 주식과 정기 예금 중 하나입니다. B
> 는 A와 달리 배당 수익을 기대할 수 있어요. 자, 그럼
> A와 B의 일반적인 특징을 서로 비교해 볼까요?
> 갑: A는 B와 달리 [(가)] 라는 특징을 가지고 있습니다.
> 을: B는 A와 달리 [(나)] 라는 특징을 가지고 있습
> 니다.
> 교사: 두 명 모두 옳게 대답했습니다.

① A는 이자 수익을 기대할 수 있는 금융 상품이다.
② B는 원금이 보장되는 금융 상품이다.
③ 수익성만을 중시하는 사람은 B보다 A에 투자할 것이다.
④ (가)에 '시세 차익을 기대할 수 있다'가 들어갈 수 있다.
⑤ (나)에 '만기가 정해져 있다'가 들어갈 수 있다.

50

2019.3(고2) 경제_학평19

다음 대화에 나타난 금융 상품 A, B의 일반적인 특징에
대한 설명으로 옳은 것은? (단, A와 B는 각각 은행 예금,
주식 중 하나임.)

> 갑: 최근 영업 실적이 좋은 기업의 A에 투자하려고 해.
> A에 투자하면 나도 주주로서의 권리도 갖게 돼.
> 을: 그보다는 안정성이 높은 B에 가입하는 것이 어때?

① A는 이자 수익을 기대할 수 있다.
② B는 시세 차익을 기대할 수 있다.
③ A는 B보다 수익성이 높다.
④ B는 A보다 원금이 보전될 수 있는 정도가 낮다.
⑤ B와 달리 A는 예금자 보호 제도의 대상이다.

49

2023.3(고2) 경제_학평15

그림은 금융 상품의 일반적인 특징을 묻는 질문에 따라
A~C를 구분한 것이다. 이에 대한 설명으로 옳은 것은?
(단, A~C는 각각 정기 예금, 주식, 채권 중 하나임.)

[3점]

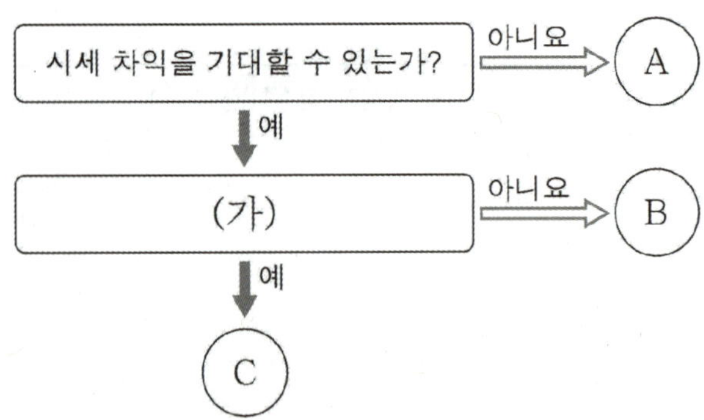

① A는 B, C에 비해 수익성이 높다.
② B가 주식이라면 (가)에는 '배당 수익을 기대할 수 있
는가?'가 들어갈 수 있다.
③ C가 채권이라면 (가)에는 '만기가 정해져 있는가?'가
들어갈 수 있다.
④ (가)가 '이자 수익을 기대할 수 있는가?'라면 C는 예
금자 보호 제도의 적용 대상이다.
⑤ (가)가 '투자자의 기업 소유 지분을 나타내는가?'라면
B는 C보다 안전성이 낮다.

51

2025.3(고2) 경제_학평19

다음 자료를 통해 알 수 있는 t기 대비 $t+1$기 환율 변동의
영향으로 옳은 것은? [3점]

> 미국 ○○여행사에서는 미국 여행 상품 A를 인터넷을
> 통해 1,000달러에 판매하고 있다. 표는 미국 여행 상품
> A를 한국과 일본에서 각국 통화로 결제할 때의 시기별
> 금액을 나타낸다. 단, 미국 여행 상품 A의 달러화 가격
> 은 변함이 없으며, 미국 여행 상품 A의 결제 금액은 각
> 국의 환율에 의해서만 변동된다.

구분	미국 여행 상품 A의 결제 금액	
	t기	$t+1$기
한국	100만 원	150만 원
일본	15만 엔	12만 엔

① 일본 기업의 달러화 표시 외채 상환 부담은 감소하였다.
② 원화로 평가한 미국 달러화 예금의 자산 가치는 하락
하였다.
③ 미국에서 원자재를 수입하는 일본 기업의 부담은 증
가하였다.
④ 한국에서 생산하여 미국에 수출하는 상품의 가격 경
쟁력은 하락하였다.
⑤ 미국에 유학 중인 자녀에게 학비를 송금하는 한국 학
부모의 부담은 감소하였다.

52

그림은 경제 수업 시간에 학생이 필기한 내용의 일부이다. (가)~(다)에 들어갈 내용으로 옳은 것은? [2점]

> ○ 인플레이션 : 물가가 지속적으로 상승하는 현상으로 화폐 가치의 하락을 의미함.
> ○ 인플레이션의 영향
> - 채권자가 채무자에 비해 (가) 해짐.
> - 일정한 급여나 연금으로 생활하는 사람이 (나) 해짐.
> - 화폐 자산보다 실물 자산을 보유한 사람이 (다) 해짐.

	(가)	(나)	(다)
①	불리	불리	유리
②	불리	유리	불리
③	유리	불리	유리
④	유리	유리	불리
⑤	유리	유리	유리

53

다음 자료에 대한 분석으로 옳은 것은? [3점]

> 갑국은 비교 우위를 갖는 재화에만 특화하여 X재와 Y재가 3:1의 비율로 교환되는 국제 교역에 참여하려고 한다. 표는 갑국의 X재와 Y재의 최대 생산 가능량과 교역 전 소비량을 나타낸다. 단, 모든 국가는 직선인 생산 가능 곡선상에서 X재 와 Y재만을 생산한다. 또한 국제 교역의 재화 간 교환 비율은 변함이 없고, 갑국은 해당 비율로 수입하고자 하는 재화를 거래 비용 없이 무제한 수입할 수 있다.
>
> (단위: 개)
>
> | 구분 | 최대 생산 가능량 | 교역 전 소비량 |
> |---|---|---|
> | X재 | 200 | 100 |
> | Y재 | 100 | ㉠ |
>
> * 최대 생산 가능량: 모든 생산 요소를 한 재화의 생산에만 투입했을 때의 최대 생산량

① ㉠은 '60'이다.
② 갑국에서 X재 1개 생산의 기회비용은 Y재 2개이다.
③ 갑국은 X재 50개와 Y재 80개를 동시에 생산할 수 있다.
④ 갑국은 Y재에 특화하여 국제 교역에 참여할 것이다.
⑤ 갑국은 교역에 참여한 후 X재 200개, Y재 50개를 소비할 수 있다.

54

다음 자료에 대한 분석으로 옳은 것은? [3점]

> 직선인 생산 가능 곡선상에서 X재와 Y재만을 생산하는 갑국과 을국은 비교 우위를 갖는 재화에 특화하여 교역한다. 표는 양국의 X재와 Y재의 교역 전 소비량, 교역 후 생산량, 교역 후 소비량과 교역 전 소비량의 차를 나타낸다. 단, 교역은 거래 비용 없이 양국 간에만 이루어지고 생산된 재화는 전량 소비된다.
>
> (단위: 만 개)
>
> | 구분 | 갑국 | | 을국 | |
> |---|---|---|---|---|
> | | X재 | Y재 | X재 | Y재 |
> | 교역 전 소비량 | 60 | 40 | 40 | 60 |
> | 교역 후 생산량 | ㉠ | 0 | 0 | ㉡ |
> | 교역 후 소비량 - 교역 전 소비량 | 0 | 20 | 20 | 20 |

① ㉠과 ㉡의 합은 200이다.
② 갑국은 Y재를, 을국은 X재를 수출한다.
③ 을국의 X재 최대 생산 가능량은 80만 개다.
④ 갑국의 Y재 1개 생산의 기회비용은 X재 2/3개이다.
⑤ 양국 간 X재와 Y재의 교환 비율은 1:1이다.

55

2022.3(고2) 경제_학평20

다음 자료에 대한 옳은 분석만을 〈보기〉에서 고른 것은?
[3점]

표의 (가)와 (나)는 갑국과 을국 중 하나이며, 갑국과 을국은 X재와 Y재만을 생산한다. 양국은 비교 우위에 따라 교역하며, 갑국은 Y재에 특화하여 교역하였다. 단, 양국은 노동만을 생산 요소로 사용하여 직선인 생산 가능 곡선상에서 생산하며, 투입 가능한 노동 시간은 300시간으로 같다. 교역 전과 후 모두 생산된 재화는 전량 소비된다.

구분	(가)		(나)	
	X재	Y재	X재	Y재
1개 생산에 필요한 노동 시간 (시간)	10	50	10	30

─── 〈 보 기 〉 ───
ㄱ. (가)는 갑국, (나)는 을국이다.
ㄴ. 교역 전 갑국에서 X재 15개와 Y재 5개의 소비는 가능하다.
ㄷ. 을국은 X재 생산에 있어 절대 우위를 가진다.
ㄹ. 을국의 X재 1개 생산의 기회비용은 Y재 1/5개이다.

① ㄱ, ㄴ ② ㄱ, ㄷ ③ ㄴ, ㄷ ④ ㄴ, ㄹ ⑤ ㄷ, ㄹ

56

2024.3(고2) 경제_학평20

다음 자료에 대한 분석 및 추론으로 옳은 것은? [3점]

표는 노동만을 생산 요소로 하여 직선인 생산 가능 곡선상에서 X재와 Y재만을 생산하는 갑국과 을국의 교역 전 X재와 Y재의 생산량을 나타낸다.

구분	X재	Y재
갑국	30개	20개
을국	60개	10개

갑국의 X재 최대 생산 가능량은 40개이고, 을국의 Y재 최대 생산 가능량은 30개이다. 양국 모두 비교 우위가 있는 재화만을 생산하여 양국 모두 자국에 이익이 발생하는 경우에만 교역하고자 한다. 단, 교역은 거래 비용 없이 양국 간에만 이루어지고, 양국이 보유하고 있는 노동량은 동일하다.

① 갑국은 X재 30개와 Y재 30개를 동시에 생산할 수 있다.
② 을국은 Y재 생산에 절대 우위를 갖는다.
③ 갑국은 X재 생산에 비교 우위를 갖는다.
④ 갑국의 Y재 1개 생산의 기회비용은 X재 2개이다.
⑤ X재와 Y재의 교환 비율이 1:1이라면 갑국과 을국은 모두 교역에 참여할 것이다.

57

2025.11(고2) 경제_학평20

다음 자료에 대한 분석 및 추론으로 옳은 것은? [3점]

갑국과 을국은 노동만을 생산 요소로 하여 직선인 생산 가능 곡선상에서 X재와 Y재만을 생산한다. 양국은 비교 우위가 있는 재화만을 생산하여 양국 모두 이익이 발생하는 교환 비율에 따라 교역하고자 한다. 양국이 보유한 노동량은 같고, X재 1개 생산에 필요한 노동량은 갑국이 을국의 2배이다. 표는 갑국과 을국의 X재 최대 생산 가능량과 Y재 1개 생산의 기회비용을 나타낸다. 단, 생산된 재화는 전량 소비되고, 교역은 거래 비용 없이 양국 간에만 이루어진다.

구분	X재 최대 생산 가능량	Y재 1개 생산의 기회비용
갑국	180개	X재 3/2개
을국	㉠	X재 2개

① ㉠은 '90개'이다.
② 갑국은 Y재 생산에 절대 우위를 가진다.
③ X재 1개 생산의 기회비용은 갑국이 을국보다 작다.
④ 교역 후 을국의 Y재 1개 소비의 기회비용은 증가한다.
⑤ X재 1개당 Y재 2개의 교환 비율이면, 교역은 발생하지 않는다.

58

2022.11(고2) 경제_학평18

다음 자료에 대한 분석 및 추론으로 옳은 것은? [2점]

표는 X재와 Y재만을 생산하는 갑국과 을국의 각 재화 1개당 생산에 필요한 노동자 수와 생산에 투입할 수 있는 총노동자 수를 나타낸다. 생산 가능 곡선이 직선인 갑국과 을국은 유일한 생산 요소인 노동을 생산에 모두 투입하여 비교 우위가 있는 재화만을 생산하고, 이익이 발생하는 범위 안에서만 교역하고자 한다. 단, 교역은 거래 비용 없이 양국 간에만 이루어진다.

구분	1개당 생산에 필요한 노동자 수		총노동자 수
	X재	Y재	
갑국	4명	12명	120명
을국	8명	4명	480명

① 갑국의 X재 최대 생산 가능량은 을국의 2배이다.
② 을국은 X재와 Y재 생산에 모두 절대 우위를 가진다.
③ 갑국의 X재 1개 생산의 기회비용은 Y재 3개이다.
④ Y재 1개 생산의 기회비용은 갑국이 을국보다 작다.
⑤ X재 1개와 Y재 3개를 교역하는 조건이라면 을국은 교역에 응하지 않을 것이다.

59

다음 자료에 대한 분석 및 추론으로 옳은 것은? [3점]

그림은 X재와 Y재만을 생산하는 갑국과 을국의 생산 가능 곡선을 나타낸다. 양국은 생산 가능 곡선상에서 비교 우위가 있는 재화만을 생산하여 양국 모두 이익이 발생하는 교환 비율에 따라 교역한다. 단, 양국이 보유한 생산 요소의 양은 같고, 교역은 거래 비용 없이 양국 간에만 이루어지며 생산된 재화는 전량 소비된다.

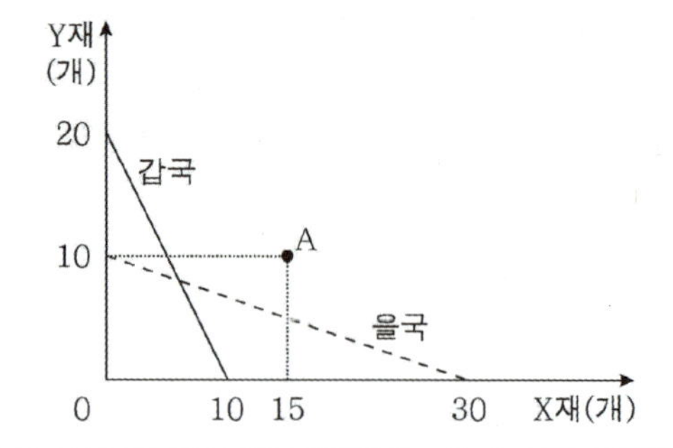

① 갑국은 X재 생산에 절대 우위를 갖는다.
② 을국은 X재 12개와 Y재 7개를 동시에 생산할 수 있다.
③ Y재 1개를 생산하는 데 필요한 생산 요소의 양은 갑국이 을국의 3배이다.
④ X재와 Y재의 교환 비율이 1:1이면 을국은 교역에 참여하지 않는다.
⑤ 교역 후 양국이 모두 A점에서 소비한다면 X재와 Y재의 교환 비율은 3:2이다.

60

다음 자료에 대한 옳은 분석만을 〈보기〉에서 고른 것은? [3점]

X재와 Y재만을 직선인 생산 가능 곡선상에서 생산하는 갑국과 을국은 비교 우위가 있는 재화만을 생산한 후 양국 모두 이익이 발생하는 조건으로 교역하였다. 표는 두 국가의 X재 1개 생산의 기회비용과 X재, Y재의 교역 후 소비 조합을 나타낸다. 단, 교역은 거래 비용 없이 두 국가 사이에서만 이루어졌고, 생산된 재화는 모두 소비되었다.

구분	갑국	을국
X재 1개 생산의 기회비용	Y재 1개	Y재 2개
교역 후 소비 조합	X재 50개, Y재 80개	X재 50개, Y재 220개

〈 보 기 〉

ㄱ. 갑국의 Y재 최대 생산 가능량은 100개이다.
ㄴ. 을국의 특화 상품은 X재이다.
ㄷ. X재 1개당 Y재 1.6개가 교환되었다.
ㄹ. 교역 전에 비해 교역 후 을국의 X재 1개 소비의 기회비용은 증가하였다.

① ㄱ, ㄴ ② ㄱ, ㄷ ③ ㄴ, ㄷ ④ ㄴ, ㄹ ⑤ ㄷ, ㄹ

61

다음 자료에 대한 분석으로 옳은 것은? [2점]

그림은 X재와 Y재만을 자급자족하는 갑국과 을국의 생산 가능 곡선을 나타낸다. 양국은 비교 우위가 있는 재화만을 생산하여 양국 모두에게 이익이 발생하는 범위 내에서 교역하고자 한다.
단, 양국은 노동만을 생산 요소로 사용하며, 양국이 보유한 노동량은 같다. 또한 교역에 따른 거래 비용은 없다.

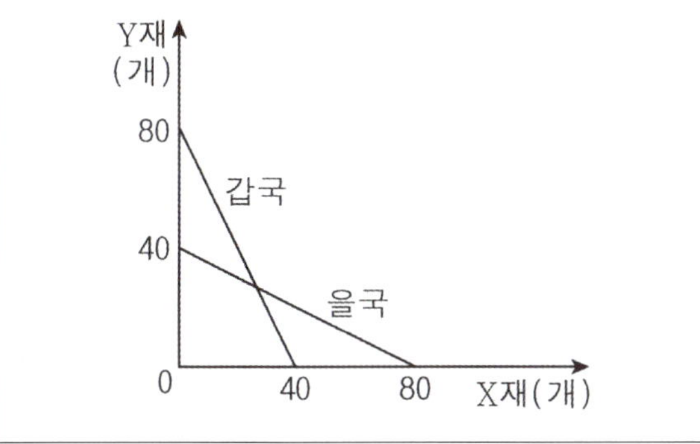

① 갑국은 X재 40개와 Y재 40개를 동시에 생산할 수 있다.
② X재 1개 생산에 필요한 노동량은 을국이 갑국보다 많다.
③ 을국의 X재 1개 생산의 기회비용은 Y재 2개이다.
④ 갑국은 Y재 생산, 을국은 X재 생산에 비교 우위를 가진다.
⑤ X재와 Y재의 교환 비율이 4:1이라면 을국은 교역에 응할 것이다.

62

다음 자료에 대한 분석으로 옳은 것은? [2점]

X재와 Y재만을 생산하는 갑국과 을국은 비교 우위 재화만을 최대로 생산하여 양국 모두 이익을 얻는 조건에서 교역하기로 하였다. 이에 생산 가능 곡선이 직선인 갑국은 Y재를 60개 생산하기로 하였다. 그림은 을국의 생산 가능 곡선을 나타낸다. 단, 양국은 노동만을 생산 요소로 사용하며 보유한 노동량은 같다. 또한 생산된 재화는 모두 소비되고, 교역은 거래 비용 없이 양국 간에만 이루어진다.

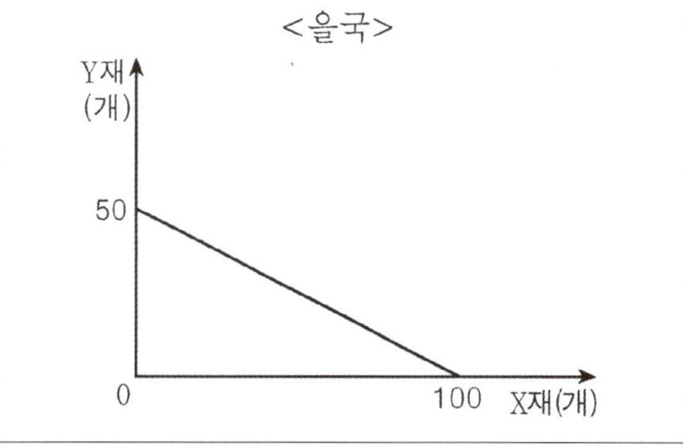

① 갑국의 X재 최대 생산 가능량은 120개보다 많다.
② 을국의 X재 1개 생산의 기회비용은 Y재 2개이다.
③ 갑국의 X재 1개 생산의 기회비용이 Y재 2/3개라면 을국은 X재 생산에 절대 우위를 가진다.
④ 교역 후 양국의 Y재 전체 소비량은 110개이다.
⑤ 교역 후 갑국의 Y재 1개 소비의 기회비용은 감소한다.

STEP. 3 평가원 및 수능 기출

1

그림의 A, B에 대한 설명으로 옳은 것은? (단, A, B는 각각 계획 경제 체제, 시장 경제 체제 중 하나임.)

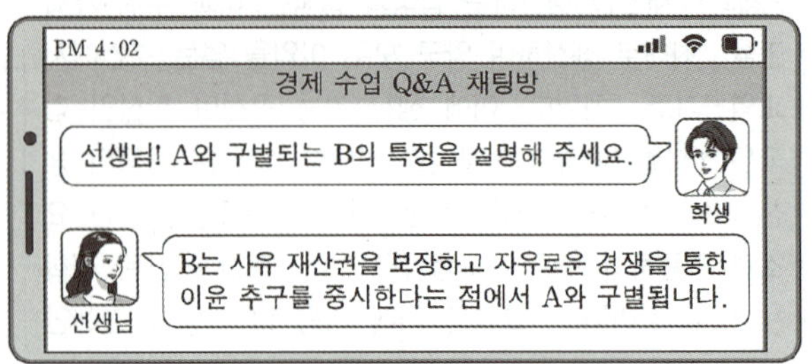

① A에서는 '보이지 않는 손'의 기능을 중시한다.
② B에서는 경제 활동에서 경제적 유인을 중시한다.
③ B에서는 경제 문제 해결에 있어 효율성보다 형평성을 강조한다.
④ A와 달리 B에서는 정부의 명령에 따른 자원 배분을 중시한다.
⑤ B와 달리 A에서는 희소성에 따른 경제 문제가 발생한다.

2

다음 자료에 대한 설명으로 옳은 것은? (단, A, B는 각각 계획 경제 체제, 시장 경제 체제 중 하나임.) [2점]

> 자원의 ㉠희소성으로 인하여 ㉡'무엇을 얼마나 생산할 것인가', ㉢'어떻게 생산할 것인가', '누구를 위하여 생산할 것인가'와 같은 기본적인 경제 문제가 발생한다. 이러한 경제 문제를 A에서는 개별 경제 주체들의 자유로운 의사 결정을 통해 해결하고, B에서는 정부의 결정과 통제를 통해 해결한다.

① ㉠은 자원의 양이 절대적으로 부족한 상태를 의미한다.
② ㉢은 생산물 분배 방식의 결정에 대한 문제이다.
③ A에서는 사유 재산권 및 경제 활동의 자유 보장을 중시한다.
④ B에서는 '보이지 않는 손'의 기능을 중시한다.
⑤ A에서는 ㉡을 해결하기 위한 기준으로 효율성보다 형평성을 중시한다.

3

다음 자료에 대한 설명으로 옳은 것은? (단, A, B는 각각 계획 경제 체제, 시장 경제 체제 중 하나임.) [3점]

> ○ A를 채택하고 있는 갑국에서는 정부가 생산물의 종류와 수량, 생산 방식 등의 결정을 국가 의사 결정 시스템을 통해 엄격히 통제한다. 즉, 자원 배분에 대한 의사 결정이 정부에 의해 이루어진다.
> ○ B를 채택하고 있는 을국에서는 모든 경제 활동이 개인과 기업의 자유로운 선택에 맡겨져 있다. 자원 배분은 시장 가격 기구에 의해 이루어진다.

① A에서는 희소성에 따른 경제 문제가 발생하지 않는다.
② B에서는 자유로운 경쟁을 통한 이윤 추구가 보장된다.
③ A와 달리 B에서는 경제 문제 해결에 있어 효율성보다 형평성이 강조된다.
④ B와 달리 A에서는 경제 활동에서 경제적 유인이 중시된다.
⑤ A와 B에서는 모두 '보이지 않는 손'의 기능이 중시된다.

4

표는 계획 경제 체제의 특징을 파악하기 위한 질문과 학생의 답변을 나타낸다. 모두 옳게 답변한 학생은? [2점]

(○: 예, ×: 아니요)

질문 \ 학생	갑	을	병	정	무
기본적인 경제 문제가 발생하는가?	○	×	○	○	×
'보이지 않는 손'의 기능을 중시하는가?	×	○	○	×	×
정부의 명령에 의한 자원 배분을 중시하는가?	○	×	○	×	○

① 갑　　② 을　　③ 병　　④ 정　　⑤ 무

5

그림은 경제 뉴스이다. A, B에 대한 설명으로 옳은 것은? (단, A, B는 각각 계획 경제 체제, 시장 경제 체제 중 하나임.) [3점]

① A에서는 경제 문제 해결에 있어 효율성보다 형평성을 강조한다.
② A와 달리 B에서는 사유 재산권을 중시한다.
③ A에 비해 B에서는 개별 경제 주체의 사적 이익 추구와 경쟁을 중시한다.
④ B와 달리 A에서는 '보이지 않는 손'의 기능을 중시한다.
⑤ B와 달리 A에서는 희소성에 따른 경제 문제가 발생하지 않는다.

6

그림은 경제 체제에 대한 수업 장면이다. 교사의 질문에 옳게 응답한 학생은? (단, A, B는 각각 시장 경제 체제와 계획 경제 체제 중 하나임.)

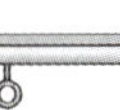

① 갑: 정부가 생산물의 종류와 수량을 통제합니다.
② 을: 자유로운 경쟁을 통한 이윤 추구를 보장합니다.
③ 병: 자원의 희소성에 따른 경제 문제가 발생합니다.
④ 정: 원칙적으로 생산 수단의 사적 소유를 인정하지 않습니다.
⑤ 무: 경제 문제 해결에 있어 효율성보다 형평성을 강조합니다.

7

경제 체제 A, B에 대한 설명으로 옳은 것은? (단, A, B는 각각 계획 경제 체제, 시장 경제 체제 중 하나임.) [2점]

> 주거 문제를 해결하는 것은 안정적인 경제생활을 위해 필수적이다. A를 채택하고 있는 갑국에서는 사유 재산권을 토대로 주택의 종류와 수량, 생산 방식 및 분배가 시장 가격 기구를 통해 결정된다. 반면 B를 채택하고 있는 을국에서는 토지에 대한 국가 소유권을 토대로 주택 공급과 관련된 모든 사항이 정부의 명령에 따라 결정된다.

① A에서는 경제 문제 해결에 있어 효율성보다 형평성을 강조한다.
② B에서는 '보이지 않는 손'의 기능을 중시한다.
③ B에서는 정부의 계획과 통제에 의한 자원 배분을 중시한다.
④ B에서는 A와 달리 희소성에 따른 경제 문제가 발생하지 않는다.
⑤ A와 B에서는 모두 자유로운 경쟁을 통한 이윤 추구를 보장한다.

8

그림에 대한 설명으로 옳은 것은? (단, A, B는 각각 계획 경제 체제, 시장 경제 체제 중 하나임.) [2점]

〈형성 평가지〉

경제 체제의 특징 서술하기

이름 : ○○○

○문항 : A와 구별되는 B의 특징을 2가지 서술하시오.
(서술 내용 1개당 옳으면 1점, 틀리면 0점)

답란	채점 결과
가격 기구의 기능을 중요시한다.	2점
(가)	

① A에서는 희소성에 의한 경제 문제가 발생하지 않는다.
② B에서는 개별 경제 주체의 자유로운 의사 결정이 보장된다.
③ A에서는 B와 달리 자원 배분의 효율성이 강조된다.
④ A와 B에서는 모두 사유 재산권이 보장된다.
⑤ (가)에는 '생산물의 종류와 수량을 정부가 결정한다.'가 들어갈 수 있다.

9

그림에 나타난 갑의 선택에 대한 옳은 분석만을 〈보기〉에서 고른 것은? [2점]

─── 〈 보 기 〉───
ㄱ. ㉠은 ㉡ 선택의 유일한 기회비용이다.
ㄴ. ㉢ 선택의 명시적 비용은 양(+)이다.
ㄷ. ㉣ 관람의 편익은 ㉢ 선택의 암묵적 비용이다.
ㄹ. ㉤은 ㉡ 선택의 기회비용에 포함되지 않는다.

① ㄱ, ㄴ ② ㄱ, ㄷ ③ ㄴ, ㄷ ④ ㄴ, ㄹ ⑤ ㄷ, ㄹ

11

다음 자료에 대한 옳은 분석만을 〈보기〉에서 고른 것은? [3점]

갑은 ㉠연봉 5,000만 원을 받고 있는 직장인이다. 갑은 직장을 그만두고 식당을 운영할지에 대해 고민하고 있다. 식당 운영에는 1년 동안 임차료, 재료비, 임금 등을 모두 포함한 ㉡식당 운영비 9,000만원이 발생한다. 한편, 식당 개업을 위해 설비 및 인테리어가 필요하며 이에 소요되는 비용 1억 원은 연 이자율 10%인 ㉢대출로 충당한다. 식당 운영으로 인한 1년 만기 연 매출은 [(가)] (으)로 예상되며, 설비 및 인테리어는 식당 운영 종료 시점에 [(나)] 을/를 받고 처분한다. 단, 식당은 1년간 운영하며, 제시된 내용 이외의 조건은 고려하지 않는다.

─── 〈 보 기 〉───
ㄱ. ㉠과 ㉡은 식당 운영에 대한 암묵적 비용에 포함된다.
ㄴ. ㉢으로 인해 발생하는 이자는 식당 운영에 대한 명시적 비용에 포함된다.
ㄷ. (가)가 '2억 원'이고 (나)가 '6,000만 원'이면 식당을 운영하는 것이 합리적 선택이다.
ㄹ. 직장을 계속 다니는 것이 합리적 선택일 때, (나)가 '1억 원'이면 (가)는 '1억 6,000만 원'이 될 수 있다.

① ㄱ, ㄴ ② ㄱ, ㄷ ③ ㄴ, ㄷ ④ ㄴ, ㄹ ⑤ ㄷ, ㄹ

10

밑줄 친 ㉠~㉢에 대한 설명으로 옳은 것은? (단, 제시된 내용 이외의 다른 조건은 고려하지 않음.) [3점]

① ㉠은 ㉢ 선택의 암묵적 비용이다.
② ㉡ 선택의 명시적 비용은 3억 원이다.
③ ㉡ 선택의 순편익은 양(+)의 값이다.
④ ㉢ 선택의 명시적 비용은 암묵적 비용보다 크다.
⑤ ㉢ 선택의 기회비용은 ㉡ 선택의 기회비용보다 크다.

12

다음 자료에 대한 분석 및 추론으로 옳은 것은? [3점]

갑은 자가용으로 사용하기 위해 승용차 모델 A~C 중 하나를 합리적으로 선택하여 구매하려고 한다. 표는 A~C의 가격과 갑의 선택으로 발생하는 편익을 나타낸다.

구분	A	B	C
가격 (만 원)	3,000	㉠3,200	3,800
편익 (만 원)	3,500	4,000	㉡4,500

① A선택의 순편익이 가장 크다.
② B선택의 암묵적 비용은 700만 원이다.
③ A선택의 기회비용과 C선택의 기회비용은 같다.
④ ㉠이 '3,000'으로 변동하면 A선택의 암묵적 비용은 감소한다.
⑤ ㉡이 '4,700'으로 변동하여도 갑의 선택은 변함이 없다.

13

다음 자료에 대한 옳은 설명만을 〈보기〉에서 고른 것은? [3점]

갑은 ○○학원의 인기 영어 회화 강좌를 듣기 위해 학원을 ㉠직접 방문 수강하는 것과 ㉡온라인 수강하는 것 중 하나를 합리적으로 선택한다. 표는 갑의 수강 방법에 따른 편익과 수강료를 나타낸다. 단, 제시된 자료 외에 다른 조건은 고려하지 않는다.

구분	편익(만 원)	수강료(만 원)
직접 방문 수강	38	25
온라인 수강	36	(가)

〈 보 기 〉

ㄱ. ㉠을 선택한 경우 기회비용은 38만 원보다 크다.
ㄴ. ㉠을 선택한 경우 명시적 비용은 암묵적 비용보다 크다.
ㄷ. ㉡을 선택한 경우 명시적 비용에서 암묵적 비용을 뺀 값은 10만 원보다 크다.
ㄹ. (가)가 23보다 작은 경우 ㉡을 선택한다.

① ㄱ, ㄴ ② ㄱ, ㄷ ③ ㄴ, ㄷ ④ ㄴ, ㄹ ⑤ ㄷ, ㄹ

14

다음 자료에 대한 분석 및 추론으로 옳은 것은? [3점]

갑과 을은 □□여행사로부터 추천받은 여행 상품 A와 B 중 하나를 편익과 기회비용을 고려하여 합리적으로 선택한다. 표는 A, B의 가격과 갑, 을이 선택으로 얻는 편익을 나타낸다. 단, 제시된 자료 외에 다른 조건은 고려하지 않는다.

구분	가격	편익	
		갑	을
A	100	150	㉠
B	80	100	120

① 갑이 A를 선택할 때 기회비용은 100만 원이다.
② 갑은 B를 선택한다.
③ 을이 A를 선택할 때 암묵적 비용은 140만 원이다.
④ ㉠이 140보다 클 경우 을은 B를 선택한다.
⑤ A의 가격이 120만 원으로 인상되어도 갑의 선택은 변함이 없다.

15

다음 자료에 대한 옳은 분석 및 추론만을 〈보기〉에서 고른 것은? [3점]

갑은 자신의 ㉠연간 X재 구매 총량을 고려하여 매월 납입액을 지불하면 X재 구매 시 가격에 일정 비율의 할인 혜택을 제공하는 멤버십 유형 A, B 중 하나에 가입하려고 한다. X재 가격은 개당 1만 원이고, 가격의 변동은 없다. 표는 멤버십 유형별 월 납입액과 X재 구매 시 가격에 적용되는 할인율을 나타낸다.

구분	A유형	B유형
월 납입액(원)	10,000	25,000
할인율(%)	20	30

모든 멤버십은 1년 약정으로 가입하며, 중도 해지는 불가능하다. 갑은 멤버십 가입의 편익과 기회비용만을 고려해 합리적으로 선택한다. 멤버십 가입의 편익은 X재 구매 시 멤버십을 통해 할인받은 총금액으로, 명시적 비용은 연간 총납입액으로 계산한다. 단, 제시된 내용 이외의 다른 조건은 고려하지 않는다.

〈 보 기 〉

ㄱ. ㉠이 100개일 경우 B유형 선택에 따른 편익과 명시적 비용은 같다.
ㄴ. ㉠이 100개일 경우 B유형보다 A유형 선택의 기회비용이 크다.
ㄷ. A유형 선택의 암묵적 비용은 ㉠이 100개일 경우보다 200개일 경우 더 크다.
ㄹ. ㉠이 200개일 경우 A유형을 선택하는 것이 합리적이다.

① ㄱ, ㄴ ② ㄱ, ㄷ ③ ㄴ, ㄷ ④ ㄴ, ㄹ ⑤ ㄷ, ㄹ

16

다음 자료에 대한 옳은 분석 및 추론만을 〈보기〉에서 고른 것은? [3점]

갑은 영화관에서 판매하는 콤보 상품 A~C 중 하나를 기회 비용과 편익만을 고려하여 합리적으로 선택하려고 한다.
○ A: 팝콘과 오징어 각 1개
○ B: 팝콘과 핫도그 각 1개 
○ C: 오징어와 핫도그 각 1개

표는 팝콘, 오징어, 핫도그 각 1개로부터 얻는 갑의 편익과 1개당 가격을 나타낸다. 각 콤보 상품의 편익과 가격은 콤보 상품을 구성하는 해당 재화의 편익과 가격의 합이다.

(단위: 원)

구분	팝콘	오징어	핫도그
편익	5,500	5,000	4,000
가격	5,000	4,000	1,500

한편 방학을 맞이하여 ㉠A를 구매하거나 B를 구매할 경우, 가격의 40%를 할인하는 행사가 기획되고 있다.

< 보 기 >
ㄱ. ㉠이 실시되지 않는다면, 갑은 B를 선택할 것이다.
ㄴ. ㉠이 실시되면, 갑은 A를 선택할 것이다.
ㄷ. ㉠이 실시되면, 갑의 선택에 따른 명시적 비용은 3,900원이다.
ㄹ. ㉠에 C를 구매하는 경우도 포함되어 실시된다면, 갑은 C를 선택할 것이다.

① ㄱ, ㄴ ② ㄱ, ㄷ ③ ㄴ, ㄷ ④ ㄴ, ㄹ ⑤ ㄷ, ㄹ

17

다음 자료에 대한 옳은 분석 및 추론만을 〈보기〉에서 있는 대로 고른 것은? (단, 제시된 자료 이외의 다른 조건은 고려하지 않음.) [2점]

표는 갑의 동영상 공유 서비스 A, B, C가 제공하는 콘텐츠 이용에 따른 1년간 편익, 월 이용료, 사은품으로부터 얻는 편익을 나타낸다. 갑은 동영상 공유 서비스를 중도 해지 없이 1년 단위로 이용한다.

(단위: 만 원)

구분	A	B	C
콘텐츠 이용에 따른 1년간 편익	50	40	50
월 이용료	3	2	2.5
사은품으로부터 얻는 편익	(가)	(나)	0

1차 년도에 갑은 A~C 중 A를 선택하여 1년 동안 이용하였는데, 만료 시점에 A~C의 조건이 변경되었음을 알게 되었다. A는 월 이용료가 1회 면제되고 동일한 사은품이 제공된다. B는 사은품이 제공되지 않고, 이용 가능 콘텐츠가 증가하여 갑에게 ㉠추가 편익이 발생한다. C는 B에서 제공되었던 동일한 사은품이 제공된다. 이에 갑은 2차 년도에 A~C 중 하나를 다시 선택하고자 한다. 단, 동일한 사은품으로부터 얻는 편익은 변함이 없고 갑은 편익과 기회비용만을 고려하여 합리적으로 선택한다.

< 보 기 >
ㄱ. (가)가 '9'이면 (나)는 '8'이 될 수 있다.
ㄴ. ㉠이 7만 원보다 작고 (나)가 3보다 작으면 2차 년도에 갑은 A를 선택한다.
ㄷ. 2차 년도에 갑이 C를 선택한다면 (나)는 '2'가 될 수 있다.

① ㄱ   ② ㄴ   ③ ㄱ, ㄷ
④ ㄴ, ㄷ   ⑤ ㄱ, ㄴ, ㄷ

18

다음 자료에 대한 옳은 분석 및 추론만을 〈보기〉에서 있는 대로 고른 것은? (단, 제시된 자료 이외에 다른 조건은 고려하지 않음.) [3점]

같은 시간에 열려 둘 중 하나만 관람할 수 있는 아이돌 공연과 뮤지컬 공연이 있다. 표는 갑과 을이 공연 관람으로부터 얻는 편익과 공연 표의 가격을 나타낸다. ㉠갑은 두 공연 중 뮤지컬 공연을 선택하여 표를 구입하였으며, 을은 아이돌 공연 표를 무료로 선물 받았다.

(단위: 만 원)

구분	아이돌 공연	뮤지컬 공연
갑의 편익	(가)	9
을의 편익	10	(나)
표 가격	(다)	8

을에게 아이돌 공연 표가 있다는 사실을 알게 된 갑은 ㉡ "나에게 아이돌 공연 표를 5만 원에 팔면 너에게 뮤지컬 공연 표를 그냥 줄게."라고 을에게 제안하였다. 단, 갑과 을은 편익과 기회비용만을 고려하여 합리적으로 결정하고, 모든 공연 표는 환불이 불가능하며, 공연 관람에 따른 추가 비용은 없다.

───〈 보 기 〉───

ㄱ. (가)가 '13'이라면 갑은 ㉡을 제안하지 않았을 것이다.

ㄴ. (나)가 '4'라면 을은 ㉡을 받아들일 것이다.

ㄷ. ㉠과 ㉡으로부터 판단할 때, (다)는 '12'가 될 수 있다.

① ㄱ   ② ㄴ   ③ ㄱ, ㄷ
④ ㄴ, ㄷ   ⑤ ㄱ, ㄴ, ㄷ

19

다음 자료에 대한 옳은 분석만을 〈보기〉에서 있는 대로 고른 것은? (단, 제시된 자료 이외의 다른 조건은 고려하지 않음.) [2점]

갑은 운동화 A, B 중 한 켤레를 구매하려고 한다. 표는 갑이 A, B로부터 얻는 편익과 □□백화점의 판매 가격을 나타낸다.

(단위: 만 원)

구분	A	B
편익	10	(나)
가격	(가)	6

갑은 ㉠A를 □□백화점에서 구입하였다. 그 직후 갑은 ○○인터넷 쇼핑몰에서 B를 □□백화점 가격에 비해 20% 할인된 가격으로 구매할 수 있고, 구매 시 배송비 3천 원을 부담해야 한다는 것을 알게 되었다. 이에 갑은 다음 두 가지 방안 중 하나를 선택하려고 한다.

〈1안〉 □□백화점에서 구입한 A를 환불하지 않고 사용
〈2안〉 A를 환불하고 B를 ○○인터넷 쇼핑몰에서 구입

단, 갑은 편익과 기회비용만을 고려하여 합리적으로 결정한다. 갑이 A, B로부터 얻는 편익은 변함이 없고, A의 가격은 구입처와 상관없이 동일하다. 또한 환불 시 추가적인 비용은 발생하지 않는다.

───〈 보 기 〉───

ㄱ. ㉠으로부터 판단할 때, (나)는 '17'이 될 수 없다.

ㄴ. (가), (나) 모두 '7'이라면 〈1안〉을 선택하는 것이 합리적이다.

ㄷ. 〈2안〉을 선택할 경우 (가)와 (나)의 합은 '15'가 될 수 있다.

① ㄱ   ② ㄷ   ③ ㄱ, ㄴ
④ ㄴ, ㄷ   ⑤ ㄱ, ㄴ, ㄷ

20

그림의 대화에 대한 옳은 설명만을 〈보기〉에서 고른 것은? [2점]

───── 〈 보 기 〉 ─────

ㄱ. ㉠의 사례로 '주인이 존재하지 않는 목초지'를 들 수 있다.

ㄴ. ㉠은 한 사람의 소비가 다른 사람의 소비 기회를 감소시키지 않는 특성을 가진다.

ㄷ. 갑은 ㉠에 배제성을 부여하여 문제를 해결할 수 있다고 본다.

ㄹ. 병은 을과 달리 시장의 비효율적 자원 배분 문제를 해결하기 위한 정부의 개입을 강조한다.

① ㄱ, ㄴ ② ㄱ, ㄷ ③ ㄴ, ㄷ ④ ㄴ, ㄹ ⑤ ㄷ, ㄹ

22

(가)에 들어갈 수 있는 내용으로 가장 적절한 것은? [2점]

교사: 지난 시간에 배웠던 [(가)] 의 사례를 발표해 보도록 합시다.

갑: ◇◇기업은 환경 보전을 위해 원료 사용부터 상품 제조, 판매 과정까지 재활용이 가능한 소재를 최대한 활용하고 있습니다.

을: ○○기업은 상품 생산 과정에서 발생하는 탄소 배출량을 감축하고 오염 물질을 정화하기 위해 노력하고 있습니다.

병: △△기업은 소외 계층 지원과 같은 사회 공헌 확대와 사내 청렴 문화 정착을 위한 윤리 경영을 선언하고 이를 실천하고 있습니다.

교사: 모두 옳게 발표했군요.

① 기업가 정신
② 규모의 경제 실현
③ 기업의 사회적 책임
④ 근로자의 권익 보호
⑤ 사회 기반 시설 구축

21

다음 두 사례에 공통적으로 나타난 시장 실패의 원인으로 가장 적절한 것은? [2점]

○ 가로등 서비스는 대가를 치르지 않은 사람의 소비를 막을 수 없으므로 민간 기업은 생산에 대한 경제적 유인이 없다.

○ 대가를 지불하지 않은 사람도 수산 자원을 채취할 수 있는 공해에서는 남획의 문제가 발생하여 수산 자원은 결국 고갈된다.

① 역선택
② 도덕적 해이
③ 시장의 진입 장벽
④ 기업 간 가격 담합
⑤ 재화와 서비스의 비배제성

23

(가)에 들어갈 수 있는 내용으로 가장 적절한 것은? [3점]

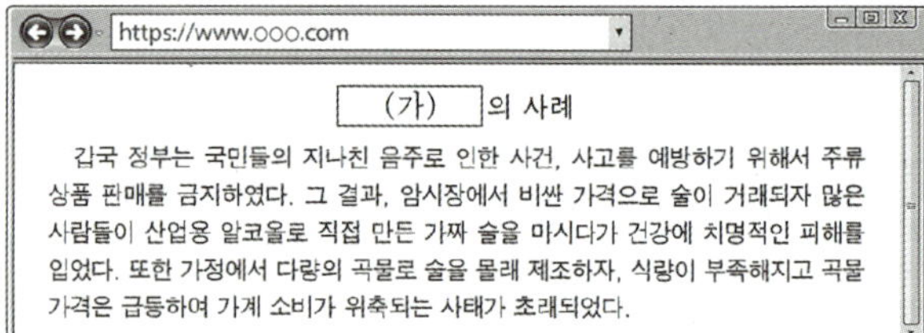

① 정부 실패
② 독과점 폐해
③ 공유지의 비극
④ 정보의 비대칭성
⑤ 긍정적 외부 효과

24

다음 자료에 대한 설명으로 옳은 것은? (단, A, B는 각각 가계, 기업 중 하나임.) [2점]

> 경제 주체 A와 B 간의 화폐의 흐름으로 민간 경제 순환을 설명할 수 있다. 실물 제공에 대한 대가로 (가) 시장에서 B로부터 A로 이동하는 화폐는 A에게 ㉠판매 수입이 되고, (나) 시장에서 A로부터 B로 이동하는 화폐는 B에게 ㉡소득이 된다.

① A는 이윤 극대화를 추구한다.
② A는 (가) 시장에서 수요자이다.
③ B는 생산 활동의 주체이다.
④ 가족의 식사를 위한 식재료 구입은 (나) 시장에서 이루어진다.
⑤ ㉡과 달리 ㉠은 소비 활동의 원천이 된다.

26

다음 자료에 대한 설명으로 옳은 것은? (단, A, B는 각각 가계, 기업 중 하나임.) [2점]

> 경제 주체 A가 ㉠생산 요소를 구입하여 생산한 ㉡재화와 서비스는 소비의 대상이다. 생산 과정에서 창출되는 부가 가치는 생산 요소를 공급한 경제 주체 B에게 소득의 형태로 ㉢분배되고, 이 소득은 소비의 원천이 된다. 이와 같이 민간 경제의 순환에서 생산, 분배, 소비는 서로 밀접하게 연결되어 있다.

① A는 생산물 시장의 공급자이다.
② B는 이윤 극대화를 추구한다.
③ 학생이 유료로 관람한 영화는 ㉠에 해당한다.
④ ㉡은 생산 요소 시장에서 거래된다.
⑤ ㉢에는 상품의 저장, 운송, 판매 활동이 포함된다.

25

다음 자료에 대한 설명으로 옳은 것은? (단, A, B는 각각 가계, 기업 중 하나임.) [3점]

> 민간 경제의 순환은 경제 주체 A와 B 간의 실물과 화폐의 흐름으로 설명할 수 있다. (가) 시장에서는 A가 B로부터 재화와 서비스를 구입하고 그 대가를 B에게 지불한다. 반면 (나) 시장에서는 A가 B에게 노동, 자본, 토지를 제공하고 그에 따른 ㉠대가를 받는다.

① A는 이윤 극대화를 추구한다.
② B는 생산물 시장의 수요자이다.
③ 임금 지급은 (가)시장에서 이루어진다.
④ 가족 외식을 위한 소비 지출은 (나)시장에서 이루어진다.
⑤ ㉠은 소비 활동의 원천이 된다.

27

다음 자료에 대한 설명으로 옳은 것은? (단, A, B는 각각 가계, 기업 중 하나임.) [2점]

> 민간 경제의 순환은 (가)시장과 (나)시장에서 이루어지는 경제 주체 A와 B 사이의 상호 작용으로 설명할 수 있다. A는 (가)시장에서 B에게 노동, 자본, 토지 등을 제공하고, 그 대가로 얻은 소득을 바탕으로 (나)시장에서 B가 생산하는 재화와 서비스를 구입한다.

① A는 소비의 주체이다.
② (가)시장에서 생산물의 가격과 수량이 결정된다.
③ (나)시장의 사례로 노동 시장을 들 수 있다.
④ A는 (나)시장에서 임금, 이자, 지대를 받는다.
⑤ B는 (가)시장의 공급자이다.

28

다음 자료에 대한 옳은 분석 및 추론만을 〈보기〉에서 고른 것은? [3점]

갑국의 X재, Y재 시장에서는 소비 또는 생산 중 각각 하나의 측면에서만 외부 효과가 발생한다. 표는 질문에 따라 X재, Y재 시장을 구분한 것이다. 단, X재, Y재는 모두 수요와 공급 법칙을 따른다.

질문	X재	Y재
사회적 최적 거래량이 시장 균형 거래량보다 많은가?	예	아니요
사회적 최적 수준에서의 가격이 시장 균형 가격보다 높은가?	예	예

――――〈 보 기 〉――――
ㄱ. X재 소비의 사적 편익이 사회적 편익보다 작다.
ㄴ. 소비자에게 X재 1단위당 일정액의 보조금을 지급하여 사회적 최적 거래량을 달성할 수 있다.
ㄷ. Y재 시장에서는 긍정적 외부 효과가 발생한다.
ㄹ. Y재 생산의 사적 비용이 사회적 비용보다 크다.

① ㄱ, ㄴ ② ㄱ, ㄷ ③ ㄴ, ㄷ ④ ㄴ, ㄹ ⑤ ㄷ, ㄹ

29

다음 자료에 대한 분석으로 옳은 것은? [2점]

갑국의 X재 시장에 소비 또는 생산 활동 중 하나의 측면에서만 외부 효과가 발생하였다. 정부는 X재 소비자와 생산자 중 하나의 주체에게 세금을 부과하거나 보조금을 지급하는 정책을 시행하여 외부 효과를 해결하였다. 표는 정책 시행으로 인한 X재의 균형 가격과 균형 거래량의 변동을 나타낸다. 단, X재는 수요와 공급 법칙을 따른다.

구분	정책 시행 후
균형 가격	상승
균형 거래량	증가

① 부정적 외부 효과가 발생하였다.
② 소비 측면의 외부 효과가 발생하였다.
③ X재 생산의 사회적 비용이 사적 비용보다 크다.
④ 정부는 X재 소비자에게 세금을 부과하는 정책을 시행하였다.
⑤ 정부는 X재 생산자에게 보조금을 지급하는 정책을 시행하였다.

30

다음 자료에 대한 분석으로 옳은 것은? [3점]

그림은 소비 또는 생산 중 하나의 측면에서만 외부 효과가 발생한 X재 시장과 Y재 시장을 나타낸다. D1은 사적 편익만을 반영한 수요 곡선, D2는 사회적 편익을 반영한 수요 곡선이다.

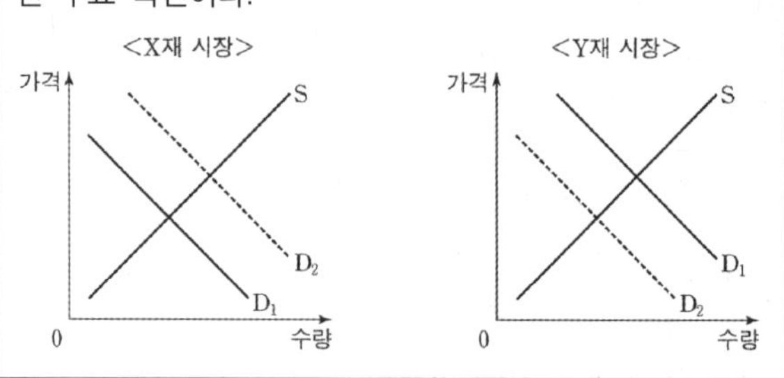

① X재의 사적 편익이 사회적 편익보다 크다.
② X재 시장에서 발생한 외부 효과는 부정적 외부 효과이다.
③ Y재는 사회적 최적 수준보다 많이 거래된다.
④ Y재 소비에 보조금을 지급하여 외부 효과를 개선할 수 있다.
⑤ Y재의 사례로 독감 예방을 위한 유료 백신 접종을 들 수 있다.

31

다음 자료에 대한 분석으로 옳은 것은? [3점]

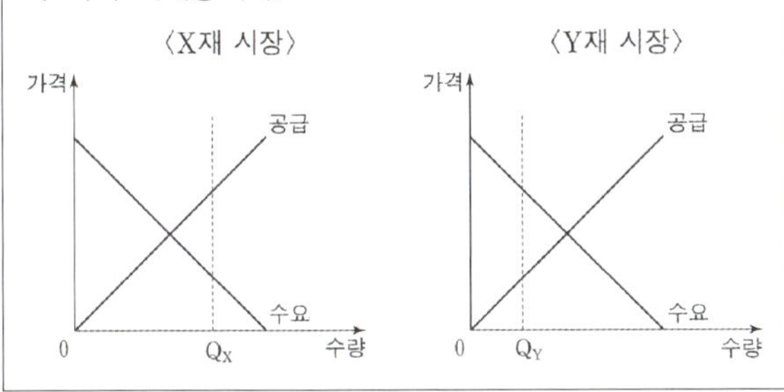

그림은 소비 측면에서만 외부 효과가 발생한 X재 시장과 생산 측면에서만 외부 효과가 발생한 Y재 시장을 나타낸다. Qx는 X재의 사회적 최적 거래량, Qy는 Y재의 사회적 최적 거래량이다.

① X재 소비의 사적 편익이 사회적 편익보다 크다.
② X재 시장에서는 과소 소비의 문제가 발생하였다.
③ X재 소비에 세금을 부과하여 외부 효과를 개선할 수 있다.
④ Y재 시장에서는 긍정적 외부 효과가 발생하였다.
⑤ Y재 생산에 보조금을 지급하여 외부 효과를 개선할 수 있다.

32

다음 자료에 대한 설명으로 옳은 것은? [3점]

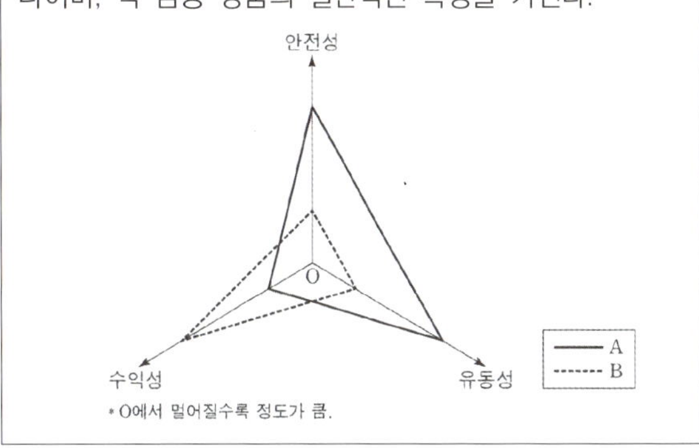

그림은 자산 관리 원칙에 따라 구분한 금융 상품 A, B를 나타낸다. 단, A, B는 각각 요구불 예금, 주식 중 하나이며, 각 금융 상품의 일반적인 특징을 가진다.

① A는 주주로서의 지위를 부여하는 상품이다.
② B는 만기가 있는 상품이다.
③ A, B는 모두 국가나 지방 자치 단체가 발행할 수 있는 상품이다.
④ 현금화가 용이한 금융 상품을 원하는 사람은 A보다 B를 선호한다.
⑤ 예금자 보호 제도의 적용을 받는 금융 상품을 원하는 사람은 B보다 A를 선호한다.

33

그림에 나타난 금융 상품 A, B의 일반적인 특징에 대한 설명으로 옳은 것은? (단, A, B는 각각 주식과 채권 중 하나이다.) [2점]

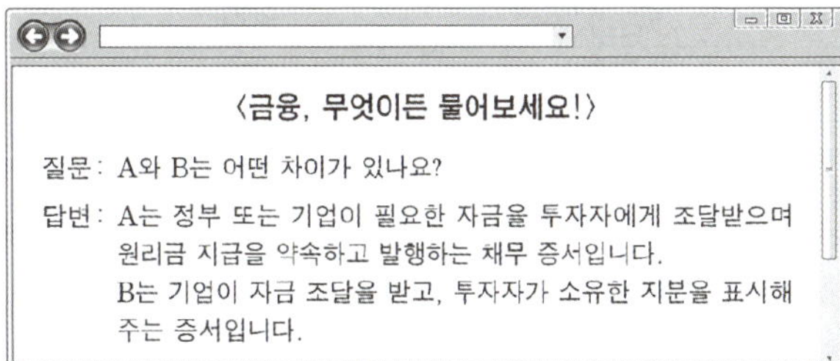

〈금융, 무엇이든 물어보세요!〉

질문: A와 B는 어떤 차이가 있나요?

답변: A는 정부 또는 기업이 필요한 자금을 투자자에게 조달받으며 원리금 지급을 약속하고 발행하는 채무 증서입니다.
B는 기업이 자금 조달을 받고, 투자자가 소유한 지분을 표시해 주는 증서입니다.

① A는 시세 차익을 기대할 수 없다.
② B는 배당 수익을 기대할 수 있다.
③ A는 B와 달리 만기가 없다.
④ B는 A와 달리 예금자 보호 제도가 적용된다.
⑤ A와 B 모두 이자 수익을 기대할 수 있다.

34

다음 자료에 대한 설명으로 옳은 것은? (단, A~D는 각각 요구불 예금, 정기 예금, 주식, 채권 중 하나이며, 각 금융 상품의 일반적인 특징을 가짐.) [3점]

> 표는 금융 상품 A~D로 구성된 투자 포트폴리오의 조정 전후 상품별 금액을 나타낸다. 조정 후 전체 포트폴리오에서 입출금이 자유로운 상품의 비율은 변함이 없고, 이자 수익을 기대할 수 있는 상품의 비율은 80%가 되었으며, 시세 차익을 기대할 수 있는 상품만 비율이 모두 높아졌다.
>
> (단위: 만 원)
>
> | 구분 | A | B | C | D |
> |---|---|---|---|---|
> | 조정 전 | 10 | 30 | 50 | 10 |
> | 조정 후 | 10 | 15 | 55 | 20 |

① A는 C에 비해 유동성이 낮다.
② D는 B에 비해 안전성이 높다.
③ 만기가 있는 상품의 총액은 커졌다.
④ 배당 수익을 기대할 수 있는 상품의 총액은 커졌다.
⑤ 예금자 보호 제도의 적용을 받는 상품의 총액은 변함이 없다.

35

표는 갑이 1,000만 원으로 구성한 자산 포트폴리오이다. 이에 대한 설명으로 옳은 것은? [2점]

금융 상품	금액(만 원)
㉠정기 예금	600
㉡주식	300
㉢펀드	100

① ㉠은 주주로서의 지위를 부여하는 금융 상품이다.
② ㉡은 시세 차익을 기대할 수 있는 금융 상품이다.
③ ㉢은 발행 주체가 빌린 돈을 갚기로 약속한 증서이다.
④ 갑이 구성한 포트폴리오에서 간접 투자 금융 상품의 비중은 30%이다.
⑤ 갑이 구성한 포트폴리오에서 이자 수익을 기대할 수 있는 금융 상품의 비중은 40%이다.

36

그림은 경제 수업의 일부이다. 이에 대한 설명으로 옳은 것은? (단, A~C는 각각 정기 예금, 주식, 채권 중 하나임.) [2점]

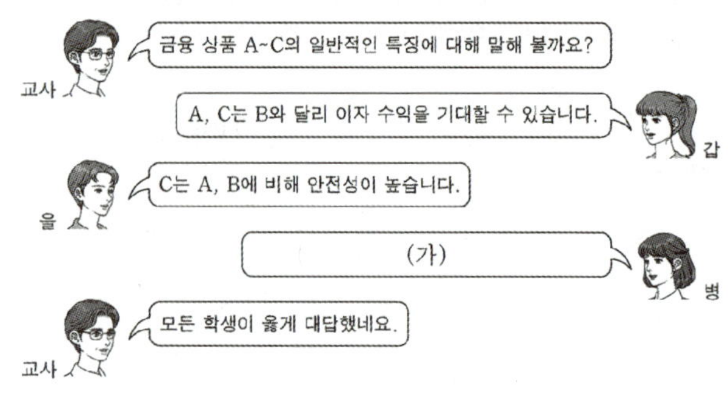

① B는 배당 수익을 기대할 수 있다.
② C는 시세 차익을 기대할 수 있다.
③ A는 B와 달리 시장에서 거래된다.
④ B는 A와 달리 만기가 존재한다.
⑤ (가)에는 'A는 B, C와 달리 예금자 보호 제도의 적용을 받습니다.'가 들어갈 수 있다.

37

다음 자료에 대한 분석으로 옳은 것은? (단, 제시된 자료 이외의 다른 조건은 고려하지 않음.) [3점]

갑은 t시점에 자신이 보유하고 있는 모든 자산을 정기 예금, 주식, 채권에 투자하였다. 정기 예금의 연 이자율은 8%이다. 표는 시점별 갑의 모든 자산에 대한 각 금융 상품의 구성 비율을 나타낸다. t시점과 t+1년 시점 간 구성 비율의 변화는 갑이 보유한 금융 상품의 서로 다른 수익률에 의해서만 나타났다.

(단위:%)

구분	t시점	t+1시점
정기 예금	50	40
주식	30	40
채권	20	20

① 총자산의 증가율은 40%보다 크다.
② 주식의 수익률은 80%이다.
③ 채권의 수익률은 정기 예금보다 낮다.
④ t시점과 t+1년 시점에 배당 수익을 기대할 수 있는 상품의 구성 비율은 같다.
⑤ t시점에 비해 t+1년 시점에 시세 차익을 기대할 수 있는 상품의 구성 비율은 낮다.

38

다음 자료에 대한 분석으로 옳은 것은? [3점]

t 시점에 갑이 금융 자산 1,000만 원을 여러 금융 상품에 분산 투자한 결과, 일정 기간이 지난 t+1시점에 금융 자산 가치가 1,300만 원이 되었다. (가)와 (나)는 각각 t시점과 t+1시점의 금융 자산 포트폴리오를 나타낸다. 단, t시점부터 t+1시점까지 추가적인 투자 활동은 없었다.

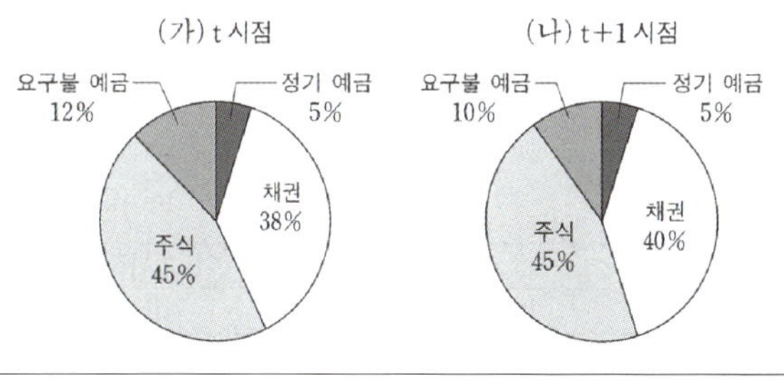

① (가)에서 저축성 예금에 투자한 금액은 170만 원이다.
② (가)에서 시세 차익을 기대할 수 있는 금융 상품의 비중은 50%이다.
③ (나)에서 이자 수익을 기대할 수 있는 금융 상품의 비중은 55%이다.
④ (나)에서 주주로서의 지위를 부여하는 금융 상품의 투자 수익은 140만 원이다.
⑤ (가)에 비해 (나)에서는 예금자 보호 제도의 적용을 받는 금융 상품의 비중이 증가하였다.

39

다음 자료에 대한 분석으로 옳은 것은? (단, A~D는 각각 요구불 예금, 정기 예금, 주식, 채권 중 하나이고, 각 금융 상품의 일반적인 특징을 가짐.) [3점]

갑은 t시점에 투자한 금융 상품 A~D를 t+1시점까지 보유하였다. 갑이 보유한 금융 상품의 수익률은 모두 양(+)의 값으로 채권, 주식, 정기 예금, 요구불 예금 순으로 높았다. 표는 시점별 갑이 보유한 금융 상품의 구성 비율을 나타낸다. t시점과 t+1시점 간 구성 비율의 변화는 갑이 보유한 금융 상품의 서로 다른 수익률에 의해서만 나타났다.

(단위:%)

구분	t시점	t+1시점
A	40	45
B	30	25
C	20	23
D	10	7

① A는 만기가 있는 금융 상품이다.
② B에 비해 A는 안전성이 높다.
③ C와 D는 예금자 보호 제도의 적용을 받는다.
④ 시세 차익을 기대할 수 있는 금융 상품의 구성 비율은 높아졌다.
⑤ 주주로서의 지위를 부여하는 금융 상품의 구성 비율은 낮아졌다.

40

다음 자료에 대한 분석 및 추론으로 옳은 것은? [2점]

X재와 Y재만을 생산하여 소비하는 갑국과 을국은 비교 우위를 갖는 재화에만 특화하여 양국 모두 이익이 발생하는 범위 내에서 교역한다. 갑국은 Y재 생산, 을국은 X재 생산에 비교 우위를 가지며, 양국의 교역에 따른 소비량은 표와 같다. 단, 교역은 거래 비용 없이 양국 간에만 이루어지고, X재와 Y재의 생산 가능 곡선은 직선이며 생산된 재화는 모두 소비된다.

구분	X재 소비량(개)	Y재 소비량(개)
갑국	5	20
을국	15	10

① 갑국은 Y재에 특화하여 25개를 생산한다.
② 양국 간 X재와 Y재의 교환 비율은 2:1이다.
③ 갑국의 X재 최대 생산 가능량은 15개보다 적다.
④ 을국의 Y재 1개 생산의 기회비용은 X재 1/2개보다 작다.
⑤ 을국의 X재 1개 소비의 기회비용이 교역 전의 4배라면, 을국의 Y재 최대 생산 가능량은 15개이다.

41

다음 자료에 대한 분석으로 옳은 것은? [2점]

갑국과 을국은 노동만을 생산 요소로 사용하여 직선인 생산 가능 곡선상에서 X재와 Y재만을 생산한다. 양국은 비교 우위를 갖는 재화에만 특화하여 양국 모두 이득이 발생하는 교환 비율에 따라 교역한다. 교역 전 갑국은 전체 노동량을 반으로 나누어 각각 X재와 Y재 생산에 투입하였고, 을국과 교역함에 따라 X재에 특화하였다. 표는 갑국의 교역 전 소비량과 교역 후 소비량을 나타낸다. 단, 생산된 X재와 Y재는 전량 소비되며, 교역은 거래 비용 없이 양국 간에만 이루어진다.

(단위:개)

구분	갑국	
	X재	Y재
교역 전 소비량	40	80
교역 후 소비량	60	100

① 갑국의 X재 최대 생산 가능량은 160개이다.
② 갑국의 X재 1개 생산의 기회비용은 Y재 2개이다.
③ 을국의 Y재 1개 생산의 기회비용은 X재 1/5개보다 크다.
④ 양국 간 X재와 Y재의 교환 비율은 3:5이다.
⑤ 교역 후 을국의 Y재 1개 소비의 기회비용은 교역 전에 비해 감소한다.

42

다음 자료에 대한 분석 및 추론으로 옳은 것은? [3점]

경제 탐구 학습지

○**주제**: 비교 우위에 따른 무역 원리의 이해
○**학습 목표**: 비교 우위에 따른 양국의 무역 조건과 이득을 탐색한다.
○**조건**: 갑국과 을국은 X재와 Y재만을 직선인 생산 가능 곡선상에서 생산한다. 양국은 비교 우위가 있는 재화만을 생산하여 양국 모두 이득이 발생하는 경우에만 교역한다. 생산 요소는 노동뿐이고, 임금은 자국 통화로 지급한다. 교역은 양국 간에만 이루어지며, 교역에 따른 거래 비용은 없다. 갑국과 을국의 각 재화 1개 생산의 비용은 표와 같다.

구분	갑국	을국
X재	6달러	1유로
Y재	4달러	2유로

○**탐구 절차**:
〔1단계〕 각 재화 1개 생산의 기회비용 확인하기
〔2단계〕 각국의 비교 우위 재화 확인하기
〔3단계〕 양국 모두 이득이 되는 교환 범위 탐색하기
〔4단계〕 교역의 이득 확인하기

① 갑국의 Y재 1개 생산의 기회비용은 X재 3/2개이다.
② 갑국은 X재, 을국은 Y재 생산에 비교 우위가 있다.
③ X재 1개와 Y재 1개를 교환하는 조건이라면 을국은 교역에 참여하지 않을 것이다.
④ 양국 모두 이득이 되는 교환 범위는 X재 1개당 Y재 1/2개 초과, 3/2개 미만이다.
⑤ 양국 간 교역이 이루어지면 교역 이전에 비해 갑국은 Y재, 을국은 X재 소비의 기회비용이 감소한다.

43

다음 자료에 대한 분석으로 옳은 것은? [3점]

X재와 Y재만을 생산하는 갑국과 을국은 비교 우위를 갖는 재화에 특화하여 교역한다. 교역 전 갑국의 X재 1개 생산의 기회비용은 Y재 2개이고, 을국의 X재 1개 생산의 기회비용은 Y재 1개이다. 표는 갑국과 을국의 교역 전 X재와 Y재의 생산량과 교역 후 X재와 Y재의 소비량을 나타낸다. 단, 교역은 거래 비용 없이 양국 간에만 이루어지고, 양국은 직선인 생산 가능 곡선상에서 생산하며, 생산된 재화는 전량 소비된다.

(단위:개)

구분	갑국		을국	
	X재	Y재	X재	Y재
교역 전 소비량	10	20	15	15
교역 후 소비량	㉠	24	18	㉡

① 을국은 Y재 생산에 비교 우위를 가진다.
② X재 최대 생산 가능량은 갑국은 30개, 을국은 20개이다.
③ ㉠은 '16', ㉡은 '12'이다.
④ X재와 Y재의 양국 간 교환 비율은 4:3이다.
⑤ 갑국은 Y재 1개를 교역할 때마다 X재 1/4개의 이득을 갖는다.

44

다음 자료에 대한 분석으로 옳은 것은? [2점]

갑국과 을국은 유일한 생산 요소인 노동을 사용하여 X재와 Y재만을 생산한다. 표는 갑국과 을국이 노동을 한 재화 생산에 모두 투입했을 때의 시기별 최대 생산 가능량을 나타낸다. 양국은 직선인 생산 가능 곡선상에서 비교 우위가 있는 재화만을 생산하여 ㉠양국 모두 이익이 발생하는 범위 내에서 t기와 t+1기에 교역하였고, 두 시기 모두 갑국은 X재만을 생산하였다. 단, 교역은 거래 비용 없이 양국 간에만 이루어지고, 양국이 보유하고 있는 노동량은 동일하다.

(단위:개)

구분	최대 생산 가능량			
	t기		t+1기	
	X재	Y재	X재	Y재
갑국	100	80	100	120
을국	50	60	50	(가)

① (가)는 60보다 작다.
② t기에 갑국은 교역을 통해 Y재 80개 이상을 소비할 수 있다.
③ t기에 을국은 X재와 Y재 생산에 모두 절대 우위를 가진다.
④ t기와 t+1기 모두 갑국의 X재 1개 생산의 기회비용은 Y재 1개보다 작다.
⑤ X재와 Y재의 1:1 교환 비율은 t+1기의 ㉠에 포함되지 않는다.

45

2024.9(고3) 경제_모평14

다음 자료에 대한 분석 및 추론으로 옳은 것은? [3점]

> X재와 Y재만을 생산하는 갑국과 을국은 t기와 t+1기에 비교 우위를 갖는 재화만을 생산하여 ㉠양국 모두 이익이 발생하는 범위 내에서 교역하였다. 그림은 갑국의 t기와 t+1기 생산 가능 곡선과 교역 전 을국의 생산점 A를 나타낸다. 을국의 생산 가능 곡선은 변함이 없으며 X재 1개 생산의 기회비용은 Y재 1/2개로 일정하다. 단, 양국은 생산 가능 곡선 상에서 생산하고, 교역은 거래 비용 없이 양국 간에만 이루어지며, 모든 재화는 생산된 시기에 전량 소비된다.

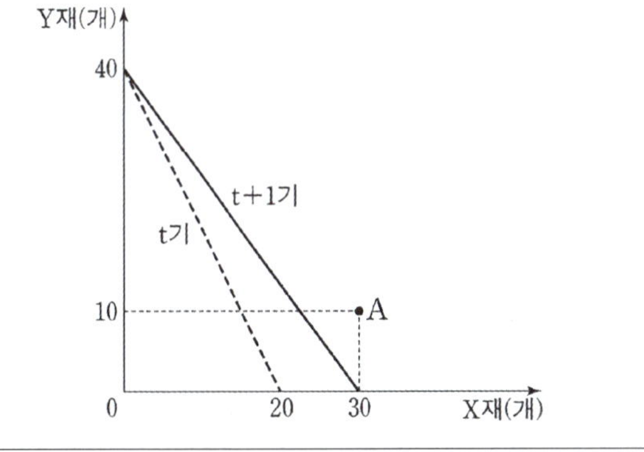

① 을국은 X재 15개와 Y재 20개를 동시에 생산할 수 있다.
② 갑국의 X재 1개 생산의 기회비용은 t기에 비해 t+1기에 증가한다.
③ 갑국은 t기 Y재 생산에 비교 우위를 가지고, t+1기 X재 생산에 비교 우위를 가진다.
④ X재와 Y재의 3:5 교환 비율은 t기에는 ㉠에 포함되지만, t+1기에는 ㉠에 포함되지 않는다.
⑤ t+1기에 을국이 X재 30개와 Y재 24개를 소비하였다면, X재와 Y재의 교환 비율은 6:5이다.

▶▶ # 4단원. 세계화와 평화

4단원. 세계화와 평화

1. 세계화의 다양한 양상과 문제점 및 해결 방안
· 세계화: 세계 도시, 다국적 기업
· 지역화: 지역화 전략- 지역 브랜드화, 지리적 표시제, 장소 마케팅

2. 평화의 의미와 평화 실현을 위한 국제 사회의 역할
· 평화의 의미: 소극적 평화, 적극적 평화 - 직접적 폭력, 구조적 폭력, 문화적 폭력
· 세계 평화를 위한 행위 주체의 역할: 국가, 국제기구, 비정부 기구

3. 남북 분단 및 동아시아 역사 갈등과 세계 평화를 위한 노력
· 남북 분단: 배경(모스크바 3국 외무 장관 회의, 5.10총선거, 6.25전쟁, 정전 협정 체결),
　평화통일을 위한 노력
· 동아시아 역사 갈등: 영토 문제(쿠릴 열도, 센카쿠 열도, 시사 군도, 난사 군도), 중국 동북 공정,
　일본 역사 왜곡, 해결을 위한 노력

| 출제 경향 |
· 난이도: 비교적 평이한 난이도로 출제되는 경향이 있음
· 주요 유형
 - 세계화와 지역화 부분은 세계화로 인한 영향과 지역화 전략을 구분하는 문제가 주로 출제됨,
　세계 도시와 관련하여 자료를 해석하는 문제가 출제될 가능성이 높음
 - 평화의 의미 부분은 갈퉁의 사상을 파악하는 문제가 주로 출제됨
 - 남북 분단 부분은 평화통일을 위한 노력과 통일의 주요 쟁점을 파악하는 문제가 주로 출제됨

COMMENT
 - 세계화와 지역화 부분은 기존 통합사회 기출에서는 지역화 전략을 구분하는 간단한 문제가 주로
　출제되었다면, 2025 평가원 수능 대비 예시 문항에서는 '세계 도시' 부분을 출제하여 복잡한
　자료를 분석하는 문항의 유형이 출제됨
 - 지학사와 미래엔 교과서 등에 칸트의 영구 평화론이 자료로 제시되어 있기 때문에 갈퉁의 사상과
　함께 알아둘 필요가 있음, STEP3에 칸트와 갈퉁의 사상을 비교하는 문항이 수록되어 있음.
　또한, 국제 평화에 대한 칸트와 모겐소의 입장도 지학사 교과서에는 자료로 제시되어 있음.
　단독으로 출제될 가능성은 낮으나 제시문을 기반으로 한 추론형 문항은 출제될 수 있음
 - 남북 분단과 동아시아 역사 갈등 부분은 기출 문제가 충분하지 않음. 다소 평이한 난이도로
　기본적인 내용을 학습하고 있으면 어렵지 않게 정답을 맞출 수 있는 문제로 출제될 가능성이
　높음

1

2025 수능대비예시_평가원20

다음 자료는 세계 도시에 대한 것이다. A~D 기능에 해당하는 지표로 옳은 것은? [2점]

> 세계화로 인해 세계의 중심지 역할을 하는 세계 도시가 출현했다. 세계 도시의 선정 기준과 방법은 조사 기관마다 차이가 있는데, 그중 ○○ 연구소는 2024년에 48개 주요 도시를 대상으로 6가지 기능(거주, 경제, 문화 교류, 연구·개발, 접근성, 환경)을 70개 지표를 활용하여 산출한 점수로 종합 순위를 발표했다. 종합 순위 1위 도시는 '문화 교류'에서 1위를 유지했고 허브 공항 효과로 '접근성'에서도 1위에 올랐다. 종합 순위 2위 도시는 '경제'및 '연구·개발'에서 1위를 차지했으나, '거주'와 '환경'에서는 30위권으로 밀려났다. 종합 순위 3위 도시는 환율 상승에 따른 해외 관광객 증가로 '문화 교류'에서 3위로 올랐고, '거주'와 '연구·개발'에서도 3위를 차지했다. 종합 순위 4위 도시는 올림픽 개최에 힘입어 '문화 교류'에서 2위로 올랐다.
>
> 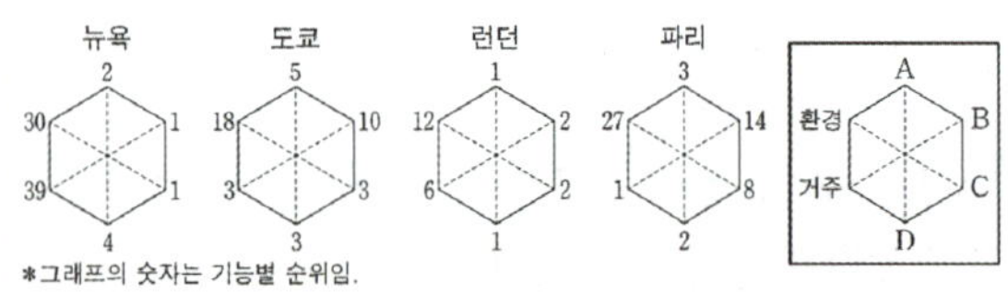
>
> *그래프의 숫자는 기능별 순위임.

① A: 국제 직항 노선 수 　 C: 특허 등록 건수
　 B: 세계 500대 기업 수 　 D: 외국인 방문자 수

② A: 국제 직항 노선 수 　 C: 외국인 방문자 수
　 B: 세계 500대 기업 수 　 D: 특허 등록 건수

③ A: 세계 500대 기업 수 　 C: 외국인 방문자 수
　 B: 특허 등록 건수 　 D: 국제 직항 노선 수

④ A: 세계 500대 기업 수 　 C: 국제 직항 노선 수
　 B: 특허 등록 건수 　 D: 외국인 방문자 수

⑤ A: 외국인 방문자 수 　 C: 특허 등록 건수
　 B: 국제 직항 노선 수 　 D: 세계 500대 기업 수

| 문항 분석 |

· 4단원 세계화와 평화
　4-1. 세계화의 다양한 양상과 문제점 및 해결 방안
· 내용 요소: 세계 도시

| 자료 및 선지 분석 |

· 종합 순위 2위 도시는 '경제'및 '연구·개발'에서 1위를 차지했으나, '거주'와 '환경'에서는 30위권으로 밀려났다 → 30위권으로 밀려난 도시는 뉴욕밖에 없으므로 종합 순위 2위 도시는 뉴욕이며, B와 C는 '경제'및 '연구·개발' 중 하나가 되어야 함
· 종합 순위 1위 도시는 '문화 교류'에서 1위를 유지했고 허브 공항 효과로 '접근성'에서도 1위에 올랐다 → 두 가지 기능에서 1위를 한 도시는 뉴욕과 런던밖에 없기 때문에 종합 순위 1순위 도시는 런던이며, A와 D는 '문화 교류'와 '접근성' 중 하나가 되어야 함
· 종합 순위 3위 도시는 환율 상승에 따른 해외 관광객 증가로 '문화 교류'에서 3위로 올랐고 '거주'와 '연구·개발'에서도 3위를 차지했다 →세 가지 기능에서 3위를 차지한 도시는 도쿄이므로 도쿄가 종합 순위 3순위 도시이며, C와 D는 '문화 교류'와 '연구·개발' 중 하나가 되어야 함
· 종합 순위 4순위 도시는 파리로 문화 교류'에서 2위에 올랐다고 했기 때문에 D가 '문화 교류'가 됨. 따라서 위의 조건에 따라 A는 '접근성', B는 '경제', C는 '연구·개발'에 해당함

- A: 접근성 기능에 해당하는 지표 → **국제 직항 노선 수**

- B: 경제 기능에 해당하는 지표 세계 → **세계 500대 기업 수**

- C: 연구·개발 기능에 해당하는 지표 → **특허 등록 건수**

- D: 문화 교류 기능에 해당하는 지표 → **외국인 방문자 수**

| 출제 경향 확인 |

· 기존 통합사회 기출에서는 세계화, 지역화 부분이 주로 출제되었으나, 세계 도시에 대한 복잡한 자료를 해석하는 문항이 출제됨

2

다음 강연자가 지지할 견해로 적절하지 <u>않은</u> 것은?

① 적극적 평화를 실현하는 것이 폭력에 대한 최선의 방어이다.
② 폭력은 소극적 평화를 실현하는 수단으로서만 허용될 수 있다.
③ 직접적 폭력과 간접적 폭력은 서로 유기적으로 연결되어 있다.
④ 폭력은 의도하지 않아도 생길 수 있으며 또 다른 폭력으로 이어질 수 있다.
⑤ 국제 사회의 행위 주체인 국제기구는 갈등 해결을 위해 평화적 수단을 활용해야 한다.

| 문항 분석 |

· 4단원 세계화와 평화
  4-2. 평화의 의미와 평화 실현을 위한 국제 사회의 역할
· 내용 요소: 소극적 평화, 적극적 평화, 직접적 폭력, 구조적 폭력, 문화적 폭력

| 자료 및 선지 분석 |

· 강연자: 진정한 평화란 직접적 폭력뿐만 아니라 간접적 폭력까지 사라진 상태를 의미한다고 봄

① 적극적 평화를 실현하는 것이 폭력에 대한 최선의 방어이다. (O) 적극적 평화는 폭력을 근본적으로 예방, 제거하는 최선의 방어라고 봄

② 폭력은 소극적 평화를 실현하는 수단으로서만 허용될 수 있다. (X) 갈퉁은 폭력의 사용은 어떠한 경우에도 허용될 수 없다고 봄, 평화적 수단에 의한 평화를 추구하며 진정한 평화는 오직 평화적인 방법을 통해서만 실현될 수 있다고 봄

③ 직접적 폭력과 간접적 폭력은 서로 유기적으로 연결되어 있다. (O) 폭력은 직접적, 구조적, 문화적 폭력의 삼각형에서 어떤 꼭짓점에서도 시작될 수 있고 다른 꼭짓점으로도 이어진다고 하며 서로 유기적으로 연결되어 있다고 봄

④ 폭력은 의도하지 않아도 생길 수 있으며 또 다른 폭력으로 이어질 수 있다. (O)
간접적 폭력은 비의도적일 수 있지만 그 자체로 반복되며 또 다른 폭력을 낳을 수 있다고 봄

⑤ 국제 사회의 행위 주체인 국제기구는 갈등 해결을 위해 평화적 수단을 활용해야 한다. (O)
갈등 해결을 위해 평화적인 수단을 활용해야 한다고 보며 목표로서의 평화뿐 아니라 과정으로서의 평화도 중요하다고 봄

| 출제 경향 확인 |

· 기존 통합사회, 윤리와 사상, 생활과 윤리 과목의 기출과 유사하게 출제됨. 2022 개정 교육과정 통합사회2에는 칸트의 영구 평화론 부분이 자료로 제시되어 있어 갈퉁의 사상과 칸트의 사상을 구분하도록 하는 문제의 유형이 출제될 가능성이 있음

3

다음을 주장한 사상가의 입장으로 적절한 것만을 〈보기〉에서 고른 것은? [1.5점]

> 폭력을 예방하고 제거하려면 직접적 폭력, 구조적 폭력, 문화적 폭력에 대한 정확한 진단과 예측, 그리고 처방이 필요하다. 폭력은 직접적-구조적-문화적 폭력의 삼각형의 어느 꼭짓점에서도 시작될 수 있고 다른 꼭짓점으로 쉽게 전달된다. 평화를 구축하는 활동들은 구조적 평화와 문화적 평화를 구축하는 활동과 동일하다고 할 수 있다. 평화는 과정이자, 갈등을 비폭력적이고 창조적으로 변환하는 것이다.

─── 〈 보 기 〉 ───
ㄱ. 집단 간 갈등은 무조건 회피해야 한다.
ㄴ. 정치적 억압을 줄이면 구조적 폭력이 감소한다.
ㄷ. 문화적 폭력은 직접적 폭력의 정당화에 이용될 수 있다.
ㄹ. 대외적 선제공격은 평화를 구축하는 활동이 될 수 있다.

① ㄱ, ㄴ ② ㄱ, ㄷ ③ ㄴ, ㄷ ④ ㄴ, ㄹ ⑤ ㄷ, ㄹ

| 문항 분석 |

· 4단원 세계화와 평화
  4-2. 평화의 의미와 평화 실현을 위한 국제 사회의 역할
· 내용 요소: 직접적 폭력, 구조적 폭력, 문화적 폭력, 평화

| 자료 및 선지 분석 |

· 사상가: 갈퉁
  폭력은 직접적-구조적-문화적 폭력의 삼각형의 어느 꼭짓점에서도 시작될 수 있고 다른 꼭짓점으로 쉽게 전달된다고 봄

─ ㄱ. **집단 간 갈등은 무조건 회피해야 한다. (X)**
  갈퉁은 갈등을 단순히 회피하거나 억누르는 것으로는 해결되지 않는다고 봄
  갈등을 비폭력적이고 창조적으로 변환하는 과정이 필요하다고 봄

─ ㄴ. **정치적 억압을 줄이면 구조적 폭력이 감소한다. (O)**
  정치적 억압은 구조적 폭력의 일종으로 정치적 억압을 줄이면 구조적 폭력이 감소한다고 봄

─ ㄷ. **문화적 폭력은 직접적 폭력의 정당화에 이용될 수 있다. (O)** 문화적 폭력은 구조적 폭력과 직접적 폭력의 정당화에 이용될 수 있다고 봄

─ ㄹ. **대외적 선제공격은 평화를 구축하는 활동이 될 수 있다. (X)** 대외적 선제공격은 평화를 구축하는 활동이 아닌 폭력의 재생산 활동이라고 봄

| 출제 경향 확인 |

· 기존 통합사회, 윤리와 사상, 생활과 윤리 과목의 기출과 유사하게 출제됨. 2022 개정 교육과정 통합사회2 지학사, 미래엔 교과서에는 칸트의 영구 평화론 부분이 자료로 제시되어 있어 갈퉁의 사상과 칸트의 사상을 구분하도록 하는 문제의 유형이 출제될 가능성이 있음

4

다음 문서에 대한 설명으로 옳은 것은? [2.5점]

남북 정상들은 분단 역사상 처음으로 열린 이번 상봉과 회담이 서로 이해를 증진시키고 남북 관계를 발전시키며 평화 통일을 실현하는 데 중대한 의의를 가진다고 평가하고 다음과 같이 선언한다.

1. 남과 북은 나라의 통일문제를 그 주인인 우리 민족끼리 서로 힘을 합쳐 자주적으로 해결해 나가기로 하였다.
2. 남과 북은 나라의 통일을 위한 남측의 연합제 안과 북측의 낮은 단계의 연방제 안이 서로 공통성이 있다고 인정하고 앞으로 이 방향에서 통일을 지향시켜 나가기로 하였다.
3. 남과 북은 올해 8·15에 즈음하여 흩어진 가족, 친척 방문단을 교환하며 비전향 장기수 문제를 해결하는 등 인도적 문제를 조속히 풀어 나가기로 하였다.
4. 남과 북은 경제협력을 통하여 민족경제를 균형적으로 발전시키고, 사회, 문화, 체육, 보건, 환경 등 제반 분야의 협력과 교류를 활성화하여 서로의 신뢰를 다져 나가기로 하였다.

① 미국과 소련 간 냉전 체제가 형성되기 이전에 합의되었다.
② 평화 통일을 위해 사회·문화적 교류가 필요함을 간과하고 있다.
③ 6·25 전쟁을 일단락하는 정전 협정과 같은 연도에 발표되었다.
④ 분단으로 인해 발생하는 유·무형의 비용을 절감할 수 있는 방안을 제시하고 있다.
⑤ 남북한의 정치 체제 통합 없이는 상호 협력과 신뢰가 가능하지 않음을 강조하고 있다.

| 문항 분석 |

· 4단원 세계화와 평화

　4-3. 남북 분단 및 동아시아 역사 갈등과 세계 평화를 위한 노력

· 내용 요소: 6.15 남북 공동 선언

| 자료 및 선지 분석 |

· 6.15 남북 공동 선언: 자주적 통일 원칙을 확인하고, 통일 방안의 공통성을 인정하며, 인도적 문제 해결과 경제·사회·문화 협력을 추진하기로 선언함

① 미국과 소련 간 냉전 체제가 형성되기 이전에 합의되었다. (X) 6.15 남북 공동 선언은 미국과 소련 간 냉전 체제가 붕괴된 이후에 이루어짐

② 평화 통일을 위해 사회·문화적 교류가 필요함을 간과하고 있다. (X)
평화 통일을 위해 사회·문화적 교류가 필요하다고 봄
사회, 문화, 체육, 보건, 환경 등 제반 분야의 협력과 교류를 활성화하여 서로의 신뢰를 다져 나가기로 하였다는 부분을 통해 알 수 있음

③ 6·25 전쟁을 일단락하는 정전 협정과 같은 연도에 발표되었다. (X)
정전 협정 체결 연도는 1953년이며, 6.15 남북 공동 선언은 2000년에 발표됨

④ 분단으로 인해 발생하는 유·무형의 비용을 절감할 수 있는 방안을 제시하고 있다. (O)
경제 협력 부분에서 유형의 비용 절감 방안이, 인도적 문제 해결 측면에서 무형의 비용 절감 방안이 제시됨

⑤ 남북한의 정치 체제 통합 없이는 상호 협력과 신뢰가 가능하지 않음을 강조하고 있다. (X)
정치 체제의 통합이 이루어지지 않더라도 상호 협력과 신뢰가 가능하다고 봄
남과 북은 나라의 통일을 위한 남측의 연합제 안과 북측의 낮은 단계의 연방제 안이 서로 공통성이 있다고 인정하고 앞으로 이 방향에서 통일을 지향시켜 나가기로 했다는 점에서 알 수 있음

| 출제 경향 확인 |

· 남북 분단의 전개 과정을 파악하고 6.15 남북 공동 선언의 내용을 파악하는 문제가 출제됨

5

다음 자료에 대한 옳은 설명만을 〈보기〉에서 고른 것은?
[2점]

중국에서 연구 사업으로 진행한 [㉠]이/가 한중 양국 간 주요 현안으로 부각된 것은 2004년 6월 해당 사무처가 A지역 관련 연구 내용을 공개하면서부터다. 연구 내용에 대한 우리 국민의 관심과 우려가 고조되자, 정부도 본격적인 대응책을 마련하고 중국 정부에 공식적으로 문제를 제기하였다. 2004년 8월 24일 양측 정부는 다음 내용을 구두로 합의하였다. '첫째, 중국 측은 고구려사 문제가 양국 간 중대 현안으로 대두된 것에 유념한다. 둘째, 양측은 향후 역사 문제로 인해 한중 간 우호 협력 관계가 손상되는 것을 방지하기 위해 노력한다. … 다섯째, 양측은 학술 교류의 조속한 개최를 위해 노력한다.' 이어 양국은 2006년 10월 한중 정상 회담에서 [㉠]을/를 비롯한 역사 인식 문제가 양국 관계에 부정적 영향을 주어선 안 된다는 원칙에 다시 합의하였다.

─── 〈 보 기 〉 ───

ㄱ. ㉠은 발해사 연구를 포함하였다.
ㄴ. ㉠은 태정관 지령문을 근거로 삼았다.
ㄷ. A지역에는 냉대 기후가 나타난다.
ㄹ. A지역은 티베트 자치구에 해당한다.

① ㄱ, ㄴ ② ㄱ, ㄷ ③ ㄴ, ㄷ ④ ㄴ, ㄹ ⑤ ㄷ, ㄹ

| 문항 분석 |

· 4단원 세계화와 평화
  4-3. 남북 분단 및 동아시아 역사 갈등과 세계 평화를 위한 노력
· 내용 요소: 동아시아 역사 갈등, 동북공정

| 자료 및 선지 분석 |

· ㉠: 동북공정
  중국이 2002년 2월부터 5년간 추진한 동북 3성(헤이룽장성, 지린성, 랴오닝성)의 역사, 지리, 문화에 관한 연구 사업

- ㄱ. ㉠은 발해사 연구를 포함하였다. (O)
  중국은 동북공정을 통해 고조선, 부여, 고구려, 발해의 역사를 중국사의 일부라고 주장함

- ㄴ. ㉠은 태정관 지령문을 근거로 삼았다. (X)
  동북공정은 태정관 지령문을 근거로 삼지 않음
  태정관 지령문은 일본 정부가 울릉도, 독도를 일본 영토가 아니라고 명시한 문서에 해당함

- ㄷ. A지역에는 냉대 기후가 나타난다. (O)
  A 지역은 고위도 대륙 동안에 위치하여 냉대 기후가 나타남

- ㄹ. A지역은 티베트 자치구에 해당한다. (X)
  A지역은 랴오닝성, 지린성, 헤이룽장성으로 티베트 자치구에 해당하지 않음

| 출제 경향 확인 |

· 동아시아 역사 갈등의 기본적인 내용을 파악하고 있는 것이 중요함
· ㄷ 선지에서 해당 지역의 기후, 자연환경 부분과 연계하여 문제를 출제함

STEP. 0 유사 문항 연습

6

다음 자료는 세계 도시에 대한 것이다. 이에 대한 설명으로 옳은 것은? (단, (가)~(라)는 런던, 싱가포르, 뉴욕, 서울 중 하나임.)

세계 도시의 순위는 선정 지표에 따라 다르게 나타나며, 경제, 접근성, 환경, 주거, 연구·개발, 문화 교류 등을 반영해 매년 발표한다. 이 순위를 종합적으로 분석해 보면, 뉴욕, 런던, 도쿄와 같은 최상위 세계 도시에 해당하는 도시의 순위가 높고, 최근에는 서울, 싱가포르 등 아시아 주요 도시의 성장이 나타나고 있다. (가)~(라) 도시 중 뉴욕은 국제 직항 노선 수를 반영하는 기능의 순위가 가장 높고, 서울은 가장 낮다. 한편, 세계 도시 간에는 도시의 영향력 및 기능에 따라 계층적 연계 구조가 형성되는데, 이를 세계 도시 체계라고 한다. 세계 도시는 계층에 따라 최상위 세계 도시, 상위 세계 도시, 하위 세계 도시로 구분되며, 최상위 세계 도시로 갈수록 도시 수는 적어지나, 기능이 많아지고 영향력은 커진다.

〈주요 분야별 세계 도시 순위〉

구분	경제	연구·개발	문화 교류	주거	환경	접근성
(가)	15	6	11	36	14	20
(나)	1	1	2	38	28	3
(다)	4	11	9	35	12	7
(라)	2	2	1	9	11	4

〈도시 간 최단 거리(천 km)〉

(가)			
11.0	(나)		
4.7	15.3	(다)	
8.9	5.6	11.0	(라)

① (가)는 (나)보다 생산자 서비스업 종사자 비율이 높다.
② 싱가포르는 서울보다 '연구·개발'의 순위가 높다.
③ (나)는 (다)보다 동일 계층 세계 도시와의 평균 거리가 멀다.
④ (라)에는 국제 연합(UN)의 본부가 있다.
⑤ 서울~싱가포르의 최단 거리는 뉴욕~런던의 최단 거리보다 길다.

| 문항 분석 |

· 4단원 세계화와 평화
  4-1. 세계화의 다양한 양상과 문제점 및 해결 방안
· 내용 요소: 세계도시

| 자료 및 선지 분석 |

· 뉴욕은 국제 직항 노선 수를 반영하는 기능의 순위가 가장 높고, 서울은 가장 낮다 → 국제 직항 노선 수는 접근성을 확인하는 지표로 (나)는 뉴욕, (가)는 서울임
· (가) 서울과의 최단 거리가 4.7천km로 가장 짧은 (다)는 싱가포르이며, (나) 뉴욕과의 최단 거리가 5.6천km로 가장 짧은 (라)는 런던임
· (가): 서울, (나): 뉴욕, (다): 싱가포르, (라): 런던
· 뉴욕, 런던, 도쿄와 같은 최상위 세계 도시의 순위가 높고, 최상위 세계 도시로 갈수록 도시 수는 적어지나, 기능은 많아지고 영향력은 커진다고 제시됨

① (가)는 (나)보다 생산자 서비스업 종사자 비율이 높다. (X)
서울보다 최상위 세계 도시에 해당하는 뉴욕의 생산자 서비스업 종사자 비율이 더 높음

② 싱가포르는 서울보다 '연구·개발'의 순위가 높다. (X)
(다)는 11위 (가)는 6위로 서울의 순위가 더 높음

③ (나)는 (다)보다 동일 계층 세계 도시와의 평균 거리가 멀다. (O) (나) 뉴욕은 최상위 세계 도시이며, 최상위 계층 세계 도시는 뉴욕, 런던, 도쿄로 도시 간 평균 거리가 더 멂 (다) 싱가포르는 상위 세계 도시로 최상위 세계 도시보다 도시 수가 많음, 따라서 동일 계층 세계 도시와의 평균 거리가 더 짧음

④ (라)에는 국제 연합(UN)의 본부가 있다. (X)
국제 연합의 본부는 런던이 아닌, 뉴욕에 위치함

⑤ 서울~싱가포르의 최단 거리는 뉴욕~런던의 최단 거리보다 길다. (X)
서울~싱가포르의 최단 거리는 4.7천km, 뉴욕~런던의 최단 거리는 5.6천km로 제시되어 있음

COMMENT 세계 도시 부분에서 자료 분석형 문항이 출제되었기 때문에 유사하게 출제될 가능성이 높음, 복잡한 자료를 해석하는 연습이 필요함

7

다음을 주장한 사상가의 입장으로 적절한 것만을 〈보기〉에서 고른 것은?

> 남아프리카공화국에서 수십년간 시행된 인종 차별 정책인 '아파르트헤이트'는 소수의 백인 지배층과 다수의 흑인 피지배층 간의 정치·경제적 권력 불균형을 제도적으로 고착화하였다. 이러한 폭력은 인종차별적 이데올로기와 결합하여 문화적 폭력을 재생산하였다. 이후, '아파르트헤이트'는 공식적으로 폐지되었으나, 그 유산은 여전히 사회 전반에 잔존하며 구조적 차별에 해당하는 사회·경제적 차별과 문화적 폭력에 해당하는 인종적 편견이라는 형태로 지속적으로 재현되고 있다.

< 보 기 >

ㄱ. 모든 폭력은 의도적으로 발생하는 것이다.
ㄴ. 부정의한 사회 제도를 개선하기 위한 직접적 폭력은 허용될 수 있다.
ㄷ. 이데올로기는 억압과 차별을 정당화하며 구조적 폭력을 재생산한다.
ㄹ. 인종적 편견을 극복하기 위한 교육은 적극적 평화를 실현하는 방법이다.

① ㄱ, ㄴ ② ㄱ, ㄷ ③ ㄴ, ㄷ ④ ㄴ, ㄹ ⑤ ㄷ, ㄹ

| 문항 분석 |

· 4단원 세계화와 평화
　4-2. 평화의 의미와 평화 실현을 위한 국제 사회의 역할
· 내용 요소: 직접적 폭력, 구조적 폭력, 문화적 폭력, 평화

| 자료 및 선지 분석 |

· 사상가: 갈퉁
평화적 수단에 의한 평화를 추구하며, 진정한 평화는 모든 종류의 폭력이 제거된 적극적 평화가 실현될 때 이루어질 수 있다고 봄

－ ㄱ. 모든 폭력은 의도적으로 발생하는 것이다. (X)
갈퉁은 구조적 폭력과 문화적 폭력은 의도와 무관하게 발생하거나 지속될 수 있다고 봄

－ ㄴ. 부정의한 사회 제도를 개선하기 위한 직접적 폭력은 허용될 수 있다. (X)
갈퉁은 폭력의 사용은 어떠한 경우에도 허용될 수 없다고 보며, 진정한 평화는 오직 평화적인 방법을 통해서만 실현될 수 있다고 봄

－ ㄷ. 이데올로기는 억압과 차별을 정당화하며 구조적 폭력을 재생산한다. (O)
이념, 이데올리기 등을 통한 문화적 폭력은 억압과 차별이라는 구조적 폭력을 정당화하며, 이를 재생산한다고 봄
폭력은 직접적, 구조적, 문화적 폭력의 삼각형에서 어떤 꼭짓점에서도 시작될 수 있고 다른 꼭짓점으로도 이어진다고 함

－ ㄹ. 인종적 편견을 극복하기 위한 교육은 적극적 평화를 실현하는 방법이다. (O)
인종적 편견을 극복하기 위한 교육은 문화적 폭력을 예방하는 것으로 적극적 평화를 실현하는 방법이라고 봄

8

다음 자료에 대한 설명으로 옳은 것만을 〈보기〉에서 있는 대로고른 것은?

한반도에서는 70년 넘게 남북 분단 상황이 지속되고 있다. 국제적 배경으로는 [㉠   ] 을/를 들 수 있다. 우리나라는 광복과 동시에 남쪽은 미국, 북쪽은 구 소련의 영향력 아래 들어갔다. 국내적 배경으로는 민족 내부 응집력 부족과 6.25전쟁의 발발을 들 수 있다. ㉡ 정전 협정이 체결되면서 6.25전쟁이 일단락되고 이후 남북 분단이 고착화되어 오늘날에 이르고 있다. 남북한 분단 상황은 국가 발전 및 세계 평화를 저해한다. 대한민국은 전 세계에서 9번째로 많은 군사비를 지출하고 북한은 전 세계에서 국내 총생산(GDP) 대비 군사비 지출이 가장 많다. 분단으로 인해 남북한 모두 적정 수준 이상의 ㉢군사비를 사용하고 있다. 독일은 이념적 차이를 극복하고 활발히 소통하며 평화적인 방식으로 통일을 이루었으며, 독일의 통일 사례에서 ㉣평화통일을 위한 시사점을 얻을 수 있다.

— 〈 보 기 〉 —

ㄱ. ㉠은 '냉전 체제의 심화'이다.
ㄴ. ㉡은 5.10 총선거가 실시되기 이전에 체결되었다.
ㄷ. ㉢은 통일 비용으로 소모적 비용이다.
ㄹ. ㉣에는 이질화 문제를 해소하기 위한 교류 협력의 활성화가 있다.

① ㄱ, ㄴ   ② ㄱ, ㄹ   ③ ㄴ, ㄷ
④ ㄱ, ㄷ, ㄹ   ⑤ ㄴ, ㄷ, ㄹ

| 문항 분석 |

· 4단원 세계화와 평화
  4-3. 남북 분단 및 동아시아 역사 갈등과 세계 평화를 위한 노력
· 내용 요소: 남북 분단 배경, 평화통일을 위한 노력

| 자료 및 선지 분석 |

- ㄱ. ㉠은 '냉전 체제의 심화'이다. (O)
  남북 분단의 국제적 배경으로는 냉전 체제의 심화를 들 수 있음, 제 2차 세계 대전이 끝나고 세계는 미국을 중심으로 한 자본주의 진영과 구소련을 중심으로 한 공산주의 진영의 대결 구도로 나뉘어 이념적 갈등 상태에 놓임

- ㄴ. ㉡은 5.10 총선거가 실시되기 이전에 체결되었다. (X)
  5.10 총선거는 6.25 전쟁 발발 이전인 1948년에 실시됨
  국제 연합(UN)은 '한반도의 자유로운 총선거를 통해 독립 국가를 세운다.'라는 결의안을 채택하였으나, 냉전의 영향으로 소련과 북한이 결의안에 반대하면서 남한에서만 총선거가 실시되고, 그 결과 대한민국 정부가 수립됨

- ㄷ. ㉢은 통일 비용으로 소모적 비용이다. (X)
  분단으로 인해 적정 수준 이상의 군사비를 사용하는 것은 분단 비용으로 소모적 비용에 해당함
  통일 비용이란 통일 과정과 통일 이후 격차를 해소하고 완전한 통합을 이루는 데 필요한 비용을 의미함

- ㄹ. ㉣에는 이질화 문제를 해소하기 위한 교류 협력의 활성화가 있다. (O)
  평화통일을 달성하기 위해서는 이질화 문제를 해소하기 위해 정치, 경제, 문화의 교류 협력이 활성화 되어야 함

1

(가), (나)에 들어갈 내용으로 가장 적절한 것은? [2점]

○ 뉴욕의 월가는 세계적인 금융 기관과 증권 거래소 등이 있어 세계 경제에 큰 영향을 미친다. 또한 뉴욕에는 국제 연합(UN)의 본부가 있어 주요 국제회의가 개최되며, 세계 공연 예술의 중심지인 브로드웨이가 있다. 이처럼 뉴욕은 세계적으로 중심지 역할을 수행하는 [(가)] 이다.

○ 뉴욕은 1970년대 경제 불황으로 생긴 부정적인 이미지를 탈피하고자 'I♥NY'이라는 도시 브랜드를 만들었다. 뉴욕은 이를 활용해 다양한 문화 상품을 개발하고 관광 수익을 올리고 있다. 이처럼 뉴욕은 지역 브랜드화를 통한 [(나)] 전략으로 지역 경제를 활성화하고, 긍정적 이미지를 만들 수 있었다.

	(가)	(나)
①	세계 도시	지역화
②	세계 도시	문화의 획일화
③	세계 도시	다국적 기업의 현지화
④	생태 도시	지역화
⑤	생태 도시	다국적 기업의 현지화

2

다음 자료의 (가)에 들어갈 내용으로 가장 적절한 것은? [3점]

그림은 휴대 전화가 세계 여러 국가의 협력 업체에서 생산된 부품으로 만들어진다는 것을 나타내고 있습니다. 이는 [(가)]의 사례입니다.

① 플랜테이션   ② 공간적 분업   ③ 산업 공동화
④ 지역 브랜드   ⑤ 탄소 발자국

3

㉠ 현상이 중국 후이저우에 미칠 영향으로 옳은 내용만을 〈보기〉에서 고른 것은? [2점]

대한민국 기업, 베트남에 대규모 투자

대한민국의 다국적 기업 ○○은/는 중국 후이저우에 공장을 설립하여 2007년부터 스마트폰을 생산해 왔다. 그러나 임금이 상승하고 실적 부진이 계속되자 2019년에 ㉠후이저우의 공장 가동을 중단하고 스마트폰 생산 공장을 베트남으로 이전하였다. 베트남의 경우, 생산된 제품의 품질을 유지하면서도 중국보다 저렴한 임금의 생산직 직원을 대규모로 고용할 수 있기 때문이다. 또한 세금 면제나 감세의 혜택도 기대할 수 있다.

– 「○○신문」, 2019년 ○월 ○일 –

< 보 기 >
ㄱ. 일자리가 감소하여 실업 문제가 발생할 것이다.
ㄴ. 상인들의 매출 감소로 지역 경제가 침체될 것이다.
ㄷ. 다양한 중소기업들이 들어서면서 인구가 증가할 것이다.
ㄹ. 금융 자본이 집중되어 다른 국가와의 경제 협력이 강화될 것이다.

① ㄱ, ㄴ ② ㄱ, ㄷ ③ ㄴ, ㄷ ④ ㄴ, ㄹ ⑤ ㄷ, ㄹ

4

다음 자료의 (가)에 들어갈 내용으로 가장 적절한 것은? [2점]

세계적으로 유명한 커피 생산국 중 하나인 콜롬비아는 자국 커피의 국제 경쟁력을 높이기 위한 [(가)]의 일환으로 '콜롬비아 커피(Café de Colombia)'를 지리적 표시제에 등록하였다. 또한 안데스 산지를 배경으로 커피 농장의 농부와 당나귀의 모습을 담은 마크를 만들었다. 이 마크는 콜롬비아에서 생산된 원두를 100% 사용한 제품에만 표시할 수 있게 함으로써 콜롬비아 커피의 품질에 대한 신뢰도를 높였다.

① 적정 기술   ② 환경 규제   ③ 공간적 분업
④ 지역화 전략   ⑤ 공적 개발 원조

5

다음은 학생이 작성한 주제 탐구 보고서의 일부이다. (가)에 들어갈 내용으로 가장 적절한 것은? [2점]

주제 탐구 보고서　　　　　　1학년 □반 이름:□□□

○ 주제: [　　(가)　　]

○ 사례 조사하기

(사례 1) 에스파냐의 작은 마을 부뇰은 지역 전통의 토마토 축제를 활성화하기 위해 노력했다. 지역의 특산품인 토마토를 던지는 모습이 유명해지면서 매년 전 세계에서 수만 명이 축제 참가를 위해 부뇰로 모여든다.

(사례 2) 프랑스의 카망베르 마을은 지역 특산품인 치즈를 지리적 표시제로 등록하여 상표로 인정받았다. 이를 계기로 카망베르 치즈가 세계적으로 더욱 널리 알려지면서 카망베르 마을도 함께 유명해졌다.

① 다국적 기업의 공간적 분업
② 세계화에 따른 문화 획일화 현상
③ 지역 경쟁력 강화를 위한 지역화 전략
④ 국제적 중심지 역할을 하는 세계 도시의 등장
⑤ 세계 무역 기구의 등장과 자유 무역 협정의 확대

6

㉠에 들어갈 내용으로 가장 적절한 것은? [2점]

탐구 활동 보고서　　　　　　모둠명: □□□□

○ 탐구 주제: [　㉠　]
○ 탐구 목적: 세계의 다양한 커피가 수입되고 우리나라에서 커피 소비가 급증하면서 녹차 수요는 오히려 감소 추세에 있다. 그래서 우리 모둠은 우리 지역의 대표 상품인 '○○녹차'를 세계에 알리는 방안을 모색해 보고자 한다.
○ 탐구 내용
 – 세계인의 입맛에 맞는 녹차 음식(녹차 식빵, 녹차 잼 등) 개발하기
 – '○○녹차' 축제에서 다양한 녹차 체험 부스 만들기(녹차 화장품 체험)
 – '○○녹차' 홍보 영상을 제작하고 누리 소통망(SNS)을 통해 전 세계에 홍보하기

① 세계화 시대의 지역화 전략
② 세계 도시의 형성과 발전 과정
③ 세계화를 통한 인류의 보편적 가치 확산
④ 공정 무역을 통한 지구촌 분배 정의 실현
⑤ 무역 장벽의 극복을 통한 다국적 기업의 성장

7

다음은 학생이 '세계화' 단원의 내용을 정리한 것이다. 밑줄 친 ㉠~㉤에 대한 설명으로 옳지 <u>않은</u> 것은? [3점]

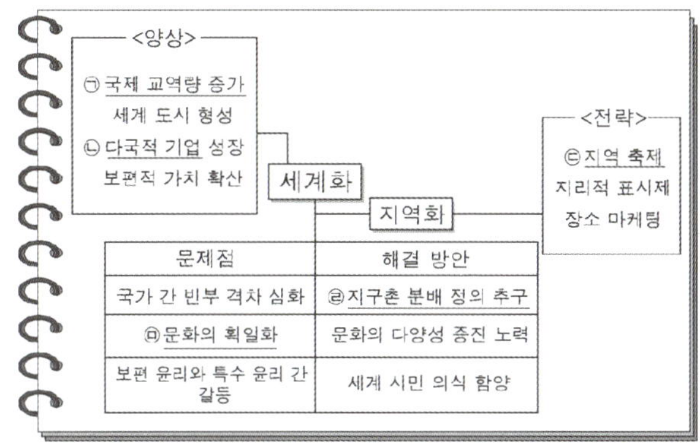

<양상>
㉠ 국제 교역량 증가
세계 도시 형성
㉡ 다국적 기업 성장
보편적 가치 확산

세계화 — 지역화

<전략>
㉢ 지역 축제
지리적 표시제
장소 마케팅

문제점	해결 방안
국가 간 빈부 격차 심화	㉣ 지구촌 분배 정의 추구
㉤ 문화의 획일화	문화의 다양성 증진 노력
보편 윤리와 특수 윤리 간 갈등	세계 시민 의식 함양

① ㉠의 배경으로 교통과 정보 통신 기술의 발달이 있다.
② ㉡은 공간적 분업을 통해 경영의 효율성을 추구한다.
③ ㉢은 지역의 정체성 강화와 지역 경제 활성화에 기여할 수 있다.
④ ㉣의 사례로 개발 도상국의 생산자에게 정당한 대가를 지불하는 공정 무역이 있다.
⑤ ㉤은 지역 고유의 전통 문화 정체성이 강화되는 현상이다.

8

밑줄 친 ㉠~㉣에 대한 옳은 설명만을 〈보기〉에서 고른 것은? [2점]

세계화가 가속화되면서 ㉠다국적 기업의 활동이 활발해졌고, ㉡세계 도시가 등장하였다. 이로 인해 자본, 상품, 노동력뿐만 아니라 문화 교류가 더욱 활발해졌다. 하지만 보편 윤리와 특수 윤리 간의 갈등, ㉢국가 간 빈부 격차 심화, ㉣문화의 획일화 등의 문제가 나타날 수 있다.

─── 〈 보 기 〉 ───

ㄱ. ㉠의 본사는 주로 저임금 노동력이 풍부한 국가에 입지한다.
ㄴ. ㉡은 정치, 경제 등의 측면에서 세계의 중심지 역할을 한다.
ㄷ. ㉢을 해결하기 위한 노력으로 공정 무역을 들 수 있다.
ㄹ. ㉣로 인해 각 지역 고유문화의 정체성이 강화된다.

① ㄱ, ㄴ ② ㄱ, ㄷ ③ ㄴ, ㄷ ④ ㄴ, ㄹ ⑤ ㄷ, ㄹ

9

다음 자료에 대한 옳은 설명만을 〈보기〉에서 있는 대로 고른 것은? [1.5점]

ㄱ세계화로 인해 공간적 분업이 활발해지고 △△기업을 비롯한 다국적 기업들이 성장하고 있다. 다국적 기업은 본사, ㄴ연구소, ㄷ생산 공장 등을 세계 각지에 두고 운영한다. 이 과정에서 개발 도상국에 생산 공장이 들어서게 되면 해당 지역에 ___(가)___ 와/과 같은 긍정적 영향이 나타난다. 다만, 다국적 기업에 비해 경쟁력이 부족한 자국 내 기업의 생산 활동이 위축될 우려가 있다.

< 보 기 >

ㄱ. (가)에는 '일자리 증가'가 들어갈 수 있다.

ㄴ. ㄱ이 진행될수록 국제 교류의 시·공간적 제약이 커진다.

ㄷ. ㄴ은 ㄷ보다 생산비 절감이 유리한 곳에 주로 입지한다.

① ㄱ   ② ㄴ   ③ ㄱ, ㄷ
④ ㄴ, ㄷ   ⑤ ㄱ, ㄴ, ㄷ

10

(가), (나) 지역을 지도의 A~D에서 고른 것은? [3점]

축제 개최지	(가)	(나)
홍보 포스터	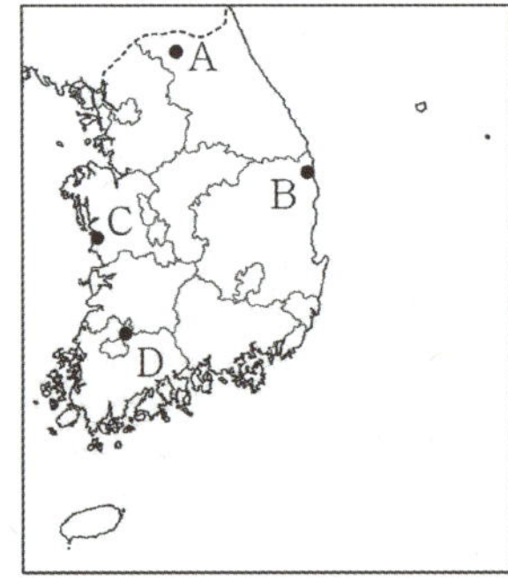	
체험 내용	맨손으로 산천어 잡기, 얼음낚시, 썰매 타기	갯벌 체험, 머드 마사지, 머드 슬라이딩

	(가)	(나)
①	A	B
②	A	C
③	B	C
④	B	D
⑤	C	D

11

밑줄 친 ㉠~㉢에 대한 옳은 설명만을 〈보기〉에서 고른 것은? [2점]

폭력을 줄이는 것도 중요하지만, 폭력을 예방하는 것이 더 중요하다. 전자는 ㉠소극적 평화를 목표로 하지만, 후자는 ㉡적극적 평화를 지향한다. ㉢진정한 평화를 실현하려면 전쟁, 테러 등 신체에 직접 해를 가하는 직접적·물리적 폭력이 제거된 소극적 평화 상태뿐만 아니라, 억압, 착취 등의 구조적 폭력과 종교와 사상, 언어와 예술 등의 내부에 존재하는 문화적 폭력까지 사라진 적극적 평화 상태를 추구해야 한다.

─〈 보 기 〉─

ㄱ. ㉠의 실현은 구조적 폭력의 해소를 보장한다.
ㄴ. ㉡은 경제적 착취와 빈곤이 제거된 상태를 포함한다.
ㄷ. ㉢은 모든 종류의 폭력이 사라진 상태를 지향한다.
ㄹ. ㉢은 ㉡ 없이 ㉠의 달성만으로도 실현된다.

① ㄱ, ㄴ ② ㄱ, ㄷ ③ ㄴ, ㄷ ④ ㄴ, ㄹ ⑤ ㄷ, ㄹ

13

다음을 주장한 사상가의 입장으로 적절한 것만을 〈보기〉에서 고른 것은? [2점]

모든 사람의 인간다운 삶을 위해 소극적 평화뿐만 아니라 적극적 평화까지 이루어야 한다. 신체적 폭력, 전쟁, 테러 등의 직접적 폭력을 제거할 때 소극적 평화가 실현된다. 또한 빈곤, 기아, 차별 등과 같은 잘못된 사회 제도나 구조에 의한 간접적 폭력이 존재한다. 간접적 폭력은 의도하지 않아도 발생하며 이 폭력마저 사라져야 적극적 평화를 이룩할 수 있다.

─〈 보 기 〉─

ㄱ. 모든 사람은 폭력이 없는 평화로운 삶을 누려야 한다.
ㄴ. 의도 없이 발생한 빈곤이나 차별은 폭력으로 볼 수 없다.
ㄷ. 적극적 평화 실현을 위해 불평등한 제도를 개선해야 한다.
ㄹ. 적극적 평화는 전쟁이 사라지는 것만으로도 실현될 수 있다.

① ㄱ, ㄴ ② ㄱ, ㄷ ③ ㄴ, ㄷ ④ ㄴ, ㄹ ⑤ ㄷ, ㄹ

12

그림의 강연자가 지지할 입장으로 가장 적절한 것은? [3점]

① 소극적 평화만으로도 진정한 평화가 실현된다.
② 소극적 평화는 구조적 폭력이 제거된 상태이다.
③ 적극적 평화는 직접적 폭력의 제거만으로도 달성된다.
④ 진정한 평화는 문화적 폭력이 존재하더라도 가능하다.
⑤ 진정한 평화는 적극적 평화를 달성함으로써 이루어진다.

14

㉠, ㉡에 대한 설명으로 옳지 <u>않은</u> 것은? [3점]

평화는 ㉠ 과 ㉡ 으로 구분할 수 있다. ㉠은 직접적 폭력이 없는 상태로 국내외적으로 전쟁, 분쟁, 테러 등이 발생하지 않는 상태를 뜻한다. ㉡ 은 직접적 폭력이 없을 뿐 아니라 구조적 폭력과 문화적 폭력까지 제거된 상태를 가리킨다.

① ㉠은 무력 충돌이 없는 상태를 포함한다.
② ㉠의 실현은 빈곤 문제의 해결을 보장한다.
③ ㉡은 각종 억압과 차별이 사라진 상태를 포함한다.
④ ㉡을 실현하기 위해 사회 제도의 개선이 요구된다.
⑤ ㉠, ㉡은 모두 물리적 폭력이 제거된 상태를 포함한다.

15
2018.11(고1)_학평13

그림의 강연자가 지지할 입장으로 옳은 것을 〈보기〉에서 고른 것은? [3점]

───────── < 보 기 > ─────────
ㄱ. 물리적 폭력의 제거만으로도 진정한 평화가 실현된다.
ㄴ. 적극적 평화의 실현과 삶의 질 향상은 서로 관련이 없다.
ㄷ. 종교에 대한 차별은 적극적 평화의 실현을 어렵게 만든다.
ㄹ. 정의롭지 못한 사회 제도는 적극적 평화 실현에 위협이 된다.

① ㄱ, ㄴ ② ㄱ, ㄷ ③ ㄴ, ㄷ ④ ㄴ, ㄹ ⑤ ㄷ, ㄹ

16
2024.3(고1)_학평3

다음 글의 입장으로 가장 적절한 것은? [2점]

남북한의 서로 다른 체제를 통합하는 데 드는 통일 비용으로 인해 통일에 부정적인 사람들이 있다. 그러나 통일 비용은 크게 걱정할 문제가 아니다. 분단이 지속되는 한 국방비·외교비와 같은 분단 비용은 계속 발생하지만, 통일 비용은 통일 전후 한시적으로만 발생한다. 장기적으로 볼 때 통일로 인한 이익의 합, 즉 통일 편익이 통일 비용보다 더 크다.

① 통일 비용은 통일 이전에만 한시적으로 발생한다.
② 분단 비용은 통일 이후에도 지속적으로 발생한다.
③ 통일로 얻게 되는 장기적 이익이 통일 비용보다 크다.
④ 통일 편익은 분단 때문에 치러야 하는 소모적 비용이다.
⑤ 분단 비용은 서로 다른 체제를 통합하는 데 드는 비용이다.

17
2024.3(고1)_학평20

〈자료 1〉은 국제 사회의 행위 주체를 학습하기 위한 십자말풀이이고, 〈자료 2〉는 〈자료 1〉을 활용한 수업 장면이다. 갑~무 중 옳지 <u>않은</u> 진술을 한 학생은? [3점]

<자료 1>

				㉠	
				㉡	
		㉢		적	
㉣					
	연				
	합				

[가로 열쇠]
㉡ 영토, 국민, 주권을 가진 국제 사회의 행위 주체
㉣ 개인과 민간단체가 회원으로 가입할 수 있는 국제기구

[세로 열쇠]
㉠ __________(가)__________
㉢ 영어 약자로 UN

<자료 2>
교사: 힌트 하나 줄까요? ㉠은 '다'로 시작합니다.
갑: ㉠의 예로 그린피스, 국경 없는 의사회를 들 수 있지요.
을: ㉡은 '국가'입니다.
병: ㉢은 정부 간 국제기구의 예에 해당해요.
정: ㉣은 '국제 비정부 기구'이지요.
무: (가)에는 '세계 여러 나라에서 생산과 판매를 하며 국제적으로 활동하는 기업'이 들어갈 수 있어요.

① 갑　　② 을　　③ 병　　④ 정　　⑤ 무

18

다음에서 제시하는 난민 문제의 해결 방안으로 가장 적절한 것은? [3점]

> 난민은 전쟁, 내전, 종교, 인종, 정치·경제적 이유 등으로 인한 심각한 박해를 피해 국외로 떠도는 사람들이다. 난민 문제를 해결하기 위해서는 인간 안보의 개념이 고려되어야 한다. 인간 안보란 외부의 침략이나 내전으로부터 국가를 지키는 것뿐 아니라 환경 오염, 질병, 소수자 차별, 불평등과 빈곤 등 인간에게 위협이 되는 모든 문제로부터 인간의 존엄과 가치를 지키는 확장된 인권 개념이다. 그러므로 난민 문제의 실마리는 인간 안보를 가로막는 모든 장애물을 허물고자 하는 노력에서 찾아야 한다.

① 난민에게 이동권을 보장함으로써 난민 문제를 해결할 수 있다.
② 자유주의적 정의관을 함양함으로써 난민 문제를 해결할 수 있다.
③ 국제기구가 개별 국가의 모든 행위를 규제함으로써 난민 문제를 해결할 수 있다.
④ 난민과 난민 수용국 간의 대화를 통해 난민 문제를 완전히 해결할 수 있다.
⑤ 물리적 폭력뿐 아니라 구조적·문화적 폭력을 제거함으로써 난민 문제를 해결할 수 있다.

19

그림의 강연자가 지지할 입장으로 가장 적절한 것은? [2점]

① 평화적인 방법으로 대화하면서 갈등을 해결해야 한다.
② 갈등은 해결 불가능하므로 자신의 입장을 고수해야 한다.
③ 자신과 다른 견해를 가진 사람과는 교류하지 않아야 한다.
④ 강압적 방법을 사용하더라도 갈등을 신속히 해결해야 한다.
⑤ 일상생활에서 발생하는 갈등을 해결하기보다 회피해야 한다.

20

다음 자료에 대한 설명으로 가장 적절한 것은? [2점]

여행 일지

2000.00.00.

국가 A의 수도에 도착해서 베를린 장벽을 보러 갔다. 베를린을 동서로 갈라놓았던 장벽은 이제 평화를 상징하는 예술 작품이 되었다. 놀랍게도 이 장벽은 서울에도 있다고 한다. 분단 국가인 우리나라의 통일을 기원하는 의미에서 A가 장벽의 일부를 기증한 것이다. A는 이념적 차이를 극복하고 활발히 소통하며 평화적인 방식으로 통일을 이루었다. 국제적으로는 자국의 통일이 주변국에 평화를 가져올 것임을 설득하였고, 국내적으로는 ㉠사회 통합을 위한 다양한 노력을 기울였다. 이는 우리나라의 ㉡통일에 시사하는 바가 크다고 생각한다.

① A는 20세기에 극심한 종교 갈등으로 인해 분단되었다.
② A는 경도상 우리나라의 동쪽에 위치하여 표준시가 빠르다.
③ ㉠에는 주변국의 우려를 불식하기 위한 휴전 협정 체결이 있다.
④ ㉡에는 분단 극복을 위해 이념적 갈등을 확대하는 것이 있다.
⑤ ㉡에는 이질화 문제 해소를 위한 교류 협력의 활성화가 있다.

1

다음 자료의 (가), (나)에 들어갈 내용으로 가장 적절한 것은? [2점]

독일 뮌헨 맥주를 이용한 지역화 전략

○ ⬚ (가) ⬚ 의 사례

독일 뮌헨 맥주는 석회 성분이 많은 물의 맛을 개선하기 위해 물에 맥주의 원료인 맥아를 첨가한 것에서 시작되었으며, 뮌헨만의 전통 방식으로 만들어져 고유의 풍미를 지닌다. 이러한 지리적 특성을 반영한 상품을 보호하기 위해 유럽 연합(EU)에서는 뮌헨 내에서 생산, 제조, 가공된 맥주에 고유한 상표를 부여하고 있다. 

○ ⬚ (나) ⬚ 의 사례

독일 뮌헨에서는 '옥토버페스트'라는 맥주 축제가 매년 9월 말 ~ 10월 초에 개최되고 있다. 뮌헨 지역 양조장들의 맥주를 체험할 수 있는 이 축제는 매년 600만 명이 넘는 방문객이 찾아오는 전 세계적인 축제로 자리매김하였으며, 이 지역에 높은 부가 가치를 창출하고 있다. 

	(가)	(나)
①	공정 무역	장소 마케팅
②	공정 무역	기업의 국제적 분업
③	지리적 표시제	장소 마케팅
④	지리적 표시제	기업의 국제적 분업
⑤	기업의 국제적 분업	공정 무역

2

다음 자료의 (가)에 들어갈 내용으로 가장 적절한 것은? [2점]

주제: ⬚ (가) ⬚

미국에 본사를 둔 커피 전문점 'ㅇㅇㅇㅇ'는 세계 여러 국가에 진출하여 어디에서나 비슷한 품질의 커피와 음료를 제공한다. 그리고 각 지역의 고유한 특성을 보여 주는 매장의 모습을 통해 현지의 개성을 표현하여 고객의 만족도를 높이고 있다. 대표적인 사례로 전통 문화 및 자연환경을 반영한 지붕 구조를 볼 수 있는 타이 치앙마이 매장과 아라베스크 문양을 볼 수 있는 아랍 에미리트 두바이 매장이 있다.

① 세계화로 인한 지역 간 문화 갈등 발생
② 세계화로 인한 국가 간 경제 격차 심화
③ 지역 축제 개최를 통한 지역의 경쟁력 강화
④ 지리적 표시제를 활용한 상품의 경쟁력 강화
⑤ 지역의 특성을 반영한 다국적 기업의 현지화 전략

3

다음은 여행기의 일부이다. ㉠, ㉡과 관련된 지역화 전략으로 옳은 것은? [2점]

9월 30일

네덜란드 암스테르담에 도착하자마자 시티 카드를 구입하였다. 이 카드는 ㉠'I amsterdam' 이라는 슬로건을 활용하여 관광객을 위해 개발한 상품으로 대중교통뿐만 아니라 여러 관광 명소까지 자유롭게 이용할 수 있어 편리했다. 이 슬로건을 활용한 다양한 관광 상품은 지역의 가치를 높이고 경제를 활성화시키는 데 도움을 주고 있었다. 

10월 4일

오늘 축제에 제공된 모든 맥주의 병뚜껑에는 ㉡'Münchner Bier'라는 마크가 그려져 있었다. 전통 방식으로 뮌헨 지역에서만 제조한 맥주에 부여되는 마크로, 500년 넘게 이어져 온 뮌헨 맥주에 대한 그들의 자부심을 느낄 수 있었다. 

	㉠	㉡
①	지리적 표시제	공정 무역
②	지역 브랜드화	공정 무역
③	지역 브랜드화	지리적 표시제
④	생산공정의 표준화	지리적 표시제
⑤	생산공정의 표준화	지역 브랜드화

4

다음 자료의 (가)에 들어갈 내용으로 가장 적절한 것은? [2점]

<세계지리 주제 탐구>

○ 주제 : ⬚ (가) ⬚

○ 사례 : 산업 혁명의 중심 도시였던 리버풀은 20세기 이후 교역량 감소 등으로 쇠퇴하였다. 리버풀은 도시를 부흥시키기 위해 세계적인 팝그룹 ㅇㅇㅇ이/가 남긴 여러 유산과 관련된 장소들을 매력적인 상품으로 개발하는 전략을 추진하였다. 그 결과 팝그룹의 이야기가 담겨 있는 박물관이 리버풀의 관광 명소가 되는 등 ㅇㅇㅇ을/를 추억하며 찾아오는 관광객들로 인해 도시는 다시 활력을 되찾았다.

① 공간 불평등의 확산
② 세계화에 따른 빈부 격차 심화
③ 다국적 기업의 공간적 분업 확대
④ 장소 마케팅을 통한 지역 경제 활성화
⑤ 지리적 표시제를 활용한 상품의 경쟁력 강화

5

2023.11(고2) 세계지리_학평2

다음 자료의 (가)에 해당하는 내용으로 가장 적절한 것은? [2점]

세계지리 주제 탐구 보고서

2학년 ○반 이름: □□□

주제

    (가)   의 사례

내용

미국 아이다호주(州)에서는 로키산맥 고지대의 서늘한 기후와 큰 기온의 일교차, 비옥한 화산재 토양 등의 지리적 조건들에 의해 특별한 감자가 생산된다. 감자는 기온의 일교차가 큰 경우 자라는 속도가 더뎌 전분 함량이 높아지는데, 이러한 감자는 튀김 요리에 적합하다는 평가를 받는다. 이에 세계 지식 재산권 기구에서는 아이다호 내에서 생산되어 기후, 지형, 토양 등의 지리적 특성을 반영한 감자에 대해 생산지 이름을 표시하여 보호하는 제도를 시행하고 있다.

<아이다호 감자 인증 마크>

① 경제 블록
② 공정 무역
③ 국제적 분업
④ 지리적 표시제
⑤ 다국적 기업의 현지화 전략

6

2023.9(고2) 세계지리_학평1

다음 자료의 (가)에 들어갈 내용으로 가장 적절한 것은? [2점]

< 주제>   (가)   의 사례

○ 파마산 치즈는 이탈리아 파르마 지역의 특산품으로 원유부터 치즈 생산에 이르는 모든 공정이 엄격히 관리된다. 천혜의 자연환경과 지역 주민의 노력으로 만들어진 치즈는 그 가치를 인정받아 지리적 표시제에 등록되었다.
○ 산티아고 순례길은 이베리아반도 각지에서부터 에스파냐의 산티아고 대성당으로 이어지는 길이다. 종교 및 역사적 가치를 인정받아 유네스코 세계 문화유산에 등재되어 소규모 도시와 마을이 관광 산업으로 활기를 띠게 되었다.

① 문화적 획일화의 가속화 현상
② 지역 경쟁력 강화를 위한 지역화 전략
③ 생산성을 추구하는 다국적 기업의 활동
④ 국제 분업에 따른 국가 간 빈부 격차 확대
⑤ 공정 무역 확대에 따른 생산지의 경제 변화

7

2024.11(고2) 세계지리_학평3

다음 자료의 (가)에 들어갈 내용으로 가장 적절한 것은? [2점]

세계지리 주제 탐구 보고서

2학년 ○반 □□□

▷ 주제 :   (가)   의 사례

홍콩은 영어와 한자 이름을 활용해 만든 용 형상의 그림으로 도시를 홍보하고 있다. 이는 동·서양의 문화가 어우러진 지역 특성을 반영한 것이며, 서로 다른 색의 세 곡선은 아시아 대표 도시로서 홍콩이 추구하는 가치를 표현하고 있다.

리옹은 도시의 이름이 사자를 뜻하는 단어와 발음이 같고, 도시의 로고에는 사자가 걷고 있는 모습이 표현되어 있다. 리옹은 'ONLY LYON'이라는 문구와 사자 그림을 활용해 사람들이 리옹을 쉽게 기억하도록 하고 있다.

① 세계의 다양한 권역 구분
② 지구적 환경 문제 해결을 위한 노력
③ 지역 이미지 창출을 통한 지역 브랜드화
④ 생산자의 정당한 이익을 보장하는 공정 무역
⑤ 지리적 특성을 반영한 다국적 기업의 현지화 전략

8

2021.11(고2) 세계지리_학평3

다음은 '세계화와 지역화'를 주제로 한 방송 프로그램의 대화 내용 중 일부이다. (가)에 들어갈 내용으로 가장 적절한 것은? [2점]

① 공정 무역
② 경제 블록
③ 지리적 표시제
④ 자유 무역 협정
⑤ 다국적 기업의 공간적 분업

9

다음은 세계지리 온라인 수업 장면이다. (가), (나)를 통해 학습할 수 있는 주제어로 가장 적절한 것은? [2점]

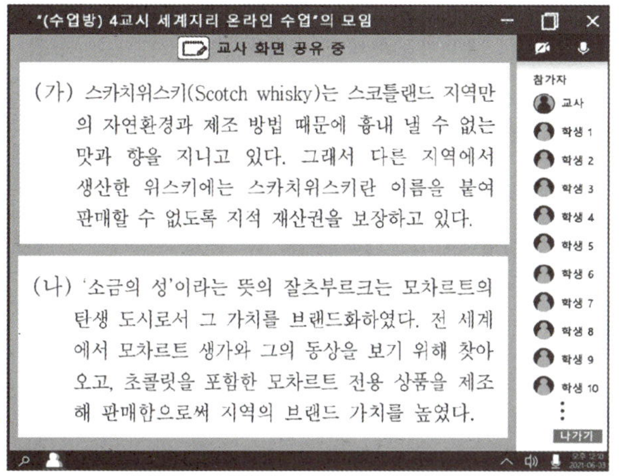

	(가)	(나)
①	장소 마케팅	지리적 표시제
②	장소 마케팅	경제의 세계화
③	지리적 표시제	경제의 세계화
④	지리적 표시제	장소 마케팅
⑤	경제의 세계화	장소 마케팅

10

(가)~(다)에 들어갈 내용으로 가장 적절한 것은? [2점]

다국적 기업은 본부, 연구 개발, 제품 및 부품 생산 등의 기능과 시설을 여러 국가에 분산하여 입지시킨다. 특히 세계적인 다국적 기업의 경우, 본사는 주로 (가) 에 입지하고, 연구 개발 시설의 주요 기능은 (나) 이며, 생산 공장은 (다) 이 풍부한 지역에 입지한다.

	(가)	(나)	(다)
①	선진국의 대도시	신제품 개발	저임금 인력
②	선진국의 대도시	경영 전략 구상	전문 경영인
③	선진국의 지방 도시	신제품 개발	전문 경영인
④	개발도상국의 대도시	경영 전략 구상	고급 기술 인력
⑤	개발도상국의 대도시	제품의 대량 생산	저임금 인력

11

㉠에 들어갈 적절한 진술만을 〈보기〉에서 고른 것은? [2점]

세계는 온통 연결되어 있다. 경제, 정치, 기술, 보건 등 모든 분야는 국경을 넘어 서로 끝없이 영향을 끼치고 있다. 나는 이러한 세계화가 불공정한 무역 구조를 이용한 일부 국가가 이익을 독점하게 만들고, 노동력 착취나 환경 파괴와 같은 문제를 발생시키며, 통제 불가능한 전염병을 확산시킨다고 본다. 그런데 어떤 사람들은 세계화로 인해 인류 전체가 높은 수준의 복지와 편리, 의료 혜택을 고르게 누릴 수 있게 된다고 주장한다. 나는 이러한 주장이 [㉠] 는 점을 간과한다고 생각한다.

< 보 기 >

ㄱ. 세계화로 인해 전 지구적 차원의 인권 문제가 해결된다

ㄴ. 세계화에 따른 경쟁으로 국가 간 빈부 격차가 심화된다

ㄷ. 세계화는 환경을 파괴하여 인류의 고통을 증가시킬 수 있다

ㄹ. 세계화는 의료 분야의 국제적 협력을 용이하게 할 수 있다

① ㄱ, ㄴ ② ㄱ, ㄷ ③ ㄴ, ㄷ ④ ㄴ, ㄹ ⑤ ㄷ, ㄹ

12

갑, 을의 입장으로 가장 적절한 것은? [2점]

> 갑: 세계화가 확산되면서 자본과 기술을 보유하고 있는 선진국이 경쟁에서 유리해져 국가 간의 빈부 격차가 심화되고 있다. 그리고 세계적인 문화 교류는 각 지역이나 나라의 고유한 정체성을 약화시키고 문화의 획일화를 초래하기도 한다.
>
> 을: 세계화가 확산되면서 각국의 기업들이 창의성과 효율성을 바탕으로 국제적 경쟁력을 갖추기 위해 노력함으로써 공동의 번영이 가능해졌다. 그리고 세계 여러 나라의 문화 교류를 통해 다양한 문화의 공존을 기대할 수 있게 되었다.

① 갑: 세계화는 선진국보다 개발도상국의 부를 증대시킨다.
② 갑: 세계화는 개별 국가의 문화적 고유성 유지를 저해한다.
③ 을: 세계화는 국제 사회의 상호 의존성을 약화시킨다.
④ 을: 세계화는 국가 간의 문화 교류를 불가능하게 한다.
⑤ 갑, 을: 세계화는 국가 간의 부의 불평등을 감소시킨다.

13

다음 자료는 세계화에 대한 수행 평가 보고서의 일부이다. 이에 대한 설명으로 옳지 <u>않은</u> 것은? [3점]

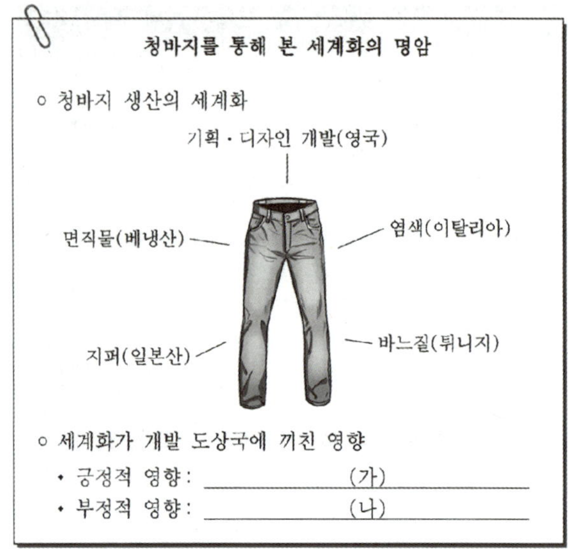

① 청바지 생산 과정에서 국제 분업이 이루어진다.
② 영국은 튀니지보다 노동자의 평균 임금이 높다.
③ 튀니지는 경영 관리 기능, 영국은 생산 기능을 담당한다.
④ (가)에는 '고용 창출'이 들어갈 수 있다.
⑤ (나)에는 '선진국에 대한 경제 의존도 심화'가 들어갈 수 있다.

14

다음 자료는 세계 도시 (가)~(다)의 계층 체계를 나타낸 것이다. 이에 대한 옳은 설명만을 〈보기〉에서 고른 것은? [2점]

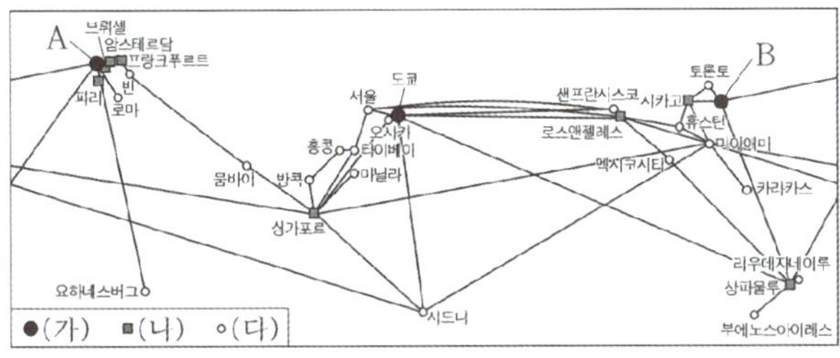

───〈 보 기 〉───

ㄱ. A는 유럽, B는 아메리카에 위치한다.

ㄴ. (가)는 (다)보다 생산자 서비스업 종사자 비율이 높다.

ㄷ. (나)는 (다)보다 도시의 수가 많다.

ㄹ. (다)는 (가)보다 가장 인접한 동일 계층의 세계 도시 간 평균 거리가 멀다.

① ㄱ, ㄴ ② ㄱ, ㄷ ③ ㄴ, ㄷ ④ ㄴ, ㄹ ⑤ ㄷ, ㄹ

15

다음 자료는 두 친구가 여행 중에 나눈 영상 통화 내용의 일부이다. (가), (나) 도시에 대한 옳은 설명만을 〈보기〉에서 고른 것은? (단, (가), (나)는 각각 서로 다른 계층의 세계 도시임.) [2점]

───〈 보 기 〉───

ㄱ. (가)에는 국제 연합(UN) 본부가 있다.

ㄴ. (나)는 최상위 세계 도시이다.

ㄷ. (가)는 (나)보다 생산자 서비스업 종사자 비율이 높다.

ㄹ. (나)는 (가)보다 세계 500대 다국적 기업의 본사 수가 많다.

① ㄱ, ㄴ ② ㄱ, ㄷ ③ ㄴ, ㄷ ④ ㄴ, ㄹ ⑤ ㄷ, ㄹ

16
2023.3(고2) 세계지리_학평3

다음 자료의 (가), (나) 도시에 대한 옳은 설명만을 〈보기〉에서 고른 것은? [3점]

도시	(가)	(나)
수리적 위치	40°43′N, 74°00′W	33°51′S, 151°12′E
주요 기념물	햇불을 든 여신상으로 허드슨강의 유람선에서 사진을 찍을 수 있음.	조개 모양을 닮은 건축물로 다양한 공연을 감상할 수 있음.

─── 〈 보 기 〉 ───
ㄱ. (가)에는 국제 연합(UN)의 본부가 있다.
ㄴ. (나)는 오스트레일리아에 있다.
ㄷ. (가)는 (나)보다 1월 평균 기온이 높다.
ㄹ. (나)는 (가)보다 세계 금융 시장에 주는 영향력이 크다.

① ㄱ, ㄴ ② ㄱ, ㄷ ③ ㄴ, ㄷ ④ ㄴ, ㄹ ⑤ ㄷ, ㄹ

17
2024.3(고2) 생활과윤리_학평16

(가)의 입장에 비해 (나)의 입장이 갖는 상대적 특징을 그림의 ㉠~㉤ 중에서 고른 것은? [2점]

(가) 국가는 국제 사회에서 독립적 주권을 가진 유일한 행위 주체로, 힘의 논리를 바탕으로 국민 안전, 영토 확장 등의 국익을 추구한다. 국제 평화는 국가 간 힘의 평형 상태에서만 실현된다.

(나) 국가뿐만 아니라 각종 국제기구도 국제 사회의 행위 주체이다. 국제기구는 전 지구적 문제에 대한 규범을 정립하고 국가 간 갈등을 중재한다. 국제 평화는 국가 간 세력 균형보다 국제기구의 대화와 협력으로 실현된다.

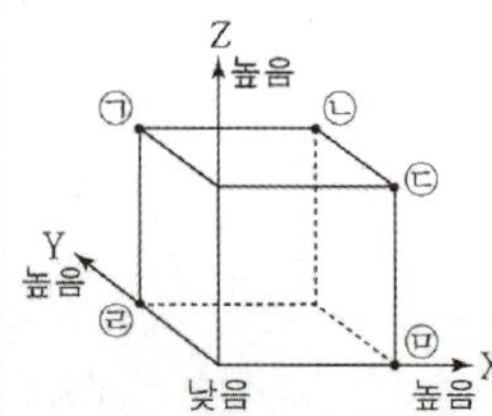

① ㉠ ② ㉡ ③ ㉢ ④ ㉣ ⑤ ㉤

18
2021.3(고2) 생활과윤리_학평12

다음을 주장한 사상가가 긍정의 대답을 할 질문만을 〈보기〉에서 있는 대로 고른 것은? [3점]

폭력은 직접적-구조적-문화적 폭력의 삼각형에 있어 어떤 꼭지점에서도 시작될 수 있으며, 다른 꼭지점으로도 쉽사리 전달된다. 직접적 폭력, 제도화된 폭력적 구조, 내면화된 폭력적 문화는 장기간에 걸쳐 제도화되고, 반복되고, 의식화되려는 경향이 강하다. 이 중에서 문화적 폭력은 언어, 예술, 종교 등 인간 존재의 상징적 차원에서 작동하여 직접적 · 구조적 폭력에 정당성과 합법성을 부여한다.

─── 〈 보 기 〉 ───
ㄱ. 인간다운 삶의 조건을 위협하는 문화는 폭력인가?
ㄴ. 사회 구조 개선은 적극적 평화 실현을 위해 필요한가?
ㄷ. 폭력은 항상 문화적 폭력과 구조적 폭력으로부터 시작되는가?
ㄹ. 언어에 담긴 상징적 차원의 폭력은 직접적 폭력으로 이어질 수 있는가?

① ㄱ, ㄴ ② ㄱ, ㄷ ③ ㄷ, ㄹ
④ ㄱ, ㄴ, ㄹ ⑤ ㄴ, ㄷ, ㄹ

19
2020.3(고2) 생활과윤리_학평3

다음을 주장한 사상가가 긍정의 대답을 할 질문으로 옳은 것은? [3점]

소극적 평화는 직접적 폭력이 없는 상태이다. 그러나 인간은 빈곤이나 인권 침해와 같은 간접적 폭력으로 인해 삶의 질이 저하될 때에도 고통을 느끼고 절망에 빠진다. 따라서 사회 구조나 문화에 의해 발생하는 간접적 폭력까지 제거해야 진정한 평화가 실현된다. 간접적 폭력이 없는 상태인 적극적 평화는 소극적 평화의 한계를 극복하고 진정한 평화를 누리기 위해 필요하다.

① 물리적 폭력만 제거되면 진정한 평화가 달성되는가?
② 적극적 평화는 전쟁의 종식으로 완전하게 실현되는가?
③ 소극적 평화는 구조적 폭력이 제거되어야 이룰 수 있는가?
④ 평화 실현을 위해서라면 어떠한 수단도 정당화될 수 있는가?
⑤ 인간 존엄성 실현을 위해 적극적 평화가 달성되어야 하는가?

20

2024.3(고2) 윤리와사상_학평9

그림의 강연자가 지지할 주장으로 가장 적절한 것은?
[2점]

① 구조적 폭력은 전쟁이 발생하는 원인이 될 수 없다.
② 폭력의 주체는 사회 구조가 아닌 개인으로 한정된다.
③ 진정한 평화는 직접적 폭력의 제거만으로도 완성된다.
④ 문화적 폭력은 구조적 폭력을 정당화하는 요인이 될
수 있다.
⑤ 폭력은 항상 직접적 폭력에서 시작해 다른 폭력으로
이어진다.

21

2020.3(고2) 윤리와사상_학평14

다음을 주장한 사상가의 입장만을 〈보기〉에서 고른
것은? [3점]

우리는 적극적 평화를 추구해야 한다. 적극적 평화란 물
리적 폭력과 같은 직접적 폭력뿐만 아니라, 사회적 약자
에 대한 구조적 착취, 폭력을 정당화하는 문화 등 구조
적·문화적 폭력까지도 사라진 상태이다. 평화를 실현하
는 과정에서 나타나는 갈등은 비폭력적으로 해결되어야
한다.

─── 〈 보 기 〉 ───
ㄱ. 정치적 억압과 경제적 빈곤은 폭력으로 볼 수 없다.
ㄴ. 평화는 평화적 수단으로 성취되는 것이 바람직하다.
ㄷ. 직접적 폭력만 제거되면 진정한 평화가 이루어진다.
ㄹ. 인종 차별을 정당화하는 문화도 폭력으로 보아야 한다.

① ㄱ, ㄴ ② ㄱ, ㄷ ③ ㄴ, ㄷ ④ ㄴ, ㄹ ⑤ ㄷ, ㄹ

22

2023.3(고2) 윤리와사상_학평14

다음을 주장한 사회사상가의 입장으로 옳은 것만을
〈보기〉에서 있는 대로 고른 것은? [3점]

폭력을 줄이는 것도 중요하지만 폭력을 예방하는 것이
더 중요하다. 직접적 폭력이 제거된 소극적 평화뿐만 아
니라 계급적 억압, 경제적 착취 등의 구조적 폭력과 폭
력을 정당화하는 문화적 폭력까지 사라진 적극적 평화를
추구해야 한다. 진정한 평화는 모든 폭력이 사라진 상태
이며 이러한 상태는 평화적인 방법으로 이루어야 한다.

─── 〈 보 기 〉 ───
ㄱ. 문화적 폭력으로 인해 직접적 폭력이 발생할 수 있다.
ㄴ. 빈곤과 차별은 인간 삶의 수준을 저하시키는 폭력이다.
ㄷ. 진정한 평화는 물리적 폭력이 사라지는 즉시 달성된다.
ㄹ. 구조적 폭력의 제거를 위해 사용된 직접적 폭력은
정당하다.

① ㄱ, ㄴ ② ㄴ, ㄷ ③ ㄷ, ㄹ
④ ㄱ, ㄴ, ㄷ ⑤ ㄱ, ㄷ, ㄹ

23

2023.11(고2) 윤리와사상_학평7

다음을 주장한 사회사상가의 입장으로 옳은 것은? [3점]

○ 폭력에는 직접적 폭력과 간접적 폭력이 있으며, 이러
한 폭력의 이면에 문화적 폭력이 있다. 폭력은 주로
문화적 폭력으로부터 구조적 폭력을 경유하여 직접적
폭력으로 번진다.
○ 진정한 평화를 위해서는 직접적 폭력이 제거된 소극
적 평화를 넘어 구조적·문화적 폭력까지 제거된 적
극적 평화가 실현되도록 노력해야 한다.

① 폭력의 예방이 아닌 폭력을 줄이는 것이 중요하다.
② 종교와 교육 내부에 폭력이 존재하는 것은 불가능하다.
③ 사회 제도나 관습에 따른 억압도 폭력으로 간주될 수
있다.
④ 물리적 폭력의 제거만으로도 적극적 평화를 달성할
수 있다.
⑤ 평화의 실현을 위한 폭력 사용은 도덕적으로 허용되
어야 한다.

24

다음을 주장한 사회사상가의 입장에만 모두 '✓'를 표시한 학생은? [2점]

- 과거에 많은 사람들이 노예가 되어 폭력에 희생되었다. 이러한 직접적 폭력은 노예 제도라는 구조적 폭력으로 확산되었고, 인종주의와 같은 문화적 폭력을 낳았다.
- 폭력은 직접적, 구조적, 문화적 폭력 어디에서도 시작될 수 있고 쉽게 전달된다. 진정한 평화는 모든 폭력이 없는 상태이며, 평화적 수단을 통해 달성되어야 한다.

입장＼학생	갑	을	병	정	무
진정한 평화는 전쟁의 종식만으로는 실현되지 않는다.	✓			✓	✓
억압과 차별을 철폐하기 위해 직접적 폭력을 사용해야 한다.	✓	✓		✓	
직접적 폭력이 없는 곳에서도 구조적 폭력이 존재할 수 있다.		✓	✓		✓
불평등을 정당화하는 사상과 이념은 폭력으로 정의될 수 있다.			✓	✓	✓

① 갑　　② 을　　③ 병　　④ 정　　⑤ 무

25

다음을 주장한 사상가의 입장만을 〈보기〉에서 고른 것은? [3점]

- 모든 폭력의 이면에는 문화적 폭력이 존재한다. 폭력은 주로 문화적 폭력으로부터 구조적 폭력을 경유하여 직접적 폭력으로 번진다.
- 직접적 폭력이 없는 소극적 평화뿐만 아니라, 간접적 폭력까지 사라진 적극적 평화 상태를 추구해야 한다. 그리고 평화는 어떤 경우에도 평화적 수단으로 성취해야 한다.

───〈 보 기 〉───

ㄱ. 직접적 폭력이 존재해도 적극적 평화는 실현된다.
ㄴ. 진정한 평화는 평화적 방법을 통해서 달성해야 한다.
ㄷ. 간접적으로 행해진 억압과 착취는 폭력으로 볼 수 없다.
ㄹ. 문화적 폭력은 직접적 폭력을 용인하고 정당화할 수 있다.

① ㄱ, ㄴ　② ㄱ, ㄷ　③ ㄴ, ㄷ　④ ㄴ, ㄹ　⑤ ㄷ, ㄹ

26

다음을 주장한 사상가의 입장으로 적절한 것만을 〈보기〉에서 있는 대로 고른 것은? [3점]

평화에는 소극적 평화와 적극적 평화가 있다. 소극적 평화는 물리적 폭력과 같은 직접적 폭력이 없는 상태를 의미한다. 적극적 평화는 물리적 폭력뿐 아니라 차별이나 빈곤 같은 구조적 폭력과, 다른 유형의 폭력을 합리화하는 문화적 폭력도 없는 상태를 의미한다. 직접적 폭력이 제거된 소극적 평화를 넘어서 구조적 폭력, 문화적 폭력까지 모두 사라진 적극적 평화가 진정한 평화이다.

───〈 보 기 〉───

ㄱ. 적극적 평화를 실현하기 위한 폭력은 정당화될 수 있다.
ㄴ. 진정한 평화는 직접적 폭력이 사라져야 실현될 수 있다.
ㄷ. 비의도적인 구조적 폭력은 진정한 평화 실현을 저해한다.
ㄹ. 문화적 폭력은 다른 폭력을 정당한 것으로 인식하게 한다.

① ㄱ, ㄴ　　② ㄱ, ㄷ　　③ ㄴ, ㄹ
④ ㄱ, ㄷ, ㄹ　　⑤ ㄴ, ㄷ, ㄹ

27

2019.3(고2) 윤리와사상_학평19

다음을 주장한 사상가의 입장만을 〈보기〉에서 고른 것은? [3점]

> 폭력은 인간의 기본적 욕구를 모독하는 것이다. 폭력에는 직접적인 폭력만 있는 것이 아니라, 구조적 폭력과 문화적 폭력도 있다. 문화적 폭력은 직접적 폭력을 유도하거나 구조적 폭력에 대응하지 못하게 만든다. 진정한 평화란 직접적 폭력이 사라진 직접적 평화, 구조적 폭력이 사라진 구조적 평화, 문화적 폭력이 사라진 문화적 평화를 모두 실현한 것이다. 그리고 평화는 어떠한 경우라도 평화적인 수단으로 성취되어야 한다.

〈 보 기 〉

ㄱ. 어떠한 수단을 사용해서라도 평화를 달성해야 한다.
ㄴ. 신체에 직접적인 고통을 가하는 것만이 폭력에 해당한다.
ㄷ. 문화적 폭력은 직접적 폭력을 일으키는 원인이 될 수 있다.
ㄹ. 진정한 평화의 실현을 위해 구조적 폭력도 제거해야 한다.

① ㄱ, ㄴ ② ㄱ, ㄷ ③ ㄴ, ㄷ ④ ㄴ, ㄹ ⑤ ㄷ, ㄹ

28

2022.3(고2) 생활과윤리_학평3

다음 토론의 핵심 쟁점으로 가장 적절한 것은? [2점]

> 갑: 통일은 우리 민족의 동질성을 회복하고 정체성을 확립하기 위해 반드시 이루어 내야 할 과제입니다.
> 을: 동의합니다. 하지만 통일은 비용과 편익을 최우선으로 고려하여 우리 민족의 경제적 이익 실현을 위해 추진되어야 합니다.
> 갑: 아닙니다. 통일의 필요성을 경제적 가치에서 찾아서는 안 됩니다. 통일은 남북 간 이질성을 극복하고, 문화와 역사를 공유하는 평화로운 민족 공동체 건설을 위해 실현되어야 합니다.
> 을: 통일은 민족의 동질성 회복과 정체성 확립을 위해서도 필요하지만, 무엇보다 민족의 경제적 이익 증대를 고려해야 합니다. 국방비 절감, 시장 확대 등 통일 편익이 통일 비용보다 크기 때문에 통일을 추진해야 합니다.

① 통일의 필요성을 민족의 경제적 이익 증진에서 찾아야 하는가?
② 통일은 우리 민족의 평화로운 공동체 건설에 기여하는가?
③ 통일은 우리 민족이 이루어 내야 할 필수적 과제인가?
④ 통일은 민족의 이질성을 극복하는 데 도움을 주는가?
⑤ 통일을 통해 민족적 정체성을 확립할 수 있는가?

29

다음 대화에서 갑, 을의 입장으로 적절하지 <u>않은</u> 것은?
[2점]

① 갑: 물리적 폭력과 달리 인권 침해는 폭력으로 볼 수 없다.
② 갑: 분단 상황과 북한 주민의 존엄성 훼손은 무관하지 않다.
③ 을: 경제적 이익 증진은 국가 정책 마련의 근거가 될 수 있다.
④ 을: 분단으로 인한 국가적 손실은 통일을 통해 해소될 수 있다.
⑤ 갑과 을: 통일을 실현하는 과정에 국민적인 동의가 필요하다.

30

㉠에 들어갈 적절한 진술만을 〈보기〉에서 있는 대로 고른 것은? [2점]

남북 분단은 많은 사람에게 고통을 주고 국가의 발전을 저해하고 있다. 남북 분단의 문제점을 극복하고 통일을 이루기 위해서는 독일의 통일에서 교훈을 얻어야 한다. 독일은 동독과 서독으로 분단되었을 때에도 문화 및 경제 교류를 통해 서로를 이해하고 협력하기 위해 노력했다. 또한 동서독은 점진적인 관계 개선을 위한 노력과 함께 통일을 우려하는 주변국을 설득하는 작업도 병행했다. 이러한 독일의 사례에 비추어 볼 때, 남북한이 바람직한 통일을 이루기 위해서는 ㉠

〈 보 기 〉
ㄱ. 남북한 간의 이질성을 극복하기 위해 노력해야 한다.
ㄴ. 사회 통합보다 체제 통합이 선행되도록 노력해야 한다.
ㄷ. 남북한 간의 상호 신뢰를 구축하기 위해 노력해야 한다.
ㄹ. 국제 사회의 지지와 협력을 받을 수 있도록 노력해야 한다.

① ㄱ, ㄴ   ② ㄱ, ㄷ   ③ ㄴ, ㄹ
④ ㄱ, ㄷ, ㄹ   ⑤ ㄴ, ㄷ, ㄹ

31

㉠에 들어갈 진술로 가장 적절한 것은? [2점]

> 통일이 한반도 전체의 이익을 가져오려면 남북이 내적으로 결합된 민족 공동체가 건설되어야 한다. 이를 위해 경제·문화 분야의 민간 교류를 활성화하여 점진적으로 통일해야 한다. 그런데 어떤 사람은 사회적 통합 비용을 절감하기 위해 신속한 정치적 통합으로 통일의 외형부터 갖추어야 한다고 주장한다. 나는 이런 주장이 통일의 과정에서 [㉠] 고 생각한다.

① 체제 합일보다 민간 차원의 소통을 우선해야 함을 간과한다
② 민족 공동체의 전체적 이익을 고려해서는 안 됨을 간과한다
③ 사회적 통합 비용 지출을 줄이도록 노력해야 함을 간과한다
④ 내적인 결합보다 급진적인 외적 통합이 바람직함을 간과한다
⑤ 비정치적으로 교류하는 것은 어떠한 효과도 없음을 간과한다

32

㉠에 들어갈 진술로 적절하지 <u>않은</u> 것은? [2점]

> 남북한의 분단 상황은 국가 발전 및 세계 평화를 저해한다. 우리는 독일 통일의 사례에서 남북통일을 위한 시사점을 얻을 수 있다. 통일 전 독일은 사회 통합 기반 마련을 위한 교류 활성화, 안보 불안 축소를 위한 대화, 상호 간 편견과 불신 해소를 위한 통일 교육을 하였다. 또한 독일의 통일이 주변국에 위협이 아닌 평화를 촉진시킬 것임을 설득하여 통일을 이룩할 수 있었다. 따라서, 우리는 [㉠]

① 분단 상황에서도 남북한이 교류하는 기회를 마련해야 한다.
② 남북통일에 우호적인 국제 환경 조성을 위해 노력해야 한다.
③ 통일 이전이 아닌 통일 이후에 사회 통합을 위해 힘써야 한다.
④ 남북한 대화를 통해 안보 및 평화 구축을 위해 노력해야 한다.
⑤ 상호 이해와 적대감 해소를 위한 통일 교육을 활성화해야 한다.

33

다음 토론의 핵심 쟁점으로 가장 적절한 것은? [2점]

> 갑: 통일은 미래를 향한 새로운 역사의 시작입니다. 통일은 민족의 번영, 자유와 평등의 신장 등에 기여할 것입니다.
> 을: 동의합니다. 통일은 서로 다른 체제를 통합하는 정치적 결단이 신속하게 선행될 때 편익이 극대화될 것입니다.
> 갑: 아닙니다. 급진적인 정치적 통합은 많은 사회적 비용을 초래합니다. 통일 편익을 극대화하려면 국민적 동의에 기초하여 경제, 예술 분야부터 먼저 교류해야 합니다.
> 을: 비정치적 분야의 협력도 필요하지만 그것은 더 많은 사회적 비용을 초래해 통일 편익이 줄어들 것입니다. 국민적 동의에 기초한 정치적 통합이 우선되어야 합니다.

① 통일 과정에서 국민적 동의를 구하는 것이 필요한가?
② 통일을 위해 예술이나 경제 분야의 교류는 불필요한가?
③ 통일과 관련해 발생하는 사회적 비용을 고려해야 하는가?
④ 통일은 우리 민족의 번영과 인류애 구현에 이바지하는가?
⑤ 통일 편익 극대화를 위해 정치적 통합을 우선해야 하는가?

34

다음 자료는 신문 기사의 일부이다. (가), (나) 지역을 지도의 A~C에서 고른 것은? [2점]

> 중국은 ⬚(가)⬚ 의 약 90%에 대한 영유권을 주장하면서 베트남, 필리핀, 타이완, 말레이시아, 브루나이 등 주변국은 물론 미국을 비롯한 국제 사회와 마찰을 빚고 있다. 최근 필리핀은 ⬚(가)⬚ 에 수개월간 정박하고 있는 중국 선박들의 즉각적인 철수를 요구하고 있다.
>
> – ○○신문, 2021년 4월 △△일 –

> ⬚(나)⬚ 은/는 일본이 실효 지배 중이지만, 중국 역시 자국 영토라는 입장을 굽히지 않고 있다. 최근 ⬚(나)⬚ 주변 해역에서 중국 해경 선박이 수시로 활동하면서 두 국가 간의 긴장감이 고조되고 있다.
>
> – □□신문, 2021년 10월 ◇◇일 –

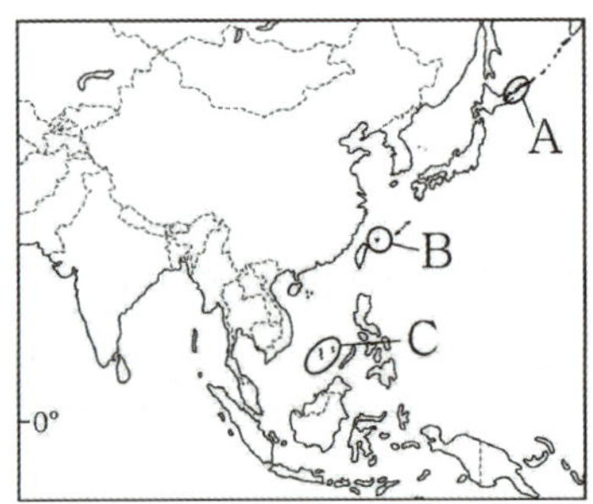

	(가)	(나)
①	A	B
②	B	A
③	B	C
④	C	A
⑤	C	B

35

지도의 A, B 지역에서 발생하는 분쟁에 대한 옳은 설명만을 〈보기〉에서 고른 것은? [3점]

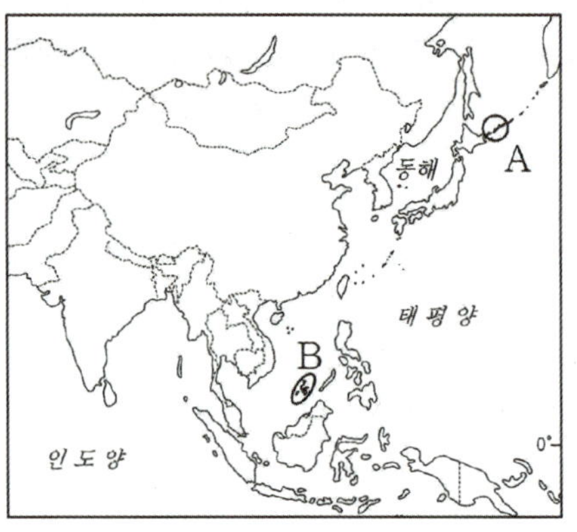

＜ 보 기 ＞
ㄱ. A는 현재 러시아가 실효 지배하고 있다.
ㄴ. B의 분쟁 원인은 종교 갈등이다.
ㄷ. B는 A보다 분쟁 당사국의 수가 많다.
ㄹ. A, B 모두 분쟁 당사국에 일본이 포함된다.

① ㄱ, ㄴ ② ㄱ, ㄷ ③ ㄴ, ㄷ ④ ㄴ, ㄹ ⑤ ㄷ, ㄹ

36

(가)에 들어갈 내용으로 가장 적절한 것은? [2점]

2019 동아시아 청소년 ○○ 캠프 일정표	
시간	일정
09:00	개회식
09:30	견학(서대문 형무소 역사관 등)
12:00	중식
13:00	동아시아의 화해를 위해 노력한 사례 발표 1. 일본군 '위안부' 강제 동원을 사과한 고노 담화 2. ⬚(가)⬚
16:00	조별 토론·발표 및 해산

① 중국의 동북공정 진행
② 일본의 전쟁 범죄 축소 은폐
③ 일본 총리의 야스쿠니 신사 참배
④ 한·중·일 공동 역사 교재 집필
⑤ 일본 우익 세력의 신헌법(평화 헌법) 개정 시도

1 2024.7(고3) 세계지리_학평1

다음 자료의 (가), (나)에 해당하는 내용으로 가장 적절한 것은? [2점]

☐ (가) ☐ 의 사례	☐ (나) ☐ 의 사례

영국을 대표하는 랜드마크 중 하나인 '런던 아이'는 템즈강변에 위치한 높이 135m의 대관람차이다. 매년 300만 명 이상의 관광객이 방문하는 여행 명소로 유명하다.	'카망베르 드 노르망디' 치즈는 노르망디 지방에서 생산된 우유만을 사용하며 독특한 향과 질감을 지니고 있다. 이에 원산지 보호 명칭 제도 (AOC)를 통해 인증되었다.

	(가)	(나)
①	장소 마케팅	공정 무역
②	장소 마케팅	지리적 표시제
③	지리적 표시제	공정 무역
④	지리적 표시제	다국적 기업의 현지화
⑤	다국적 기업의 현지화	장소 마케팅

2 2023.6(고3) 세계지리_모평3

다음은 세계지리 수업의 과제 안내문이다. 제시된 조건을 고려하여 작성한 발표 주제와 조사 내용으로 가장 적절한 것은? [3점]

- 과제 안내문 -

〈조건〉
- 제시된 자료에 적합한 '발표 주제'를 옳은 내용으로 작성한다.
- 발표 주제 검증을 위한 적절한 '조사 내용'을 정한다.

〈자료〉

- 싱가포르 사람들의 삶 속에 녹아 있는 열정과 가능성의 역사를 담은 디자인을 개발함.

- 디자인은 싱가포르 사람들의 일상을 체험할 수 있는 장소들을 홍보하는 데 활용됨.

- 뉴질랜드 로토루아의 간헐천과 청정 호수를 담은 디자인을 개발함.

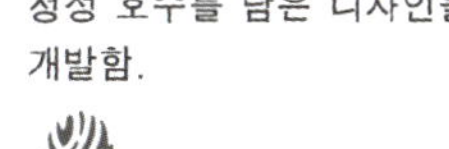

- 디자인은 로토루아의 색다른 자연환경을 경험할 수 있는 장소들을 홍보하는 데 활용됨.

	발표 주제	조사 내용
①	환경 문제	사막화 피해 사례
②	지역 브랜드	지역 이미지 창출 사례
③	국제 질서 변화	국경 분쟁 사례
④	기업 입지 변화	생산 공장 이전 사례
⑤	신·재생 에너지 개발	지열 발전소 건설 사례

3 2018.6(고3) 세계지리_모평20

다음 자료는 세계 지리 수행 평가 보고서의 일부이다. (가), (나)에 들어갈 용어로 가장 적절한 것은? [2점]

수행 평가 보고서

○학년 ○반 이름: ◇◇◇

- 경제 활동의 세계화와 관련한 신문 기사 조사하기 -

주제 1: (가)

미국의 휴대 전화 생산 기업인 A사의 제품에는 '디자인은 캘리포니아에서, 조립은 중국에서'라는 문구가 적혀 있다. 디자인과 소프트웨어 개발은 캘리포니아 본사에서 하지만, 가격 경쟁력을 높이기 위해 제품의 조립은 B사의 중국 공장에서 하고 있기 때문이다. … (후략) …

- △△신문 2017년 ○○월 ○○일 -

주제 2: (나)

미국 북동부 지역은 전통적으로 자동차, 철강, 기계 등 제조업의 중심지였다. 하지만 1980년대 이후 글로벌 경쟁력을 강화하기 위해 제조업체들이 다른 지역으로 이전하여 고용 인구와 생산액 비중이 줄었다. 현재는 이 지역을 공장 설비에 녹(rust)이 슬었다는 의미로 '러스트 벨트'라고 부른다. … (후략) …

- □□일보 2017년 ○○월 ○○일 -

	(가)	(나)
①	공정 무역	유통의 세계화
②	공간적 분업	공정 무역
③	공간적 분업	산업 공동화
④	기업의 인수·합병	산업 공동화
⑤	기업의 인수·합병	유통의 세계화

4 2019.6(고3) 세계지리_모평20

다음 글의 ㉠~㉣에 대해 옳게 설명한 내용에만 모두 ○표시한 학생을 고른 것은? [3점]

교통과 통신이 발달하여 세계 각 지역 간 상호 교류 및 의존성이 강화되면서 ㉠다국적 기업의 등장과 더불어 기업의 ㉡공간적 분업이 나타나기 시작하였다. 최근에는 IT 산업이 급속도로 발달하고 경제 활동의 공간적 제약이 감소하면서 서비스업의 성장이 촉진되었다. 이에 따라 산업 구조는 제조업 중심에서 서비스업 중심으로 변화하고 있다. 서비스업은 수요 주체에 따라 ㉢ 와/과 ㉣생산자 서비스업으로 구분할 수 있다. 특히 21세기 들어 기업의 생산 활동에 도움을 주는 생산자 서비스업이 크게 발전하고 있다.

내용	학생				
	갑	을	병	정	무
㉠은 국경을 초월하여 생산과 판매 활동을 하는 기업을 말한다.	○	○	○		○
㉡은 기업의 기획·관리, 연구, 생산 기능 등이 공간적으로 분화되는 현상이다.		○	○	○	
㉢에 들어갈 용어는 '소비자 서비스업'이다.	○		○		○
㉣에 해당하는 업종으로는 소매업, 요식업, 미용업 등이 있다.	○	○		○	

① 갑　　② 을　　③ 병　　④ 정　　⑤ 무

5

다음 자료의 (가), (나)에 들어갈 내용으로 가장 적절한 것은? [2점]

<세계화 시대의 지역화 전략>

○   (가)   의 사례

포르투갈 도시 포르투(Porto)를 상징하는 독특한 파란색은 이 지역의 유명한 도자기 타일인 '아줄레주'의 색에서 착안한 것이다. 이 색을 활용한 'Porto.'를 도안하여 도시를 상징하는 대표적인 디자인으로 사용하고 있다.

○   (나)   의 사례

유럽 연합(EU)은 특정 마을, 도시 또는 지역 내에서 생산·제조·가공된 농수산물 및 식품임을 표시하여 보호하는 제도를 시행하고 있다. 세계적으로 유명한 이탈리아 캄파나 지방의 '모차렐라 디 부팔라 캄파나 (Mozzarella di Bufala Campana)' 치즈는 이 제도의 적용을 받고 있다.

	(가)	(나)
①	다국적 기업의 현지화	지리적 표시제
②	다국적 기업의 현지화	지역 브랜드화
③	지리적 표시제	다국적 기업의 현지화
④	지역 브랜드화	다국적 기업의 현지화
⑤	지역 브랜드화	지리적 표시제

7

다음 글의 ㉠~㉤에 대한 설명으로 옳은 것만을 〈보기〉에서 고른 것은? [3점]

세계적인 중심지 역할을 하는 ㉠세계 도시에는 주요 다국적 기업의 본사 및 국제기구의 본부가 위치한다. 이외에도 ㉡주로 기업을 대상으로 금융, 법률, 컨설팅 등을 제공하는 서비스 산업이 발달해 있다. 한편, 세계 도시 간에는 도시의 영향력 및 기능에 따라 계층적 연계 구조가 형성되는데, 이를 ㉢세계 도시 체계라고 한다. 세계 도시는 계층에 따라 ㉣최상위 세계 도시, 상위 세계 도시, ㉤하위 세계 도시로 구분된다.

< 보 기 >

ㄱ. ㉠은 모두 인구 천만 명 이상의 도시이다.
ㄴ. ㉡은 생산자 서비스업이다.
ㄷ. ㉢을 확인하는 지표로 도시 간 국제 항공편 운항 횟수를 들 수 있다.
ㄹ. ㉣은 ㉤보다 도시의 수가 많다.

---

① ㄱ, ㄴ ② ㄱ, ㄷ ③ ㄴ, ㄷ ④ ㄴ, ㄹ ⑤ ㄷ, ㄹ

6

다음 글의 ㉠~㉤에 대한 설명으로 옳은 것은? [2점]

오늘날 사회, 경제, 문화 등 각 부문에서 국가 간 인적·물적 자원이 자유롭게 이동하며 ㉠세계가 하나로 통합되는 현상이 나타나고 있다. 한편으로는 ㉡다른 곳과 차별화된 그 지역만의 고유한 정체성을 강조하는 흐름도 나타나는데, 이를 위한 전략으로는 ㉢지리적 표시제, ㉣장소 마케팅 등이 있다. 장소 마케팅의 대표적 사례로는 여러 스포츠·문화 행사를 유치하거나 'I♥NY', 'Seoul, My Soul'처럼 ㉤지역 브랜드를 개발하는 것이 있다.

---

① ㉠으로 국경의 의미와 역할이 강화되고 있다.
② ㉡은 세계화를 의미한다.
③ ㉢은 자국 내에서만 법적 보호를 받는다.
④ ㉣은 지역 문화의 고유성을 약화시킨다.
⑤ ㉤은 지역성의 변화에 따라 변경될 수 있다.

8

(가), (나) 도시에 대한 설명으로 옳은 것은? [2점]

구분	(가)	(나)
경·위도	73°56′W, 40°44′N	151°13′E, 33°52′S
도시 상징물	○○○ 여신상은 오른손으로 횃불을 치켜들고 왼손에는 자유의 선언을 상징하는 책을 들고 있다.	◇◇◇ 하우스는 바람에 부푼 여러 돛을 연상시키는 건축물로 극장과 음악당을 갖추고 있다.

---

① (가)에서 가장 많이 사용되는 언어는 독일어이다.
② (나)에는 국제 연합(UN)의 본부가 있다.
③ (가)는 (나)보다 세계 도시 체계에서 계층이 높다.
④ (나)는 (가)보다 2024년이 늦게 시작된다.
⑤ (가)와 (나)는 모두 해당 국가의 수도이다.

9

다음은 '세계 도시'의 학습 장면이다. 학생의 발표 내용 중 가장 적절한 것은? [2점]

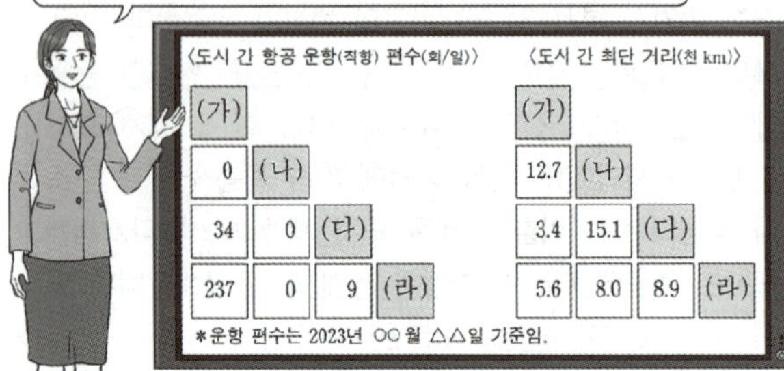

① 갑: (나)는 라틴 아메리카에서 인구가 가장 많은 도시예요.

② 을: (다)는 세계 도시 체계에서 최상위 계층의 도시예요.

③ 병: (라)는 국제 연합(UN)의 본부가 위치하며, 세계 금융의 중심지예요.

④ 정: (가)와 (다)는 모두 해당 국가의 수도예요.

⑤ 무: 멕시코시티~런던의 최단 거리는 다카~런던의 최단 거리보다 길어요.

10

갑, 을 사상가들의 입장으로 가장 적절한 것은? [3점]

갑: 폭력은 주로 문화적 폭력으로부터 구조적 폭력을 경유하여 직접적 폭력으로 번진다. 진정한 평화는 직접적 폭력뿐만 아니라 구조적·문화적 폭력의 부재를 지향할 때에만 가능하다.

을: 국가 간의 제약이 없이는 어떠한 평화도 정착될 수 없다. 영원한 평화를 위해서는 특별한 종류의 연맹이 있어야 한다. 그것은 바로 평화 연맹이며, 이는 평화 조약과 구별된다.

① 갑: 구조적 폭력은 항상 문화적 폭력에서 비롯된다.

② 갑: 비의도적 폭력은 평화 실현을 방해하지 않는다.

③ 을: 평화 연맹은 모든 전쟁의 영원한 종식을 추구한다.

④ 을: 영원한 평화는 국가 간 평화 조약 체결만으로 실현된다.

⑤ 갑과 을: 물리적 폭력의 소멸은 진정한 평화의 실현을 보장한다.

11

사회사상가 갑, 을의 입장으로 적절한 것만을 〈보기〉에서 있는 대로 고른 것은? [3점]

갑: 평화는 국가 간의 계약 없이는 구축될 수도 없고 보장될 수도 없다. 영원한 평화를 위해서는 특별한 종류의 연맹이 필요하다. 평화 조약에 의해 전쟁은 일시적으로 중단될 수 있지만 전쟁 상태가 영원히 종식되지는 않았다.

을: 평화는 어떠한 폭력도 없는 상태이며 비폭력적인 방식으로 실현해 나가야 한다. 폭력을 예방하고 제거하기 위해서는 직접적 폭력, 구조적 폭력, 그리고 문화적 폭력에 대한 정확한 진단과 처방이 필요하다.

─〈 보 기 〉─

ㄱ. 갑: 각 국가는 자유 보장을 위해 평화 연맹에 주권을 위임해야 한다.

ㄴ. 을: 경제적 불평등에 의한 인간 소외도 평화 실현을 방해한다.

ㄷ. 을: 폭력 주체의 의도성이 없는 경우에는 폭력이 성립되지 않는다.

ㄹ. 갑과 을: 평화를 위한 예방적 처방 없이 진정한 평화는 불가능하다.

① ㄱ, ㄴ 　② ㄱ, ㄷ 　③ ㄴ, ㄹ

④ ㄱ, ㄷ, ㄹ 　⑤ ㄴ, ㄷ, ㄹ

12

사회사상가 갑, 을의 입장으로 옳은 것은? [3점]

> 갑: 평화를 창조하는 일은 폭력을 치료하고 예방하는 것과 관련이 있다. 치료해야 할 폭력은 폭력의 결과를 의도한 행위자가 있는 직접적 폭력이고, 예방해야 할 폭력은 그러한 행위자가 없는 구조적 폭력이다.
> 을: 영원한 평화의 실현을 위한 국제법의 이념은 독립해 있는 많은 이웃 국가의 분립을 전제로 한다. 이 상태가 그 자체로 전시 상태에 있음을 나타낸다고 할지라도, 하나의 초강대국 아래로 여러 국가들이 통합되는 것보다 낫다.

① 갑: 비의도적인 폭력의 제거 없이도 적극적 평화가 완성될 수 있다.
② 갑: 문화 속의 일부 상징은 구조적 폭력을 정당화할 위험이 있다.
③ 을: 영구적인 평화의 실현은 개별 국가의 정치 체제와 무관하다.
④ 을: 평화 실현을 위해 국가의 주권이 평화 연맹에 양도되어야 한다.
⑤ 갑과 을: 국가 간 전쟁 행위 중지만으로도 진정한 평화가 실현된다.

13

다음을 주장한 사상가의 입장으로 가장 적절한 것은?
[2점]

> 이성적으로만 보면 국가들이 전쟁을 중지하는 방식은 오직 무법칙적 자유를 포기하고 공법의 규제에 순응하여, 종국에는 모든 민족을 포함하는 단일 국가를 형성하는 것뿐이다. 그러나 국가들이 결코 이를 의욕하지 않을 것이다. 대신 국가들은 이러한 적극적 이념이 아니라, 전쟁을 회피하면서 지속적으로 확장되는 연맹이라는 소극적 대용물을 택함으로써 전쟁에 대한 성향이나 법의 통제를 꺼리는 성향을 중지할 수 있을 것이다.

① 영구 평화의 실현 이후 세계 공화국을 수립할 수 있다.
② 영구 평화가 모든 전쟁의 영구적 종식을 요청하지는 않는다.
③ 대내 권력이 전제적일수록 전쟁을 일으킬 가능성은 증가한다.
④ 방문한 외국인이 내국인과 동일하게 행사할 수 있는 권리는 없다.
⑤ 연맹에 가입한 주권 국가들을 공통으로 규제하는 법은 불가능하다.

14

2025.6(고3) 생활과윤리_모평17

갑, 을 사상가들의 입장으로 가장 적절한 것은? [3점]

> 갑: 평화 연맹은 이 연맹에 참가한 국가들의 자유를 보호하고 지속시키고자 한다. 이 연맹의 이념은 서서히 모든 국가로 확산되어야 한다. 그럼으로써 영원한 평화로 인도해 갈 이념의 실현 가능성은 분명해질 것이다.
> 을: 국제 정치는 권력을 얻기 위한 투쟁이다. 국제 정치의 궁극 목표가 무엇이든 간에 권력이 항상 일차적 목표이다. 정치가나 국민이 궁극적으로 추구하는 것으로는 자유, 안전 보장, 번영, 혹은 권력 그 자체 등이 있다.

① 갑: 평화 연맹이 많아질수록 영원한 평화에 가까워질 수 있다.
② 갑: 국제법의 이념은 독립적인 국가들 간의 분립을 전제로 한다.
③ 을: 국가 간의 동맹 없이는 국제 평화의 실현은 가능하지 않다.
④ 을: 국제 정치와 국내 정치가 그 본질에 있어서 같을 수는 없다.
⑤ 갑과 을: 국가 주권의 제한 없이 국제 평화의 실현은 불가능하다.

15

2025.4(고3) 생활과윤리_학평19

갑, 을 사상가들의 입장으로 가장 적절한 것은? [2점]

> 갑: 구조적 폭력은 사회 구조적 차원에서 발생하고, 문화적 폭력은 인간 존재의 상징적 차원에서 발생한다. 진정한 평화는 모든 종류의 폭력이 사라진 상태를 의미한다.
> 을: 국가 간의 제약이 없이는 어떠한 평화도 정착될 수 없다. 영구 평화를 실현하기 위해서는 모든 국가가 공화 정체이어야 하고, 모든 전쟁의 종식을 추구하는 평화 연맹이 있어야 한다.

① 갑: 진정한 평화는 평화적 수단과 과정으로 실현될 수 없다.
② 갑: 문화적 폭력은 구조적 폭력을 정당화하는 역할을 하지 못한다.
③ 을: 타국의 정치 체제 변화를 위한 폭력적 개입은 허용되어야 한다.
④ 을: 평화 연맹의 목표는 국가 간 합병을 통한 세계 공화국 설립이다.
⑤ 갑과 을: 모든 전쟁의 영구적 종식은 진정한 평화 실현에 필수적이다.

16

2018.6(고3) 생활과윤리_모평18

그림은 서양 사상가 갑, 을의 가상 대화이다. 갑, 을의 입장으로 옳지 <u>않은</u> 것은? [2점]

① 갑: 개별 국가의 주권을 인정하면서 영원한 평화를 실현해야 한다.
② 갑: 국제법을 통해 국가 간 우호와 시민의 자유를 증진해야 한다.
③ 을: 편견 극복을 위한 교육은 적극적 평화를 실현하는 방법이다.
④ 을: 직접적 폭력을 제거함으로써 인간 존엄 실현의 조건이 완비된다.
⑤ 갑, 을: 평화의 실현을 위해서는 정치 제도의 개선이 필수적이다.

17

2022.9(고3) 생활과윤리_모평16

갑, 을 사상가들의 입장으로 적절한 것만을 〈보기〉에서 고른 것은? [3점]

> 갑: 영구 평화를 위해 상비군은 점차 완전히 폐지되어야 한다. 그러나 조국을 외부의 침략으로부터 방어하기 위한 시민들의 자발적이고 정기적인 무장 훈련은 사정이 다르다.
>
> 을: 전쟁과 같은 직접적 폭력 외에도 간접적 폭력이 존재한다. 각각의 폭력은 상호 작용하며 서로 영향을 미친다. 이러한 다양한 폭력을 제거해야 진정한 평화가 달성될 수 있다.

─────── 〈 보 기 〉 ───────

ㄱ. 갑: 평화 연맹은 모든 전쟁의 영구적 종식을 목표로 한다.

ㄴ. 갑: 세계 시민법은 인권 보장이 아닌 영구 평화를 위한 것이다.

ㄷ. 을: 문화적 폭력은 구조적 폭력을 올바른 것으로 보이게 한다.

ㄹ. 갑과 을: 폭력의 사용은 어떠한 경우에도 허용될 수 없다.

① ㄱ, ㄴ ② ㄱ, ㄷ ③ ㄴ, ㄷ ④ ㄴ, ㄹ ⑤ ㄷ, ㄹ

18

2020.9(고3) 생활과윤리_모평20

갑, 을 사상가들의 입장으로 적절한 것만을 〈보기〉에서 있는 대로 고른 것은? [3점]

> 갑: 공화 정체인 국가들은 평화를 요구하는 시민들에 의해 쉽게 전쟁을 일으킬 수 없게 된다. 그러한 국가들은 자발적으로 결성한 평화 연맹에서 자유와 평화를 보장받고자 하며, 영구 평화를 위해 세계 시민적 체제로 나아가고자 한다.
>
> 을: 물리적 관점에서 협소하게 규정되던 기존의 폭력 개념은 불완전하다. 우리는 구조적, 문화적 폭력까지 없는 상태를 지향해야 한다. 이러한 상태는 소극적 평화 상태를 뛰어 넘는 그 이상의 상태라 할 수 있다.

─────── 〈 보 기 〉 ───────

ㄱ. 갑: 이방인이 평화롭게 처신하는 한 우호적으로 대우해야 한다.

ㄴ. 갑: 평화 연맹은 국가와 같은 주권적 권력으로 기능해야 한다.

ㄷ. 을: 폭력의 예방 없이는 적극적 평화를 실현할 수 없다.

ㄹ. 갑, 을: 모든 전쟁의 종식은 진정한 평화 실현의 필수 조건이다.

① ㄱ, ㄴ   ② ㄱ, ㄷ   ③ ㄴ, ㄹ
④ ㄱ, ㄷ, ㄹ   ⑤ ㄴ, ㄷ, ㄹ

19

다음은 사회사상가 갑, 을의 가상 대화이다. 갑, 을의 입장으로 옳은 것만을 〈보기〉에서 있는 대로 고른 것은? [2점]

< 보 기 >

ㄱ. 갑: 평화 연맹은 그 소속 국가의 자유를 국제법에 따라 보호한다.
ㄴ. 을: 목표로서의 평화뿐 아니라 과정으로서의 평화도 중요하다.
ㄷ. 갑과 을: 폭력은 평화 실현을 위한 최후의 정치적 수단이다.

① ㄱ　② ㄷ　③ ㄱ, ㄴ　④ ㄴ, ㄷ　⑤ ㄱ, ㄴ, ㄷ

20

다음 신문 칼럼에서 강조하는 내용으로 가장 적절한 것은? [2점]

○○ 신문　　　　　　　　○○○○년 ○○월 ○○일

칼럼

통일은 신뢰 없이 불가능하며, 신뢰는 화해와 협력의 실천으로 증진된다. 전쟁을 종식하지 못한 채, 이념과 체제는 물론 거의 모든 분야에서 차이가 심해진 남북한이 하루아침에 정치적 통일을 이룰 수는 없다. 지금 단계에서는 분단 상태를 평화적으로 관리하면서 적대와 불신을 해소하는 화해, 그리고 분야별 상호 협력으로 차이를 서서히 줄이는 노력이 우선이다. 화해와 협력을 제대로 거치지 않고 외형만의 통일을 서두른 탓에 정치적 통일 후에도 불신을 극복하지 못해 내전을 겪을 수밖에 없었던 다른 분단국의 사례도 있다. 이를 유념하여 정치적 통일에 앞서 정부뿐 아니라 경제·언론·종교·문화·학문·체육 등 시민 사회의 다양한 분야에서 교류를 반드시 추진해야 한다.

① 통일에 대한 점진적 접근으로는 체제의 통일이 불가능하다.
② 민간 교류를 수반한 협력으로 남북한 간 신뢰를 쌓아야 한다.
③ 화해와 협력을 정치적 통일에 필요한 과정으로 봐서는 안 된다.
④ 타국의 경험에서 통일에 대한 시사점을 찾으려 해서는 안 된다.
⑤ 정치적 통일은 남북한 간 이질성 완화 추진의 선결 과제이다.

21

(가)의 입장에 비해 (나)의 입장이 갖는 상대적 특징을 그림의 ㉠~㉤ 중에서 고른 것은? [3점]

(가) 통일은 남한의 기술과 북한의 자원을 결합하여 경제 성장의 동력을 확보할 수 있기 때문에 필요하다. 그러나 통일을 해야 하는 보다 중요한 이유는, 통일이 군사적 위협을 해소하여 한반도 평화를 실현하고, 사회 복지 예산을 확충하여 사회적 불평등을 완화하고 사회 안전망을 강화할 수 있다는 점이다.

(나) 통일은 군사적 긴장을 해소하여 평화를 실현하고 분단 비용의 해소를 통해 사회 안전망의 토대를 마련할 수 있기 때문에 필요하다. 그러나 통일을 해야 하는 보다 중요한 이유는, 통일이 남북 경제권을 통합하여 경제 성장은 물론 동북아 경제 공동체 형성의 견인차 역할을 할 수 있다는 점이다.

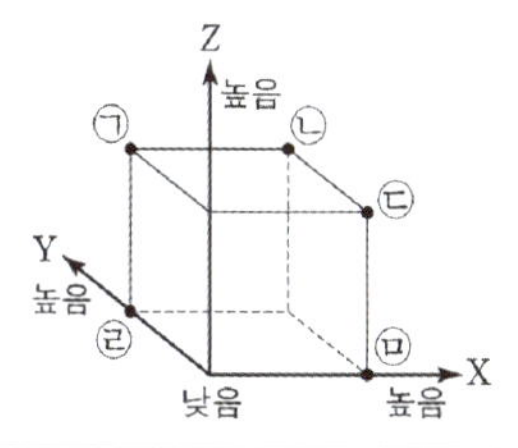

① ㉠   ② ㉡   ③ ㉢   ④ ㉣   ⑤ ㉤

22

다음 대화에서 갑, 을의 입장으로 가장 적절한 것은? [2점]

① 갑: 사회경제적 불평등 완화는 통일의 근거에 포함될 수 없다.
② 갑: 통일의 근거는 보편적 권리가 아니라 민족 통합 자체에 있다.
③ 을: 통일 비용이 증가하더라도 통일의 당위성이 약화될 수는 없다.
④ 을: 통일 비용이 남북 경제 통합의 기대 효과를 창출할 가능성은 없다.
⑤ 갑과 을: 분단 비용 해소와 통일 편익을 통일의 근거로 고려해야 한다.

23

(가)의 입장에 비해 (나)의 입장이 갖는 상대적 특징을 그림의 ㉠~㉤ 중에서 고른 것은? [2점]

(가) 통일을 통해 북한 주민의 인권 보장을 위한 밑거름을 조성하고 동북아시아의 평화에 기여할 수 있다. 그러나 통일은 남한의 기술과 북한의 자원을 결합하여 경제적 이익을 창출한다는 점에서 더 중요하다.

(나) 통일을 통해 경제적 이익을 얻을 수 있다. 그러나 통일은 북한 주민의 인권 상황을 개선하고 한반도 평화 정착을 바탕으로 세계 평화에 기여한다는 점에서 더 중요하다.

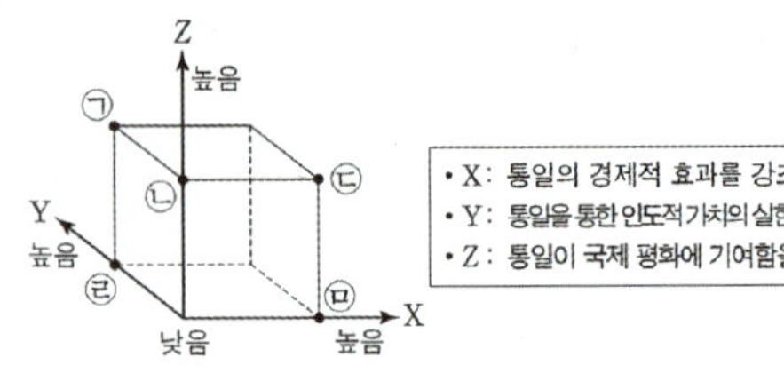

① ㉠   ② ㉡   ③ ㉢   ④ ㉣   ⑤ ㉤

24

다음 강연자의 입장으로 가장 적절한 것은? [3점]

① 점진적 평화 통일이 급진적 통일보다 더 많은 비용을 초래한다.
② 통일을 위해 비정치적 협력보다 정치적 통합을 우선해야 한다.
③ 인도적 측면이 아니라 경제적 관점에서 통일을 성취해야 한다.
④ 통일은 이유와 방식을 불문하고 성취해야 할 민족적 과업이다.
⑤ 통일은 민족의 번영과 인류의 보편적 가치 구현에 기여해야 한다.

25

2021.11(고3) 생활과윤리_수능20

다음 토론의 핵심 쟁점으로 가장 적절한 것은? [2점]

> 갑: 현재의 분단 상황은 정전 상태로, 전쟁이 발생할 수 있는 불안정한 상태입니다. 따라서 이 상황이 끝나지 않는 한 한반도 평화와 지속 가능한 발전은 보장하기 어렵습니다.
>
> 을: 맞습니다. 그래서 종전 선언이 필요합니다. 종전 선언은 남북한이 상호 적대 정책을 전환하는 신호탄이 될 것이며, 남북 교류의 물꼬를 트고 한반도 평화를 이끌어낼 것입니다.
>
> 갑: 종전 선언으로 남북 교류가 확대될 수 있지만 북한의 대남 적대 정책은 유지될 것입니다. 따라서 종전 선언은 북한의 핵 폐기에 대한 반대급부로서 추진되어야 합니다.
>
> 을: 종전 선언이 북한만을 위한 시혜는 아니므로 상호주의의 대상은 아닙니다. 오히려 종전 선언이 종전 상태를 명분으로 핵을 개발한다는 북한의 입장을 변화시킬 수 있습니다.

① 북한은 현재 대남 적대 정책을 취하고 있는가?
② 분단은 한반도의 지속 가능한 발전을 저해하는가?
③ 종전 선언을 통해 남북 교류가 활성화될 수 있는가?
④ 종전 선언은 상호주의 관점에서 이루어져야 하는가?
⑤ 현재의 한반도 상황은 전쟁이 종식되지 않은 상태인가?

26

2020.6(고3) 생활과윤리_모평19

(가)의 입장에 비해 (나)의 입장이 갖는 상대적 특징을 그림의 ㉠~㉤ 중에서 고른 것은? [2점]

> (가) 남북한의 통일을 위해서는 신속한 정치적, 법적 결단이 이루어져야 한다. 정치적 영역에서 일괄 타결이 이루어질 때, 통일에 이르는 시간이 단축될 뿐만 아니라 다른 분야의 문제도 빠르게 해결되어 통일이 실현될 것이다.
>
> (나) 남북한의 통일을 위해서는 이산가족 상봉, 스포츠 교류 등 비정치적 영역부터 교류 협력을 시작하여 단계적으로 확대해 나가야 한다. 이러한 노력이 지속되어야 남북한의 불신이 해소되어 정치 통합의 기반이 조성될 것이다.

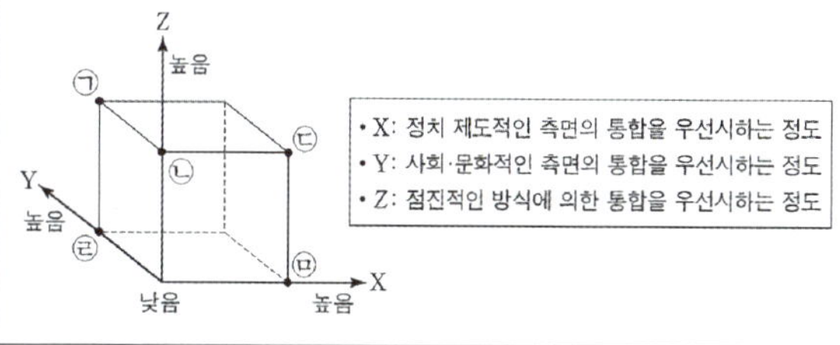

① ㉠　　② ㉡　　③ ㉢　　④ ㉣　　⑤ ㉤

5단원. 미래와 지속가능한 삶

5단원. 미래와 지속가능한 삶

1. 세계의 인구 변화와 인구 문제
· 인구 분포: 인구 성장, 인구 밀도
· 인구 구조: 유소년층, 청장년층, 노년층, 인구 지표(부양비, 성비, 중위 연령, 노령화 지수,), 인구 변천 모형
· 인구 이동: 요인(경제, 정치, 환경), 순유입, 순유출
· 인구 문제: 인구 과잉, 저출생·고령화, 인구 정책

2. 에너지 자원과 지속가능한 발전
· 에너지 자원: 화석 에너지, 신·재생 에너지- 특징, 주요 생산국과 수출·수입국
· 기후 변화에 대한 대응과 지속가능한 발전

3. 미래 사회와 세계 시민으로서의 삶
· 정치·경제·사회적 측면, 과학기술 발전, 생태 환경 변화

| 출제 경향 |
· 난이도: 인구 구조와 에너지 자원 부분은 다소 고난도로 출제될 가능성이 있음, 이외 부분은 다소 평이하게 출제될 것으로 예상됨
· 주요 유형
 - 인구 구조 부분은 선진국과 개발도상국의 인구 그래프를 제시하고 이를 해석하는 문항의 유형이 주로 출제됨
 - 에너지 자원 부분은 화석 에너지와 신·재생 에너지 그래프를 제시하고 이를 해석하는 문항의 유형이 주로 출제됨

COMMENT
 - 세계의 인구 변화와 인구 문제, 에너지 자원과 지속가능한 발전에서 주로 문제가 출제될 것으로 예상되며, 기존 세계지리 기출과 유사항 문항으로 출제될 가능성이 높음. 실제로 2025 평가원 수능 대비 예시 문항 24번, 25번 문항에서 이러한 경향이 확인됨. STEP2, 3단계의 문제로 고난도 문항에 대비할 필요가 있음
 - 미래 사회와 세계 시민으로서의 삶 부분은 기출 문제가 다소 부족함. 출제되더라도 기본적인 내용을 인지하고 있으면 풀 수 있는 평이한 문제가 출제될 것으로 보임

STEP. 0 수능 예시 문항

1

다음 자료는 출생률과 경제 수준에 관한 것이다. 이에 대한 설명으로 옳은 것은? (단, 그래프의 A, B는 각각 지도에 표시된 두 국가 중 하나임.)

전 세계적으로 출생률과 사망률이 낮아지는 경향을 보이고 있다. 사망률은 이미 1986년부터 10‰ 미만으로 충분히 낮아져 안정적으로 유지되고 있는 반면, 출생률은 국가에 따라서 상황이 다르다. 여전히 ㉠ 높은 출생률 문제를 겪고 있는 국가는 경제 수준에 비해 인구 증가율이 높아 인구를 부양하기 쉽지 않으며, ㉡ 낮은 출생률 문제에 당면한 국가는 현재 경제 수준이 높지만 해당 문제가 지속될 경우 국가 유지에 어려움을 겪을 수 있다. 국가별 경제 수준 차이는 결국 이민자의 문제라는 전혀 다른 방향의 인구 문제로 이어진다. 많은 인구로 인해 국민들을 부양하기 어려운 국가에서는 사람들이 일자리를 찾아 선진국으로 이주하려 하고, 자국인 노동력의 부족을 경험하는 선진국에서는 몰려드는 이민자들의 문화적 차이와 자국민과의 일자리 갈등이라는 새로운 문제를 떠안고 있다.

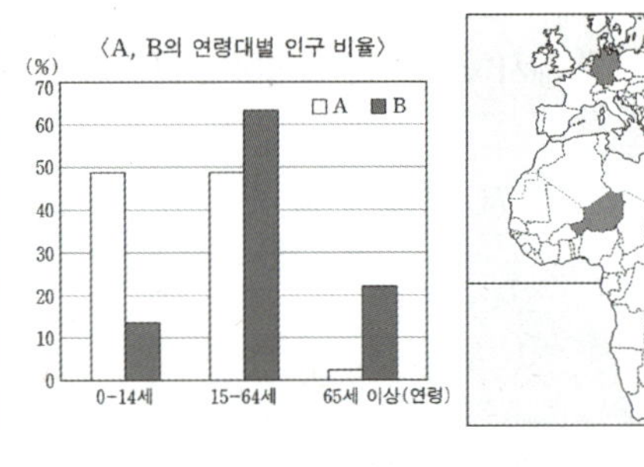

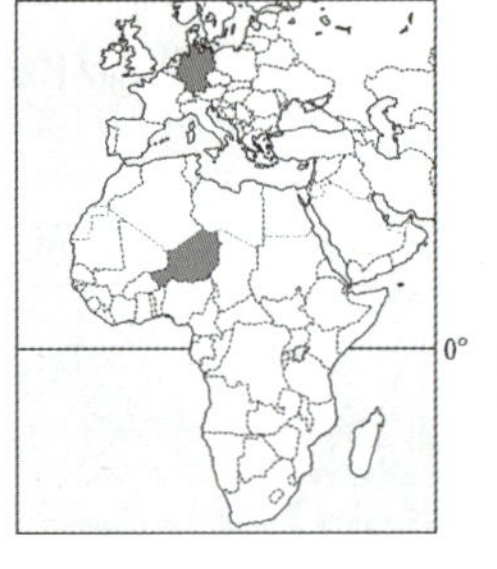

① 유럽에는 인구 문제 ㉠을 겪는 나라가 ㉡을 겪는 나라보다 많다.

② A는 경제 수준에 비해 출생률이 낮은 국가에 해당한다.

③ B는 이민자의 문화적 정체성을 유지하기 위해 용광로 이론에 기반한 정책을 강화해왔다.

④ A는 초고령 사회에 도달한 국가로 B보다 중위 연령이 높다.

⑤ B는 A보다 총부양비(인구 부양비)가 낮다.

| 문항 분석 |

· 5단원 미래와 지속가능한 삶
  5-1. 세계의 인구 변화와 인구 문제
· 내용 요소: 인구 과잉, 저출생, 인구 구조, 초고령 사회, 중위 연령, 총부양비

| 자료 및 선지 분석 |

· ㉠: 인구 과잉 문제, ㉡: 저출생 문제
· A: 유소년층 인구 비율이 높고, 노년층 비율이 낮음
  → 인구 과잉 문제를 겪고 있는 니제르
· B: 유소년층 비율이 낮고, 노년층 비율이 높음
  → 저출생, 고령화 문제를 겪고 있는 독일

① 유럽에는 인구 문제 ㉠을 겪는 나라가 ㉡을 겪는 나라보다 많다. (X)
유럽을 포함한 선진국에서는 결혼 및 출산에 관한 가치관 변화로 출생률이 낮아지면서 인구가 정체 및 감소하는 저출생 문제를 겪고 있는 나라가 많음

② A는 경제 수준에 비해 출생률이 낮은 국가에 해당한다. (X)
A 니제르는 경제 수준에 비해 출생률이 높은 국가로 인구 과잉 문제를 겪고 있음

③ B는 이민자의 문화적 정체성을 유지하기 위해 용광로 이론에 기반한 정책을 강화해왔다. (X)
B 독일은 이민자의 문화적 정체성을 유지하기 위해 샐러드 볼 이론에 기반한 정책을 강화함
용광로 이론에 기반한 동화 정책은 이민자의 문화적 정체성 유지에 기여하지 못함

④ A는 초고령 사회에 도달한 국가로 B보다 중위 연령이 높다. (X) 노년층 비율이 20%이상인 국가는 B 독일로 A 니제르보다 독일의 중위 연령이 더 높음

⑤ B는 A보다 총부양비(인구 부양비)가 낮다. (O)

$$총부양비 = \frac{유소년층\ 인구+노년층\ 인구}{청장년층\ 인구} \times 100$$

총부양비는 청장년층 인구와 반비례하기 때문에 청장년층 비율이 더 높은 B 독일의 총부양비가 A 니제르보다 낮음

| 출제 경향 확인 |

· ③선지에서 통합사회1 4단원 문화와 다양성 부분을 융합하여 출제함
· 이외 자료와 선지는 기존 세계 지리 문항과 유사하게 출제됨

2

그래프는 지도에 표시된 네 국가의 특성에 대한 것이다. 이에 대한 설명으로 옳은 것은? [2점]

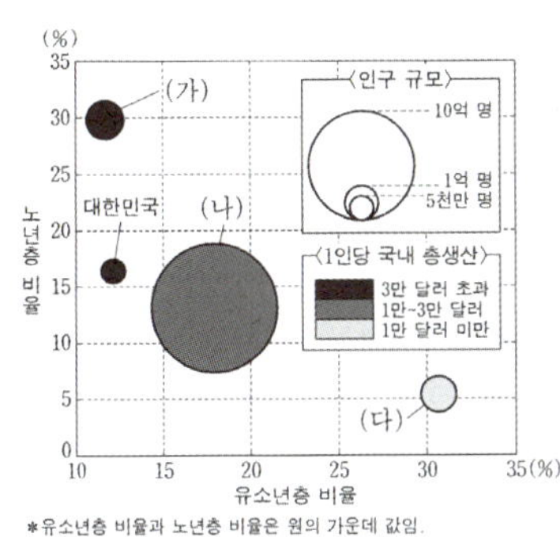

*유소년층 비율과 노년층 비율은 원의 가운데 값임.

① (나)는 초고령 사회에 해당한다.
② (다)는 대한민국보다 생산 가능 인구가 많다.
③ (나)는 (가)보다 중위 연령이 높다.
④ (다)는 (가)보다 총부양비가 높다.
⑤ 국내 총생산은 (가) > (나) > (다) 순으로 많다.

| 문항 분석 |

· 5단원 미래와 지속가능한 삶
 5-1. 세계의 인구 변화와 인구 문제
· 내용 요소: 인구 구조, 초고령 사회, 생산 가능 인구, 중위 연령, 총부양비, 국내 총생산

| 자료 및 선지 분석 |

· (가)는 노년층 비율이 가장 높은 일본이며, (다)는 유소년층 비율이 가장 높은 필리핀임
· (나)는 인구 규모가 가장 큰 중국에 해당함

① (나)는 초고령 사회에 해당한다. (X)
 (나)는 노년층 비율이 20%를 넘지 않으므로 초고령 사회에 해당하지 않음

② (다)는 대한민국보다 생산 가능 인구가 많다. (O)
 생산 가능 인구 비율(청장년층 인구 비율)은 '100-(노년층 비율+유소년층 인구 비율)'로 구할 수 있음
 대한민국의 생산 가능 인구는 약 72%, 필리핀의 생산 가능 인구는 약 63%에 해당함
 그러나 인구 규모는 대한민국이 약 5천만 명, 필리핀이 약 1억 명으로 생산 가능 인구 수는 (다) 필리핀이 더 많음

③ (나)는 (가)보다 중위 연령이 높다. (X)
 (가) 일본은 (나) 중국보다 노년층 인구 비율이 높음, 따라서 전체 인구를 연령 순으로 나열할 때 중앙에 있는 사람의 연령인 중위 연령은 일본이 더 높음

④ (다)는 (가)보다 총부양비가 높다. (X)
 유소년층 비율과 노년층 비율의 합이 더 큰 (가) 일본의 총부양비가 (다) 필리핀의 총부양비보다 높음

⑤ 국내 총생산은 (가) > (나) > (다) 순으로 많다. (X)
 국내 총생산은 '1인당 국내 총생산 × 인구'로 구할 수 있음
 1인당 국내 총생산은 (가) 일본이 가장 높지만, (나) 중국의 인구가 더 많으므로 국내 총생산은 (나) 중국이 가장 많음

COMMENT '인구수'와 '인구 비율'을 혼동하지 않도록 주의할 것

COMMENT 비율을 계산할 때 정확한 수치로 계산하지 않아도 됨, 계산이 용이한 숫자로 대략적으로 파악해야 함

| 출제 경향 확인 |

· 기존 세계 지리 문항과 유사하게 출제됨

3

다음 자료에 대한 설명으로 옳은 것은? (단, (가)~(라)는 각각 석유, 석탄, 수력, 천연가스 중 하나임.) [1.5점]

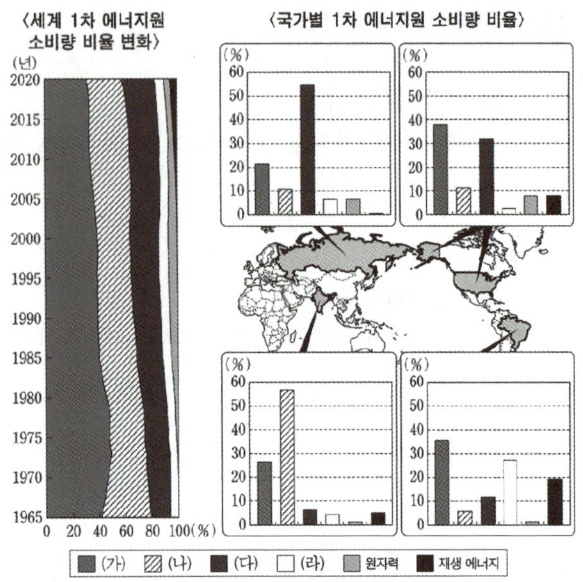

① 브라질은 수력 소비량이 천연가스 소비량보다 많다.
② 네 국가 모두 화석 에너지의 국가 내 소비량 비율은 60% 이상이다.
③ (라)는 주로 운송 수단의 연료로 이용된다.
④ (가)는 (나)보다 상용화된 시기가 이르다.
⑤ (다)는 (나)보다 연소 시 오염 물질 배출량이 많다.

│ 문항 분석 │

· 5단원 미래와 지속가능한 삶
  5-2. 에너지 자원과 지속가능한 발전
· 내용 요소: 석유, 석탄, 천연가스, 수력

│ 자료 및 선지 분석 │

· 러시아에서 가장 소비 비율이 높은 (다)는 천연가스이며, 인도에서 가장 소비 비율이 높은 (나)는 석탄임
· 석유는 1차 에너지원 소비량이 가장 많은 자원으로 (가)~(라) 모든 국가에서 일정 비율 이상 소비함. 따라서 (가)는 석유임
· 브라질에서 높은 비율이 나타나는 (라)는 수력에 해당함

COMMENT 2020년 기준 세계 1차 에너지원 소비량은 '석유〉석탄〉천연가스〉수력' 순으로 많음. '유〉탄〉천〉수' 순으로 높다는 것을 기억해두면 문제를 풀기 용이함

① 브라질은 수력 소비량이 천연가스 소비량보다 많다. (O)
  브라질은 (라) 수력 소비량이 (다) 천연가스 소비량보다 많음

② 네 국가 모두 화석 에너지의 국가 내 소비량 비율은 60% 이상이다. (X)
  화석 에너지는 석유, 석탄, 천연가스로 브라질의 화석 에너지 국가 내 소비량 비율은 60% 미만임

③ (라)는 주로 운송 수단의 연료로 이용된다. (X)
  운송 수단의 연료로 주로 이용되는 것은 (가) 석유임

④ (가)는 (나)보다 상용화된 시기가 이르다. (X)
  석유는 석탄보다 상용화된 시기가 늦음
  석탄은 산업 혁명기에 증기 기관의 연료로 이용되면서 소비량이 빠르게 증가함

⑤ (다)는 (나)보다 연소 시 오염 물질 배출량이 많다. (X)
  천연가스는 석탄보다 연소 시 오염 물질 배출량이 적음
  연소 시 오염 물질 배출량은 '석탄〉석유〉천연가스' 순으로 많음

│ 출제 경향 확인 │

· 기존 세계 지리 문항과 유사하게 출제됨
· 각 국가, 지역의 에너지 생산 및 소비 특징을 학습하는 것이 중요함

4

다음 자료는 우리나라의 인구 구조 변화와 대응 방안에 관한 것이다. 이에 대한 설명으로 옳은 것은? (단, (가), (나)는 각각 유소년 부양비, 노년 부양비 중 하나임.)

연령별 인구 구조를 살펴보면 우리나라의 현재 인구 현황과 전망을 파악할 수 있다. ㉠생산 연령 인구, 인구 부양비, ㉡노령화 지수 등의 지표를 통해 현재의 인구 문제를 이해하고, 향후 발생할 수 있는 인구 문제를 예측할 수 있다. 우리 정부는 출산 및 양육 지원금을 제공하고 보육 시설을 확충하고 있으며, ㉢기초 연금을 확대하고 지역사회 고령자 돌봄서비스를 확대 시행하고 있다. 또한, 인구 문제의 해결을 위해서는 정부 정책뿐만 아니라 개인과 사회의 인식 변화도 필요하다. 양성평등 문화의 확립을 통해 가족 친화적인 가치관을 형성하고, 현세대와 미래 세대 간의 형평성을 고려하는 세대 간 정의 실현을 위해 노력해야 한다.

〈우리나라의 인구 부양비 추이〉

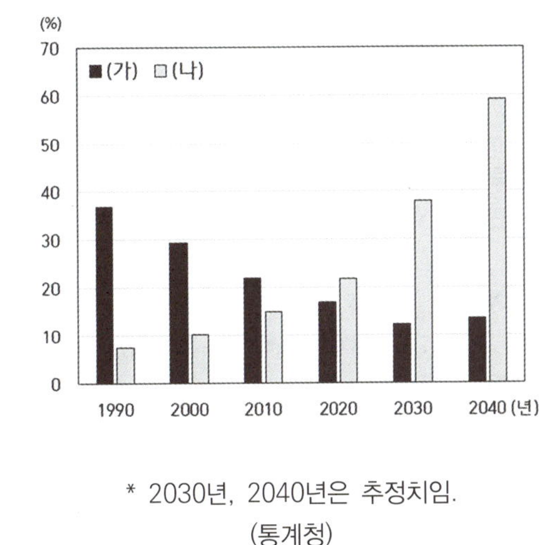

* 2030년, 2040년은 추정치임.
(통계청)

① (가)는 노년 부양비, (나)는 유소년 부양비이다.
② 1990년은 2030년보다 ㉠ 비율이 높다.
③ 2000년에 ㉡은 100 이상이다.
④ 2010~2040년 총부양비는 지속적으로 감소할 것이다.
⑤ ㉢은 상호 부조의 원리가 적용되는 제도이다.

| 문항 분석 |

- 5단원 미래와 지속가능한 삶
  5-1. 세계의 인구 변화와 인구 문제
- 내용 요소: 인구 구조 변화, 생산 연령 인구, 노령화 지수, 총부양비

| 자료 및 선지 분석 |

- 우리나라는 출생률 감소 및 평균 수명 증가로 인해 저출생·고령화 문제가 나타남 → 유소년층 인구 비율이 감소하고, 노년층 인구 비율이 증가하고 있으므로 (가)는 유소년 부양비, (나)는 노년 부양비에 해당함

① **(가)는 노년 부양비, (나)는 유소년 부양비이다. (X)**
(가)는 유소년 부양비, (나)는 노년 부양비임

② **1990년은 2030년보다 ㉠ 비율이 높다. (O)**
총부양비는 청장년층 인구(생산 연령 인구)에 반비례하기 때문에 생산 연령 인구를 파악하려면, 총부양비를 파악해야 함. 유소년 부양비와 노년 부양비를 더한 총부양비는 1990년이 2030년보다 작으므로 1990년의 생산 연령 인구 비율이 더 높음

③ **2000년에 ㉡은 100 이상이다. (X)**
2000년에 유소년 부양비가 노년 부양비보다 많으므로 유소년층 인구가 노년층 인구보다 많음. 따라서 유소년층 인구 100명에 대한 노년층 인구 비율인 노령화 지수는 100 미만임

④ **2010~2040년 총부양비는 지속적으로 감소할 것이다. (X)**
유소년 부양비와 노년 부양비를 더한 총부양비는 2010년~2040년 지속적으로 증가할 것임

⑤ **㉢은 상호 부조의 원리가 적용되는 제도이다. (X)**
기초 연금은 공공부조로 상호 부조의 원리가 적용되지 않음. 상호 부조의 원리가 적용되는 제도는 사회 보험에 해당함

COMMENT ② 총부양비와 청장년층 인구는 반비례 관계라는 것을 활용하는 선지는 빈출 선지임

COMMENT ⑤선지에서 통합사회2 2단원 사회 정의와 불평등 부분을 융합한 문항임

5

그래프는 지도에 표시된 6개 지역의 에너지 자원 생산량 비중과 소비량 비중을 나타낸 것이다. 이에 대한 설명으로 옳은 것은? (단, A~C는 석유, 석탄, 천연가스 중 하나임.) [3점]

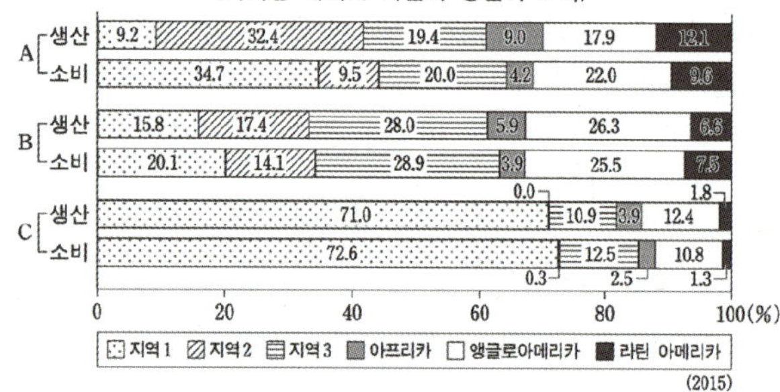

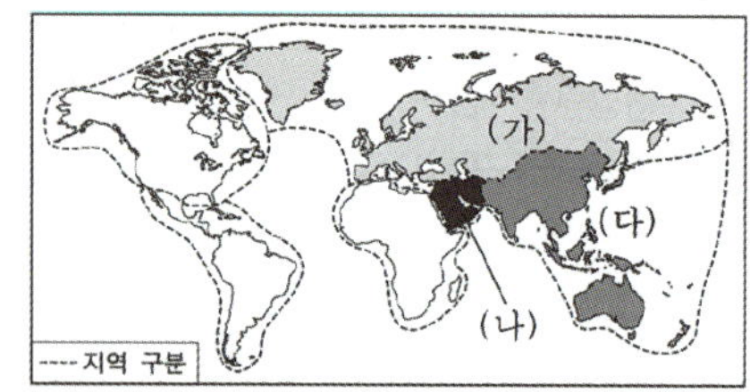

① A는 C보다 상용화된 시기가 이르다.
② B는 주로 운송 수단의 연료로 이용된다.
③ C는 세계 1차 에너지 소비에서 차지하는 비율이 가장 높다.
④ (나)에서는 A의 생산량이 소비량보다 많다.
⑤ (다)는 (가)보다 B의 생산량이 많다.

| 문항 분석 |

· 5단원 미래와 지속가능한 삶
  5-2. 에너지 자원과 지속가능한 발전
· 내용 요소: 석유, 석탄, 천연가스

| 자료 및 선지 분석 |

· C는 생산과 소비가 지역1에서 대부분 이루어짐 → 석탄의 주요 생산국은 중국, 인도, 인도네시아, 오스트레일리아 등이며 주요 수입국은 중국, 인도, 일본 등에 해당함. 따라서 C는 석탄, 지역1은 아시아·태평양 지역 (다)에 해당함
· 지역2는 석탄의 생산과 소비가 거의 이루어지지 않음 → 서남아시아는 주로 석유와 천연가스를 생산 및 소비하여 석탄의 생산과 소비가 거의 이루어지지 않음. 따라서 지역2는 서남아시아 (나) 해당함
  지역2, 서남아시아에서 생산이 많은 A는 석유임
  따라서, 지역3은 유럽 (가)이며, B는 천연가스임
· 지역1: 아시아·태평양(다), 지역2: 서남아시아(나), 지역3: 유럽(가)
· A: 석유, B: 천연가스, C: 석탄

① A는 C보다 상용화된 시기가 이르다. (X)
  석유는 석탄보다 상용화된 시기가 늦음

② B는 주로 운송 수단의 연료로 이용된다. (X)
  운송 수단의 연료로 주로 이용되는 것은 A석유임

③ C는 세계 1차 에너지 소비에서 차지하는 비율이 가장 높다. (X) 세계 1차 에너지 소비에서 차지하는 비율이 가장 높은 것은 A석유임

④ (나)에서는 A의 생산량이 소비량보다 많다. (O)
  (나) 서남아시아, 지역2로 석유의 소비량보다 생산량이 더 많음

⑤ (다)는 (가)보다 B의 생산량이 많다. (X)
  (다) 아시아·태평양, 지역1의 B 생산 비율은 15.8%로 (가) 유럽, 지역3의 B 생산 비율은 28.0%임
  따라서 B 생산량은 (가)에서 더 많음

COMMENT 인구와 에너지 자원 부분은 다소 고난도로 출제될 가능성이 높음, 복잡한 그래프를 해석하는 연습이 필요함

COMMENT 세계 1차 에너지원 소비량은 '석유〉석탄〉천연가스〉수력' 순으로 많음. '유〉탄〉천〉수' 순으로 높다는 것을 기억해두면 문제를 풀기 용이함

STEP. 1 통합사회 기출

1

다음은 세계의 인구에 대한 수업 장면이다. 교사의 질문에 옳게 대답한 학생만을 고른 것은? (단, A, B는 각각 아프리카, 유럽 중 하나임.) [3점]

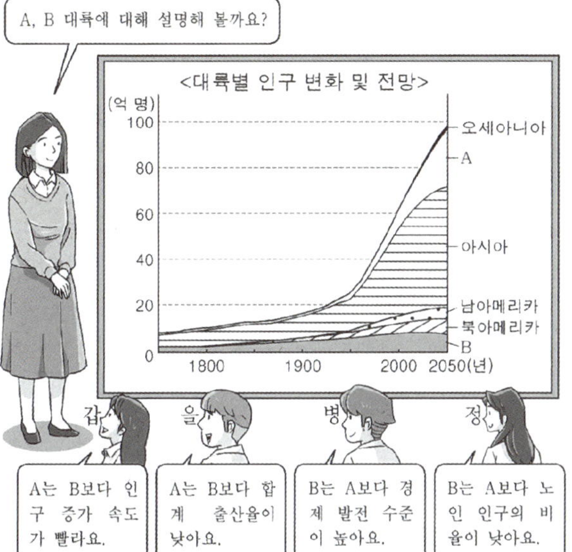

① 갑, 을 ② 갑, 병 ③ 을, 병 ④ 을, 정 ⑤ 병, 정

2

그래프는 두 지역의 인구 구조를 나타낸 것이다. (가), (나) 지역에 대한 설명으로 옳지 <u>않은</u> 것은? (단, (가), (나)는 각각 서울특별시, 의성군 중 하나임.) [3점]

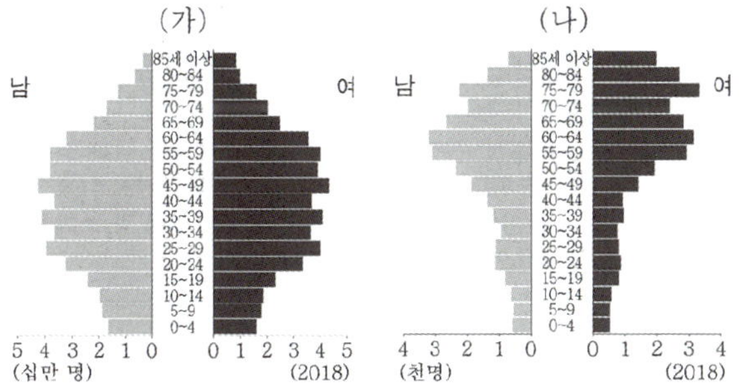

① (가)는 노년층에서 여자가 남자보다 많다.
② (나)는 노년층 인구가 유소년층 인구보다 많다.
③ (가)는 (나)보다 고령화 현상이 심하다.
④ (가)는 (나)보다 3차 산업 종사자 수 비율이 높다.
⑤ (가)는 서울특별시, (나)는 의성군이다.

3

다음 글의 ㉠, ㉡ 국가에 대한 옳은 설명만을 〈보기〉에서 고른 것은? [3점]

국제 연합(UN)은 2022년 11월 15일 세계 인구가 80억 명을 넘어섰으며, 2080년에 104억 명으로 정점을 찍을 것이라고 예측했다. 인구 정점 시기까지 늘어날 세계 인구 24억 명 가운데 출생아는 대부분 ㉠콩고 민주 공화국, 에티오피아, 나이지리아 등 개발 도상국에서 태어나는 반면 ㉡독일, 일본, 미국 등 선진국에서는 오히려 출생아 수가 꾸준히 감소할 것으로 예상했다.

〈 보 기 〉

ㄱ. ㉠은 ㉡보다 합계 출산율을 높이기 위한 정책이 필요하다.
ㄴ. ㉠은 ㉡보다 청장년층 인구의 감소로 노동력 부족 문제가 심각하다.
ㄷ. ㉠은 ㉡보다 이촌향도 현상으로 인해 도시 인구가 빠르게 증가한다.
ㄹ. ㉠은 ㉡보다 각 국가의 총인구에서 유소년층 인구가 차지하는 비율이 높다.

① ㄱ, ㄴ ② ㄱ, ㄷ ③ ㄴ, ㄷ ④ ㄴ, ㄹ ⑤ ㄷ, ㄹ

4

다음 자료는 A~C 국가의 연령층별 인구 비율을 나타낸 것이다. 이에 대한 설명으로 옳은 것만을 〈보기〉에서 고른 것은? (단, A~C는 각각 말리, 베트남, 프랑스 중 하나임.) [3점]

구분 국가	연령층별 인구 비율(%)		
	유소년층(0 ~ 14세)	청장년층(15 ~ 64세)	노년층(65세 이상)
A	46.8	50.8	2.4
B	17.0	61.6	21.4
C	23.9	67.9	8.2

(2022)

〈 보 기 〉

ㄱ. A는 B보다 출산 장려 정책의 필요성이 클 것이다.
ㄴ. A는 C보다 청장년층 인구 대비 노년 인구 비율이 낮다.
ㄷ. B는 A보다 평균 수명이 길 것이다.
ㄹ. B는 C보다 청장년층 인구의 비율이 높다.

① ㄱ, ㄴ ② ㄱ, ㄷ ③ ㄴ, ㄷ ④ ㄴ, ㄹ ⑤ ㄷ, ㄹ

5

다음 자료는 인구 이동의 사례이다. 이에 대한 옳은 설명만을 〈보기〉에서 고른 것은? [3점]

(가) 아프리카 소말리아에 살던 라흐마는 자기 집을 떠나야 했다. ㉠지속된 가뭄으로 강바닥이 드러나고 가축에게 먹일 풀이 말라 죽었기 때문이다. 난민촌에 거주하고 있는 그는 고향으로 돌아갈 날을 기다리고 있다.
(나) 베트남에 살던 응옥 뚜엔은 돈을 벌기 위해 ㉡싱가포르로 이주하였다. 그녀는 이곳에서 가사 도우미로 일하며 소득의 대부분을 베트남에 있는 가족에게 송금한다.

─── 〈 보 기 〉 ───
ㄱ. ㉠의 주요 발생 원인은 인구 증가이다.
ㄴ. ㉡은 인구 유입이 인구 유출보다 활발하다.
ㄷ. (가)는 환경적 요인, (나)는 경제적 요인으로 발생하였다.
ㄹ. (가), (나)는 모두 강제적 이동에 해당한다.

① ㄱ, ㄴ ② ㄱ, ㄷ ③ ㄴ, ㄷ ④ ㄴ, ㄹ ⑤ ㄷ, ㄹ

7

그래프는 세 국가의 출생률과 사망률 변화를 나타낸 것이다. (가)~(다)국가에 대한 옳은 추론을 〈보기〉에서 고른 것은? [3점]

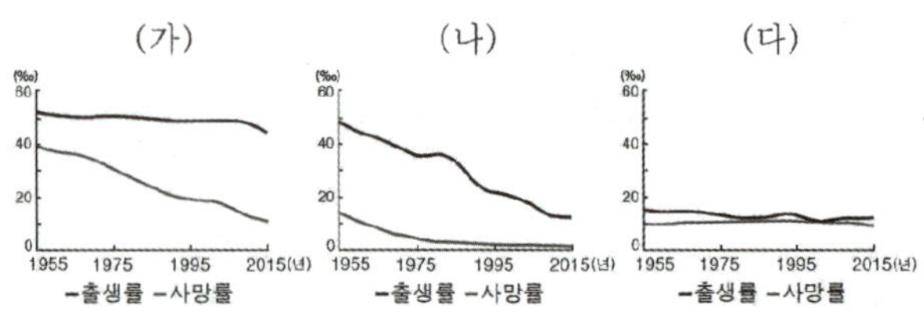

─── 〈 보 기 〉 ───
ㄱ. (가)는 1955년 이후 기대 수명이 낮아졌을 것이다.
ㄴ. (나)는 1955년 이후 인구의 자연적 증가가 나타났을 것이다.
ㄷ. (나)는 (다)보다 산업화 시작 시기가 늦었을 것이다.
ㄹ. (다)는 (가)보다 2015년의 노년 인구 비율이 낮을 것이다.

① ㄱ, ㄴ ② ㄱ, ㄷ ③ ㄴ, ㄷ ④ ㄴ, ㄹ ⑤ ㄷ, ㄹ

6

지도 (가), (나)의 인구 지표로 옳은 것은? [2점]

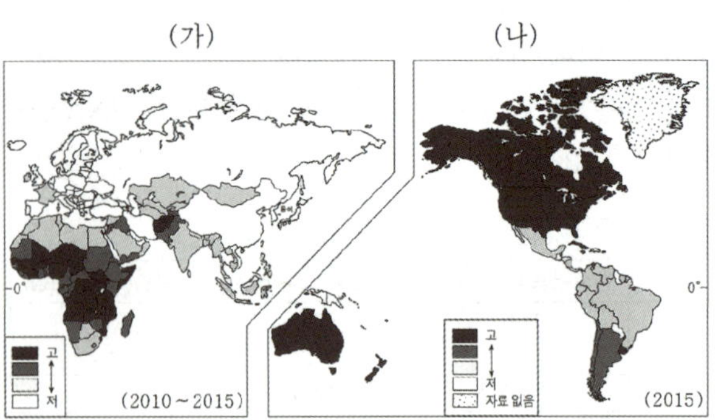

	(가)	(나)
①	인구 밀도	노년 인구 비율
②	합계 출산율	인구 밀도
③	합계 출산율	노년 인구 비율
④	노년 인구 비율	인구 밀도
⑤	노년 인구 비율	합계 출산율

8

인구 이동 단원의 학습을 위한 신문 기사이다. 이에 해당하는 인구 이동 유형과 그 사례로 가장 적절한 것은? [2점]

○○신문
2015년 ○월 ○○일

파도에 밀려온 세 살 아기, 세계를 울리다.

터키 해안에서 세 살배기 아기가 숨진 채 발견됐다. 내전에 휩싸인 시리아를 떠나 터키를 거쳐 그리스로 가려다 배가 뒤집힌 것이다. …(중략)… 그들은 대부분 터키와 레바논, 요르단, 이라크로 이주하여 거주하고 있으며, 일부는 독일과 스웨덴 등으로도 이주하였다. …(후략)

① 강제적 - 멕시코 인이 미국으로 이동
② 계절적 - 영국 청교도가 아메리카로 이동
③ 환경적 - 미국 북동부 주민이 선벨트로 이동
④ 경제적 - 아프리카계 노예가 아메리카로 이동
⑤ 정치적 - 아프가니스탄 난민이 주변국으로 이동

9

다음 글의 ㉠~㉤에 대한 설명으로 옳지 <u>않은</u> 것은?
[3점]

> 우리나라는 심각한 ㉠저출산 현상과 함께 ㉡고령화로 인해 사회 전반적으로 ㉢다양한 문제가 나타나고 있다. 특히 고령화는 ㉣촌락에서 더욱 뚜렷하게 나타난다. 이는 청장년층의 ㉤이촌향도 현상으로 인해 노년 인구의 비율이 상대적으로 더 높아졌기 때문이다.

① ㉠은 자녀에 대한 가치관의 변화, 양육비 증가 등이 원인이다.

② ㉡은 의학 기술의 발달에 따라 평균 수명이 늘어났기 때문이다.

③ ㉢의 해결 방안으로는 출산 장려금 확대와 노인 복지 정책 마련 등이 있다.

④ ㉣에서는 노동력 부족과 휴경지 증가 등의 문제점이 나타난다.

⑤ ㉤은 1970년대보다 2000년대에 뚜렷하게 나타났다.

11

(가), (나) 국가의 인구 특성에 대한 옳은 추론을 〈보기〉에서 고른 것은? [3점]

> ─ 〈 보 기 〉 ─
> ㄱ. (가)는 피라미드형 인구 구조가 나타날 것이다.
> ㄴ. (나)는 저출산 문제가 나타날 것이다.
> ㄷ. (가)는 (나)보다 평균 수명이 길 것이다.
> ㄹ. (나)는 (가)보다 유소년 인구 비중이 높을 것이다.

① ㄱ, ㄴ ② ㄱ, ㄷ ③ ㄴ, ㄷ ④ ㄴ, ㄹ ⑤ ㄷ, ㄹ

10

다음은 수업 장면의 일부이다. 교사의 질문에 옳은 내용을 말한 학생은? [2점]

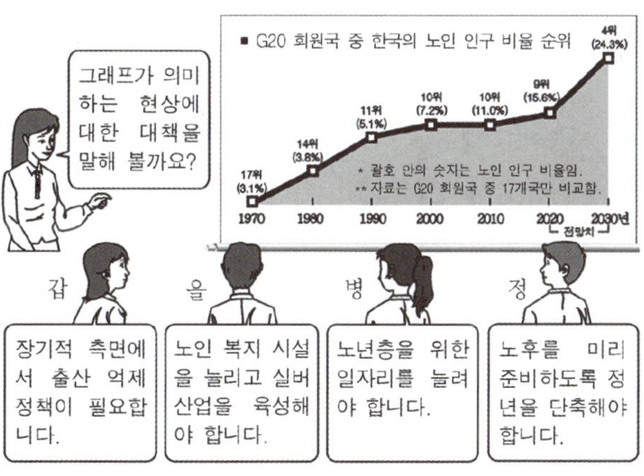

① 갑, 을 ② 갑, 병 ③ 을, 병 ④ 을, 정 ⑤ 병, 정

12

지도에 표현된 인구 지표로 옳은 것은? [3점]

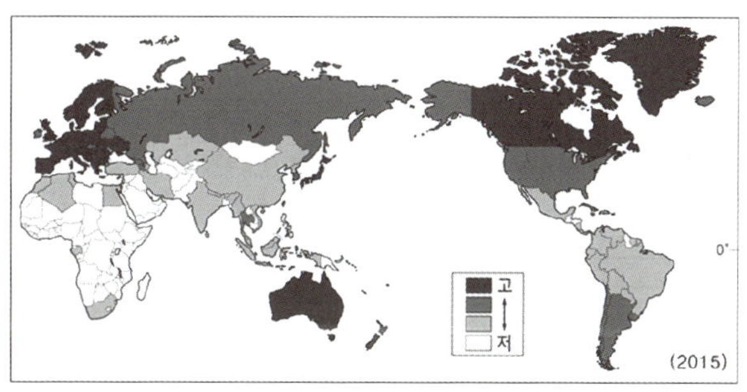

① 인구 밀도   ② 유아 사망률

③ 인구 증가율   ④ 합계 출산율

⑤ 노년 인구 비율

13
2025.3(고1)_학평14

그래프는 국가별 태양광 발전 현황을 나타낸 것이다. 이에 대한 분석으로 옳은 것은? [3점]

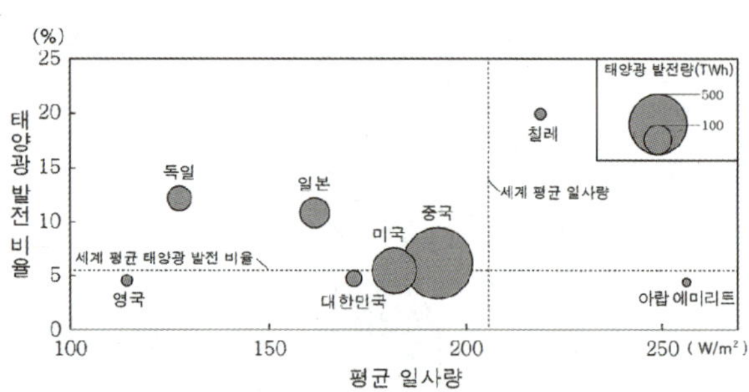

* 태양광 발전 비율과 평균 일사량은 원의 중심점임.
** 태양광 발전 비율은 국가별 전체 발전량 중 태양광이 차지하는 비율임.
*** 태양광 발전 비율과 태양광 발전량은 2023년 기준이며, 평균 일사량은 1990~2023년 평균값임.

① 영국의 평균 일사량은 독일보다 많다.
② 중국의 평균 일사량은 세계 평균 이상이다.
③ 태양광 발전량이 가장 많은 국가는 칠레이다.
④ 대한민국의 태양광 발전 비율은 세계 평균 미만이다.
⑤ 평균 일사량이 많은 국가일수록 태양광 발전량이 많다.

15
2017.9(고1)_학평16

지도는 화석 연료의 지역별 생산량을 나타낸 것이다. A~C 자원에 대한 설명으로 옳은 것은? (단, A~C는 석유, 석탄, 천연가스 중 하나임.) [3점]

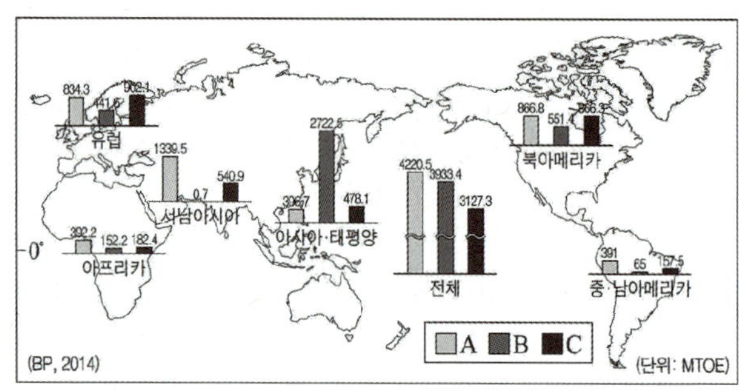

*구소련 국가들은 유럽에 포함되며, 오세아니아는 아시아·태평양에 포함됨.

① A는 산업 혁명 시기에 주요 연료로 이용되었다.
② B는 수송용 연료 및 화학 공업의 원료로 주로 이용된다.
③ C는 저장 및 수송 기술의 발달로 소비량이 증가하고 있다.
④ A는 B보다 생산지에서 소비 비중이 높아 국제 이동량이 적다.
⑤ B는 C보다 연소 시 대기 오염 물질의 배출량이 적다.

14
2023.3(고1)_학평13

다음 자료의 (가), (나)에 들어갈 신·재생 에너지로 옳은 것은? [3점]

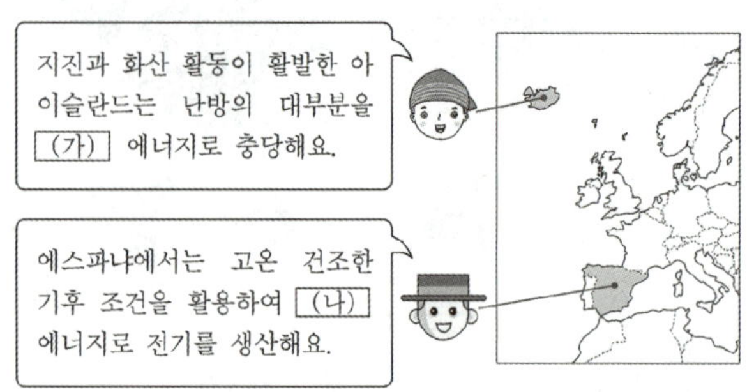

	(가)	(나)		(가)	(나)
①	바이오	지열	②	바이오	태양광
③	지열	바이오	④	지열	태양광
⑤	태양광				

16
2017.11(고1)_학평7

지도는 (가), (나) 에너지 자원의 주요 국가별 생산량을 나타낸 것이다. 이 자원에 대한 설명으로 옳은 것은? (단, (가), (나)는 석유, 석탄 중 하나임.) [3점]

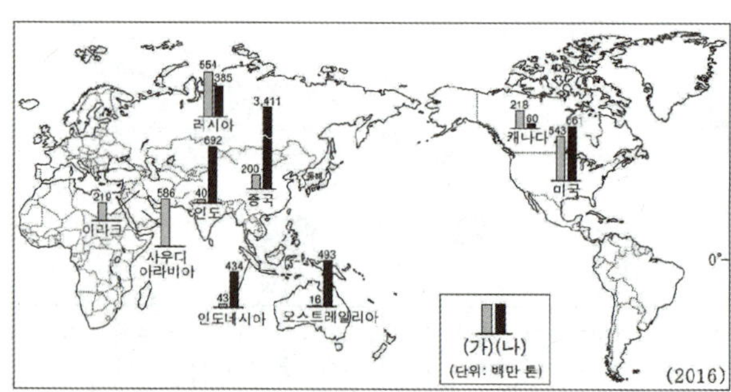

① (가)는 고생대 지층에 주로 매장되어 있다.
② (가)는 산업 혁명 시기에 주요 에너지 자원이었다.
③ (나)는 자동차와 항공기 등의 연료로 주로 사용된다.
④ (가)는 (나)보다 국제 이동량이 많다.
⑤ (가)는 (나)보다 상용화 시기가 이르다.

17

2017.6(고1)_학평9

지도는 어떤 에너지 자원의 생산지와 이동을 나타낸 것이다. 이 자원에 대한 설명으로 옳은 것은? [3점]

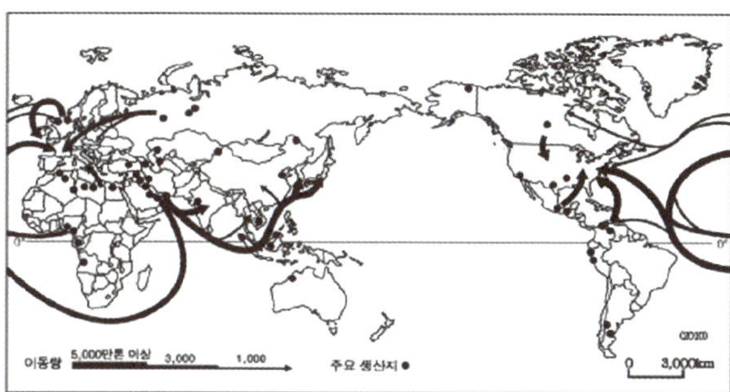

① 오염 물질의 배출이 없다.
② 산업혁명의 원동력이 되었다.
③ 재생 가능한 자원으로 분류된다.
④ 방사능 누출 피해의 우려가 크다.
⑤ 에너지 자원 중 세계 소비량이 가장 많다.

18

2016.11(고1)_학평10

표는 두 에너지 자원의 국가별 생산량 상위 5개국을 나타낸 것이다. (가), (나) 자원에 대한 설명으로 옳은 것은? (단, (가), (나)는 석유, 석탄 중 하나임.) [3점]

순위	(가) 국가	생산량 비중(%)	순위	(나) 국가	생산량 비중(%)
1	사우디아라비아	12.9	1	중국	46.1
2	러시아	12.6	2	미국	11.6
3	미국	12.1	3	인도	8.4
4	중국	5.0	4	오스트레일리아	6.2
5	캐나다	4.9	5	인도네시아	5.9

(2015)

① (가)는 산업 혁명 시기의 주요 에너지 자원이었다.
② (나)는 운송 수단의 연료로 주로 이용된다.
③ (나)는 신기 조산대 주변에 주로 분포한다.
④ (가)는 (나)보다 국제 이동량이 많다.
⑤ (나)는 (가)보다 세계 에너지 소비량에서 차지하는 비중이 크다.

19

2018.3(고1)_학평11

(가), (나) 국가군에 해당하는 것을 그림의 A~D에서 고른 것은? [3점]

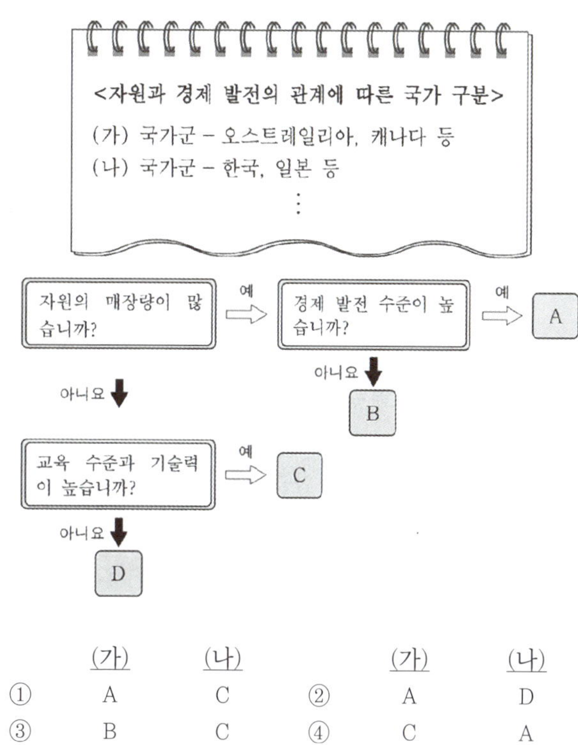

	(가)	(나)		(가)	(나)
①	A	C	②	A	D
③	B	C	④	C	A
⑤	D	B			

20

그래프는 세계 에너지 자원의 소비 비중을 나타낸 것이다. A~C 자원에 대한 설명으로 옳은 것은? (단, A~C는 석유, 석탄, 천연가스 중 하나임.) [3점]

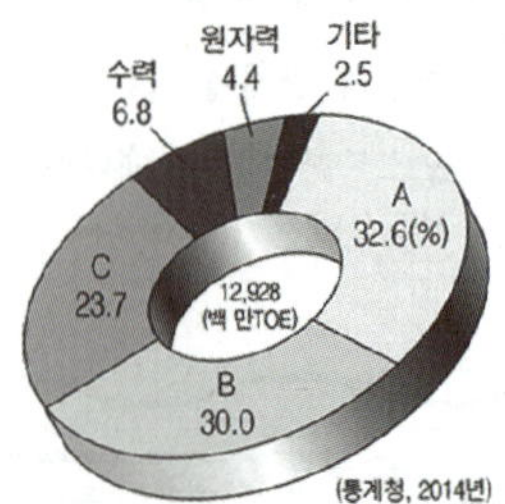

① A는 산업혁명 당시 주요 연료로 이용되었다.
② B는 주로 자동차 연료 및 화학 공업의 원료로 이용된다.
③ C는 냉동 액화 기술의 발달로 소비량이 증가하였다.
④ B는 A보다 일부 지역에 편중되어 국제 이동량이 많다.
⑤ C는 B보다 연소 시 대기 오염 물질 배출량이 많다.

21

자료는 어떤 자원의 국가별 매장량 상위 10개국을 나타낸 것이다. 이 자원에 대한 설명으로 옳은 것은? [3점]

순위	국가 명	매장량 비중(%)	순위	국가 명	매장량 비중(%)
1	사우디아라비아	19.1	6	아랍 에미리트	7.1
2	베네수엘라 볼리바르	15.3	7	러시아	5.6
3	이란	9.9	8	리비아	3.4
4	이라크	8.3	9	카자흐스탄	2.9
5	쿠웨이트	7.3	10	나이지리아	2.7

(BP 세계 에너지 통계, 2011)

① 산업 혁명의 원동력이 된 자원이다.
② 방사능 누출과 폐기물 처리의 문제가 뒤따른다.
③ 세계에서 가장 많이 소비되는 에너지 자원이다.
④ 소비지와 매장지가 일치하여 국제적 이동량이 적다.
⑤ 대기 오염 물질의 배출이 적은 청정에너지 자원이다.

22

갑, 을의 입장으로 적절한 것만을 〈보기〉에서 고른 것은? [3점]

> 갑: 과학은 자연을 탐구하여 객관적 진리를 발견하는 것에만 주목해야 한다. 따라서 과학자는 자신의 연구가 사회에 미칠 영향에 대해 책임질 필요가 없다.
>
> 을: 과학은 자연에 대한 객관적 진리 발견 외에도 인류 복지 증진에 기여해야 한다. 따라서 과학자는 자신의 연구 결과가 사회에 미칠 영향에 대해 책임질 필요가 있다.

〈 보 기 〉

ㄱ. 갑: 과학자는 모든 연구 과정에서 사실 판단을 배제해야 한다.
ㄴ. 을: 과학자의 연구는 인류의 행복 실현에 이바지해야 한다.
ㄷ. 을: 과학자는 자신의 연구 결과에 대한 책임으로부터 자유로워야 한다.
ㄹ. 갑, 을: 과학자의 임무에는 자연에 대한 객관적 진리 탐구가 포함된다.

① ㄱ, ㄴ ② ㄱ, ㄷ ③ ㄴ, ㄷ ④ ㄴ, ㄹ ⑤ ㄷ, ㄹ

23

다음 글의 입장만을 〈보기〉에서 고른 것은? [3점]

> 과학 기술의 영향력이 점점 더 확대되고 있으므로 과학 기술자는 연구 과제 설정과 연구 결과에 윤리적 책임을 져야 한다. 이에 따라 과학 기술자는 자신의 연구 목적이 인류에 이바지하는 것인지 검토해야 하며, 자신의 연구가 사회에 어떤 영향을 가져올 수 있는지 예측하여 이를 공개해야 한다.

〈 보 기 〉

ㄱ. 과학 기술자의 연구 결과는 선악 판단의 대상이 아니다.
ㄴ. 과학 기술자는 연구 결과의 부작용을 공개해서는 안 된다.
ㄷ. 과학 기술자는 과학 기술의 사회적 영향력을 고려해야 한다.
ㄹ. 과학 기술자는 연구가 인류 복지에 공헌하는지 검토해야 한다.

① ㄱ, ㄴ ② ㄱ, ㄷ ③ ㄴ, ㄷ ④ ㄴ, ㄹ ⑤ ㄷ, ㄹ

STEP. 2 학력평가 기출

1
2024.11(고2) 한국지리_학평19

다음은 한국지리 온라인 학습 장면의 일부이다. 답글 ㉠~㉣ 중에서 내용이 옳은 것만을 고른 것은? [3점]

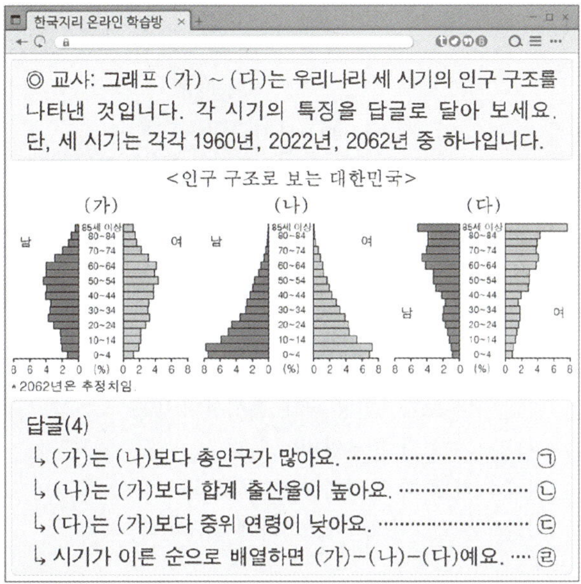

① ㉠, ㉡
② ㉠, ㉢
③ ㉡, ㉢
④ ㉡, ㉣
⑤ ㉢, ㉣

2
2022.11(고2) 한국지리_학평14

표는 세 시기의 우리나라 인구 특성을 나타낸 것이다. (가)~(다) 시기에 대한 추론으로 가장 적절한 것은? (단, (가)~(다)는 각각 1980년, 2020년, 2060년 중 하나임.) [3점]

특성 시기	출생아 수 (천 명)	사망자 수 (천 명)	노령화 지수	15 ~ 64세 인구 구성비(%)
(가)	863	237	11.2	62.2
(나)	272	305	129.3	72.1
(다)	181	741	570.6	48.5

* 2060년은 추정치임.

① (가)는 (나)보다 출산 장려 정책의 필요성이 클 것이다.
② (나)는 (다)보다 노년 인구 부양비가 높을 것이다.
③ (다)는 (가)보다 중위 연령이 높을 것이다.
④ (나), (다) 모두 인구의 자연적 증가가 나타날 것이다.
⑤ (가)~(다) 중 총부양비는 (나)가 가장 클 것이다.

3
2020.11(고2) 세계지리_학평4

그래프는 지도에 표시된 세 국가의 인구 구조를 나타낸 것이다. (가)~(다) 국가에 대한 설명으로 옳은 것은? [2점]

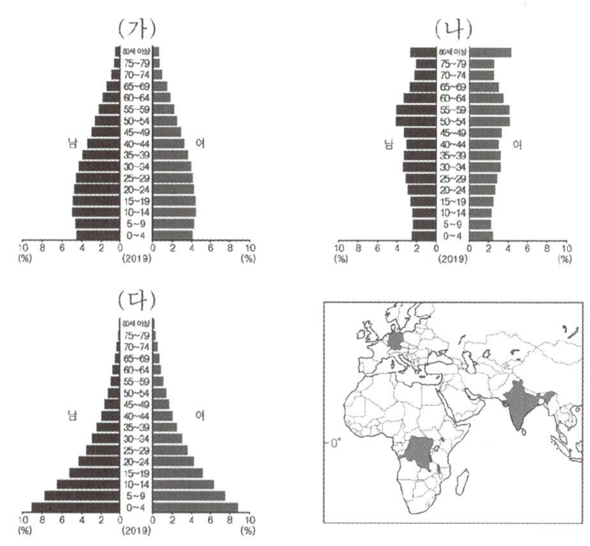

① (가)는 (나)보다 노년 인구 부양비가 높다.
② (나)는 (다)보다 합계 출산율이 높다.
③ (다)는 (가)보다 중위 연령이 높다.
④ (가)~(다) 중 총인구는 (다)가 가장 많다.
⑤ (가)~(다) 중 산업화 시작 시기는 (나)가 가장 이르다.

4
2024.11(고2) 세계지리_학평13

그래프는 지도에 표시된 세 국가의 인구 구조를 나타낸 것이다. (가) ~(다) 국가에 대한 설명으로 옳은 것은? [2점]

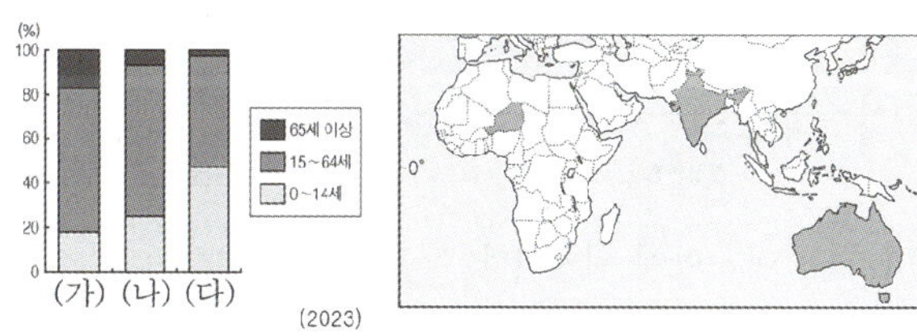

① (가)는 피라미드형 인구 구조가 나타난다.
② (가)는 (나)보다 인구 밀도가 높다.
③ (나)는 (다)보다 총부양비가 높다.
④ (다)는 (가)보다 중위 연령이 높다.
⑤ (가)~(다) 중 합계 출산율이 가장 높은 국가는 (다)이다.

5

그래프는 두 국가의 인구 특성을 나타낸 것이다. (가) 국가와 비교한 (나) 국가의 상대적 특징으로 옳지 <u>않은</u> 것은? (단, (가), (나)는 각각 니제르, 에스파냐 중 하나임.) [2점]

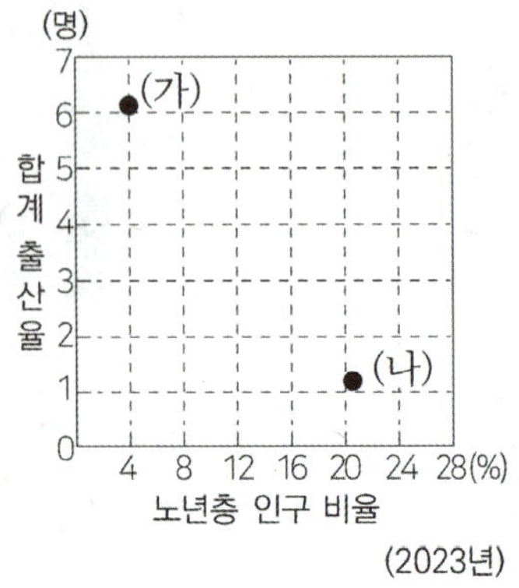

① 중위 연령이 높다.
② 유소년 부양비가 낮다.
③ 1인당 국내 총생산이 적다.
④ 인구의 자연 증가율이 낮다.
⑤ 3차 산업 종사자 비율이 높다.

6

그래프는 지도에 표시된 세 국가의 인구 특성을 나타낸 것이다. (가)~(다) 국가에 대한 설명으로 옳은 것은? [3점]

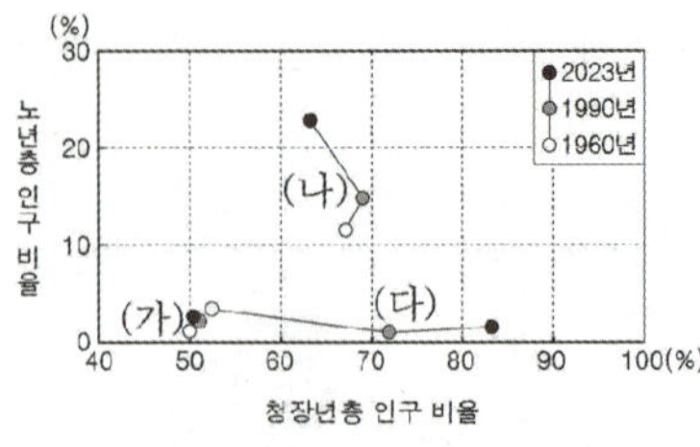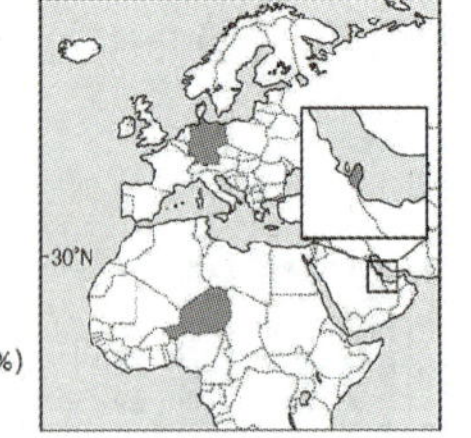

① (가)는 아시아에 위치한다.
② (나)는 1960년에 비해 2023년에 총부양비가 높다.
③ (가)는 (나)보다 2023년 중위 연령이 높다.
④ (나)는 (다)보다 2023년 청장년층의 성비가 높다.
⑤ (다)는 (가)보다 1990년 유소년층 인구 비율이 높다.

7

그래프는 지도에 표시된 두 국가의 인구 특성을 나타낸 것이다. (가), (나) 국가에 대한 설명으로 옳은 것은? [3점]

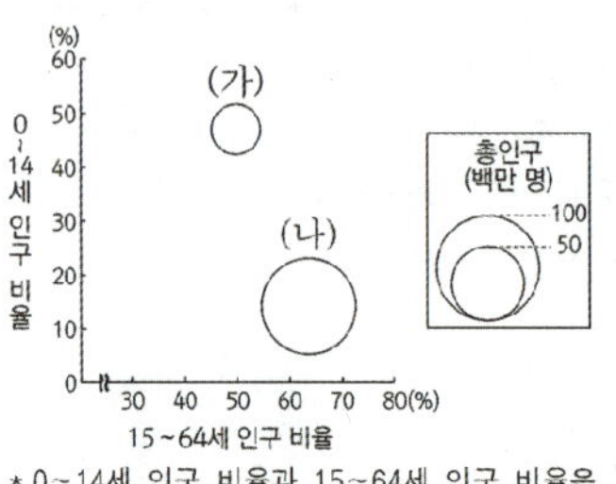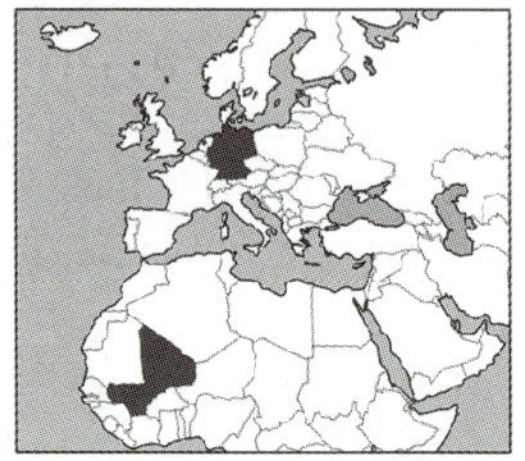

* 0~14세 인구 비율과 15~64세 인구 비율은 원의 중심값임. (2022)

① (가)는 (나)보다 중위 연령이 낮다.
② (가)는 (나)보다 1인당 국내 총생산이 많다.
③ (나)는 (가)보다 총부양비가 높다.
④ (나)는 (가)보다 노령화 지수가 낮다.
⑤ (가)는 유럽, (나)는 아프리카에 위치한다.

8

다음은 세계지리 온라인 수업 장면의 일부이다. 교사의 질문에 옳게 답한 학생만을 고른 것은? [2점]

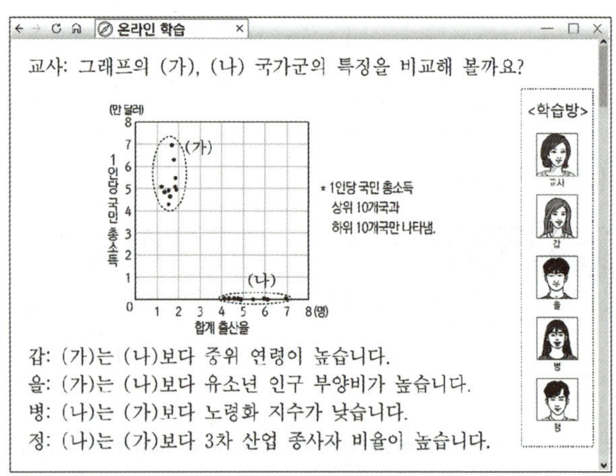

① 갑, 을 ② 갑, 병 ③ 을, 병 ④ 을, 정 ⑤ 병, 정

9

2023.9(고2) 세계지리_학평16

그래프는 두 국가의 연령층별 인구 비율을 나타낸 것이다. (가), (나) 국가의 상대적 특징을 그림과 같이 나타낼 때 A, B에 들어갈 항목으로 옳은 것은? [3점]

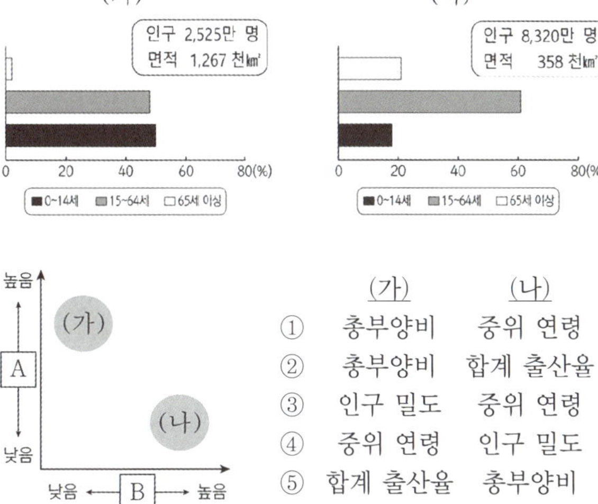

	(가)	(나)
①	총부양비	중위 연령
②	총부양비	합계 출산율
③	인구 밀도	중위 연령
④	중위 연령	인구 밀도
⑤	합계 출산율	총부양비

10

2023.11(고2) 세계지리_학평5

그래프는 지도에 표시된 세 국가의 인구 특성을 나타낸 것이다. (가) ~(다) 국가에 대한 설명으로 옳은 것은? [3점]

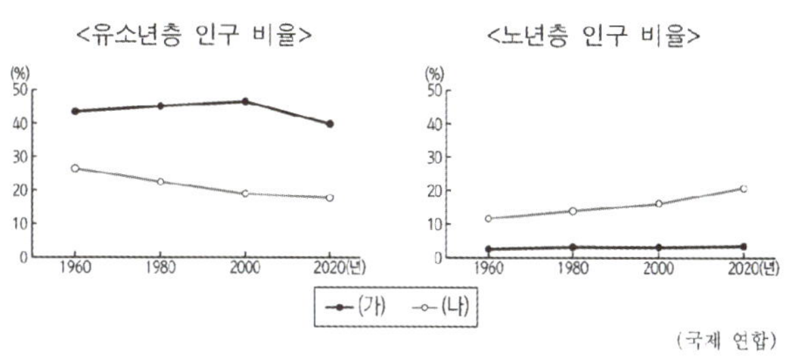

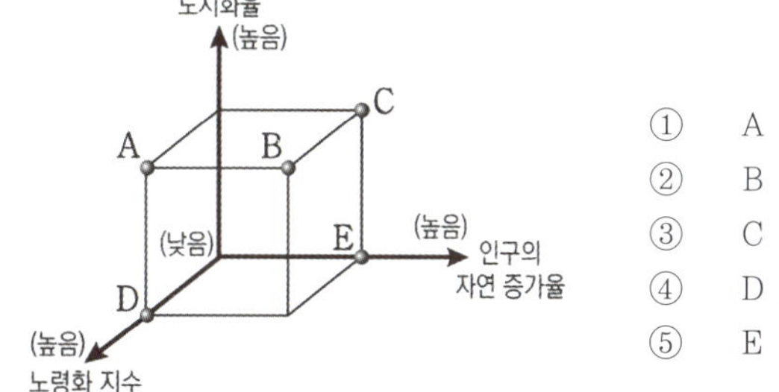

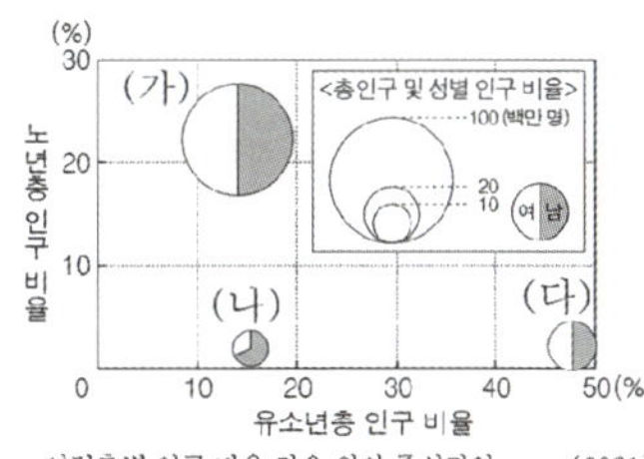

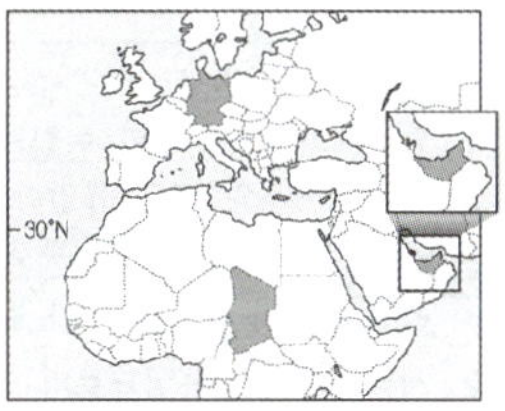

① (가)에서는 피라미드형 인구 구조가 나타난다.
② (가)는 (나)보다 성비가 높다.
③ (나)는 (다)보다 청장년층 인구 비율이 높다.
④ (다)는 (가)보다 인구 밀도가 높다.
⑤ (가)는 유럽, (다)는 아시아에 위치한다.

11

2021.9(고2) 세계지리_학평20

다음 자료는 두 국가의 연령층별 인구 비율 변화를 나타낸 것이다. (가) 국가에 대한 (나) 국가의 상대적 특징을 그림의 A~E에서 고른 것은? (단, (가), (나)는 각각 에티오피아, 프랑스 중 하나임.) [3점]

① A
② B
③ C
④ D
⑤ E

12

2021.11(고2) 세계지리_학평5

그래프는 지도에 표시된 세 국가의 연령층별 인구 비율을 나타낸 것이다. (가)~(다) 국가에 대한 설명으로 옳은 것은? [3점]

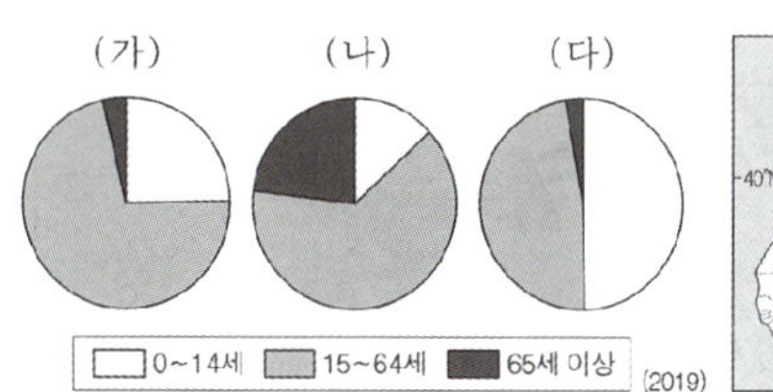

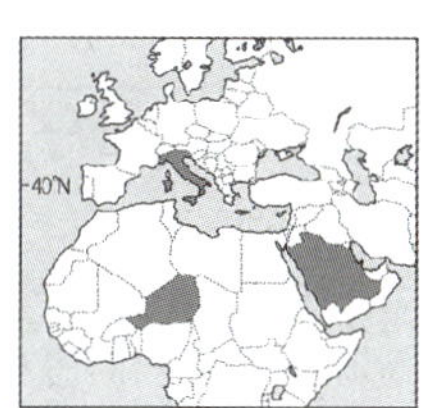

① (가)는 아프리카에 위치한다.
② (가)는 (나)보다 중위 연령이 높다.
③ (나)는 (다)보다 합계 출산율이 높다.
④ (다)는 (가)보다 3차 산업 종사자 비율이 높다.
⑤ (다)는 (나)보다 산업화의 시작 시기가 늦다.

13

(가), (나)에 해당하는 인구 이주 유형으로 가장 적절한 것만을 〈보기〉에서 고른 것은? [2점]

> (가) 카타르 월드컵 경기장을 건설하기 위해 인도, 파키스탄, 케냐 등에서 200만 명 이상의 노동자들이 카타르로 이주하였다.
> (나) 탈레반과의 오랜 내전 끝에 수도 카불이 정복되자 많은 아프가니스탄인이 국경을 넘어 파키스탄의 난민촌으로 이주하였다.

< 보 기 >
ㄱ. 경제적 요인에 의한 자발적 인구 이주
ㄴ. 경제적 요인에 의한 강제적 인구 이주
ㄷ. 정치적 요인에 의한 강제적 인구 이주
ㄹ. 환경적 요인에 의한 자발적 인구 이주

	(가)	(나)		(가)	(나)
①	ㄱ	ㄷ	②	ㄱ	ㄹ
③	ㄴ	ㄹ	④	ㄷ	ㄱ
⑤	ㄷ	ㄴ			

14

지도에 표현된 두 국가의 인구 이동에 대한 공통된 설명으로 가장 적절한 것은? [2점]

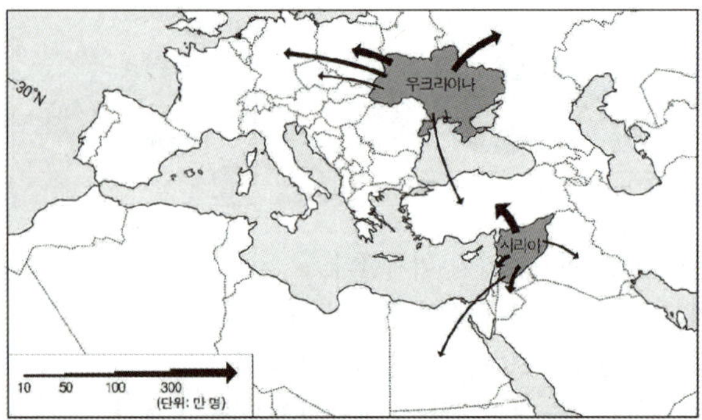

*화살표는 각 국가에서 상위 5개국으로의 인구 이동을 표현함.
**우크라이나는 2022년 2월부터 6월까지, 시리아는 2013년부터 2021년까지의 이동임.

① 학업을 위한 자발적 이동이다.
② 고급 전문 기술 인력의 이동이다.
③ 휴가를 위한 관광지로의 이동이다.
④ 분쟁 발생에 따른 난민의 이동이다.
⑤ 종교의 성지를 방문하기 위한 일시적 이동이다.

15

표는 지도에 표시된 세 국가로의 인구 유입 상위 5개국을 나타낸 것이다. (가)~(다) 국가를 지도의 A~C에서 고른 것은? [3점]

국가 순위	(가)	(나)	(다)
1위	폴란드	멕시코	인도
2위	터키	중국	방글라데시
3위	러시아	인도	파키스탄
4위	카자흐스탄	필리핀	이집트
5위	사우디아라비아	엘살바도르	필리핀

(2019) (국제 연합)

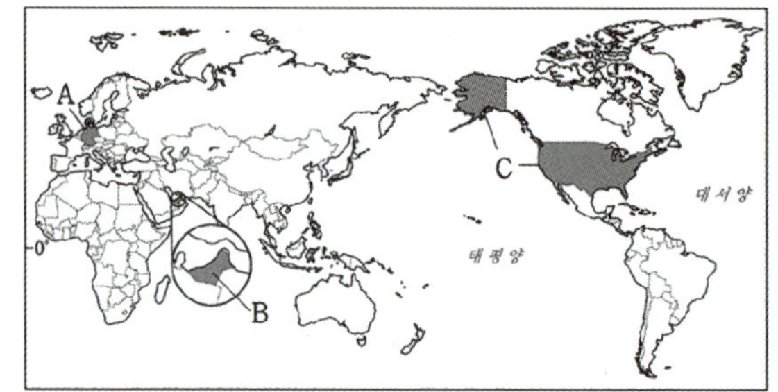

	(가)	(나)	(다)		(가)	(나)	(다)
①	A	B	C	②	A	C	B
③	B	A	C	④	B	C	A
⑤	C	A	B				

16

다음 글의 ㉠~㉫에 대한 설명으로 옳지 <u>않은</u> 것은? [2점]

> 1. 유럽으로의 인구 이주
> ㉠20세기 후반 서부 유럽의 노동력 부족으로 인해 지리적으로 인접한 지역에서의 인구 유입이 진행되었다. 2010년 이후에는 ㉡분쟁, 내전으로 인한 난민의 이주로 인구 유입이 증가하였는데, 이로 인해 ㉢ 와/과 같은 문제가 발생하기도 한다.
> 2. 서남아시아 산유국으로의 인구 이주
> ㉣화석 에너지 수출로 경제 성장을 이룬 국가들은 ㉤임금이 높고 일자리가 풍부하여 주변 국가인 ㉥인도, 파키스탄 등으로부터 많은 인구가 유입되고 있다. 이로 인해 이들 국가는 전체 인구에서 외국인 비율이 매우 높게 나타나고 있다.

① ㉠의 원인으로는 저출산, 고령화가 있다.
② ㉡은 정치적 요인에 의한 이주에 해당한다.
③ ㉢에는 문화·종교적 갈등이 들어갈 수 있다.
④ ㉤은 인구 흡인 요인에 해당한다.
⑤ ㉥에서 ㉣로 이주하는 인구는 여성이 남성보다 많다.

17

다음 자료는 유럽과 다른 지역(대륙) 간의 인구 이동을 나타낸 것이다. A~C에 대한 설명으로 옳은 것만을 〈보기〉에서 고른 것은? (단, A~C는 각각 아시아, 아프리카, 앵글로아메리카 중 하나임.) [3점]

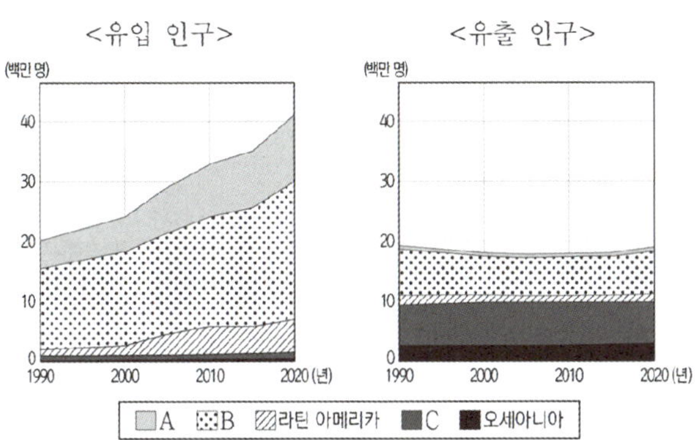

* 유입 인구는 다른 지역(대륙)에서 유럽으로, 유출 인구는 유럽에서 다른 지역(대륙)으로 이동한 인구임.

< 보 기 >

ㄱ. A는 유럽보다 1인당 평균 임금이 낮다.

ㄴ. B는 C보다 세계 인구에서 차지하는 비율이 높다.

ㄷ. C는 A보다 산업화의 시작 시기가 늦다.

ㄹ. A는 아프리카, B는 앵글로아메리카, C는 아시아이다.

---

① ㄱ, ㄴ ② ㄱ, ㄷ ③ ㄴ, ㄷ ④ ㄴ, ㄹ ⑤ ㄷ, ㄹ

18

그림은 세 국가 간 인구 이동을 나타낸 것이다. 이에 대한 옳은 설명만을 〈보기〉에서 고른 것은? [3점]

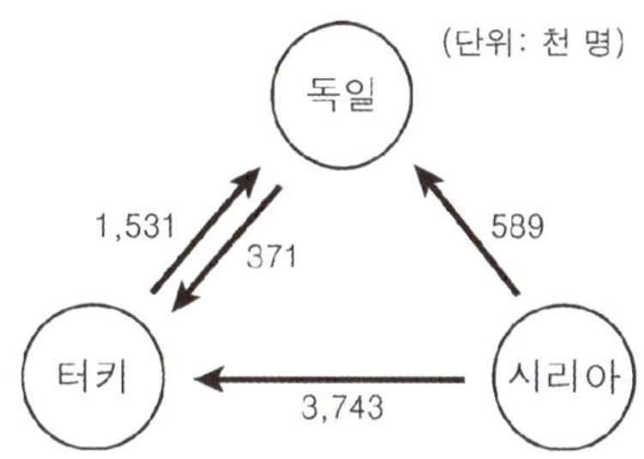

* 천 명 미만은 표시하지 않음.
** 2019년 조사 자료임.

< 보 기 >

ㄱ. 시리아에서 터키로의 인구 이동은 자발적 성격이 강하다.

ㄴ. 시리아에서 독일로 이동하는 사람들은 주로 이슬람교 신자이다.

ㄷ. 터키에서 독일로 이동하는 사람들은 주로 고임금 전문직에 종사한다.

ㄹ. 터키에서 독일로 이동하는 사람의 수가 독일에서 터키로 이동하는 사람의 수보다 많다.

---

① ㄱ, ㄴ ② ㄱ, ㄷ ③ ㄴ, ㄷ ④ ㄴ, ㄹ ⑤ ㄷ, ㄹ

19

그래프는 세 국가의 (가), (나) 에너지 소비량 비율과 화석 에너지 총소비량을 나타낸 것이다. 이에 대한 설명으로 옳은 것은? (단, (가), (나)는 각각 석유, 석탄, 천연가스 중 하나임.) [3점]

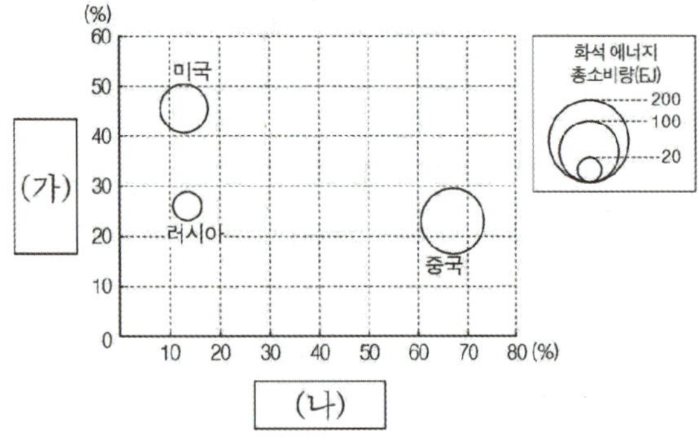

① (가)는 산업 혁명 초기의 주요 에너지원이었다.
② (가)는 (나)보다 수송용으로 소비되는 비율이 높다.
③ (나)는 (가)보다 국제 이동량이 많다.
④ 러시아는 미국보다 석탄 소비량이 많다.
⑤ 중국은 석유보다 천연가스 소비량 비율이 높다.

21

그래프는 어느 화석 에너지 자원의 국가별 생산량 및 순수출량 비중을 나타낸 것이다. 이 자원에 대한 설명으로 옳은 것은? [3점]

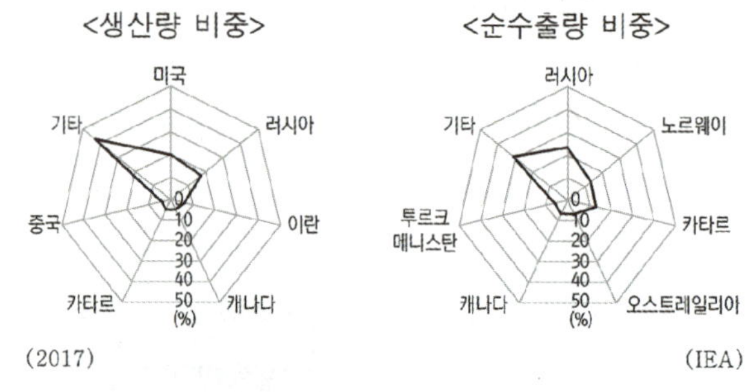

① 제철 공업용으로 이용되는 비중이 높다.
② 주로 고기 조산대 주변에 매장되어 있다.
③ 냉동 액화 기술의 발달로 소비량이 급증했다.
④ 세계 1차 에너지 소비 구조에서 차지하는 비중이 가장 높다.
⑤ 화석 에너지 자원 중 연소 시 대기 오염 물질 배출량이 가장 많다.

20

그래프는 화석 에너지 자원의 국가별 생산량과 소비량을 나타낸 것이다. (가), (나) 자원에 대한 설명으로 옳은 것은? (단, (가), (나)는 각각 석유, 석탄, 천연가스 중 하나임.) [3점]

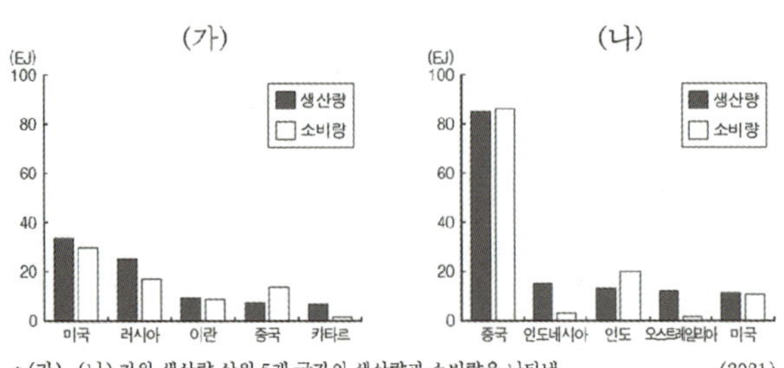

① (가)는 냉동 액화 기술의 발달로 사용량이 급증하였다.
② (나)는 산업용보다 수송용으로 많이 이용된다.
③ (가)는 (나)보다 상용화된 시기가 이르다.
④ (가)는 (나)보다 대기 오염 물질 배출량이 많다.
⑤ (가)는 (나)보다 세계 1차 에너지 소비량에서 차지하는 비율이 높다.

22

그래프는 세 국가의 1차 에너지 소비 구조를 나타낸 것이다. A~C에 대한 설명으로 옳은 것은? (단, A~C는 각각 석유, 석탄, 천연가스 중 하나임.) [3점]

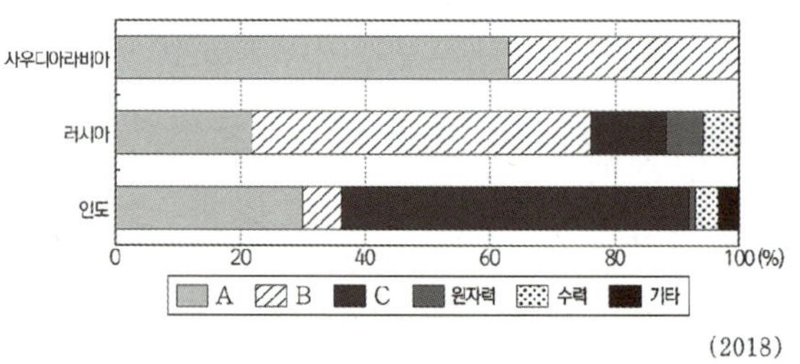

① A는 주로 고기 조산대 주변에 매장되어 있다.
② B는 냉동 액화 기술이 개발된 이후 소비량이 급증하였다.
③ B는 C보다 연소 시 대기 오염 물질의 배출량이 많다.
④ C는 A보다 수송용으로 이용되는 비율이 높다.
⑤ 세계 1차 에너지 소비 구조에서 차지하는 비율은 A>B>C 순으로 높다.

23

그래프는 주요 화석 에너지의 지역(대륙)별 생산 비율을 나타낸 것이다. (가)~(다) 자원에 대한 설명으로 옳은 것은? (단, (가)~(다)는 각각 석유, 석탄, 천연가스 중 하나임.) [3점]

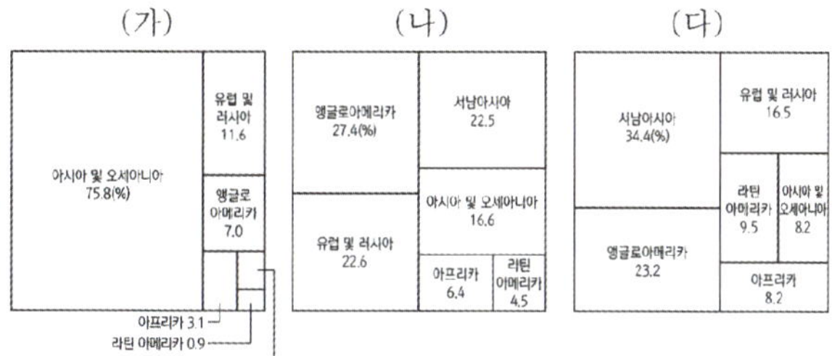

* 구소련 중 중앙아시아국가는 서남아시아에 포함되며, 그 밖의 국가는 유럽 및 러시아에 포함됨. (2021)

① (가)는 냉동 액화 기술의 발달로 소비량이 급증하였다.
② (나)는 주로 고생대 지층에 매장되어 있다.
③ (다)는 산업 혁명 초기 주요 에너지원이었다.
④ (나)는 (가)보다 연소 시 대기 오염 물질의 배출량이 많다.
⑤ (다)는 (나)보다 본격적으로 상용화된 시기가 이르다.

24

그래프는 세 국가의 1차 에너지 소비 구조를 나타낸 것이다. A~C에 대한 설명으로 옳은 것은? (단, A~C는 각각 석유, 석탄, 천연가스 중 하나임.) [3점]

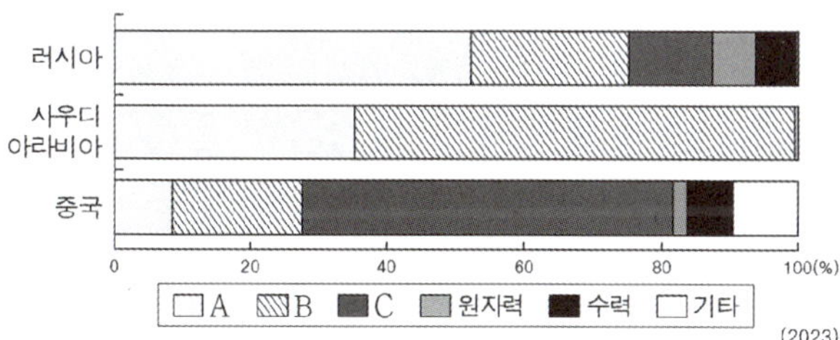

① A는 산업 혁명 초기 주요 동력원으로 사용되었다.
② B는 냉동 액화 기술 발달로 소비량이 빠르게 증가하였다.
③ A는 C보다 연소 시 대기 오염 물질의 배출량이 많다.
④ B는 C보다 세계 1차 에너지 소비 구조에서 차지하는 비율이 높다.
⑤ C는 B보다 수송용으로 이용되는 비율이 높다.

25

지도는 두 화석 에너지 자원의 국가별 생산량을 나타낸 것이다. (가) 자원과 비교한 (나) 자원의 상대적 특성만을 〈보기〉에서 고른 것은? (단, (가), (나)는 각각 석유, 석탄 중 하나임.) [2점]

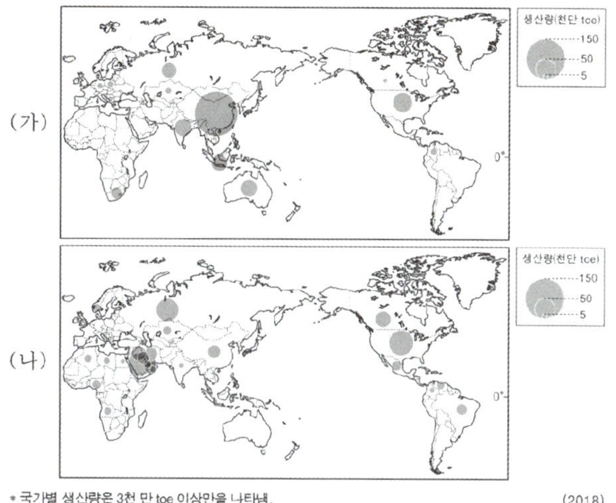

* 국가별 생산량은 3천 만 toe 이상만을 나타냄. (2018)

〈 보 기 〉
ㄱ. 국제 이동량이 많다.
ㄴ. 상용화된 시기가 늦다.
ㄷ. 수송용으로 이용되는 비율이 낮다.
ㄹ. 세계 1차 에너지 소비에서 차지하는 비율이 낮다.

① ㄱ, ㄴ ② ㄱ, ㄷ ③ ㄴ, ㄷ ④ ㄴ, ㄹ ⑤ ㄷ, ㄹ

26

다음 자료는 몬순 아시아와 오세아니아의 어느 화석 에너지 자원을 나타낸 것이다. 이 자원에 대한 설명으로 옳은 것은? [3점]

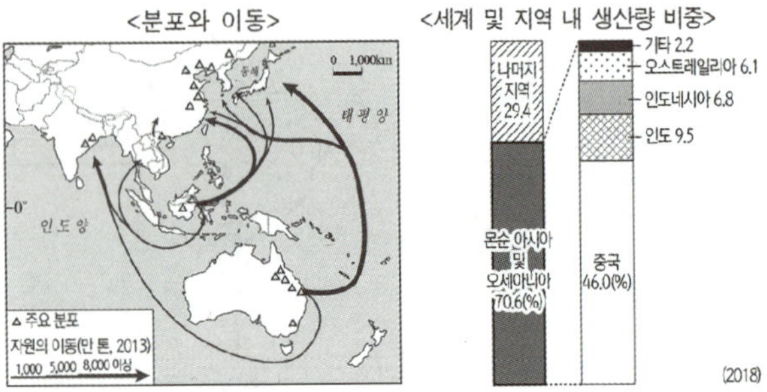

① 산업 혁명 시기의 주요 에너지 자원이었다.
② 신생대 제3기층 배사 구조에 주로 매장되어 있다.
③ 냉동 액화 기술이 개발되면서 소비량이 급증하였다.
④ 자동차, 항공기 등의 수송용 연료로 사용되는 비중이 높다.
⑤ 화석 에너지 중 연소 시 대기 오염 물질의 배출량이 가장 적다.

27

그래프는 두 화석 에너지의 국가별 생산량 변화를 나타낸 것이다. (가), (나) 자원에 대한 설명으로 옳은 것은? [3점]

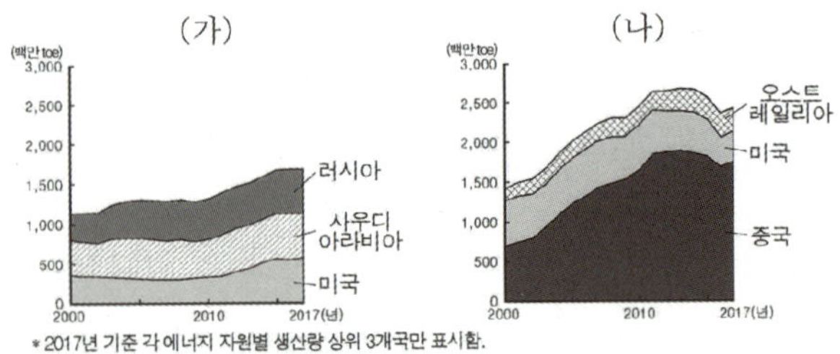

① (가)는 고기 조산대에 주로 매장되어 있다.
② (가)는 산업 혁명 시기에 주요 동력원으로 사용되었다.
③ (나)는 화석 에너지 중 대기 오염 배출량이 가장 적다.
④ (가)는 (나)보다 운송용 연료로 사용되는 비중이 높다.
⑤ (나)는 (가)보다 세계 에너지 소비량에서 차지하는 비중이 높다.

28

다음 자료는 네 국가의 (가), (나) 신·재생 에너지 발전량을 나타낸 것이다. 이에 대한 설명으로 옳은 것은? (단, (가), (나)는 각각 지열, 풍력 중 하나임.) [3점]

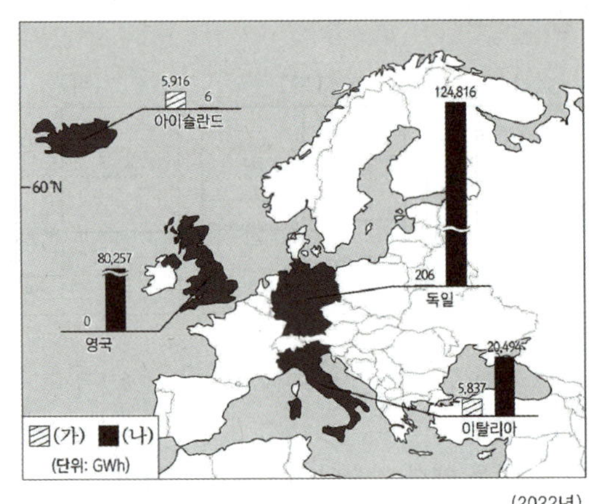

① (가)는 바람의 방향과 속도가 발전소의 입지에 영향을 준다.
② (나)는 판의 경계 부근에서 개발 잠재력이 크다.
③ (가)는 (나)보다 발전 시 기상 조건의 영향을 많이 받는다.
④ 이탈리아는 영국보다 지열 발전량이 많다.
⑤ 네 국가 중 풍력 발전량이 가장 많은 곳은 아이슬란드이다.

29

다음 글의 (가)~(다) 에너지에 대한 설명으로 옳은 것은? (단, (가)~(다)는 각각 지열, 태양광, 풍력 중 하나임.) [2점]

인공지능의 상용화 이후 데이터 센터의 전력 소비가 급증함에 따라 탄소 배출이 증가하였다. 데이터 센터를 다수 보유한 한 다국적 기업의 사례를 보면, 탄소 배출을 감축하고 RE100'을 실현하기 위해 신·재생 에너지 개발을 확대하였다. 미국 서부 네바다주에는 지각 내 축적된 열에너지를 이용한 [(가)] 발전을, 미국 남부 텍사스주에는 연중 일사량이 풍부한 특성을 이용한 [(나)] 발전을 확대하고 있다. 또한 네덜란드에는 강한 바람이 지속적으로 부는 해안 지역의 특성을 이용한 [(다)] 발전을 늘리고 있다.

*RE100(Renewable Energy 100): 기업이 필요한 전력의 100%를 재생 에너지로 충당하겠다는 목표를 가진 국제 캠페인

① (가)는 중국의 신·재생 에너지 공급량 중 가장 높은 비율을 차지한다.
② (나)는 판의 경계 부근에서 개발 잠재력이 높다.
③ (다)는 수력보다 전 세계 발전량에서 차지하는 비율이 높다.
④ (가)는 (다)보다 발전 시 기상 조건의 영향을 크게 받는다.
⑤ (나)는 (다)보다 주야간의 발전량 차이가 크다.

30

다음을 주장한 사상가의 입장으로 가장 적절한 것은? [3점]

현세대가 실제로 무엇을 보호해야 하는가를 알아내기 위해서는 희망보다는 공포를 논의의 대상으로 삼아야 한다. 미래에 있을 수 있는 심상치 않은 상황의 변화, 위험이 미칠 수 있는 전 지구적 범위, 그리고 인간의 몰락 과정에 대한 징조를 통해서 비로소 윤리적 원리들이 발견될 수 있다. 이러한 원리들로부터 새로운 의무가 도출된다. 그것은 "너의 행위의 효과가 지상에서의 진정한 인간적 삶의 지속과 조화될 수 있도록 행위하라."이다.

① 현세대는 자연을 책임의 대상에서 배제해야 한다.
② 현세대는 미래 세대와의 호혜적 책임을 이행해야 한다.
③ 현세대는 인류의 존속을 조건부 명령으로 수용해야 한다.
④ 현세대는 자신이 의도한 행위의 결과에 대해서만 책임져야 한다.
⑤ 현세대는 예견되는 부정적 결과로부터 새로운 의무를 도출해야 한다.

31

다음을 주장한 사상가의 입장으로 적절한 것만을 〈보기〉에서 있는 대로 고른 것은? [3점]

새로운 윤리는 예견할 수 있는 위험을 고려하여 도출해야 한다. 그리고 두려워해야 할 것이 먼 미래에 일어날수록, 자신의 평안과 고통과는 상관이 없을수록, 그 방식에 있어서 낯설수록, 우리는 고의적으로라도 더 많은 천리안적 상상력과 예민한 감수성을 동원해야만 한다. 즉, 공포를 탐지하는 발견술이 요청되는 것이다.

─── 〈 보 기 〉 ───

ㄱ. 윤리학은 희망보다 공포를 논의의 대상으로 삼아야 한다.
ㄴ. 인간의 책임 범위는 자연에 대해서까지 확대되어야 한다.
ㄷ. 인간은 과학 기술로 인한 비의도적 결과까지 책임져야 한다.
ㄹ. 현세대와 미래 세대 사이에 호혜적 책임이 있음을 알아야 한다.

① ㄱ, ㄷ   ② ㄱ, ㄹ   ③ ㄴ, ㄹ
④ ㄱ, ㄴ, ㄷ   ⑤ ㄴ, ㄷ, ㄹ

32
2025.11(고2) 생활과윤리_학평19

다음을 주장한 사상가의 입장으로 적절한 것만을 〈보기〉에서 고른 것은? [3점]

현대 기술이 만들어 내는 행위들의 규모와 대상, 그리고 그 결과는 매우 새롭기 때문에, 전통 윤리의 틀로는 이를 더 이상 제대로 파악할 수 없다. 따라서 우리에게는 새로운 윤리, 즉 책임 윤리가 요청된다. 책임 윤리는 인간적 삶의 전 지구적 조건과 더불어 인류 종(種)의 미래와 실존까지 고려해야 한다. 인간이 지향해야 할 책임의 원칙은 "너의 행위의 효과가 지상에서의 진정한 인간적 삶의 지속과 조화될 수 있도록 행위하라."와 같은 정언 명령으로 표현될 수 있다.

─────〈 보 기 〉─────
ㄱ. 현세대와 미래 세대 간에는 호혜적 책임이 성립한다.
ㄴ. 현세대의 책임 범위는 이성적 존재로 한정되어야 한다.
ㄷ. 현세대는 인류 존속에 대한 책임을 의무로 인식해야 한다.
ㄹ. 현세대는 사후적 책임뿐만 아니라 사전적 책임도 져야 한다.

① ㄱ, ㄴ ② ㄱ, ㄷ ③ ㄴ, ㄷ ④ ㄴ, ㄹ ⑤ ㄷ, ㄹ

33
2024.11(고2) 생활과윤리_학평19

다음 토론의 핵심 쟁점으로 가장 적절한 것은? [2점]

갑: 과학 기술의 발전은 물질적으로 풍요로운 삶을 가능하게 합니다. 과학 기술의 발전을 위해 과학 기술자는 연구 과정에서의 내적 책임을 다하면서 자유롭게 연구할 수 있어야 합니다.

을: 동의합니다. 하지만 과학 기술로 인해 환경 파괴와 같은 사회 문제가 발생하기도 합니다. 따라서 과학 기술자는 자신의 연구 결과가 사회에 미칠 영향에 대한 외적 책임도 져야 합니다.

갑: 아닙니다. 과학 기술자에 대한 외적 책임의 요구는 과학 기술자의 자유로운 연구 활동을 위축시킵니다. 그 결과 과학 기술의 발전이 지연될 수 있습니다.

을: 맞습니다. 하지만 과학 기술의 발전이 지연되더라도 사회에 초래할 위험을 검토하여 과학 기술이 올바른 방향으로 나아갈 수 있도록 해야 합니다. 이를 위해 과학 기술자는 내적 책임뿐 아니라 외적 책임도 져야 합니다.

① 과학 기술자에게 외적 책임을 부과해야 하는가?
② 과학 기술자는 모든 책임에서 벗어나 자유로워야 하는가?
③ 과학 기술자는 연구 과정에서의 내적 책임을 져야 하는가?
④ 과학 기술의 발전은 인간에게 물질적 풍요를 가져다주는가?
⑤ 과학 기술자의 연구가 위축되면 과학 기술의 발전이 지연되는가?

34
2023.11(고2) 생활과윤리_학평9

갑은 긍정, 을은 부정의 대답을 할 질문으로 가장 적절한 것은? [2점]

> 갑: 최근 일부 과학 기술자들이 연구 과정에서 부정한 행위를 저질렀습니다. 연구 과정에서의 부정한 행위를 예방하려면 과학 기술자는 연구 윤리를 따라야 합니다.
> 을: 맞습니다. 과학 기술자는 연구 과정에서 위조, 변조, 표절, 부당한 저자 표기 등의 비윤리적 행위를 하지 말아야 한다는 책임을 갖고 있습니다.
> 갑: 동의합니다. 나아가 과학 기술자는 연구 결과가 사회에 미칠 영향에 대한 책임도 져야 하므로, 그 결과가 사회에 미칠 위험을 검토하여 예방적 조치를 취해야 합니다.
> 을: 아닙니다. 이러한 책임까지 과학 기술자에게 요구하는 것은 부당합니다. 왜냐하면 과학 기술자에게 보장되어야 하는 연구의 자유가 위축될 수 있기 때문입니다.

① 과학 기술자에게는 연구의 자유가 보장되어야 하는가?
② 과학 기술자에 대한 책임 부과는 어떤 경우에도 부당한가?
③ 과학 기술자는 연구 과정에서 연구 윤리를 준수해야 하는가?
④ 과학 기술자의 연구 과정에서 부정한 행위가 발생할 수 있는가?
⑤ 과학 기술자는 연구 결과가 사회에 미칠 영향도 책임져야 하는가?

1 2022.6(고3) 세계지리_모평12

그래프는 세계 총인구 추이와 총인구의 지역(대륙)별 비율을 나타낸 것이다. (가)~(다)에 대한 설명으로 옳은 것만을 〈보기〉에서 고른 것은? [2점]

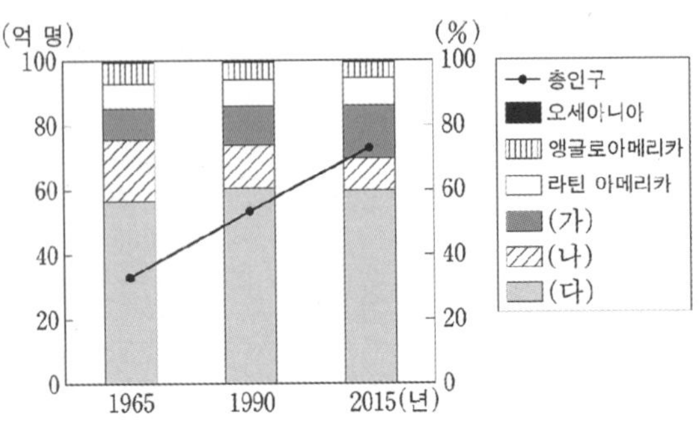

─── 〈 보 기 〉 ───
ㄱ. 2015년 (가)의 인구는 20억 명 이상이다.
ㄴ. (다)에서 인구가 가장 많은 국가는 중국이다.
ㄷ. (나)는 (가)보다 중위 연령이 높다.
ㄹ. (다)는 (나)보다 1인당 평균 소득이 높다.

① ㄱ, ㄴ ② ㄱ, ㄷ ③ ㄴ, ㄷ ④ ㄴ, ㄹ ⑤ ㄷ, ㄹ

2 2023.6(고3) 세계지리_모평11

그래프는 세 지역(대륙)의 유소년 인구 비율과 노년 인구 비율의 변화를 나타낸 것이다. (가)~(다)에 해당하는 지역(대륙)으로 옳은 것은? [2점]

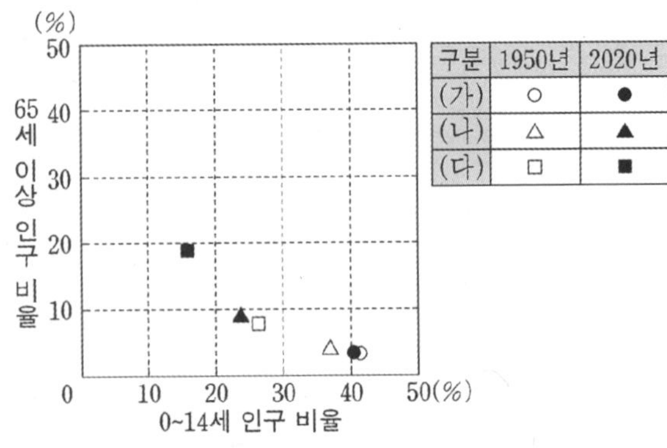

	(가)	(나)	(다)
①	아시아	아프리카	유럽
②	아프리카	아시아	유럽
③	아프리카	유럽	아시아
④	유럽	아시아	아프리카
⑤	유럽	아프리카	아시아

3 2025.6(고3) 세계지리_모평14

그래프는 세 국가의 인구 특성을 나타낸 것이다. (가)~(다)에 대한 설명으로 옳은 것은? (단, (가)~(다)는 각각 독일, 브라질, 앙골라 중 하나임.) [2점]

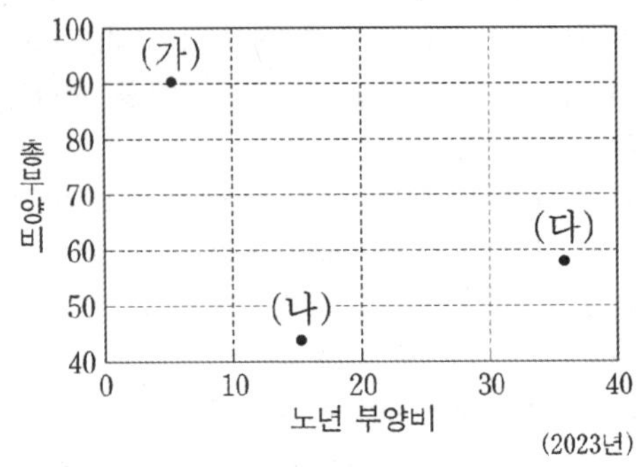

① (가)는 북반구에 위치한다.
② (나)는 노령화 지수가 100 이하이다.
③ (가)는 (나)보다 합계 출산율이 낮다.
④ (나)는 (다)보다 유소년 부양비가 낮다.
⑤ (다)는 (가)보다 중위 연령이 낮다.

4 2020.3(고3) 세계지리_학평13

그래프는 지도에 표시된 세 국가의 인구 현황을 나타낸 것이다. (가)~(다) 국가에 대한 설명으로 옳은 것은? [3점]

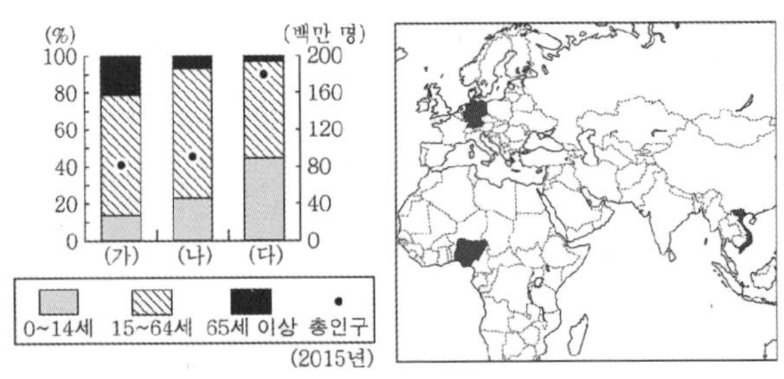

① (가)는 인구의 자연 증가율이 가장 높다.
② (나)는 중위 연령이 가장 높다.
③ (다)는 인구 변천 모형의 인구 감소 단계에 있다.
④ (가)는 (나)보다 노년 인구가 많다.
⑤ (나)는 (다)보다 유소년 부양비가 높다.

5

다음 자료의 (가)~(라)에 대한 설명으로 옳은 것만을 〈보기〉에서 있는 대로 고른 것은? (단, (가)~(라)는 각각 라틴 아메리카, 아시아, 아프리카, 유럽 중 하나임.) [3점]

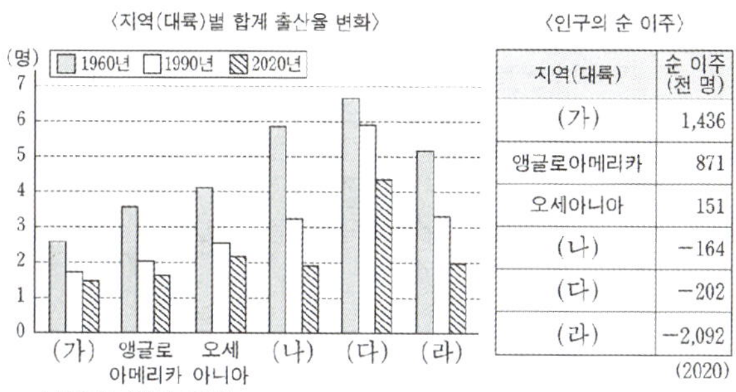

* 러시아는 유럽에 포함됨.
** 인구의 순 이주 = 유입 인구 - 유출 인구
*** 순 이주는 해당 대륙에 속한 모든 국가의 순 이주를 합산한 값임.

― 〈 보 기 〉 ―

ㄱ. (다)에는 전 세계에서 인구가 가장 많은 국가가 있다.

ㄴ. 2020년 기준 (가)는 (나)보다 인구가 많다.

ㄷ. (라)는 (다)보다 인구 밀도가 높다.

ㄹ. 1960년 합계 출산율은 아프리카 〉 라틴 아메리카 〉 아시아 순으로 높다.

① ㄱ, ㄴ   　② ㄱ, ㄷ   　③ ㄷ, ㄹ
④ ㄱ, ㄴ, ㄹ   　⑤ ㄴ, ㄷ, ㄹ

6

그래프는 세 국가의 인구 부양비 변화를 나타낸 것이다. A~C에 대한 설명으로 옳은 것은? (단, A~C는 각각 멕시코, 스웨덴, 에티오피아 중 하나임.) [3점]

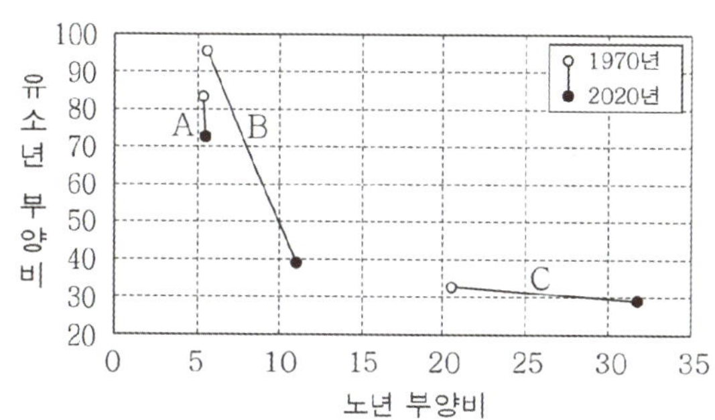

① C는 1970년의 노령화 지수가 100보다 높다.

② A는 아메리카, B는 아프리카에 위치한다.

③ A는 C보다 두 시기 모두 합계 출산율이 낮다.

④ B는 A보다 2020년의 국가 내 2차 산업 종사자 비율이 낮다.

⑤ C는 B보다 2020년의 총부양비가 높다.

7

그래프는 세 국가의 인구 특성을 나타낸 것이다. 이에 대한 설명으로 옳은 것은? (단, (가)~(다)와 A~C는 각각 나이지리아, 미국, 프랑스 중 하나임.) [3점]

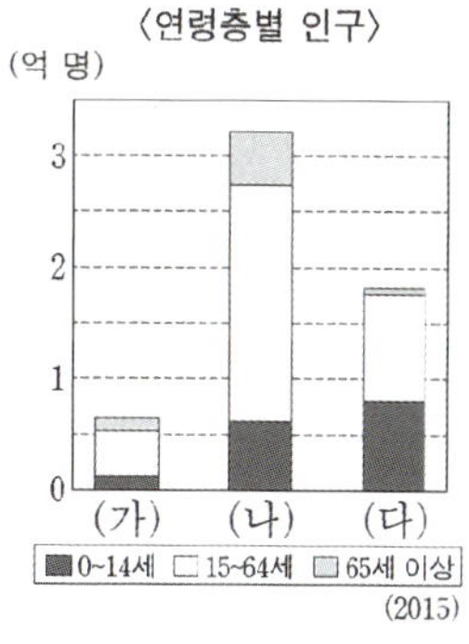

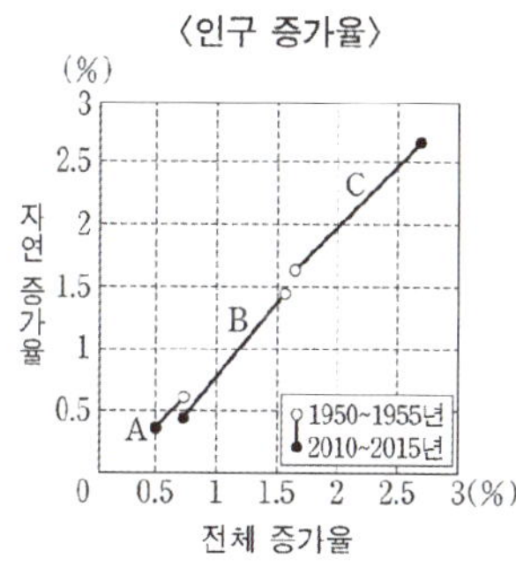

* 전체 증가율 = 자연 증가율 + 순 이동률

* 자연 증가율 = ((출생자 수 - 사망자 수)/전체 인구)×100

* 순 이동률 = ((유입 인구 - 유출 인구)/전체 인구)×100

① 1950~1955년 인구의 전체 증가율은 (가)가 가장 높다.

② 2010~2015년 인구의 자연 증가율은 (나)가 가장 높다.

③ 2010~2015년 (나)는 (가)보다 순 유입 인구가 많다.

④ 2015년 유소년층 인구는 A가 B보다 많다.

⑤ 2015년 총인구는 B〉A〉C 순으로 많다.

8

그래프는 세 대륙의 인구 특성을 나타낸 것이다. 이에 대한 설명으로 옳은 것은? (단, (가)~(다)와 A~C는 각각 아시아, 아프리카, 유럽 중 하나임.) [2점]

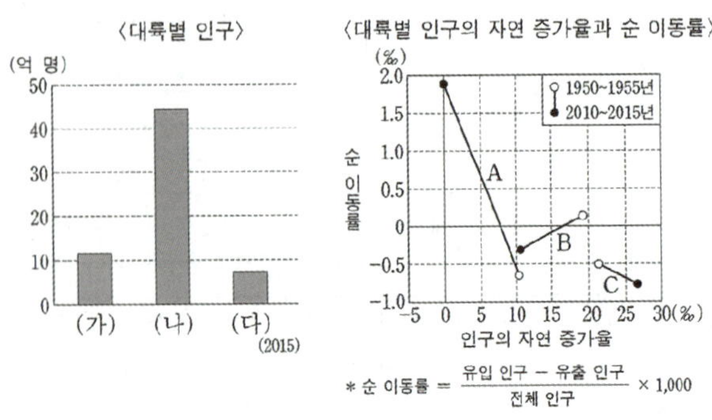

$$* \text{순 이동률} = \frac{\text{유입 인구} - \text{유출 인구}}{\text{전체 인구}} \times 1,000$$

① 1950~1955년 (다)는 유출 인구보다 유입 인구가 많다.
② 1950~1955년 (나)는 (가)보다 인구의 자연 증가율이 높다.
③ 2010~2015년 B는 C보다 순 유출 인구가 많다.
④ 2010~2015년 C는 B보다 전체 인구 증가율이 낮다.
⑤ 2015년 대륙별 인구는 B>A>C 순으로 많다.

9

그래프는 네 지역(대륙)의 인구 증가율을 나타낸 것이다. 이에 대한 설명으로 옳지 <u>않은</u> 것은? (단, A~D는 각각 아시아, 아프리카, 유럽, 북부 아메리카 중 하나임.) [3점]

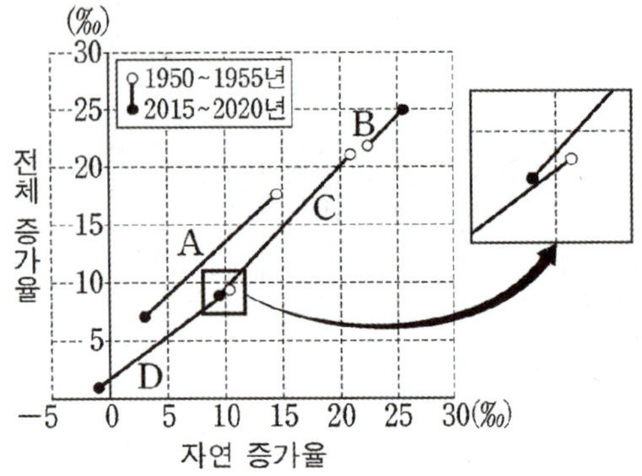

* 전체 증가율 = 자연 증가율+순 이동률
* 자연 증가율 = ((출생자 수-사망자 수)/전체 인구)×100
* 순 이동률 = ((유입 인구-유출 인구)/전체 인구)×100

① A는 2015~2020년 출생자 수가 사망자 수보다 많다.
② B의 전체 증가율이 커진 것은 자연적 증감이 주 원인이다.
③ D는 2015~2020년에 유출 인구가 유입 인구보다 많다.
④ C는 A보다 총인구가 많다.
⑤ 2015~2020년 중위 연령은 D>A>C>B 순으로 높다.

10

그래프는 세 지역(대륙)의 인구 특성을 나타낸 것이다. 이에 대한 설명으로 옳지 않은 것은? (단, (가)~(다)는 각각 라틴 아메리카, 앵글로아메리카, 유럽 중 하나이고, A~C는 각각 사망률, 연평균 인구 증가율, 출생률 중 하나임.) [2점]

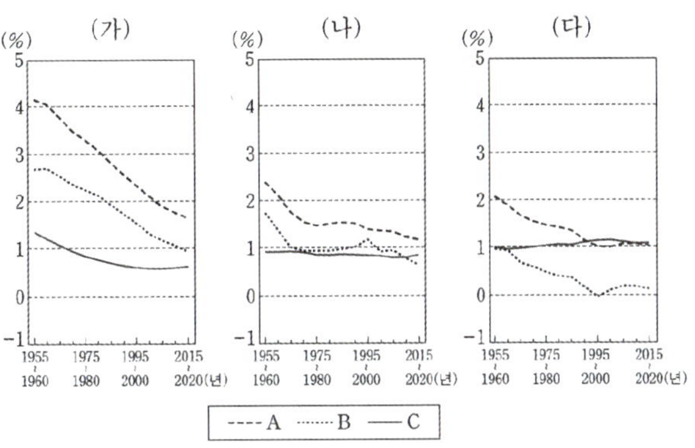

① A는 출생률, C는 사망률에 해당한다.
② (가)는 (나)보다 국가의 수가 많다.
③ (나)는 (다)보다 인구 밀도가 낮다.
④ (다)는 (가)보다 중위 연령이 높다.
⑤ (가)로부터의 유입 인구는 (다)가 (나)보다 많다.

11

그래프는 인구의 국제적 이주 현황을 나타낸 것이다. 이에 대한 옳은 설명만을 〈보기〉에서 고른 것은? (단, (가)~(다)는 각각 라틴 아메리카, 아시아, 아프리카 중 하나임.) [3점]

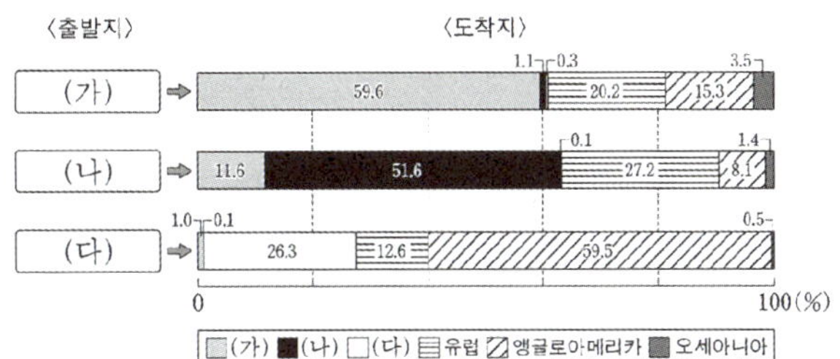

* 출발지는 이주 전 거주 국가가 속한 대륙이고, 도착지는 이주 후 거주 국가가 속한 대륙임.
** 인구 이주는 2020년 기준 자료임.

┌──── 〈 보 기 〉 ────┐

ㄱ. (나)는 세계 인구에서 차지하는 인구 비율이 가장 높다.
ㄴ. (가)는 (다)보다 인구 밀도가 높다.
ㄷ. 동일 대륙 내 이주 비율은 라틴 아메리카보다 아프리카가 높다.
ㄹ. 아시아는 유럽으로 이주하는 비율보다 앵글로아메리카로 이주하는 비율이 높다.

① ㄱ, ㄴ　② ㄱ, ㄷ　③ ㄴ, ㄷ　④ ㄴ, ㄹ　⑤ ㄷ, ㄹ

12

다음 자료의 (가)~(라) 국가에 대한 설명으로 옳은 것만을 〈보기〉에서 있는 대로 고른 것은? (단, (가)~(라)는 각각 독일, 멕시코, 세네갈, 인도 중 하나임.) [2점]

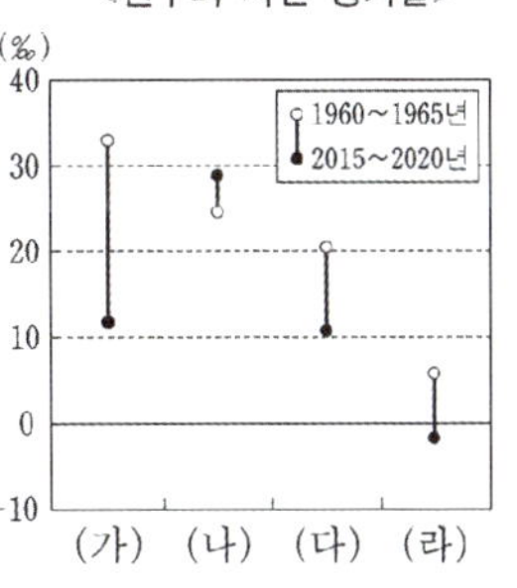

〈미국 내 이민자 수〉

출신 국가	이민자 수 (천 명)
(가)	10,853
(나)	61
(다)	2,724
(라)	534

(2020)

┌──── 〈 보 기 〉 ────┐

ㄱ. (나)는 (가)보다 2015~2020년 합계 출산율이 높다.
ㄴ. (다)는 (가)보다 2015~2020년 자연 증가한 인구가 많다.
ㄷ. (다)는 (라)보다 2020년 중위 연령이 높다.

① ㄱ　②ㄷ　③ ㄱ, ㄴ④ ㄴ, ㄷ⑤ ㄱ, ㄴ, ㄷ

13

그래프는 세 국가의 1차 에너지원별 공급량 비율 변화를 나타낸 것이다. 이에 대한 설명으로 옳은 것은? (단, A~C는 각각 석유, 석탄, 천연가스 중 하나임.) [2점]

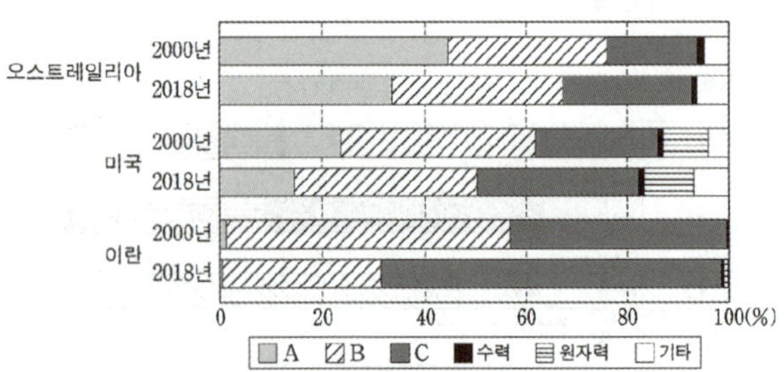

① A는 주로 신생대 제3기층 배사 구조 내에 매장되어 있다.
② A는 B보다 수송용으로 사용되는 비율이 높다.
③ B는 C보다 세계 1차 에너지 소비 구조에서 차지하는 비율이 높다.
④ C는 A보다 상용화된 시기가 이르다.
⑤ 이란은 2018년에 천연가스보다 석유의 공급량 비율이 높다.

15

그래프는 세 국가의 주요 화석 에너지 자원 A~C의 소비량 변화를 나타낸 것이다. 이에 대한 설명으로 옳은 것은? (단, (가), (나)는 각각 러시아, 중국 중 하나임.) [3점]

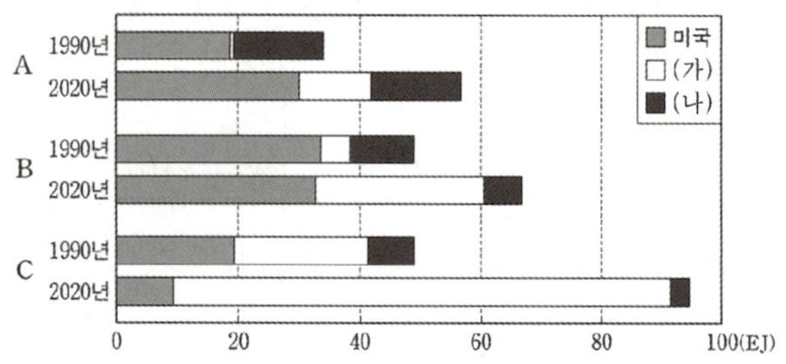

① A는 B보다 본격적으로 상용화된 시기가 이르다.
② B는 C보다 세계 1차 에너지 소비량에서 차지하는 비율이 높다.
③ C는 A보다 연소 시 대기 오염 물질의 배출량이 적다.
④ 중국은 러시아보다 1990년 천연가스 소비량이 많다.
⑤ 미국의 석탄 소비량은 1990년에 비해 2020년에 많다.

14

그래프의 A, B에 대한 옳은 설명만을 〈보기〉에서 고른 것은? (단, A, B는 각각 석유, 석탄 중 하나임.) [2점]

〈A, B의 전 세계 소비량에서 인구 규모 상위 3개국이 차지하는 비율〉

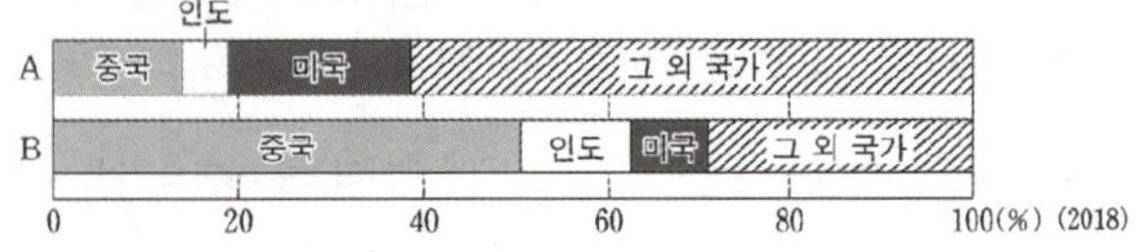

< 보 기 >

ㄱ. A는 세계 1차 에너지 소비에서 차지하는 비율이 가장 높다.
ㄴ. B를 가장 많이 수입하는 국가는 미국이다.
ㄷ. A는 B보다 상용화된 시기가 늦다.
ㄹ. B는 A보다 수송용으로 이용되는 비율이 높다.

① ㄱ, ㄴ ② ㄱ, ㄷ ③ ㄴ, ㄷ ④ ㄴ, ㄹ ⑤ ㄷ, ㄹ

16

그래프는 세 국가의 1차 에너지원별 소비량 비율을 나타낸 것이다. (가)~(다)에 해당하는 에너지를 고른 것은? [3점]

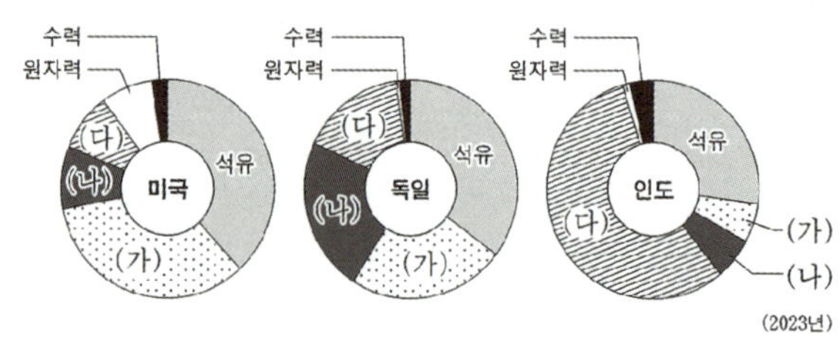

	(가)	(나)	(다)
①	석탄	천연가스	신·재생 에너지
②	석탄	신·재생 에너지	천연가스
③	천연가스	석탄	신·재생 에너지
④	천연가스	신·재생 에너지	석탄
⑤	신·재생 에너지	천연가스	석탄

17

2025.9(고3) 세계지리_모평13

다음 글은 화석 에너지 자원에 대한 것이다. 이에 대한 설명으로 옳은 것은? (단, A~C는 각각 석유, 석탄, 천연가스 중 하나임.) [2점]

화석 에너지 자원의 생산과 소비, 수입과 수출은 각 국가의 특성에 따라 다양하게 나타난다. 2024년 기준 전 세계에서 [A] 생산량은 미국, [(가)], 사우디아라비아 순으로 많고, [B] 생산량은 미국, [(가)], 이란 순으로 많다. 미국은 두 자원의 수출량과 수입량 모두 많지만, [(가)]은/는 생산량 대비 소비량이 적어 수입량보다 수출량이 많다. 한편, 2024년 기준 전 세계 [C] 생산량의 절반 이상을 차지하는 [(나)]은/는 소비량이 많아 세계적인 수입국에 해당한다.

① B는 A보다 상용화된 시기가 이르다.
② B는 C보다 세계 1차 에너지 소비량에서 차지하는 비율이 높다.
③ C는 A보다 국제 이동량이 많다.
④ (가)는 서남아시아에 위치한다.
⑤ (가)는 (나)보다 국가 내 1차 에너지 소비량에서 B가 차지하는 비율이 높다.

18

2023.11(고3) 세계지리_수능18

다음 자료는 1차 에너지원별 주요 생산국의 생산 비율을 나타낸 것이다. (가)~(다)에 대한 설명으로 옳은 것은? (단, (가)~(다)는 각각 석유, 석탄, 천연가스 중 하나임.) [3점]

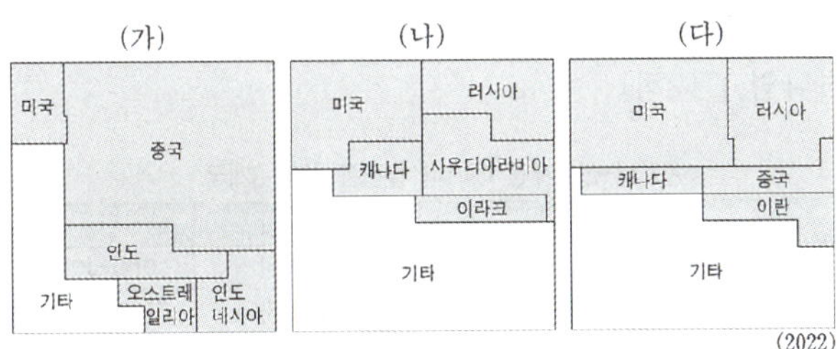

① (가)는 최대 생산국과 최대 수출국이 동일하다.
② (나)는 산업용보다 수송용으로 소비되는 비율이 높다.
③ (가)는 (나)보다 세계 1차 에너지 소비량에서 차지하는 비율이 높다.
④ (나)는 (다)보다 상용화된 시기가 늦다.
⑤ (가)~(다) 중 (다)는 연소 시 대기 오염 물질 배출량이 가장 많다.

19

2023.6(고3) 세계지리_모평10

그래프의 A~D에 대한 설명으로 옳은 것은? (단, A~D는 각각 석유, 석탄, 수력, 천연가스 중 하나임.) [3점]

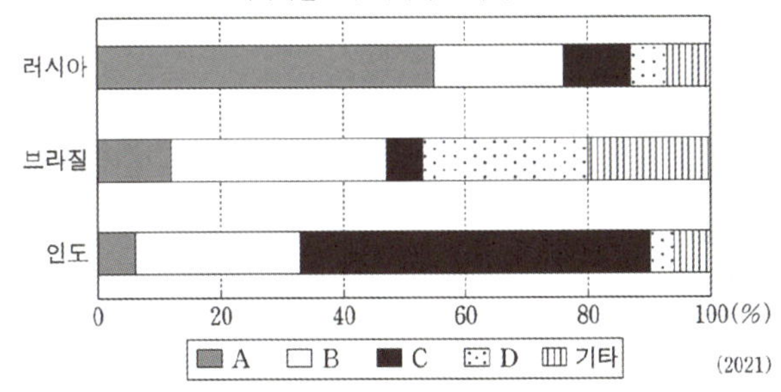

① A는 산업 혁명 초기의 주요 에너지 자원이었다.
② C는 신생대 제3기층의 배사 구조에 주로 매장되어 있다.
③ B는 C보다 국제 이동량이 많은 에너지 자원이다.
④ C는 B보다 수송용으로 이용되는 비율이 높다.
⑤ D는 B보다 세계 1차 에너지 소비량에서 차지하는 비율이 높다.

20

2021.11(고3) 세계지리_수능7

그래프는 주요 화석 에너지 자원 A~C의 세계 소비량에서 (가)~(다) 국가가 차지하는 비율을 나타낸 것이다. 이에 대한 설명으로 옳은 것은? (단, (가)~(다)는 각각 지도에 표시된 세 국가 중 하나임.) [3점]

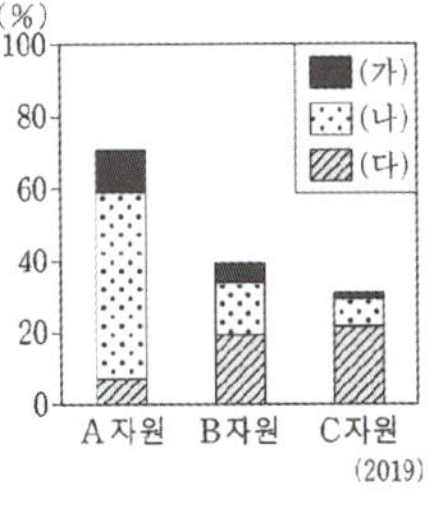

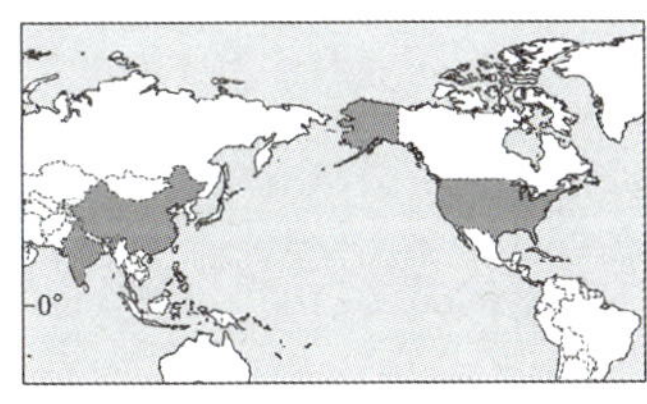

① A는 산업용보다 수송용으로 소비되는 비율이 높다.
② A~C 중 상용화된 시기는 B가 가장 이르다.
③ 세계 에너지 자원 소비에서 차지하는 비율은 B>A>C 순이다.
④ (가)는 C의 최대 수출국이다.
⑤ (가)는 아메리카 대륙에, (나)와 (다)는 아시아 대륙에 위치한다.

21

그래프에 대한 설명으로 옳은 것만을 〈보기〉에서 있는 대로 고른 것은? (단, (가), (나)는 각각 석유, 석탄, 천연가스 중 하나임.) [3점]

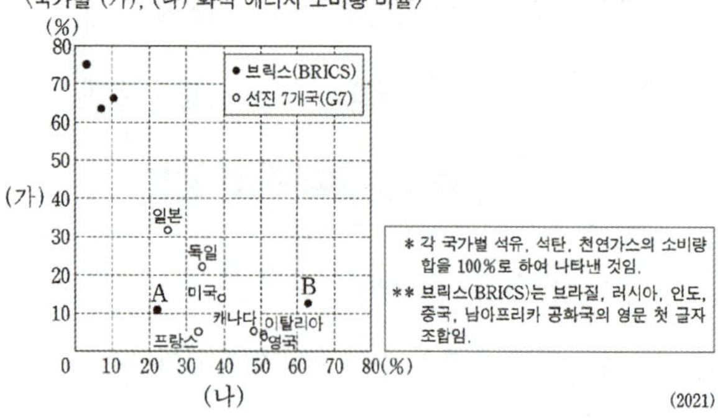

〈 보 기 〉
ㄱ. 프랑스는 석유 소비량이 천연가스 소비량보다 많다.
ㄴ. (가)의 세계 최대 수출국은 브릭스(BRICS) 국가 중 하나이다.
ㄷ. (나)는 (가)보다 세계 1차 에너지 소비량에서 차지하는 비율이 높다.
ㄹ. A는 B보다 국가 내 1차 에너지 소비량에서 수력이 차지하는 비율이 높다.

① ㄱ, ㄷ　　　② ㄱ, ㄹ　　　③ ㄴ, ㄷ
④ ㄱ, ㄴ, ㄹ　　⑤ ㄴ, ㄷ, ㄹ

22

지도는 (가)~(다) 발전 각각의 설비 용량 기준 세계 상위 10개 시설 분포를 나타낸 것이다. 이에 대한 설명으로 옳은 것은? (단, (가)~(다)는 각각 수력, 지열, 태양광 중 하나임.) [3점]

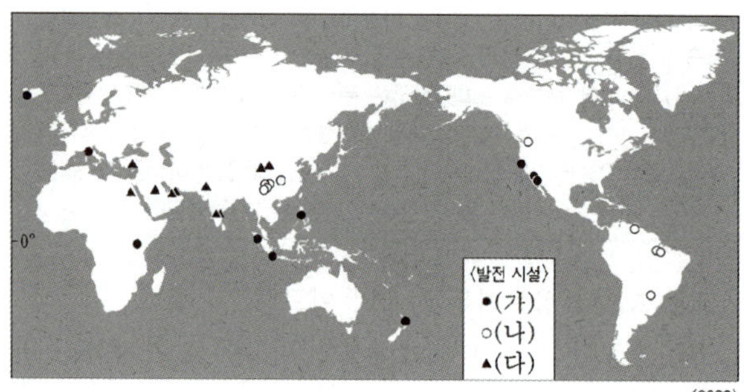

① (가)는 유량이 풍부하고 낙차가 큰 곳이 발전에 유리하다.
② (다)는 지각 내 축적된 열에너지를 이용한 발전 방식이다.
③ (가)는 (다)보다 발전 시 기상 조건의 영향을 많이 받는다.
④ 노르웨이는 (나)의 발전량이 (다)의 발전량보다 많다.
⑤ 전 세계 발전량은 (가)>(다)>(나) 순으로 많다.

23

표의 (가)~(라)에 대한 설명으로 옳은 것은? (단, (가)~(라)는 각각 수력, 지열, 태양광·태양열, 풍력 중 하나임.) [2점]

〈유럽의 신·재생 에너지 발전량 상위 3개국〉

순위	(가)	(나)	(다)	(라)
1위	러시아	독일	독일	이탈리아
2위	노르웨이	영국	에스파냐	아이슬란드
3위	스웨덴	에스파냐	이탈리아	러시아

(2021년)

① (라)의 발전량이 전 세계에서 가장 많은 국가는 미국이다.
② 아이슬란드 발전량은 (나)가 (가)보다 많다.
③ 덴마크 발전량은 (다)가 (나)보다 많다.
④ (라)는 (다)보다 발전 시 기상 조건의 제약을 많이 받는다.
⑤ (가)~(라) 중 전 세계 발전량은 (라)가 가장 많다.

24

(가), (나)에 대한 설명으로 옳은 것만을 〈보기〉에서 고른 것은? (단, (가), (나)는 각각 신·재생 에너지, 원자력 중 하나임.) [3점]

> 유럽 연합 회원국들이 ⎡(가)⎤ 확대와 관련하여 의견이 나뉘면서 갈등이 커지고 있다. 프랑스가 주도하는 확대 진영은 2024년 3월 유럽 연합 차원의 확대를 촉구하는 12개국 공동 성명을 발표했다. 이에 맞서 독일이 주도하는 반대 진영도 ⎡(나)⎤ 확대 정책을 촉구하는 13개국 공동 성명을 발표했다.

<(가), (나)의 전 세계 소비량에서 상위 5개국이 차지하는 비율>

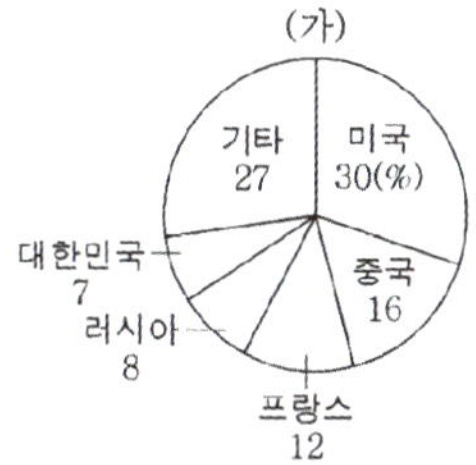

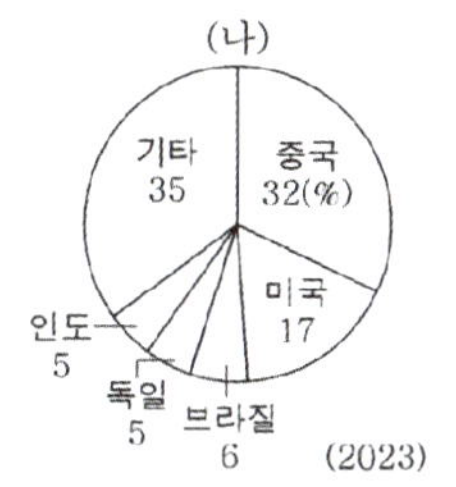

< 보 기 >

ㄱ. (가)는 (나)보다 방사성 폐기물 처리 비용이 많이 든다.

ㄴ. (가)는 (나)보다 국가별 소비량 비율 상위 5개국 중 아메리카 대륙에 위치한 국가 수가 많다.

ㄷ. (나)는 (가)보다 발전원으로 이용하는 국가 수가 많다.

ㄹ. (나)는 (가)보다 세계 1차 에너지 소비 구조에서 차지하는 비율이 낮다.

① ㄱ, ㄴ ② ㄱ, ㄷ ③ ㄴ, ㄷ ④ ㄴ, ㄹ ⑤ ㄷ, ㄹ

25

다음을 주장한 서양 사상가의 입장만을 〈보기〉에서 고른 것은? [2점]

> 과학자들은 과학이 일정한 규칙하에 인과적 필연성을 검증하는 순수 이론의 영역에 속한다고 보았다. 과학은 인식 대상을 가치중립적으로 관찰해야 하고, 자연은 오직 인과적 필연성의 지배를 받는다고 보았다. 그러나 오늘날에는 기술적 응용이 과학 연구의 방향을 결정하고 있다. 거대한 권력으로 작용하는 과학 기술은 자연을 파괴하고 인류의 생존마저 위협하고 있다. 이제 우리는 공포의 발견술을 통해 의심스러울 때는 좋은 말보다 나쁜 말에 귀 기울여 책임을 새롭게 정립해야 한다.

< 보 기 >

ㄱ. 과학 기술 연구의 자유는 무제한으로 허용되어서는 안 된다.

ㄴ. 과학 기술자는 연구의 장기적 결과에 대해 숙고해야 한다.

ㄷ. 과학 기술자는 기술적 응용에서 가치중립적이어야 한다.

ㄹ. 과학 기술자는 사회적 책임보다 내적 책임을 중시해야 한다.

① ㄱ, ㄴ ② ㄱ, ㄷ ③ ㄴ, ㄷ ④ ㄴ, ㄹ ⑤ ㄷ, ㄹ

26

갑이 을에게 제기할 수 있는 비판으로 가장 적절한 것은?
[2점]

> 갑: 과학자 집단에 필요한 것은 자연적 사실을 규명하는 과정에서의 내적 책임뿐이다. 과학자 집단에 외적 책임을 부과하면 연구의 범위가 확대되기 어렵다. 과학 연구는 과학적 지식이 관찰과 일치하는지, 논리적 기준에 근거하는지에 기초해서 그 타당성을 판단하면 된다.
>
> 을: 과학자 집단에는 내적 책임뿐만 아니라 외적 책임이 필요하다. 과학 연구에는 연구자의 과거 경험이나 지식, 사회적 기대가 반영되기 때문에 가치가 개입된다. 따라서 과학자 집단은 자신의 과학 연구를 비판적으로 성찰하고 해로운 결과가 예측되는 연구에 대해 책임 있는 행동을 해야 한다.

① 연구 대상 선정과 결과 활용에 가치가 반영된다는 것을 간과한다.
② 연구 활성화를 위해 사회적 책임을 강조해서는 안 됨을 간과한다.
③ 과학자 집단이 준수해야 하는 윤리가 존재한다는 것을 간과한다.
④ 과학이 궁극적으로 삶의 질 향상을 지향한다는 것을 간과한다.
⑤ 과학 연구에 사회적 필요와 정치적 목적이 개입될 수 있음을 간과한다.

27

다음을 주장한 사상가의 입장에서 〈문제 상황〉 속 A에게 제시할 조언으로 가장 적절한 것은? [3점]

> 인류의 존속은 부정적 방식으로 강력해진 기술 문명의 시대에 있어서 우리 모두의 일차적 책임이다. 현재 우리 손에 달려 있는 지구의 생명은 그 자체로 우리의 보호를 요청할 권리를 가지고 있다. 이 요청은 미래 세대에게도 해당된다.
>
> 〈문제 상황〉
> A는 핵분열을 유도할 수 있는 지식과 기술의 권위자인데, 정부로부터 핵무기 개발을 요청받았다. A는 핵무기를 개발할 것인지 고민하고 있다.

① 인류의 존속을 위해 과학 기술의 힘을 억제해야 함을 생각하라.
② 과학 기술의 장기적 결과의 위험성보다 단기적 효과를 생각하라.
③ 객관적 사실을 다루는 과학 기술이 윤리의 나침반임을 생각하라.
④ 환경 파괴는 과학 기술의 발전을 위한 불가피한 대가임을 생각하라.
⑤ 도구적 이성이 과학 기술의 개발과 활용을 주도해야 함을 생각하라.

INSIGHT

통합사회

해설편

STEP.1

1	2	3	4	5	6	7	8	9	10	11	12	13	14	15
②	⑤	①	②	③	④	③	④	④	④	⑤	②	①	④	①

16	17	18	19	20	21	22	23	24	25	26	27	28	29	30
④	②	②	⑤	①	③	②	④	②	⑤	①	③	①	①	②

31	32	33	34	35	36	37	38	39	40	41	42	43	44	45
①	①	②	③	⑤	⑤	③	③	①	⑤	②	④	③	⑤	①

46	47	48	49	50
③	②	②	①	⑤

STEP.2

1	2	3	4	5	6	7	8	9	10	11	12	13	14	15
②	①	⑤	①	①	②	④	①	③	①	②	⑤	⑤	①	③

16	17	18	19	20	21	22	23	24	25	26	27	28	29	30
④	⑤	④	③	⑤	②	⑤	②	②	④	⑤	④	④	③	③

31	32	33	34	35	36	37	38	39	40	41	42	43	44	45
③	④	①	①	①	④	③	⑤	③	③	②	②	④	⑤	②

46	47	48	49	50
②	⑤	②	④	⑤

STEP.3

1	2	3	4	5	6	7	8	9	10	11	12	13	14	15
④	③	④	①	②	①	①	①	①	⑤	④	⑤	③	①	③

16	17	18	19	20	21	22	23	24	25	26	27	28	29	30
④	②	④	①	①	②	④	①	①	①	②	③	①	⑤	④

31	32	33	34	35	36	37	38	39	40	41	42	43	44	45
③	④	③	⑤	②	①	①	⑤	③	③	③	③	⑤	①	⑤

46	47	48	49	50
②	③	⑤	①	③

1 인권의 역사적 확립 과정 ②

- ㉠ 인간과 시민의 권리 선언: 프랑스 혁명의 결과로 선포된 문서
- ㉡ 바이마르 헌법: 최초로 사회권적 기본권을 보장하는 내용이 담긴 헌법
- ㉢ 세계 인권 선언: 인권을 인류의 보편적 가치로 명시, 인권 보호를 위한 국제 사회의 협력을 강조한 선언문

① ㉠ 인간과 시민의 권리 선언은 프랑스 혁명의 결과로 선포됨

② **㉡에서 최초로 사회권을 명시하였다. (O)**
산업 혁명 이후 사회적 불평등이 심화되자 모든 국민의 인간다운 생활을 보장하는 사회권을 최초로 명시함

③ ㉠, ㉡은 모두 자유와 평등을 국민의 권리로 명시함
인간과 시민의 권리 선언, 바이마르 헌법에 자유권과 평등권이 명시되어 있음

④ ㉠, ㉢에는 모두 천부 인권 사상이 나타나 있음
인간과 시민의 권리 선언 제1조, 세계 인권 선언 제1조에 천부 인권 사상이 나타남

⑤ 연대권은 ㉢에 명시됨
사회적 약자의 인권을 보장하기 위해 국제적으로 연대하고 협력할 수 있는 권리인 연대권은 세계 인권 선언 제22조에 나타남

2 인권의 역사적 확립 과정 ⑤

- (가): 여성 투표권 보장을 요청하는 내용이 담긴 청원서 → 참정권

① 바이마르 헌법에 최초로 명시된 권리는 사회권에 해당함
바이마르 헌법은 모든 국민의 인간다운 생활을 보장하는 사회권을 최초로 명시함

② 다른 기본권 보장의 전제가 되는 권리는 평등권에 해당함
평등권은 모든 인간을 원칙적으로 평등하게 대우할 것과 국민이 합리적 이유 없이 불평등한 대우를 받지 않도록 국가에 요구할 권리로 다른 기본권 보장의 전제가 되는 권리임

③ 국가 권력으로부터 간섭받지 않을 권리는 자유권에 해당함
자유권은 국가 권력의 간섭을 받지 않고 자유롭게 생활할 수 있는 권리임

④ 기본권 보장을 위한 수단적 성격의 권리는 청구권에 해당함
청구권은 국민의 기본권이 침해되었을 때 이를 구제받기 위한 수단적 성격을 지닌 권리임

⑤ **국가의 의사 결정 과정에 참여할 수 있는 권리이다.**
(O) 참정권은 주권자인 국민이 국가 기관의 형성과 국가의 정치적 의사 결정 과정에 참여할 수 있는 권리임

3 인권의 역사적 확립 과정 ①

- (가): 프랑스 혁명 결과로 선포된 인간과 시민의 권리 선언
- (나): 사회권을 최초로 명시한 바이마르 헌법

- ㄱ. **(가)는 천부 인권 사상을 반영하고 있다. (O)**
인간과 시민의 권리 선언 제1조에 천부 인권 사상이 나타남
- ㄴ. **(나)는 사회권을 명시하고 있다. (O)**
사회적 약자를 보호하는 사회권을 명시함
- ㄷ. (나)는 모든 국민의 인간다운 생활을 보장하는 사회권을 명시하며 국가의 적극적 역할을 강조함
- ㄹ. (가), (나)는 모두 사유 재산 제도를 인정함
인간과 시민의 권리 선언 제17조, 바이마르 헌법 제153조에 명시됨

· 인민 헌장: 영국 노동자들의 선거권 확대와 비밀 투표를
　요구하는 선언문 → 참정권 확대 운동인 차티스트
　운동을 전개

① 영국 명예 혁명은 근대 시민 혁명으로 인민헌장 발표
　이전에 전개됨
② **참정권 확장의 계기가 되었다. (O)**
　근대 시민 혁명 이후에도 재산, 성별 등에 따라
　선거권이 제한되자 영국 노동자들이 인민 헌장을
　발표하며 차티스트 운동을 전개하여 참정권이 확대됨
③ 미국 독립 선언은 미국 독립 혁명 과정에서 발표됨
④ 세계 인권 선언을 채택하여 인권 보장의 국제적 기준을
　제시함
⑤ 인민 헌장에는 여성, 유색 인종, 아동, 장애인 등의
　권리 보장에 대한 내용이 포함되지 않음

· (가): 영국 명예 혁명, 권리 장전
· (나): 프랑스 혁명, 인간과 시민의 권리 선언

－ ㄱ. 사회권이 명시된 최초의 문서는 바이마르 헌법임
－ ㄴ. **(나)는 천부 인권과 국민 주권의 원리를 반영하고
　있다.　(O)** 인간과 시민의 권리 선언에는 제1조,
　제3조에 천부 인권과 국민 주권의 원리를 명시함
－ ㄷ. **(가)와 (나)는 모두 계몽사상의 영향을 받았다. (O)**
　근대 시민 혁명은 계몽 사상과 사회 계약설의 영향을
　받아 전개됨
－ ㄹ. (가)와 (나)는 모두 사회 계약설을 근거로 함

· (가): 미국 독립 선언문, ㉠: 국민 주권의 원리
· (나): 유엔 아동 권리 협약, ㉡: 국제적 연대 강조

－ ㄱ. **(나)는 아동이 인권의 주체임을 전제하고 있다. (O)**
　아동을 단순한 보호 대상이 아닌, 권리를 가진 인간
　주체로 규정함
－ ㄴ. (가)에 '모든 사람은 평등하게 태어났고, 조물주는
　몇 개의 양도할 수 없는 권리를 부여했으며'라는
　부분에서 천부 인권 사상이 명시된 점을 알 수 있음
－ ㄷ. **㉠을 통해 (가)가 국민 주권의 원리를 제시하고
　있음을 알 수 있다. (O)**
　국가의 의사를 결정하는 최고 권력 주체인 주권이
　국민에게 있음을 명시하고 있음
－ ㄹ. **㉡을 통해 (나)가 아동 권리 보장을 위한 국제적
　연대를 강조하고 있음을 알 수 있다. (O)**
　아동의 생존, 보호, 발달, 참여의 권리를 보호하고
　이를 위한 국제적 연대를 강조함

7 인권의 역사적 확립 과정 ③

- 1세대 인권: 자유롭기 위해 국가로부터의 불간섭을 요구하는 권리, ㉠: 노예적 예속 상태로부터의 자유 → 자유권
- 2세대 인권: 인간다운 삶을 보장받기 위해 국가가 적극적으로 개입할 것을 요구하는 권리, ㉡: 사회 보장을 받을 권리 → 사회권
- 3세대 인권: 차별받는 집단의 인권 보호를 위해 연대와 단결을 강조하는 권리, ㉢: 인도주의적 재난 구제를 받을 권리 → 연대권

- ㄱ. ㉠ 자유권은 국가 권력의 간섭 없이 자유롭게 생활할 수 있는 권리로 국가의 적극적인 개입을 요구하지 않음, 국가의 적극적인 개입을 요구하는 권리는 2세대 인권에 해당함
- ㄴ. **㉡은 자본주의의 문제점을 해결하는 과정에서 등장하였다. (O)** 사회권은 자본주의로 인한 사회적 불평등 심화 문제를 해결하기 위해 등장함, 최소한의 인간다운 생활을 보장해야 한다는 사회권은 바이마르 헌법에서 최초로 명시됨
- ㄷ. **㉢은 집단적이고 연대적인 성격의 권리이다. (O)** 연대권은 사회적 약자의 인권을 보장하기 위해 국제적으로 연대하고 협력할 수 있는 권리임
- ㄹ. 서구 사회의 시민 혁명을 계기로 보장받기 시작한 것은 자유권, 1세대 인권에 해당함

8 인권의 역사적 확립 과정 ④

- ㉠: 프랑스 혁명, 인간과 시민의 권리 선언

- ㄱ. 사유 재산 제도를 인정함 인간과 시민의 권리 선언 제17조에 명시됨
- ㄴ. **자유와 평등의 이념을 강조한다. (O)** 계몽 사상, 사회 계약설 등을 근거로 모든 인간이 태어날 때부터 자유롭고 평등하다는 자유와 평등의 이념을 강조함
- ㄷ. 사회권을 자유권보다 우선하는 권리로 보지 않음 자유권 중심의 인권을 강조함
- ㄹ. **천부 인권 사상과 국민 주권 사상을 반영하고 있다. (O)** 인간과 시민의 권리 선언 제1조, 제3조에 각각 천부 인권 사상과 국민 주권 사상을 명시함

9 인권의 역사적 확립 과정 ④

- 프랑스 인권 선언

- ㄱ. **국민 주권 사상이 반영되어 있다. (O)** 제3조 '모든 주권의 원천은 본래 국민에게 있다'라는 부분에서 국민 주권 사상이 명시됨
- ㄴ. **권력 분립을 전제로 한 입헌주의가 나타나 있다. (O)** 제16조 '권력 분립이 확정되지 않은 사회는 결코 헌법을 갖추었다고 할 수 없다'는 부분에서 권력 분립을 전제로 한 입헌주의가 명시됨
- ㄷ. 자유권 중심의 인권이 강조됨
- ㄹ. **시민의 자유, 평등에 관한 기본적인 권리가 명시되어 있다. (O)** 계몽 사상과 사회 계약설 등을 배경으로 자유권, 평등권이 명시됨

10 인권의 역사적 확립 과정 ④

- (가) 바이마르 헌법, (나) 인종 차별 철폐 협약

- ㄱ. ㉠인종 차별은 선천적 차이에 의한 불평등임
- ㄴ. **(가)는 사회권이 문서에 명시된 최초의 헌법이다. (O)** 바이마르 헌법에는 모든 국민이 최소한의 인간다운 생활을 보장 받아야 한다는 사회권이 최초로 명시됨
- ㄷ. (가), (나)에는 모두 합리적인 이유 없이 차별받지 않을 권리가 반영되어 있음
- ㄹ. **(가), (나) 모두 국가 권력의 간섭에서 벗어나 자유롭게 생활할 수 있는 권리가 반영되어 있다. (O)** (가), (나)에는 모두 자유권이 명시됨

· 자료1, 3: 주거권, 자료2: (가), 자료4: 문화권

① 학생이 발표하기로 한 권리는 주거권으로 ㉠에
   해당하는 자료는 '자료4'임
② ㉢은 문화권으로 누구나 문화 생활에 참여하고 문화를
   향유할 수 있는 권리임
   각종 위험으로부터 안전을 보호받을 권리는 안전권임
③ ㉡ 주거권, ㉢ 문화권 모두 인권의 범위가 넓어지면서
   등장한 권리임
④ 대기의 질이 나빠지면서 등장한 권리는 환경권에
   해당함
⑤ **(가)에는 취약 계층에게 임대 주택을 우선 공급하는
   정책의 내용이 들어갈 수 있다. (O)**
   주거권은 쾌적하고 안정적인 환경에서 인간다운 주거
   생활을 할 권리로 취약 계층에게 임대 주택을 우선
   공급하는 정책은 주거권 보장 정책으로 적합함

· A: 환경권, B: 문화권, C: 안전권

① 재난과 사고의 위험으로부터 안전을 보장받을 권리는
   C 안전권에 해당함
② **B는 다양한 문화에 대한 이해를 증진하는 데 기여하는
   권리이다. (O)**
   문화 영역에서의 자유 보장과 문화 발전에 대한 국가
   의무를 헌법에 명시함
③ 쾌적하고 안정적인 주거 환경에서 인간다운 생활을 할
   권리는 주거권에 해당함
④ A~C는 모두 타인에게 양도 불가능한 권리임
⑤ A~C는 현대 사회에서 확장된 인권임

· ㉠: 누구나 문화 생활을 향유할 권리, 차별화된 문화
   양식을 만들어 낼 수 있는 권리 → 문화권

− **ㄱ. 사회의 다양성 확대에 기여하는 권리이다. (O)**
   누구나 문화생활에 참여하고 문화를 향유할 수 있는
   권리로 사회적 다양성 확대에 기여함
− **ㄴ. 문화적 정체성 확립에 도움을 주는 권리이다. (O)**
   문화를 계승하고 자유롭게 표현하는 것을 보장하여
   문화적 정체성 확립에 도움을 줌
− ㄷ. 쾌적한 주거 환경 조성을 강조하는 권리는 주거권임
− ㄹ. 전염병으로부터 자신의 안전을 보장해 주는 권리는
   안전권에 해당함

· (가): 주거권, (나): 환경권

− ㄱ. 천부 인권적 성격이 강하게 나타나는 기본권은
   자유권과 평등권에 해당함
− **ㄴ. (가)와 (나)는 모두 현대 사회에서 확장된 인권이다.
   (O)** 주거권, 환경권, 안전권, 문화권은 현대 사회에서
   확장된 인권에 해당함
− ㄷ. (가)의 사례에서 쾌적한 주거환경이 보장되고 있지
   못함을 알 수 있음
− **ㄹ. (나)의 사례를 통해 과거에 비해 환경권이 더
   강조될 것으로 예상할 수 있다. (O)**
   환경 문제가 심각해지면서 과거에 비해 환경권이 더
   강조됨

15 기본권 유형과 특징 ①

- A: 합리적이지 않은 이유로 차별받지 않을 권리 →
  평등권
- B: 기본권 보장을 위한 수단적 권리 → 청구권

① **A는 다른 기본권 보장의 전제 조건이 되는 권리이다.**
  (O) 평등권은 모든 인간을 원칙적으로 평등하게 대우할
  것과 국민이 합리적 이유 없이 불평등한 대우를 받지
  않도록 국가에 요구할 권리로 다른 기본권 보장의
  전제가 되는 권리임
② 국가 권력의 간섭을 배제하는 권리는 자유권에 해당함
③ A 평등권과 B 청구권은 모두 인간의 존엄과 가치를
  보장하기 위한 권리임
④ 국가의 의사 결정 과정에 참여할 수 있는 권리는
  참정권에 해당함
⑤ A 평등권은 국가가 없어도 인간이 본래적으로 가지는
  권리(천부인권)로 국가의 존재를 전제로 하지 않음
  B 청구권은 국민의 기본권이 침해되었을 때 국가
  기관에 구제를 요청하는 권리로 국가의 존재를 전제로
  성립함

COMMENT 2022 개정 교육과정이 처음 적용된 해의
기출문제로, 앞으로의 출제 방향을 보여주는 중요한
문제임. 기존 정치와 법 기본권 유형 문제와 유사하게
출제됨

COMMENT
- 자유권, 평등권: 국가의 존재를 전제로 하지 않는 천부
  인권적, 자연권적 성격의 권리, 국가 성립 이전부터
  인정받아 온 권리
- 참정권, 청구권, 사회권: 국가의 존재를 전제로하는 실정
  권적 성격의 권리, 적극적 권리

16 기본권 유형과 특징 ④

- A: 신체의 자유 및 변호인의 조력을 받을 권리를 침해
  받음 → 자유권 침해
- B: 인간다운 생활을 할 권리를 침해 받음 → 사회권
  침해
- C: 합리적 이유 없이 성별만을 이유로 차별 받음
  → 평등권 침해

① 교육을 받을 권리는 B 사회권에 해당함
② 국가 권력으로부터 간섭받지 않을 방어적 권리는
  A 자유권에 해당함
③ 가장 최근에 등장한 현대적 권리는 B 사회권에 해당함
④ **B는 A와 달리 국가의 존재를 전제로 한 적극적**
  권리이다. (O) 사회권은 자유권과 달리 국가의 존재를
  전제로 한 적극적 권리임
  자유권은 국가가 없어도 인간이 본래적으로 가지는
  권리(천부인권)로 국가의 존재를 전제로 하지 않음
⑤ 다른 기본권 보장을 위한 수단적 성격의 권리는
  청구권에 해당함

17 기본권 유형과 특징 ②

- 다수의 사람이 자유롭게 일시적인 모임을 가질 수 있는
  권리 → 자유권
  신체의 자유, 거주·이전의 자유, 양심의 자유, 종교의
  자유, 언론·출판·집회·결사의 자유 등이 포함됨

① 다른 기본권을 보장하기 위한 수단적 권리는 청구권에
  해당함
② **국가 권력의 간섭을 받지 않을 소극적 권리이다. (O)**
  자유권은 국가 권력으로부터 간섭받지 않을 소극적,
  방어적 권리에 해당함
③ 바이마르 헌법에서 최초로 보장되기 시작한 권리는
  사회권임
④ 인간다운 생활 보장을 국가에 요구할 수 있는 권리는
  사회권에 해당함
⑤ 정치적 의사 형성 과정에 참여할 수 있는 능동적
  권리는 참정권에 해당함

· '국가의 존재를 전제로 보장되는 권리인가?'라는 질문에
  참정권만 '예'라고 답하기 때문에 B는 참정권에 해당함
· '다른 기본권 보장의 전제 조건인가?'라는 질문에
  평등권만 '예'라고 답하기 때문에 C는 평등권에 해당함
  따라서 A는 자유권임

① 가장 최근에 등장한 권리는 사회권에 해당함
② **B는 국가의 정치 과정에 참여할 수 있는 권리이다.**
  (O) 참정권은 주권자인 국민이 국가 기관의 형성과
  국가의 정치적 의사 결정에 참여할 수 있는 권리임
③ 자본주의의 문제점을 해결하는 과정에서 등장한 권리는
  사회권임
④ 자유권은 국가의 간섭을 받지 않을 소극적 권리임
⑤ 다른 기본권 구제를 위한 수단적 권리는 청구권에
  해당함

· 발달장애인의 투표를 돕는 투표 보조인이 기표소에
  들어가지 못해 투표하지 못함 → 참정권 침해

− **핵심적이고 포괄적인 권리인가? (X)**
  자유권에 해당하는 설명임
  자유권은 본질적 권리로 헌법에 열거되지 않은 자유까지
  폭넓게 보장하는 핵심적이고 포괄적인 권리임
− **국가 권력의 간섭을 받지 않을 방어적 권리인가? (X)**
  자유권에 해당하는 설명임
− **국가의 의사 결정 과정에 참여할 수 있는 권리인가?**
  (O) 참정권은 주권자로서 국가의 정책 결정 과정에
  참여하여 정치적 의사를 표출할 수 있는 권리임
  선거권, 공무 담임권, 국민 투표권 등이 참정권에
  포함됨
− **다른 기본권을 보장하기 위한 수단적 성격의 권리인가?**
  (X) 다른 기본권을 보장하기 위한 절차적, 수단적
  성격의 권리는 청구권에 해당함
  참정권은 국가를 전제로 한 권리로 적극적, 능동적
  권리임

· 국가의 정치 과정에 국민이 참여할 수 있는 권리
  → A: 참정권
· 일반 국민과 집행 유예 중인 자를 차별 취급, 합리적
  이유 없이 불평등한 대우를 받음, 평등권 침해 → B:
  평등권

① **A의 예로 공무 담임권을 들 수 있다. (O)**
  선거권, 공무 담임권, 국민 투표권 등이 참정권에
  포함됨
② A, B는 모두 법률로써 제한할 수 있음, 모든 자유와
  권리는 국가안전보장·질서유지 또는 공공복리를 위하여
  필요한 경우에 한하여 법률로써 제한할 수 있음
③ 다른 기본권 침해 시 이를 구제받기 위한 수단적
  권리는 청구권에 해당함
④ 모든 사회생활 영역에서 차별받지 않을 권리는 B
  평등권에 해당함
⑤ A 참정권은 국민의 국가의 의사 결정에 주체적으로
  참여하면서 국가의 행위를 통제할 수 있는 능동적
  권리임

· (가): 신체의 자유, 학문과 예술의 자유 → 자유권
· (나): 근로의 권리, 교육 받을 권리 → 사회권
· (다): 청원권, 재판 청구권 → 청구권

① 차티스트 운동에 의해 보장된 권리는 참정권임
② 국가 권력의 간섭을 배제하는 소극적, 방어적 권리는
  (가) 자유권에 해당함
③ **(다)는 다른 기본권을 보장하기 위한 수단적 권리이다.**
  (O) 청구권은 다른 기본권 보장을 위한 수단적, 적극적
  권리임
④ (가) 자유권이 (나) 사회권보다 역사적으로 앞서서
  보장됨
⑤ 바이마르 헌법에 최초로 명시된 것은 (나) 사회권임

22 기본권 유형과 특징 ②

· (가): 선거권 → 참정권, (나): 청원할 권리 → 청구권

- ㄱ. **(가)는 정치 과정에 참여할 수 있는 권리이다. (O)**
  참정권은 국민이 정치적 의사 결정 과정에 참여할 수 있는 권리임
- ㄴ. 모든 자유와 권리는 국가안전보장·질서유지 또는 공공복리를 위하여 필요한 경우에 한하여 법률로써 제한할 수 있음
- ㄷ. **(나)는 침해된 권리를 구제하기 위한 수단적 권리이다. (O)** 청구권은 기본권이 침해당했을 때 구제를 청구할 수 있는 권리로 적극적, 수단적 권리임
- ㄹ. 국가 권력의 간섭을 받지 않을 소극적 권리는 자유권임

23 기본권 유형과 특징 ④

· (가): 평등권, (나): 자유권, (다): 참정권, (라): 사회권

- ㄱ. (나) 자유권은 국가 권력에 의한 간섭이나 침해를 배제하는 소극적, 방어적 성격의 권리에 해당함
- ㄴ. **(다)는 국가의 정치 과정에 참여할 수 있는 권리이다. (O)** 참정권은 국가 기관의 형성과 국가의 정치적 의사 결정에 참여할 수 있는 능동적 권리임
- ㄷ. (라) 사회권은 현대 복지 국가에서 그 중요성이 강화됨, 국민이 국가에 인간다운 생활 보장을 요구하고 국가의 적극적 노력이 있어야 보장되는 적극적 권리임
- ㄹ. **(가)와 (나)는 모두 천부인권의 성격을 가진다. (O)** 평등권과 자유권은 모두 인간이 태어나면서부터 본질적으로 가지는 권리에 해당함

COMMENT
· 자유권, 평등권: 국가의 존재를 전제로 하지 않는 천부 인권적, 자연권적 성격의 권리, 국가 성립 이전부터 인정받아 온 권리
· 참정권, 청구권, 사회권: 국가의 존재를 전제로하는 실정 권적 성격의 권리, 적극적 권리

24 기본권 유형과 특징 ②

· 노동 3권 보장, 사회 안전망 강화 → 사회권

① 사회권은 가장 최근에 등장한 현대적 권리에 해당함
② **국가에 의해 인간다운 삶을 보장받을 권리이다. (O)** 사회권은 모든 국민의 인간다운 생활 보장과 실질적 평등의 실현을 국가에 요구할 수 있는 권리임
③ 국가의 의사 결정 과정에 참여할 수 있는 권리는 참정권임
④ 국가로부터 간섭받지 않고 자유롭게 생활할 권리는 자유권임
⑤ 기본권이 침해당했을 때 구제를 청구할 수 있는 권리는 청구권임

25 기본권 제한 ⑤

- ㄱ. 국민의 기본권은 국가안전보장, 질서 유지, 공공복리를 위해 필요한 경우 제한할 수 있음
- ㄴ. 기본권 제한을 통해 보호하려는 공익이 침해되는 개인의 이익보다 커야함
- ㄷ. **기본권을 제한할 때는 정당한 목적을 달성하는 데 필요한 범위 안에서만 제한하여야 한다. (O)** 과잉 금지의 원칙 기본권을 제한하는 목적의 정당성, 수단의 적합성, 피해의 최소성, 법익의 균형성이 모두 충족되어야 함
- ㄹ. **㉠의 이유는 국민의 기본권이 국가에 의해 함부로 침해당하지 않도록 보장하기 위함이다. (O)** 목적, 방법에 부합하지 않게 기본권을 제한하는 것을 막아 국민의 기본권을 보장함

26 인권 보장을 위한 헌법의 역할 ①

① ㉠은 **법률의 적용 및 해석을 통한 재판을 담당한다. (X)** 법률의 적용 및 해석을 통한 재판은 법원에서 담당함
② ㉡의 입법권은 국회에 행정권은 정부에 사법권은 법원에 속하도록 국가 권력을 나누고 권력 남용 방지를 위해 상호 견제함
③ ㉢ 헌법 재판소는 국민의 기본권 침해를 막기 위해 헌법 소원 심판을 담당함
④ ㉣ 자유권은 개인이 국가의 부당한 간섭을 받지 않을 소극적, 방어적 권리임
⑤ ㉤헌법은 인권 보장을 위한 국가의 최고법임

· (가): 헌법재판소

- ㄱ. 법률을 제정하는 기관은 국회임
- ㄴ. **(가)는 위헌 법률 심판권을 갖는다. (O)**
  헌법재판소는 위헌 법률 심판, 헌법 소원 심판 등을
  담당함
- ㄷ. **㉠은 국가의 최고법으로서 인권을 기본권으로
  규정하고 있다. (O)**
  헌법은 국가의 최고법으로서 자유권, 평등권, 참정권,
  사회권, 청구권 등을 규정하고 있음
- ㄹ. 갑이 청구한 ㉡은 권리 구제형 헌법 소원 심판으로
  재판 중인 사건에서 다루는 법률의 위헌 여부를
  심사하는 제도에 해당하지 않음. 재판의 전제가 된
  법률의 위헌성 여부에 관한 심판은 위헌 법률 심판과
  위헌 심사형 헌법 소원 심판에 해당함

COMMENT 2022 개정 교육과정이 처음 적용된 해의
기출문제로, 앞으로의 출제 방향을 보여주는 중요한
문제임. 기존 정치와 법 기본권 유형 문제와 유사하게
출제됨

COMMENT 헌법재판소의 권한과 위헌 법률 심판, 헌법
소원 심판을 구분해서 알아둘 것

COMMENT
- 위헌 법률 심판: 재판 중인 사건에서 다루는 법률의
  위헌 여부를 심사하는 제도, 재판 당사자가 법원에 제청
  신청을 하거나 법원의 직권으로 법원이 헌법 재판소에
  위헌 법률 심판을 제청함 → 법원의 제청
- 위헌 심사형 헌법 소원 심판: 재판 당사자가 법원에
  위헌 법률 심판 제청 신청을 하였으나 받아들여지지
  않았을 경우 헌법재판소에 직접 청구하는 심판
  → 청구권자는 국민임
- 권리 구제형 헌법 소원 심판: 공권력의 행사 또는
  불행사로 헌법상 보장된 기본권을 침해당한 국민이 직접
  헌법 재판소에 그 공권력의 취소 또는 위헌 확인을
  구하는 심판 → 청구권자는 국민임

- 갑: **국가 권력의 행사는 국민의 대표 기관인 국회에서
  제정한 법률에 따라 이루어져야 해요. (O)**
  국민 주권과 법치주의의 실현을 위해 국민의 대표
  기관인 국회에서 제정한 법률에 따라 국가 권력의
  행사가 이루어져야 함
- 을: **기본권 제한의 요건을 헌법에 명시하여 부당한 국가
  권력의 행사로부터 국민의 기본권을 보장하고 있어요.
  (O)** 목적, 방법에 부합하지 않게 기본권을 제한하는
  것을 막아 국민의 기본권을 보장함
- 병: 기본권을 침해받은 국민은 헌법 재판소에 헌법 소원
  심판을 청구하여 침해받은 기본권을 구제 받을 수 있음
  헌법 소원 심판은 국가인권위원회가 아닌 헌법 재판소에
  청구함
- 정: 권력 분립 제도에 따라 국회는 입법권, 정부는
  행정권, 법원은 사법권을 각각 담당함

COMMENT 기본권 제한 내용은 기본권 유형과 함께
동아, 미래엔, 지학사, 비상 등 모든 출판사 통합사회
교과서에 수록됨
특히 지학사는 과잉 금지 원칙을 상세히 기재함

- 과잉 금지 원칙
목적의 정당성: 기본권 제한의 목적이 정당해야 한다.
수단의 적합성: 기본권 제한 수단과 방법이 효과적이고
　　　　　　　 목적에 적합해야 한다.
피해의 최소성: 기본권을 제한하는 과정에서 피해를
　　　　　　　 최소화 해야 한다.
법익의 균형성: 입법을 통해 보호하고자 하는 공익과
　　　　　　　 제한되는 기본권 중 보호되는 공익이 더
　　　　　　　 크거나 최소한 같아야 한다.

COMMENT 기본권 제한
목적: 국가 안전 보장, 질서 유지, 공공복리
형식: 국회가 제정한 법률에 의거하여 제한
방법: 과잉 금지 원칙(비례의 원칙) 정당한 목적을
달성하는 데 필요한 범위 안에서 제한

COMMENT 권력 분립 제도 부분도 인권 보장을 위한
헌법의 제도적 장치로 다수 통합사회 교과서에 각 기관의
견제 수단이 자세히 기재됨, STEP2에서 각 기관의 견제
수단을 파악해 둘 것

29 시민 참여 방안 ①

- ㄱ. ㉠은 정치 참여 주체의 정치적 효능감을
  향상시킨다. (O) 정치적 의견 반영으로 정치적 효능감을
  높일 수 있음
- ㄴ. ㉢은 정치 권력에 대한 국민의 감시 기능을
  강화시킨다. (O) 집회에 참여하는 것은 정치 권력을
  감시하고 통제함으로써 정치 권력의 남용을 방지함
- ㄷ. ㉠ 국가 기관 홈페이지에 의견을 제출하는 것은
  ㉡ 투표하는 것과 달리 직접 정책 형성 과정에
  목소리를 낼 수 있기 때문에 대의 민주주의의 한계를
  보완할 수 있음
- ㄹ. ㉡ 투표, ㉣ 청원서 작성은 모두 개인적 정치 참여
  방법에 해당함

30 시민 불복종 ②

· 소금법 폐지를 주장하는 행진, 몽고메리의 흑인 버스
  승차 거부 운동 → 시민 불복종

- ㄱ. 위법 행위에 대한 법적인 처벌을 받아들여야 한다.
  (O) 법체계 전체를 부정하는 것이 아니므로 자신의
  위법 행위에 대한 처벌을 감수해야 함
- ㄴ. 비폭력적인 방법을 사용해야 함
- ㄷ. 개인의 이익이 아닌 사회정의 실현을 목적으로
  해야한다. (O) 특정 개인이나 집단의 이익이 아닌 사회
  정의 실현과 같은 공익을 목적으로 해야 함
- ㄹ. 합법적인 노력이 시도되기 전에 행해져야 하는 것이
  아니라, 최후의 수단이어야 함
  개선을 위한 합법적인 방법을 시도했지만 효과가 없을
  때 고려하는 최후의 수단이며, 불복종의 정당성과
  정의의 규범적, 윤리적 근거를 알리기 위해 공개적으로
  이루어져야 함

COMMENT 2022 개정 교육과정이 처음 적용된 해의
기출문제로, 앞으로의 출제 방향을 보여주는 중요한
문제임. 기존 통합사회, 생활과 윤리 시민 불복종 문제와
유사하게 출제됨

COMMENT 시민 불복종
- 정의롭지 못한 법이나 정책을 변혁시켜 공공의 이익을
  지키려는 목적에서 행하는 공개적이고 비폭력적인 위법
  행위
- 최후의 수단, 비폭력적인 방법, 목적의 정당성, 공개적
  진행, 처벌 감수 등의 조건을 지킬 때 정당화됨

31 시민 불복종 ①

① 시민 불복종은 공공의 이익을 위해 시행되어야 한다.
   (O) 특정 개인이나 집단의 이익이 아닌 사회 정의
   실현과 같은 공익을 목적으로 해야 함
② 시민 불복종에 따른 처벌을 받아들여야 함
③ 시민 불복종은 정의로운 법이 아닌, 심각하게 부정의한
   법과 정책을 대상으로 실시되어야 함
④ 시민 불복종은 개선을 위한 합법적인 방법을
   시도했지만 효과가 없을 때 고려하는 최후의 수단임
⑤ 시민 불복종의 목적 달성을 위해서는 비폭력적인
   방법을 사용해야 함

32 시민 불복종 ①

· 시민 불복종 정당화 조건
  비폭력적인 방법, 사회 정의 실현 목표 → 2점을 받은
  상황

- ㄱ. ㉠은 시민 참여의 한 방법이다. (O)
  시민 불복종은 시민 참여의 최후의 수단임
- ㄴ. ㉡이 2점이라면 (가)에는 '현행 법규를 위반하지
  않는 범위 내에서 이루어져야 한다.'가 들어갈 수 있다.
  (O) ㉡이 2점이라면, (가)는 오답이어야 함
  시민 불복종의 의도적인 위법 행위로 '현행 법규를
  위반하지 않는 범위 내에서 이루어져야 한다'는 오답임
  따라서, (가)에 들어갈 문장으로 적절함
- ㄷ. (가)에 '정당성 확보를 위해 비공개적으로
  이루어져야 한다.'가 들어간다면 ㉡은 2점임
  시민 불복종은 공개적으로 이루어져야 함
- ㄹ. (가)에 '합법적 방법으로 문제를 해결할 수 없을 때
  최후의 수단으로 사용해야 한다.'가 들어간다면 ㉡은
  3점임
  시민 불복종은 최후의 수단으로 사용해야 하기 때문에
  (가)에 해당 문장이 들어간다면 정답으로 ㉡은 3점임

COMMENT 시민 불복종
- 심각하게 부정의한 법이나 정책에 변혁을 가져올
  목적으로 행해지는, 법에 반하는 정치적 행위

33 시민 불복종 ②

· 롤스 시민 불복종
  심각하게 부정의한 법이나 정책에 변혁을 가져올
  목적으로 행해지는, 법에 반하는 정치적 행위

① 시민 불복종이 초래하는 법적인 처벌을 감수해야 함
② **시민 불복종은 정의로운 사회로 나아가는 데 기여한다.**
   (O) 시민 불복종은 공익을 목적으로 행해지므로
   정의로운 사회로 나아가는 데 기여한다고 봄
③ 부정의한 모든 법과 정책이 시민 불복종의 대상이 되는
   것은 아님, 거의 정의로운 사회의 시민이라면 일부
   법이 부정의하더라도 그 법이 정당한 절차로
   제정되었다면 따라야 할 의무가 있다고 봄
   인간의 기본적 자유와 권리를 심각하게 침해하는
   부정의한 법이나 정책을 시민 불복종의 대상으로 봄
④ 시민 불복종은 위법 행위이지만 불복종의 정당성과
   정의의 규범적, 윤리적 근거를 알리기 위해 공개적으로
   이루어져야 함
⑤ 공익을 위해서라도 시민 불복종에 폭력 행위가 수반될
   수 없음, 비폭력적으로 행해져야 함

COMMENT 2022 개정 교육과정이 처음 적용된 해의
기출문제로, 앞으로의 출제 방향을 보여주는 중요한
문제임. 기존 통합사회, 생활과 윤리 시민 불복종 문제와
유사하게 출제됨

34 시민 불복종 ③

· 몽고메리 버스 승차 거부 운동, 소금 행진 → 시민
  불복종

① 비폭력적인 방법으로 이루어져야 함
② 사회 정의의 실현 등 공익을 목표로 삼아야 함
③ **정당성 확보를 위해 비공개적으로 이루어져야 한다.**
   (X) 정의의 규범적, 윤리적 근거를 알리기 위해
   공개적으로 이루어져야 함
④ 위법 행위에 따른 현행법상의 처벌을 감수해야 함
   법체계 전체를 부정하는 것이 아니므로 자신의
   위법 행위에 대한 처벌을 감수해야 함
⑤ 합법적 방법으로 문제를 해결할 수 없을 때 최후의
   수단으로 사용해야 함

35 시민 불복종 ⑤

· 양심적으로 볼 때 부당하다고 판단되는 법률을 위반하되
  처벌을 감수해야 한다고 주장함 → 시민 불복종

① 모든 법률을 그 자체로 정당한 것으로 보지 않음
   인간의 기본적 자유와 권리를 심각하게 침해하는
   부정의한 법이나 정책을 시민 불복종의 대상으로 봄
② 법률은 특정 인종의 이익이 아닌, 공익을 위해서
   제정되어야 함
③ 법률을 강자의 이익을 정당화하는 도구로 사용해서는
   안 된다고 봄
④ 법률이 없는 무정부 상태를 이상적인 상태로 보지 않음
⑤ **부당한 법률에 불복종하기 위해서는 처벌을 감수해야**
   한다. (O) 법체계 전체를 부정하는 것이 아니므로
   자신의 위법 행위에 대한 처벌을 감수해야 함

36 시민 불복종 ⑤

· 시민 불복종의 정당화 조건

- ㄱ. **공개적이며 비폭력적이어야 한다. (O)**
  최후의 수단, 비폭력적인 방법, 목적의 정당성, 공개적
  진행, 처벌 감수 등의 조건을 지킬 때 정당화됨
- ㄴ. 시민 불복종은 의도적인 위법 행위로 현행 법규를
  위반하지 않는 범위 내에서 행해지지 않음
  그러나 법체계 전체를 부정하는 것이 아니므로 자신의
  위법 행위에 대한 처벌을 감수해야 함
- ㄷ. **사회 정의 실현을 목표로 하는 양심적인 행동이어야**
  한다. (O) 시민 불복종은 부정의한 법과 정책을
  변혁시켜 공공의 이익을 지키려는 목적에서 양심적으로
  행하는 비폭력적 위법 행위임
- ㄹ. **다른 방법으로는 문제를 해결할 수 없을 때**
  사용되는 최후의 수단이어야 한다. (O)
  합법적인 수단으로 해결되지 않을 때 사용하는 최후의
  수단이어야 함

37 시민 불복종 ③

· 시민 불복종 정당화 조건: 최후의 수단, 비폭력적인 방법, 목적의 정당성, 공개적 진행, 처벌 감수

– 위법 행위에 대한 처벌을 감수해야 한다. (O)
– 비폭력적인 방법을 통해서 이루어져야 한다. (O)
– 공익을 위하여 비공개적으로 이루어져야 한다. (X)
– 사회 정의 실현을 목표로 하는 행위이어야 한다. (O)
– 다른 방법으로는 해결할 수 없는 최후의 수단이어야 한다. (O)

– 옳게 답변한 것은 3개이므로 3점임

38 시민 불복종 ③

· 시민 불복종 정당화 조건: 최후의 수단, 비폭력적인 방법, 목적의 정당성, 공개적 진행, 처벌 감수

– ㄱ. 시민 불복종은 의도적인 위법 행위로 어떠한 경우에도 법률을 준수해야 한다고 보지 않음
– ㄴ. 비폭력적으로 이루어져야 한다고 봄
– ㄷ. **합법적으로 문제를 해결할 수 없을 때 사용되어야 한다. (O)** 최후의 수단으로 사용되어야 함
– ㄹ. **사익 추구가 아닌 사회 정의 실현을 목적으로 해야 한다. (O)** 공공의 이익, 사회 정의 실현을 목적으로 공동선을 추구해야 함

39 사회적 소수자 ①

· 전체 인구의 다수인 흑인이 사회 전반에 걸쳐 차별을 받음
  → 사회적 소수자는 집단의 크기에 의해 결정되는 것이 아님을 보여주는 사례임

① **사회적 소수자는 집단의 크기에 의해 결정되는 것이 아니다. (O)** 사회적 소수자는 집단 구성원 수와 관계없이 사회적 영향력이 작고 약자의 위치에 있는 사람들을 의미함
② 사회적 소수자에 대한 차별은 개인적 능력 차이에 기인하는 것이 아니라, 신체적·문화적 특징 때문에 다른 집단과 구별되고 이에 따라 차별받는 것임
③ 사회적 소수자를 규정하는 기준은 상대적임, 시대와 장소, 소속 집단의 범주 등에 따라 상대적임
④ 사회적 소수자는 해당 사회에서 지배적인 영향을 끼치는 집단과 다른 신체적 특징을 가지고 있음
⑤ 사회적 소수자는 해당 사회에서 지배적인 영향을 끼치는 집단보다 경제적 자원 획득에 불리한 위치에 있음

40 사회적 소수자 ⑤

· 사회적 소수자에 대한 차별 문제는 장애, 성별, 인종, 종교 등 다양한 이유로 발생함

① 성별에 따른 차별과 장애에 따른 차별의 정도를 비교할 수 없음
② 사회적 소수자를 규정하는 기준은 상대적이며 변함
③ 장애인과 여성에 대한 사회적 차별은 개인적 능력 차이에서 기인하지 않음, 신체적·문화적 특징에 의해 다른 집단과 구별되고 이에 따라 차별이 발생함
④ (가), (나) 제시문과 무관함
⑤ **사회적 소수자에 대한 차별을 해소하기 위해서는 법과 제도의 시행뿐만 아니라 의식 개선도 이루어져야 한다. (O)** (가), (나) 제시문을 통해 사회적 인식 개선이 필요함을 알 수 있음

41 사회적 소수자 ②

· 사회적 소수자 차별을 해결하기 위한 정부 정책 수립의 중요성을 나타냄 ②

– ①, ③, ④, ⑤ 내용은 제시문과 관련이 없는 내용임

42 사회적 소수자   ④

· A: 이슬람교, B: 불교

① B 불교의 대표적인 종교 경관은 탑과 불상임
② A 이슬람교는 쿠란의 율법을 중시함
③ ㉠ 주거권, 안전권, 환경권은 현대에 강조된 권리임
④ **한 개인이 여러 사회적 소수자 집단에 중첩되어 속할
수 있음을 보여 준다. (O)** 난민이자 여성임을 이유로
차별받고 있음, 한 개인이 여러 사회적 소수자 집단에
중첩되어 속해 있을 수 있음을 보여줌
⑤ 성별에 따른 차별은 선천적 요인에 의한 차별임

COMMENT 2022 개정 교육과정이 처음 적용된 해의
기출문제로, 앞으로의 출제 방향을 보여주는 중요한
문제임. 통합사회1 4단원 문화권 부분과 현대의 인권,
사회적 소수자 부분을 융합하여 출제함

43 청소년 노동권   ③

- B는 A에게 단독으로 임금을 청구할 수 있다. (O) 1점
미성년자도 독자적으로 임금을 청구할 수 있음
- B는 A에게 근무 시간 중 휴게시간을 요구할 수 없다.
(X) 2점
사용자는 근로 시간이 4시간인 경우에는 30분 이상의
휴게 시간을, 8시간인 경우에는 1시간 이상의 휴게
시간을 근로 시간 도중에 주어야 함
- A와 B의 합의가 있을 경우, 최저 임금제를 적용하지
않을 수 있다. (X) 3점
미성년자도 성인과 동일하게 법정 최저 임금을 보장받음
- 법정 대리인의 동의가 있더라도 B는 보건상 유해한
업종에 종사할 수 없다. (O) 4점
18세 미만인 사람(연소자)을 도덕상 또는 보건상 유해,
위험한 업종에 사용할 수 없음

① 갑이 획득한 점수는 4점임(1점+3점)
② 획득한 점수의 합이 가장 높은 사람은 총 8점인
병(1점+3점+4점)에 해당함
③ **옳게 답한 개수가 가장 많은 사람은 병이다. (O)**
옳게 답한 개수는 갑과 을 2개, 병은 3개로 병이 가장
많음
④ 갑과 을은 모두 2개를 옳게 말함
⑤ 병이 획득한 점수는 갑이 획득한 점수보다 4점이 더
높음

44 청소년 노동권   ⑤

- ㄱ. 을이 계약대로 근무할 경우, 7시간 근무로 1일
임금은 77,000원임, 휴게 시간은 급여를 지급하지 않음
- ㄴ. 을의 법정 대리인은 을의 근로 계약을 대리하여
체결 할 수 없음
친권자나 후견인은 미성년자의 근로 계약을 대리할 수
없음
- ㄷ. 갑과 을이 합의하면 1일 1시간의 연장 근로가
가능하다. (O) 15세 이상 18세 미만인 사람의 근로
시간은 원칙적으로 1일 7시간, 1주 35시간을 초과하지
못하지만, 당사자 합의에 의한 연장 근로는 1일 1시간
가능함
그러나 1일 1시간, 1주 5시간을 초과할 수 없음
- ㄹ. **갑은 을의 연령을 증명하는 가족 관계 기록 사항에
관한 증명서를 사업장에 갖추어야 한다. (O)**
18세 미만인 사람(연소자)을 고용하는 사람은 그 연령을
증명하는 가족 관계 기록 사항에 관한 증명서와 친권자
또는 후견인의 동의서를 사업장에 갖추어 두어야 함

45 청소년 노동권   ①

- ㉠: 임금을 독자적으로 청구할 수 있다. (O)
미성년자도 독자적으로 임금을 청구할 수 있음
- ㉡: 법정 대리인이 근로 계약을 대신 체결해야 한다.
(X) 친권자나 후견인은 미성년자의 근로 계약을 대리할
수 없음
- ㉢: 성인과 동일하게 법정 최저 임금을 보장받는다. (O)
연소 근로자는 성인과 동일하게 법정 최저 임금을
보장받음
- ㉣: 근로 시간은 원칙적으로 1일 7시간을 초과하지
못한다. (O) 15세 이상 18세 미만인 사람의 근로
시간은 원칙적으로 1일 7시간, 1주 35시간을 초과하지
못함

- 표시한 답이 옳은 것은 ㉠, ㉡에 해당함

46 청소년 노동권 ③

① 갑은 연소 근로자로 친권자나 후견인의 동의가 있어야
　근로 계약을 체결할 수 있음
　18세 미만인 사람(연소자)을 고용하는 사람은 그
　연령을 증명하는 가족 관계 기록 사항에 관한 증명서와
　친권자 또는 후견인의 동의서를 사업장에 갖추어
　두어야 함
② 갑과 을은 근로 계약의 내용을 문서로 작성해야 함
③ **갑의 근로 시간은 근로 기준법에 위반되지 않는다. (O)**
　1일 7시간 근무이며, 1시간의 휴게 시간이 근로 시간
　도중 있으므로 근로 기준법에 위반되지 않음
④ 갑은 법정 최저 임금을 요구할 수 있음
⑤ 갑과 을이 합의하면 1일 1시간, 1주 5시간을 초과하지
　않는 한에서 연장 근로를 할 수 있음

47 청소년 노동권 ②

- **갑: 연소 근로자도 성인과 동일하게 최저 임금을
　적용받습니다. (O)** 연소 근로자는 성인과 동일하게 법정
　최저 임금을 보장받음
- 을: 연소 근로자는 임금 청구 시 법정 대리인의 동의가
　필요하지 않음, 미성년자도 독자적으로 임금을 청구할
　수 있음
- **병: 연소 근로자는 법정 대리인의 동의가 있어도 보건상
　유해 업종에서 근로할 수 없습니다. (O)**
　18세 미만인 사람(연소자)을 도덕상 또는 보건상 유해,
　위험한 업종에 사용할 수 없음
- 정: 연소 근로자는 성인과 동일하게 단결권, 단체
　교섭권, 단체 행동권 같은 노동 3권을 보장 받음

48 청소년 노동권 ②

① ㉠ 근로 시간은 근로 계약서에 명시해야 함
② **㉡의 경우 을은 갑에게 휴게 시간을 요구할 수 있다.
　(O)** 근로 시간이 4시간인 경우에는 30분 이상의 휴게
　시간을 보장해야 함
③ 합의와 무관하게 법정 최저 임금을 요구할 수 있음
④ 연소 근로자로 친권자나 후견인의 동의가 있어야
　근로 계약을 체결할 수 있음
　동의를 얻어 본인이 직접 근로 계약을 체결해야 함
⑤ 갑은 을에게 임금 전액을 현금(통화)으로 지급해야 함

49 청소년 노동권 ①

- **ㄱ. 성인과 동일한 최저 임금을 보장받습니다. (O)**
　연소 근로자도 성인과 동일하게 법정 최저 임금을
　보장받음
- **ㄴ. 자신의 임금을 독자적으로 청구할 수 있습니다. (O)**
　미성년자도 독자적으로 임금을 청구할 수 있음
- ㄷ. 보호자의 동의를 얻어 본인이 직접 근로 계약을
　체결해야 함
- ㄹ. 근무 시간 도중의 휴게 시간을 요구할 수 있음
　근로 시간이 4시간 이상인 경우에는 30분 이상의 휴게
　시간을 보장해야 함

50 청소년 노동권 ⑤

- ㄱ. 갑은 A에게 법정 최저 임금을 요구할 수 있음
　연소 근로자도 성인과 동일하게 법정 최저 임금을
　보장받음
- ㄴ. 을이 계약대로 근무할 경우 을의 실제 근로 시간은
　6시간으로 1일 임금은 60,000원임
　휴게시간은 급여를 지급하지 않음
- **ㄷ. 병은 부모님의 동의 없이 B에게 단독으로 임금을
　청구할 수 있다. (O)**
　미성년자도 독자적으로 임금을 청구할 수 있음
- **ㄹ. 갑, 을, 병은 모두 야간 근로가 원칙적으로
　금지된다. (O)** 모두 연소 근로자로 야간 근로가 금지됨

1 기본권 유형과 특징   ②

· A: 직업 선택의 자유 → 자유권
· B: 쾌적한 환경에서 생활할 권리가 포함 → 사회권

① 다른 기본권 보장의 전제가 되는 수단적 권리는
  청구권임
② **B는 실질적 평등의 실현을 위해 등장한 현대적
  권리이다. (O)** 모든 국민의 인간다운 생활 보장과
  실질적 평등의 실현을 국가에 요구할 수 있는 권리로
  가장 최근에 등장한 현대적 권리임
③ 국가의 간섭이나 침해를 받지 않을 방어적 권리는
  A 자유권에 해당함
④ 입법자가 법률을 통해 기본권을 구체화할 때 행사할 수
  있는 권리, 열거적 권리는 B 사회권임
⑤ A, B는 모두 법률로써 제한할 수 있음, 모든 자유와
  권리는 국가안전보장·질서유지 또는 공공복리를 위하여
  필요한 경우에 한하여 법률로써 제한할 수 있음

COMMENT 기본권의 성격
· 자유권: 소극적 권리, 방어적 권리, 포괄적 권리
· 평등권: 다른 기본권 보장의 전제 조건이 되는 본질적
  권리
· 사회권: 적극적 권리, 현대적 권리, 열거적 권리
· 참정권: 적극적 권리, 능동적 권리
· 청구권: 적극적 권리, 절차적 권리, 열거적 권리, 다른
  기본권 보장을 위한 수단적 권리
→ 자유권, 평등권: 국가의 존재를 전제로 하지 않는 천부
  인권적, 자연권적 성격의 권리, 국가 성립 이전부터
  인정받아 온 권리
→ 참정권, 청구권, 사회권: 국가의 존재를 전제로하는
  실정권적 성격의 권리, 적극적 권리

2 기본권 유형과 특징   ①

· A: 국가 권력의 간섭과 침해를 받지 않을 권리 →
  자유권
· B: 기본권 보장을 위한 수단적 성격의 권리 → 청구권

① **A는 소극적이고 방어적인 권리이다. (O)**
  자유권은 국가 권력에 의한 간섭이나 침해를 배제하는
  소극적, 방어적 권리임
② 국가에 특정 행위를 요구할 수 있는 절차적 권리는
  B 청구권에 해당함
  청구권은 실체적 기본권을 실현하기 위한 절차적
  권리임
③ 합리적인 이유 없이 차별을 받지 않을 권리는 평등권임
  평등권은 모든 국민을 원칙적으로 평등하게 대우하고
  합리적인 이유 없이 차별 대우 하지 않을 것을 국가에
  요구할 수 있는 권리임
  일체의 차별 대우를 부정하는 절대적, 형식적 평등이
  아니라 같은 것은 같게, 다른 것은 다르게 취급하는
  상대적, 실질적 평등을 의미함
④ 국가 기관의 형성에 참여할 수 있는 권리는 참정권임
⑤ 기본권은 법률로써 제한할 수 있음
  모든 자유와 권리는 국가안전보장·질서유지 또는
  공공복리를 위하여 필요한 경우에 한하여 법률로써
  제한할 수 있음
  기본권을 제한하는 경우에도 자유와 권리의 본질적인
  내용을 침해할 수 없음

3 기본권 유형과 특징 ⑤

① (가)가 '인간다운 삶의 보장을 국가에 요구할 수 있는 권리이다.'일 때, 공을 B 방향으로 쏘면 점수를 얻을 수 있음

② (가)가 '국가의 정치적 의사 결정 과정에 참여할 수 있는 권리이다.'일 때, 공을 C 방향으로 쏘면 점수를 얻을 수 있음

③ (가)가 '모든 영역에서 부당한 차별을 받지 않을 권리이다.'일 때, 공을 D 방향으로 쏘면 점수를 얻을 수 있음

④ B 방향으로 공을 쏘아 점수를 얻었다면 (가)에 '가장 최근에 등장한 기본권이다.'가 들어갈 수 있음
사회권은 가장 최근에 등장한 현대적 권리임

⑤ **C 방향으로 공을 쏘아 점수를 얻었다면 (가)에 '국가로부터의 간섭이나 침해를 배제하는 방어적 권리이다.'가 들어갈 수 없다. (O)** 국가로부터의 간섭이나 침해를 배제하는 방어적 권리는 A 자유권에 대한 설명임, C 방향으로 공을 쏘아 점수를 얻었다면 (가)에 '정치적 의사 결정 과정에 참여할 수 있는 권리이다.'가 들어가야 함

4 기본권 유형과 특징 ①

· 헌법과 법률이 정한 법관에 의하여 법률에 의한 재판을 받을 권리는 재판 청구권으로 ㉠에 해당하는 기본권은 청구권임

① **기본권 보장을 위한 수단적 권리이다. (O)**
청구권은 다른 기본권을 보장하기 위한 수단적 권리임

② 가장 최근에 등장한 현대적 권리는 사회권임

③ 합리적 이유 없이 차별을 받지 않을 권리는 평등권임

④ 국가 권력에 의한 침해를 배제하는 소극적 권리는 자유권임

⑤ 국가의 정치적 의사 형성 과정에 참여하는 능동적 권리는 참정권임

5 기본권 유형과 특징 ①

· A: 국민이 대표자를 선출할 수 있는 권리 → 참정권

① **정치 과정에 참여할 수 있는 능동적 권리이다. (O)**
참정권은 국가 기관의 형성과 정치적 의사 결정 과정에 참여할 수 있는 능동적 권리임

② 다른 기본권 보장을 위한 절차적·수단적 권리는 청구권임

③ 국가 권력에 의한 간섭을 배제하는 방어적 권리는 자유권임

④ 인간다운 생활의 보장을 국가에 요구할 수 있는 적극적 권리는 사회권임

⑤ 자본주의 발달에 따른 빈부 격차 문제를 해결하고자 등장한 현대적 권리는 사회권임

6 기본권 유형과 특징 ②

· A: 모든 국민에게 사회적 안전망을 제공, 경제적·사회적· 문화적 생활 수준을 유지하는데 필요한 기본적인 급부를 국가에 요구하는 권리 → 사회권

① 국민 주권주의를 실현하는 능동적 권리는 참정권임
참정권은 국민 주권주의를 실현하는 정치적 기본권이자 정치적 의사 결정 과정에 참여할 수 있는 능동적 권리임

② **실질적 평등 실현을 위해 등장한 현대적 권리이다. (O)**
사회권은 최소한의 인간다운 생활과 실질적 평등의 실현을 국가에 요구할 수 있는 권리로 가장 최근에 등장한 현대적 권리임

③ 국가의 간섭이나 침해를 받지 않을 방어적 권리는 자유권임

④ 기본권 침해 시 이를 구제받기 위한 절차적 권리는 청구권임

⑤ 헌법에 열거되지 않더라도 보장되는 포괄적 권리는 자유권임

· A: 인간다운 생활을 보장받을 권리, 사회권
· B: (가), 청구권
· C: 역사적으로 가장 오래된 권리, 자유권

① 다른 기본권 보장을 위한 수단적 권리는 B 청구권임
② 국가의 정치 과정에 참여할 수 있는 권리는 참정권임
③ A 사회권의 실현을 위해 우리 헌법은 최저 임금제
   시행을 규정하고 있음
④ **A와 B는 적극적 권리, C는 소극적 권리이다. (O)**
   사회권은 국민이 국가에 인간다운 생활 보장을
   요구하는 적극적 권리에 해당함
   청구권은 국민이 기본권을 침해당했을 때 구제를
   청구하는 적극적 권리에 해당함
   자유권은 국가 권력에 의한 간섭이나 침해를 배제하는
   소극적, 방어적 권리에 해당함
⑤ '외부로부터 간섭을 받지 않을 권리'는 C 자유권에
   대한 설명임, (가)에는 B 청구권에 대한 설명이
   들어가야 함

· A: 직업을 자유롭게 선택할 수 있는 권리 → 자유권

① **국가 권력에 의한 침해를 배제하는 방어적 권리이다.**
   (O) 자유권은 국가 권력에 의한 간섭이나 침해를
   배제하는 소극적, 방어적 권리에 해당함
② 기본권 침해 시 이를 구제받기 위한 절차적 권리는
   청구권임
③ 자본주의의 문제점을 해결하기 위해 등장한 권리는
   사회권임
④ 국가의 존재를 전제로 하여 인정되는 적극적 권리는
   사회권, 청구권에 해당함
⑤ 주권자로서 국가의 정치 과정에 참여할 수 있는 권리는
   참정권임

· 능력에 따라 균등하게 교육받을 권리 → 실질적 평등
   실현, 교육받을 권리로 C는 사회권임
· 헌법과 법률이 정한 법관에 의해 공정하고 신속한
   재판을 받을 수 있는 권리는 청구권임, A는 오답으로
   B가 청구권이 됨, 따라서 A는 참정권임

① ㉠ 국가 및 공공 단체의 구성원으로서 직무를 담당할
   수 있는 권리는 공무 담임권으로 참정권 A에 해당함
   건강하고 쾌적한 환경에서 생활할 수 있는 권리는
   C 사회권으로 ㉡은 1점임
② 근로의 권리는 C 사회권에 해당함
③ **B는 다른 기본권 보장을 위한 수단적 권리이다. (O)**
   청구권은 다른 기본권을 보장하기 위한 수단적 권리임
④ 국민 주권주의의 실현을 위한 정치적 기본권은 A
   참정권임
⑤ C는 현대 복지 국가 헌법에서 보장됨

· '역사적으로 가장 오래된 기본권인가?'라는 질문에
   '예'라고 답한 A는 자유권임, 따라서 B는 사회권에
   해당함

① **A는 국가 권력으로부터 간섭받지 않을 권리이다. (O)**
   자유권은 국가 권력에 의한 간섭이나 침해를 배제하는
   소극적, 방어적 권리임
② 국가의 정치 과정에 참여할 수 있는 권리는 참정권임
③ B 사회권은 국민이 국가에 인간다운 생활 보장을
   요구하는 적극적 권리에 해당함
④ ㉠은 '아니요'임, 다른 기본권 보장을 위한 수단적
   성격의 권리는 청구권에 해당함
⑤ 다른 기본권 보장의 전제 조건이 되는 권리는 평등권임

11 기본권 유형과 특징 ②

· 국가 배상 청구권 → 청구권
· 공무 담임권, 선거권 → 참정권, A
· 보건권, 환경권, 단결권 → 사회권

① 가장 최근에 등장한 현대적 권리는 사회권에 해당함
② **국가의 정치 과정에 참여할 수 있는 권리이다. (O)**
　선거권, 공무 담임권, 국민 투표권 등이 참정권에
　포함됨
③ 기본권 침해를 구제받기 위한 수단적 권리는 청구권임
④ 국가 권력으로부터 간섭받지 않을 방어적 권리는
　자유권임
⑤ 최소한의 인간다운 생활을 보장받을 수 있는 권리는
　사회권에 해당함

COMMENT 기본권의 특징과 함께 기본권에 해당하는
내용을 잘 파악하고 있어야 함
청구권- 청원권, 재판 청구권, 국가 배상 청구권 등
참정권- 선거권, 공무 담임권, 국민 투표권 등
사회권- 교육받을 권리, 근로의 권리, 근로 3권(단결권,
단체 교섭권, 단체 행동권), 환경권, 보건권 등

12 기본권 유형과 특징 ⑤

· ㉠ 청원서 제출, ㉡ 보상 청구 → 청구권

① 합리적 이유 없이 차별을 받지 않을 권리는 평등권임
② 실질적 평등의 실현을 위해 등장한 현대적 권리는
　사회권에 해당함
③ 국가 권력에 의한 침해를 배제하는 소극적 권리는
　자유권에 해당함
④ 국가의 정치적 의사 결정에 참여할 수 있는 능동적
　권리는 참정권에 해당함
⑤ **다른 기본권이 침해되었을 때 이를 구제하기 위한**
　수단적 권리이다. (O)
　국민의 기본권이 침해되었을 때 이를 구제받기 위한
　수단적 성격을 지닌 권리
　청원권, 재판 청구권, 국가 배상 청구권 등이 이에
　해당함

13 기본권 제한 ⑤

· 기본권 제한
　목적: 국가 안전 보장, 질서 유지, 공공복리
　형식: 국회가 제정한 법률에 의거하여 제한
　방법: 과잉 금지 원칙(비례의 원칙) 정당한 목적을
　달성하는 데 필요한 범위 안에서 제한

14 권력 분립 제도 ①

· A는 예산안에 대한 심의, 의결권을 갖는 국회,
　B는 조약 체결, 비준권을 갖는 대통령임
　입법권은 국회에, 행정권은 정부에, 사법권은 법원에
　속하도록 국가 권력을 나누고 있으며 각 기관 간의 권력
　남용을 억제하기 위한 견제 장치를 마련하고 있음

① **탄핵 소추권 (O)**
　국회가 정부를 견제하는 수단임
　탄핵 소추권: 대통령을 비롯하여 법률이 정하는
　공무원이 헌법이나 법률을 위반하여 직무를 집행했을
　때 국회가 헌법 재판소에 탄핵 심판을 요구하는 권한
② 법률안 거부권
　정부가 국회를 견제하는 수단임
　대통령은 국회가 의결한 법률안에 재의를 요구할 수
　있음
③ 국무 위원 임명 제청권
　국무총리의 권한임
④ 명령·규칙·처분 심사권
　법원이 정부를 견제하는 수단임
　행정부가 제정한 명령이나 규칙이 헌법이나 법률에
　위배되는 여부가 재판의 전제가 된 경우에 대법원은
　이를 최종적으로 심사할 수 있음
⑤ 대법원장·대법관 임명권
　정부가 법원을 견제하는 수단임
　대법원장, 대법관은 대통령이 임명함

COMMENT 권력 분립 제도는 인권 보장을 위한 헌법의
제도적 장치로 미래엔, 지학사, 비상, 동아 등 모든
통합사회2 교과서에 수록됨

COMMENT ③ 선지는 통합사회 교과서 내의 내용
요소가 아님

· 위헌 법률 심판 제청권은 법원이 국회를 견제하는
　수단임, 따라서 (가)는 법원, (나)는 정부임
· A: 국회가 정부를 견제하는 수단, 국정 감사 및 조사권
· B: 정부가 국회를 견제하는 수단, 법률안 거부권
· C: 법원이 정부를 견제하는 수단, 명령·규칙·처분 심사권

① 외국과 조약을 체결하고 외교 사절을 파견하는 것은
　(나) 정부임
② (가) 법원은 대법원과 각급 법원으로 구성됨
③ **국정 감사권은 A에 해당한다. (O)**
　국정 감사권은 국회가 정부를 견제하는 수단임
　국회는 매년 정기적으로 국정 전반을 감사할 수 있는
　국정 감사권과 국정에 특정한 사안이 생기면이를
　조사할 수 있는 국정 조사권을 가짐
④ 국무총리 임명 동의권은 국회가 정부를 견제하는 수단
　A에 해당함
　대통령이 국무총리를 임명하기 위해서는 반드시 국회의
　동의를 받아야 함
⑤ 예산안 심의 · 확정권은 국회가 정부를 견제하는 수단
　A에 해당함

COMMENT 국무총리 임명 동의권, 예산안 심의·확정권
내용도 추가적으로 알아둘 것

16 권력 분립 제도　　　④

· A: 입법부가 행정부를 견제하는 수단
　　→ 국정 감사권, 국무총리 임명 동의권
· B: 사법부가 행정부를 견제하는 수단
　　→ 명령·규칙·처분 심사권

– 사면권: 행정부가 사법부를 견제하는 수단
　대통령은 법원이 선고한 형벌을 소멸시키거나 감형,
　복권을 명할 수 있음
– 탄핵 심판권: 헌법 재판소의 권한
　국회가 탄핵소추를 의결하면 탄핵 사유의 정당성과 파면
　여부를 최종적으로 판단
　탄핵소추권은 국회가 행정부, 사법부를 견제하는 수단임

17 권력 분립 제도　　　⑤

· 법률안 거부권은 정부가 국회를 견제하는 수단임,
　따라서
　A는 대통령, B는 국회, C는 대법원에 해당함
· (가)는 대법원이 대통령을 견제하는 수단, (나)는 국회가
　대법원을 견제하는 수단에 해당함

① C 대법원은 선거 소송에 대한 최종심을 관할함
② 국가 안위에 관한 중요 정책을 국민 투표에 부칠 수
　있는 권한은 A 대통령에게 있음
③ 사면을 명할 수 있는 사면권은 A 대통령에게 있음
④ '국무총리 임명 동의권'은 국회가 대통령을 견제하는
　수단임
⑤ **(나)에 '탄핵 소추권'이 들어갈 수 있다. (O)**
　국회는 탄핵 소추권을 통해 대통령, 대법원을 견제할
　수 있음

COMMENT 탄핵 소추권은 대통령을 비롯하여 법률이
정하는 공무원이 헌법이나 법률을 위반하여 직무를
집행했을 때 국회가 헌법 재판소에 탄핵 심판을 요구하는
권한으로 대통령, 대법원을 견제할 수 있는 수단임

18 권력 분립 제도　　　④

· 국가 원수의 지위를 가지는 A는 대통령, 탄핵 소추권을
　가지는 B는 국회, C는 법원임
· ㉠: 국회가 대통령을 견제하는 수단
· ㉡: 법원이 국회를 견제하는 수단

① C 법원은 명령·규칙·처분 심사권을 가짐
　명령·규칙·처분 심사권은 법원이 정부를 견제하는
　수단임
② A 대통령은 조약의 체결·비준권을 가짐
③ A 대통령은 긴급 재정·경제 처분 및 명령권을 가짐
④ **㉠에는 '국무총리 임명 동의권'이 들어갈 수 있다. (O)**
　국무총리 임명 동의권은 국회가 정부를 견제하는 수단,
　대통령이 국무총리를 임명하기 위해서는 반드시 국회의
　동의를 받아야 함
⑤ '정당 해산 심판권'은 헌법 재판소의 권한임

19 권력 분립 제도 ③

- 갑: 법률의 제정 및 개정, 헌법 개정안 의결 담당 → 국회
- 을: 행정부 지휘, 감독, 헌법과 법률이 정하는 바에 의해 국군 통수 → 대통령
- (가): 국회가 대통령을 견제하는 수단
- (나): 대통령이 국회를 견제하는 수단

- 탄핵 소추권: 국회가 대통령을 견제하는 수단임
  대통령을 비롯하여 법률이 정하는 공무원이 헌법이나 법률을 위반하여 직무를 집행했을 때 국회가 헌법 재판소에 탄핵 심판을 요구하는 권한
- 국무위원 해임 건의권: 국회가 대통령을 견제하는 수단임
  국회는 국무총리 또는 국무위원의 해임을 대통령에게 건의할 수 있음
- 명령·규칙·처분 심사권: 법원이 정부를 견제하는 수단임
  행정부가 제정한 명령이나 규칙이 헌법이나 법률에 위배되는 여부가 재판의 전제가 된 경우에 대법원은 이를 최종적으로 심사할 수 있음
- 법률안 거부권: 대통령이 국회를 견제하는 수단
  대통령은 국회가 의결한 법률안에 재의를 요구할 수 있음
- 권한 쟁의 심판권, 위헌 정당 해산 심판권은 모두 헌법 재판소의 권한임
- 감사원장 임명 동의권: 국회가 대통령을 견제하는 수단임
  대통령은 국회의 동의 없이 감사원장을 임명할 수 없음

COMMENT 국무총리 임명 동의권과 함께 국무위원 해임 건의권을 추가적으로 알아둘 것

20 헌법 재판소의 역할과 기능 ⑤

- ㄱ. A는 헌법재판소임, 헌법 소원 심판은 헌법재판소에 청구함
- ㄴ. ㉠위헌 법률 심판은 사법부가 입법부를 견제하는 수단임
- **ㄷ. ㉠을 통해 헌법이 법률보다 상위법임을 알 수 있다.** (O) 위헌 법률 심판은 법률의 헌법에 위반 여부를 판단하는 재판임, 따라서 헌법이 법률보다 상위법임을 전제로 함
- **ㄹ. ㉡은 국민의 기본권 보호를 목적으로 한다.** (O) 헌법 소원 심판은 국민의 기본권 보호를 목적으로 함

21 위헌 법률 심판, 헌법 소원 심판 ②

① ㉠ 위헌 법률 심판 제청은 당사자의 신청 없이 해당 법원의 직권으로도 할 수 있음
② **㉡은 위헌 심사형 헌법 소원 심판이다.** (O)
  갑의 위헌 법률 심판 제청 신청을 법원이 기각하여 직접 헌법재판소에 그 법률 조항의 위헌 여부에 대한 심판을 청구함, 따라서 ㉡은 위헌 심사형 헌법 소원 심판임
③ ㉡ 헌법 소원 심판의 결과에 대해 불복할 수 없음
④ ㉡ 헌법 소원 심판을 담당하는 기관은 헌법재판소임
  명령·규칙의 위헌·위법 여부에 대한 최종 심사권을 가지는 기관은 대법원에 해당함
⑤ ㉠ 위헌 법률 심판 제청 신청은 해당 법원에, ㉡ 헌법 소원 심판의 청구는 헌법재판소에 해야 함

COMMENT 위헌 심사형 헌법 소원 심판, 권리 구제형 헌법 소원 심판 내용은 천재 교과서에 기재됨, 구분해서 알아둘 것

- 위헌 심사형 헌법 소원 심판: 재판 당사자가 법원에 위헌 법률 심판 제청 신청을 하였으나 받아들여지지 않았을 경우 헌법재판소에 직접 청구하는 심판
- 권리 구제형 헌법 소원 심판: 국가 권력의 행사 또는 불행사 때문에 기본권을 침해받은 국민이 청구하는 심판

22 기본권 제한 ⑤

- 헌법재판소는 사실 적시 명예훼손죄가 표현의 자유를 제한하지만, 개인의 명예 보호라는 공익을 위해 정당하고 필요한 규정이라 판단하여 청구를 기각함

- ㄱ. 갑이 침해당했다고 주장하는 기본권은 자유권임 다른 기본권을 보장하기 위한 수단적 권리는 청구권에 해당함
- ㄴ. 헌법 재판소는 해당 조항이 명예 훼손 행위를 억제하는 데 적절한 방법이라고 판단함
- ㄷ. 헌법 재판소는 해당 조항이 피해의 최소성을 갖추었다고 판단하였다. (O)
  '명예 훼손 행위에 대한 실효적 구제 방법이 마련되어 있지 않은 상황에서 이 조항을 대체하면서도 기본권을 덜 침해하는 수단이 존재하지 않는다고 판단하였다' 라는 부분에서 피해의 최소성을 갖추었다고 볼 수 있음
- ㄹ. 헌법 재판소는 해당 조항을 통해 보호하려는 개인의 명예와 인격보다 제한되는 표현의 자유가 더 크다고 할 수 없다고 판단하였다. (O)
  개인의 명예와 인격은 헌법상 중요한 기본권으로서, 이를 보호하기 위한 기본권 제한은 필요하다고 보아 갑의 청구를 기각함

23 기본권 제한 ②

① 갑이 침해당했다고 주장하는 기본권은 자유권으로 소극적, 방어적 성격의 권리임
② ○○법원은 해당 법률 조항들이 헌법에 위반된다고 판단하였다. (O) 법원이 헌법 재판소에 위헌 법률 심판을 제청한 것으로 보아 해당 법률 조항이 헌법에 위반된다고 판단했음을 알 수 있음
③ 헌법 재판소는 해당 법률 조항들에 대해 위헌 법률 심판을 함 재판 중인 사건에서 다루는 법률의 위헌 여부를 심사하는 제도는 위헌 법률 심판임
④ 헌법 재판소는 해당 법률 조항들이 목적의 정당성을 충족한다고 판단하여 과잉 금지의 원칙에 위반되지 않는다고 결정함
⑤ 헌법 재판소의 합헌 결정으로 인해 해당 법률 조항들의 효력이 유지됨, 따라서 안경사가 아닌 자의 안경업소 개설이 불가능함

24 기본권 제한 ②

① 갑이 침해받았다고 주장한 것은 표현의 자유로 이는 자유권에 해당함
② △△법원은 해당 법률 조항이 헌법에 위반되지 않는다고 판단하였다. (O) 위헌 법률 심판 제청 신청을 기각한 것을 보아 해당 법률 조항이 헌법에 위반되지 않는다고 판단한 것을 알 수 있음
③ 갑은 위헌 심사형 헌법 소원 심판을 청구함 갑이 법원에 위헌 법률 심판 제청 신청을 하였으나 기각되어 헌법재판소에 직접 청구한 심판으로 위헌 심사형 헌법 소원 심판에 해당함
④ 헌법 소원 심판은 법원이 직권으로 청구할 수 없음
⑤ 헌법 재판소는 해당 법률 조항이 과잉 금지 원칙에 위반되지 않는다고 결정한 것을 통해 해당 법률이 헌법에 위반되지 않는다고 판단한 것을 알 수 있음

25 위헌 법률 심판, 헌법 소원 심판 ④

- ㄱ. ○○법원은 갑의 제청 신청이 없어도 직권으로 위헌 법률 심판을 제청할 수 있음 법원이 직권으로 청구할 수 없는 것은 헌법 소원 심판에 해당함
- ㄴ. ○○법원은 해당 법률 조항이 헌법에 위반된다고 판단하였다. (O) 갑의 위헌 법률 심판 제청을 기각하지 않고 헌법 재판소에 위헌 법률 심판 제청을 한 것을 통해 해당 법률 조항이 헌법에 위반된다고 판단하였음을 알 수 있음
- ㄷ. 헌법 재판소는 해당 법률 조항에 대해 위헌 법률 심판을 함
- ㄹ. 헌법 재판소는 해당 법률 조항이 과잉 금지의 원칙에 위반된다고 판단하였다. (O) 해당 법률 조항에 대해 목적의 정당성을 인정할 수 없다고 한 점을 통해 과잉 금지 원칙에 위반된다고 판단하였음을 알 수 있음

COMMENT 위헌 법률 심판과 위헌 심사형 헌법 소원 심판을 구분해서 알아둘 것

- 위헌 법률 심판: 재판 중인 사건에서 다루는 법률의 위헌 여부를 심사하는 제도
- 위헌 심사형 헌법 소원 심판: 재판 당사자가 법원에 위헌 법률 심판 제청 신청을 하였으나 받아들여지지 않았을 경우 헌법재판소에 직접 청구하는 심판

26 시민 불복종 ⑤

· 강연자: 롤스 시민 불복종
 심각하게 부정의한 법이나 정책에 변혁을 가져올
 목적으로 행해지는, 법에 반하는 정치적 행위

① '시민 불복종은 민주 헌법을 규제하는 원칙에 대한
 항거인가?'는 부정의 답을 할 질문임
 헌법의 정당성을 인정하면서, 헌법이 구현해야 할 정의의
 원칙이 심각하게 위배될 때 이를 바로잡기 위한 행위임
② '시민 불복종은 부정의한 모든 법에 대해 행사되어야
 하는가?'는 부정의 답을 할 질문임
 거의 정의로운 사회의 시민이라면 일부 법이
 부정의하더라도 그 법이 정당한 절차로 제정되었다면
 따라야 할 의무가 있다고 봄
 인간의 기본적 자유와 권리를 심각하게 침해하는
 부정의한 법이나 정책을 시민 불복종의 대상으로 봄
③ '시민 불복종은 개인적 도덕 원칙에 의거하여
 행사되어야 하는가?'는 부정의 답을 할 질문임
 다수의 공유된 정의관에 의거해야 한다고 봄
④ '시민 불복종은 법에 대한 충실성의 한계를 벗어나는
 행위인가?'는 부정의 답을 할 질문임
 시민 불복종이 법에 반하는 것이기는 하지만 법에 대한
 충실성의 한계 내에서 이루어진다고 봄
⑤ **시민 불복종은 불법적이지만 민주 체제를 안정시키는
 행위인가? (O)** 긍정의 답을 할 질문임
 '시민불복종은 법에 대한 충실성의 한계 내에서
 부정의에 항거함으로써 정의로부터의 이탈을 방지하고,
 교정하는 데 도움이 된다.'라고 함

27 시민 불복종 ④

· 시민 불복종 정당화 조건: 최후의 수단, 비폭력적인
 방법, 목적의 정당성, 공개적 진행, 처벌 감수

① 공개적으로 시행되어야 함
② 비폭력적인 방법을 사용해야 함
③ 위법 행위에 대한 처벌을 감수해야 함
④ **개인적 도덕 원칙과 종교적 신념에 근거해야 한다. (X)**
 다수의 공유된 정의관에 의거해야 한다고 봄
⑤ 일부의 정의롭지 못한 법이나 정책에 국한되어야 함

28 시민 불복종 ④

· 강연자: 소로 시민 불복종
 자신의 양심에 어긋나는 법에 대해 시민 불복종 할 수
 있다고 봄

− ㄱ. 법에 대한 존경심보다 정의에 대한 존경심을 키워야
 한다고 강조함, 불의한 법이 불의를 저지르게 한다면 그
 법을 어겨야 한다고 봄
− ㄴ. **인권을 훼손하는 제도에 대한 불복종은 정당화될 수
 있다. (O)** 인권을 훼손하는 제도는 심각하게 부정의한
 제도로 시민 불복종의 대상임
− ㄷ. 자신의 양심에 어긋나더라도 국가의 제도를
 준수하면 불의한 일에 가담할 수 있다고 보며 자신의
 양심에 어긋나더라도 국가의 제도를 준수해야 한다고
 보지 않음
− ㄹ. **부당한 법에 저항하는 것은 인간의 의무에 부합할
 수 있다. (O)** '우리의 의무는 언제든 내가 옳다고
 생각하는 바를 행하는 것이다'라는 점에서 알 수 있음

COMMENT 동아 교과서에는 롤스와 함께 소로의 시민
불복종에 관한 내용이 기재됨

COMMENT

· 소로는 양심에 따라 부정의에 대해 적극적으로
 불복종해야 한다고 보았으며, 법에 대한 존경심보다
 정의에 대한 존경심이 더 중요하다고 봄
· 롤스는 사회적 다수에 의해 공유된 정의관, 정의의
 원칙(평등한 자유의 원칙, 공정한 기회 균등의 원칙)이
 시민 불복종의 근거가 되어야 한다고 봄

· 사상가: 롤스
시민 불복종= 법이나 정부의 정책에 변혁을 가져올
목적으로 행해지는, 공공적이고 비폭력적이며 양심적이긴
하지만 법에 반하는 정치적 행위

① 시민 불복종의 목적을 정치 체제 변혁이라고 보지 않음
심각하게 부정의한 법이나 정책을 바꾸는 것을
목적으로 행해진다고 봄
② 시민 불복종은 비폭력적으로 행해져야 한다고 봄
③ **시민 불복종은 위법이지만 사회 정의를 추구하는**
행위이다. (O) 시민 불복종은 의도적인 위법
행위이지만 사회 정의의 실현 등 공익을 목표로
행해지는 행위임
④ 시민 불복종은 다수결의 원칙이 아닌, 정의의 원칙에
의거하여 지도되어야 한다고 봄
⑤ 시민 불복종의 참여자는 부정의한 모든 법에
불복종해야 한다고 보지 않음
거의 정의로운 사회의 시민이라면 일부 법이
부정의하더라도 그 법이 정당한 절차로 제정되었다면
따라야 할 의무가 있다고 봄
인간의 기본적 자유와 권리를 심각하게 침해하는
부정의한 법이나 정책을 시민 불복종의 대상으로 봄

· 갑: 결과주의적, 공리주의적 관점 → 싱어
· 을: 정의의 원칙에 의해 지도
평등한 자유의 원칙, 기회 균등의 원칙을 심각하게
위반한 법과 정책을 대상으로 함 → 롤스

① 싱어는 다수가 동의한 법이라도 시민 불복종을 통해
중단시키려 하는 악의 크기가 시민 불복종이 가져올
법과 민주주의에 대한 존중심 감소 정도보다 더 크다면
시민 불복종이 실행 가능하다고 봄
② 싱어는 결과주의적, 공리주의적 관점에서 사회적
이익과 손해를 고려하여 시민 불복종이 실행되어야
한다고 봄
③ **을: 시민 불복종의 목적은 부정의한 정치 체제를**
변혁하는 것이다. (X) 롤스는 정치 체제의 변혁을 시민
불복종의 목적으로 보지 않음, 체제 전체를 뒤엎는
행위가 아니라 일부 심각하게 부정의한 법이나 정책을
개정하는 것을 목표로 함
④ 롤스는 시민 불복종의 대상에 기본권을 침해하는 법이
포함될 수 있다고 봄, 기본권을 침해하는 법이 평등한
자유의 원칙, 공정한 기회 균등의 원칙이라는 정의의
원칙을 심각하게 위반한 경우 시민 불복종의
대상이라고 봄
⑤ 싱어와 롤스는 모두 시민 불복종은 위법 행위이지만
사회 정의를 지향하는 행위라고 봄

COMMENT 미래엔 교과서에는 롤스와 함께 싱어의 시민
불복종에 관한 내용이 기재됨

31 시민 불복종 ③

- 사상가: 롤스 시민 불복종
  다수의 정의감에 호소, 최후의 수단, 의도적인 위법
  행위, 법에 대한 충실성, 처벌 감수

- ㄱ. 시민 불복종은 공개적인 시도이지만 합법적인
  행위가 아닌, 의도적인 위법 행위임
- ㄴ. **시민 불복종은 최후의 수단으로 시도되어야 한다.**
  (O) 정치적 다수자에게 정상적인 호소를 성실하게
  해왔지만 그것이 실패한 경우, 즉 합법적인 방법을
  시도했지만 실패했을 때 최후의 수단으로 시도해야 함
- ㄷ. **시민 불복종은 처벌을 감수해야 하는 정의로운**
  행위이다. (O) 법체계 전체를 부정하는 것이 아니므로
  자신의 위법 행위에 대한 처벌을 감수해야 함
- ㄹ. 시민 불복종은 오직 개인적인 도덕 원칙이 아닌,
  다수의 공유된 정의관에 의거해야 한다고 봄

32 시민 불복종 ④

- 갑: 다수의 정의감에 호소하는 행위
  공개적이고 비폭력적이며, 법에 대한 충실성의 한계
  내에서 이루어지는 의도적인 위법 행위 → 롤스
- 을: 결과주의적, 공리주의적 관점 → 싱어

① 롤스는 시민 불복종으로 인해 받게 될 처벌까지
  감수해야 한다고 봄
② 정의의 원칙에 위배되는 모든 법에 대해 불복종해야
  한다고 보지 않음, 평등한 자유의 원칙과 공정한 기회
  균등의 원칙을 심각하게 위배한 법과 정책이 시민
  불복종 대상이라고 봄
③ 싱어는 다수의 견해에 부합해야만 시민 불복종이
  정당화된다고 보지 않음
  다수결로 제정된 법이라도 심각한 악을 낳는다면, 그
  악의 크기가 민주주의 존중심 감소보다 크다고 판단될
  때 시민 불복종은 정당화될 수 있다고 봄
④ **을: 시민 불복종이 의도하는 목표의 달성 가능성을**
  고려해야 한다. (O)
  싱어는 공리주의 입장에서 시민 불복종 결과가 가져올
  이익, 손해, 성공 가능성 등을 고려해야 한다고 봄
⑤ 롤스, 싱어 모두 정의로운 헌법하에서 부정의한 법이
  제정될 수 없다고 보지 않으며 시민 불복종의 필요성을
  인정함

COMMENT 미래엔 교과서에는 롤스와 함께 싱어의 시민
불복종에 관한 내용이 기재됨

33 시민 불복종   ①

· 갑: 롤스, 을: 싱어

① 갑: 시민 불복종은 부정의한 모든 법을 대상으로
   행해져야 한다. (X) 평등한 자유의 원칙과 공정한 기회
   균등의 원칙을 심각하게 위배한 법과 정책이 시민
   불복종 대상이라고 봄
② 롤스는 시민 불복종은 거의 정의로운 사회 내에서 성립될
   수 있다고 봄, 완전히 정의로운 사회에서는 부정의한
   법과 정책이 존재하지 않음으로 시민 불복종이 발생할
   일이 없다고 보았으며, 심각하게 부정의한 사회에서는
   시민 불복종이 성립할 수 없다고 함
③ 싱어는 공리주의적 관점에서 시민 불복종은 사회적
   이익을 증진할 목적으로 행해져야 한다고 봄
④ 싱어는 시민 불복종은 민주적 의사 결정을 복원하려는
   정당한 시도라고 봄
⑤ 롤스와 싱어는 모두 시민 불복종은 위법적이지만
   부정의를 개선하기 위한 행위라고 봄

34 시민 불복종   ①

· 강연자: 롤스

① 시민 불복종은 합법적이며 도덕적인 행위이다. (X)
   '체제의 변혁이 아닌 법이나 정책에 변혁을 가져올
   목적으로 행해지는 공공적이고 비폭력적이며
   양심적이긴 하지만 법에 반하는 정치적 행위', '법에
   바깥 경계선에 있지만 법에 대한 충실성의 한계 내에서
   법에 대한 불복종'이라고 봄
   즉, 시민 불복종은 의도적인 위법 행위임
② 시민 불복종은 민주적 입헌 체제의 안정에 기여함
   시민 불복종은 공익을 목적으로 행해지므로
   정의로운 사회로 나아가고 민주적 입헌 체제의 안정에
   기여한다고 봄
③ 시민 불복종은 다수의 공유된 정의관에 의거해야
   한다고 보며, 공공의 정의관에 근거하여 정당화될 수
   있다고 함
④ 시민 불복종 참여자는 불복종에 대한 처벌을 감수해야 함
   법체계 전체를 부정하는 것이 아니므로 자신의 위법 행위에
   대한 처벌을 감수해야 함
⑤ 시민 불복종 참여자는 평등한 자유의 원칙을
   준수하고자 함
   정의의 원칙에 의거하여 평등한 자유의 원칙, 공정한
   기회 균등의 원칙을 준수하고자 함

35 시민 불복종   ①

· 사상가: 롤스

① 시민 불복종은 다수의 정의감에 호소하는 양심적
   행위이다. (O) 시민 불복종은 다수자가 갖는 정의감에
   호소하여 자유롭고 평등한 인간들 간의 자유로운
   협동의 조건이 침해되었다는 것을 정당하게 알리는
   것이라고 봄
② 시민 불복종은 정치 체제의 변혁을 목적으로 하지 않음
   정치 체제의 변혁이 아닌 법이나 정책에 변혁을 가져올
   목적으로 행해짐
③ 시민 불복종은 공개적으로 이루어져야 하는 정치적
   행위임
   불복종의 정당성과 정의의 규범적, 윤리적 근거를
   알리기 위해 공개적으로 이루어져야 함
④ 시민 불복종은 부정의한 모든 법을 의도적으로 어기는
   행위가 아닌, 평등한 자유의 원칙과 공정한 기회
   균등의 원칙을 심각하게 위배한 법과 정책을
   의도적으로 어기는 행위라고 봄
⑤ 시민 불복종은 폭력이 허용될 수 없음 비폭력적으로
   행해져야 함

36 시민 불복종   ④

· 갑: 롤스, 을: 싱어

① 롤스는 종교적 가르침이 아닌 정의의 원칙, 공유된
   정의관에 의거하여 실시되어야 한다고 봄
② 소수자의 자유를 침해하는 법이 정의의 원칙(평등한
   자유의 원칙, 공정한 기회 균등의 원칙)을 심각하게
   위배한 경우 시민 불복종의 대상이 될 수 있다고 봄
③ 싱어도 시민 불복종으로 인해 초래되는 법적인 처벌을
   감수해야 한다고 봄
④ 을: 시민 불복종을 통해 중단시킬 해악의 크기를
   고려할 필요는 없다. (X)
   싱어는 해악의 크기를 고려하여 사회적 이익을 증진할
   목적으로 행해져야 한다고 봄
⑤ 롤스와 싱어는 다수결에 의해 제정된 법도 시민
   불복종의 대상이 될 수 있다고 봄

37 시민 불복종   ③

· 사상가: 롤스

① 시민 불복종은 정치 체제의 변혁이 아닌 부정의한 법과
  제도의 변혁을 목적으로 함
② 모든 부정의한 법과 제도가 아닌 평등한 자유의 원칙과
  공정한 기회 균등의 원칙을 심각하게 위배한 법과
  정책을 시민 불복종 대상으로 봄
③ **시민 불복종은 처벌을 감수해야 하는 위법 행위이다.**
  (O) 법체계 전체를 부정하는 것이 아니므로 자신의
  위법 행위에 대한 처벌을 감수해야 함
④ 시민 불복종은 정의의 원칙, 공유된 정의관에 근거해야 함
⑤ 시민 불복종은 사회의 안정에 기여하는 공개적 행위임

38 시민 불복종   ⑤

· 갑: 공유된 정의감에 대한 호소 → 롤스
· 을: 법에 대한 존경심보다 정의에 대한 존경심을 길러야
  한다 → 소로

- ㄱ. A: '법에 대한 양심적 거부는 모두 시민 불복종에
  해당하는가?'라는 질문은 롤스가 부정의 답을 할
  질문임
- ㄴ. B: '모든 부정의한 법과 정책은 시민 불복종의
  대상이 되는가?'라는 질문은 롤스가 부정의 답을 할
  질문임
- ㄷ. B: **시민 불복종은 정의의 원칙에 의해 정당화될 수**
  있는가? (O) 롤스가 긍정의 답을 할 질문임
  사회 구성원들이 공유하는 다수의 정의관, 정의의
  원칙에 의해 정당화될 수 있다고 봄
- ㄹ. C: **부정의한 법에 대한 즉각적 불복종은 정당화될**
  수 있는가? (O) 소로가 긍정의 답을 할 질문임
  개인이 양심과 정의에 따라 행동할 도덕적 책임을
  지니며, 법이 정의롭지 못하다면 즉각적으로 불복종
  해야 한다고 봄

COMMENT 동아 교과서에는 롤스와 함께 소로의 시민
불복종에 관한 내용이 기재됨

39 사회적 소수자 통계 자료 분석   ③

- ㄱ. 남성 장애 인구는 여성 장애 인구보다 많음
  무학의 남성 장애 인구는 4.8%, 여성 장애 인구는
  21.8%임, 전체 장애 인구는 11.6%로 남성 장애
  인구가 더 많음을 알 수 있음
- ㄴ. 전체 여성 중졸자 수는 전체 남성 초졸자 수와
  같다. (O) 여성 전체 인구와 남성 전체 인구는 동일함
  여성 중졸자 비율과 남성 초졸자 비율이 11.2%로
  동일하기 때문에 여성 중졸자 수와 남성 초졸자 수는
  같음
- ㄷ. 남성 장애 인구에서 고졸 이상이 차지하는 비율이
  여성 장애 인구에서 고졸 이상이 차지하는 비율보다
  높다. (O) 남성 장애 인구에서 고졸 이상이 차지하는
  비율은34.5+20.1로 54.6%
  여성 장애 인구에서 고졸 이상이 차지하는 비율은
  18.5+8.1=26.6%
- ㄹ. 남성 전체 인구에서 중졸 이하가 차지하는 비율
  (1.7+11.2+10.0=22.9%)이 여성전체 인구에서 중졸
  이하가 차지하는 비율(5.3+16.0+11.2=32.5%)보다
  낮음

40 사회적 소수자   ③

· (가): 갑국에서는 신분으로, 을국에서는 문화적 차이로
  차별받음
· (나): 병국에서는 인종으로 인해 차별받음

① (가)는 사회적 소수자가 주류 집단에 비해 경제적 자원
  획득에 불리한 위치에 있음을 보여줌
② (가)는 특정 사회의 사회적 소수자가 다른 사회에서도
  사회적 소수자일 수 있음을 보여줌
③ **(나)는 사회적 소수자가 구성원 수의 많고 적음에 의해**
  결정되는 것은 아님을 보여 준다. (O)
  다수의 흑인은 사회적 소수자로 차별 받음
  사회적 소수자는 수적으로 반드시 소수를 의미하는
  것이 아니라 권력의 열세를 의미함
④ (나)에서 나타난 인종에 의한 차별은 선천적 요인에
  의한 것임
⑤ (가), (나)는 모두 사회적 소수자에 대한 우대 정책이
  역차별을 낳을 수 있음을 보여주지 않음

① (가)는 사회적 소수자가 수적 열세가 아닌 권력의
  열세라는 특성에 의해 규정된다는 점을 보여줌
  집단 구성원 수와 관계 없이 사회적 영향력이 작고
  약자에 위치에 있다면 사회적 소수자라고 볼 수 있음
② **(나)는 특정 사회의 사회적 소수자가 다른 사회에서는
  사회적 소수자가 아닐 수 있음을 보여 준다. (O)**
  출신국에서 C민족은 주류 집단이었으나 을국에서는
  종교적 이유로 사회적 소수자에 속함
③ (가)에서는 피부색과 같은 귀속적 특성으로 인해
  사회적 소수자가 될 수 있음을 보여줌
④ (나)는 제도적 차원의 노력을 통해 차별이 개선될 수
  있음을 보여줌
⑤ (가), (나)에는 모두 역차별 사례를 제시하지 않음

42 청소년 노동권   ②

- **갑: 연소 근로자도 최저 임금을 보장받으니, 시간급
  인상을 요구하세요. (O)**
  법정 최저 임금 보장은 필수임
- 을: 15세 이상 18세 미만인 사람의 근로 시간은
  원칙적으로 1일 7시간, 1주 35시간을 초과하지
  못하지만, 당사자 합의에 의한 연장 근로는 1일 1시간,
  1주 5시간을 초과하지 않는 한 가능함
- **병: 휴게 시간은 법적으로 문제가 없네요. (O)**
  근로 시간이 8시간인 경우 1시간 이상의 휴게 시간을
  보장해야 함
- 정: 친권자나 후견인은 미성년자의 근로 계약을 대리할
  수 없음, 동의를 받아 본인이 직접 근로 계약을
  체결해야 함

43 근로자의 권리   ④

① 갑 – 사용자가 근로자를 해고하려면 적어도 30일 전에
  예고해야 함
② 갑 – 사용자가 근로자를 해고하려면 해고 사유와 해고
  시기를 서면으로 통지해야 함
③ 을 – 연소 근로자도 최저 임금을 보장받아야 함
④ **을 – 부당 노동 행위를 이유로 법원에 재판을 청구할
  수 있습니다. (X)**
  부당 노동 행위는 근로 3권(단결권, 단체 행동권, 단체
  교섭권)이 침해된 경우를 의미함
⑤ 을 – 연소 근로자는 연장 근로를 하더라도 1일 근로
  시간이 8시간을 초과할 수 없음
  15세 이상 18세 미만인 사람의 근로 시간은
  원칙적으로 1일 7시간, 1주 35시간을 초과하지 못함
  당사자 합의에 의한 연장 근로는 1일 1시간, 1주
  5시간을 초과하지 않는 한 가능함

44 청소년 노동권   ⑤

① 을은 18세로 연소 근로자에 해당하지 않음
  연소 근로자는 18세 미만의 근로자를 의미함
② ㉠ 근로 계약은 부모의 동의를 받아야 체결할 수 있음
  미성년자로 근로 계약을 체결하려면 법정 대리인의
  동의가 필요함
③ ㉡은 위법임, 미성년자도 최저 임금을 보장해야 함
④ ㉢은 근로 기준법에 위배됨
  근로자에게 직접 임금을 지불해야 함
⑤ **㉣은 부당 노동 행위에 해당한다. (O)**
  노동 조합에 가입할 경우 해고한다는 것은 근로 3권을
  침해한 것으로 부당 노동 행위에 해당함

45 청소년 노동권 ②

① 근로 계약 내용 수정 전 임금은 법정 최저 임금으로
근로 기준법에 위반되지 않음

② **근로 계약 내용 수정 후 근로 시간은 근로 기준법에**
위반된다. (O)
근로 시간은 1일 9시간으로 근로 기준법에 위반됨
15세 이상 18세 미만인 사람의 근로 시간은
원칙적으로 1일 7시간, 1주 35시간을 초과하지 못함

③ 미성년자인 A도 B에게 독자적으로 임금을 청구할 수
있음

④ A의 법정 대리인은 A를 대리하여 B와 근로 계약을
체결할 수 없음, 법정 대리인의 동의를 받아 A가 직접
근로 계약을 체결해야 함

⑤ B는 고용 노동부 장관이 발급한 A에 대한 취직
인허증을 사업장에 갖추어 두지 않아도 됨
15세 미만인 사람을 채용할 경우 취직 인허증을
사업장에 갖추어 두어야 함
A는 17세로 연령을 증명하는 가족 관계 기록 사항에
관한 증명서와 친권자 또는 후견인의 동의서를
사업장에 갖추어 두어야 함

COMMENT

· 모든 근로자: 근로 계약 대리 체결 불가능, 법정 최저
임금 적용, 단독 임금 청구 가능, 근로 계약서 작성 및
교부

· 18세의 경우: 민법상 미성년자 → 근로 계약 시 법정
대리인의 동의 필요, 법정 근로 시간 1일 8시간, 1주
40시간, 합의 시 연장 근로 1주 12시간 가능

· 18세 미만의 경우: 근로 기준법 상 연소자 → 법정
대리인의 동의서, 가족 관계 등록에 관한 증명서를
사업장에 갖추어 두어야 함, 도덕 및 보건상 위험하거나
유해 업종에 종사할 수 없음, 야간 및 휴일 근로 원칙적
금지, 법정 근로 시간 1일 7시간, 1주 35시간, 합의 시
연장 근로 1일 1시간, 1주 5시간 내 가능

· 15세 미만의 경우: 고용노동부 장관이 발급한
취직인허증 필요

46 청소년 노동권 ②

· 갑: 17세, 연소 근로자 (18세 미만 근로자)
· 을: 18세, 미성년자

① 갑의 법정 대리인은 갑의 근로 계약을 대리할 수 없음
근로 계약은 본인이 직접 체결해야 함

② **갑이 사용자와 합의한 경우 근무일에 19시까지 연장**
근로를 할 수 있다. (O)
갑의 근로 시간은 주 5일, 1일 7시간임, 15세 이상
18세 미만인 사람의 근로 시간은 원칙적으로 1일
7시간, 1주 35시간을 초과하지 못하지만, 합의한 경우
1일 1시간, 1주 5시간을 초과하지 않는 한 가능함
따라서, 갑이 사용자와 합의한 경우 1일 1시간 연장
근무가 가능함

③ 을의 근로 시간은 3시간 30분이고, 휴게 시간은
30분으로 근로 기준법에 위반되지 않음

④ 갑, 을 모두 15세 이상으로 고용 노동부 장관이
발급한 취직 인허증이 필요하지 않음
취직 인허증은 15세 미만인 사람이 취업할 경우에
필요함

⑤ 사용자는 갑의 연령을 증명하는 가족 관계 기록 사항에
관한 증명서를 사업장에 갖추어 두어야 함
을은 연소 근로자가 아니므로 을의 연령을 증명하는
가족 관계 기록 사항에 관한 증명서를 사업장에 갖추어
두지 않아도 됨

COMMENT 연령을 증명하는 가족 관계 기록 사항에
관한 증명서는 18세 미만인 사람(연소자)를 고용하는
경우에 필요함

① 갑이 을의 부모와 근로 계약을 체결할 수 없음
　 갑은 을(본인)과 직접 근로 계약을 체결해야 함
② ㉠은 1일 7시간 근무, 1시간 휴게 시간 보장으로
　 근로 기준법에 위배되지 않음
③ ㉡은 법정 최저 임금을 보장하지 않으므로 유효하지
　 않음
　 미성년자도 법정 최저 임금을 보장받아야 함
④ ㉢은 부당 노동 행위에 해당하지 않음, 부당 노동
　 행위는 근로 3권(단결권, 단체 행동권, 단체 교섭권)이
　 침해된 경우를 의미함
⑤ ㉣이 무효라고 하더라도 이 근로 계약 전체가 무효가
　 되는 것은 아니다. (O)
　 근로 계약서 내용 일부가 무효라고 하더라도 근로 계약
　 전체가 무효가 되는 것은 아님, 근로 기준법에
　 위반되는 계약 내용은 그 부분에 한해 무효임

－ ㄱ. **㉠의 내용 중 근로 기준법에 위반되는 계약 내용은**
　 그 부분에 한해 무효이다. (O)
　 근로 계약서 내용 일부가 무효라고 하더라도 근로 계약
　 전체가 무효가 되는 것은 아님, 위반되는 계약 내용
　 부분에 한해 무효임
－ ㄴ. 갑의 ㉡ 근로 시간은 1일 7시간을 초과할 수 없음
　 다만, 갑과 사용자 간 합의가 있다면 1일 1시간, 1주
　 5시간을 초과하지 않는 한에서 연장 근로가 가능함
－ ㄷ. **갑은 독자적으로 ㉢을 할 수 있다. (O)**
－ ㄹ. 갑은 부모의 동의가 있더라도 ㉣ 야간 근로를 할
　 수 없음

－ ㄱ. 미성년자도 독자적으로 임금을 청구할 수 있음
－ ㄴ. **성인과 동일하게 최저 임금제의 적용을 받습니다.**
　 (O) 법정 최저 임금을 보장해야 함
－ ㄷ. 1일 근로 시간은 7시간을 초과할 수 없음
　 다만, 합의한 경우 1일 1시간, 1주 5시간을 초과하지
　 않는 한에서 연장 근로가 가능함
－ ㄹ. **근로 계약 체결 시 법정 대리인의 동의가**
　 필요합니다. (O) 연소 근로자로 친권자나 후견인의
　 동의가 있어야 근로 계약을 체결할 수 있음

－ ㄱ. 갑이 주유소 사장과 맺은 근로 계약 중 위반되는
　 계약 내용 부분에 한해 무효임, 근로 계약서 내용
　 일부가 무효라고 하더라도 근로 계약 전체가 무효가
　 되는 것은 아님
－ ㄴ. 주유소 사장은 갑의 임금 전액을 현금(통화)으로
　 지급해야 함
－ ㄷ. **주유소 사장은 갑의 부모 동의서와 가족 관계**
　 증명서를 사업장에 갖추어 두어야 한다. (O)
　 18세 미만인 사람(연소자)을 고용하는 사람은 그 연령을
　 증명하는 가족 관계 기록 사항에 관한 증명서와 친권자
　 또는 후견인의 동의서를 사업장에 갖추어 두어야 함
－ ㄹ. **갑은 1일 법정 근로 시간이 7시간이지만 주유소**
　 사장과 합의하에 1시간 연장하여 일할 수 있다. (O)
　 15세 이상 18세 미만인 사람의 근로 시간은
　 원칙적으로 1일 7시간, 1주 35시간을 초과하지
　 못하지만, 당사자 합의에 의한 연장 근로는 1일 1시간
　 가능함

1   기본권 유형과 특징   ④

· 경제적 타격을 입었다는 점에 있어서는 영주권자, 결혼
  이민자, 난민 인정자 간에 차이가 있을 수 없으므로 그
  회복을 위한 지원금 수급 대상이 될 자격에 있어서 역시
  이들 사이에 차이가 발생한다고 볼 수 없다
  → A: 평등권
  평등권은 모든 국민을 원칙적으로 평등하게 대우하고
  합리적인 이유 없이 차별 대우 하지 않을 것을 국가에
  요구할 수 있는 권리임

① 국가 권력에 의한 간섭을 배제하는 방어적 권리는
   자유권임
② 국민이 국가 기관의 형성에 참여할 수 있는 권리는
   참정권에 해당함
③ 다른 기본권을 침해당했을 때 구제받기 위한 절차적
   권리는 청구권에 해당함
④ **사회생활의 모든 영역에서 불합리한 차별을 받지 않을
   권리이다. (O)**
   평등권은 합리적인 이유 없이 차별을 받지 않을 권리임
⑤ 기본권 제한의 요건과 한계를 준수하면 제한될 수 있는
   권리임

2   기본권 유형과 특징   ③

· A: 국가 권력의 간섭이나 침해를 배제하는 방어적 권리,
  소극적 기본권 → 자유권

① 다른 기본권을 보장하기 위한 수단적 권리는 청구권임
② 인간다운 생활의 보장을 요구할 수 있는 권리는
   사회권임
③ **헌법에 열거되지 않더라도 보장되는 포괄적 권리이다.**
   (O) 자유권은 본질적 권리로 헌법에 열거되지 않은
   자유까지 폭넓게 보장하는 핵심적이고 포괄적인 권리임
   자유권의 보장은 국가에 의한 설정을 의미하는 것이
   아니라 국가에 의한 자유권의 확인과 선언을 의미함
④ 국민이 국가 기관의 형성에 참여할 수 있는 권리는
   참정권임
⑤ 자본주의의 문제점을 해결하는 과정에서 등장한 권리는
   사회권임
   자본주의 경제의 급속한 성장으로 사회 불평등이
   심화되고 이에 따라 모든 사회 구성원에게 최소한의
   인간다운 생활과 실질적 평등을 보장해야 할 필요성이
   제기됨

3   기본권 유형과 특징   ④

· A: 인간의 존엄에 상응하는 최소한의 물질적인 생활을
  국가에 의해 보장받을 수 있는 권리 → 사회권

① 국가 권력에 의한 침해를 배제할 수 있는 방어적
   권리는 자유권임
② 기본권 침해 시 구제를 요구할 수 있는 수단적·절차적
   권리는 청구권임
③ 사회권은 헌법에 열거되어야 보장되는 열거적 권리임
   헌법에 열거되지 아니한 권리를 도출할 수 있는 포괄적
   성격의 권리는 자유권임
④ **국가에 대해 적극적 급부를 요구하는 권리로 '인간다운
   생활을 할 권리'가 포함된다. (O)**
   사회권에는 인간다운 생활을 할 권리, 교육받을 권리,
   근로의 권리, 환경권, 보건권 등이 포함됨
⑤ 사회권은 인간의 존엄 실현을 위한 전제 조건으로 현대
   복지 국가 헌법에서부터 보장되기 시작한 권리임

4   기본권 유형과 특징   ①

· A: 대표자 선출, 공무 담임권, 민주주의 전제 → 참정권
  국민 주권주의를 실현하는 정치적 기본권

① **국가 기관의 형성에 참여할 수 있는 능동적 권리이다.**
   (O) 국가 기관의 형성과 국가의 정치적 의사 결정
   과정에 참여할 수 있는 능동적 권리임
② 인간다운 생활을 국가에 요구할 수 있는 적극적 권리는
   사회권임
③ 국가 권력에 의한 부당한 침해를 배제하는 방어적
   권리는 자유권임
④ 기본권 구제를 적극적으로 요구할 수 있는 절차적
   권리는 청구권임
⑤ 헌법에 열거하지 않아도 보장받을 수 있는 포괄적
   권리는 자유권임
   참정권은 헌법에 열거되어야 보장되는 열거적 권리임

COMMENT 참정권
국민 주권주의를 실현하는 정치적 기본권이자 국가 기관의
형성과 국가의 정치적 의사 결정에 참여할 수 있는 능동적
권리임

- A: 사적 영역에 대한 국가의 침해를 배제함으로써
  보장되는 권리 → 자유권
- B: 인간 존엄성 실현을 위해 필요한 사회적 조건을
  형성함으로써 보장 → 사회권

① 침해된 기본권을 구제하기 위한 수단적 권리는
　청구권임
② **B는 실질적 평등의 실현을 위해 등장한 적극적
　권리이다. (O)** 사회권은 모든 국민의 인간다운 생활
　보장과 실질적 평등의 실현을 국가에 요구할 수 있는
　적극적인 권리임
③ A 자유권에는 '외부로부터의 강제 없이 개인의 양심을
　형성할 권리'가 포함됨
　자유권에는 정신적 자유로 양심의 자유, 종교의 자유,
　언론·출판·집회·결사의 자유 등이 포함됨
④ 국가 기관의 형성과 국가의 정치적인 의사 결정 과정에
　참여하는 권리는 참정권임
⑤ A 자유권, B 사회권 모두 과잉 금지 원칙을 준수하면
　법률로써 제한할 수 있음

- A: 국가 권력에 의해 침해되지 않음으로써 보장되는
  소극적 권리, 사적 영역에 대한 국가 개입의 배제가
  요구됨 → 자유권
- B: 실질적 평등의 실현을 목적으로 국가의 적극적
  급부와 배려를 통해 보장되는 권리 → 사회권

① **A는 헌법에 열거되지 않더라도 보장되는 포괄적
　권리이다. (O)** 자유권은 핵심적이고 포괄적인 권리로
　구체적인 내용이 헌법에 열거되지 않아도 보장됨
② 국민이 국가 기관의 형성에 참여할 수 있는 권리는
　참정권임
③ A, B는 모두 인간의 존엄과 가치를 보장하기 위한
　권리임
　인간의 존엄과 자유로운 인격 발현이라는 헌법 이념에
　기반을 둠
④ B 사회권은 자본주의의 문제점을 해결하는 과정에서
　등장한 권리임
⑤ 다른 기본권을 보장하기 위한 수단적 권리는 청구권임

- (가): 통신의 자유 → 자유권
- (나): 공무 담임권 → 참정권
- (다): 인간다운 생활을 할 권리 → 사회권

① **(가)에 규정된 기본권은 국가 권력에 의한 침해를
　배제하는 소극적 권리이다. (O)**
　자유권은 국가 권력에 의한 간섭이나 침해를 배제하는
　소극적, 방어적 권리임
② 다른 기본권 보장을 위한 수단적 권리는 청구권임
③ (가)~(다) 기본권은 모두 법률로써 제한될 수 있음
　모두 기본권 제한의 요건과 한계가 준수될 경우 법률
　로써 제한될 수 있음
④ 국민 주권주의를 실현하는 능동적 권리는 (나)
　참정권임
⑤ 실질적 평등 실현을 위해 등장한 현대적 권리는
　(다) 사회권임

- A: 국민의 기본권이 침해당하였을 때 구제를 청구할 수
  있는 권리 → 청구권

① **기본권 보장을 위한 기본권으로 수단적 성격의
　권리이다. (O)** 청구권은 다른 기본권 보장을 위한
　수단적 권리임
② 국가 권력의 간섭이나 침해를 배제하는 소극적 권리는
　자유권에 해당함
③ 헌법에 열거되지 않아도 보장되는 포괄성을 가진
　권리는 자유권임
　청구권은 헌법에 근거해 보장되는 열거적 권리로
　법률에 의해 행사 절차가 구체화 되어야 행사할 수
　있는 권리임
④ 기본권은 과잉 금지 원칙을 준수한다면 법률로 제한할
　수 있음
⑤ 국민이 국가 기관 구성에 참여하거나 국가 기관의
　구성원으로 선임될 수 있는 권리는 참정권에 해당함

COMMENT 청구권
적극적 권리이자 다른 기본권을 보장하기 위한 수단적
권리이며, 실체적 기본권을 실현하기 위한 절차적 권리의
성격을 가짐

9 기본권 유형과 특징 ①

· 갑~병은 모두 불합리한 이유로 차별받아 평등권을
  침해받음

① **합리적 이유 없이 차별을 받지 않을 권리이다. (O)**
   평등권은 성별, 종교, 인종, 신분, 장애 등 불합리한
   이유로 차별받지 않을 권리임
② 다른 기본권을 보장하기 위한 수단적 권리는 청구권임
③ 국가의 간섭이나 침해를 받지 않을 방어적 권리는
   자유권임
④ 국가의 정치 과정에 참여할 수 있는 능동적 권리는
   참정권임
⑤ 인간다운 생활의 보장을 국가에 요구할 수 있는 권리는
   사회권임

10 기본권 유형과 특징 ⑤

· 인간다운 생활을 국가에 의해 보장받을 권리인 A는
  사회권이며, 행복을 추구하기 위한 활동을 국가 권력의
  간섭 없이 자유롭게 할 수 있는 권리인 B는 자유권임

① 국가에 특정 행위를 요구할 수 있는 절차적 권리는
   청구권임
② A 사회권은 실질적 평등 실현에 기여하는 권리임
③ 다른 기본권 보장을 위한 수단적 권리는 청구권임
④ 근대 입헌주의 헌법에서부터 보장된 권리는 A
   자유권임
   사회권은 인간의 존엄 실현을 위한 전제 조건으로 현대
   복지 국가 헌법에서부터 보장되기 시작한 권리임
⑤ **A, B 모두 기본권 제한의 요건과 한계가 준수될 경우
   법률로써 제한될 수 있는 권리이다. (O)**
   국가안전보장·질서유지 또는 공공복리를 위하여 필요한
   경우에 한하여 법률로써 제한할 수 있음

11 기본권 유형과 특징 ④

· (가): 자유권, (나): 평등권, (다): 기본권 제한

① 다른 기본권이 침해되었을 때 이를 구제하기 위한
   수단적 권리는 청구권임
② 인간다운 생활의 보장을 국가에게 적극적으로 요구할
   수 있는 권리는 사회권임
③ 일체의 차별 대우를 부정하는 형식적 평등이 아닌,
   같은 것은 같게 다른 것은 다르게 취급하는 실질적
   평등을 의미함
④ **(다)는 국가 권력의 남용을 방지하여 국민의 기본권을
   보장하는 것을 목적으로 한다. (O)**
   목적, 방법에 부합하지 않게 기본권을 제한하는 것을
   막아 국민의 기본권을 보장함
⑤ 기본권을 제한하는 목적의 정당성, 수단의 적합성,
   피해의 최소성, 법익의 균형성이 모두 충족되어야 함

12 기본권 유형과 특징 ⑤

· 갑은 신체의 자유, 을은 언론·출판의 자유를 침해받음
  → 공통적으로 침해받은 기본권은 자유권에 해당함

① 다른 기본권을 보장하기 위한 수단적 권리는 청구권임
② 실질적 평등 실현을 위해 등장한 현대적 권리는
   사회권임
③ 국가의 정치 과정에 참여할 수 있는 능동적 권리는
   참정권임
④ 인간다운 생활을 국가에 요구할 수 있는 적극적 권리는
   사회권임
⑤ **국가 권력의 간섭이나 침해를 받지 않을 방어적
   권리이다. (O)** 자유권은 국가 권력으로부터 간섭받지
   않을 소극적, 방어적 권리에 해당함

13 헌법의 기본 원리　　　　③

· 제시문의 내용은 '대법원장은 국민이 직접 뽑지 않지만,
　대통령과 국회라는 국민이 선출한 기관을 통해
　임명되므로, 국민 주권주의의 원리에 부합한다'는 내용임
　따라서 헌법의 기본 원리 (가)는 국민 주권주의에 해당함

- 국민 주권주의: 국가 의사를 결정할 수 있는 최고
　권력인 주권이 국민에게 있다는 원리

COMMENT 국민 주권주의 내용은 동아 출판사
통합사회2 헌법에 나타난 인권 보장 제도 부분에 기재됨,
이외 ①, ②, ④, ⑤의 헌법의 기본 원리 부분은 통합사회
교과서에 해당하는 부분이 아니므로 패스할 것

14 헌법의 기본 원리　　　　①

· A: 국가 의사를 결정하는 최고의 권력이 국민에게
　있다는 원리 → 국민 주권주의

① 국민 주권주의는 헌법 개정 시 필수적으로 국민 투표를
　거쳐야 하는 근거가 됨

COMMENT 국민 주권주의 내용은 동아 출판사
통합사회2 헌법에 나타난 인권 보장 제도 부분에 기재됨,
이외 ②, ③,④, ⑤의 헌법의 기본 원리 부분은 통합사회
교과서에 해당하는 부분이 아니므로 패스할 것

15 기본권 제한　　　　③

· A 원칙: 필요한 경우에 한하여 기본권 제한을 허용
　→ 과잉 금지 원칙

- ㄱ. 기본권 제한의 목적과 수단 사이에 적정한 비례
　관계가 유지 되어야 한다는 원칙이다. (O)
　정당한 목적을 달성하는 데 필요한 범위 안에서만
　제한해야 함
- ㄴ. 소극적 · 방어적 성격의 권리를 제한하는 법률의
　위헌 여부를 심사하는 기준으로 활용된다. (O)
　소극적, 방어적 성격의 권리인 자유권을 제한하는
　심사 기준으로 활용됨
- ㄷ. 과잉금지 원칙에서 '목적의 정당성'은 국민의
　기본권을 제한하려는 입법 목적의 정당성이 인정되어야
　함을 의미함
　국가 안전 보장, 질서 유지, 공공복리를 위한 목적
　외에는 제한할 수 없음

COMMENT 기본권 제한
목적: 국가 안전 보장, 질서 유지, 공공복리
형식: 국회가 제정한 법률에 의거하여 제한
방법: 과잉 금지 원칙(비례의 원칙) 정당한 목적을
달성하는 데 필요한 범위 안에서 제한

16 기본권 제한　　　　④

① 갑은 재판을 전제로 하지 않은 상태에서 헌법 소원
　심판을 청구함, 따라서 갑이 청구한 헌법 소원 심판은
　권리 구제형 헌법 소원 심판임
② 헌법 소원 심판 대상은 '구치소장의 종교 행사 참석
　불허 조치라는 적극적인 공권력의 행사'임
③ 헌법 재판소는 구치소장의 종교 행사 참석 불허 조치는
　적합한 수단이라고 판단함
　'안전과 질서 유지, 공범과 접촉 방지라는 목적을
　달성하기 위한 적절한 방법'이라는 점에서 목적의
　적합성을 알 수 있음
④ 헌법 재판소는 구치소장의 종교 행사 참석 불허
　조치보다 침해가 작은 방법이 없었다고 판단하였다.
　(X) 다른 시간대에 참석하게 하는 등 종교 행사 참석
　불허 조치보다 침해가 작은 방법이 있다고 판단함
　참석 불허 조치가 필요한 최소한의 조치라고 보지 않음
⑤ 헌법 재판소의 결정에 대해 피청구인인 구치소장은
　재항고할 수 없음

17 헌법 재판소   ②

· A: 위헌 법률 심판, B: 위헌 심사형 헌법 소원 심판
  C: 권리 구제형 헌법 소원 심판

① A는 위헌 법률 심판임
② **국회에서 제정한 법률에 근거를 둔 명령이나 규칙은 A의 대상이 아니다. (O)**
  위헌 법률 심판은 국회가 제정한 법률이 헌법에 위반되는지 여부를 판단하는 절차임
  행정부가 제정하는 명령, 규칙은 헌법 재판소의 위헌 법률 심판의 대상이 아님, 대법원이 위헌·위법 여부를 심사함
③ B 위헌 심사형 헌법 소원 심판에 대한 헌법 재판소의 결정에 불복할 수 없음, 따라서 대법원에 재항고할 수 없음
  재항고: 법원의 결정이나 명령에 대해 불복하여 상급 법원에 다시 항고하는 절차
④ 법원은 헌법 소원 심판을 직권으로 청구할 수 없음
  헌법 소원 심판은 국민이 청구권자임
⑤ B 위헌 심사형 헌법 소원 심판, C 권리 구제형 헌법 소원 심판 모두 국회의 입법권에 대한 견제 수단이 됨

18 기본권 제한   ④

① 갑이 침해당했다고 주장하는 기본권은 사생활의 비밀 및 자유로 자유권에 해당함
  '기본권 침해를 구제받기 위한 수단적 성격'을 가지는 기본권은 청구권임
② 갑이 청구한 심판은 재판을 전제로 하지 않은 상태에서 헌법 소원 심판을 청구하는 권리 구제형 헌법 소원 심판임
  법률의 위헌 여부가 재판의 전제가 된 경우에 이루어지는 것은 위헌 심사형 헌법 소원 심판임
③ 갑의 헌법 소원 심판 청구는 청구권 행사에 해당함
④ **헌법 재판소는 구치소장의 행위가 과잉 금지 원칙을 위배하지 않았다고 판단하였다. (O)**
  목적의 정당성, 수단의 적합성, 피해의 최소성, 법익의 균형성을 갖추었다고 결정한 점에서 과잉 금지 원칙을 위배하지 않았다고 판단하였음을 알 수 있음
⑤ 헌법 재판소는 보호하려는 공익보다 침해되는 사익이 더 작다고 할 수 있으므로 기본권 제한의 한계를 넘지 않았다고 판단하여 기각함

19 헌법 소원 심판   ①

– A: 대법원, B: 헌법 재판소
– (가): 권리 구제형 헌법소원 심판

① **A는 해당 형법 조항의 위헌 여부가 재판의 전제가 된 경우에도 B에 (가)를 청구할 수 없다. (O)**
  권리 구제형 헌법 소원 심판은 공권력의 행사 또는 불행사로 헌법상 보장된 기본권을 침해당한 국민이 직접 헌법 재판소에 그 공권력의 취소 또는 위헌 확인을 구하는 심판으로, 국민이 청구권자임
② 갑은 A의 판결이 아닌, 해당 형법 조항이 자신의 기본권을 침해했다고 주장함
③ 헌법 재판소는 해당 형법 조항이 정당한 목적을 달성하는 데 필요한 범위 안에서 갑의 기본권을 제한한다고 판단하여 갑의 청구를 기각함
④ 헌법 재판소의 기각 결정으로 갑의 형에 대한 변동은 없음
⑤ 대법원장과 헌법 재판소장은 모두 탄핵 심판의 대상이 됨

20 위헌 법률 심판, 헌법 소원 심판   ①

· A: 대법원, (가): 위헌 법률 심판
· B: 헌법 재판소, (나): 위헌 심사형 헌법 소원 심판

– ㄱ. A는 항소 법원의 결정에 대한 재항고 사건을 심판한다. (O) 대법원은 항소 법원의 결정(2심 법원의 결정)에 대한 재항고 사건을 심판함
– ㄴ. B는 ○○법 조항이 과잉 금지 원칙에 위배된다고 보았다. (O)
  목적 달성에 필요한 범위를 넘어선 과도한 제한이라고 판단한 점에서 과잉 금지 원칙에 위배된다고 보았음을 알 수 있음
– ㄷ. A 대법원 직권으로 B 헌법 재판소에 (가) 위헌 법률 심판을 제청할 수 있음
  대법원은 제청 '신청' 주체가 아님
  제청= 법원이 헌법재판소에 직접 심판을 요청하는 행위
  제청 신청= 재판 당사자가 법원에 제청을 요구하는 절차
– ㄹ. 갑이 청구한 (나)는 위헌 심사형 헌법 소원 심판임
  공권력의 행사 또는 불행사로 인한 기본권 침해 여부를 판단하는 심판은 권리 구제형 헌법 소원 심판에 해당함

· 갑: 헌법재판소는 ○○법 조항의 위헌 여부가 재판의
   전제가 된다고 판단하고 해당 조항이 위배된다고 판단함
   → 위헌 심사형 헌법 소원 심판 청구
· 을: 형사 보상법 □□조항이 자신의 기본권을
   침해한다며 헌법 소원 심판을 청구함
   → 권리 구제형 헌법 소원 심판 청구

- ㄱ. 갑이 청구한 헌법 소원 심판은 위헌 심사형 헌법
   소원 심판에 해당함
   위헌 법률 심판 제청 결정을 구하는 갑의 신청에 대한
   '항소 법원의 기각 결정'을 심판 대상으로 한 것이
   아니라, '○○법 조항의 위헌 여부'를 심판 대상으로 함
- **ㄴ. 을은 공권력 작용으로 인하여 헌법상 보장된
   기본권이 침해되었음을 이유로 권리 구제형 헌법 소원
   심판을 청구하였다. (O)**
   을은 형사 보상법 □□조항이 자신의 기본권을
   침해한다며 권리 구제형 헌법 소원 심판을 청구함
- ㄷ. 헌법 재판소는 을이 청구한 헌법 소원 심판에서
   형사 보상법 △△조항이 헌법상 과잉 금지의 원칙에
   위반된다고 판단한 것이 아니라, 재심 판결에서 선고된
   형을 초과하여 집행된 구금에 대하여 '보상 요건을
   규정하지 않은' 형사 보상법 △△조항이 을의 기본권을
   침해한다고 판단한 것임
   즉 '보상 요건을 규정하지 않은 것' 자체가 기본권을
   침해했다고 판단한 것이기 때문에 과잉 금지 원칙에
   위반된다고 볼 수 없음

COMMENT

- 위헌 법률 심판: 재판 중인 사건에서 다루는 법률의
   위헌 여부를 심사하는 제도, 재판 당사자가 법원에 제청
   신청을 하거나 법원의 직권으로 법원이 헌법 재판소에
   위헌 법률 심판을 제청함 → 법원의 제청
- 위헌 심사형 헌법 소원 심판: 재판 당사자가 법원에
   위헌 법률 심판 제청 신청을 하였으나 받아들여지지
   않았을 경우 헌법재판소에 직접 청구하는 심판
   → 청구권자는 국민임
- 권리 구제형 헌법 소원 심판: 공권력의 행사 또는
   불행사로 헌법상 보장된 기본권을 침해당한 국민이 직접
   헌법 재판소에 그 공권력의 취소 또는 위헌 확인을
   구하는 심판 → 청구권자는 국민임

· A: 법원, (가): 위헌 법률 심판
· B: 헌법 재판소, (나): 위헌 심사형 헌법 소원 심판

① A 법원은 직권으로 B 헌법 재판소에 (가) 위헌 법률
   심판을 제청할 수 있음
② 갑이 청구한 것은 (나) 위헌 심사형 헌법 소원 심판임
   공권력의 불행사로 인한 기본권 침해 여부를 판단하는
   심판은 권리 구제형 헌법 소원 심판에 해당함
③ (가) 위헌 법률 심판, (나) 위헌 심사형 헌법 소원
   심판은 모두 국회의 입법권에 대한 견제 수단이 됨
④ **B는 해당 법률 조항이 과잉 금지 원칙에 위배되지
   않는다고 보았다. (O)**
   목적의 정당성, 수단의 적합성, 피해의 최소성, 법익의
   균형성 모두 충족하여 과잉 금지 원칙에 위배되지
   않는다고 판단함
⑤ B 헌법 재판소의 장(長)은 헌법 개정안을 발의할 수
   없음

COMMENT ⑤ 선지는 통합사회 내용 요소 아님

· A: 권리 구제형 헌법 소원 심판, B: 위헌 법률 심판
   C: 위헌 심사형 헌법 소원 심판

- ㄱ. 소송 당사자는 당해 사건을 담당하는 법원에 B의
   제청 결정을 구하는 신청을 하지 않은 경우 C를 청구할
   수 없다. (O)
   위헌 심사형 헌법 소원 심판은 구체적 사건의 재판에
   적용되는 법령의 위헌 여부가 재판의 전제가 되어야
   청구할 수 있음
   청구 요건: 법원의 위헌 법률 심판 제청 신청 기각
- ㄴ. B 위헌 법률 심판과 C 위헌 심사형 헌법 소원
   심판 모두 당해 사건에 적용되는 법률의 위헌 여부가
   재판의 전제가 되어야 함
- ㄷ. A 권리 구제형 헌법 소원 심판과 C 위헌 심사형
   헌법 소원 심판 모두 법률의 위헌 여부에 대한 심판을
   청구할 수 있음

24 시민 불복종 ①

· 사상가: 롤스

① 사회 기본 구조의 규제 원칙에 대한 시민 불복종이 허용될 수는 없다. (O)
  사회 기본 구조의 규제 원칙인 정의의 원칙은 시민 불복종의 대상이 될 수 없다고 봄
② 부정의한 법과 정책이 존재하지 않는 완전히 정의로운 사회에서도 시민 불복종이 성립하지 않는다고 봄
  롤스는 시민 불복종은 거의 정의로운 사회 내에서 성립될 수 있다고 봄, 완전히 정의로운 사회에서는 시민 불복종이 발생할 일이 없다고 보았으며, 심각하게 부정의한 사회에서는 시민 불복종이 성립할 수 없다고 함
③ 시민 불복종이 정의로운 체제의 안정성을 이유로 제한될 수 있다고 봄
  정의로운 체제의 효율성을 침해하게 될 극심한 무질서가 따르게 될 수 있다고 보며 시민 불복종에 가담할 수 있는 한계가 있다고 봄
④ 기본적 자유는 다른 기본적 자유를 위해 제한될 수 있으며, 기본적 자유를 심각하게 위반하지 않은 법에 대해서는 시민 불복종의 대상이 아닐 수 있다고 봄
  시민 불복종의 대상은 평등한 자유의 원칙, 공정한 기회 균등의 원칙을 현저하게 위반한 경우에 국한된다고 봄
⑤ 시민 불복종은 부정의한 법과 제도의 변혁을 목적으로 하므로 헌법에 근거한 법이라도 그 법이 정의의 원칙을 심각하게 위배한 경우라면 정당화될 수 있다고 봄

25 시민 불복종 ①

· 사상가: 롤스

- ㄱ. 시민 불복종은 다수자의 정의감을 나타내는 양심적인 행위이다. (O)
  다수가 공유한 정의관으로 다수자의 정의감을 나타내는 양심적인 행위임
- ㄴ. 시민 불복종은 의도적인 위법행위로 법의 경계선 밖에서 행해지는 정치적 행위임
- ㄷ. 부정의한 법의 변혁은 시민 불복종의 목적임
  시민 불복종 = 심각하게 부정의한 법이나 정책에 변혁을 가져올 목적으로 행해지는, 법에 반하는 정치적 행위

COMMENT 시민 불복종
직접적 시민 불복종: 시민 불복종의 대상이 되는 법을 위반함으로써 부당한 법에 항의하는 행위
간접적 시민 불복종: 시민 불복종의 대상이 되는 법과 정책을 위반하기 어려운 경우 시민 불복종에 대상이 아닌 정의로운 법을 위반함으로써 부당한 법에 항의하는 행위

26 시민 불복종 ②

· 갑: 롤스, 을: 싱어

① 롤스는 시민 불복종은 민주적 체제의 합법성을 인정하는 시민의 행위라고 봄
② 갑: 거의 정의로운 사회에서 부정의한 모든 법은 시민 불복종의 대상이다. (X)
  거의 정의로운 사회의 시민이라면 일부 법이 부정의하더라도 그 법이 정당한 절차로 제정되었다면 따라야 할 의무가 있다고 봄
  인간의 기본적 자유와 권리를 심각하게 침해하는 부정의한 법이나 정책을 시민 불복종의 대상으로 봄
③ 싱어는 시민 불복종이 산출할 사회적 이익과 해악을 고려하여 사회적 이익을 증진할 목적으로 행해져야 한다고 봄
④ 싱어는 부정의를 해결할 수 있는 합법적 방법이 우선적으로 고려되어야 한다고 봄
⑤ 롤스와 싱어 모두 시민 불복종 참여자는 위법 행위에 대한 처벌을 감수해야 한다고 봄

· 사상가: 롤스

- ㄱ. 국가의 처벌이 심각하게 부정의한 경우 시민 불복종 대상이 될 수 있다고 봄
- ㄴ. **기본적 자유를 침해한 법에 대한 항거도 정당하지 않을 수 있다. (O)**
  기본적 자유는 다른 기본적 자유를 위해 제한될 수 있으며, 기본적 자유를 심각하게 위반하지 않은 법에 대한 항거는 정당하지 않을 수 있다고 봄
  시민 불복종의 대상은 평등한 자유의 원칙, 공정한 기회 균등의 원칙을 현저하게 위반한 경우에 국한된다고 봄
- ㄷ. **시민 불복종은 공유된 정의관에 따른 숙고를 권력자들에게 촉구한다. (O)** 롤스는 시민 불복종은 공유된 정의관에 의거하여 권력자에게 합당한 요구에 대한 숙고를 촉구하는 정치적 행위라고 봄
- ㄹ. 시민 불복종은 다수자의 정의감을 전제하지만 소수자가 주체일 수 있다고 봄. 소수자가 주체가 되어 시민 불복종에 가담하고 부정의한 법의 변혁을 위해 정치권력에 호소할 수 있다고 봄

· 사상가: 롤스

① **시민 불복종은 정치 체제의 효율성을 이유로 제한될 수 있다. (O)** 체제를 파멸로 이끌지 않기 위해 시민 불복종에 가담할 수 있는 범위의 한계가 있다고 봄
② 부정의한 법과 정책이 존재하지 않는 완전히 정의로운 사회에서도 시민 불복종이 성립하지 않는다고 봄. 롤스는 시민 불복종은 거의 정의로운 사회 내에서 성립될 수 있다고 봄. 완전히 정의로운 사회에서는 시민 불복종이 발생할 일이 없다고 보았으며, 심각하게 부정의한 사회에서는 시민 불복종이 성립할 수 없다고 함
③ 안정적인 체제에서 발생하는 시민 불복종 행위에 대해 처벌을 감수해야 한다고 봄
④ 공적 심의를 거친 정책이어도 심각하게 부정의하다면 공유된 정의관에 따라 불복종 할 수 있다고 봄
⑤ 다수결의 원칙에 따라 제정된 법과 정책 중 부정의한 법과 정책은 시민 불복종의 대상이 되지만, 다수결의 원칙에 대한 반대를 표하는 정치 행위라고 보지 않음

· 갑: 싱어, 을: 롤스

- ㄱ. A: '시민 불복종은 법의 부당함을 다수에게 강요하는 행위인가?'는 싱어, 롤스 모두 부정의 답을 할 질문임
  다수에게 강요하는 행위라고 보지 않음
- ㄴ. **B: 시민 불복종은 민주주의적 결정을 복원하려는 시도인가? (O)** 싱어가 긍정의 답을 할 질문임
  싱어는 시민 불복종은 민주주의의 기본 원칙들에 대한 존중을 표명하는 것이라고 봄. 따라서 시민 불복종은 민주적인 의사 결정을 복원하는 시도라고 볼 수 있음
- ㄷ. **C: 시민 불복종은 정의로운 법을 제정할 절차가 불완전하여 발생할 수 있는가? (O)**
  롤스가 긍정의 답을 할 질문임
  거의 정의로운 사회에서도 입법 과정이 완전한 절차적 정의를 보장하지 못해 부정의한 법이 제정될 수 있으며, 이에 대한 저항으로 시민 불복종이 정당화된다고 설명함
- ㄹ. **C: 이익 집단의 시민 불복종은 공공의 정의관에 근거해야 허용될 수 있는가? (O)**
  롤스가 긍정의 답을 할 질문임
  공공의 정의관에 근거한 시민 불복종은 정당하다고 봄

30 시민 불복종   ④

· 갑: 싱어, 을: 롤스

- ㄱ. **갑: 시민 불복종은 불법 행위이지만 법치를 존중하는 행위이다. (O)**
  싱어는 시민 불복종이 부정의를 교정하는 행위로 위법 행위지만 동시에 법치를 존중하는 행위라고 봄
- ㄴ. **을: 종교의 자유를 부정하는 법은 시민 불복종의 대상이 된다. (O)**
  종교의 자유를 부정하는 법은 평등한 자유의 원칙을 심각하게 침해하는 법으로 시민 불복종 대상이라고 봄
- ㄷ. **을: 부정의한 법을 변혁하고자 불가피하게 다른 법을 위반하는 시민 불복종은 정당화될 수 있다. (O)**
  롤스는 시민 불복종 행위가 불복종의 대상이 되고있는 바로 그 법을 위반하라고 요구하지는 않음, 특수한 경우에는 그 법을 위반하지 않고 정의로운 법을 위반하는 방식으로 시민 불복종이 가능하다고 봄
  (간접적 시민 불복종)
- ㄹ. 싱어와 롤스 모두 다수결 원칙에 따라 민주적으로 제정된 법이라도 시민 불복종의 대상일 수 있다고 봄
  싱어는 공리주의, 결과적 효용을 기준으로, 롤스는 정의의 원칙을 기준으로 시민 불복종의 대상을 판단함

COMMENT 시민 불복종
직접적 시민 불복종: 시민 불복종의 대상이 되는 법을 위반함으로써 부당한 법에 항의하는 행위
간접적 시민 불복종: 시민 불복종의 대상이 되는 법과 정책을 위반하기 어려운 경우 시민 불복종에 대상이 아닌 정의로운 법을 위반함으로써 부당한 법에 항의하는 행위

31 시민 불복종   ③

· 갑: 롤스, 을: 싱어, 병: 소로

- ㄱ. **A: '다수 의사를 반영한 법은 시민 불복종 대상에서 제외되어야 하는가?'라는 질문은 롤스가 부정의 답을 할 질문임, 다수결 원칙에 따라 민주적으로 제정된 법이라도 시민 불복종의 대상일 수 있다고 봄**
- ㄴ. **B: 양심에서 비롯된 시민 불복종도 실패 가능성이 크면 정당성을 상실할 수 있는가? (O)**
  싱어는 공리주의적 관점에서 성공 가능성을 고려해야 한다고 보았으나 소로는 시민 불복종의 정당성은 성공 여부가 아니라 개인의 양심에 근거한다고 봄
- ㄷ. **C: 법에 대한 존중이 강한 민주 사회일수록 시민 불복종이 옹호될 가능성이 높은가? (O)**
  싱어는 시민 불복종을 법치주의를 존중하며 부정의를 교정하는 행위로 보았기 때문에 법에 대한 존중이 강한 민주사회일수록 옹호될 가능성이 높다고 봄
- ㄹ. **D: '시민 불복종은 개인적 양심과 사회적 승인에 근거해야 하는가?'라는 질문은 소로가 부정의 답을 할 질문임, 소로는 시민 불복종은 사회적 승인이 아닌 개인의 양심에 근거해야 한다고 봄**

32 시민 불복종   ④

· 갑: 싱어, 을: 롤스

ㄱ. 싱어는 사회 부정의를 해결하고자 하는 시민 불복종의 목적이 수단을 정당화할 수 있다고 봄
- ㄴ. **을: 합법적인 민주적 권위에 대한 시민 불복종은 가능하다. (O)** 롤스는 시민 불복종을 '합법적 민주적 권위에 의해 제정된 법이라도 정의에 어긋날 경우 불복종할 수 있는 정당한 정치적 행위'라고 봄
- ㄷ. 시민 불복종은 다수의 정의감이 상실될 때 요청되는 것이 아니라고 봄, 다수의 정의감이 존재하는 사회에서 심각한 부정의가 발생할 때 시민 불복종이 발생한다고 봄
- ㄹ. **갑과 을: 시민 불복종이 가져올 효과를 신중히 고려해야 한다. (O)** 롤스는 정의로운 체제의 효율성을 침해하게 될 극심한 무질서가 따르게 될 수 있으므로 신중히 고려해야 한다고 봄, 싱어는 시민 불복종을 통해 중단시키려고 하는 악의 크기와 이를 통해 가져올 법과 민주주의에 대한 존중심의 감소 정도를 저울질해 봐야 한다고 봄

· 갑: 롤스, 을: 싱어

- ㄱ. A: '시민 불복종은 법에 대한 존중심을 감소시킬 수 있는가?'라는 질문은 롤스, 싱어 모두 긍정의 답을 할 질문임
  롤스는 법에 대한 존중심 감소, 체제의 효율성 측면에서 시민 불복종에 한계점이 있다고 봄. 싱어는 중단시키려는 악의 크기와 우리의 행위가 가져올 법과 민주주의에 대한 존중심의 감소 정도를 저울질해 봐야 한다고 봄
- ㄴ. **B: 시민 불복종이 정당한 법에 대한 위반을 수반할 수 있는가? (O)** 롤스가 긍정의 답을 할 질문임
  롤스는 시민 불복종 행위가 불복종의 대상이 되고 있는 바로 그 법을 위반하라고 요구하지 않음
  부정의한 법을 변혁하고자 불가피하게 다른 법을 위반하는 시민 불복종은 정당화될 수 있다고 봄
- ㄷ. **B: 심각한 부정의가 존재하는 민주 체제에서는 시민 불복종이 가능한가? (O)** 롤스가 긍정의 답을 할 질문임
  시민 불복종은 민주 체제이면서 심각한 부정의가 존재할 경우 발생한다고 봄
- ㄹ. C: '다수의 견해를 진정으로 반영한 법에 대한 시민 복종은 불가능한가?'라는 질문은 싱어가 부정의 답을 할 질문임, 다수의 견해가 진정으로 반영되었더라도 결과적 효용을 기준으로 공리에 반하는 법에 대하여 시민 불복종이 가능하다고 봄

· 갑: 롤스, 을: 싱어

- ㄱ. 롤스는 차등의 원칙을 위반하는 법과 정책을 시민 불복종의 대상이라고 보지 않음
  평등한 자유의 원칙과 공정한 기회 균등의 원칙을 심각하게 위반한 경우 시민불복종의 대상이 된다고 봄
- ㄴ. **갑: 매우 부정의한 입헌 체제에서 시민 불복종은 성립할 수 없다. (O)**
  롤스는 거의 정의로운 사회에서 시민 불복종이 성립할 수 있다고 봄
  체제 자체를 부정하는 혁명이 아니라, 대체로 정의로운 민주적, 입헌적 질서에서 특정 부정의를 바로잡는 행위이기 때문에 매우 부정의한 입헌 체제에서 시민 불복종은 성립할 수 없음
- ㄷ. **을: 시민 불복종을 하는 시민은 보편적 법치 원리를 존중한다. (O)**
  싱어는 시민 불복종에 참여한 사람들은 민주주의의 기본 원칙과 법 질서를 존중한다고 봄
- ㄹ. **갑, 을: 시민 불복종으로 발생할 불행한 결과를 고려해야 한다. (O)**
  롤스는 시민 불복종이 동시다발적으로 전개될 때 발생하는 체제의 혼란을 고려해야 한다고 보았으며, 싱어는 공리주의 관점에서 이익과 손해를 계산해 보아야 한다고 함

· 사상가: 롤스

① 시민 불복종은 다수의 공유된 정의관에 의거해야 한다고 봄
② **시민 불복종은 사회의 기본 구조가 아주 부정의하면 성립할 수 없다. (O)**
  롤스는 거의 정의로운 사회에서 시민 불복종이 성립할 수 있다고 봄, 매우 부정의한 입헌 체제, 사회의 기본 구조가 아주 부정의한 경우에는 성립할 수 없다고 봄
③ 시민 불복종은 헌법의 정당성에 이의를 제기하는 행위라고 보지 않음, 법에 대한 충실성의 한계 내에서 이루어지는 의도적인 위법 행위라고 봄
④ 체제의 변혁을 목적으로 하지 않음, 부정의한 법과 제도의 변혁을 목적으로 함
⑤ 시민 불복종의 근거인 다수의 정의감은 개인의 양심과 양립할 수 있다고 봄

36 사회적 소수자 ①

① ㉠은 사회적 소수자로서의 정체성을 갖고 있다. (O)
갑국 내 극소수에 불과해 오랜 기간 취업과 임금
등에서 차별받은 이민자들은 자신의 외모와 음식
문화를 비하하는 노래가 울려 퍼진 것에 대해 강하게
반발함, 이를 통해 사회적 소수자로서의 정체성을 갖고
있음을 유추할 수 있음
② ㉠ 사회적 소수자인 이민자는 정치권력의 열세에 놓여
있음
③ ㉡ 주류 집단은 경제적 자원 획득에서 유리한 위치에
있음
④ 제도적 차원의 노력에도 차별이 여전히 나타나고
있음을 보여줌
⑤ 한 사회 내에서 수적으로 우세하더라도 사회적
소수자가 될 수 있지만, 제시된 자료는 극소수의
이민자들이 사회적 소수자로 이에 해당하는 자료가
아님

37 사회적 소수자 ①

① A는 주류 집단의 제도적 배제로 인해 차별을 받았다.
(O) A는 주류 집단의 제도적 배제(갑국 언어로
진술서를 작성해야 한다는 업무 지침)로 인해 수사받는
과정에서 법적 차별을 받음
② 사회적 소수자에 대한 우대 정책에 해당하지 않음
장애를 이유로 차별해서 안 된다는 법은 기본권을
보장하는 것에 해당함
③ A는 언어라는 문화적 특성을 이유로 차별받았으며,
B는 신체적 특성을 이유로 차별을 받음
④ 갑국의 사례에는 역차별의 문제가 나타나지 않음
역차별은 사회적 소수자를 우대하는 과정에서 사회적
소수자가 아닌 사람들에게 차별이 발생하는 경우를
의미함
⑤ 을국의 사례에는 수적 우세에도 불구하고 차별을 받는
사회적 소수자가 나타나지 않음
장애인을 수적 우세에도 불구하고 차별받는 사회적
소수자라고 볼 수 없음

38 사회적 소수자 ⑤

① A, B는 모두 권력의 열세로 인해 차별받음
사회적 소수자는 권력의 열세로 차별받는 집단임
② A는 노인, B는 민족, 인종 소수자 집단에 속함
③ A, B는 모두 고정 관념으로 인해 차별의 대상이
되었음
④ A, B 모두 식별 가능성으로 인해 차별의 대상이
되었음
⑤ A와 B는 모두 귀속적 특성으로 인해 차별받았다. (O)
A는 나이라는 귀속적 특성, B는 민족과 인종이라는
귀속적 특성으로 인해 차별을 받음

39 사회적 소수자 ③

– ㄱ. 갑은 권력의 열세로 차별을 받는 사회적 소수자
집단에 속해 있음
적극적 평등 실현 조치로 인해 역차별을 받는 집단은
제시문에 제시되지 않음
– ㄴ. 갑은 여러 사회적 소수자 집단에 속해 다양한
차별을 받았다. (O) 여성, 외국인이라는 사회적 소수자
집단에 속해 차별을 받음
– ㄷ. 2심 판결은 사회적 소수자의 불리한 위치를
제도적으로 개선하자는 주장의 근거가 될 수 있다. (O)
2심 법원은 A국 국적이 없다는 이유로 관리직 시험에
응시할 수 없게 한 □□시의 처분이 부당하다고
판결함. 사회적 소수자의 불리한 위치를 제도적으로
개선하자는 주장의 근거가 될 수 있음
– ㄹ. ㉠ 시민 사회는 사회적 소수자에게 A국 국민과
동등한 권리를 부여해야 한다고 인식하고 있음

40 사회적 소수자　　　　　③

① 수적으로 열세이기 때문에 사회적 소수자가 되지 않음
　사회적 소수자는 집단 구성원 수와 관계없이 사회적
　영향력이 작고 약자의 위치에 있는 사람들을 의미함
　을국에서 B민족은 70%로 수적 우세임에도 불구하고
　사회적 소수자 집단임
② 사회적 소수자에 대한 우대 정책이 역차별을 낳을 수
　있지만 갑국, 을국에서 제시된 사례와 관련 없음
③ **한 개인이 여러 사회적 소수자 집단에 중첩되어 속할**
　수 있다. (O)
　갑국에서 외국인 근로자, 여성이라는 두 사회적 소수자
　집단에 중첩되어 차별받고 있음이 나타났으며,
　을국에서 민족과 종교가 다른 사회적 소수자 집단에
　중첩되어 차별받고 있음이 나타나 있음
④ 사회적 소수자를 규정하는 기준은 가변적이고 상대적임
　시대와 장소, 소속 집단의 범주 등에 따라 변함
⑤ 사회적 소수자는 선천적 요인과 후천적 요인에 의해
　결정됨

41 사회적 소수자　　　　　③

① A, B 모두 역차별을 받지 않음
　역차별은 부당한 차별을 받는 쪽을 우대하는 과정에서
　오히려 반대편에게 차별이 발생하는 경우를 의미함
② B, C 모두 수적 열세로 인한 차별을 받은 것이 아님
　사회적 소수자는 집단 구성원 수와 관계없이 사회적
　영향력이 작고 약자의 위치에 있는 사람들을 의미함
③ **C는 D와 달리 선천적 요인으로 인해 차별을 받았다.**
　(O) C는 피부색이라는 선천적 요인, D는 후천적으로
　갖게된 장애를 이유로 차별받음
④ D는 주류 집단과 구별되는 문화적 차이로 인해 차별이
　아닌 후천적으로 갖게된 장애를 이유로 차별받음
⑤ A는 국적이 주류 집단과 다르다는 이유로 차별을 받음

42 사회적 소수자　　　　　③

① 수적으로 열세이기 때문에 사회적 소수자가 되는 것이
　아님
　사회적 소수자가 수적 열세가 아닌 권력의 열세라는
　특성에 의해 규정된다는 점을 보여줌
② 사회적 소수자에 대한 우대 정책이 역차별을 낳을 수
　있지만, B의 사례에 해당하지 않음
　역차별은 사회적 소수자를 우대하는 과정에서
　사회적 소수자가 아닌 사람들에게 차별이 발생하는
　경우를 의미함
③ **C는 한 개인이 여러 사회적 소수자 집단에 중첩되어**
　속할 수 있음을 보여준다. (O)
　소수 민족이자 장애가 있는 사람은 더 심한 차별을
　겪는다는 점에서 알 수 있음
④ 사회적 소수자는 후천적인 요인, 생득적인 요인으로
　결정될 수 있음, 비정규직 노동자, 이주 노동자, 북한
　이탈 주민 등은 후천적 요인으로 결정된 사회적 소수자
　집단임
⑤ E는 사회적 소수자에 대한 규정이 가변적이고
　상대적임을 나타냄
　시대와 장소, 소속 집단의 범주 등에 따라 변함

COMMENT 역차별
부당한 차별을 받는 쪽을 보호하기 위해 마련한 제도나
장치 때문에 반대편이 차별받는 것
적극적 평등 실현 조치를 시행할 때 혜택의 정도가 과하여
역차별이 발생하지 않도록 유의해야 함

43 사회적 소수자 ⑤

① A, B는 모두 한 개인이 여러 사회적 소수자 집단에
중첩되어 속할 수 있음을 보여 주는 사례임
A는 외국인이자 여성이라는 이유로, B는 난민이자
여성이라는 이유로 여러 사회적 소수자 집단에
중첩되어 차별을 받음
② B, C 모두 후천적 요인으로 인해 차별을 받음
B는 여성이라는 선천적 요인과 난민이라는 후천적
요인, C는 후천적 사고로 갖게된 장애를 이유로
차별받음
③ D는 주류 집단이 아니라는 이유로 차별을 받지 않음
비장애인은 안마사가 될 수 없다는 점을 역차별이라며
문제를 제기함
④ A는 사회적 소수자에 대한 차별을 제도적으로
해결하고자 했으나 D는 해당하지 않음
⑤ C와 E는 사회적 소수자의 불리한 위치를 개선하기
위한 정책의 적용을 받았다. (O)
C는 시각 장애인만 안마사가 될 수 있도록 한 제도,
E는 장애인 의무 고용 제도의 적용을 받음, 모두
사회적 소수자의 불리한 위치를 개선하기 위한 적극적
평등 실현 조치에 해당함

COMMENT 적극적 평등 실현 조치
사회적으로 불리한 위치에 있는 사회적 약자에게 일정한
혜택을 제공하는 것

44 사회적 소수자 ①

① A는 B와 달리 인간의 선천적 요인으로 인한 차별을
다룬 작품이다. (O)
A는 여성이라는 선천적 요인으로 인한 차별을,
B는 비정규직 노동자라는 후천적 요인으로 인한
차별을 다룸
② 사회적 소수자는 구성원 수의 많고 적음에 따라
규정되지 않음
③ D는 연령대에 따라 처우가 달라지는 차별을 다룬
작품임
④ A, D 모두 달리 적극적 우대 조치로 인해 역차별을
받는 집단을 다루지 않음
역차별이란 사회적 소수자를 우대하는 과정에서 오히려
반대편에게 차별이 발생하는 현상임
⑤ A~D는 모두 사회적 소수자에 대한 차별 사례에
해당함

45 청소년 노동권 ⑤

· 갑: 14세, 을: 16세, 병: 18세

① 갑은 독자적으로 임금을 청구할 수 있으며, 갑의 법정
대리인이 아닌 본인(갑)에게 임금을 지급해야 함
② 을은 15세 이상으로 고용 노동부 장관이 발급한 취직
인허증이 필요하지 않음
취직 인허증은 15세 미만인 갑이 취업할 경우에
필요함
③ 근로 계약 내용에 따르면 일요일은 을의 근무일이므로
근로 기준법상 휴일 근로에 해당하지 않음, 따라서
을에게 통상 임금의 50%를 가산하여 지급할 필요가
없음
④ 병은 연소 근로자가 아니므로 병의 연령을 증명하는
가족 관계 기록 사항에 관한 증명서를 사업장에 갖추어
두지 않아도 됨
연령을 증명하는 가족 관계 기록 사항에 관한 증명서는
18세 미만인 사람(연소자)을 고용하는 경우에 필요함
⑤ 병과 합의하여 병이 매 근무일 22시까지 2시간 더
근무하게 하더라도 근로 기준법에 위배되지 않습니다.
(O) 병의 근무 시간은 1일 6시간으로, 매 근무일
2시간 연장 근무 하더라도 1일 8시간, 1주 40시간
근로로 근로 기준법에 위반되지 않음

① 합의한 임금이 법정 최저 임금보다 적어도 갑은 법정 최저 임금을 요구할 수 있음, 합의 여부와 무관하게 법정 최저 임금을 보장해야 함

② **갑과 합의하여 매 근무일에 1시간씩 연장 근무하는 것은 근로 기준법에 위배되지 않습니다. (O)**
갑의 근로 시간은 1일 7시간으로 합의하여 매 근무일 1시간씩 연장 근무하는 것은 근로 기준법에 위배되지 않음

③ 근로 계약 내용에 따르면 토요일은 갑의 근무일이므로 근로 기준법상 휴일 근로에 해당하지 않음, 따라서 갑에게 통상 임금의 50%를 가산하여 지급할 필요가 없음

④ 갑은 독자적으로 임금을 청구할 수 있으며, 갑에게 임금을 지급해야 함

⑤ 갑의 근로 계약을 을이 대리하여 체결하는 것은 근로 기준법에 위배됨
친권자나 후견인은 미성년자의 근로 계약을 대리할 수 없음, 본인(갑)이 직접 근로 계약을 체결해야 함

– ㄱ. 친권자나 후견인은 미성년자의 근로 계약을 대리할 수 없음
법정 대리인의 동의를 받아 근로자가 직접 근로 계약을 체결해야 함

– ㄴ. **D는 갑과 합의한 '소정 근로 시간'을 서면으로 명시하여 교부하여야 한다. (O)**
사용자는 갑과 합의한 근로 시간을 서면으로 명시하여 교부해야 함

– ㄷ. **D는 B의 동의서와 갑의 연령을 증명하는 가족 관계 기록 사항에 관한 증명서를 모두 사업장에 갖추어 두어야 한다. (O)**
18세 미만인 사람(연소자)을 고용하는 사람은 그 연령을 증명하는 가족 관계 기록 사항에 관한 증명서와 친권자 또는 후견인의 동의서를 사업장에 갖추어 두어야 함

– ㄹ. D가 갑의 근로 시간을 매 근무일 22시까지 연장하는 것은 갑과의 합의가 있다면 근로 기준법에 위배되지 않음
야간 근로 제한은 22시 이후이며, 연소 근로자와 합의하면 1일 1시간, 1주 5시간 이내에서 연장 근로가 가능함

48 청소년 노동권 ⑤

① 친권자나 후견인은 미성년자의 근로 계약을 대리할 수 없음, 법정 대리인의 동의를 받아 근로자가 직접 근로 계약을 체결해야 함

② 갑은 15세로 을이 갑을 근로자로 사용하기 위해 고용 노동부 장관이 발급한 취직 인허증이 필요하지 않음 15세 미만인 사람을 채용할 경우 취직 인허증을 사업장에 갖추어 두어야 함

③ 토요일, 일요일 근로가 원칙적으로 금지되는 것은 아님

④ 갑은 친권자의 동의 여부와 무관하게 독자적으로 을에게 임금을 청구할 수 있음

⑤ 갑이 을과 합의하에 토요일에 1시간 추가 근로를 하더라도 근로 기준법상 1일 법정 근로 시간을 초과하지 않습니다. (O)
연소 근로자의 근로 시간은 휴게 시간을 제외하고 1일에 7시간, 1주에 35시간을 초과하지 못함, 다만 당사자 사이의 합의에 따라 1일에 1시간, 1주에 5시간을 한도로 연장할 수 있음
갑의 근로 시간은 1일 6시간으로 토요일에 1시간 추가 근로를 하더라도 1일 법정 근로 시간을 초과하지 않음

COMMENT

· 모든 근로자: 근로 계약 대리 체결 불가능, 법정 최저 임금 적용, 단독 임금 청구 가능, 근로 계약서 작성 및 교부

· 18세의 경우: 민법상 미성년자 → 근로 계약 시 법정 대리인의 동의 필요, 법정 근로 시간 1일 8시간, 1주 40시간, 합의 시 연장 근로 1주 12시간 가능

· 18세 미만의 경우: 근로 기준법 상 연소자 → 법정 대리인의 동의서, 가족 관계 등록에 관한 증명서를 사업장에 갖추어 두어야 함, 도덕 및 보건상 위험하거나 유해 업종에 종사할 수 없음, 야간 및 휴일 근로 원칙적 금지, 법정 근로 시간 1일 7시간, 1주 35시간, 합의 시 연장 근로 1일 1시간, 1주 5시간 내 가능

· 15세 미만의 경우: 고용노동부 장관이 발급한 취직인허증 필요

49 청소년 노동권 ①

· [질문2] '취직 인허증이 필요합니까?'라는 질문에는 갑, 을, 병 모두 중학교를 졸업했기 때문에 '아니요'라고 답함

· [질문1] '민법상 미성년자에 해당합니까?'라는 질문에 병만 다르게 답함 → 병은 미성년자에 해당하지 않음, 19세 이상 성년임

· [질문3] '근로 시간이 원칙적으로 1일 7시간, 1주 35시간을 초과하지 못합니까?'라는 질문에 '예'라고 답하는 것은 연소 근로자에 해당함 → 갑과 병은 같은 답을 했으며, 병은 성년으로 '아니요'라고 답함, 따라서 갑은 18세임
18세는 민법상 미성년자에 해당하지만 연소 근로자가 아니기 때문에 1일 7시간, 1주 35시간을 초과할 수 있음
'예'라고 답한 을은 15세 이상, 18세 미만의 연소 근로자에 해당함

· 갑: 18세, 을: 15세 이상 18세 미만 연소 근로자, 병: 19세이상 성년

─ ㄱ. 을의 근로 계약에는 근로 기준법을 위반한 내용이 포함되어 있다. (O)
연소 근로자의 근로 시간은 1일 7시간, 1주 35시간을 초과할 수 없음, 연장 근로에 대한 어떠한 합의도 없었다고 기재되어 있기 때문에 을의 근로 시간이 1일 8시간인 것은 근로 기준법을 위반한 내용임

─ ㄴ. 갑뿐만 아니라 을의 근로 계약도 친권자나 후견인이 대리할 수 없다. (O)
친권자나 후견인은 미성년자의 근로 계약을 대리할 수 없음, 법정 대리인의 동의를 받아 근로자가 직접 근로 계약을 체결해야 함

─ ㄷ. 갑은 18세로 근로 기준법상 갑과 정이 연장 근로에 합의하면 1주 12시간을 한도로 연장하여 근로할 수 있음

─ ㄹ. 병은 성년으로 부모의 동의가 필요하지 않음 부모의 동의 없이 정과 근로를 체결하여도 병은 이를 취소할 수 없음

· 갑과 을은 모두 독자적으로 임금을 청구할 수 있으므로 학생1의 진술은 옳지 않음 → (가)에는 옳은 내용이 들어가야 함

- ㄱ. 갑이 계약대로 근무할 경우, 갑의 1일 근로 시간은 8시간으로 임금은 80,000원임
- ㄴ. **을의 연장 근로는 을과 병 사이의 합의가 있어도 1일 1시간, 1주일 5시간을 초과할 수 없습니다. (O)** 을은 16세 연소 근로자로 사용자와 합의하더라도 1일 1시간, 1주 5시간을 초과할 수 없음
- ㄷ. **갑과 달리 을에게는 야간 또는 휴일 근로가 원칙적으로 금지됩니다. (O)** 연소 근로자는 야간 근로와 휴일 근로가 원칙적으로 금지됨
- ㄹ. 병은 을의 연령을 증명하는 가족 관계 기록 사항에 관한 증명서를 사업장에 갖추어 두어야 함 18세 미만인 사람(연소자)을 고용하는 사람은 그 연령을 증명하는 가족 관계 기록 사항에 관한 증명서와 친권자 또는 후견인의 동의서를 사업장에 갖추어 두어야 함 갑은 18세로 연령을 증명하는 가족 관계 기록 사항에 관한 증명서가 필요하지 않음

▶▶ 2단원. 사회 정의와 불평등

빠른 정답

STEP.1

1	2	3	4	5	6	7	8	9	10	11	12	13	14	15
④	④	③	②	①	①	④	②	①	④	③	④	②	④	④

16	17	18	19	20	21	22	23	24	25	26	27
③	③	①	⑤	③	④	⑤	①	⑤	④	②	⑤

STEP.2

1	2	3	4	5	6	7	8	9	10	11	12	13	14	15
⑤	③	③	②	③	③	③	⑤	④	③	①	③	②	④	⑤

16	17	18	19	20	21	22	23	24	25	26	27	28	29	30
⑤	①	③	⑤	①	③	⑤	②	③	①	③	②	③	②	③

31	32	33	34	35	36	37	38	39	40	41	42	43	44	45
④	③	②	①	⑤	④	③	③	⑤	③	⑤	④	⑤	③	④

46	47	48	49	50	51	52
②	⑤	①	④	⑤	①	③

STEP.3

1	2	3	4	5	6	7	8	9	10	11	12	13	14	15
②	⑤	③	③	③	⑤	③	④	⑤	③	④	③	②	⑤	④

16	17	18	19	20	21	22	23	24	25	26	27	28	29	30
④	①	③	④	①	⑤	②	④	⑤	⑤	④	④	⑤	⑤	③

31	32	33	34	35	36	37	38	39	40	41	42	43	44	45
①	④	⑤	②	⑤	②	③	③	④	⑤	④	③	⑤	⑤	②

46	47	48	49	50	51	52
④	①	④	⑤	③	③	③

1　분배적 정의의 기준　　④

· 분배적 정의 실현을 위한 실질적 기준으로 '나'는 업적에
　따른 분배를, '어떤 사람'은 필요에 따른 분배를 주장함
· ㉠: 업적에 따른 분배에 비해 필요에 따른 분배가 갖는
　문제점

① 능력에 따른 분배는 '타고난 능력의 우열이 지나치게
　중시될 수 있다'는 비판을 받음
② 업적에 따른 분배는 '사회 구성원들 간의 경제적
　격차가 커질 수 있다.'는 비판을 받음
③ 업적에 따른 분배는 '경쟁을 과열시켜 비인간적인
　사회를 만들 수 있다.'는 비판을 받음
④ **열심히 일하려는 사람의 노동 의욕이 저하될 수 있다.**
　(O) 필요에 따른 분배는 열심히 일하려는 동기를
　약화하여 경제적 효율성을 떨어뜨릴 수 있다는 비판을
　받음
⑤ 업적에 따른 분배는 '사회적·경제적 약자에 대한
　배려가 부족해질 수 있다.'는 비판을 받음

2　분배적 정의의 기준　　④

· (가): 인간으로서 기본적인 삶을 유지할 수 있도록
　최소한의 필요를 충족시키는 분배 → 필요에 따른 분배

①, ②, ③, ⑤ 필요에 따른 분배는 의식주를 비롯한
　인간의 기본적인 욕구를 충족하기 위한 우선순위에
　따라 재화나 가치가 분배되어야 한다고 봄
④ **가장 빈곤한 사람에게 우선적으로 분배해야 합니다.**
　(O) 사회적 약자를 위해 더 많은 재화를 사용함으로써
　최소한의 인간다운 삶을 보장하고 사회적 불평등
　완화에 기여함

3　교정적 정의　　③

· 형벌의 목적 = 범죄 행위 가능성 억제
　→ 예방주의, 베카리아

① 베카리아는 범죄자를 교화하고 범죄를 예방하여 사회
　전체의 이익을 증진하는 것을 형벌의 목적으로 봄
② 사형보다 종신 노역형이 범죄 예방 효과가 크다고 봄
③ **형벌은 범죄 행위에 대한 응당한 보복으로 가해져야**
　한다. (X) 형벌의 목적을 범죄 행위에 대한 응당한
　보복이라고 본 것은 응보주의, 칸트의 입장에 해당함
④ 형벌은 사회적 이익이 증진되는 방향으로 부과되어야
　한다고 봄, 처벌에 대한 두려움으로 범죄를 예방하여
　사회 전체의 행복을 증진할 때 교정적 정의를 실현할
　수 있다고 봄
⑤ 범죄 억제를 위해 형벌의 강도보다 형벌의 지속도를
　중시하여 사형보다 종신 노역형이 바람직하다고 봄

COMMENT 2022 개정 교육과정이 도입된 첫 해의 기
출로 앞으로의 출제 방향을 알려주는 중요한 문제임, 교정
적 정의에 관한 주요 사상가의 입장을 정확하게 이해하는
것이 중요함

4　자유주의와 공동체주의　　②

· (가): 자유주의, (나): 공동체주의

- ㄱ. **(가)는 개인의 자유와 권리의 보장을 중시한다. (O)**
　자유주의는 개인의 자유와 권리를 중시함
- ㄴ. 공동체가 개인의 삶의 방식을 결정한다고 보는 것은
　공동체주의 입장에 해당함, 자유주의는 개인이 스스로
　삶의 방식을 결정한다고 봄
- ㄷ. **(나)는 공동체의 발전을 위한 개인의 책무를**
　강조한다. (O) 공동체주의는 개인이 공동체의 가치와
　목적을 내면화하고 자신의 책임과 의무를 이행함으로써
　공동체의 발전을 위해 살아가도록 장려해야 한다고 봄
- ㄹ. (가), (나)는 모두 개인의 이익과 공동체의 이익이
　항상 배타적이라고 보지 않음

· 갑: 자유주의, 을: 공동체주의

① **갑: 개인의 좋은 삶의 모습은 공동체에 의해 결정된다.
(X)** 개인의 좋은 삶의 모습은 개인의 선택에 의해
결정된다고 봄
② 자유주의는 국가나 사회보다 개인이, 공동선보다
개인선이 우선한다고 보며 개인선의 실현이 공동선의
실현으로 이어질 수 있다고 봄
③ 자유주의는 개인의 자유와 권리를 중시하며 개인의
선택은 자아 정체성 형성에 중요한 역할을 한다고 봄
④ 공동체주의는 연대 의식을 갖고 사회 문제 해결에
참여하는 등 공동체의 발전을 위해 책무를 다해야
한다고 봄
⑤ 공동체주의는 개인이 공동체가 지향하는 가치와 규범,
목적을 내면화해야 한다고 봄

· (가): 공동체를 개인의 목적 달성을 위한 수단으로 봄 →
자유주의
· (나): 인간의 삶이 공동체에 뿌리를 두고 있음을 강조
→ 공동체주의

– (가) 자유주의에 비해 (나) 공동체주의는 X(공동선보다
개인의 권리를 중시하는 정도)는 **낮고**, Y(공동체를 위해
개인의 헌신을 중시하는 정도)는 **높고**, Z(공동체와
개인의 유기적 관계를 중시하는 정도)는 **높음** → ㉠

· 갑: 자유주의적 정의관, 을: 공동체주의적 정의관

① 자유주의적 정의관은 공동체가 개인의 삶의 방식을
규제해야 한다고 보지 않음
② 자유주의적 정의관은 개인의 자유가 어떤 경우에도
제한될 수 없다고 보지 않음, 개인의 자유를 최우선
가치로 보지만, 타인의 자유와 권리를 침해하거나 사회
질서를 해칠 경우 제한될 수 있다고 봄
③ 자유주의적 정의관은 개인은 공동체가 권장하는 미덕을
함양해야 한다고 보지 않은 반면, 공동체주의 정의관은
개인이 공동체의 가치와 목적을 내면화해야 한다고 봄
④ **B: 공동체는 개인의 정체성 형성의 중요한 토대가
됨을 간과한다. (O)**
공동체주의적 정의관 입장의 을이 자유주의적 정의관
입장의 갑에게 제기할 비판으로 적절함
공동체주의적 정의관은 공동체가 개인의 정체성 형성에
토대가 된다고 본 반면, 자유주의적 정의관은 개인의
정체성은 개인의 선택에 의해 형성된다고 봄
⑤ 공동체주의적 정의관은 공동체가 개인의 권리를
보장하는 수단이라고 보지 않음

· 갑: 자유주의적 정의관, 을: 공동체주의적 정의관

① 자유주의적 정의관은 개인의 자유가 무제한적으로
보장되어야 한다고 보지 않음, 개인의 자유를 최우선
가치로 보지만, 타인의 자유와 권리를 침해하거나 사회
질서를 해칠 경우 제한될 수 있다고 봄
② **을은 공동체 발전을 위해 개인에게 주어지는 의무가
있다고 본다. (O)**
공동체주의는 개인이 공동체의 가치와 목적을
내면화하고 자신의 책임과 의무를 이행함으로써
공동체의 발전을 위해 살아가도록 장려해야 한다고 봄
③ 개인이 공동체의 가치를 내면화해야 한다고 보는 것은
공동체주의적 정의관 입장에 해당함
④ 개인이 공동체와 무관하게 정체성을 형성한다고 보는
것은 자유주의적 정의관 입장에 해당함
⑤ 을, 공동체주의적 정의관은 개인이 좋은 삶을 누리는
데 공동체의 역할이 필요하다고 봄

9 자유주의적 정의관 ①

· 강연자: 정의의 원칙, 평등한 자유의 원칙, 차등의 원칙, 공정한 기회균등의 원칙 → 롤스

① **사회적 약자를 배려하는 제도를 시행해야 한다. (O)**
사회적, 경제적 불평등은 사회적 약자, 최소 수혜자의 최대 이익을 보장하는 경우에만 허용된다고 봄

②, ③ 불평등의 계기가 되는 직책, 지위는 모든 사람에게 개방되어야 한다는 공정한 기회균등의 원칙을 제시함

④ 사회적, 경제적 불평등의 허용을 인정하고 있음, 사회 정의 실현을 위해 빈부 격차가 모두 사라져야 한다고 보지 않음

⑤ 기본적 자유는 모든 사람이 동등하게 최대한 누려야 한다고 봄, 평등한 자유의 원칙을 제시함

10 자유주의적 정의관 ④

· 갑: 차등의 원칙, 공정한 기회균등의 원칙 → 롤스
· 을: 소유 권리론 → 노직

① 롤스는 사회적, 경제적 불평등은 최소 수혜자의 최대의 이익을 보장할 때만 허용될 수 있다고 보았지만, 최소 수혜자의 이익을 위해 기본적 자유가 제한될 수 있다고 보지 않음
모든 사람은 동등한 기본적 자유를 최대한 누려야 한다는 평등한 자유의 원칙이 제1원칙이며, 차등의 원칙을 제2원칙이라고 봄

② 롤스는 우연적, 자연적 요인인 타고난 재능에 따라 기회가 차등적으로 분배되어야 한다고 보지 않음

③ 노직은 취득의 원칙, 양도의 원칙이 지켜진다면 개인의 소유 권리는 최대한 보장되어야 한다고 봄
정당하게 취득, 이전된 소유를 국가가 복지 정책을 위해 재분배하는 것은 개인의 자유를 침해하는 행위라고 봄

④ **을: 개인의 소유권 보호를 위한 국가의 개입은 정당화될 수 있다. (O)** 노직은 소유물의 취득, 이전의 과정이 부당할 경우 국가가 개입할 수 있다고 보며, 국가는 개인의 소유권을 보호하는 최소 국가여야 한다고 주장함

⑤ 롤스와 노직 모두 사회적, 경제적 불평등의 허용을 인정하고 있음, 사회 정의 실현을 위해 빈부 격차가 모두 사라져야 한다고 보지 않음
롤스는 차등의 원칙, 공정한 기회균등의 원칙이 충족될 때 사회적, 경제적 불평등이 허용될 수 있다고 보았으며, 노직은 취득의 원칙, 양도의 원칙이 지켜진다면 빈부 격차가 생길 수 있다고 봄

COMMENT 2022 개정 교육과정이 도입된 첫 해의 기출로 출제 방향의 지표가 되는 문제임, 자유주의적 정의관에 관한 주요 사상가의 입장을 정확하게 이해하는 것이 중요함

· 평등한 자유의 원칙, 차등의 원칙, 공정한 기회균등의
　원칙

① 양심의 자유나 언론의 자유는 기본적 자유로 평등한 자유의
　원칙에 따라 모든 사람이 최대한 누려야 한다고 봄
② 최소 수혜자의 최대 이익을 보장하고, 기회가 균등하게
　보장된다면 사회 구성원의 경제적 이익 추구가
　허용되어야 한다고 봄
③ **개인의 자유를 침해하더라도 최소 수혜자를 도와야**
　한다. (X) 최소 수혜자의 이익을 위해 개인의 자유가
　제한될 수 있다고 보지 않음
　모든 사람은 동등한 기본적 자유를 최대한 누려야
　한다는 평등한 자유의 원칙이 제1원칙이며, 차등의
　원칙을 제2원칙이라고 봄
④ 차등의 원칙과 공정한 기회균등의 원칙이 충족된다면
　사회적 · 경제적 불평등은 존재할 수 있다고 봄
⑤ 공정한 기회균등의 원칙에 따라 불평등의 계기가 되는
　지위나 직책에 오를 기회는 모두에게 공평하게
　개방되어야 한다고 봄

12 자유주의적 정의관　④

· 사상가: 롤스

- ㄱ. 정의로운 사회에서도 경제적 불평등이 존재할 수
　있다고 봄, 차등의 원칙과 공정한 기회균등의 원칙이
　충족된 경우 사회적, 경제적 불평등의 허용을 인정함
- ㄴ. **정의의 원칙은 누구에게도 유리하거나 불리하지**
　않은 상황에서 선택된다. (O)
　정의의 원칙은 누구에게도 유리하거나 불리하지 않도록
　설정된 가상의 상황, 무지의 베일을 쓴 원초적 입장에서
　정의의 원칙에 합의한다고 봄
- ㄷ. 정의로운 사회 실현을 위해서는 최소 수혜자의
　이익을 고려해야 한다고 봄, 차등의 원칙에 의해 사회,
　경제적 불평등은 가장 불리한 처지에 있는 사람들의
　삶을 개선하는 경우에만 정당화될 수 있다고 봄
- ㄹ. **정의의 원칙에 의하면 모든 사람의 기본적 자유는**
　평등하게 보장되어야 한다. (O)
　평등한 자유의 원칙에 의해 모든 사람은 기본적 자유를
　최대한 누려야 한다고 봄

13 자유주의적 정의관　②

· 사상가: 롤스

① 평등한 자유의 원칙에 의해 기본적 자유는 모두가
　평등하게 최대한 누려야 한다고 봄
② **재화는 모든 사람에게 똑같이 분배되어야 한다. (X)**
　사회적, 경제적 불평등의 허용을 인정하며, 모든
　사람에게 똑같이 재화가 분배되어야 한다고 보지 않음
③ 가장 불리한 처지에 있는 사람, 사회적 약자의 처지를
　개선하는 제도가 필요하다고 봄
④ 차등의 원칙과 공정한 기회균등의 원칙이 충족된다면
　사회적 · 경제적 불평등은 정의로운 사회에서도 존재할
　수 있다고 봄
⑤ 공정한 기회균등의 원칙에 의해 공직자가 될 수 있는
　기회는 모두에게 개방되어야 한다고 봄

14 자유주의적 정의관 ④

· 갑: 롤스, 을: 노직

- ㄱ. 정의로운 사회에서도 경제적 불평등은 정당화될 수
  있다는 것은 롤스와 노직의 공통된 입장에 해당함
  롤스는 차등의 원칙, 공정한 기회균등의 원칙이 충족될
  때 경제적 불평등이 허용될 수 있다고 보았으며, 노직은
  취득의 원칙, 양도의 원칙이 지켜진다면 빈부 격차가
  생길 수 있다고 봄
- ㄴ. **B: 사유 재산에 대한 권리를 보장하는 것은 국가의
  책무이다. (O)**
  롤스는 국가가 사유 재산에 대한 권리를 보장하고
  공정한 자유와 기회의 실현을 보장해야 한다고 봄
  노직은 최소 국가로서 개인의 소유권을 보장하는
  것이 국가의 책무라고 봄
- ㄷ. 노직은 공동체가 개인의 삶의 방식을 규제하면
  안된다고 봄, 개인의 소유권을 침해하지 않고 개인의
  권리를 보호하는 제한적 역할을 수행하는 최소 국가가
  정당하다고 주장함
- ㄹ. **C: 최소 수혜자의 이익을 증진하기 위한 과세
  정책은 개인의 소유권을 침해한다. (O)**
  노직은 국가는 개인의 소유권을 보호하는 최소 국가여야
  한다고 주장하며, 최소 수혜자의 이익을 증진하기 위한
  과세 정책은 개인의 소유권을 침해한다고 봄

COMMENT 2022 개정 교육과정이 도입된 첫 해의
기출로 출제 방향의 지표가 되는 문제임, 자유주의적
정의관에 관한 주요 사상가의 입장을 정확하게 이해하는
것이 중요함

15 자유주의적 정의관 ④

· '나'의 입장은 평등주의적 자유주의를 주장한 롤스의
  입장에 해당함

- ㉠: **지위 획득에서 공정한 기회가 보장되어야 해요. (O)**
  공정한 기회균등의 원칙에 의해 불평등을 유발할 수
  있는 지위 획득 과정에서 공정한 기회가 보장되어야
  한다고 봄
- ㉡: 사회적 약자의 이익이 최대로 보장된다면,
  사회적·경제적 불평등이 허용된다고 봄
- ㉢: **모든 사람은 기본적 자유를 평등하게 누려야 해요.
  (O)** 평등한 자유의 원칙을 제1원칙으로 제시함
- ㉣: **정의 실현을 위해 사회적 약자를 고려해야 해요.
  (O)** 사회적 약자, 최소 수혜자를 고려해야 한다는
  차등의 원칙을 제시함

16 자유주의적 정의관 ③

· 평등한 자유의 원칙, 차등의 원칙, 공정한 기회균등의
  원칙

① 표현의 자유를 보장해야 함을 강조함
② 사회적 약자를 배려해야 한다는 점을 강조함
③ **기본적 자유를 모두가 평등하게 누려야 함을
  강조합니다. (O)** 평등한 자유의 원칙을 제 1원칙으로
  강조함
④ 재화를 모든 사람에게 똑같이 분배해야 한다고 보지
  않음
⑤ 경제적 불평등은 최소 수혜자의 최대 이익을 보장할
  경우에만 허용된다고 봄

- ㉠(사회 계층 양극화)는 중위층의 비율이 증가하고 상위층과 하위층의 비율이 감소하는 현상이다. (X) 사회 계층의 양극화는 중위층의 비율이 감소하고 상위층과 하위층의 비율이 증가하는 현상임
- ㉡(사회적 약자에 대한 차별)의 사례로 이주 노동자에 대한 임금 체불 문제가 있다. (O) 이주 노동자에 대한 임금 체불 문제는 사회적 약자에 대한 차별 사례에 적합함
- ㉢(공간 불평등)의 원인으로 지역 개발의 형평성보다 효율성을 강조한 성장 거점 개발 정책의 추진이 있다. (O) 효율성을 강조한 성장 거점 개발 정책의 추진으로 공간 불평등 현상이 심화됨
- ㉡(사회적 약자에 대한 차별)은 적극적 평등의 실현, ㉢(공간 불평등)은 수도권으로의 공공 기관 이전을 통해 해소할 수 있다. (X) 사회적 약자에 대한 차별은 적극적 평등의 실현을 통해 해소할 수 있으나 공간 불평등은 비수도권으로의 공공 기관 이전을 통해 해소할 수 있음

- (가): 수도권과 비수도권의 공간 불평등 문제
  → 공간 불평등 해소를 위한 정부의 노력

- ㉠: 문화 취약 지역 노인의 문화 예술 향유 기회 확대를 위한 사업
- ㉡: 우수한 지방 인재의 공직 진출을 지원하는 제도

① ㉠은 사회 서비스에 해당함
② '업적에 따른 분배'는 성과에 따라 분배가 이루어지는 것에 해당함, ㉠은 '필요에 따른 분배'로 분배적 정의를 실현하려는 정책임
③ ㉡은 사회적으로 불리한 위치에 있는 사회적 약자에게 일정한 혜택을 제공하는 적극적 평등 실현 조치에 해당함
역차별은 부당한 차별을 받는 쪽을 우대하는 과정에서 오히려 반대편에게 차별이 발생하는 경우를 의미함
역차별을 줄이기 위한 정책에 해당하지 않음
④ ㉠, ㉡ 모두 사회적 약자에 대한 차별을 해소하기 위한 정책에 해당함
⑤ ㉠, ㉡을 통해 공간 불평등 완화를 기대할 수 있다. (O) 문화 취약 지역 노인의 문화 예술 향유 기회를 확대하고, 우수한 지방 인재의 공직 진출을 지원하는 제도는 공간 불평등 완화에 기여함

COMMENT 2022 개정 교육과정이 도입된 첫 해의 기출로 출제 방향의 지표가 되는 문제임, 2025 평가원 수능 대비 예시 문항 13번과 같이 사회 불평등 현상 문제에 ② 분배적 정의 부분을 융합하여 출제함

- (가): 인간다운 생활의 보장을 국가에 요구할 수 있는 권리 → 사회권, A: 사회 보험, B: 공공 부조

① 소극적이고 방어적인 성격의 권리는 자유권에 해당함
② A 사회 보험은 사전 예방 성격이 강함
③ B의 사례로 국민 기초 생활 보장 제도를 들 수 있다. (O) 공공 부조의 사례로 국민 기초 생활 보장 제도, 기초연금, 의료 급여 등이 있음
④ A 사회 보험에 비해 B 공공부조는 소득 재분배 효과가 큼
⑤ A, B는 모두 금전적 지원을 원칙으로 함

COMMENT 사회 복지 제도 문제에 1단원 기본권 부분을 융합하여 출제함

21 공간 불평등 현상   ④

· 갑: 수도권 중심의 개발 주장, 을: 비수도권 중심의 개발 주장

- ㄱ. 수도권과 비수도권 간 균형 개발을 중시하는 것은 을의 입장에 해당함
- ㄴ. **을은 지역 격차 완화를 위한 개발이 필요함을 강조하고 있다. (O)**
  지방을 중심으로 균형 개발을 추진하여 국토의 균형 발전을 도모해야 한다고 봄
- ㄷ. 갑과 달리 을은 인구가 적은 지역을 중심으로 개발해야 한다는 주장에 동의할 것임
- ㄹ. **을은 갑과 달리 수도권 소재 공공 기관의 지방 이전 정책을 지지할 것이다. (O)**
  을은 공간 불평등 완화를 위해 수도권 소재 공공 기관의 지방으로 이전해야 한다고 봄

22 공간 불평등 현상   ⑤

· 지역 간 사회적, 경제적, 문화적으로 격차가 발생하는 문제점을 제시함 → 지역 격차에 따른 공간 불평등 현상 ⑤

23 사회 불평등 현상   ①

· 건강 불평등 문제

- ㄱ. 사회 계층에 따라 건강 불평등이 나타날 수 있다. (O) 사회 계층, 지역에 따라 건강 불평등이 나타날 수 있음
- ㄴ. **공간 불평등은 건강 불평등을 초래하는 요인이 된다. (O)** 저소득 국가, 사회 보장 제도가 취약한 지역에서 건강 불평등이 더 심화됨
  따라서 공간 불평등은 건강 불평등을 초래하는 요인임
- ㄷ. 선진국에서도 사회 계층, 지역에 따라 건강 불평등 문제가 나타날 수 있음
- ㄹ. 건강 불평등 문제는 개인의 의식 개혁만으로 해결되지 않음
  건강 보험 제도와 같은 사회 보장 제도가 취약한 지역에서 더 심각하게 나타나기 때문에 이를 개선해야 함

24 공간 불평등 현상   ⑤

- ㄱ. ㉠(성장 거점 개발)은 투자의 형평성보다 지역 간 효율성을 강조함
- ㄴ. **㉡은 국토의 공간적 불평등이 심화하였음을 의미한다. (O)** 수도권은 경제적으로 성장했으나 비수도권은 성장이 정체, 낙후되었다는 것은 수도권과 비수도권의 격차가 심화된 것으로 공간적 불평등이 심화하였음을 의미함
- ㄷ. **㉢은 사회 통합을 저해하는 요인으로 작용할 수 있다. (O)** 수도권과 비수도권 간의 격차는 공간 불평등으로 사회 통합을 저해하는 요인으로 작용할 수 있음
- ㄹ. **㉣의 사례로 '수도권 소재 공공 기관의 지방 이전'을 들 수 있다. (O)** 수도권 소재 공공 기관의 지방 이전은 공간 불평등을 완화하는 정책에 해당함

25 공간 불평등 현상   ④

- ㄱ. ㉠: **도시와 촌락 간의 경제적 수준 차이를 포함한다. (O)** 공간 불평등 현상은 지역 간 사회적, 경제적, 문화적으로 격차가 발생하는 현상으로 도시와 촌락 간 경제적 수준 차이를 포함함
- ㄴ. ㉡ 성장 중심 개발 전략은 국토 개발의 형평성보다는 효율성을 추구한 전략임
- ㄷ. ㉢: **'공공 기관 지방 이전'을 예로 들 수 있다. (O)** 중앙 정부의 지방 육성 정책으로는 공공 기관 및 기업 지방 이전을 예로 들 수 있음
- ㄹ. ㉣: **'지역의 특성을 살릴 수 있는 지역 브랜드 개발'을 예로 들 수 있다. (O)** 지역 경쟁력 강화 방안으로 지역 브랜드 개발과 같은 지역의 특성을 살린 지역 발전 전략을 세우는 것을 예로 들 수 있음

· 갑: 적극적 우대 조치 찬성, 을: 적극적 우대 조치 반대

- ㄱ. **갑: 적극적 우대 조치는 사회 불평등을 완화하기 위한 것이다. (O)**
  적극적 우대 조치는 오랫동안 부당한 차별을 받아온 사회적 약자의 불이익을 보상해주어 사회 불평등을 완화한다고 봄
- ㄴ. 적극적 우대 조치는 필요에 따른 분배를 실현하는 것에 해당함
- ㄷ. **을: 적극적 우대 조치가 시행되면 역차별이 발생할 수 있다. (O)**
  적극적 우대 조치란 오랫동안 사회적으로 차별 받아 온 사회적 약자에게 직간접적으로 혜택을 주는 정책임, 이를 시행할 때 부당하게 받는 차별을 시정하기 위해 마련한 제도나 장치가 너무 강하여 도리어 반대편이 차별받게 되는 역차별의 문제가 나타날 수 있음
- ㄹ. 적극적 우대 조치가 사회 통합을 어렵게 만들 수 있다는 것은 을만의 입장에 해당함

27 적극적 평등 실현 조치   ⑤

· 갑: 적극적 우대 정책 찬성, 을: 적극적 우대 정책 반대

① 갑은 적극적 우대 정책이 업적주의 원칙에 충실한 제도라고 보지 않음
  업적주의는 개인의 성취를 기준으로 기회와 보상을 분배하는 것으로 적극적 우대 정책은 필요에 의한 분배 제도라고 봄
② 적극적 우대 정책이 집단 간 불평등을 심화시킬 수 있다는 것은 을의 입장에 해당함
③ 적극적 우대 정책이 개인의 정당한 성취를 무시할 수 있다는 것은 을의 입장에 해당함
④ 적극적 우대 정책이 수혜자를 제외한 사람들의 권리를 침해할 수 있다는 것은 을의 입장에 해당함
⑤ **적극적 우대 정책이 사회적 다양성을 증진시켜 공동선 실현에 기여할 수 있음을 간과하고 있다. (O)**
  갑이 을에게 제기할 비판으로 적절함

1　분배적 정의　　⑤

· 강연자: 아리스토텔레스
분배적 정의는 가치와 업적에 비례하여 명예나 보수 등이 분배되는 것이며, 교정적 정의는 타인에게 해를 끼쳤으면 그만큼 보상해주고, 이익을 주었으면 그만큼 돌려받아야 하는 것이라고 봄

① 공익을 지향하는 법을 지키지 않는 것은 정의롭지 못하다 봄, 일반적 정의는 공익을 지향하는 준법으로서의 정의라고 봄
② 공공의 재화를 기여도에 비례하여 분배하는 것은 분배적 정의로 정의롭다고 봄
③ 사람 간의 관계에서 옳음을 추구하면 정의는 실현될 수 있다고 봄
④ 정의는 비례를 지키는 것, 부정의는 비례를 깨뜨리는 것이라고 봄
⑤ **사람 간의 가해와 피해의 불균등을 교정하는 것은 부정의하다. (X)** 가해와 피해의 불균등을 교정하는 것은 교정적 정의로 정의롭다고 봄

COMMENT 아리스토텔레스 정의
일반적 정의: 공익을 지향하는 준법으로서의 정의
특수적 정의: 분배적 정의, 교정적 정의, 교환적 정의
– 분배적 정의: 사회적 자원을 분배할 때 각자가 자신의 몫을 누릴 수 있게 하는 정의, 가치와 업적에 비례하여 권력, 명예, 재화를 분배하여 공정함을 실현하는 것, 기하학적 비례의 동등함 추구
– 교정적 정의: 잘못이 있는 경우 그에 대한 보상 혹은 처벌을 통해 동등함을 추구하는 정의, 산술적·비례의 동등함 추구
– 교환적 정의: 같은 가치를 지닌 두 물건을 교환하게 함으로써 교환의 결과를 공정하게 하는 것

2　분배적 정의　　③

· 사상가: 아리스토텔레스

① 각자의 가치에 따라 마땅한 몫을 분배하는 것을 분배적 정의라고 봄
②, ④ 법을 지키는 사람은 정의로운 사람이고 법을 지키지 않는 사람은 부정의한 사람이라고 봄
③ **모든 사람이 지지하는 가치가 동일해야 분배가 공정해진다. (X)** 모든 사람이 지지하는 가치가 동일하다고 보지 않음
⑤ 당사자들이 동등함에도 동등하지 않은 몫을, 혹은 동등하지 않은 사람들이 동등한 몫을 분배받아 갖게 되면 불평등이 생겨난다고 봄

3　분배적 정의　　③

· 강연자: 아리스토텔레스

– ㄱ. 각 사람의 필요에 따른 분배가 아닌, 가치와 업적에 비례하여 분배하는 것을 정의로운 분배라고 봄
– ㄴ. **공동체의 법규를 잘 지키는 것은 정의로운 행위이다. (O)** 법을 지키는 사람은 정의로운 사람이고 법을 지키지 않는 사람은 부정의한 사람이라고 봄
– ㄷ. **교정적 정의는 이익과 손해의 동등함을 회복하는 것이다. (O)** 타인에게 해를 끼치면 그만큼 보상하게 함으로써 서로 간의 균등하지 않은 것을 바로잡는 것이라고 봄
– ㄹ. 당사자들이 동등함에도 동등하지 않은 몫을, 혹은 동등하지 않은 사람들이 동등한 몫을 분배받아 갖게 되면 불평등이 생겨난다고 봄, 분배적 정의는 가치와 업적에 비례하여 권력, 명예, 재화를 분배하여 공정함을 실현하는 것에 해당함

- '나'는 형벌이 다른 선을 촉진하기 위한 수단이 아니라, 오직 범죄자가 범죄를 저질렀다는 이유만으로 부과되어야 한다고 주장 → 응보주의, 칸트
- '어떤 사상가'는 공리의 원리에 의해 더 큰 악을 없애는 경우에만 형벌이 인정될 수 있다고 주장 → 공리주의, 벤담

① 칸트는 형벌의 본질을 범죄를 예방하는 것이라고 보지 않음, 처벌의 본질이 응보에 있다고 봄
② **형벌의 집행은 응보의 원리에 따라야 함을 간과한다 (O)** 칸트는 형벌의 본질은 범죄 행위에 대한 응당한 보복을 가하는 것이라고 봄
벤담은 공리주의 관점에서 처벌의 사회적 효과를 강조함
③ 칸트는 형벌의 목적을 범죄자를 교화하는 것이라고 보지 않음, 칸트는 처벌의 본질이 응보에 있다고 봄
④ 칸트는 동등성의 원리에 의해 범죄에 대한 응당한 보복을 강조하고, 벤담은 형벌의 크기는 범죄의 해악에 비례해야 한다고 보며 처벌로 초래되는 해악이 처벌을 통해 예방될 해악보다 커서는 안된다고 봄
⑤ 칸트는 형벌의 방법을 사회적 유용성을 고려하여 정해야 한다고 보지 않음, 오직 보복법만이 형벌의 질과 양을 명확하게 제시할 수 있다고 봄

COMMENT 교정적 정의에 관한 내용은 응보주의 관점의 칸트, 예방주의 관점의 베카리아의 입장이 교과서에 기재됨
이와 관련하여 벤담의 입장도 파악해두면 교정적 정의에 대한 이해의 폭을 넓힐 수 있음

- 갑: 응보주의, 칸트, 을: 예방주의, 베카리아

- ㄱ. 칸트는 형벌 집행의 목적을 공동체의 이익을 증진이라고 보지 않음, 형벌의 본질은 범죄 행위에 대한 응당한 보복을 가하는 것이라고 봄
- ㄴ. 갑: 사형은 살인범을 인격적 존재로 대우하는 **합당한 형벌이다. (O)** 칸트는 사형은 살인자의 고통받는 인격을 해방하여 인간의 존엄성을 실현하는 것이라고 봄
- ㄷ. 을: 형벌의 효과는 형벌의 강도보다 그 지속성에 **달려 있다. (O)** 베카리아는 형벌이 주는 공포는 강도보다 지속성에서 나온다고 보며 사형보다 종신 노역형이 범죄 예방 효과가 크다고 봄
- ㄹ. 보복법만이 형벌의 질과 양을 명확하게 제시한다고 본 것은 칸트만의 입장임

- 갑: 응보주의, 칸트, 을: 예방주의, 베카리아

① 칸트는 형벌은 범죄자에 대한 사적 보복으로 부과되는 것이라고 보지 않음, 공적 정의 실현을 위한 응보적 형벌이라고 봄
② 칸트는 형벌은 사회적 선을 증진하는 수단으로 가해질 수 없으며, 형벌의 목적을 범죄 행위에 상응하는 형벌 부과를 통한 정의의 실현으로 봄
③ **을: 형벌의 크기는 범죄가 사회에 끼친 해악에 비례해야 한다. (O)** 베카리아는 형벌의 크기는 사회적 해악에 비례하여 부과되어야 한다고 봄
④ 베카리아는 사형이 시민들에게 어떠한 본보기도 제공할 수 없는 형벌이라고 보지 않음, 사형의 범죄 예방 효과보다 종신 노역형의 범죄 예방 효과가 더 크다고 봄
⑤ 칸트는 형벌의 정당성을 공리의 원리 기준으로 판단하지 않음
형벌은 범죄에 대한 응당한 보복이며, 범죄자의 자유의지에 따른 도덕적 행위에 대한 책임을 묻는 것이라고 봄
베카리아는 범죄 예방 효과와 사회 전체의 이익 증진, 사회적 증진에 의해 형벌의 정당성이 결정된다고 봄

7 교정적 정의　　　　　　③

· 갑: 예방주의, 베카리아, 을: 응보주의, 칸트

① 베카리아는 형벌의 정당성을 사회계약론에 기초해
　설명함
　사회 계약을 통해 만든 법에 근거를 두고 형벌이
　부과된다고 봄
② 베카리아는 사형보다 지속성이 강한 종신 노역형이
　범죄 예방에 더 효과적이라고 봄
③ 을: 형벌은 범죄를 억제하기에 충분한 강도만을 가져야
　한다. (X) 칸트는 범죄를 예방하는 목적으로 형벌이
　부과되어서는　안된다고 봄
　형벌은 범죄에 대한 응당한 보복이며, 범죄자의
　자유의지에 따른 도덕적 행위에 대한 책임을 묻는
　것이라고 봄
④ 칸트는 보복법에 따라 살인범을 사형시키는 것은 공적
　정의에 부합한다고 봄, 보복법에 따라 형벌의 질과 양은
　그가 저지른 범죄와 동일하게 부과되어야 한다고 봄
⑤ 칸트와 베카리아 모두 국가는 범죄자를 처벌할 수 있는
　법적 권한을 갖고 있다고 봄

8 교정적 정의　　　　　　⑤

· 갑: 동등성의 원리, 보복법 → 칸트
· 을: 범죄 억제, 예방 → 베카리아

① 칸트는 동등성의 원리에 기초하여 살인범에게 사형
　이외의 형벌 부과는 부정의하다고 봄
② 칸트는 동등성의 원리에 근거하여 형벌이 부과되어야
　한다고 봄
③ 베카리아는 형벌에 대한 집행 권한은 사회
　계약으로부터 나온다고 봄
④ 베카리아는 사형에 비해 지속성이 강한 종신 노역형이
　범죄 예방에 더 효과적이라고 봄
⑤ 갑, 을: 형벌은 사회적 선을 촉진하기 위한 수단이
　되어야 한다. (X)
　칸트는 형벌은 사회적 선을 촉진하기 위한 수단으로
　부과될 수 없다고 봄
　베카리아는 범죄 예방과 사회 전체의 이익 증진을 위해
　형벌이 부과되어야 한다고 봄

9 교정적 정의　　　　　　④

· 갑: 예방주의, 베카리아, 을: 응보주의, 칸트

－ ㄱ. 베카리아는 형벌이 범죄자 교화 역할과 함께 범죄
　예방 역할을 해야 한다고 봄
－ ㄴ. B: 범죄와 형벌 사이에는 비례 관계가 성립되어야
　한다. (O) 칸트는 동등성의 원리에 따라 범죄와 형벌
　사이에　비례 관계가 성립되어야 한다고 봄, 베카리아는
　형벌의 크기는 사회에 끼친 사회적 해악에 비례해야
　한다고 봄
－ ㄷ. 베카리아는 사형보다 지속성이 강한 종신 노역형이
　범죄 예방에 더 효과적이라고 봄
－ ㄹ. C: 사형은 공적 정의를 실현하기 위한 정당한 형벌이다.
　(O) 보복법에 따라 살인범을 사형시키는 것은 공적 정의에
　부합한다고 봄, 보복법에 따라 형벌의 질과 양은 그가
　저지른 범죄와 동일하게 부과되어야 한다고 봄
　베카리아는 '사형은 한 사람의 시민에 대해 벌이는 전쟁'
　이라고 보고 국가에게 생명을 박탈할 권리가 없다고 봄

10 교정적 정의　　　　　　③

· 갑: 응보주의, 칸트, 을: 예방주의, 베카리아

① 칸트와 베카리아 모두 형벌은 법률을 통해서
　집행되어야 한다고 봄
② 칸트는 사형, 형벌이 사회적 이익 증진을 위한 수단이
　되어서는 안된다고 봄, 오직 범죄자가 범죄를 저질렀기
　때문에 가해져야 한다고 봄
③ A: 사형은 살인자의 행위에 대한 응분의 보복임을
　간과한다. (O) 응보주의 관점에서 살인자에 대한
　사형은 정당하며 이외의 형벌은 동등성(평등성)의
　원리에 부합하지 않는다고 봄
④ 칸트는 형벌과 범죄 간에 비례 관계가 성립해야 한다고 봄
⑤ 베카리아는 형벌이 주는 공포는 강도보다 지속성에서
　나온다고 봄

· 갑: 예방주의, 베카리아, 을: 응보주의, 칸트

- ㄱ. **A: 형벌은 사회적 이익 증진을 위해 집행되어야 한다. (O)** 형벌의 목적을 범죄 예방과 사회적 이익 증진이라고 본 것은 베카리아만의 입장에 해당함
- ㄴ. **B: 형벌은 범죄의 해악에 비례하여 부과되어야 한다. (O)** 칸트는 동등성의 원리에 따라 범죄의 해악에 비례하여 형벌이 부과되어야 한다고 봄, 베카리아는 형벌의 크기는 사회에 끼친 사회적 해악에 비례해야 한다고 봄
- ㄷ. 칸트는 유용성과 무관하게 형벌이 부과되어야 한다고 봄
- ㄹ. 칸트는 사형은 살인자의 고통받는 인격을 해방하여 인간의 존엄성을 실현하는 것이라고 봄

· 갑: 예방주의, 베카리아, 을: 응보주의, 칸트

- ㄱ. '공적 정의를 실현하기 위해 사형제는 유지되어야 하는가?'라는 질문은 칸트가 긍정의 답을 할 질문임 보복법에 따라 살인범을 사형시키는 것은 공적 정의에 부합한다고 봄
- ㄴ. **A: 형벌의 목적은 범죄로 인한 사회적 해악을 방지하는 것인가? (O)** 베카리아는 긍정, 칸트는 부정의 답을 할 질문임, 베카리아는 범죄 예방을 목적으로 형벌이 부과되어야 한다고 보는 반면, 칸트는 사회적 선을 증진하기 위한 수단으로 형벌이 부과되어서는 안된다고 봄
- ㄷ. 베카리아는 사형보다 종신 노역형이 범죄를 억제하는 데 가장 효과적인 형벌이라고 봄
- ㄹ. **C: 사형은 살인범의 인간 존엄성을 존중하는 형벌인가? (O)** 칸트가 긍정의 답을 할 질문임 칸트는 사형은 살인자의 고통받는 인격을 해방하여 인간의 존엄성을 실현하는 것이라고 봄

· 갑: 살인자는 사회 계약을 파기한 사람으로 간주하여 사형시킬 수 있다고 봄 → 루소
· 을: 사형보다 종신 노역형이 범죄 예방에 효과적이며, 사회 계약을 통해 만든 법에 근거를 두고 형벌이 부과된다고 보지만, 생명을 빼앗는 사형은 사회 계약의 내용에 포함될 수 없다고 봄 → 베카리아

① '형벌은 공공의 선을 증진하는 것을 목표로 해야 하는가?'라는 질문은 베카리아가 긍정의 답을 할 질문임
베카리아는 형벌은 사회 전체의 이익을 증진하는 수단이어야 한다고 봄
② **A: 살인자에 대한 사형은 사회 계약의 내용에 포함될 수 있는가? (O)** 루소는 긍정, 베카리아는 부정의 답을 할 질문임
루소는 타인의 희생으로 자신의 생명을 보존하려고 하는 사람은 타인을 위해 필요하다면 마땅히 자기 자신의 생명을 희생해야 한다고 본 반면, 베카리아는 생명은 양도할 수 없는 것이므로 사회 계약의 내용에 포함될 수 없다고 봄
③ 루소는 살인자는 사회 계약을 파기한 자, 공동체의 적이므로 도덕적 인격으로 존중받을 수 없다고 봄
④ 베카리아는 형벌의 지속성을 더욱 중시함
⑤ 베카리아는 형벌은 범죄를 예방하기 위한 수단이라고 봄

COMMENT 사형 제도에 대한 관점으로 루소의 견해를 파악해두면 칸트, 베카리아의 교정적 정의에 대한 이해의 폭을 넓힐 수 있음

14 교정적 정의   ④

· 갑: 칸트, 을: 베카리아, 병: 루소

① 칸트는 형벌은 사회적 선을 증진하는 수단으로 가해질 수 없으며, 오직 범죄자가 범죄를 저질렀기 때문에 가해져야 한다고 봄
② 베카리아는 사형보다 종신 노역형이 범죄 예방과 사회 전체의 이익 증진에 부합한 형벌이라고 봄
③ 베카리아도 형벌에 대한 정당성은 사회 계약으로부터 도출된다고 봄, 사회 계약을 통해 만든 법에 근거를 두고 형벌이 부과된다고 봄
④ E: 사형은 시민의 생명과 안전을 위해 집행되어야 함을 간과한다. (O)
칸트는 사형은 보복법, 동등성의 원리에 근거하여 정당하다고 봄, 루소는 사회 계약설의 관점에서 계약자인 시민의 생명과 안전을 보호하기 위해 사형 제도가 정당하다고 봄
⑤ 루소는 국가의 존립과 살인자의 존속은 양립할 수 없다고 봄, 살인은 사회 계약을 근본적으로 파기하는 행위이며 살인자는 공동체의 적으로 사형되어야 한다고 봄

15 교정적 정의   ⑤

· 갑: 베카리아, 을: 칸트, 병: 루소

- ㄱ. A: 국가가 사형을 선고하는 법을 제정하는 것은 부당한가? (O)
베카리아는 생명은 양도할 수 없는 것이므로 사형을 선고하는 법을 제정하는 것은 부당하다고 봄
- ㄴ. '사형은 사회적 선을 촉진하기 위한 수단이 될 수 있는가?'라는 질문은 칸트가 부정의 답을 할 질문임, 형벌은 사회적 선을 증진하는 수단으로 가해질 수 없으며, 오직 범죄자가 범죄를 저질렀기 때문에 가해져야 한다고 봄
- ㄷ. C: 살인자라도 그의 생득적인 인격성은 존중되어야 하는가? (O) 사형 선고를 받게 되더라도 태어날 때부터 가지고 있는 자신의 인격성을 여전히 지닌다고 보며, 칸트는 사형을 통해 고통받는 살인자의 인격을 해방하여 인간의 존엄성을 실현해야 한다고 봄
- ㄹ. D: 사회 계약을 파기한 살인자는 국가의 구성원에서 제외되는가? (O) 루소는 사회 계약설에 근거하여 형벌의 목적이 시민들의 안전과 생명을 보존하는 것이라고 보고, 사회 계약을 파기한 살인자는 국가의 구성원이 아닌 공동체의 적이라고 봄

COMMENT 문제를 통해 사형 제도에 관한 칸트, 베카리아, 루소의 입장을 잘 정리해서 파악해두는 것이 중요함

16 자유주의적 정의관과 공동체주의적 정의관   ⑤

· (가): 자유주의적 정의관, (나): 공동체주의적 정의관

- (가) 자유주의적 정의관은 ㉠ 사회가 개인의 자유를 보호하기 위한 수단으로 존재한다고 보며, ㉡ 개인선의 실현이 공동선의 실현, 사회 발전으로 이어질 수 있다고 봄
- (나) 공동체주의적 정의관은 ㉢ 공동체가 개인의 자아 정체성형성에 중요한 기반이 된다고 보며, ㉣ 공동선의 실현이 개인선의 실현으로 이어질 수 있다고 봄
- (가)는 (나)와 달리 ㉤개인을 공동체의 발전을 위한 하나의 수단이라고 본다. (X) 자유주의적 정의관은 개인이 공동체의 발전을 위한 수단이라고 보지 않음, 공동체가 개인의 발전, 목적 달성을 위한 수단이라고 봄

· (가); 공동체주의 정의관, (나): 자유주의적 정의관

– (가) 공동체주의 정의관에 비해 (나) 자유주의적
  정의관은 X(공동체를 개인의 정체성 형성의 토대로
  강조하는 정도)는 **낮고**, Y(개인을 삶의 주체로 살아가는
  개별적 존재로 강조하는 정도)는 **높고**, Z(공동체를
  개인의 권리를 보장하기 위한 도구로 강조하는 정도)는
  높음 → ㉠

18 자유주의적 정의관   ③

· 갑: 평등주의적 자유주의를 주장한 롤스
· 을: 자유 지상주의를 주장한 노직

① 롤스는 원초적 입장의 당사자들은 상호 무관심한
  합리성을 지닌 존재로 자신이 어떤 사회적 위치에
  놓일지 모르는 무지의 베일 상황 때문에 자기 이익을
  합리적으로 추구하여 정의의 원칙에 합의한다고 봄
② 경제적 불평등은 모두에게 이익, 최소 수혜자에게 최대
  이익이 되도록 편성된다면 정당하다고 봄
③ **을: 과거 상황이나 행위가 소유물에 대한 권리를
  정당화할 수 있다. (O)** 노직은 취득, 이전, 교정의
  과거 상황이나 행위가 소유물에 대한 권리를 정당화할
  수 있다고 봄
④ 노직은 소유 권리가 보장되어야 한다고 보지만, 개인의
  자유로운 선택과 소유권을 침해하는 정형적 원리에
  따른 분배가 이루어져야 한다고 보지 않음
  취득, 이전, 교정을 통해 분배되어야 한다고 봄
⑤ 롤스와 노직은 개인의 천부적 재능 자체는 개인
  소유라고 봄. 롤스는 천부적 재능을 통해 얻은 이익을
  공동 자산이라고 본 반면, 노직은 취득, 이전의 과정에
  문제가 없다면 결과가 정당하다고 보며 공동 자산으로
  간주될 수 없다고 봄

· 갑: 롤스, 을: 노직

① 롤스는 정의의 원칙은 가상적 상황에서 다수결의
  원리가 아닌 만장일치로 합의된다고 봄
② 롤스는 원초적 입장의 당사자는 상호 무관심한
  합리성을 지닌 존재로 보았으나, 자신의 이익에
  무관심하다고 보지 않음
③ 노직은 개인의 소유권은 취득에서의 정의의 원칙을
  통해서만 생성된다고 보지 않음, 취득, 이전, 교정의
  원칙을 통해서 정당화된다고 봄
④ 노직은 소유물이 자유롭게 이전되었더라도, 취득
  과정에 부정의가 있었다면 교정의 대상이라고 봄
⑤ **갑과 을: 분배 결과의 공정함은 분배 절차의 공정함을
  통해 실현된다. (O)**
  롤스는 원초적 입장에서 공정한 절차를 통해 정의의
  원칙이 도출되므로 그 절차가 공정하다면 결과도
  공정하다고 봄, 노직은 소유물이 취득, 이전, 교정의
  공정한 절차를 통해 분배되었다면 결과가
  불평등하더라도 공정하다고 봄

20 자유주의적 정의관 ①

· 갑: 노직, 을: 롤스

① **공정한 절차와 과정을 통해 발생한 분배의 결과는 정당한가? (O)** 노직과 롤스가 모두 긍정의 답을 할 질문임
롤스와 노직 모두 분배 절차의 공정성이 분배 결과의 공정성을 보장한다고 봄
② '노동을 통해 취득한 재화에 대해서만 소유의 권리를 가지는가?'라는 질문은 노직이 부정의 답을 할 질문임
노직은 취득, 이전, 교정의 과정을 통해 소유물을 취득할 수 있다고 봄
③ '사회 정의를 실현하기 위해 경제적 불평등은 최소화해야 하는가?'라는 질문은 노직이 부정의 답을 할 질문임
국가는 개인의 소유권을 침해하지 않고 개인의 권리를 보호하는 최소 국가의 역할을 수행해야 한다고 봄
④ '사회 전체의 유용성을 위한 개인의 기본권 침해는 정당화될 수 있는가?'라는 질문은 롤스가 부정의 답을 할 질문임
평등한 자유의 원칙을 제 1원칙으로 제시함
⑤ '이상적인 국가는 부정의를 교정하기 위해 분배 과정에 개입할 수 있는가?'라는 질문은 노직, 롤스 모두 긍정의 답을 할 질문임
노직은 교정의 원칙에 의해 부정의가 개입된 불평등은 바로잡아야 한다고 보며, 롤스는 분배 과정에 개입하여 부정의를 교정하고 사회적 약자의 이익을 보장해야 한다고 봄

21 자유주의적 정의관 ③

· 갑: 노직, 을: 롤스

- ㄱ. 노직은 취득, 이전, 교정의 과정으로 취득한 소유물에 대한 소유권은 정당하다고 봄
- ㄴ. 롤스는 평등한 자유의 원칙을 제 1원칙으로 보고 부의 재분배를 위해 개인의 기본적 자유를 제한할 수 없다고 봄
- ㄷ. **을: 경제적 불평등은 모두에게 이익이 될 때 정당화될 수 있다. (O)** 롤스는 경제적 불평등은 모두에게 이익, 최소 수혜자에게 최대 이익이 되도록 편성된다면 정당하다고 봄
- ㄹ. **갑과 을: 분배 절차의 공정성이 분배 결과의 정당성을 보장한다. (O)** 노직은 소유물이 취득, 이전, 교정의 공정한 절차를 통해 분배되었다면 결과가 불평등하더라도 공정하다고 봄
롤스는 원초적 입장에서 공정한 절차를 통해 정의의 원칙이 도출되므로 그 절차가 공정하다면 결과도 공정하다고 봄

22 자유주의적 정의관 ⑤

· 갑: 노직, 을: 롤스

① 노직은 취득과 이전, 교정의 원리를 통해서 재화를 획득할 수 있다고 봄
② 노직은 경제적 불평등은 모두에게 이익이 되어야 정당하다고 보지 않음
소유물이 취득, 이전, 교정의 공정한 절차를 통해 분배되었다면 결과가 불평등하더라도 공정하다고 봄
③ 롤스는 차등의 원칙에 따라 사회적 약자를 고려한 분배를 해야 한다고 봄
④ 롤스는 원초적 입장에서 자신이 어떤 사회적 위치에 놓일지 모르는 무지의 베일을 쓰고 정의의 원칙에 합의한다고 봄. 따라서 개인은 자신의 타고난 재능을 알지 못한다고 봄
⑤ **갑과 을: 분배의 정당성은 분배 결과가 아닌 절차에 달려있다. (O)** 롤스와 노직은 모두 분배 절차의 공정성이 분배 결과의 공정성을 보장한다고 봄
노직은 소유물이 취득, 이전, 교정의 공정한 절차를 통해 분배되었다면 결과가 불평등하더라도 공정하다고 봄
롤스는 원초적 입장에서 공정한 절차를 통해 정의의 원칙이 도출되므로 그 절차가 공정하다면 결과도 공정하다고 봄

· 갑: 롤스, 을: 노직

① 롤스가 제기할 비판으로 적절하지 않음, 천부적 재능 자체는 자연적 사실이라고 보며 정의의 문제라고 보지 않음
② **A: 모두에게 이익이 되지 않는 경제적 불평등은 부정의함을 간과한다. (O)** 롤스가 노직에게 제기할 비판으로 적절함
　롤스는 경제적 불평등은 모두에게 이익이 될 때, 최소 수혜자의 최대 이익을 보장할 때만 허용된다고 본 반면, 노직은 소유물이 취득, 이전, 교정의 공정한 절차를 통해 분배되었다면 결과가 불평등하더라도 공정하다고 봄
③ 노직에게 제기할 비판으로 적절하지 않음, 노직은 개인은 정당한 소유물에 대한 배타적 사용권을 지닌다고 봄
④ 롤스와 노직 모두 분배 결과의 정당성은 분배 절차의 공정성에 의해 보장된다고 봄
⑤ 롤스에게 제기할 비판으로 적절하지 않음
　롤스는 평등한 자유의 원칙을 제1원칙으로 보며 다수의 이익을 위한 기본적 자유의 침해는 허용될 수 없다고 봄

· 갑: 롤스, 을: 노직

– ㄱ. '사회적 이익의 총량을 극대화하는 분배만이 정의로운가?'라는 질문은 롤스와 노직 모두 부정의 답을 할 질문임
　롤스는 사회적 약자를 고려한 정의의 원칙에 의해 분배해야 한다고 봄
　노직은 개인의 권리와 자유를 침해하지 않는 정당한 절차를 통해 분배되어야 한다고 봄
– ㄴ. **B: 경제적 불평등이 존재해도 정의가 실현될 수 있는가? (O)** 최소 수혜자의 최대 이익이 보장된다면 경제적 불평등이 존재해도 정의가 실현될 수 있다고 봄
– ㄷ. 롤스는 평등한 자유의 원칙을 제1원칙으로 보고 기본적 자유를 최대한 누려야 한다고 보았으나 기본적 자유를 절대적인 것으로 무제한 허용되어야 한다고 보지 않음
– ㄹ. **C: 국가는 불의를 시정하기 위해 분배 과정에 개입할 수 있는가? (O)**
　노직은 소유물을 취득하고 양도받는 과정에서 과오나 잘못된 절차에 의한 소유가 발생했을 때는 이를 바로잡기 위해 국가가 개입해야 한다고 봄
　국가는 개인의 소유권을 침해하지 않고 개인의 권리를 보호하는 제한적 역할을 수행하는 최소 국가만이 정당하다고 주장함

25 자유주의적 정의관 ①

· 갑: 롤스, 을: 노직

- ㄱ. A: 정의의 원칙은 가상적 상황에서 도출되어야 공정하다. (O)
정의의 원칙은 누구에게도 유리하거나 불리하지 않도록 설정된 가상의 상황, 무지의 베일을 쓴 원초적 입장에서 도출되어야 공정하다고 봄
- ㄴ. 롤스와 노직 모두 개인의 소유물이 천부적 재능을 기준으로 분배되어야 한다고 보지 않음, 롤스는 정의의 원칙에 의해, 노직은 취득과 이전, 교정의 원칙에 의해 분배되어야 한다고 봄
- ㄷ. B: 정의로운 사회에서도 부의 불균등한 분배가 정당화될 수 있다. (O)
롤스와 노직 모두 정의로운 사회에서도 부의 불균등한 분배, 경제적 불평등이 정당할 수 있다고 봄
롤스는 경제적 불평등은 모두에게 이익이 될 때, 최소 수혜자의 최대 이익을 보장할 때만 허용된다고 봄
노직은 소유물이 취득, 이전, 교정의 공정한 절차를 통해 분배되었다면 결과가 불평등하더라도 공정하다고 봄
- ㄹ. 노직은 사회적 유용성 증진을 목적으로 하는 국가의 재분배는 개인의 소유권을 침해하는 부정의한 행위라고 주장함

26 자유주의적 정의관 ③

· 갑: 롤스, 을: 노직

- ㄱ. 롤스는 분배 방식은 정의의 원칙에 따라 정해져야 한다고 봄, 정의의 원칙은 사회적·자연적 우연성이 배제된 무지의 베일을 쓴 원초적 입장에서 도출되어야 한다고 봄
- ㄴ. B: 분배 절차의 공정성으로 분배 결과의 공정성이 보장된다. (O)
롤스와 노직은 모두 분배 절차의 공정성이 분배 결과의 공정성을 보장한다고 봄
- ㄷ. B: 분배 과정에 대한 국가 개입이 정당화되는 경우가 있다. (O)
롤스는 차등의 원칙에 따라 사회적 약자를 고려한 분배를 위해 국가가 개입해야 한다고 보며, 노직은 교정의 원칙에 따라 불의를 바로잡기 위한 경우에는 국가 개입이 정당화된다고 봄
- ㄹ. 노직은 소유물에 대한 권리는 취득과 이전에서의 정의의 원리, 교정의 원리에 따라 부여된다고 봄

27 자유주의적 정의관 ②

· 갑: 롤스, 을: 노직

- ㄱ. 롤스는 사회적 우연성, 자연적 사실을 그 자체로 부정의하다고 보지 않음
- ㄴ. 갑: 원초적 입장의 합의 당사자들은 상호 동등한 관계에 있게 된다. (O)
롤스는 원초적 입장의 당사자들은 상호 무관심한 합리성을 지닌 동등한 존재라고 봄
자신이 어떤 사회적 위치에 놓일지 모르는 무지의 베일 상황 때문에 자기 이익을 합리적으로 추구하여 정의의 원칙에 합의한다고 봄
- ㄷ. 을: 분배 결과의 정당성은 분배 과정의 정당성에 의해 판단된다. (O)
노직은 분배 절차의 공정성이 분배 결과의 공정성을 보장한다고 봄
- ㄹ. 정의의 원칙은 가상적인 상황에서 도출되어야 한다는 것은 롤스만의 입장에 해당함

28 자유주의적 정의관 ③

· 갑: 롤스, 을: 노직

① 노직은 개인의 소유권을 침해하지 않는 최소 국가만이 정당화될 수 있다고 봄
② 롤스와 노직은 모두 분배의 공정성은 분배의 결과보다 절차를 기준으로 판단해야 한다고 봄
③ A: 경제적 불평등은 최소 수혜자에게 최대 이익이 되어야 정당한 것임을 간과한다. (O)
롤스는 경제적 불평등은 최소 수혜자에게 최대 이익이 될 때에만 정당하다고 본 반면, 노직은 최소 수혜자, 사회적 약자를 고려한 분배를 해야 한다고 보지 않음, 소유물이 취득, 이전, 교정의 공정한 절차를 통해 분배되었다면 결과가 불평등하더라도 공정하다고 봄
④ 노직은 국가가 분배 문제에 전혀 관여하지 않아야 분배 정의가 실현된다고 보지 않음
소유물의 취득, 이전의 과정이 부당할 경우 국가가 개입하여 부정의를 교정해야 한다고 봄
⑤ 롤스는 사유 재산을 소유할 권리, 기본적 자유는 다른 기본적 자유와 상충할 때 제한될 수 있다고 봄

29 자유주의적 정의관   ②

· 갑: 롤스, 을: 노직

- ㄱ. A: 국가는 개인의 자유를 보장해야 하는가? (O)
롤스와 노직은 국가는 모두 개인의 자유를 보장해야
한다고 봄
- ㄴ. '정의로운 사회에서도 불평등이 존재할 수
있는가?'라는 질문은 롤스와 노직 모두 긍정의 답을 할
질문임
롤스와 노직 모두 정의로운 사회에서도 불평등이
존재할 수 있다고 봄
- ㄷ. '분배 절차의 공정성이 분배 결과의 정의로움을
보장하는가?'라는 질문은 롤스와 노직 모두 긍정의 답을
할 질문임, 롤스와 노직 모두 분배 절차의 공정성이
분배 결과의 공정성을 보장한다고 봄
- ㄹ. **C: 개인은 정당하게 취득한 재화에 대한 배타적
권리를 가지는가? (O)** 노직이 긍정의 답을 할 질문임
노직은 개인은 정당한 소유물에 대해 배타적, 절대적
권리를 지닌다고 봄

30 자유주의적 정의관   ③

· 갑: 노직, 을: 롤스

- ㄱ. '분배 결과의 차등은 정의로운 사회에서도 존재할
수 있다.'는 것은 롤스와 노직의 공통 입장임
롤스는 분배 결과의 차등이 최소 수혜자에게 최대
이익이 된다면 정당하다고 봄
노직은 소유물이 취득, 이전, 교정의 공정한 절차를
통해 분배되었다면 분배 결과가 차등적이라도
공정하다고 봄
- ㄴ. **B: 다수의 이익을 위해 기본적 자유를 침해하는
것은 부당하다. (O)**
롤스와 노직 모두 다수의 이익을 위해 기본적 자유를
침해해서는 안된다고 봄
- ㄷ. **B: 정의에 부합하는 결과는 절차의 공정성에서
비롯된다. (O)** 롤스와 노직은 모두 분배 절차의
공정성이 분배 결과의 공정성을 보장한다고 봄
- ㄹ. 복지 증진을 위해 세금을 부과하는 것이 소유권
침해라고 본 것은 노직의 입장에 해당함

31 자유주의적 정의관   ④

· 갑: 노직, 을: 롤스

- ㄱ. A: 재화의 분배 과정에서 국가 개입은 정당화될 수
있는가? (O) 롤스는 차등의 원칙에 따라 재화를
분배하는 과정에서 국가의 개입은 정당하다고 보며,
노직은 교정의 원칙에 따라 부정의를 교정하기 위한
국가의 개입은 정당할 수 있다고 봄
- ㄴ. **A: 정의로운 사회에서 경제적 불평등은 정당화될
수 있는가? (O)** 롤스와 노직 모두 정의로운 사회에서도
불평등이 존재할 수 있다고 봄
- ㄷ. **B: '사회적 약자들의 처지 개선을 위한 기본적
자유의 제한은 정당한가?라는 질문은 노직이 부정의
답을 할 질문임, 사회적 약자들의 처지 개선을 위한
기본적 자유의 제한, 소유권의 제한은 개인의 소유권을
침해하는 것이라고 봄
- ㄹ. **C: 원초적 입장에서 당사자들은 자신의 능력과
사회적 지위를 모르는가? (O)** 원초적 입장의
당사자들은 상호 무관심한 합리성을 지닌 존재로 자신이
어떤 사회적 위치에 놓일지 모르는 무지의 베일
상황에서 정의의 원칙을 도출한다고 봄

32 공동체주의적 정의관   ③

· 사상가: 우리 각자는 분리된 자아가 아니라, 특수한
사회적, 역사적 정체성의 담지자 → 매킨타이어,
공동체주의

①, ④, ⑤ 매킨타이어의 입장으로 적절하지 않음
② 개인의 선호보다 공동체의 전통과 역사를 더 중시함
③ **옳고 선한 행위를 습관화하여 유덕한 성품을 길러야
한다. (O)** 매킨타이어는 서사적 자아를 강조하면서
개인은 전통과 역사를 바탕으로 책임감 있는 시민으로
살아야 한다고 보았으며 옳고 선한 행위를 습관화하여
유덕한 성품을 길러야 한다고 봄

33 공동체주의적 정의관   ②

· 사상가: 매킨타이어, 공동체주의적 정의관 → 선한
행위를 습관화하여 유덕한 성품을 길러야 한다고
보았으며, 공동체의 역사와 전통을 바탕으로 덕을
실천해야 한다고 봄 ②

34 공동체주의적 정의관 ①

· 더불어 사는 공동체의 구성원으로서 덕 있는 삶을
  살아야 한다고 주장 → 매킨타이어, 공동체주의적 정의관

① **공동선보다 개인선을 추구하는 삶이 더 바람직하다.**
   (X) 매킨타이어는 개인선보다 공동선을 추구하는 삶이
   바람직하다고 봄
② 매킨타이어는 공동체의 역사와 전통은 개인의
   자아실현에 영향을 준다고 봄
③ 매킨타이어는 유덕한 품성은 개인이 속한 공동체의
   서사 위에서 구성된다고 봄
④ 매킨타이어는 타인과 더불어 살아가기 위해 공동체
   의식을 함양해야 한다고 봄
⑤ 매킨타이어는 도덕적 실천을 위해 행위자가 처한
   사회적 상황을 고려해야 한다고 봄

35 공동체주의적 정의관 ⑤

· 사상가: 매킨타이어, 공동체주의 정의관

① 공동체의 전통은 개인의 도덕성에 영향을 준다고 봄
② 도덕적 정체성은 공동체적 관계 속에서 형성된다고 봄
③ 도덕적 가치는 사회적 맥락에 따라 달라질 수 있다고 봄
④ 도덕 판단에서 행위자의 역사적 특수성을 고려해야
   한다고 봄
⑤ **덕성의 함양보다 보편적 도덕 법칙의 탐구를 중시해야**
   한다. (X) 덕성의 함양은 개인이 속한 공동체의 서사
   위에서 구성된다고 보며, 역사와 전통이라는 구체적
   맥락을 지닌 공동체 안에서 덕성의 함양이 가능하다고 봄

36 공간 불평등 ④

- ㄱ. ㉠(수도권 집중 현상)은 1차 산업보다 3차
   산업에서 두드러지게 나타남
- ㄴ. ㉡에는 '**수도권으로의 지역 인재 유출**'이 들어갈 수
   있다. **(O)**
   수도권 집중 현상이 심화됨에 따라 비수도권에서
   수도권으로 지역 인재가 유출되는 문제가 나타남
- ㄷ. ㉢에는 '**수도권에 위치한 공공 기관 및 공기업의**
   비수도권으로의 이전'이 들어갈 수 있다. **(O)**
   공간 불평등 문제를 해소하기 위해 수도권에 위치한
   공공 기관 및 공기업을 지방으로 이전하는 정책을
   시행하고 있음

37 공간 불평등 ③

· 환경 피해 지역과 이익 지역이 일치하지 않는 현상
  → 환경 불평등

38 지역 개발 방식 ③

· (가): 균형 개발, (나): 성장 거점 개발

- ㄱ. 우리나라에서 1970년대에 적용된 것은
   (나) 성장 거점 개발 방식임
- ㄴ. **(나)는 성장 거점 개발 방법이다. (O)**
   투자의 파급력이 큰 지역에 자본을 집중 투자하는
   것은 효율성을 중시한 성장 거점 개발 방법에 해당함
- ㄷ. **(가)는 (나)보다 경제적 형평성을 중요시한다. (O)**
- ㄹ. (나)는 하향식 개발로 정부주도형 개발 방식인 반면,
   (가)는 상향식 개발로 (나)보다 지역 주민의 참여도가
   높음

39 적극적 평등 실현 조치 ⑤

· 갑: 적극적 우대 조치 반대, 을: 적극적 우대 조치 찬성

① 갑은 적극적 우대 조치의 시행은 또 다른 차별,
   역차별을 야기할 수 있다고 봄
② 갑은 특정 집단에 대한 우대는 업적 주의를 훼손할 수
   있으며, 개인의 성취를 폄하할 수 있다고 봄
③ 을은 적극적 우대 조치의 실현을 통해 차별받아 온
   집단을 위한 사회적 여건 개선이 필요하다고 봄
④ 을은 누구나 부당한 차별 없이 경쟁에 참여할 수
   있어야 한다고 봄
⑤ **갑, 을: 업적주의는 차별의 해소와 평등의 실현을**
   보장한다. (X) 을은 업적주의가 아닌, 적극적 우대
   조치의 실현을 통해 차별의 해소와 평등의 실현을
   보장해야 한다고 봄

40 적극적 평등 실현 조치 ③

① 갑, 을 모두 사회적 약자를 보호하고 차별을
   종식시켜야 한다고 봄
②, ④, ⑤ 토론 쟁점과 관련이 없음
③ **과거의 차별을 보상하기 위해 현세대의 책임이**
   필요한가? (O) 갑은 과거의 차별을 보상하기 위해
   현세대의 책임이 필요하다고 본 반면, 을은 현세대에게
   부담을 주는 것은 부당하다고 봄

41 적극적 평등 실현 조치 ⑤

· 갑은 사회적 약자에 대한 적극적 평등 실현 조치가
  필요하다고 본 반면, 을은 적극적 평등 실현 조치는 또
  다른 차별과 갈등을 유발하며 노력과 성취를 무시하는
  것으로 공정하지 못하다고 봄

－ 갑의 입장에 비해 을의 입장이 갖는 상대적 특징은
  X(개인의 업적에 따른 분배를 강조하는 정도)는 **높고**,
  Y(우대 정책으로 인한 역차별 문제를 강조하는 정도)도
  높고, Z(사회적 약자를 위한 보상의 필요성을 강조하는
  정도)는 **낮음**
  → ㅁ

42 적극적 평등 실현 조치 ④

① 갑, 을 모두 능력을 갖춘 사람에 대한 정당한 대우가
   필요하다고 봄
② 갑, 을 모두 사회 정의의 실현을 위해 공정한 기회
   제공이 필요하다고 봄
③ 갑, 을 모두 과거부터 차별받아 왔던 집단에 대한
   보상은 정의롭다고 봄
④ **고졸 채용 할당제는 역차별을 유발하는 부당한**
   정책인가? (O) 갑은 부정, 을은 긍정의 답을 할 질문임
   갑은 능력 있는 고졸자들에게 공정한 기회를 제공하여
   차별을 해소해야 한다고 본 반면, 을은 고졸이
   아니라는 이유로 채용에서 배제하는 것으로 오히려
   능력 있는 사람의 기회를 빼앗는 역차별이라고 봄
⑤ 갑, 을 모두 필요를 '유일한' 기준으로 삼아 사회적
   가치를 분배해야 한다고 보지 않음

43 적극적 평등 실현 조치 ⑤

① 갑국에서는 사회 불평등을 사회적 관점에서 접근함
② 을국은 사회 제도의 개선을 통해 차별을 해소하고자 함
③ 갑국은 을국과 달리 제재보다는 보상을 통해 제도의
   목적을 달성하고자 함
④ 갑국과 을국 모두 역차별 문제의 발생 소지가 있음
   적극적 우대 조치를 시행할 때 부당하게 받는 차별을
   시정하기 위해 마련한 제도, 장치가 너무 강하여
   도리어 반대편이 차별받게 되는 역차별의 문제가
   나타날 수 있음
⑤ **갑국과 을국 모두 사회적 소수자에 대한 적극적 우대**
   조치를 시행하고 있다. (O)
   갑국에서는 소수 민족 학생에 대한 교육 기회 확대
   정책을, 을국에서는 장애인 취업 기회 확대 정책을
   시행함, 이는 모두 적극적 우대 조치에 해당함

44 사회 복지 제도 ③

· 사회 서비스는 비금전적 지원을 원칙으로 하며, 공공
  부조와 사회 보험은 금전적 지원을 원칙으로 함, '금전적
  지원을 원칙으로 하는가?'라는 질문으로 B와 C를
  구분할 수 없다고 했으므로 A는 사회 서비스에 해당함
· 노령, 장애, 사망 시 본인 및 가족에게 연금 급여를
  실시하는 제도는 국민 연금으로 사회 보험에 해당함.
  따라서 C는 사회 보험에 해당함
· B는 공공 부조에 해당함

① 국민 건강 보험 제도는 C 사회 보험에 해당함
② B 공공 부조는 국가가 최저 생활을 보장하는 제도로
   상호 부조의 원리를 기반으로 하지 않음
   상호 부조의 원리를 기반으로 하는 것은 C 사회
   보험임
③ **C는 원칙적으로 모든 국민을 대상으로 한다. (O)**
   사회 보험은 사전 예방적 성격으로 의무 가입이 원칙임
④ B 공공 부조는 사후 처방적 성격이 강하지만,
   C 사회 보험은 사전 예방적 성격이 강함
⑤ (가)에는 '강제 가입을 원칙으로 하는가?'가 들어갈 수
   없음
   A 사회 서비스와 B 공공 부조는 모두 강제 가입을
   원칙으로 하지 않음, 의무 가입을 원칙으로 하는 것은
   C 사회 보험임

45 사회 복지 제도   ④

· 사회 보험

– 국민 건강 보험 제도는 사회 보험에 해당함
  사회 보험 제도에는 국민연금, 국민 건강 보험,
  고용 보험, 산업 재해 보상 보험 등이 있음
– **을: 사후 처방보다는 사전 예방 성격의 제도에 대한
  얘기군. (O)** 사회 보험은 사전 예방의 성격의 제도에
  해당함
– 운용 비용을 모두 국가가 부담하는 제도는 공공 부조임
  사회 보험은 일정 수준의 소득이 있는 개인과 정부,
  사업주가 보험료를 분담함
– **정: 금전적 지원을 원칙으로 하는 사회 보장 제도 중
  하나에 대한 기사야. (O)**
  사회 보험은 금전적 지원을 원칙으로 함
  비금전적 지원을 원칙으로 하는 것은 사회 서비스에
  해당함

46 사회 복지 제도   ②

· A: 기초 연금 제도 → 공공 부조
· B: 국민연금 제도 → 사회 보험

① 강제 가입의 원칙이 적용되는 것은 B 사회 보험임
② **B는 상호 부조의 원리를 바탕으로 한다. (O)**
  사회 보험은 일정 수준의 소득이 있는 개인과 정부,
  사업주가 보험료를 분담하여 운영되는 제도로
  상호 부조의 원리에 기반함
③ A 공공 부조는 B 사회 보험에 비해 사후 처방적
  성격이 강함
④ A 공공 부조는 B 사회 보험에 비해 소득 재분배
  효과가 큼
⑤ A 공공 부조, B 사회 보험 모두 금전적 지원을
  원칙으로 함

47 사회 복지 제도   ⑤

· A: 사회 보험, B: 사회 서비스, C: 공공 부조

– **A는 B와 달리 강제 가입을 원칙으로 하는가? (O)**
  사회 보험은 의무 가입을 원칙으로 함
– **B는 C와 달리 비금전적 지원을 원칙으로 하는가? (O)**
  사회 보험과 공공 부조는 금전적 지원, 사회 서비스는
  비금전적 지원을 원칙으로 함
– **C는 A에 비해 사전 예방적 성격이 강한가? (X)**
  공공 부조는 사후 처방적 성격이 강한 반면, 사회
  보험은 사전 예방적 성격이 강함

48 사회 복지 제도   ①

· A: 사회 보험, B: 공공 부조, C: 사회 서비스

① **A는 강제 가입을 원칙으로 한다. (O)**
  사회 보험은 의무 가입을 원칙으로 함
② B 공공 부조는 수혜자와 비용 부담자가 일치하지 않음
  공공 부조 운용 비용은 모두 국가가 부담함
③ A 사회 보험과 B 공공 부조는 모두 소득 재분배
  효과가 나타남, 공공 부조가 사회 보험에 비해 소득
  재분배 효과가 더 큼
④ C 사회 서비스는 비금전적 지원을 원칙으로 함
⑤ A 사회 보험은 미래의 위험에 대한 사전 예방적
  성격을 지님

49 사회 복지 제도   ④

· A: 기초 연금 → 공공 부조, B: 국민연금 → 사회 보험

① 강제 가입을 원칙으로 하는 것은 사회 보험에 해당함
② 국가나 지방 자치 단체가 비용을 전액 부담하는 것은
   A 공공 부조에 해당함
③ 소득 재분배란 국가가 소득 분배의 불평등을 줄이기
   위해 시행하는 각종 정책으로 A 공공 부조와 B 사회
   보험은 모두 소득 재분배 효과가 있음
   공공 부조는 국가나 지방 자치 단체가 비용을 전액
   부담하여 생활 유지 능력이 없거나 생활이 어려운
   사람들을 지원하는 제도로 소득 재분배 효과가 큼
   사회 보험은 상호 부조의 원리에 따라 일정 수준의
   소득이 있는 개인과 정부, 사업주가 보험료를
   분담하지만 소득에 따라 부담한다는 측면에서 소득
   재분배 효과가 있음
   따라서 공공 부조와 사회 보험은 모두 소득 재분배
   효과가 있으며 사회 보험보다 공공 부조의 소득 재분배
   효과가 더 큼
④ B는 A에 비해 사전 예방적 성격이 강하다. (O)
   사회 보험은 사전 예방적 성격이 강하며, 공공 부조는
   사후 처방적 성격이 강함
⑤ A 공공 부조는 소득이 낮거나 복지 혜택이 필요한
   사람들에게 제공하므로 선별적 복지 이념을, B 사회
   보험은 모든 사람들에게 복지 혜택을 제공하므로
   보편적 복지 이념을 바탕으로 함

50 사회 복지 제도   ⑤

· '금전적 지원을 원칙으로 하는가?'라는 질문에
  '아니요'라고 답한 A는 비금전적 지원이 원칙인 사회
  서비스에 해당함

① 미래의 위험을 보험의 방식으로 대비하는 것은
   사회 보험에 해당함
② 국가가 비용을 전액 부담하는 것은 공공 부조임
   사회 보험은 일정 수준의 소득이 있는 개인과 정부,
   사업주가 보험료를 분담함
③ B, C 공공 부조와 사회 보험은 모두 소득 재분배
   효과가 나타남
④ 국민연금과 고용 보험은 모두 사회 보험으로
   국민연금이 B에 해당한다면, 고용 보험도 B에 해당함
⑤ (가)가 "강제 가입의 원칙이 적용되는가?"라면, 국민
   기초 생활 보장 제도는 C에 해당한다. (O)
   강제 가입의 원칙이 적용되는 B는 사회 보험이므로
   국민 기초 생활 보장 제도는 C 공공 부조에 해당함

51 사회 복지 제도   ①

· ㉠: 사회 보험, ㉡: 국민 기초 생활 보장 제도 → 공공
  부조

- ㄱ. ㉠은 사회적 위험을 사전에 대비하기 위한 것이다.
  (O) 사회 보험은 사전 예방적 성격이 강한 제도임
- ㄴ. ㉡은 공공 부조에 해당한다. (O)
  국민 기초 생활 보장 제도, 의료 급여, 기초 연금 등은
  공공 부조의 사례임
- ㄷ. ㉠ 사회 보험의 수혜자는 모든 국민임
- ㄹ. ㉠ 사회 보험, ㉡ 공공 부조는 모두 소득 재분배
  효과가 나타나므로 빈부 격차를 줄이는 데 기여함

52 사회 복지 제도　　　　　　　③

· 〈카드1〉 강제 가입을 원칙으로 한다 → 사회 보험의
　특징임
· 〈카드2〉 사후 처방적 성격이 강하다 → 공공 부조의
　특징임
· 〈카드3〉 금전적 지원을 원칙으로 한다
　→ 사회 보험과 공공 부조의 공통된 특징임
· 〈카드4〉 선별적 복지 이념을 바탕으로 한다
　→ 공공 부조의 특징임
· 갑은 카드1, 3을 제시하여 3점으로 승리함, 즉 갑이
　선택한 사회 보장 제도 유형 A는 사회 보험에 해당함
　따라서, B는 공공 부조임

– ㄱ. A 사회 보험에 비해 B 공공 부조는 소득 재분배
　효과가 큼
– ㄴ. B와 달리 A는 상호 부조의 원리를 바탕으로 한다.
　(O) B 공공 부조는 운용 비용을 국가와 지방 자치
　단체가 전액 부담하는 반면, A 사회 보험은 일정
　수준의 소득이 있는 개인과 정부, 사업주가 보험료를
　분담함, 따라서 사회 보험은 상호 부조의 원리를
　바탕으로 한다고 볼 수 있음
– ㄷ. A는 사회 보험, B는 공공 부조이다. (O)
　A는 사회 보험, B는 공공 부조에 해당함
– ㄹ. (가)에 '비용을 국가나 지방 자치 단체가 전액 부담
　하는 것을 원칙으로 한다.'가 들어갈 수 없음
　비용을 국가나 지방 자치 단체가 전액 부담하는 것을
　원칙으로 하는 것은 공공 부조의 특징임
　(가)에 공공 부조의 특징이 들어간다면 을이 4점을
　획득하여 승리함

1　분배적 정의　　②

· 사상가: 아리스토텔레스
　당사자들이 동등함에도 동등하지 않은 몫을, 혹은
　동등하지 않은 사람들이 동등한 몫을 분배받아 갖게
　되면 불평등이 생겨난다고 봄

- **ㄱ. 기하학적 비례에 따라 몫을 분배하지 않으므로 (O)**
　분배적 정의는 가치와 업적에 비례하여 분배하는
　기하학적 비례의 동등함을 추구함
- ㄴ. 아리스토텔레스는 사람들에게 재화를 동일하게
　분배해야 한다고 보지 않음
- ㄷ. 산술적 비례에 따라 분배적 정의를 실현해야 한다고
　보지 않음
- **ㄹ. 가치에 비례하는 몫을 누리지 못하는 사람이
　발생하므로 (O)** 가치와 업적에 비례하여 분배하는 권력,
　명예, 재화를 분배하여 공정함을 실현해야 한다고 봄

COMMENT 아리스토텔레스 정의
일반적 정의: 공익을 지향하는 준법으로서의 정의
특수적 정의: 분배적 정의, 교정적 정의, 교환적 정의
- 분배적 정의: 가치와 업적에 비례하여 권력, 명예,
　재화를 분배하여 공정함을 실현하는 것, 기하학적
　비례의 동등함 추구
- 교정적 정의: 잘못이 있는 경우 그에 대한 보상 혹은
　처벌을 통해 동등함을 추구하는 정의, 산술적 비례의
　동등함 추구
- 교환적 정의: 같은 가치를 지닌 두 물건을 교환하게
　함으로써 교환의 결과를 공정하게 하는 것

2　교정적 정의　　⑤

· 갑: 칸트, 을: 베카리아

① '형벌은 범죄와의 응보적 관계에 따라 부과해야
　하는가?'라는 질문은 칸트는 긍정, 베카리아는 부정의
　답을 할 질문임
② '사형은 사적 차원의 보복이 아닌 공적 차원의
　형벌인가?'라는 질문은 모두 긍정의 답을 할 질문임
③ '사형은 살인범의 인간으로서의 존엄을 지켜주는
　형벌인가?'라는 질문은 칸트가 긍정의 답을 할 질문임
④ '형벌로 얻는 공공 이익은 형벌이 초래할 해악보다
　커야 하는가?'라는 질문은 베카리아가 긍정의 답을 할
　질문임
⑤ **형벌의 목적은 범죄자 교화가 아닌 타인의 범죄 예방에
　국한되는가? (O)** 칸트와 베카리아 모두 부정의 답을
　할 질문임, 칸트는 형벌의 목적을 범죄 행위에 대한
　응당한 보복을 가하는 것으로 보고, 베카리아는 형벌의
　목적을 범죄자 교화와 범죄 예방이라고 봄

3　교정적 정의　　③

· 갑: 형벌의 법칙은 정언 명령 → 칸트
· 을: 형벌권은 사회 계약에 따라 모든 시민이 조금씩
　양도한 권리의 총합이며, 그 이상을 넘어서는
　형벌(사형)은 정당하지 않다고 봄 → 베카리아

① 칸트는 범죄에 상응하는 동등한 형벌이 정의에
　부합한다고 봄
② 칸트는 형벌이 사회적 선을 증진하는 수단이 되어서는
　안된다고 보았으며, 베카리아는 공리, 정의에 반하는
　개인의 욕망은 형벌로써 억제되어야 한다고 봄
③ **B: 형벌은 시민에게 두려움을 주어야만 정의에
　부합함을 간과한다. (O)** 베카리아는 형벌의 목적을
　시민에게 두려움을 주어 범죄를 예방하는 것이라고 봄
④ 베카리아는 범죄의 경중은 '공리를 해치려는 범죄자의
　의도'에 따라 판단된다고 보지 않음, 의도가 아닌
　사회에 끼친 해악을 기준으로 판단함
⑤ 베카리아는 범죄를 예방하기에 충분한 정도로만 형벌이
　부과되어야 한다고 봄

4   교정적 정의   ③

- 갑: 생명은 양도할 수 없는 것이기 때문에 사형은
  사회 계약에 포함될 수 없음 → 베카리아
- 을: 형벌은 범죄자가 범죄를 저질렀기 때문에 행해지는
  것, 정언 명령 → 칸트

- ㄱ. 베카리아는 범죄 억제력은 형벌의 강도보다
  지속도에서 나온다고 봄, 범죄 억제력에 대한 형벌의
  강도를 완전히 부정한 것은 아님
- ㄴ. **갑: 종신 노역형은 범죄자보다 시민들에게 더 큰
  공포를 준다. (O)**
  종신 노역형은 범죄자보다 시민들에게 더 큰 공포를
  주어 범죄 예방에 적절한 형벌이라고 봄
- ㄷ. 칸트는 범죄에 상응하는 형벌을 부과하는 것이 정의
  그 자체라고 봄, 범죄자에게 자신의 자율적 행위에 대해
  책임을 지게하여 인간 존엄성을 실현할 수 있다고
  보았지만 '필요악'으로 보지 않음
- ㄹ. **갑과 을: 사형을 오직 본보기로 집행하는 것은
  부당하다. (O)** 베카리아는 종신 노역형의 범죄 예방
  효과가 크다고 주장하며, 사회 계약설과 공리주의
  관점에서 사형의 부당함을 주장함, 칸트는 형벌을
  수단으로 가해서는 안된다고 봄, 따라서 베카리아와
  칸트 모두 본보기로 사형을 집행하는 것에 대해
  부당하다고 봄

5   교정적 정의   ③

- 갑: 베카리아, 을: 칸트

- ㄱ. 베카리아는 사형이 공포를 유발하는 효과가 없다고
  보지 않음, 형벌이 주는 공포는 강도보다 지속성에서
  나온다고 보며 사형보다 종신 노역형이 범죄 예방
  효과가 크다고 봄
- ㄴ. **B: 형벌은 응당한 비례 원리를 준수하여 부과해야
  한다. (O)** 베카리아는 형벌의 크기는 사회에 끼친
  사회적 해악에 비례해야 한다고 봄
  칸트는 동등성의 원리에 따라 범죄 행위에 상응하는
  동등한 형벌을 부과해야 한다고 봄
- ㄷ. **B: 범죄 억제력이 있는 형벌도 정당하지 않은
  경우가 있다. (O)** 베카리아는 사형은 범죄 억제력이
  있지만 생명은 양도할 수 없는 것으로 부당하다고 봄,
  또한 범죄 억제력이 있는 형벌도 사회 전체의 이익을
  증진하지 않는다면 정당하지 않을 수 있다고 봄
  칸트는 범죄 억제를 위한 수단으로 형벌이 가해져서는
  안된다고 봄
- ㄹ. 칸트는 형벌의 목적을 범죄자의 인격 교화로 보지
  않음

6   교정적 정의   ⑤

- 갑: 처벌받아야 할 행동을 원했기 때문에 처벌 받는 것,
  살인죄에 대한 최상의 균형자는 사형 → 칸트
- 을: 사회 계약설과 공리주의 관점에 기반하여 사형을
  부당하다고 봄, 종신 노역형 주장 → 베카리아

① 칸트는 범죄자는 범행했기 때문에 처벌받는 것이라고 봄
② 칸트는 응보주의에 바탕을 둔 형벌은 인간을 단지
  수단으로 취급하는 것이 아니라고 봄
  자신의 자율적 행위에 대한 책임을 지게 하는 것이므로
  인격을 존중하는 것이라고 봄
③ 베카리아는 종신 노역형은 공개적으로 집행하는 것이
  범죄 예방에 효과적이라고 봄
④ 베카리아는 사형보다 종신 노역형이 범죄를 억제하는
  효과가 크다고 보았으며, 생명을 빼앗는 사형은 사회
  계약의 내용에 포함될 수 없다고 봄
⑤ **갑, 을: 형벌은 사적인 보복이 아니라 공적인 정의를
  실현해야만 한다. (O)** 칸트와 베카리아는 모두 형벌이
  공적인 정의의 실현을 위해 이루어져야 한다고 봄

· 갑: 베카리아, 을: 칸트

① 베카리아는 사형보다 종신 노역형이 더 유용한
　형벌이라고 봄
② 칸트와 베카리아 모두 법이 규정한 것을 넘어서는
　형벌이 효과적이라고 보지 않음
③ **A: 사회적 선의 증진이 형벌을 부과하는 목적임을
　간과한다. (O)** 베카리아는 형벌의 목적이 범죄 예방과
　사회적 선의 증진이라고 봄
　칸트는 형벌의 목적을 범죄 행위에 상응하는 형벌
　부과를 통한 정의의 실현으로 봄
④ 칸트는 사적 보복을 정당화하지 않음
　형벌이 공적인 정의의 실현을 위해 이루어져야 한다고 봄
⑤ 베카리아는 사회 계약설에 근거하여 형벌은 범죄자의
　자발적 동의를 근거로 부과된다고 봄

· 갑: 생명은 양도할 수 없는 것으로 사형을 부당하다고
　봄 → 베카리아
· 을: 사형은 국가의 적을 처벌하는 것 → 루소

- ㄱ. 베카리아는 '형벌의 효과는 형벌의 강도보다
　지속성에 달려 있다'고 봄, 따라서 모든 고통을
　한순간에 집중시켜야만 형벌이 효과적이라고 보지 않음
- ㄴ. **갑: 법은 살인을 금지하므로 법에 의해 살인하는
　형벌은 부당하다. (O)**
　생명은 사회 계약에서 양도할 수 없는 권리이므로
　국가가 이를 박탈한 권한이 없다고 봄
- ㄷ. 루소는 살인자는 시민의 일원으로서 처벌하는 것이
　아닌 공공의 적으로서 처벌하는 것이라고 봄
- ㄹ. **갑과 을: 사회 계약의 목적에 반하는 형벌은
　정당성이 없다. (O)**
　베카리아와 루소 모두 사형의 정당성을 사회 계약론
　입장에서 판단함, 따라서 모두 사회 계약의 목적에
　반하는 형벌은 정당성이 없다고 봄

COMMENT 베카리아는 사회 계약론과 공리주의 관점에서
생명을 양도할 수 없으므로 사형을 부당하다고 봄
루소는 사회 계약론의 관점에서 시민의 생명과 안전을
확보하기 위해 사형이 필요하다고 봄

COMMENT 사형 제도에 대한 관점으로 루소의 견해를
파악해두면 칸트, 베카리아의 교정적 정의에 대한 이해의
폭을 넓힐 수 있음

9 교정적 정의 ⑤

· 갑: 동등성의 원리 → 칸트
· 을: 한 사람의 시민에 대해 벌이는 전쟁 → 베카리아
· 병: 형벌의 가치는 위법 행위에서 얻는 이득의 가치를
  능가해야 함 → 벤담

① 칸트는 살인범은 살인을 의욕한 자로서 사형을 통해
  고통받는 인격을 해방하여 인간의 존엄성을 실현하도록
  해야 한다고 보며, 살인자라도 그의 생득적인 인격성은
  존중되어야 한다고 봄
② 베카리아는 일반 시민이 법을 두려워하는 형벌을
  집행하여 범죄를 예방해야 한다고 봄, 종신 노역형은
  범죄자보다 시민들에게 더 큰 공포를 주어 범죄 예방에
  적절한 형벌이라고 봄
③ 벤담은 형벌의 목적을 공동체의 해악 방지로 보았지만,
  형벌 그 자체는 악이라고 봄
  따라서, 처벌로 초래되는 해악이 처벌을 통해 예방될
  해악보다 커서 안된다고 봄
④ 공적 정의는 만인의 행복에 영향을 미치는 방식일
  뿐이라고 본 것은 베카리아의 입장에 해당함
  칸트는 공적 정의는 응보적 정의 실현이라고 보며
  행복과 무관하다고 봄
⑤ **을과 병: 범죄자에게 가능한 한 적은 고통을 주는
  동시에 범죄 억지력을 갖는 형벌은 허용될 수 있다.**
  (O) 베카리아, 벤담은 모두 공리주의 관점에서 처벌로
  초래되는 해악이 처벌을 통해 예방될 해악보다 커서는
  안된다고 봄

10 교정적 정의 ③

· 갑: 벤담, 을: 베카리아, 병: 칸트

① 벤담, 베카리아 모두 형벌을 통해 범죄를 예방해야
  한다고 보며, 행위를 통제하고자 하는 대상은 범죄자에
  국한되어서는 안된다고 봄
② 벤담, 베카리아 모두 형벌의 종류와 크기는 사회적
  파급 효과를 고려하여 정해야 한다고 봄
③ **C, E: 형벌은 사회적 선을 촉진하기 위한 수단으로
  가해질 수 없음을 간과한다. (O)**
  칸트는 형벌을 사회적 선을 촉진하기 위해 부과하는
  것은 범죄자를 단지 수단으로 취급하는 것이라고 보며
  반대함
④ 베카리아는 사형이 지속적으로 공포 인상을 준다고
  보지 않음
⑤ 벤담은 공리주의 관점에서 형벌로 초래되는 해악이
  형벌을 통해 예방될 해악보다 커서는 안된다고 봄

11 교정적 정의 ④

· 갑: 루소, 을: 칸트, 병: 베카리아

① 칸트와 베카리아는 모두 범죄와 형벌 간에 비례 관계가
  성립해야 한다고 봄
  칸트는 동등성의 원리에 따라 범죄 행위에 상응하는
  동등한 형벌을 부과해야 한다고 보며, 베카리아는
  형벌의 크기는 사회에 끼친 사회적 해악에 비례해야
  한다고 봄
② 루소는 살인자는 더 이상 국가 구성원, 시민이 아닌
  공공의 적이라고 봄
③ 베카리아는 사형이 범죄 억제력이 전혀 없다고 보지
  않음, 사형보다 지속성이 강한 종신 노역형의 범죄
  억제력이 더 크다고 봄
④ **D: 형벌에 대한 범인의 동의가 형벌권의 기초가
  아님을 간과한다. (O)** 베카리아는 사회 계약설에
  근거하여 생명 박탈권을 국가에 양도한 적 없다고 보며
  사형 제도를 반대함, 형벌에 대한 범인의 동의가
  형벌권의 기초라고 봄
  반면, 칸트는 형벌에 대한 범인의 동의가 형벌권의
  기초가 아닌, 범죄를 저질렀다는 이유만으로 응당하게
  이루어져야 하는 보복이라고 봄, 따라서 칸트가
  베카리아에게 제기할 수 있는 비판으로 적절함
⑤ 루소는 사형제 존폐를 계약자의 생명 보존을 위해
  정해야 한다고 봄

12 교정적 정의 ③

· 갑: 루소, 을: 베카리아, 병: 칸트

① 루소는 사회 계약설 관점에서 시민의 생명 보존이
  사형의 정당화 근거라고 봄
② 베카리아는 사형을 범죄 억제력이 없다고 보지 않음
③ **C: 형벌받아야 할 자의 동의가 형벌권의 기초가
  아님을 간과한다. (O)** 베카리아는 사회 계약설에
  근거하여 생명 박탈권을 국가에 양도한 적 없다고 보며
  사형 제도를 반대함, 형벌받아야 할 자의 동의가
  형벌권의 기초라고 봄
  반면, 칸트는 형벌에 대한 범인의 동의가 형벌권의
  기초가 아닌, 범죄를 저질렀다는 이유만으로 응당하게
  이루어져야 하는 보복이라고 봄, 따라서 칸트가
  베카리아에게 제기할 수 있는 비판으로 적절함
④ 루소는 사형을 시민의 자격을 상실한 공공의 적에게
  내리는 형벌이라고 봄
⑤ 칸트는 동등성의 원리에 기초하여 살인자에게는 사형
  이외의 형벌이 정당화될 수 없다고 봄

13 교정적 정의 ②

· 갑: 칸트, 을: 베카리아, 병: 루소

① 칸트는 형벌의 질과 양은 동해(同害) 보복법에 의해서
  결정되어야 한다고 보았으나, 베카리아는 형벌의
  크기는 사회에 끼친 사회적 해악에 비례해야 한다고 봄
② **B, D: 형벌은 국가 존립을 위한 수단으로 집행될 수
  있음을 간과한다. (X)**
  베카리아가 칸트에게 제기할 비판으로는 적절하나,
  루소에게 제기할 비판으로 적절하지 않음
  루소는 사회 계약의 관점에서 형벌은 국가 존립을 위한
  수단으로 집행될 수 있다고 봄
③ 베카리아는 사회 계약론과 공리주의 관점에서 생명을
  양도할 수 없으므로 사형을 부당하다고 보았으나
  루소는 사회 계약론의 관점에서 시민의 생명과 안전을
  확보하기 위해 사형이 필요하다고 봄
④ 루소는 사형은 일반 시민들의 안전을 지키기 위해
  실행되어야 한다고 본 반면, 칸트는 사회적 선을 증진하기
  위한 수단으로 형벌이 부과되어서는 안된다고 봄
⑤ 칸트는 사형 선고를 받은 사람도 목적적 존재로
  대우받아야 한다고 보았으나, 루소는 살인자를 시민이
  아닌 공공의 적으로 봄

14 교정적 정의 ⑤

· 갑: 칸트, 을: 루소, 병: 베카리아

① 루소에게 제기할 비판으로 적절하지 않음
  루소는 살인자는 시민 사회에서 제거되어야 한다고 봄
② 루소가 칸트에게 제기할 비판으로 적절하지 않음
  루소는 사회 계약의 관점에서 사형은 국가 존립을 위한
  수단으로 집행된다고 봄
③ 베카리아가 루소에게 제기할 비판으로 적절하지 않음
  베카리아는 모든 종류의 형벌이 집행될 수 있다고
  보지 않음, 사회 계약에 근거해 생명 박탈권을 국가에
  양도한 적 없다고 보며 사형 제도를 반대함
④ 루소가 베카리아에게 제기할 비판으로 적절하지 않음
  루소는 사회 계약의 관점에서 사형의 선고와 집행은
  살인자의 동의를 전제한다고 봄
⑤ **E: 동해 보복 원리에 어긋나는 형벌도 정당화될 수
  있음을 간과한다. (O)** 칸트는 동해 보복 원리에
  부합하는 형벌만이 정당화될 수 있다고 본 반면,
  베카리아는 공리주의 입장에서 범죄 예방과 사회 전체의
  이익 증진에 부합한 형벌은 정당화될 수 있다고 봄

15 교정적 정의 ④

· 갑: 칸트, 을: 베카리아, 병: 루소

① 칸트, 루소가 베카리아에게 제기할 비판으로 적절하지
  않음, 베카리아는 형벌이 주는 공포는 강도보다
  지속성에서 나온다고 봄
② 베카리아가 칸트에게 제기할 비판으로 적절하지 않음
  베카리아는 종신 노역형이 범죄자를 목적으로 대우하는
  형벌이라고 보지 않음
③ 베카리아가 루소에게 제기할 비판으로 적절하지 않음
  베카리아는 사형이 시민의 범죄 의욕을 전혀 억제할 수
  없다고 보지 않음
④ **E: 사형은 시민들의 생명을 지키기 위해 실행되는
  형벌임을 간과한다. (O)** 루소가 칸트에게 제기할
  비판으로 적절함, 루소는 사형은 시민들의 생명을
  지키기 위해 시행되어야 한다고 본 반면, 칸트는
  응보주의 관점에서 동등성의 원리에 의해 사형이
  집행되어야 한다고 봄
⑤ 칸트가 루소에게 제기할 비판으로 적절하지 않음
  범죄자를 처벌하는 것은 그가 처벌을 의욕했기 때문이
  아니라 처벌받을 행위를 의욕했기 때문이라고 봄

16 자유주의적 정의관 ④

· 사상가: 롤스

① 원초적 합의는 상호 이익을 위한 협동 체제로 모두의
복지를 위한 호혜적인 사회를 지향한다고 봄
② 공정으로서의 정의에 따른 사회는 우연성이 작용하지
않는 사회가 아닌, 우연성이 작용하더라도 모두의
이익을 증진하는 방향, 최소 수혜자의 이익을 증진하는
방향으로 작용하는 사회라고 봄
③ 원초적 입장에서 사회 기본 구조의 원칙, 정의의
원칙이 합의된다고 봄
④ **순수 절차적 정의에는 분배 결과가 정의로운지 판단할
근거가 있다. (O)** 순수 절차적 정의에 근거하여 절차가
정의롭다면 분배 결과도 정의롭다고 봄
⑤ 무지의 베일 속 개인은 합리적 존재이며, 자신이 선을
추구할 수 있는 존재임을 알고 있다고 가정된다고 봄
자신이 어떤 사회적 위치에 놓일지 모르는 무지의 베일
상황 때문에 자기 이익을 합리적으로 추구하여 정의의
원칙에 합의한다고 봄

17 자유주의적 정의관 ①

· 갑: 롤스, 을: 노직

－ ㄱ. **갑: 무지의 베일 속 개인은 자유롭고 평등한
인격체이다. (O)** 무지의 베일을 쓴 원초적 입장의
당사자들은 자유롭고 평등한 인격체로서 정의의 원칙을
도출한다고 봄
－ ㄴ. **갑: 원초적 입장의 당사자들은 상호 신뢰할 수 있는
존재들이다. (O)** 무지의 베일을 쓴 원초적 입장의
당사자들은 상호 신뢰할 수 있는 합리적 존재라고 봄
－ ㄷ. 노직은 최소국가만이 정당화될 수 있다고 보았지만,
최소국가에서만 개인의 소유 권리가 존재할 수 있다고
보지 않음, 최소국가가 아니더라도 개인의 소유 권리가
존재할 수 있다고 봄
－ ㄹ. 롤스는 정의의 원칙이 보장하는 기본적 권리,
기본적 자유는 다른 기본적 자유와 상충될 때 제한될
수 있다고 봄

18 자유주의적 정의관 ③

· 갑: 정형화된 분배와 재분배는 부정의하다고 봄 → 노직
· 을: 무지의 베일 속에서 정의의 원칙을 만장일치로
도출할 수 있다고 봄 → 롤스

－ ㄱ. '과세 정책은 개인의 소유권을 필연적으로
침해하는가?'라는 질문은 노직이 부정의 답을 할 질문임
정형화된 분배와 재분배는 소유권을 필연적으로
침해한다고 보지만, 치안 등의 최소 국가 유지를 위한
과세 정책은 개인의 소유권을 침해하지 않는다고 봄
－ ㄴ. **B: 자기 노동을 통한 취득물의 소유가 부당할 수도
있는가? (O)**
노직은 자기 노동을 통한 취득물의 소유가 타인의
권리를 침해한 경우 소유가 부당할 수 있다고 보았으며
노동을 통해 소유한 취득물이라도 과거 불공정한
취득이나 이전이 있었다면 교정의 대상이라고 봄
－ ㄷ. 롤스는 무지의 베일 속 원초적 계약의 당사자는
자신이 최소 수혜자가 될 확률을 합리적으로 계산할 수
없다고 봄, 그러나 자신이 최소 수혜자가 될 경우를
고려하여 합리적으로 정의의 원칙을 도출한다고 봄
－ ㄹ. **C: 최소 수혜자에게 가장 큰 이익이 되는 분배는
사회 구성원 모두에게 이익이 될 수 있는가? (O)**
차등의 원칙에 따라 최소 수혜자에게 최대 이익이
분배되는 것은 사회 구성원 모두에게 이익이라고 봄

· 갑: 롤스, 을: 노직

- ㄱ. '공정한 절차를 거친다면 그 분배는 모두
  정의로운가?' 라는 질문은 롤스와 노직 모두 긍정의
  답을 할 질문임
  절차적 정의에 근거하여 절차가 정의롭다면
  분배 결과도 정의롭다고 봄
- ㄴ. B: 원초적 입장에서 당사자들의 합의는 호혜적인
  사회를 지향하게 되는가? (O)
  원초적 입장의 당사자들은 상호 무관심한 합리성을 지닌
  존재로 자신이 어떤 사회적 위치에 놓일지 모르는
  무지의 베일 상황 때문에 자기 이익을 합리적으로
  추구하여 호혜적인 사회를 지향한다고 봄
  즉, 원초적 합의는 상호 이익을 위한 협동 체제로
  모두의 복지를 위한 호혜적인 사회를 지향한다고 봄
- ㄷ. 노직은 최소국가는 시민들의 권리를 평등하게
  보호해야 한다고 주장함
- ㄹ. C: 취득 원칙과 이전 원칙을 충족했다면 그 소유는
  모두 정의로운가? (O)
  취득과 이전의 원칙이 모두 충족된 소유물에 대해서는
  정당한 소유 권리가 주어진다고 봄
  교정의 원칙이 필요한 경우는 취득 또는 이전의 원칙을
  충족하지 않은 부정의한 상황이라고 봄

· 갑: 롤스, 을:노직

- ㄱ. 갑: 정의로운 분배 결과로 생긴 불평등은 조정의
  대상이 아니다. (O) 롤스는 순수 절차적 정의에
  근거하여 절차가 정의롭다면 분배 결과도 정의롭다고 봄
  따라서 정의로운 분배 결과로 생긴 불평등은
  조정의 대상이 아님
- ㄴ. 갑: 사회 구성원 모두의 협력을 가능하게 하는
  분배만이 정당하다. (O) 사회를 상호 이익을 위한 협동
  체제라고 보고 공정한 합의 상황에서 만장일치로 합의된
  정의의 원칙에 의한 분배만이 정당하다고 봄
- ㄷ. 노직은 최소 국가로 부정의한 분배의 교정과 함께
  개인의 소유 권리를 보호하는 역할을 수행해야 한다고 봄
- ㄹ. 노직은 분배 정의의 목표를 기본적 필요 보장이라고
  보지 않음

· 갑: 롤스, 을: 노직

- ㄱ. '개인의 소유권을 침해하지 않는 과세 정책이
  가능한가?'라는 질문은 노직이 긍정의 답을 할 질문임
  정형화된 분배와 재분배는 소유권을 필연적으로
  침해한다고 보지만, 치안 등의 최소 국가 유지를 위한
  과세 정책은 개인의 소유권을 침해하지 않는다고 봄
- ㄴ. B: 차등의 원칙은 더 큰 재능의 소유자에게 유익할
  수 있는가? (O) 롤스는 더 큰 재능의 소유자가 사회적
  약자, 최소 수혜자의 최대 이익을 증진한다면, 그
  재능으로부터 이익을 얻을 수 있다고 봄
- ㄷ. B: 재산의 평등한 분배가 정의 원칙에 의해 허용될
  수 있는가? (O) 차등의 원칙에 따라 재산의 불평등한
  분배는 최소 수혜자에게 이익이 될 때에만 가능함
  그렇지 않을 경우에는 평등하게 분배되어야 한다고 봄
- ㄹ. C: 국가는 자유롭게 체결된 계약의 이행을 강제할
  수 있는가? (O) 노직은 교정의 원칙에 따라 개인 간
  자유롭게 체결된 계약이 이행되지 않을 경우,
  국가가 이행을 강제할 수 있다고 봄

22 자유주의적 정의관 ②

· 갑: 롤스, 을: 노직

- ㄱ. **갑: 차등의 원칙은 천부적 능력의 차등이 있어도 성립한다. (O)** 롤스는 차등의 원칙에 따라 천부적 능력의 차등으로 인한 불평등을 조정해야 한다고 봄 천부적 능력의 소유자는 불리한 처지에 있는 사회적 약자의 여건을 개선한다는 조건하에서만 그 능력으로 인한 이익을 얻을 수 있다고 봄
- ㄴ. 노직은 최소 국가가 각 개인에게 소유물을 분배하는 역할을 수행하는 국가라고 보지 않음 최소 국가는 개인의 소유권을 침해하지 않고 개인의 권리를 보호하는 역할을 수행한다고 봄
- ㄷ. 노직은 소유물 취득의 정당성이 타인의 처지 개선을 요구한다고 보지 않음, 취득물의 소유가 타인의 권리를 침해하거나 처지를 악화시키는 경우 소유가 부당할 수 있다고 봄
- ㄹ. **갑과 을: 개인은 사유 재산을 소유할 불가침적 권리를 지닌다. (O)** 롤스는 사유 재산을 소유할 권리는 기본적 권리로 제1원칙에 의해 누구나 평등하게 가진다고 보고, 불가침적 권리로 다른 기본적 자유와 상충할 때 제한될 수 있다고 봄, 노직은 정당하게 취득한 소유물에 대해 배타적이고 절대적인 권리를 지닌다고 봄

23 자유주의적 정의관 ④

· 갑: 노직, 을: 롤스

- ㄱ. 노직은 도덕적 공과(功過)에 따른 분배는 정형적 원리에 의한 분배로 개인의 소유 권리를 침해하기 때문에 정의롭지 않다고 봄
- ㄴ. **을: 차등 원칙은 모든 성원을 고려한 상호 이익의 원칙이다. (O)** 차등의 원칙은 모든 구성원을 고려한 상호 이익의 원칙으로 호혜적이라고 봄
- ㄷ. 롤스는 제1원칙으로 모든 사람이 평등한 기본적 자유를 최대한 누려야 한다고 봄, 그러나 불가침적인 권리이기에 다른 기본적 자유와 상충할 때 제한될 수 있다고 봄, 따라서 기본적 자유는 절대적이지 않음
- ㄹ. **갑, 을: 개인은 자신의 유리한 천부적 자산을 소유할 권한을 갖는다. (O)** 롤스는 천부적 자산으로 인한 이익은 공동 자산으로 간주되지만 천부적 자산 자체에 대한 소유 권한은 개인에게 있다고 봄, 노직은 개인에게 천부적 자산 소유 권리가 있다고 봄

24 자유주의적 정의관 ⑤

· 갑: 롤스, 을: 노직

- ㄱ. **갑: 최소 수혜자에게 이익이 되지 않는 한 소득은 평등하게 분배되어야 한다. (O)** 차등의 원칙에 따라 재산의 불평등한 분배는 최소 수혜자에게 이익이 될 때에만 가능함, 그렇지 않을 경우에는 평등하게 분배되어야 한다고 봄
- ㄴ. 롤스는 기본적 자유가 절대적이라고 보지 않음, 기본적 자유가 상충할 경우 제한될 수 있다고 보며 서로 상충하는 기본적 자유를 균등하게 보장해야 한다고 보지 않음
- ㄷ. **을: 자신의 노동을 투여하지 않고 취득한 소유물에 대한 정당한 소유 권리는 성립할 수 있다. (O)** 노직은 이전의 원칙에 의해 취득한 소유물에 대해서는 노동을 투여하지 않았지만 정당한 소유 권리가 있다고 봄
- ㄹ. **갑과 을: 능력에 따른 분배는 정의 원칙에 어긋날 수 있다. (O)** 롤스는 우연성의 영향을 받는 능력에 따른 분배는 정의의 원칙에 어긋날 수 있다고 봄 노직은 능력에 따른 분배와 같은 정형적 원리에 따른 분배는 개인의 소유 권리를 침해할 수 있다고 봄

· 갑: 롤스, 을: 노직

- ㄱ. '공정한 분배를 위해 올바른 결과에 대한 독립적
  기준이 필수적으로 요구되는가?'라는 질문은
  롤스와 노직 모두 부정의 답을 할 질문임
  분배 결과의 공정함은 분배 절차의 공정함을 통해
  실현된다고 보았기 때문에 결과에 대한 독립적 기준이
  요구되지 않는다고 봄
- ㄴ. B: 더 많은 재능을 타고난 자가 자신의 재능을
  활용하여 더 많은 이익을 획득하도록 장려되는 경우가
  있는가? (O) 롤스가 긍정의 답을 할 질문임
  롤스는 차등의 원칙에 따라 더 많은 재능을 타고난
  자가 자신의 재능을 활용하여 최소 수혜자의 여건을
  개선한다면, 더 많은 이익을 획득하도록 장려된다고 봄
- ㄷ. B: 정의 원칙 수립 시 당사자 간 합의는 가설적이고
  비역사적인가? (O) 롤스는 가설적이고 비역사적인 원초적
  입장에서 정의의 원칙을 수립한다고 봄
- ㄹ. C: 과거 상황은 사물에 대한 차별적 소유권을
  창출하는 요인인가? (O) 노직은 소유 권리는 과거의
  상황이나 사람들의 과거 행위에 근거하기 때문에 분배적
  정의는 역사적 원리에 따라야 한다고 봄. 즉, 노직은
  역사적 소유 권리를 말하며 과거 상황과 과거 행위에
  의해 차별적 소유권이 창출된다고 봄

· 갑: 롤스, 을: 노직

- ㄱ. 갑: 차등의 원칙은 자연적 운의 도덕적 임의성을
  처리하는 공정한 분배의 원칙이다. (O)
  롤스는 우연성에 의한 산물은 최소 수혜자에게 최대
  이익이 되는 방식으로 분배되어야 한다고 봄, 따라서
  차등의 원칙은 자연적 운의 도덕적 임의성을 처리하는
  공정한 분배의 원칙이라고 볼 수 있음
- ㄴ. 갑: 최소 수혜자에게 이득이 된다면 천부적 재능으로
  인한 소득 격차도 허용될 수 있다. (O) 롤스는 천부적
  재능으로 인한 소득 격차는 최소 수혜자에게 최대 이익이
  되도록 편성될 때 정당화된다고 봄
- ㄷ. 을: 역사적 원리에 따른 부의 불평등은 정당화될
  수 있다. (O) 노직은 소유 권리는 과거의 상황이나
  행위에 근거하기 때문에 분배적 정의는 역사적 원리에
  따라야 한다고 봄, 따라서 역사적 원리에 따른 결과의
  불평등은 정당화 될 수 있다고 봄
- ㄹ. 롤스와 노직은 모두 개인은 사회적 운의 결과물에
  대해 정당한 자격을 갖는다고 봄

27 자유주의적 정의관   ④

· 갑: 노직, 을: 롤스

- ㄱ. 지능 지수에 따른 분배 원리는 정형적이지만 비역사적 원리임, 노직은 정형적 원리에 의한 분배는 필연적으로 개인의 소유권을 침해할 수 밖에 없다고 봄
- ㄴ. **을: 사유 재산을 소유할 권리는 제1원칙에 의해 평등해야 한다. (O)** 사유 재산을 소유할 권리는 개인의 기본적 권리로 모든 사람은 평등한 기본적 자유를 최대한 누려야 한다고 봄
- ㄷ. 롤스는 우연성에 의한 천부적 능력이 분배 몫의 결정에 미치는 영향을 최소화함으로써 공정한 합의의 절차를 설정할 수 있다고 봄
- ㄹ. **갑과 을: 자연적·사회적 우연성의 이용에 따른 경제적 불평등은 허용될 수 있다. (O)** 롤스는 차등의 원칙에 따라 최소 수혜자의 최대 이익이 되도록 편성될 때 자연적, 사회적 우연성의 이용에 따른 경제적 불평등이 허용될 수 있다고 봄 노직은 취득, 이전의 공정한 절차를 통해 분배되었다면 자연적, 사회적 우연성의 이용에 따른 경제적 불평등은 허용될 수 있다고 봄

28 아리스토텔레스, 롤스, 노직의 정의관   ⑤

· 갑: 아리스토텔레스, 을: 롤스, 병: 노직

- ㄱ. '기하학적 비례로써 교정적 정의를 실현할 수 있는가?'라는 질문은 아리스토텔레스가 부정의 답을 할 질문임 아리스토텔레스는 산술적 비례로써 교정적 정의를 실현할 수 있다고 봄
- ㄴ. **B: 최소 수혜자를 위한 재분배 정책을 정당화할 수 있는가? (O)** 롤스는 긍정, 노직은 부정의 답을 할 질문임, 롤스는 차등의 원칙에 따라 경제적 불평등은 최소 수혜자에게 최대 이익이 될 때에만 허용된다고 보며 재분배 정책은 정당하다고 봄, 노직은 부의 재분배 정책은 개인의 소유 권리를 침해한다고 보며 최소 수혜자를 위한 재분배 정책은 부정의하다고 봄
- ㄷ. **C: 공리의 원리보다 기회 균등의 원리를 추구해야 하는가? (O)** 롤스가 긍정의 답을 할 질문임 롤스는 평등한 자유의 원칙, 공정한 기회균등의 원칙, 차등의 원칙을 정의의 원칙으로 주장함
- ㄹ. **D: 최소 국가에서 분배적 정의가 실현될 수 있는가? (O)** 노직이 긍정의 답을 할 질문임, 노직은 개인의 소유권을 침해하지 않고 개인의 권리를 보호하는 최소 국가에서 분배적 정의가 실현될 수 있다고 봄

· 갑: 아리스토텔레스, 을: 롤스, 병: 노직

① '공정한 절차를 따를 때 정의로운 분배가 성립됨을
  간과한다.'는 것은 롤스에게 제기할 비판으로 부적절함,
  롤스는 공정한 절차를 따를 때 정의로운 분배가
  성립된다고 봄
② '분배에서 옳음이 기하학적 비례에 의해서 생겨남을
  간과한다.'는 것은 아리스토텔레스에게 제기할 비판으로
  부적절함, 아리스토텔레스는 분배적 정의는 기하학적
  비례에 의해 생겨난다고 봄
③ 노직에게 제기할 비판으로 적절하지 않음, 노직은 최소
  수혜자를 위한 부의 재분배를 반대하지만, 교정의
  원칙에 따라 부정의를 바로잡기 위한 국가의 개입은
  필요하다고 봄
④ '각자에게 각자의 몫을 줄 때 공정한 분배가 실현됨을
  간과한다.'는 것은 아리스토텔레스에게 제기할 비판으로
  부적절함, 아리스토텔레스는 각자에게 각자의 몫을
  줄 때 공정한 분배가 실현된다고 봄
⑤ 개인들의 소유 권리가 역사적인 과정을 거쳐 형성됨을
  간과한다. (O)
  노직이 롤스에게 제기할 비판으로 적절함
  롤스는 원초적 입장에서 합의한 정의의 원칙에 의해
  개인의 소유 권리, 기본적 자유가 보장된다고 본 반면,
  노직은 취득, 이전의 역사적 과정을 통해 개인의 소유
  권리가 형성된다고 봄

· 갑: 아리스토텔레스, 을: 롤스, 병: 노직

– ㄱ. '산술적 비례에 따를 때 분배적 정의가
  실현되는가?'라는 질문은 아리스토텔레스가 부정의 답을
  할 질문임, 분배적 정의는 가치와 업적에 비례하여
  명예나 보수 등이 분배되는, 기하학적 비례에 따를 때
  실현된다고 봄
– ㄴ. '절차의 공정성으로 결과의 공정성을 확보할 수
  있는가?'라는 질문은 롤스와 노직 모두 긍정의 답을 할
  질문임, 절차가 공정하다면 결과도 공정하다고 봄
– ㄷ. C: 정의로운 사회에서도 경제적 불평등은 존재할
  수 있는가? (O) 롤스가 긍정의 답을 할 질문임
  롤스는 차등의 원칙, 공정한 기회균등의 원칙이 충족될
  때 경제적 불평등이 허용될 수 있다고 봄
– ㄹ. D: 부정의를 교정하기 위한 국가의 개입은
  필요한가? (O) 노직이 긍정의 답을 할 질문임
  노직은 교정의 원칙에 따라 부정의를 바로잡기 위한
  국가의 개입은 필요하다고 봄

· 사상가: 매킨타이어, 공동체주의적 정의관
  → 매킨타이어는 개인이 속한 공동체 구성원 모두에게
  유익한 이익인 공익, 공동선을 실현하는 것이
  정의롭다고 보며, 공동체의 공유된 핵심 가치를
  실현하도록 행동해야 한다고 봄 ①

32 공동체주의적 정의관   ④

· 사상가: 덕은 도덕적 전통의 보존과 관련된다고 봄
→ 매킨타이어, 공동체주의적 정의관

- ㄱ. 보편적인 도덕 원칙보다 공동체의 선을 더 중시해야 한다고 봄
- ㄴ. 개인은 공동체를 벗어나면 덕을 실천하는 방법을 배울 수 없다. (O) 덕이란 개인의 고립된 선택으로 형성되는 것이 아니라 공동체의 전통, 역사 속에서 배우고 실천할 수 있다고 봄, 따라서 매킨타이어는 공동체를 벗어나면 덕을 실천하는 방법을 배울 수 없다고 봄
- ㄷ. 매킨타이어는 행위 자체보다 행위자의 성품과 덕을 중시함
- ㄹ. 개인의 도덕적 정체성은 사회적·역사적 맥락 속에서 형성되어야 한다. (O) 공동체주의 관점에서 개인의 도덕적 정체성은 사회적·역사적 맥락속에서 형성된다고 봄

33 공동체주의적 정의관   ⑤

· 갑: 매킨타이어, 을: 밀

- 공동체주의적 정의관을 따르는 매킨타이어가 질적 공리주의를 주장한 밀에게 제기할 수 있는 비판으로 '유용성의 합리적 계산보다 공동체의 전통이 중요함을 간과한다.'가 적절함 ⑤

34 지역 개발 방식   ②

· (가): 소외되었던 지역을 우선 지원 → 균형 개발
· (나): 성장 잠재력이 큰 지역을 선정하여 집중적으로 육성 → 성장 거점 개발

- ㄱ. 투자의 효율성이 저하될 수 있다는 것은 B에 해당함
- ㄴ. A: 역류 효과가 클 경우 지역 격차가 심화될 수 있다. (O) 역류 효과, 빨대 효과가 클 경우 지역 격차가 심화될 수 있다는 것은 성장 거점 개발의 문제점에 해당함
- ㄷ. B: 지역 이기주의가 초래될 수 있다. (O) 지역 이기주의가 초래될 수 있다는 것은 균형 개발의 문제점에 해당함
- ㄹ. 지역 주민의 참여도가 낮아질 수 있다는 것은 A에 해당함

35 공간 불평등   ⑤

· 환경 불평등

- 갑: 발전으로 인한 대기 오염 물질 배출량이 가장 많은 지역은 충남이에요. (O) 충남에서 가장 화력 발전량이 많음, 따라서 충남에서 발전으로 인한 대기 오염 물질 배출량이 가장 많음
- 을: 부산, 인천은 전력 소비량에 비해 전력 생산량이 많음
- 병: 전력 생산지와 전력 소비지의 불일치로 환경 불평등이 발생할 수 있어요. (O) 전력 생산량에 비해 소비량이 많은 지역은 이익을 얻고 있으며 생산량에 비해 소비량이 적은 지역은 불이익을 얻고 있어 환경 불평등이 발생할 수 있음
- 정: 이 법안이 시행될 경우 상대적으로 서울은 전기 요금 단가가 상승할 수 있어요. (O) 서울은 전력 생산량보다 소비량이 많은 지역으로 전기 요금 차등 부과 법안이 시행될 경우 전기 요금 단가가 상승할 수 있음

36 적극적 평등 실현 조치   ②

· ㉠은 '우대 정책을 허용하는 것은 인간의 평등권을 침해하는 것이다'라는 내용이 들어가야 함, 따라서 이에 대한 반론으로는 '우대 정책은 실질적 기회 균등 실현에 기여한다.'는 것이 적절함 ②

37 적극적 평등 실현 조치   ③

①, ②, ⑤ 토론 쟁점과 무관함
③ 과거의 차별 때문에 고통받는 집단을 우대해야 하는가? (O) 갑은 찬성, 을은 반대할 내용으로 토론의 쟁점으로 적절함, 갑은 과거의 차별로 인해 고통받는 사람들을 우대해야 한다고 본 반면, 을은 과거의 차별을 근거로 특정 집단을 우대하는 것은 역차별이라고 봄
④ '사회적 차별을 철폐해야 공정한 사회를 이룰 수 있는가?'라는 질문은 갑, 을 모두 동의하는 내용으로 토론의 쟁점으로 적절하지 않음

38 적극적 평등 실현 조치 　　③

· '나'는 적극적 평등 실현 조치에 찬성하며, '어떤
　사람들'은 적극적 평등 실현 조치에 반대함, 따라서
　'나'는 '어떤 사람들'에게 '소외 계층의 이익을 보장하여
　실질적 평등을 실현해야 한다.'는 점을 간과하고 있다고
　비판할 수 있음

39 사회 복지 제도 　　④

· (가): 공공 부조, (나): 사회 서비스, (다): 사회 보험

- ㄱ. (가) 공공 부조는 사후 처방적 성격이 강함
- ㄴ. **(가)는 (다)보다 소득 재분배 효과가 크다. (O)**
　공공 부조는 국가나 지방 자치 단체가 운용 비용을
　모두 부담함으로 사회 보험보다 소득 재분배 효과가 큼
- ㄷ. 정부가 비용 전액을 부담 하는 제도는
　(가) 공공 부조임
- ㄹ. **(다)는 (나)와 달리 금전적 지원을 원칙으로 한다.**
　(O) 사회 보험은 금전적 지원을, 사회 서비스는
　비금전적 지원을 원칙으로 함

40 사회 복지 제도 　　⑤

· 발달 장애인 부모 상담 지원 사업 → 사회 서비스

① 강제 가입을 원칙으로 하는 것은 사회 보험임
② 가입자 간 상호 부조의 성격이 강한 것은 사회 보험임
③ 미래의 위험을 보험의 방식으로 대처하는 것은 사회
　보험임
④ 빈곤층의 최저 생활 보장을 목적으로 하는 것은
　공공 부조임
⑤ **도움이 필요한 국민에게 비금전적 지원을 제공하고자**
　한다. (O) 사회 서비스는 비금전적 지원을 원칙으로
　하여 자활 능력을 길러주고 직접적인 도움을 통해
　생활의 어려움을 개선할 수 있도록 돕는 제도임

41 사회 복지 제도 　　④

· A: 공공 부조, B: 사회 보험, C: 사회 서비스

① 상호 부조의 원리를 바탕으로 하는 것은 B 사회
　보험에 해당함
② B 사회 보험은 보편적 복지 이념을 바탕으로 함
　선별적 복지의 이념을 바탕으로 하는 것은 A 공공
　부조임
③ 강제 가입을 원칙으로 하는 것은 B 사회 보험임
④ **A는 B에 비해 사후 처방적 성격이 강하다. (O)**
　공공 부조는 사후 처방적 성격이 강하며, 사회 보험은
　사전 예방적 성격이 강함
⑤ A 공공 부조와 B 사회 보험은 금전적 지원을 원칙으로
　하지만, C 사회 서비스는 비금전적 지원을 원칙으로 함

42 사회 복지 제도 　　③

· A: 사회 보험, B: 공공 부조, C: 사회 서비스

① A는 사전 예방적 성격을 가짐
② 상호 부조의 원리를 바탕으로 하는 것은 A 사회
　보험임
③ **A는 B에 비해 수혜 대상자의 범위가 넓다. (O)**
　사회 보험은 보편적 복지 이념을 바탕으로 소득 수준에
　상관 없이 모든 사람들에게 복지 혜택을 제공하나
　공공 부조는 선별적 복지 이념을 바탕으로 소득 수준이
　낮거나 복지 혜택이 절실히 필요한 사람들에게 복지
　혜택을 제공함
④ C 사회 서비스는 비금전적 지원을 원칙으로 함
⑤ A 사회 보험은 강제 가입을 원칙으로 함

43 사회 복지 제도 ⑤

· 비금전적 지원을 원칙으로 하는 A는 사회 서비스임

① 사전 예방적 성격이 강한 것은 사회 보험임
② B보다 C가 대상자의 범위가 넓다면,
   C는 사회 보험, B는 공공 부조가 됨
   소득 재분배 효과는 B 공공 부조가 가장 큼
③ C가 사회 보험이면, (가)에는 '강제 가입을 원칙으로
   하는가?'가 적절하지 않음
   사회 보험은 강제 가입을 원칙으로 하므로 (가)에
   '강제 가입을 원칙으로 하는가?'가 들어간다면
   '예'라고 답한 B가 사회 보험이 되어야 함
④ (가)가 '국가와 지방 자치 단체가 비용을 모두
   부담하는가?'라면, B는 공공 부조이고 C는 사회
   보험임
   따라서, A 사회 서비스와 C 사회 보험의 대상자는
   중복될 수 있음
⑤ **(가)가 '상호 부조의 원리를 기반으로 하는가?'라면,**
   C는 생활 유지 능력이 없거나 생활이 어려운 사람을
   대상으로 한다. (O)
   B는 상호 부조의 원리를 기반으로 하는 사회 보험,
   C는 공공 부조이므로 생활 유지 능력이 없거나 생활이
   어려운 사람을 대상으로 함

44 사회 복지 제도 ⑤

· 'B와 C는 수익자 부담 원칙이 존재한다는 공통점을
  갖는가?' 라는 질문에 '아니요'라는 응답은 오답임
  따라서, B와 C는 수익자 부담 원칙이 존재하므로,
  A는 국가가 운용 비용 전액을 부담하는 공공 부조임
· 'A와 달리 B는 복지 제공에 민간 부문이
  참여하는가?'라는 질문에 '예'라는 응답은 정답임
  따라서 B는 복지 제공에 민간 부문이 참여하는 사회
  서비스에 해당함.
· A는 공공 부조, B는 사회 서비스, C는 사회 보험임

① 선별적 복지 이념을 바탕으로 하는 것은 A 공공
   부조임
② B 사회 서비스는 비금전적 지원을 원칙으로 함
③ C 사회 보험은 상호 부조의 원리를 구현하고자 함
④ A 공공 부조와 C 사회 보험은 모두 복지 제공에 민간
   부문이 참여하지 않으므로 (가)에서 A 공공 부조 대신
   C 사회 보험을 쓰더라도 채점 결과는 달라지지 않음
   복지 제공에 민간 부문이 참여하는 것은 B 사회
   서비스임
⑤ **(나)에서 C 대신에 A를 썼다면 채점 결과는 달라진다.**
   (O) A 공공 부조는 수익자 부담을 원칙으로 하지
   않으므로 '아니요'라는 응답은 정답이 됨

45 사회 복지 제도 ②

· (가): 사회 서비스, (나): 사회 보험, (다): 공공 부조

① 강제 가입 원칙이 적용되는 것은 (나) 사회 보험임
② **(나)는 미래의 위험에 대한 사전 예방적 성격을 지닌다.**
   (O) 사회 보험은 사전 예방적 성격이 강함
③ 수혜 정도에 따른 비용 부담을 원칙으로 하는 것은
   사적 보험(개인 보험)에 해당함
   사회 보험은 소득 수준에 따라 보험료를 부담하고
   수혜와 부담의 직접적인 비례 관계는 없음
   공공 부조는 국가가 전액 비용을 부담하여 취약 계층을
   지원함, 따라서 수혜 정도에 따른 비용 부담을
   원칙으로 하지 않음
④ (나) 사회 보험과 (다) 공공 부조는 모두 소득 재분배
   효과가 있음
⑤ 국가나 지방 자치 단체가 비용을 전액 부담하는 것을
   원칙으로 하는 것은 (다) 공공 부조임

46 사회 복지 제도   ④

· A는 사전 예방의 성격이 강한 사회 보험이며,
  B는 공공 부조임
· A의 답변 '예'의 합계가 2개이므로 (가)에 대한 A의
  답변은 '예'가 되어야 함
· '사후 처방보다 사전 예방의 성격이 강한가?'라는 질문에
  대한 B의 답변은 '아니요'이므로 (가)와 (나)에 대한 B의
  답변은 모두 '예'가 되어야 함

① A는 사회 보험, B는 공공 부조임
② A 사회 보험, B 공공 부조는 모두 금전적 지원을
   원칙으로 함
③ 기초 연금 제도, 국민 기초 생활 보장 제도는 모두
   B 공공 부조에 해당함
④ **(가)에 '소득 재분배 효과가 있는가?'가 들어갈 수
   있다. (O)** 사회 보험과 공공 부조는 모두 소득 재분배
   효과가 있음, (가)에 대한 A, B의 답변은 모두 '예'가
   되어야 하므로 (가)에 '소득 재분배 효과가
   있는가?'라는 질문은 적절함
⑤ A 사회 보험은 의무 가입을 원칙으로 함, (나)에 대한
   A의 답변은 '아니요'로 (나)에 '의무 가입을 원칙으로
   하는가?'가 들어갈 수 없음

47 사회 복지 제도   ①

· (가): 고용 보험 제도 → 사회 보험
· (나): 의료 급여 제도 → 공공 부조

① **(가)는 상호 부조의 원리가 적용된다. (O)**
   사회 보험은 상호 부조의 원리가 적용됨
② (나) 공공 부조는 정부가 전액 비용을 부담하므로
   수혜 정도에 따라 비용을 부담하지 않음
③ (가) 사회 보험과 (나) 공공 부조는 모두
   소득 재분배 효과가 나타남
④ (가) 사회 보험은 강제 가입의 원칙이 적용됨
⑤ (가) 사회 보험은 사전 예방적 성격, (나) 공공 부조는
   사후 처방적 성격이 강함
   사회 보험은 일정 수준 이상의 소득이 있는 국민을
   대상으로 의무 가입하게 하여 각종 사회적 위험을
   사전에 예방함
   공공 부조는 소득 수준이 낮거나 복지 혜택이 필요한
   사람에게 혜택을 제공하는 것으로 사후 처방적 성격을
   지님

48 사회 복지 제도   ④

· A: (가), 사회 보험, B: 공공 부조

－ ㄱ. A 사회 보험은 가입자가 비용을 부담함
   비용을 전액 정부가 부담하는 것은 공공 부조임
－ **ㄴ. B는 사전 예방보다 사후 처방의 성격이 강하다.
   (O)** 공공 부조는 소득 수준이 낮거나 복지 혜택이
   필요한 사람에게 혜택을 제공하는 것으로 사후 처방적
   성격을 지님
－ ㄷ. A와 B는 모두 금전적인 지원을 원칙으로 함
－ **ㄹ. (가)에 국민 연금 제도가 들어갈 수 있다. (O)**
   국민연금, 국민 건강 보험, 고용 보험, 산업 재해
   보상 보험, 노인 장기 요양 보험 등은 사회 보험의
   사례에 해당함

49 사회 복지 제도   ⑤

· A: 공공 부조, B: 사회 서비스, C: 사회 보험

① 사전 예방적 목적을 가지는 것은 C 사회 보험에
   해당함
② C 사회 보험은 보편적 복지의 이념을 바탕으로 함
③ 비용 부담자와 수혜자가 일치하지 않는 것은 A 공공
   부조임
④ 사회 보험과 사회 서비스의 혜택은 모두 받지만, 공공
   부조의 혜택은 받지 않는 가구의 비율은 (가) 지역이
   48%(B와 C의 중복 수혜 가구 － A, B, C 중복 수혜
   가구 2%), (나) 지역이 40%(B와 C의 중복 수혜 가구
   45%－ A, B, C 중복 수혜 가구 5%)로 (가) 지역이
   더 높음
⑤ **사회 보험과 공공 부조의 혜택은 모두 받지만, 사회
   서비스의 혜택은 받지 않는 가구의 비율은 (가), (나)
   지역이 같다. (O)** 사회 보험과 공공 부조의 혜택은
   모두 받지만 사회 서비스 혜택은 받지 않는 가구
   비율은 A, C의 중복 수혜 가구 비율에서 A, B, C의
   중복 수혜 가구 비율을 빼서 계산할 수 있음
   (가) 지역은 6%-2%로 4%이며, (나) 지역은
   9%-5%로 4%임 따라서 (가), (나) 지역이 4%로
   동일함

COMMENT 사회 복지 제도 문제 중 3학년 평가원 기출
문제는 대부분 가구 비율과 수를 계산하는 문제에 해당함
아직 이러한 유형이 출제되지 않았지만 출제될 가능성을
배제할 수 없으므로 49, 51, 52번 문항으로 연습해볼 것

50 사회 복지 제도 ③

- '민간 부문이 운영의 주체가 될 수 있는가?'라는 질문에 '예'라고 답한 A는 사회 서비스임
- '강제 가입을 원칙으로 하는가?'라는 질문에 '예'라고 답한 C는 사회 보험임
- A: 사회 서비스, B: 공공 부조, C: 사회 보험

① A 사회 서비스와 C 사회 보험의 대상자는 상호 배타적이지 않음, 중복될 수 있음

② B는 수혜자 부담 원칙이 적용되지 않음, 정부가 비용을 전액 부담함

③ **C는 B와 달리 상호 부조의 원리가 적용된다. (O)**
사회 보험은 공공 부조와 달리 상호 부조의 원리가 적용됨

④ B 공공 부조는 사후 처방적, C 사회 보험은 사전 예방적 성격이 강함

⑤ 소득 재분배 효과는 B 공공 부조가 가장 큼

51 사회 복지 제도 ③

- A, B는 모두 금전적 지원을 원칙으로 하며 B는 상호 부조의 원리가 적용됨 → A: 공공 부조, B: 사회 보험
- (나) 지역은 (가) 지역 인구의 3배 → (가) 100명, (나) 300명으로 가정

구분	(가)지역 %	(나)지역 %	전체 %
A 수급자	20	28	㉠26
B 수급자	76	72	73
A, B 중복 수급자	㉡17	13	14
비(非)수급자	21	㉢13	15

- (나) 지역의 인구가 (가) 지역 인구의 3배이므로 ㉠은 26임
- (가) 지역 인구를 100명을 가정했을 때, A 수급자는 20%로 20명, B 수급자는 76명, 비수급자는 21명임 → 총 인구는 100명이기 때문에 중복 수혜자는 17명이 되어야 함
따라서 17%로 ㉡은 17임
- A 수급자 + B 수급자 - A, B 중복 수급자 + 비수급자 = 100%여야 함, 따라서 ㉢은 13임

구분	(가)지역	(나)지역	전체
A 수급자	20명	84명	104명
B 수급자	76명	216명	292명
A, B 중복 수급자	17명	39명	56명
비(非)수급자	21명	39명	60명

① ㉠은 26, ㉡은 17로 ㉠이 더 큼

② (가) 지역의 비(非)수급자 수는 21명이며, 갑국 전체의 A와 B 중복 수급자 수는 56명임

③ **(나) 지역에서 사후 처방적 성격이 강한 제도의 수급자 비율은 ㉢의 2배보다 크다. (O)**
(나) 지역의 공공 부조 수급자 비율은 28%로 ㉢의 2배 26보다 큼

④ 보편적 복지 이념을 바탕으로 하는 사회 보험 제도에만 해당하는 수급자 비율은 (가) 지역 59%, (나) 지역 59%로 동일함

⑤ 정부 재정으로 비용을 전액 충당하는 것을 원칙으로 하는 공공 부조 제도에만 해당하는 수급자 수는 (나) 지역이 45명, (가) 지역이 3명으로 15배임

COMMENT 사회 복지 제도 문제 중 3학년 평가원 기출 문제는 대부분 가구 비율과 수를 계산하는 문제에 해당함 아직 이러한 유형이 출제되지 않았지만 출제될 가능성을 배제할 수 없으므로 49, 51, 52번 문항으로 연습해볼 것

· ㉠: 기초 연금 제도 → 공공 부조

- ㄱ. 상호 부조의 원리를 바탕으로 하는 것은 사회
  보험에 해당함
- ㄴ. ㉠은 사전 예방적 성격보다 사후 처방적 성격이
  강하다. (O) 공공 부조는 사후 처방적 성격이 강함
- ㄷ. A안 시행 전후의 상대적 빈곤 가구 수 차이는 1인
  가구가 부부 가구보다 작다. (O)
  A안 시행 전후 상대적 빈곤 가구 수 차이는
  1인 가구는 25만 가구(50만-25만)이며,
  부부 가구는 40만 가구(80만-40만)임
- ㄹ. 상대적 빈곤에 해당하는 부부 가구 '인구수'는
  A안을 시행할 경우는 80만(가구는 40만),
  B안을 시행할 경우는 60만(가구는 30만)으로
  A안을 시행할 경우가 B안을 시행할 경우보다
  20만 명 많음

COMMENT 사회 복지 제도 문제 중 3학년 평가원 기출
문제는 대부분 가구 비율과 수를 계산하는 문제에 해당함
아직 이러한 유형이 출제되지 않았지만 출제될 가능성을
배제할 수 없으므로 49, 51, 52번 문항으로 연습해볼 것

▶▶ 3단원. 시장경제와 지속가능발전

빠른 정답

STEP.1

1	2	3	4	5	6	7	8	9	10	11	12	13	14	15
⑤	②	③	①	③	①	④	③	⑤	④	④	②	②	②	②

16	17	18	19	20	21	22	23	24	25	26	27	28	29	30
⑤	②	①	③	①	④	③	④	③	⑤	①	②	③	⑤	③

31	32	33	34	35	36	37	38	39	40	41	42			
④	④	④	⑤	③	②	②	⑤	②	⑤	④	①			

STEP.2

1	2	3	4	5	6	7	8	9	10	11	12	13	14	15
④	④	③	①	⑤	①	②	④	⑤	③	③	④	③	⑤	②

16	17	18	19	20	21	22	23	24	25	26	27	28	29	30
④	③	⑤	⑤	⑤	③	④	⑤	②	⑤	③	②	④	③	③

31	32	33	34	35	36	37	38	39	40	41	42	43	44	45
①	①	⑤	③	⑤	②	①	①	⑤	②	④	④	⑤	⑤	①

46	47	48	49	50	51	52	53	54	55	56	57	58	59	60
③	③	①	③	③	①	①	④	⑤	④	⑤	⑤	⑤	⑤	②

61	62													
④	③													

STEP.3

1	2	3	4	5	6	7	8	9	10	11	12	13	14	15
②	③	②	①	④	②	③	②	⑤	④	③	②	④	⑤	②

16	17	18	19	20	21	22	23	24	25	26	27	28	29	30
⑤	②	①	③	②	⑤	③	①	①	⑤	①	①	①	②	③

31	32	33	34	35	36	37	38	39	40	41	42	43	44	45
②	⑤	②	④	②	①	②	③	④	③	②	④	⑤	⑤	④

1　자본주의 전개 과정　　⑤

· (가): 자유방임주의, (나): 신자유주의, (다): 수정
　자본주의

① (가) 자유방임주의는 작은 정부를 지향함
② '뉴딜 정책'은 (다) 수정 자본주의를 토대로 추진됨
③ 공기업의 민영화, 복지 축소를 지향하는 것은 (나)
　신자유주의에 해당함
④ (가)~(다)는 모두 사유 재산 제도를 인정함
⑤ **역사적으로 (가)-(다)-(나) 순으로 등장하였다. (O)**
　산업 자본주의-수정 자본주의-신자유주의 순으로
　등장함

2　자본주의 전개 과정　　②

· 대공황을 배경으로 등장하였으며, 정부의 적극적 시장
　개입을 옹호하는 A는 수정 자본주의에 해당함
· B는 신자유주의, ㉠은 '아니요'에 해당함

① A 수정 자본주의는 정부의 적극적 시장 개입을
　옹호하며 큰 정부를 지향함
② **B는 공기업의 민영화를 지지한다. (O)**
　신자유주의는 공기업의 민영화, 복지 축소를 지향함
③ B 신자유주의는 자원 배분에 있어서 형평성보다
　효율성을 추구함
④ 신자유주의는 정부의 적극적 시장 개입을 옹호하지
　않으므로 ㉠에는 '아니요'가 적절함
⑤ 사유 재산 제도는 수정 자본주의, 신자유주의 모두
　인정하므로 (가)에 들어갈 말로 적절하지 않음

3　자본주의 전개 과정　　③

· 대공황을 배경으로 등장한 (가)는 수정 자본주의, 석유
　파동을 배경으로 등장한 (나)는 신자유주의임

① 산업 혁명은 ㉡ 산업 자본주의의 등장 배경으로 작용함
② ㉡ 산업 자본주의는 '보이지 않는 손'의 역할을 중시함
③ **(나)는 공기업의 민영화에 적극적이다. (O)**
　신자유주의는 공기업의 민영화, 복지 예산의 축소를
　지향함
④ (나) 신자유주의는 정부의 시장 개입을 축소해야
　한다고 봄
⑤ (나) 신자유주의는 (가) 수정 자본주의와 달리 복지
　예산의 축소를 추구함, 수정 자본주의를 받아들인
　국가들은 대규모 공공 사업, 복지 정책 등을 통해
　시장에 적극적으로 개입하는 큰 정부를 추구함

4　자본주의 전개 과정　　①

① **㉠에는 세계 대공황이 들어갈 수 있다. (O)**
　수정 자본주의의 배경이 된 ㉠은 세계 대공황에 해당함
② 국가의 보호 아래 상업 및 수출 중심의 무역으로
　국가의 부를 늘리려는 사상인 중상주의는 상업
　자본주의 시대의 경제 정책에 해당함
③ (가) 산업 자본주의에서 (나) 수정 자본주의로의 변화는
　시장 실패로 인해 나타남, 자유 경쟁이 지나치게
　강조된 결과 대규모 독점 기업들이 출현하며 자원이
　효율적으로 배분되지 못하는 시장 실패가 나타남
④ (가)~(다) 모두 사유 재산 제도를 인정함
⑤ (다) 신자유주의는 공기업 민영화, 복지 예산 축소를
　지향함

· 갑은 자유방임주의와 국부론을 주장한 애덤 스미스,
　을은 수정 자본주의를 주장한 케인스임

- ㄱ. 갑은 개인의 자유로운 경제 활동을 최대한 보장하기
　위해 작은 정부를 지향함
- ㄴ. **을은 정부의 시장 개입이 필요하다고 본다. (O)**
　을은 대규모 공공 사업, 복지 정책 등을 통해 정부가
　시장에 적극적으로 개입해야 한다고 봄
- ㄷ. **갑은 을보다 '보이지 않는 손'의 역할을 강조한다.**
　(O) 갑은 수요와 공급을 조절하는 시장의 가격 기능을
　'보이지 않는 손'이라고 보며 개인의 자유로운 경제
　활동을 보장하고 국가의 간섭을 최소화하는 자유
　방임주의를 주장함
- ㄹ. 경제 주체들 간의 자유로운 경쟁을 중시하는 것은
　갑의 입장에 해당함

· 정부의 적극적인 시장 개입을 찬성하는 A는 수정
　자본주의, 반대하는 B는 신자유주의에 해당함

① **A는 시장 실패에 대한 대응으로 등장하였다. (O)**
　자원이 효율적으로 배분되지 못하는 시장 실패에 대한
　대응으로 수정 자본주의가 등장함
② A 수정 자본주의는 큰 정부를 지향함
③ B 신자유주의는 '보이지 않는 손'의 역할을 인정함
④ B 신자유주의는 자원 배분에 있어 효율성을 추구함
⑤ A 수정 자본주의는 복지 정책의 강화를,
　B 신자유주의는 복지 정책의 축소를 주장하기 때문에
　(가)에 들어갈 말로 적절하지 않음

· '복지 정책을 강화해야 하는가?'라는 질문에
　'아니요'라고 답한 A는 신자유주의, '예'라고 답한 B는
　수정 자본주의에 해당함

① 정부의 적극적인 시장 개입을 통해 이루어지는 뉴딜
　정책은 B 수정 자본주의를 토대로 추진됨
② 시장의 자율성을 강조하는 노동 시장의 유연화를
　지향하는 것은 A 신자유주의임
③ (가)가 '공기업의 민영화를 찬성하는가?'라면, A
　신자유주의는 '예', B 수정 자본주의는 '아니요'라고
　답할 것이기 때문에 ㉠은 '예', ㉡은 '아니요'임
④ **㉠과 ㉡이 서로 다른 대답이라면, (가)에는 '사유 재산**
　제도를 인정하는가?'가 들어갈 수 없다. (O)
　신자유주의와 수정 자본주의 모두 사유 재산 제도를
　인정하기 때문에 서로 다른 대답이라면 (가)에 해당
　질문은 들어갈 수 없음
⑤ A 신자유주의는 작은 정부를 지향하고, B 수정
　자본주의는 큰 정부를 지향하기 때문에 ㉠과 ㉡이
　동일한 대답이라면, (가)에는 해당 질문이 들어갈 수
　없음

· 갑은 수정 자본주의, 을은 신자유주의를 주장함

① 공기업 민영화와 복지 정책의 축소를 주장하는 것은
　을, 신자유주의 입장에 해당함
② 갑은 자유 시장 경제를 부정하고 계획 경제를 주장하지
　않음, 갑과 을 모두 시장 경제를 주장함
　수정 자본주의는 자유 시장 경제를 근간으로 하여
　정부의 적극적인 시장 개입을 주장함
③ **을은 큰 정부보다 작은 정부를 지향할 것을 주장한다.**
　(O) 신자유주의는 정부의 적극적 시장 개입은 정부
　실패를 초래한다고 봄
④ 갑과 을 모두 개인이 재산을 자유롭게 소유할 수
　있음을 인정함, 사유 재산 제도를 인정함
⑤ 갑과 을은 모두 수요와 공급을 조절하는 시장의 가격
　기능인 '보이지 않는 손'의 원리를 인정함

9   합리적 선택   ⑤

· 명시적 비용(A 상품의 가격 + 대중교통 이용료): 4만원
  암묵적 비용(지급받지 못하는 임금): 2만원

· ©: 부정적 외부 효과

① 갑의 A상품 구입에 따른 명시적 비용은 4만원이며, 암묵적 비용은 2만원임

② (가)가 '5만 원'이면, 갑은 A상품을 구입하지 않음
  명시적 비용과 암묵적 비용을 더한 비용(6만원)보다 편익이 작기 때문에 순편익이 음(-)의 값으로 A 상품을 구입하지 않는 것이 합리적 선택임

③ ㈀은 매몰 비용에 해당하지 않음, 매몰 비용은 이미 지출되어 회수할 수 없는 비용을 의미함

④ A상품에 대한 윤리적 소비를 하지 않아 부정적 외부 효과가 발생함

⑤ ©을 해결하기 위한 정부의 대책으로 **A상품 소비자에 대한 세금 부과를 들 수 있다. (O)** 정부의 과세를 통해 생산과 소비를 감소시켜 과다 거래 문제를 해결하고 사회적 최적 수준의 거래를 유도할 수 있음

COMMENT 2022 개정 교육과정이 도입된 첫 해의 기출로 앞으로의 출제 방향의 지표가 되는 중요한 문제임, 기존 통합사회 기출보다 제시문이 복잡해지고 경제 과목의 문항과 유사하게 출제됨, 고난도로 출제될 가능성이 높은 부분임

COMMENT 합리적 선택 부분과 외부 효과 부분을 융합하여 출제함

10   합리적 선택   ④

· ㈀선택과 ©선택에 따른 편익과 비용

구분		㈀선택	©선택
편익		4만 원	4만 원
기회비용	명시적 비용	3만 원	2만 원
	암묵적 비용	2만 원	1만 원

① ㈀ 선택에 따른 명시적 비용은 3만 원임

② © 선택에 따른 암묵적 비용은 1만 원임

③ ㈀은 ©보다 선택에 따른 기회비용이 큼

④ **©은 ㈀과 달리 선택에 따른 편익이 기회비용보다 크다. (O)** ©은 순편익이 양(+)의 값으로 ©을 선택하는 것이 합리적임

⑤ ©이 5만 원으로 상승하더라도 순편익이 더 큰 ©을 선택하는 것이 합리적임

11   합리적 선택   ④

· A~C 선택에 따른 편익과 비용

(단위: 만 원)

구분		A	B	C
편익		7	9	15
기회 비용	명시적 비용	4	5	7
	암묵적 비용	8	8	4

- ㄱ. A 선택의 암묵적 비용은 8만 원임

- ㄴ. **B 선택의 명시적 비용은 5만 원이다. (O)**
  B 선택의 명시적 비용은 5만 원에 해당함

- ㄷ. C 선택의 기회비용이 가장 작음

- ㄹ. **㈀이 '10'으로 변동하면 B 선택의 기회비용은 감소한다. (O)** ㈀이 '10'으로 변동하면 B 선택의 기회비용은 10만 원으로 감소함 (명시적 비용 5만 원+ 암묵적 비용 5만 원)

COMMENT 기회비용은 어떤 대안을 선택할 때 실제로 지출되는 비용(명시적 비용)과 그 선택으로 포기하는 대안 중 가장 가치가 큰 것(암묵적 비용)을 합한 것임

12   합리적 선택   ②

· ㈀선택과 ©선택에 따른 편익과 비용

구분		㈀선택	©선택
편익		8만 원	4만 원
기회비용	명시적 비용	3만 원	2만 원
	암묵적 비용	2만 원	5만 원
순편익		3만 원	-3만 원

- ㄱ. **㈀은 ©보다 명시적 비용이 크다. (O)**
  ㈀은 3만 원, ©은 2만 원임

- ㄴ. 암묵적 비용은 ㈀은 2만 원, ©은 5만 원임

- ㄷ. **㈀을 선택하는 것이 합리적이다. (O)**
  순편익이 양(+)의 값인 ㈀을 선택하는 것이 합리적임

- ㄹ. ㈀, ©의 편익이 50%씩 감소하더라도 갑은 ㈀을 선택하는 것이 합리적임

· ㈀, ©의 편익이 50%씩 감소할 경우

구분		㈀선택	©선택
편익		4만 원	2만 원
기회비용	명시적 비용	3만 원	2만 원
	암묵적 비용	0만 원	1만 원
순편익		1만 원	-1만 원

13 합리적 선택   ②

· A~C 선택에 따른 편익과 비용

(단위: 만 원)

구분		A	B	C
편익		80	100	120
기회	명시적 비용	60	70	110
비용	암묵적 비용	30	20	30
순편익		−10	10	−20

- ㄱ. **B를 선택하는 것이 합리적이다. (O)**
  B는 순편익이 양(+)의 값으로 B를 선택하는 것이
  합리적인 선택임
- ㄴ. B를 선택할 경우의 명시적 비용은 70만 원임
- ㄷ. **C를 선택할 경우의 암묵적 비용은 30만 원이다.**
  (O) C의 암묵적 비용은 30만원에 해당함
- ㄹ. A를 선택할 경우의 기회비용은 90만원,
  C를 선택할 경우의 기회비용은 140만원임

14 합리적 선택   ②

- ㄱ. **㉠은 '아이돌 포토 카드'의 희소성 때문에
  발생한다. (O)** 희소성으로 인해 기존 가격보다 비싼
  가격에 재판매 됨
- ㄴ. ㉡은 환불 받을 수 없으므로 이미 지출되어 회수할
  수 없는 매몰 비용임
- ㄷ. **㉢은 ㉣의 명시적 비용이다. (O)**
  아이돌 포토 카드의 가격인 3만원은 명시적 비용에
  해당함
- ㄹ. 갑은 ㉣의 편익이 기회비용보다 크다고 판단하여
  ㉣을 구매하는 합리적 선택을 함

15 합리적 선택   ②

① ㉠에서는 희소성으로 인한 경제 문제가 발생함
② **㉡은 매몰 비용에 해당한다. (O)**
　환불되지 않는 매몰 비용임
③ ㉢은 커피 전문점에서 아르바이트를 할 경우에
　발생하는 편익임
④ 해외로 패키지 여행을 떠날 경우에 발생하는 암묵적
　비용은 커피 전문점에서 아르바이트 할 경우에 얻는
　편익임
⑤ 커피 전문점에서 아르바이트를 할 경우에 얻는 편익이
　기회비용보다 크기 때문에 커피 전문점에서
　아르바이트를 하는 합리적 선택을 함

16 합리적 선택   ⑤

· A~C 선택에 따른 편익과 비용

(단위: 원)

구분		A	B	C
편익		56,000	50,000	60,000
기회	명시적 비용	20,000	25,000	18,000
비용	암묵적 비용	42,000	42,000	36,000
순편익		−6,000	−17,000	6,000

- ㄱ. 명시적 비용은 A는 20,000원, B는 25,000원임
- ㄴ. 기회 비용은 B는 67,000원, C는 54,000원임
- ㄷ. **C를 선택하는 것이 합리적이다. (O)**
  순편익이 가장 큰 C를 선택하는 것이 합리적임
- ㄹ. **A~C의 편익이 50%씩 감소해도 갑의 선택은 같다.**
  (O) 순편익이 가장 큰 C를 선택할 것임

· A~C의 편익이 50%씩 감소한 경우

구분		A	B	C
편익		28,000	25,000	30,000
기회	명시적 비용	20,000	25,000	18,000
비용	암묵적 비용	12,000	12,000	8,000
순편익		−4,000	−12,000	4,000

17 합리적 선택   ②

- ㄱ. ⊙은 희소성 때문에 발생한다. (O)
  희소성으로 인해 합리적 선택을 고민하게 됨
- ㄴ. ⓒ으로 인한 편익은 갑이 공연 티켓을 구매할 경우
  발생하는 암묵적 비용에 해당함
- **ㄷ. 갑의 한정판 운동화 구매로 인한 편익은**
  기회비용보다 크다. (O)
  갑은 한정판 운동화를 구매하는 합리적 선택을 함
  즉, 기회비용보다 편익이 크다는 것을 의미함
- ㄹ. 갑의 공연 티켓 구매는 한정판 운동화 구매에 비해
  편익에서 기회비용을 뺀 값이 작음
  순편익이 가장 큰 것을 선택하는 것이 합리적 선택임,
  갑은 한정판 운동화를 구매하는 합리적 선택을 했으므로
  편익에서 기회비용을 뺀 순편익 값은 한정판 운동화
  구매가 공연 티켓 구매보다 큼

18 합리적 선택   ①

· A의 총편익: 95, B의 총편익: 86, C의 총편익: 85

① **A를 선택하는 것이 합리적이다. (O)**
  총편익이 가장 큰 A를 선택하는 것이 합리적임
② 기능만을 고려한다면 기능의 편익이 가장 큰 A를
  선택할 것임
③ 갑은 평가 항목 중 가격을 가장 중시함
④ 총편익의 순위는 인기도의 순위와 일치하지 않음
⑤ 가격 항목에 10%의 가중치 부여 시, A의 총편익은
  98.5, C의 총편익은 89임

19 합리적 선택   ③

- ㄱ. ⊙은 갑이 미스터 맘을 선택한 것에 따른
  기회비용임
- ㄴ. **ⓒ의 문제는 욕구에 비해 자원이 희소하기 때문에**
  발생한다. (O) 욕구에 비해 자원이 희소하기 때문에
  합리적 선택을 고민해야 함
- ㄷ. **ⓒ은 모든 선택에는 기회비용이 따른다는 것을**
  의미한다. (O) 모든 선택에는 그 선택 때문에 포기한
  다른 대안의 가치인 암묵적 비용이 발생함
- ㄹ. 합리적 선택은 편익이 기회비용보다 클 때
  이루어짐, 따라서 ⓔ은 직장 생활의 편익보다
  기회비용이 크다고 판단한 것임

20 합리적 선택   ①

① ⊙은 짜장면 선택의 명시적 비용이다. (O)
  ⊙은 짜장면을 선택할 때 발생하는 직접적인 비용으로
  짜장면 선택의 명시적 비용에 해당함
② ⓒ은 짬뽕 선택의 명시적 비용임
③ ⓒ의 편익이 클수록 갑의 선택은 합리적임
  최소한의 비용으로 최대의 편익을 얻을 수 있도록
  선택하는 것이 합리적 선택임
④ 짜장면 선택의 기회비용은 ⊙ 짜장면 선택의 명시적
  비용과 암묵적 비용을 합한 것에 해당함
⑤ ⊙과 ⓒ의 차는 매몰 비용에 해당하지 않음
  매몰 비용이란 이미 지출하여 회수할 수 없는 비용을
  의미함

21 시장 실패   ④

· A: 공공재, B: 부정적 외부 효과

- ㄱ. A 공공재는 비용을 지불하지 않은 사람의 소비를
  막을 수 없고 한 사람의 소비가 다른 사람의 소비를
  제한하지 않기 때문에 시장에서 과소 생산됨
- ㄴ. **정부는 A를 공급하는 역할을 담당한다. (O)**
  공공재는 시장을 통해서 공급되기 어렵기 때문에
  정부가 공공재 생산을 담당해야 함
- ㄷ. B는 어떤 경제 주체의 행동이 제3자에게 의도하지
  않은 손해를 끼치면서도 이에 대한 대가를 치르지 않아
  과다 공급되는 부정적 외부 효과임
- ㄹ. **A, B 모두 자원이 비효율적으로 배분되는 시장**
  실패의 요인이다. (O) 독과점 시장, 공공재의 과소
  공급, 외부 효과는 자원이 비효율적으로 배분되는 시장
  실패의 요인임

22 외부 효과   ③

· 독감 백신 접종 사례: 독감 백신을 접종하는 사람이
  제3자에게 의도하지 않은 이익을 가져다주지만 이에
  대한 대가를 받지 않는 긍정적 외부 효과의 사례에
  해당함

①, ②, ④, ⑤ 해당 사례와 무관함
③ **사회적으로 필요로 하는 양보다 적게 소비된다. (O)**
  사회적으로 바람직한 재화나 서비스는 적정 수준보다
  적게 공급됨

23 시장 실패 ④

· (가): 과점 시장에서의 담합, (나): 부정적 외부 효과

- ㄱ. (가)는 전체 공급자 간에 공정한 경쟁이 이루어지고 있지 않음을 알 수 있음
- ㄴ. **(나)는 시장에 대한 정부 개입의 근거가 된다. (O)** 정부는 과세 등을 통해 생산, 소비를 감소시켜 사회적 최적 수준의 거래를 유도해야 함
- ㄷ. (나)는 어떤 경제 주체의 행동이 제3자에게 의도하지 않은 손해를 끼치면서도 이에 대한 대가를 치르지 않는 부정적 외부 효과가 발생한 사례임
- ㄹ. **(가), (나)는 모두 자원의 효율적인 배분이 저해되고 있다. (O)** 독과점 시장, 공공재의 과소 공급, 외부 효과는 자원이 비효율적으로 배분되는 시장 실패의 요인임

24 시장 실패 ③

· A: 공공재, B: 외부 효과

① A는 소비의 대가를 지불하지 않은 사람도 소비할 수 있다는 비배제성으로 인해 무임승차자 문제가 발생함
② A는 시장에만 맡길 경우 기업이 이윤을 얻을 수 없으므로 일반적으로 과소 생산됨
③ **B는 보조금 지급이나 조세 제도로 해결될 수 있다. (O)** 긍정적 외부 효과는 보조금 지원을 통해, 부정적 외부 효과는 조세 제도를 통해 사회적 최적 수준의 거래를 유도할 수 있음
④ B는 시장에서 자원이 효율적으로 배분되지 못했음을 보여주는 사례임
⑤ B는 정부 개입을 확대해야 한다는 주장의 근거가 됨

25 경제 주체의 역할 ⑤

· (가), (나): 환경에 대한 책임감을 가지고 지속가능한 발전에 기여하려는 기업의 노력이 나타남

①, ②, ③, ④ 해당 사례와 무관함
⑤ **친환경적인 생산을 통해 환경 보호에 기여해야 한다. (O)** 기업은 친환경적인 생산을 통해 사회적 책임을 실천해야 함

26 경제 주체의 역할 ①

· 노동을 제공한 대가로 임금을 얻는 경제 주체 A는 가계, 이윤의 극대화를 추구하는 경제 주체 C는 기업, 나머지 B는 정부임

- ㄱ. **A는 소비를 통해 효용을 얻고자 한다. (O)** 가계는 노동을 제공하고 얻은 임금을 통해 소비하며 효용을 얻음
- ㄴ. **B는 공공 서비스를 제공한다. (O)** 정부는 공공재를 생산하고, 공공 서비스를 제공하는 역할을 수행함
- ㄷ. 생산 요소의 공급자는 노동을 공급하는 A 가계에 해당함
- ㄹ. A가계와 C기업은 B정부에게 조세를 납부함

COMMENT 가계는 생산 요소 시장의 공급자이며, 생산물 시장의 수요자임, 기업은 생산 요소 시장의 수요자이며, 생산물 시장의 공급자임

27 금융 자산 ②

① 갑은 배당 수익을 기대할 수 있는 금융 상품은 주식으로 가장 많은 금액을 투자하고 있음
② **갑의 총투자액 중 시세 차익을 기대할 수 있는 금융 상품 투자액이 차지하는 비율은 80%이다. (O)** 시세 차익을 기대할 수 있는 상품은 주식과 채권으로 5천 달러 중, 4천 달러를 주식과 채권에 투자했기 때문에 80%에 해당함
③ ㉠ 물가 상승은 가계의 소비를 감소시키는 요인임
④ A국의 금리 변동은 갑의 ○○은행 정기 예금 비중의 증가 요인임, 금리 상승은 예금 투자에 따른 이자 수익의 증가 요인이 됨
⑤ 금융 자산의 안전성만을 고려한다면, 갑은 A국이 발행한 정기 예금에 대한 투자 비중을 늘리는 것이 합리적임
채권은 정치적 불안정성 등으로 안정성을 담보하기 적합하지 않음

COMMENT 2022 개정 교육과정 첫 해의 기출로 앞으로의 출제 방향의 지표가 되는 중요한 문제임, 금융 자산의 특징과 ③, ④ 물가 상승에 따른 금융 의사 결정 부분을 함께 출제함

28 금융 자산   ③

① 배당금을 기대할 수 있는 금융 자산은 주식으로
보유액은 갑이 을보다 큼
② 이자 수익을 기대할 수 있는 금융 자산은 예금과
채권으로 을이 갑보다 큼
③ **시세 차익을 기대할 수 있는 금융 자산의 보유액은
갑과 을이 같다. (O)**
시세 차익을 기대할 수 있는 금융 자산은 채권과
주식으로 갑과을 모두 700만 원으로 동일함
④ 예금자 보호 제도의 적용을 받는 금융 자산인 예금의
보유액은 갑과 을 모두 300만 원으로 동일함
⑤ 정부나 기업 등이 자금을 빌린 후 제공하는 증서인
금융 자산은 채권으로 을의 보유액이 더 큼

COMMENT 금융자산의 특징

구분	예금	주식	채권
만기	O	X	O
주주 증표	X	O	X
배당 수익	X	O	X
시세 차익	X	O	O
이자 수익	O	X	O
예금자보호	O	X	X

* 요구불 예금은 만기가 없음

29 금융 자산   ⑤

· A: 안전성, B: 유동성, C: 수익성

- ㄱ. A는 안전성, B는 유동성, C는 수익성임
- ㄴ. 일반적으로 A 안전성이 높은 금융 자산은 C
수익성이 낮음
- ㄷ. **예금은 채권보다 B가 높다. (O)**
예금은 채권보다 유동성이 높음
- ㄹ. **주식은 예금보다 A, B가 모두 낮다. (O)**
주식은 예금보다 안전성, 유동성 낮고, 수익성이 높음

30 금융 자산   ③

① 갑은 지출보다 소득이 큰 상황임
② 병은 수익성을 강조하고 있음
③ **원금을 잃지 않을 가능성은 ㉠이 ㉡보다 높다. (O)**
금융 자산의 원금이 보전될 수 있는 안전성은 ㉠
예금이 ㉡ 주식보다 높음
④ 정은 원금 손실을 걱정하고 있으므로 ㉡ 주식보다 ㉠
예금을 선호할 것임
⑤ ㉡ 주식은 시세 차익을 기대할 수 있음

31 금융 자산   ④

① ㉠ 정기예금은 배당 수익을 기대할 수 없음
배당 수익을 기대할 수 있는 금융 상품은 주식임
② ㉡ 채권은 예금자 보호 제도의 적용 대상이 아님
예금자 보호 제도의 적용 대상은 예금에 해당함
③ ㉢ 주식은 ㉠ 예금보다 안정성이 낮고 수익성이 높음
④ **㉠과 ㉡은 모두 이자 수익을 기대할 수 있다. (O)**
예금과 채권은 모두 이자 수익을 기대할 수 있음
⑤ ㉡ 채권과 ㉢ 주식은 모두 시세 차익을 기대할 수
있음

32 금융 자산   ④

① ㉡ 주식은 ㉠ 예금에 비해 일반적으로 수익성이 높음
② ㉢ 채권은 ㉡ 주식과 달리 만기가 있음
③ ㉡ 주식은 배당 수익을 기대할 수 있음
④ **2019년에 이자 수익을 기대할 수 있는 금융 자산의
비중은 60%보다 크다. (O)** 이자 수익을 기대할 수
있는 금융 자산은 예금과 채권임, 68.5%로 60%
이상임
⑤ 시세 차익을 기대할 수 있는 금융 자산은 주식과
채권임 주식과 채권의 비중은 2019년보다 증가함

33 금융 자산   ④

① ㉠ 예금은 배당금을 기대할 수 없음
② ㉡ 주식은 이자 수익을 기대할 수 없음
③ ㉢ 채권은 예금자 보호 제도의 대상이 아님
④ **㉠은 ㉡에 비해 안전성이 높다. (O)**
예금은 주식에 비해 수익성은 낮고 안전성이 높음
⑤ ㉡ 주식은 ㉢ 채권과 달리 만기가 없음

34 경제적 환경 변화와 금융 의사결정   ⑤

· (가): 고용 불안정, 경기 침체 상황
  (나): 물가 상승, 경기 과열 상황
· A, C: 물가 상승에 대한 대책
  B: 고용 불안정에 대한 대책

– 모두 옳게 답한 '무'가 가장 높은 점수를 획득함

COMMENT 천재 교과서에서는 금리, 물가, 환율에 따른
금융 의사 결정에 대한 내용이 수록되어 있으며,
2025학년도 11월 모의고사 17번 문항에서 물가 상승에
따른 의사 결정 부분을 선지에 융합하여 출제했기 때문에
기본적인 내용은 학습해 두어야 함

35 경제적 환경 변화와 금융 의사결정   ③

· 원/달러 환율 상승 추세가 지속되고 있는 상황
  → 달러 대비 원화의 가치가 하락

– ㄱ. (가) – 원화를 달러로 서둘러 환전하세요. (O)
  원화의 가치가 지속적으로 하락하고 있으므로 서둘러
  환전하는 것이 유리함
– ㄴ. (나) – 갈수록 교육비 부담이 커지겠네요. (O)
  환율이 오르면 같은 금액의 달러를 보내기 위해 더
  많은 원화를 지불해야 함, 따라서 교육비 부담이 커짐
– ㄷ. (다) – 환율 상승 시 달러 자산의 원화 환산 가치는
  커지기 때문에 보유 주식의 달러화 표시 가격이
  변함없다면 원화로 환산한 보유 주식의 가치는 상승함

COMMENT 환율이 상승하면 달러 대비 원화 가치가
하락하며, 외국 주식에 투자하거나 외국 화폐를 보유한
사람은 원화로 환산한 수익이 늘어남

36 경제적 환경 변화와 금융 의사결정   ②

· A: 인플레이션 → 화폐 가치가 하락하고 물가가
  상승하기 때문에 실물 자산을 보유한 사람, 수입업자,
  돈을 빌린 사람은 유리해지고, 예금자와 연금 생활자,
  수출업자, 돈을 빌려준 사람은 불리해짐

– ㄱ. 은행 예금자는 불리해질 것이다. (O) 화폐 가치가
  하락하며 실질 구매력이 감소해 불리해질 것임
– ㄴ. 연금 생활자도 예금자와 동일한 이유로 불리해질
  것임
– ㄷ. 수출은 감소하고, 수입은 증가할 것이다. (O)
  물가가 상승해 수출 경쟁력이 약화되고, 상대적으로
  해외 물품의 경쟁력이 향상되어 수입은 증가함
– ㄹ. 빌려준 돈의 실질 가치가 하락해 돈을 빌린 사람은
  유리해지고, 빌려준 사람은 불리해질 것임

COMMENT 물가가 상승하면 같은 금액으로 살 수 있는
재화나 서비스의 양이 줄어들고 금융 상품에 투자해서
얻을 수 있는 미래 수익도 감소하기 때문에 실물 자산에
대한 투자가 증가함

37 경제적 환경 변화와 금융 의사결정   ②

· 환율 하락 → 달러 대비 원화의 가치 상승

– ㄱ. 수출이 불리해집니다. (O)
  동일한 상품을 구매하기 위해 지불해야 하는 달러가
  증가해 가격 경쟁력이 감소하여 수출이 불리해짐
– ㄴ. 달러로 빌린 외채를 갚을 때 필요한 원화 금액이
  줄어들기 때문에 외채 상환 부담은 감소함
  1달러를 갚기 위해 필요한 원화가 1,200원에서
  1,100원으로 줄어듦
– ㄷ. 우리나라를 찾는 미국인 관광객의 비용 부담이
  커집니다. (O) 1달러로 살 수 있는 원화가
  1,200원에서 1,100원으로 감소하고, 같은 원화
  가격이라도 달러로 환산하면 더 많은 달러를 지불해야
  하기 때문에 비용 부담이 커짐
– ㄹ. 1달러를 구매하기 위한 원화가 감소했으므로
  미국에 유학 중인 자녀를 둔 가정의 경제적 부담이
  줄어듦

COMMENT 환율이 하락하면 달러 대비 원화 가치가
상승하며, 외국 주식에 투자하거나 외국 화폐를 보유한
사람은 원화로 환산한 수익이 줄어듦

38 국제 무역 ⑤

· 생산에 대한 기회비용

생산의 기회비용	갑국	을국
쌀 1단위	반도체 1/2단위	반도체 3/5단위
반도체 1단위	쌀 2단위	쌀 5/3단위

① 쌀 1단위 생산에 필요한 노동자 수가 갑국이 더 적으므로 쌀의 최대 생산 가능량은 갑국이 을국보다 많음
② 갑국은 쌀과 반도체 생산에 모두 절대 우위를 가짐
③ 갑국의 쌀 1단위 생산의 기회비용은 반도체 1/2단위임
④ 반도체 1단위 생산의 기회비용은 갑국이 쌀 2단위이며, 을국이 쌀 5/3단위로 을국이 더 작음
⑤ **갑국은 쌀 생산에, 을국은 반도체 생산에 비교 우위를 가진다. (O)** 갑국은 쌀 1단위 생산의 기회비용이 더 작고, 을국은 반도체 1단위 생산의 기회비용이 더 작음

39 국제 무역 ②

· 갑: 절대 우위로 무역의 필요성을 설명
  A국 면화, B국 설탕 절대 우위를 가짐
· 을: 비교 우위로 무역의 필요성을 설명

– 노동자 수

구분	C국	D국
포도주	80명	120명
면화	90명	100명

– 생산에 대한 기회 비용

생산의 기회비용	C국	D국
포도주 1단위	면화 8/9단위	면화 6/5단위
면화 1단위	포도주 9/8단위	포도주 5/6단위

① 갑은 절대 우위에 기반하여 무역의 필요성을 주장함
② **갑, 을은 모두 특화를 통한 국제 분업의 필요성을 주장한다. (O)** 갑과 을 모두 특화를 통한 국제 분업, 무역의 필요성을 주장함
③ A국과 B국이 설탕 생산에 동일한 노동력을 투입할 경우, 더 적은 노동력으로 설탕을 생산할 수 있는 B국이 A국보다 더 많이 생산함
④ C국과 D국 중 C국은 포도주와 면화 생산에 모두 절대 우위가 있음
⑤ C국은 포도주 1단위 생산의 기회비용이 적으므로 (가)에는 포도주, D국은 면화 1단위 생산의 기회비용이 적으므로 (나)에는 면화가 들어감

40 국제 무역 ⑤

· 노동 시간

구분	갑국	을국
쌀	1시간	2시간
옷	2시간	6시간

· 생산에 대한 기회비용

생산의 기회비용	갑국	을국
쌀 1단위	옷 1/2단위	옷 1/3단위
옷 1단위	쌀 2단위	쌀 3단위

– ㄱ. 갑국에서 쌀 1단위 생산에 대한 기회비용은 옷 1/2단위임
– ㄴ. 을국의 노동 시간이 10시간일 경우 쌀 2단위와 옷 2단위를 동시에 생산할 수 없음
  을국의 노동 시간이 10시간일 경우 쌀 2단위를 생산하면 옷은 최대 1단위 생산이 가능함
– ㄷ. **갑국은 쌀과 옷 생산에 대해 모두 절대 우위를 가진다. (O)** 갑국은 을국에 비해 쌀과 옷 생산에 대한 노동 시간이 적음, 동일한 노동 시간을 투입했을 때 더 많이 생산할 수 있으므로 모두 절대 우위를 가짐
– ㄹ. **을국은 쌀 생산에 대해 비교 우위를 가진다. (O)** 을국은 쌀 생산의 기회 비용이 갑국에 비해 더 적음

41 국제 무역 ④

· 노동자 수

구분	갑국	을국
쌀	5명	15명
물고기	10명	15명

· 생산에 대한 기회비용

생산의 기회비용	갑국	을국
쌀 1단위	물고기 1/2단위	물고기 1단위
물고기 1단위	쌀 2단위	쌀 1단위

– ㄱ. 갑국은 쌀과 물고기 생산에 대해 모두 절대 우위를 가짐
– ㄴ. **갑국의 물고기 1단위 생산의 기회비용은 쌀 2단위이다. (O)** 갑국의 물고기 1단위 생산의 기회비용은 쌀 2단위임
– ㄷ. 물고기 1단위 생산의 기회비용은 갑국이 쌀 2단위, 을국이 쌀 1단위로 갑국이 더 큼
– ㄹ. **갑국은 쌀 생산에 대해 비교 우위를 가진다. (O)** 갑국은 쌀 1단위 생산의 기회비용이 더 적음

· 1시간 동안 최대한 만들 수 있는 마카롱 수 또는 샌드위치 수

구분	갑	을
마카롱	5개	3개
샌드위치	4개	3개

· 생산에 대한 기회비용

생산의 기회비용	갑국	을국
마카롱	샌드위치 4/5개	샌드위치 1개
샌드위치	마카롱 5/4개	마카롱 1개

- ㄱ. 갑은 마카롱을 만드는 데 절대 우위를 가진다. (O)
  갑은 마카롱과 샌드위치를 만드는 데 모두 절대 우위를 가짐
- ㄴ. 을은 샌드위치를 만드는 데 비교 우위를 가진다.
  (O) 을의 샌드위치 1개 생산의 기회비용이 더 적음
  갑은 마카롱, 을은 샌드위치를 만드는 데 비교 우위를 가짐
- ㄷ. 갑이 샌드위치를 1개 만드는 데 따른 기회비용은 마카롱 5/4개임
- ㄹ. 을은 1시간 동안 마카롱 3개와 샌드위치 3개를 동시에 만들 수 없음

1 자본주의 전개 과정   ④

· 경기 침체와 동시에 물가가 상승하는 현상인 (가)는 스태그 플레이션, 정부 실패로 인해 등장한 (나)는 신자유주의에 해당함 ④

2 자본주의 전개 과정   ④

- 갑: 스태그플레이션에 대응하는 정부의 바람직한 역할 논쟁은 신자유주의의 발표 주제로 적절함
- **을: 산업 자본주의, 산업 혁명 과정으로 인한 산업 자본의 축적 과정 (O)**
  산업 혁명으로 상품의 대량 생산이 가능해져 생산 과정에서 이윤을 얻는 산업 자본주의가 성장함
- 병: 절대 왕정의 중상주의 정책과 신항로 개척은 상업 자본주의의 발표 주제로 적절함
- **정: 수정 자본주의, 대공황 극복 과정에서 나타난 자본주의 경제 체제의 변화 (O)**
  대공황 극복 과정에서 정부가 적극적으로 시장에 개입하여 시장 실패를 해결해야 한다는 수정 자본주의가 등장함

3 자본주의 전개 과정   ③

① (가) 상업 자본주의 시기에는 중상주의 정책을 추진했으나 중상주의 정책은 자유 무역을 추구하지 않음
  국가의 보호 아래 상업 및 수출 중심의 무역으로 국가의 부를 늘리려는 사상으로 보호 무역을 추구함
② (나)가 아닌 (다) 수정 자본주의 시기에 정부가 시장에 적극적으로 개입하여 시장 실패 문제를 해결하고자 함
③ **(다)에서는 정부 지출 확대를 통해 경기 침체를 극복하려는 뉴딜 정책이 추진되었다. (O)**
  (다) 수정 자본주의 시기에 정부가 적극적으로 시장에 개입하여 시장 실패를 해결하기 위한 뉴딜 정책이 추진됨
④ (다) 수정 자본주의 시기에 경제 대공황을 극복하기 위한 정부의 경제적 역할이 강조됨
⑤ (다)에서 발생한 정부 실패를 해결하기 위해 ㉠이 등장함
  석유 파동으로 스태그플레이션과 같은 경제 위기가 발생하며 정부의 지나친 시장 개입을 비판하고 자유로운 경제 활동을 강조하는 신자유주의를 주장함

4 경제 체제   ①

· '보이지 않는 손'의 기능을 중시하는 A는 시장 경제 체제, B는 계획 경제 체제임

① **(가)-정부의 명령에 의해 자원이 배분됩니다. (O)**
  계획 경제 체제에서는 생산 수단의 소유, 의사 결정의 주체가 모두 정부이며 정부의 계획과 통제에 의해 자원이 배부됨
② 시장 경제 체제, 계획 경제 체제 모두 자원의 희소성으로 기본적인 경제 문제가 발생함
③ 계획 경제 체제에서는 원칙적으로 생산 수단의 사적 소유를 인정하지 않음
④ 시장 경제 체제에서는 자원 배분의 효율성을 강조함
⑤ 민간 경제 주체의 자유로운 경쟁을 강조하는 것은 시장 경제 체제에 해당함

5 경제 체제   ⑤

· A는 계획 경제 체제, B는 시장 경제 체제임

① 희소성에 의한 경제 문제는 계획 경제 체제와 시장 경제 체제에서 모두 발생함
② '보이지 않는 손'에 의해 경제 문제를 해결하는 것은 B 시장 경제 체제임
③ B 시장 경제 체제에서는 자원 배분의 효율성을 중시함
④ B 시장 경제 체제에서 경제적 유인을 강조함
⑤ **B에서는 A와 달리 사적 이윤 추구 활동을 중시한다. (O)** 시장 경제 체제에서는 자유롭게 사적 이익을 추구할 수 있음

6 경제 체제   ①

· 갑국: 시장 경제 체제, 을국: 계획 경제 체제

① **갑국에서는 사유 재산권 보장을 중시한다. (O)**
  시장 경제 체제에서는 사유 재산권 보장을 중시하는 반면 계획 경제 체제에서는 원칙적으로 생산 수단의 사적 소유를 인정하지 않음
② 개별 경제 주체의 경제적 자율성을 보장하는 것은 시장 경제 체제임
③ 경제적 유인 체계를 중시하는 것은 시장 경제 체제임
④ 시장 경제 체제에서는 빈부 격차의 문제가 발생함
⑤ '보이지 않는 손'의 기능을 중시하는 것은 시장 경제 체제로 가격에 의해 자원이 효율적으로 분배된다고 봄

・A: 시장 경제 체제, B:계획 경제 체제

① A는 시장 경제 체제, B는 계획 경제 체제임
② **A에서는 경쟁을 통한 사적 이윤 추구 활동이 보장된다.**
   (O) 시장 경제 체제에서는 경쟁을 통한 자유롭게
   이익을 추구할 수 있음
③ '보이지 않는 손'의 자원 배분 기능이 중시되는 것은
   시장 경제 체제임
④ 경제 문제 해결 과정에서 정부의 명령이 중시되는 것은
   B 계획 경제 체제의 특징으로 (가)에 들어갈 말로
   적절하지 않음
⑤ 시장 경제 체제에서는 민간 경제 주체의 자유로운 경제
   활동이 보장되므로 (가)에 해당 질문이 들어갈 수 있음

・갑국: 계획 경제 체제, 을국: 시장 경제 체제

① 갑국은 정부의 계획과 통제에 의해 경제 문제를 해결함
② 생산물의 배분 방식을 정부가 결정하는 것은 갑국임
③ 생산자의 이윤 추구 동기는 사적 이익을 추구할 수
   있는 을국에서 강함
④ **민간 경제 주체의 자율성은 을국이 갑국보다 높다. (O)**
   시장 경제 체제인 을국에서 민간 경제 주체의 자율성이
   높음
⑤ '보이지 않는 손'의 기능을 중시하는 것은 시장 가격
   기구에 의해 생산물이 배부되는 을국임

① A가 계획 경제 체제라면, B는 시장 경제 체제로 ⓒ과
   ⓒ에는 모두 '아니요'가 들어감
② B가 시장 경제 체제라면, A가 계획 경제 체제로 ㉠과
   ㉣에는 모두 '예'가 들어감
③ ㉠이 '예'라면, A는 계획 경제 체제, B는 시장 경제
   체제로 A가 사유 재산권의 제한으로 경제적 유인이
   부족함
④ ⓒ이 '아니요'라면, A는 계획 경제 체제로, 정부에
   의한 자원의 배분을 중시함
⑤ **(가)에는 '자원의 희소성에 따른 기본적인 경제 문제가**
   발생하는가?'가 들어갈 수 없다. (O)
   자원의 희소성에 따른 기본적인 경제 문제는 계획 경제
   체제와 시장 경제 체제 모두 발생함, B가 '아니요'라고
   답했기 때문에 (가)에는 해당 질문이 들어갈 수 없음

・A: 계획 경제 체제, B: 시장 경제 체제

① '보이지 않는 손'에 의한 자원 배분을 강조하는 것은
   B 시장 경제 체제임
② A 계획 경제 체제는 B 시장 경제 체제보다 자원
   배분의 형평성을 중시함
③ **B는 A보다 기업의 이윤 추구 동기가 강하게 나타난다.**
   (O) 시장 경제 체제는 경쟁을 통한 사적 이윤 추구
   활동이 보장되므로 기업의 이윤 추구 동기가 강하게
   나타남
④ 민간 경제 주체의 자유로운 경쟁을 강조하는 것은 B
   시장 경제 체제이므로 (가)에는 해당 질문이 들어갈 수
   있음
⑤ 사유 재산의 보장을 원칙으로 하는 것은 B 시장 경제
   체제로 (나)에는 해당 질문이 들어갈 수 없음

11 경제 체제　③

· 갑이 선택한 카드는 계획 경제 체제, 을이 선택한
  카드는 시장 경제 체제의 특징이 기재되어 있음
  을이 승리하였다고 했기 때문에 을이 가지고 있는 세
  장의 카드는 모두 시장 경제 체제의 특징이어야 함
  따라서 D는 시장 경제 체제이며, A와 D에는 서로 다른
  경제 체제가 기재되었다고 했기 때문에 A는 계획 경제
  체제임
  또한, (가)와 (나)에는 모두 시장 경제 체제의 특징이
  들어가야 을이 승리함

- ㄱ. (가)에는 시장 경제 체제의 특징인 '개인 성과에
  따른 차등 분배 강조'가 들어갈 수 있음
- ㄴ. **(나)에는 '시장 가격 기구의 기능 중시'가 들어갈 수
  있다. (O)**
  시장 경제 체제는 시장 가격 기구의 기능을 중시함
- ㄷ. **(가)와 (나)의 내용이 서로 바뀌어도 을이 승리한다.
  (O)** (가)와 (나)에는 모두 시장 경제 체제의 특징이
  들어가야 하기 때문에 내용이 바뀌어도 을이 승리함
- ㄹ. A에 기재된 계획 경제 체제는 D에 기재된 시장
  경제 체제와 달리 기본적인 경제 문제를 해결하는데
  형평성을 우선시함

12 경제 체제　④

· A: 계획 경제 체제, B: 시장 경제 체제

- ㄱ. A 계획 경제 체제는 정부의 계획과 통제에 의한
  경제 문제 해결을 중시함
- ㄴ. **B는 개별 경제 주체의 이익 추구 활동을 보장한다.
  (O)** 시장 경제 체제는 사적 이윤 추구 활동을 중시함
- ㄷ. A 계획 경제 체제는 원칙적으로 생산 수단의 사적
  소유를 인정하지 않음, 일반적으로 국가가 생산 수단을
  소유함
- ㄹ. **A, B에서는 모두 기본 경제 문제가 발생한다. (O)**
  계획 경제 체제와 시장 경제 체제에서 모두 자원의
  희소성으로 인한 기본적인 경제 문제가 발생함

13 합리적 선택　③

· A, B 선택에 따른 편익과 비용

(단위: 만 원)

구분		A	B
편익		180	250
기회비용	명시적 비용	100	130
	암묵적 비용	120	80
순편익		-40	40

① A선택의 명시적 비용은 100만 원임
② B선택의 암묵적 비용은 80만 원임
③ **A선택의 기회비용은 B선택의 기회비용보다 크다. (O)**
  A선택의 기회비용은 220만 원, B선택의 기회비용은
  210만 원임
④ A선택의 순편익은 음(-)의 값을 가짐
⑤ ㉠이 '180'으로 변동하면 갑은 A를 선택하는 것이
  합리적임

· ㉠이 '180'으로 변동했을 때의 편익과 비용

(단위: 만 원)

구분		A	B
편익		180	250
기회비용	명시적 비용	100	180
	암묵적 비용	70	80
순편익		10	-10

· A~C 선택에 따른 편익과 비용

(단위: 만 원)

구분	A	B	C
편익	30	20	35
명시적 비용		0	
암묵적 비용		17	
기회 비용	35	17	38
순편익	-5	3	-3

- 편익과 기회 비용이 제시되어 있고, B의 경우에는
  명시적 비용이 발생하지 않는다고 함, 기회 비용은
  명시적 비용과 암묵적 비용을 더한 값으로 B의 암묵적
  비용은 17만 원임
  순편익은 편익에서 기회 비용을 뺀 값으로 바로 계산할
  수 있음
- A와 C의 암묵적 비용은 B의 편익에서 명시적 비용을
  뺀 20만 원이 됨, 따라서 아래와 같이 값을 채울 수
  있음

(단위: 만 원)

구분	A	B	C
편익	30	20	35
명시적 비용	15	0	18
암묵적 비용	20	17	20
기회 비용	35	17	38
순편익	-5	3	-3

- ㄱ. 순편익이 가장 큰 B 체육관을 선택하는 것이
  합리적임
- ㄴ. A체육관 선택의 암묵적 비용은 20만 원이며,
  B체육관 선택의 암묵적 비용은 17만 원임
- **ㄷ. A체육관 선택의 명시적 비용은 C체육관 선택의
  명시적 비용보다 3만 원 작다. (O)**
  A체육관 선택의 명시적 비용은 15만 원, C체육관
  선택의 명시적 비용은 18만 원임
- **ㄹ. B체육관 선택의 순편익은 A체육관 선택의 순편익과
  달리 양(+)의 값을 갖는다. (O)**
  B체육관 선택의 순편익은 3만 원으로 양의 값임

· A, B선택에 따른 편익과 비용

(단위: 만 원)

7월	갑		을	
	A	B	A	B
편익	200	230	200	210
명시적 비용	100	100	100	100
암묵적 비용	130	100	110	100
기회 비용	230	200	210	200
순편익	-30	30	-10	10

(단위: 만 원)

9월	갑		을	
	A	B	A	B
편익	200	230	200	210
명시적 비용	㉠	100	㉠	100
암묵적 비용	130	200-㉠	110	200-㉠
기회 비용	㉠+130	300-㉠	㉠+110	300-㉠
순편익	70-㉠	㉠-70	90-㉠	㉠-90

① ㉠이 '90만 원' 미만일 경우 을은 9월에 순편익이
  양(+)의 값인 노트북A를 선택함
② **㉠이 '80만 원'일 경우 갑이 노트북B를 선택할 때
  순편익은 7월보다 9월이 작다. (O)**
  7월 갑의 노트북B 선택의 순편익은 30만 원, 9월
  노트북 B선택의 순편익은 10만 원임
③ 갑이 노트북A를 선택할 때 기회비용은 7월에 230만
  원, 9월에 ㉠+130만 원임
④ 갑이 노트북B를 선택할 때 암묵적 비용은 7월에
  100만 원, 9월에 200-㉠만 원임
⑤ 을이 7월에 노트북A를 선택할 때 암묵적 비용은
  110만 원임

16 합리적 선택 ④

· Y재의 암묵적 비용(2달러)은 X재의 편익(4달러)에서
  명시적 비용을 뺀 값임, 따라서 명시적 비용은 2달러임
· X~Z재의 가격이 모두 동일하다 했으므로 X~Z재의
  명시적 비용은 모두 2달러임, 따라서 아래와 같이 값을
  구할 수 있음

(단위: 달러)

구분	X재	Y재	Z재
편익	4	3	2
명시적 비용	2	2	2
암묵적 비용	1	2	2
기회 비용	3	4	4
순편익	1	−1	−2

①, ②, ③, ⑤ 모두 옳지 않음
④ **X재 선택에 따른 순편익은 양(+)의 값이다. (O)**
  X재를 선택하는 것이 합리적임

17 합리적 선택 ③

· A~C 선택에 따른 편익과 비용

(단위: 만 원)

구분	A	B	C
편익	7	8	9
명시적 비용	4	6	8
암묵적 비용	2	3	3
기회 비용	6	9	11
순편익	1	−1	−2

① '이미 지출하여 회수할 수 없는 비용'은 매몰 비용임
② ㉠명시적 비용은 C를 선택할 때가 가장 큼
③ **㉡은 B를 선택할 때와 C를 선택할 때가 같다. (O)**
  암묵적 비용은 B와 C모두 3만 원으로 동일함
④ 기회비용은 B를 때가 더 큼
⑤ 순편익은 A를 선택할 때가 더 큼

18 합리적 선택 ⑤

· 선택에 따른 편익과 비용

(단위: 만 원)

구분	영화 관람	게임	운동
편익	14,000	17,000	20,000
명시적 비용	10,000	14,000	18,000
암묵적 비용	3,000	4,000	4,000
기회 비용	13,000	18,000	22,000
순편익	1,000	−1,000	−2,000

①, ②, ③, ④ 모두 옳지 않음
⑤ **영화 관람을 선택하는 것이 합리적이다. (O)**
  순편익이 가장 크므로 영화 관람이 합리적 선택임

19 합리적 선택 ⑤

· 선택에 따른 편익과 비용

구분		커피	주스
편익		3,000원	4,000원
기회비용	명시적 비용	0원	2,000원
	암묵적 비용	2,000원	3,000원
순편익		1,000원	−1,000원

①, ②, ③, ④ 모두 옳지 않음
⑤ **㉠이 '1,500원'으로 변동하여도 갑의 선택은 변함이
  없다. (O)** 주스의 명시적 가격이 1,500원으로
  변동하여도 순편익은 커피가 더 크기 때문에 갑의
  선택은 변함이 없음

20 합리적 선택 ⑤

· 선택에 따른 편익과 비용

(단위: 만 원)

구분		A재	B재
편익		240	260
기회 비용	명시적 비용	㉠100	100
	(가) 암묵적 비용	160	140
순편익		-20	20

① A재의 편익에서 A재의 명시적 비용 ㉠을 뺀 값이 B재의 암묵적 비용으로 ㉠은 '100'임 (240-㉠=140)
② (가)는 암묵적 비용임
③ A재 선택의 기회비용은 B재 선택의 기회비용보다 큼
④ A재 가격이 10% 하락하더라도 A재 선택의 순편익은 -10만 원으로 음(-)의 값을 갖음
⑤ **B재 가격이 10% 상승하더라도 갑의 선택은 변함이 없다. (O)** 순편익이 10만 원으로 A재의 순편익인 -10만 원 보다 큼, 따라서 갑의 선택은 변하지 않음

(단위: 만 원)

B재 가격이 10% 상승한 경우		A재	B재
편익		240	260
기회 비용	명시적 비용	100	110
	암묵적 비용	150	140
순편익		-10	10

21 합리적 선택 ③

· 선택에 따른 편익과 비용

구분		1안	2안
편익		A만 원	22만 원
기회 비용	명시적 비용	10만 원	2만 원
	암묵적 비용	20만 원	A-10만 원
순편익		A-30만 원	30-A만 원

- ㄱ. ㉠ 가이드 투어 비용은 매몰 비용으로 2안 선택에 따른 기회비용에 포함되지 않음
- ㄴ. **㉡은 1안 선택에 따른 암묵적 비용에 포함된다. (O)** 아르바이트를 하고 얻는 임금은 2안의 편익으로 1안 선택에 따른 암묵적 비용에 포함됨
- ㄷ. **A가 '30'보다 크면 1안을 선택하는 것이 합리적이다. (O)** A가 30보다 클 경우 1안의 순편익이 양(+)의 값으로 합리적인 선택이 됨
- ㄹ. 1안 선택에 따른 명시적 비용 10만 원이고, 2안 선택에 따른 명시적 비용은 2만 원임

22 합리적 선택 ④

· 선택에 따른 편익과 비용

(단위: 원)

구분	A	B	C
편익	310,000	280,000	300,000
명시적 비용	250,000	255,000	235,000
암묵적 비용	65,000	65,000	60,000
기회 비용	315,000	320,000	295,000
순편익	-5,000	-40,000	5,000

①, ②, ③, ⑤ 모두 옳지 않음
④ **A를 선택할 때와 B를 선택할 때의 암묵적 비용은 같다. (O)** 65,000원으로 동일함

23 합리적 선택 ⑤

· 선택에 따른 편익과 비용

구분	갑		
	A	B	C
편익	12,000원	12,000원	12,000원
명시적 비용	30,000원	10,000원	15,000원

구분	을		
	A	B	C
편익	24,000원	24,000원	24,000원
명시적 비용	60,000원	10,000원	15,000원

- ㄱ. 갑의 A 선택에 따른 명시적 비용은 30,000원, B 선택에 따른 명시적 비용은 10,000원임
- ㄴ. 갑의 C 선택에 따른 순편익은 음(-)의 값을 가짐
- ㄷ. **을의 B 선택에 따른 기회비용은 C 선택에 따른 기회비용보다 작다. (O)** B를 선택하는 것이 가장 합리적인 선택임
- ㄹ. **갑과 을의 합리적 선택에 따른 명시적 비용은 같다. (O)** 모두 B를 선택하는 것이 합리적이며, 명시적 비용은 10,000원으로 동일함

24 합리적 선택   ②

· 선택에 따른 편익과 비용

구분	일반택시	바로택시	고급택시
편익	11,000	13,000	14,000
명시적 비용	7,500	8,700	11,000
암묵적 비용	4,300	3,500	4,300
기회 비용	11,800	12,200	15,300
순편익	−800	800	−13,00

①, ③, ④, ⑤ 모두 옳지 않음

② **일반택시를 이용할 때 기회비용이 가장 작다. (O)**
일반택시를 이용할 때 기회비용이 11,800원으로 가장
작음

25 경제 주체의 역할   ⑤

· 소비자들의 친환경 소비 증가에 맞춰 친환경적인 경영을
하는 기업의 사례가 제시됨 → 기업이 사회적 책임을
실천하도록 영향을 미치는 소비자의 윤리적 소비 행태가
나타남

26 경제 주체의 역할   ③

· 시장의 자유롭고 공정한 경쟁 구조 확립을 위해 정부는
가격 담합과 같은 불공정 거래 행위를 규제해야 함
→ 불공정 거래 행위를 규제하여 시장 경제 질서를
유지해야 함

27 경제 주체의 역할   ②

· 불공정 행위에 대해 정부가 과징금을 부과한 사례와
시민의 안전한 이동을 위해 정부가 가로등을 설치한
사례는 모두 자원의 효율적 배분을 위한 시장 기능의
보완에 해당함
공정하고 자유로운 시장 거래를 촉진하고, 과소
생산되는 공공재를 생산하는 것은 모두 자원의 효율적
배분을 위해 정부가 시장에 개입한 사례임

28 경제 주체의 역할   ④

· 이윤을 추구하는 과정에서 위험과 불확실성을 감수하고
혁신을 이루는 것을 '기업가 정신'이라고 함
기업은 기업가 정신을 적극적으로 발휘하여 새로운
상품과 기술을 개발하거나 시장을 개척하여 기업
생산성을 향상시키고 경제 발전에 기여해야 함

29 시장 실패   ③

· 공유지의 비극: 공유지의 경합성과 비배제성에 의해
발생하는 현상 →(가): 비배제성
· 레몬 시장: 상품 구매자와 판매자 간 정보의
비대칭성으로 인해 시장 실패가 발생하는 시장 →(나):
정보의 비대칭성

30 시장 실패   ③

· 가로등은 소비의 대가를 지불하지 않은 사람도 소비할
수 있는 공공재에 해당함, 따라서 무임승차자의 문제가
발생할 수 있으므로 기업의 이윤 추구가 어려워 사회적
최적 수준보다 과소 생산됨 → 재화의 비배제성으로
인한 시장 실패가 발생할 수 있음

31 정부 실패   ①

· 시장의 문제점을 개선하기 위한 정부의 개입이 문제를
해결하지 못하거나 오히려 악화시키는 현상인 정부 실패
문제를 해결하기 위한 방안에 해당함
정부 실패의 문제를 해결하기 위한 방안으로 공기업의
민영화, 비대한 관료 조직의 정비, 시민 참여에 의한
예산 집행 감시 등이 있음

32 정보의 비대칭성   ①

· 정보의 비대칭성으로 인해 불리한 선택을 한 경우에
해당함

− ②, ③ 시장 실패의 경우에 해당함
− ④, ⑤ 정부 실패의 경우에 해당함

33 시장 실패　⑤

· 경합성과 비배제성에 의해 발생하는 현상인 공유지의
비극 문제를 주민의 자발적 협력과 규칙 제정을 통해
해결한 사례가 제시됨 → 민간 부문의 자체적인 노력이
시장 실패 해결에 기여할 수 있음을 나타냄

34 시장 실패 요인　③

· ㉠: A의 콘서트는 배제성과 경합성을 가짐
· ㉡: A의 콘서트 영상은 유료이기 때문에 배제성을
가지며 비경합성을 가짐

① ㉠은 배제성을 갖음
② ㉡은 공유 자원에 해당하지 않음
공유 자원은 경합성과 비배제성을 가지는 재화임
③ ㉠과 달리 ㉡은 비경합성을 갖는다. (O)
㉠은 한 사람의 소비가 다른 사람의 소비 기회를
감소시키는 반면, ㉡은 한 사람의 소비가 다른 사람의
소비를 감소시키지 않음
④ 무임승차자 문제는 대가를 지불하지 않은 사람도
소비할 수 있다는 비배제성으로 인해 발생함
⑤ 남용으로 인한 자원 고갈 문제는 공유 자원의 문제점에
해당함

COMMENT 공공재: 비배제성, 비경합성을 가지는 재화
공유 자원: 경합성과 비배제성을 가지는 재화

35 재화의 분류　⑤

· A는 배제성과 경합성을 갖는 사적 자원, B는
비배제성과 경합성을 갖는 공유 자원, C는 비배제성과
비경합성을 갖는 공공재에 해당함

① A는 사적 자원에 해당함
② 국방 서비스는 C 공공재에 해당함
③ 공해상의 어족 자원은 경합성과 비배제성을 갖는 B
공유 자원에 해당함
④ 무임승차자 문제는 비배제성으로 인해 나타남,
배제성을 갖는 A 사적 자원에서는 무임승차자 문제가
발생하지 않음
⑤ B는 C에 비해 남용으로 인한 고갈 문제가 발생할
가능성이 높다. (O) B 공유 자원은 경합성과
비배제성을 가지는 재화로 남용으로 인해 자원 고갈
문제가 발생할 가능성이 높음

36 재화의 분류　②

· ㉠: 경합성과 배제성을 가진 사적 자원
· ㉡: 경합성과 비배제성을 가진 공유 자원

① ㉠은 소비의 경합성을 가짐
② ㉡은 소비의 비배제성을 가진다. (O)
누구든지 무료로 사용할 수 있다고 했으므로 소비의
대가를 지불하지 않은 사람도 소비할 수 있는
비배제성을 가짐
③ ㉡은 남용에 따른 고갈 문제가 발생함
④ ㉠, ㉡은 모두 희소성을 가짐
⑤ 무임승차자 문제는 비배제성으로 인해 나타남,
배제성을 갖는 ㉠ 사적 자원에서는 무임승차자 문제가
발생하지 않음

37 외부 효과   ①

· (가): 긍정적 외부 효과, (나): 부정적 외부 효과

- ㄱ. **(가)는 긍정적 외부 효과, (나)는 부정적 외부 효과의 사례이다. (O)** (가)는 다른 사람에게 혜택을 주지만 그에 대한 대가를 받지 않는 긍정적 외부 효과에 해당하며, (나)는 다른 사람에게 손해를 끼치지만 손해에 대한 보상을 하지 않는 부정적 외부 효과에 해당함
- ㄴ. **(가)는 사회적으로 적정한 수준보다 적게 소비된다. (O)** 긍정적 외부 효과는 사회적 최적 수준보다 과소 생산 및 소비됨
- ㄷ. (가)는 보조금 지원, (나)는 과세 등의 경제적 유인을 통해 해결할 수 있음
- ㄹ. (가)와 (나) 모두 자원이 효율적으로 배분되지 못한 상황에 해당함

38 외부 효과   ①

· (가): 긍정적 외부 효과, (나): 부정적 외부 효과

- ㄱ. **흡연으로 인한 간접흡연 피해는 (나)와 같은 유형의 외부 효과 사례이다. (O)** 흡연으로 인한 간접흡연 피해는 다른 사람에게 손해를 끼치지만 손해에 대한 보상을 하지 않는 부정적 외부 효과에 해당함
- ㄴ. **(가)는 외부 경제, (나)는 외부 불경제 사례에 해당한다. (O)** (가)는 긍정적 외부 효과, 외부 경제 사례이며, (나)는 부정적 외부 효과로 외부 불경제 사례에 해당함
- ㄷ. (가)와 (나)는 모두 자원이 효율적으로 배분되지 못하는 시장 실패의 사례에 해당함
- ㄹ. (가)와 (나)는 모두 보조금 및 과세 등의 경제적 유인을 통해 해결할 수 있음

39 외부 효과   ⑤

· X재 시장: 환경 오염이 발생하여 주변 주민이 피해를 겪는 상황으로 부정적 외부 효과가 나타남

① X재는 사회적 최적 수준보다 과다 생산되고 있음
② X재 시장에서는 부정적 외부 효과가 발생하고 있음
③ ㉠을 시행할 경우 X재의 생산량을 3개에서 4개로 늘릴 때 추가적으로 드는 비용은 8만 원임
④ ㉠을 시행할 경우 X재의 시장 공급량은 3개임
⑤ **㉠을 시행할 경우 갑 기업의 이윤은 ㉠시행 전에 비해 7만 원 감소한다. (O)**
㉠을 시행하기 전, 갑 기업은 이윤을 극대화하기 위해 X재를 4개 생산하며 9만 원의 이윤을 얻음
㉠을 시행할 경우, 갑 기업은 이윤을 극대화하기 위해 X재를 3개 생산하며 2만 원의 이윤을 얻음
따라서 갑 기업의 이윤은 7만 원 감소함

40 생애주기   ②

- ㄱ. **(가)는 양(+)의 저축에 해당한다. (O)** 소득에서 소비를 뺀 것으로 양(+)의 저축에 해당함
- ㄴ. 평균 수명의 연장은 (나)가 늘어나는 요인임
- ㄷ. **생애 기간 누적 저축액은 B 시점에서 가장 많다. (O)** 누적 저축액은 B 시점에서 가장 많음
- ㄹ. A와 B 시기 사이에는 소득이 증가 후 감소함

- X재는 정책 시행 이후 가격이 감소함, 보조금을
  지급하여 생산 가격을 낮추고 생산량을 증가시킨 것을
  알 수 있음, 따라서 X재 시장에서는 사회적 최적
  수준보다 과소 생산된 긍정적 외부 효과가 발생했음을
  알 수 있음
- Y재는 정책 시행 이후 가격이 증가함, 세금을 부과하여
  생산 가격을 높이고 생산량을 감소시킨 것을 알 수
  있음, 따라서 Y재 시장에서는 사회적 최적 수준보다
  과다 생산된 부정적 외부 효과가 발생했음을 알 수 있음

① X재 시장은 외부 경제, Y재 시장은 외부 불경제가
  발생함
② 정부는 X재 1개의 가격을 10달러 낮추기 위해 1개당
  10달러 이상의 보조금을 지급함, 정부의 세금 부과액,
  보조금 지급액보다 시장 가격의 변화는 작음
③ 정책 시행 이전 Y재 생산의 사적 비용은 사회적
  비용보다 작기 때문에 과다 생산되는 외부 불경제가
  발생함
④ **정책 시행 이후 X재 시장에서 균형 거래량은
  증가하였다. (O)** 정책 시행 이후 시장의 균형 거래량이
  증가하여 사회적 최적 수준으로 생산됨
⑤ 정책 시행 이후 Y재 시장에서 생산자 잉여는 감소함

COMMENT 생산 측면의 외부 효과는 통합사회 교과서에
제시되지 않았으나, 자료 기반 추론 문항이 출제될 수
있음

① 0~A 기간에는 음(-)의 저축이 나타남
② A~B 기간에는 소비보다 소득이 컸음
③ B~C 기간에는 소득 대비 소비가 지속적으로 증가함
④ **0~C 기간 중 누적 저축액은 B 시점에 가장 많았다.
  (O)** A~B 기간에 지속적으로 저축이 이루어지므로 B
  시점에 누적 저축액이 가장 많음
⑤ 갑이 0~C 기간의 소득과 소비를 일치시켰다면 ⓒ
  면적은 ⊙과 ⓒ 면적의 합과 같음

- ㄱ. 일반적으로 주식에 비해 채권은 ⊙ 수익성이 낮음
- ㄴ. 금융 상품의 가격 상승이나 이자 수익을 기대할 수
  있는 정도는 ⊙ 수익성임
- **ㄷ. 원금과 이자 보전을 중시하는 투자자는 ⊙보다
  ⓒ이 높은 금융 상품 위주로 포트폴리오를 구성할
  것이다. (O)** 원금과 이자 보전을 중시하는 투자자는
  수익성보다 안전성을 중시하는 투자자임
- **ㄹ. (가)에는 '달걀을 한 바구니에 담지 말라.'가 들어갈
  수 있다. (O)** 분산 투자의 필요성을 강조하는 말이
  들어가야 함

- 배당 수익을 기대할 수 있는 금융 상품의 비중이 가장
  낮다고 했으므로 A는 주식이고, 예금자 보호 제도의
  적용을 받는 금융 상품의 비중이 가장 높다고 했으므로
  C는 요구불 예금임, 따라서 나머지 B는 채권임

① A 주식은 만기가 없는 금융 상품임
② 주주로서의 지위를 부여하는 금융 상품은 주식임
③ 발행 주체가 빌린 돈을 갚기로 약속한 증서는
  B 채권임
④ 이자 수익을 기대할 수 있는 금융 상품은 채권과
  요구불 예금으로 총액은 800만 원임
⑤ **시세 차익을 기대할 수 있는 금융 상품의 총액은
  500만원이다. (O)** 시세 차익을 기대할 수 있는 금융
  상품은 주식과 채권으로 총 500만 원임

45 금융 자산 ①

· 주식은 갑이 많고, 정기 예금은 을이 많음

① **이자 수익을 기대할 수 있는 금융 상품에 대한 투자액은 갑이 을보다 적다. (O)**
이자 수익을 기대할 수 있는 금융 상품은 채권과 정기 예금임, 채권에 대한 투자액은 동일하며 정기 예금에 대한 투자액은 을이 많기 때문에 이자 수익을 기대할 수 있는 금융 상품에 대한 투자액은 을이 더 많음
② 배당 수익을 기대할 수 있는 금융 상품은 주식으로 주식에 대한 투자액은 갑이 을보다 많음
③ 시세 차익을 기대할 수 있는 금융 상품은 주식과 채권으로 이에 대한 투자액은 갑이 을보다 많음
④ 발행 주체의 부채를 증가시키는 금융 상품은 채권으로 채권에 대한 투자액은 갑과 을이 동일함
⑤ 예금자 보호 제도 적용을 받는 금융 상품은 정기 예금으로 이에 대한 투자액은 을이 갑보다 많음

46 금융 자산 ③

· 배당금을 기대할 수 있는 금융 상품은 주식이므로 B는 주식이며, 시세 차익을 기대할 수 없는 C는 요구불 예금이며, A는 채권에 해당함

① 주주로서의 지위를 부여하는 금융 상품은 B 주식임
② B 주식은 만기가 없는 금융 상품임
③ **C는 예금자 보호 제도가 적용되는 금융 상품이다. (O)**
요구불 예금은 예금자 보호 제도가 적용됨
④ A 채권은 발행 주체가 빌린 돈을 갚기로 약속한 증서임
⑤ B 주식은 C 요구불 예금과 달리 이자 수익을 기대할 수 없음

47 금융 자산 ③

· 금융 상품별 점수

평가 기준	A	B	C
수익성	15점	10점	5점
안전성	3점	6점	9점
유동성	2점	2점	3점
총점	20점	18점	17점

- ㄱ. 쉽게 현금으로 바꿀 수 있는 정도인 유동성은 A가 C보다 작음
- ㄴ. **시세 차익이나 이자 수익 등을 기대할 수 있는 정도는 B가 C보다 크다. (O)** 수익성은 B가 C보다 큼
- ㄷ. **갑은 안전성보다 수익성을 중시한다. (O)**
수익성에 가장 가중치를 많이 부여함
- ㄹ. 갑은 총점이 가장 큰 A에 투자할 것임

48 금융 자산 ①

· 배당 수익을 기대할 수 없는 A는 정기 예금, 배당 수익을 기대할 수 있는 B는 주식임

① **A는 이자 수익을 기대할 수 있는 금융 상품이다. (O)**
정기 예금은 이자 수익을 기대할 수 있음
② B 주식은 원금이 보장되지 않는 금융 상품임
③ 수익성만을 중시하는 사람은 A 정기 예금보다 B 주식에 투자할 것임
④ A 정기 예금은 시세 차익을 기대할 수 없으므로 (가)에 들어갈 말로 적절하지 않음
⑤ B 주식은 만기가 정해져 있지 않으므로 (나)에 들어갈 말로 적절하지 않음

49 금융 자산   ③

· A는 시세 차익을 기대할 수 없는 정기 예금임

① A는 B, C에 비해 수익성이 낮음
② B가 주식이라면 주식은 배당 수익을 기대할 수 있기 때문에 (가)에는 해당 질문이 들어갈 수 없음
③ **C가 채권이라면 (가)에는 '만기가 정해져 있는가?'가 들어갈 수 있다. (O)** B 주식은 만기가 없으며, C 채권은 만기가 있기 때문에 (가)에 들어갈 질문으로 적절함
④ (가)가 '이자 수익을 기대할 수 있는가?'라면 C는 채권으로 예금자 보호 제도의 적용 대상이 아님
⑤ (가)가 '투자자의 기업 소유 지분을 나타내는가?'라면 B는 채권 C는 주식으로 B는 C보다 안전성이 높음

50 금융 자산   ③

· A: 주식, B: 예금

① A 주식은 이자 수익을 기대할 수 없음
② B 예금은 시세 차익을 기대할 수 없음
③ **A는 B보다 수익성이 높다. (O)**
   주식은 예금보다 수익성이 높음
④ B 예금은 안전성이 높은 금융 상품으로 A 주식보다 원금이 보전될 수 있는 정도가 높음
⑤ B 예금은 예금자 보호 제도의 대상임

51 경제적 환경 변화와 금융 의사결정   ①

· 원/달러 환율은 상승 → 달러 대비 원화 가치 하락
· 엔/달러 환율은 하락 → 달러 대비 엔화 가치 상승

① **일본 기업의 달러화 표시 외채 상환 부담은 감소하였다. (O)** 달러로 빌린 외채를 갚을 때 필요한 엔화 금액이 줄어들기 때문에 외채 상환 부담은 감소함
② 달러 대비 원화 가치가 하락했으므로 원화로 평가한 미국 달러화 예금의 자산 가치는 상승함
③ 엔화 가치가 상승하면 같은 달러 금액의 원자재를 더 적은 엔화로 구입할 수 있기 때문에 미국에서 원자재를 수입하는 일본 기업의 부담은 감소함
④ 달러 대비 원화 가치가 하락하여 같은 원화 가격의 상품이 달러로 환산될 때 더 저렴해져, 한국에서 생산하여 미국에 수출하는 상품의 가격 경쟁력은 상승함
⑤ 환율이 상승하면 같은 금액의 달러를 보내기 위해 더 많은 원화를 지불해야 함, 따라서 학비를 송금하는 한국 학부모의 부담이 증가함

COMMENT 천재 교과서에서는 금리, 물가, 환율에 따른 금융 의사 결정에 대한 내용이 수록되어 있으므로 기본적인 내용은 학습해두어야 함

52 경제적 환경 변화와 금융 의사결정   ①

· A: 인플레이션 →화폐 가치가 하락하고 물가가 상승하기 때문에 실물 자산을 보유한 사람, 수입업자, 돈을 빌린 사람은 유리해지고, 예금자와 연금 생활자, 수출업자, 돈을 빌려준 사람은 불리해짐

· 물가가 상승하면, 채권자가 채무자에 비해 **(가) 불리**해지며, 일정한 급여나 연금으로 생활하는 사람이 **(나) 불리**해지고, 화폐 자산보다 실물 자산을 보유한 사람이 **(다) 유리**해짐

53 국제 무역   ④

· 갑국의 X재와 Y재 최대 생산 가능량 및 교역 전 소비량

구분	최대 생산 가능량	교역 전 소비량
X재	200개	100개
Y재	100개	㉠50개

갑국은 X재 200개, Y재 100개가 최대 생산 가능량임, 교역 전 X재를 100개 소비했기 때문에 Y재는 50개 소비할 수 있음

· 생산에 대한 기회비용

구분	갑국
X재	Y재 1/2개
Y재	X재 2개

① ㉠은 '50'임
② 갑국에서 X재 1개 생산의 기회비용은 Y재 1/2개임
③ 갑국은 X재 50개와 Y재 80개를 동시에 생산할 수 없음
　X재 50개를 생산하면 Y재는 최대 75개 생산이 가능함
④ **갑국은 Y재에 특화하여 국제 교역에 참여할 것이다.**
　(O) Y재 1개당 X재 3개가 교환되므로 갑국은 Y재에 특화하여 국제 교역에 참여할 것임
⑤ 갑국은 Y재를 100개 생산하고 50개를 교역하면, Y재 1개당 X재 3개가 교환되기 때문에 X재 150개를 수입하여 소비할 수 있음

54 국제 무역   ⑤

· 갑국은 X재를, 을국은 Y재를 특화하여 생산함
갑국은 교역 후 X재 60만 개, Y재 60만 개를 소비하고, 을국은 교역 후 X재 60만 개, Y재 80만 개 소비한 것을 통해 교역 후 갑국은 X재 ㉠ 120만 개 생산, 을국은 Y재 ㉡ 140만 개 생산함을 알 수 있음

· 최대 생산 가능량   (단위: 만 개)

구분	갑국	을국
X재	120	70
Y재	80	140

· 생산에 대한 기회비용

구분	갑국	을국
X재	Y재 2/3개	Y재 2개
Y재	X재 3/2개	X재 1/2개

① ㉠과 ㉡의 합은 260임
② 갑국은 X재를, 을국은 Y재를 수출함
③ 을국의 X재 최대 생산 가능량은 70만 개임
④ 갑국의 Y재 1개 생산의 기회비용은 X재 3/2개임
⑤ **양국 간 X재와 Y재의 교환 비율은 1:1이다. (O)**
　갑국은 X재를 120만 개 생산하고 60개를 수출하여 Y재 60개를 수입함, 따라서 1:1비율로 교환했음을 알 수 있음

· 1개 생산에 필요한 노동 시간과 최대 생산 가능량

구분	(가) 을국		(나) 갑국	
	X재	Y재	X재	Y재
노동 시간	10	50	10	30
최대 생산 가능량	30	6	30	10

· 생산에 대한 기회비용

구분	(가) 을국	(나) 갑국
X재	Y재 1/5개	Y재 1/3개
Y재	X재 5개	X재 3개

- ㄱ. (가)는 을국, (나)는 갑국임
- ㄴ. **교역 전 갑국에서 X재 15개와 Y재 5개의 소비는 가능하다. (O)** (나) 갑국에서는 X재 15개를 생산할 때 Y재를 최대 5개 생산할 수 있음
- ㄷ. (가) 을국 X재 생산에 있어 비교 우위를 가짐
- ㄹ. **을국의 X재 1개 생산의 기회비용은 Y재 1/5개이다. (O)** (가) 을국의 X재 생산의 기회비용은 Y재 1/5개임

· 노동 시간과 최대 생산 가능량

구분	갑국		을국	
	X재	Y재	X재	Y재
생산량	30	20	60	10
최대 생산 가능량	40	80	90	30

갑국은 X재 30개를 생산할 때 Y재 20개를 생산할 수 있으며 X재 최대 생산량은 40개임, 즉 X재를 10개 포기할 때 Y재를 20개 생산할 수 있는 것으로 Y재의 최대 생산량은 80개임.

을국은 Y재 10개를 생산할 때 X재 60개를 생산할 수 있으며 Y재 최대 생산량은 30개임, 즉 Y재를 20개 포기할 때 X재를 60개 생산할 수 있음, Y재 10개를 포기할 때 X재 30개를 만들 수 있는 것이므로 X재의 최대 생산량은 90개임.

· 생산에 대한 기회비용

구분	갑국	을국
X재	Y재 2개	Y재 1/3개
Y재	X재 1/2개	X재 3개

① 갑국은 X재 30개와 Y재 20개를 동시에 생산할 수 있음
② 을국은 X재 생산에 절대 우위를 갖음
③ 갑국은 Y재 생산에 비교 우위를 갖음
④ 갑국의 Y재 1개 생산의 기회비용은 X재 1/2개임
⑤ **X재와 Y재의 교환 비율이 1:1이라면 갑국과 을국은 모두 교역에 참여할 것이다. (O)**
X재를 수출하는 을국의 기회 비용보다 크고, X재를 수입하는 갑국의 기회비용보다 작을 때 갑국과 을국 모두의 이익이 발생하여 교역에 참여함

57 국제 무역 ⑤

· 생산에 대한 기회비용

구분	갑국	을국
X재	Y재 2/3개	Y재 1/2개
Y재	X재 3/2개	X재 2개

Y재 1개 생산의 기회비용이 제시되었으므로 X재 1개
생산의 기회비용을 파악할 수 있음

· 최대 생산 가능량

구분	갑국	을국
X재	180	360
Y재	120	180

X재 1개 생산에 필요한 노동량은 갑국이 을국의 2배라고
했으므로 을국의 X재 최대 생산량은 360개임

① ㉠은 '360개'임
② 을국이 X재, Y재 생산에 절대 우위를 가짐
③ X재 1개 생산의 기회비용은 갑국이 을국보다 큼
④ 갑국은 Y재 수출국으로 Y재 생산에 비교우위를 가짐,
　교역 후 Y재 1개 소비의 기회비용이 증가함
　을국은 Y재 수입국으로 Y재 생산에 비교열위를 가짐,
　교역 후 Y재 1개 소비의 기회비용이 감소함
⑤ **X재 1개당 Y재 2개의 교환 비율이면, 교역은 발생하지
　않는다. (O)** X재를 수출하는 을국은 교역 전 X재
　1개의 생산의 기회비용이 Y재 1/2개임. X재를
　수입하는 갑국은 교역 전 X재 1개 생산의 기회비용이
　Y재 2/3개임.
　따라서 X재 1개 당 Y재의 교환 비율은 1/2개보다
　크고 2/3개보다 작을 때, 양국 모두의 이익이
　발생하여 교역이 이루어짐

COMMENT 교역 전, 후 소비의 기회비용
교역 전 소비의 기회비용 = 생산의 기회비용
교역 후 비교 우위 재화 1단위 소비의 기회비용 = 해당
재화 1단위와 교환되는 다른 재화의 수량
→ 교역 후 이익이 발생하는 경우:
비교 우위 재화 1단위 생산의 기회비용 〈 해당 재화
1단위와 교환되는 다른 재화의 수량
교역 전 비교우위 재화 1단위 소비의 기회비용 〈 교역 후
비교 우위 재화 1단위 소비의 기회비용
즉, 비교 우위에 있는, 수출하는 상품 소비의 기회비용은
교역 후 증가함. 비교 열위에 있는, 수입하는 상품 소비의
기회비용은 교역 후 감소함.

58 국제 무역 ⑤

· 최대 생산 가능량

구분	갑국	을국
X재	30	60
Y재	10	120

· 생산에 대한 기회비용

구분	갑국	을국
X재	Y재 1/3개	Y재 2개
Y재	X재 3개	X재 1/2개

① 갑국의 X재 최대 생산 가능량은 을국의 1/2배임
② 을국은 X재와 Y재 생산에 모두 절대 우위를 가지지
　않음
　1개당 생산에 필요한 노동자 수를 보면 갑국은 X재
　생산에, 을국은 Y재 생산에 절대 우위를 갖고 있음
③ 갑국의 X재 1개 생산의 기회비용은 Y재 1/3개임
④ Y재 1개 생산의 기회비용은 갑국이 을국보다 큼
⑤ **X재 1개와 Y재 3개를 교역하는 조건이라면 을국은
　교역에 응하지 않을 것이다. (O)** X재를 수입하는
　을국은 교역 전 X재 1개의 생산의 기회비용이 Y재
　2개임. X재를 수출하는 갑국은 교역 전 X재 1개의
　생산의 기회비용이 Y재 1/3개임. 따라서 X재 1개당
　Y재 교환 비율은 1/3개보다 크고 2개보다 작을 때,
　모두의 이익이 발생하여 교역이 이루어짐

· 최대 생산 가능량

구분	갑국	을국
X재	10	30
Y재	20	10

· 생산에 대한 기회비용

구분	갑국	을국
X재	Y재 2개	Y재 1/3개
Y재	X재 1/2개	X재 3개

① 갑국은 Y재 생산에 절대 우위를 가짐
② 을국은 X재 18개를 포기하면, Y재 6개를 생산할 수 있음 따라서 X재 12개와 Y재 6개를 동시에 생산할 수 있음
③ Y재 1개를 생산하는 데 필요한 생산 요소의 양은 을국이 갑국의 2배임
④ 을국의 교역 전 X재 생산의 기회비용은 1/3Y개 였기 때문에 X재와 Y재의 교환 비율이 1:1이면 교역에 참여함
⑤ **교역 후 양국이 모두 A점에서 소비한다면 X재와 Y재의 교환 비율은 3:2이다. (O)** 을국은 X재만 30개 생산하며 갑국은 Y재만 20개 생산함. 3:2의 비율로 교환하면 양국 모두 X재는 15개, Y재는 10개를 소비할 수 있음

· 생산에 대한 기회비용

생산의 기회비용	갑국	을국
X재	Y재 1개	Y재 2개
Y재	X재 1개	X재 1/2개

갑국은 X재를, 을국은 Y재를 특화하여 수출함
교역 후 소비량은 X재 100개, Y재 300개로 아래와 같이 최대 생산 가능량을 구할 수 있음

· 최대 생산 가능량

구분	갑국	을국
X재	100	150
Y재	100	300

- ㄱ. **갑국의 Y재 최대 생산 가능량은 100개이다. (O)** 생산의 기회비용을 통해 Y재 최대 생산량은 X재와 동일함을 알 수 있음
- ㄴ. 을국의 특화 상품은 Y재임
- ㄷ. **X재 1개당 Y재 1.6개가 교환되었다. (O)** X재 50개와 Y재 80개가 교환됨
- ㄹ. 을국은 X재 수입국으로 교역 후 X재 1개 소비의 기회비용은 Y재 2개에서 Y재 1.6개로 감소함

61 국제 무역 ④

· 최대 생산 가능량

구분	갑국	을국
X재	40	80
Y재	80	40

· 생산에 대한 기회비용

생산의 기회비용	갑국	을국
X재	Y재 2개	Y재 1/2개
Y재	X재 1/2개	X재 2개

① Y재 40개를 포기하면 X재는 최대 20개를 더 생산할
　수 있음, 따라서 갑국은 X재 20개와 Y재 40개를
　동시에 생산할 수 있음
② X재 최대 생산 가능량이 더 작은 갑국에서 X재 1개
　생산에 필요한 노동량이 더 많음
③ 을국의 X재 1개 생산의 기회비용은 Y재 1/2개임
④ **갑국은 Y재 생산, 을국은 X재 생산에 비교 우위를**
　가진다. (O) 갑국은 Y재를 특화, 을국은 X재를
　특화하여 생산함
⑤ X재와 Y재의 교환 비율이 4:1이라면 을국은 교역에
　응하지 않음, 을국은 X재 수출국으로 X재 1개당
　교환되는 Y재가 1/2개보다 클 때 교역에 응함

62 국제 무역 ③

· 을국 최대 생산 가능량, 생산에 대한 기회비용

을국	최대 생산 가능량	생산에 대한 기회비용
X재	100	Y재 1/2개
Y재	50	X재 2개

갑국이 Y재를 60개 생산하기로 했기 때문에 갑국은 Y재
생산에 비교 우위를, 을국은 X재 생산에 비교우위를 가짐,
따라서 갑국은 Y재 1개 생산에 대한 기회 비용은 X재
2개보다 적어야 함

① 갑국은 Y재 1개 생산에 대한 기회 비용은 X재
　2개보다 적기 때문에 갑국의 X재 최대 생산 가능량은
　120개보다 적음
② 을국의 X재 1개 생산의 기회비용은 Y재 1/2개임
③ **갑국의 X재 1개 생산의 기회비용이 Y재 2/3개라면**
　을국은 X재 생산에 절대 우위를 가진다. (O)
· 갑국의 X재 생산의 기회비용이 Y재 2/3개일 경우

생산의 기회비용	갑국	을국
X재	Y재 2/3개	Y재 1/2개
Y재	X재 3/2개	X재 2개

· 최대 생산 가능량

구분	갑국	을국
X재	90	100
Y재	60	50

④ 교역 후 양국의 Y재 전체 소비량은 60개임
⑤ 교역 후 갑국은 Y재를 수출하므로 Y재 1개 소비의
　기회비용은 증가함

1　경제 체제　②

· A: 계획 경제 체제, B: 시장 경제 체제

① B 시장 경제 체제에서 '보이지 않는 손'의 기능을 중시함
② **B에서는 경제 활동에서 경제적 유인을 중시한다. (O)** 시장 경제 체제에서는 경제적 유인을 통한 자원의 효율적 배분을 중시함
③ B 시장 경제 체제에서는 경제 문제 해결에 있어 효율성을 강조함
④ A 계획 경제 체제에서 정부의 명령에 따른 자원 배분을 중시함
⑤ A 계획 경제 체제와 B 시장 경제 체제에서 모두 희소성에 따른 경제 문제가 발생함

2　경제 체제　③

· A: 시장 경제 체제, B: 계획 경제 체제

① ㉠희소성은 자원의 양이 절대적으로 부족한 상태가 아닌, 인간의 욕구에 비해 자원이 상대적으로 부족한 상태를 의미함
② ㉢ '어떻게 생산할 것인가'는 생산물 분배 방식의 결정에 대한 문제가 아닌, 생산 방법의 결정에 대한 문제임
③ **A에서는 사유 재산권 및 경제 활동의 자유 보장을 중시한다. (O)** 시장 경제 체제에서는 사유 재산권 및 경제 활동의 자유로운 보장이 중심됨
④ A 시장 경제 체제에서 '보이지 않는 손'의 기능을 중시함
⑤ A 시장 경제 체제에서 ㉡ '무엇을 얼마나 생산할 것인가'를 해결하기 위한 기준으로 효율성을 중시함

3　경제 체제　②

· A: 계획 경제 체제, B: 시장 경제 체제

① A 계획 경제 체제와 B 시장 경제 체제에서 모두 희소성에 따른 경제 문제가 발생함
② **B에서는 자유로운 경쟁을 통한 이윤 추구가 보장된다. (O)** 시장 경제 체제에서는 자유로운 경쟁을 통한 사적 이윤 추구가 보장됨
③ A 계획 경제 체제에서는 경제 문제 해결에 있어 형평성이 강조됨
④ 경제 활동에서 경제적 유인이 중시되는 것은 B 시장 경제 체제임
⑤ B 시장 경제 체제에서 가격 기구의 자원 배분 기능인 '보이지 않는 손'의 기능을 중시함

4　경제 체제　①

– 기본적인 경제 문제가 발생하는가? (O)
　계획 경제 체제에서는 희소성에 따른 기본적인 경제 문제가 발생함
– '보이지 않는 손'의 기능을 중시하는가? (X)
　가격 기구의 자원 배분 기능인 '보이지 않는 손'의 기능은 시장 경제 체제에서 중시함
– 정부의 명령에 의한 자원 배분을 중시하는가? (O)
　계획 경제 체제에서는 정부의 계획과 통제, 명령에 의한 자원 배분을 중시함

5　경제 체제　④

· A: 시장 경제 체제, B: 계획 경제 체제

① A 시장 경제 체제에서는 경제 문제 해결에 있어 효율성을 강조함
② A 시장 경제 체제에서는 사유 재산권을 중시함
③ A 시장 경제 체제에서는 개별 경제 주체의 사적 이익 추구와 경쟁을 중시한다.
④ **B와 달리 A에서는 '보이지 않는 손'의 기능을 중시한다. (O)** A 시장 경제 체제에서는 가격 기구의 자원 배분 기능인 '보이지 않는 손'의 기능을 중시함
⑤ A 시장 경제 체제와 B 계획 경제 체제에서 모두 희소성에 따른 경제 문제가 발생함

6 경제 체제 ②

· A: 계획 경제 체제, B: 시장 경제 체제

① 정부가 생산물의 종류와 수량을 통제하는 것은 계획 경제 체제의 특징임
② **을: 자유로운 경쟁을 통한 이윤 추구를 보장합니다. (O)** 시장 경제 체제에서는 자유로운 경쟁을 통한 사적 이익 추구를 보장함
③ 계획 경제 체제와 시장 경제 체제에서는 모두 자원의 희소성에 따른 경제 문제가 발생함
④ 계획 경제 체제에서는 원칙적으로 생산 수단의 사적 소유를 인정하지 않음
⑤ 계획 경제 체제에서는 경제 문제 해결에 있어 효율성보다 형평성을 강조함

7 경제 체제 ③

· A: 시장 경제 체제, B: 계획 경제 체제

① A 시장 경제 체제에서는 경제 문제 해결에 있어 효율성을 강조함
② A 시장 경제 체제에서는 '보이지 않는 손'의 기능을 중시함
③ **B에서는 정부의 계획과 통제에 의한 자원 배분을 중시한다. (O)** 계획 경제 체제에서는 정부의 계획과 통제, 명령에 의한 자원 분배를 중시함
④ 시장 경제 체제와 계획 경제 체제에서는 모두 희소성에 따른 경제 문제가 발생함
⑤ A 시장 경제 체제에서는 자유로운 경쟁을 통한 이윤 추구를 보장함

8 경제 체제 ②

· A: 계획 경제 체제, B: 시장 경제 체제
· (가): 시장 경제 체제의 특징

① 시장 경제 체제와 계획 경제 체제에서는 모두 희소성에 의한 경제 문제가 발생함
② **B에서는 개별 경제 주체의 자유로운 의사 결정이 보장된다. (O)** 시장 경제 체제에서는 개별 경제 주체의 자유로운 의사결정이 보장됨
③ A 계획 경제 체제에서는 자원 배분의 형평성이 강조됨
④ A 계획 경제 체제에서는 사유 재산권이 보장되지 않음
⑤ (가)에는 시장 경제 체제의 특징이 들어가야 함, '생산물의 종류와 수량을 정부가 결정한다.'는 계획 경제 체제의 특징으로 (가)에 들어갈 수 없음

9 합리적 선택 ⑤

- ㄱ. ㉠ 영화 관람의 명시적 비용과 함께 집에서 쉬는 것으로 얻는 편익도 ㉡ 선택의 기회비용임
- ㄴ. ㉢ 식사의 밥값은 을이 지불하기로 했으므로 갑의 식사 선택에 따른 명시적 비용은 0임
- ㄷ. **㉣ 관람의 편익은 ㉢ 선택의 암묵적 비용이다. (O)** 식사를 선택할 경우 남은 영화 내용을 알 수 없으므로 남은 영화 관람의 편익은 식사에 따른 암묵적 비용임
- ㄹ. **㉤은 ㉢ 선택의 기회비용에 포함되지 않는다. (O)** 영화푯값은 이미 지출하여 회수할 수 없는 매몰 비용으로 식사 선택의 기회 비용에 포함되지 않음

10 합리적 선택 ④

· 선택에 따른 편익과 비용

(단위: 억 원)

구분		㉡마스크	㉢장갑
편익		6	10
기회비용	명시적 비용	4	5
	암묵적 비용	5	2
순편익		-3	3

① ㉠은 이미 지출하여 회수할 수 없는 매몰 비용임
② ㉡ 선택의 명시적 비용은 4억 원임
③ ㉡ 선택의 순편익은 음(-)의 값임
④ **㉢ 선택의 명시적 비용은 암묵적 비용보다 크다. (O)** 명시적 비용은 5억 원, 암묵적 비용은 2억 원임
⑤ ㉢ 선택의 기회비용은 7억 원, ㉡ 선택의 기회비용은 9억 원임

· 선택에 따른 편익과 비용

(단위: 만 원)

구분		식당 운영
편익		(가)+(나)
기회비용	명시적 비용	9,000+10,000+1,000
	암묵적 비용	5,000
순편익		(가)+(나)-25,000

- ㄱ. ㉠은 식당 운영에 대한 암묵적 비용에 포함되지만, ㉡은 식당 운영에 대한 명시적 비용임
- ㄴ. ㉢으로 인해 발생하는 이자는 식당 운영에 대한 **명시적 비용에 포함된다. (O)**
  식당 운영에 대한 명시적 비용은 식당 운영비 9천만 원, 설비 및 인테리어 1억 원, 대출 이자 1천만 원임
- ㄷ. **(가)가 '2억 원'이고 (나)가 '6,000만 원'이면 식당을 운영하는 것이 합리적 선택이다. (O)**
  순편익 1,000만 원으로 합리적 선택임
- ㄹ. 직장을 계속 다니는 것이 합리적 선택일 때, (나)가 '1억 원'이면 (가)는 '1억 6,000만 원'이 될 수 없음
  직장을 계속 다니는 것이 합리적 선택이라는 것은 (가)+(나)가 2억 5천만 원 미만인 경우임

· A~C 선택에 따른 편익과 비용

(단위: 만 원)

구분	A	B	C
편익	3,500	4,000	4,500
명시적 비용	3,000	3,200	3,800
암묵적 비용	800	700	800
기회 비용	3800	3,900	4,600
순편익	-300	100	-100

① B 선택의 순편익이 가장 큼
② **B 선택의 암묵적 비용은 700만 원이다. (O)**
  B 선택의 암묵적 비용은 700만 원임
③ A선택의 기회비용은 3,800만 원, C선택의 기회비용은 4,600만 원임
④ ㉠이 '3,000'으로 변동하면 A선택의 암묵적 비용은 증가함
⑤ ㉡이 '4,700'으로 변동하면 갑은 순편익이 가장 큰 C를 선택함

· 선택에 따른 편익과 비용

(단위: 만 원)

구분	㉠직접 방문 수강	㉡온라인 수강
편익	38	36
명시적 비용	25	(가)
암묵적 비용	36-(가)	13
기회 비용	61-(가)	13+(가)
순편익	(가)-23	23-(가)

- ㄱ. ㉠을 선택한 경우 편익이 기회비용보다 커야하므로 기회비용은 38만 원보다 작음
- ㄴ. **㉠을 선택한 경우 명시적 비용은 암묵적 비용보다 크다. (O)** ㉠을 선택한 경우는 순편익이 양(+)의 값이므로 (가)는 23만 원보다 커야함, 따라서 36만 원-(가)는 명시적 비용 25만 원보다 작음
- ㄷ. ㉡을 선택한 경우는 (가)가 23만 원보다 작은 경우임
  따라서, 명시적 비용 (가)에서 암묵적 비용 13을 뺀 값은 10만 원보다 클 수 없음
- ㄹ. **(가)가 23보다 작은 경우 ㉡을 선택한다. (O)**
  (가)가 23보다 작은 경우 ㉡의 순편익이 양(+)의 값이므로 ㉡을 선택하는 것이 합리적 선택임

· 선택에 따른 편익과 비용

구분	갑		을	
	A	B	A	B
편익	150	100	㉠	120
명시적 비용	100	80	100	80
암묵적 비용	20	50	40	㉠-100
기회 비용	120	130	140	㉠-20
순편익	30	-30	㉠-140	140-㉠

① 갑이 A를 선택할 때 기회비용은 120만 원임
② 갑은 A를 선택함
③ 을이 A를 선택할 때 암묵적 비용은 40만 원임
④ ㉠이 140보다 클 경우 을은 A를 선택함
⑤ **A의 가격이 120만 원으로 인상되어도 갑의 선택은 변함이 없다. (O)** A가격이 120만 원으로 인상되어도 A의 순편익은 10만 원임, 따라서 갑의 선택에는 변함이 없음

15 합리적 선택   ②

· 선택에 따른 편익과 비용

(단위: 만 원)

구분	100개		200개	
	A	B	A	B
편익	20	30	40	60
명시적 비용	12	30	12	30
암묵적 비용	0	8	30	28
기회 비용	12	38	42	58
순편익	8	-8	-2	2

- ㄱ. ㉠이 **100개일 경우 B유형 선택에 따른 편익과 명시적 비용은 같다. (O)**

  ㉠이 100개일 경우 B유형 선택에 따른 편익과 명시적 비용은 모두 30만 원으로 동일함

- ㄴ. ㉠이 100개일 경우 B유형의 기회비용이 더 큼

- ㄷ. **A유형 선택의 암묵적 비용은 ㉠이 100개일 경우보다 200개일 경우 더 크다. (O)**

  A유형 선택의 암묵적 비용은 ㉠이 100개일 경우 발생하지 않으나 200개일 경우 30만 원으로 200개일 경우가 더 큼

- ㄹ. ㉠이 200개일 경우 순편익이 양(+)의 값인 B유형을 선택하는 것이 합리적임

16 합리적 선택   ⑤

· ㉠이 실시되지 않는 경우

(단위: 원)

구분	A	B	C
편익	10,500	9,500	9,000
명시적 비용	9,000	6,500	5,500
암묵적 비용	3,500	3,500	3,000
기회 비용	12,500	10,000	8,500
순편익	-2,000	-500	500

- ㄱ. ㉠이 실시되지 않는다면, 갑은 순편익이 양(+)의 값인 C를 선택할 것임

· ㉠이 실시되는 경우

(단위: 원)

구분	A	B	C
편익	10,500	9,500	9,000
명시적 비용	5,400	3,900	5,500
암묵적 비용	5,600	5,100	5,600
기회 비용	11,000	9,000	11,100
순편익	-500	500	-2,100

- ㄴ. ㉠이 실시되면, 갑은 순편익이 양(+)의 값인 B를 선택할 것임

- ㄷ. **㉠이 실시되면, 갑의 선택에 따른 명시적 비용은 3,900원이다. (O)** 갑은 B를 선택할 것이므로 B의 명시적 비용은 3,900원임

· ㉠이 C를 구매하는 경우도 포함되어 실시되는 경우

(단위: 원)

구분	A	B	C
편익	10,500	9,500	9,000
명시적 비용	5,400	3,900	3,300
암묵적 비용	5,700	5,700	5,600
기회 비용	11,100	9,600	8,900
순편익	-600	-100	100

- ㄹ. **㉠에 C를 구매하는 경우도 포함되어 실시된다면, 갑은 C를 선택할 것이다. (O)**

  순편익이 양(+)의 값인 C를 선택할 것임

· 1차 년도 편익과 비용

구분	A	B	C
편익	50+(가)	40+(나)	50
명시적 비용	36	24	30
암묵적 비용	'16+(나)' 또는 '20' 중 큰 값	14+(가)	14+(가)

합리적 선택이 A이므로 B와 C의 암묵적 비용은 A의 편익에서 명시적 비용을 뺀 '14+(가)'임
A의 순편익이 양(+)의 값이어야 하므로 (가)는 '(나)+2'보다 커야 하고, 6보다 커야 함

· 2차 년도 편익과 비용

구분	A	B	C
편익	50+(가)	40+㉠	50+(나)
명시적 비용	33	24	30
암묵적 비용	'16+㉠' 또는 '20+(나)' 중 큰 값	'17+(가)' 또는 '20+(나)' 중 큰 값	'17+(가)' 또는 '16+㉠' 중 큰 값

A는 사은품은 그대로이기 때문에 편익은 동일하며, 월 이용료 1회 3만 원이 면제되어 명시적 비용이 33만 원임
B는 사은품이 제공되지 않아 (나)의 편익은 사라졌지만, ㉠ 추가 편익이 발생하여 '40+㉠'이 편익이 됨
C는 B에서 제공된 사은품이 제공되므로 (나)의 편익이 추가됨

- ㄱ. (가)가 '9', (나)가 '8'이면, 1차 년도에 A의 순편익이 음(-)의 값, B의 순편익이 양(+)의 값으로 합리적 선택이 A가 될 수 없음
- ㄴ. **㉠이 7만 원보다 작고 (나)가 3보다 작으면 2차 년도에 갑은 A를 선택한다. (O)**
  ㉠이 7만 원보다 작고 (나)가 3보다 작으면 A의 암묵적 비용은 23만 원보다 작음, 따라서 기회비용은 56만 원보다 작음, (가)는 6보다 커야 하므로 편익은 56만 원 이상임, 순편익이 양(+)의 값으로 A를 선택함
- ㄷ. 2차 년도에 갑이 C를 선택한다면, C의 순편익이 양(+)의 값이어야 함
  '3+(나)>(가)'가 성립해야 하는데, (가)는 6보다 크기 때문에 (나)는 2가 될 수 없음

COMMENT 오답률 67.1%의 고난도 문제임

· 선택에 따른 편익과 비용

(단위: 만 원)

구분	갑		을	
	아이돌	뮤지컬	아이돌	뮤지컬
편익	(가)	9	10	(나)
명시적 비용	(다)	8	0	8
암묵적 비용	1	(가)-(다)	(나)-8	10

갑은 뮤지컬 공연을 합리적으로 선택했기 때문에 뮤지컬 선택의 순편익이 양(+)의 값이어야 함, 따라서 '(가)-(다)'는 '1'보다 작아야 함

· (가)가 '13'이고 ㉡을 제안한 경우

구분	갑	
	아이돌	뮤지컬
편익	(가)13	9
명시적 비용	(다)5	0
암묵적 비용	9	8

(단위: 만 원)

- ㄱ. **(가)가 '13'이라면 갑은 ㉡을 제안하지 않았을 것이다. (O)** 갑은 뮤지컬 공연의 비용 8만원은 이미 지출한 매몰 비용으로 갑의 뮤지컬 공연에 대한 명시적 비용은 '0'임, 따라서 (가)가 '13'이라면 아이돌 공연에 대한 순편익이 음(-)의 값이기 때문에 ㉡을 제안하지 않음
  갑이 ㉡을 제안하는 경우는 (가)가 '14'보다 클 경우에 해당함

· (나)가 '4'일 경우

구분	을	
	아이돌	뮤지컬
편익	10	(나)4+5
명시적 비용	0	0
암묵적 비용	9	10

(단위: 만 원)

- ㄴ. (나)가 '4'라면 을은 ㉡을 받아들이지 않음
  을은 아이돌 공연표를 갑에게 5만 원에 팔기 때문에 총편익은 9만 원이 됨, 뮤지컬 공연표는 갑에게 받기 때문에 명시적 비용은 0원임
  순편익은 음(-)의 값으로 ㉡을 받아들이지 않음
- ㄷ. ㉠과 ㉡으로부터 판단할 때, (다)는 '12'가 될 수 없음
  (가)는 '14'보다 커야하며 '(가)-(다)'는 '1'보다 작아야 함, 따라서 (다)는 12가 될 수 없음

19 합리적 선택 ③

· 선택에 따른 편익과 비용

(단위: 만 원)

구분	A	B
편익	10	(나)
명시적 비용	(가)	6
암묵적 비용	(나)-6	10-(가)

A를 백화점에서 구매하는 선택이 합리적 선택이므로 A의
순편익이 양(+)의 값이어야 함, 따라서 '16-(가)-(나)'는
'0'보다 커야 함 →'(가)+(나)〈16'을 도출할 수 있음

- **ㄱ. ㉠으로부터 판단할 때, (나)는 '17'이 될 수 없다.**
  (O) (가)와 (나)를 합한 값이 '16'보다 작아야하므로
  (나)는 '17'이 될 수 없음

· (가), (나) 모두 '7'일 경우

(단위: 만 원)

구분	A	B
편익	10	7
명시적 비용	7	5.1
암묵적 비용	1.9	3

B의 가격이 20% 할인되고 배송비 3천 원을 부담한 경우,
B의 명시적 가격은 5만 1천 원이 됨

- **ㄴ. (가), (나) 모두 '7'이라면 〈1안〉을 선택하는 것이
  합리적이다. (O)** A의 순편익이 양(+)의 값이므로
  〈1안〉을 선택하는 것이 합리적임

· 〈2안〉을 선택하는 경우

(단위: 만 원)

구분	A	B
편익	10	(나)
명시적 비용	(가)	5.1
암묵적 비용	(나)-5.1	10-(가)

- **ㄷ. 〈2안〉을 선택할 경우 (가)와 (나)의 합은 '15'가 될
  수 없음**
  〈2안〉을 선택한 경우는 A를 환불하고 B를 구입하는
  경우로 B가 합리적 선택이 되어야 하므로 B의
  순편익이 양(+)의 값이어야 함, 따라서
  '(가)+(나)-15.1'이 '0'보다 커야함
  →'(가)+(나)〉15.1'을 도출할 수 있음

20 공유 자원 ②

- **ㄱ. ㉠의 사례로 '주인이 존재하지 않는 목초지'를 들
  수 있다. (O)** 주인이 없으므로 배제성이 없으며
  목초지는 한 사람의 소비에 의해 감소되므로 경합성을
  가짐, 따라서 공유 자원의 사례로 적절함
- **ㄴ. ㉠ 공유 자원은 한 사람의 소비가 다른 사람의
  소비 기회를 감소시키는 경합성의 특성을 가짐**
- **ㄷ. 갑은 ㉠에 배제성을 부여하여 문제를 해결할 수
  있다고 본다. (O)** 갑은 소비의 대가를 지불하도록 하는
  배제성을 부여하여 문제를 해결할 수 있다고 봄
- **ㄹ. 을은 시장의 비효율적 자원 배분 문제를 해결하기
  위한 정부의 개입을 강조함**

21 시장 실패 요인 ⑤

· 가로등: 비배제성, 비경합성을 갖는 공공재
· 수산 자원: 비배제성과 경합성을 갖는 공유 자원
  재화와 서비스의 비배제성으로 인한 시장 실패 사례에
  해당함

22 경제 주체의 역할 ③

· 환경에 대한 책임감을 가지고 지속가능한 발전에
  기여하려는 기업의 노력이 나타남 → 기업의 사회적
  책임 사례임

23 정부 실패 ①

· 시장의 문제점을 개선하기 위한 정부의 개입이 문제를
  해결하지 못하거나 오히려 악화시키는 현상인 정부 실패
  사례에 해당함

- (가) 시장에서 B로부터 A로 이동하는 화폐는 A에게 판매 수입이 됨
  → (가) 시장: 생산물 시장, A: 기업, B: 가계
- (나) 시장에서 A로부터 B로 이동하는 화폐는 B에게 소득이 됨 → (나) 시장: 생산 요소 시장

① **A는 이윤 극대화를 추구한다. (O)**
  기업은 생산 활동의 주체로 이윤 극대화를 추구함
② A 기업은 (가) 생산물 시장에서 공급자임
③ B 가계는 소비 활동의 주체임
④ 가족의 식사를 위한 식재료 구입은 (가) 생산물 시장에서 이루어짐
⑤ ㉠ 소득은 소비 활동의 원천이 됨

- (가): 생산물 시장, (나): 생산 요소 시장, A: 가계, B: 기업
  ㉠: 임금

① A 가계는 효용 극대화를 추구함
② B 기업은 생산물 시장의 공급자, 생산 요소 시장의 수요자임
③ 임금 지급은 (나) 생산 요소 시장에서 이루어짐
④ 가족 외식을 위한 소비 지출은 (가) 생산물 시장에서 이루어짐
⑤ **㉠은 소비 활동의 원천이 된다. (O)**
  가계가 노동, 생산 요소를 제공한 대가로 받은 임금은 가계 소비 활동의 원천이 됨

- A: 기업, B: 가계

① **A는 생산물 시장의 공급자이다. (O)** 기업은 생산물 시장의 공급자, 생산 요소 시장의 수요자임
② B 가계는 효용 극대화를 추구함
③ 학생이 유료로 관람한 영화는 ㉡ 재화와 서비스에 해당함
④ ㉡ 재화와 서비스는 생산물 시장에서 거래됨
⑤ 상품의 저장, 운송, 판매 활동은 생산 활동에 포함됨

- (가): 생산 요소 시장, (나): 생산물 시장, A: 가계, B: 기업

① **A는 소비의 주체이다. (O)**
  가계는 소비 활동의 주체로 효용 극대화를 추구함
② (가) 생산 요소 시장에서는 생산 요소의 가격과 수량이 결정됨
③ (가) 생산 요소 시장의 사례로 노동 시장을 들 수 있음
④ A 가계는 (가) 생산 요소 시장에서 임금, 이자, 지대를 받음
⑤ B 기업은 (가) 생산 요소 시장의 수요자임
  기업은 생산물 시장의 공급자, 생산 요소 시장의 수요자임
  가계는 생산물 시장의 수요자, 생산 요소 시장의 공급자임

28 외부 효과 ①

- X재는 사회적 최적 거래량이 균형 거래량보다 많음, 과소 거래되고 있으므로 긍정적 외부 효과가 발생한 것임
  X재는 사회적 최적 수준에서의 가격이 시장 균형 가격보다 높음, 소비자에게 보조금을 지급하여 외부 효과를 개선할 수 있으므로 소비 측면에서 외부 효과가 발생한 것임
- Y재는 사회적 최적 거래량보다 균형 거래량이 많음, 과다 거래되고 있으므로 부정적 외부 효과가 발생함
  Y재는 사회적 최적 수준에서의 가격이 시장 균형 가격보다 높음, 세금 부과 등 가격을 높여 외부 효과를 개선할 수 있으므로 생산 측면에서 외부 효과가 발생한 것임

- ㄱ. **X재 소비의 사적 편익이 사회적 편익보다 작다.**
  (O) X재 소비의 사적 편익이 사회적 편익보다 작아 사회적 최적 거래량보다 과소 소비되는 긍정적 외부 효과가 발생한 것임
- ㄴ. **소비자에게 X재 1단위당 일정액의 보조금을 지급하여 사회적 최적 거래량을 달성할 수 있다. (O)**
  소비자에게 보조금을 지급하여 소비량을 늘려 사회적 최적 거래량을 달성할 수 있음
- ㄷ. Y재 시장에서는 부정적 외부 효과가 발생함
- ㄹ. Y재 생산의 사적 비용이 사회적 비용보다 작기 때문에 사회적 최적 거래량보다 과다 생산되어 부정적 외부 효과가 발생한 것임

COMMENT 소비 측면과 생산 측면의 외부 효과는 통합사회 교과서에 제시되지 않았으나, 자료를 기반으로 추론하는 문항이 출제될 수 있음, 28~31번 문항으로 연습할 것

29 외부 효과 ②

- 정책 시행 이후 X재는 균형 가격이 상승하고, 균형 거래량이 증가함 → 정부가 소비자에게 보조금을 지급하여 수요를 증가시켜 긍정적 외부 효과를 해결했음을 의미함

① 사회적 최적 수준보다 과소 소비되는 긍정적 외부 효과가 발생함
② **소비 측면의 외부 효과가 발생하였다. (O)**
  균형 가격이 상승한 것에서 소비자에게 보조금을 지급하여 수요를 증가시킨 것을 알 수 있음, 따라서 소비 측면에서 외부 효과가 발생한 것임
③ 생산 측면에서는 외부 효과가 나타나지 않음
④, ⑤ 정부는 X재 소비자에게 보조금을 지급하는 정책을 시행함

30 외부 효과 ③

- X재 시장은 사적 편익이 사회적 편익보다 작음
  → 소비 측면의 긍정적 외부 효과가 발생
- Y재 시장은 사적 편익이 사회적 편익보다 큼
  → 소비 측면의 부정적 외부 효과가 발생

① X재의 사적 편익이 사회적 편익보다 작음
② X재 시장에서 발생한 외부 효과는 긍정적 외부 효과임
③ **Y재는 사회적 최적 수준보다 많이 거래된다. (O)**
  Y재는 사회적 최적 수준보다 과다 거래되는 부정적 외부 효과가 발생함
④ Y재 소비에 정부의 과세 등을 통해 소비를 감소시켜 외부 효과를 개선할 수 있음
⑤ 독감 예방을 위한 유료 백신 접종은 긍정적 외부 효과 사례임

31 외부 효과   ②

· X재: 소비 측면에서 긍정적 외부 효과가 발생
· Y재: 생산 측면에서 부정적 외부 효과가 발생

① X재 소비의 사적 편익이 사회적 편익보다 작기 때문에 과소 소비되는 긍정적 외부 효과가 발생함
② X재 시장에서는 과소 소비의 문제가 발생하였다. (O)
　X재 시장에서는 소비 측면의 긍정적 외부 효과가 발생함
③ X재 소비에 보조금을 지급하여 외부 효과를 개선할 수 있음
④ Y재 시장에서는 부정적 외부 효과가 발생함
⑤ Y재 생산에 세금을 부과하여 외부 효과를 개선할 수 있음

COMMENT 긍정적 외부 효과는 사회적 최적 수준보다 과소 생산 및 소비됨 → 생산 측면에서는 사회적 비용보다 사적 비용이 크기 때문에 과소 생산되며, 소비 측면에서는 사회적 편익이 사적 편익보다 크기 때문에 과소 소비됨

COMMENT 부정적 외부 효과는 사회적 최적 수준보다 과다 생산 및 소비됨 → 생산 측면에서는 사회적 비용보다 사적 비용이 적기 때문에 과다 생산되며, 소비 측면에서는 사적 편익이 사회적 편익보다 크기 때문에 과다 소비됨

32 금융 자산   ⑤

· A는 안전성과 유동성이 높은 요구불 예금, B는 수익성이 높은 주식임

① 주주로서의 지위를 부여하는 상품은 B 주식임
② B 주식은 만기가 없는 상품임
③ B 주식은 국가나 지방 자치 단체가 발행하지 않음
④ 현금화가 용이한 금융 상품을 원하는 사람은 유동성이 높은 A 요구불 예금을 선호함
⑤ 예금자 보호 제도의 적용을 받는 금융 상품을 원하는 사람은 B보다 A를 선호한다. (O)
　예금자 보호 제도의 적용을 받는 금융 상품은 A 요구불 예금에 해당함

33 금융 자산   ②

· A: 채권, B: 주식

① A 채권은 시세 차익을 기대할 수 있음
② B는 배당 수익을 기대할 수 있다. (O)
　주식은 배당 수익을 기대할 수 있는 금융 상품임
③ A 채권은 B 주식과 달리 만기가 있음
④ A 채권과 B 주식은 모두 예금자 보호 제도가 적용되지 않음
⑤ A 채권은 이자 수익을 기대할 수 있으나 B 주식은 이자 수익을 기대할 수 없음

34 금융 자산   ④

· 입출금이 자유로운 상품의 비율은 변함이 없다고 했으므로 A가 요구불 예금이며, 이자 수익을 기대할 수 없는 주식의 비율이 20%이기 때문에 D는 주식임
　시세 차익을 기대할 수 있는 주식과 채권의 상품 비율이 모두 높아졌다 했으므로 C는 채권임
· A: 요구불 예금, B: 정기 예금, C: 채권, D: 주식

① A 요구불 예금은 C 채권에 비해 유동성이 높음
② D 주식은 B 정기 예금에 비해 수익성이 높음
③ 만기가 있는 상품은 정기 예금과 채권으로 총액이 작아짐
④ 배당 수익을 기대할 수 있는 상품 총액은 커졌다. (O)
　배당 수익을 기대할 수 있는 상품은 주식으로 10만 원에서 20만 원으로 총액이 커짐
⑤ 예금자 보호 제도의 적용을 받는 상품은 요구불 예금과 정기 예금으로 총액은 감소함

35 금융 자산   ②

① 주주로서의 지위를 부여하는 금융 상품은 ㉡ 주식임
② ㉡은 시세 차익을 기대할 수 있는 금융 상품이다. (O)
　주식은 시세 차익을 기대할 수 있는 금융 상품에 해당함
③ 발행 주체가 빌린 돈을 갚기로 약속한 증서는 채권임
④ 갑이 구성한 포트폴리오에서 간접 투자 금융 상품, 펀드의 비중은 10%임
⑤ 갑이 구성한 포트폴리오에서 이자 수익을 기대할 수 있는 금융 상품은 정기 예금과 펀드 중 일부에 해당하므로 60% 이상임

36 금융 자산 ①

· B는 이자 수익을 기대할 수 없는 주식, C는 안전성이 높은 정기 예금에 해당함, 따라서 A는 채권임

① **B는 배당 수익을 기대할 수 있다. (O)**
주식은 배당 수익을 기대할 수 있는 금융 상품임
② 주식과 채권은 시세 차익을 기대할 수 있음
③ 주식과 채권은 모두 시장에서 거래됨
④ 주식은 채권과 달리 만기가 존재하지 않음
⑤ (가)에는 'C 정기 예금은 A 채권, B 주식과 달리 예금자 보호 제도의 적용을 받습니다.'가 들어갈 수 있음

37 금융 자산 ②

· t시점 보유 자산을 100만 원이라고 가정 했을 때, 각 시점별 금융 상품 자산 보유액

(단위:만 원)

구분	t시점	t+1시점
정기 예금	50	54
주식	30	54
채권	20	27

t시점 정기 예금은 50만 원이고 연 이자율이 8%이므로 t+1시점의 정기 예금 금액은 54만 원임

① 총자산은 100만 원에서 135만 원이 되었으므로 35% 증가함
② **주식의 수익률은 80%이다. (O)**
30만 원에서 54만 원이 되었으므로 80%에 해당함
③ 채권의 수익률 35%로 정기 예금보다 높음
④ t시점과 t+1년 시점에 배당 수익을 기대할 수 있는 상품, 주식의 구성 비율은 30%에서 40%로 증가함
⑤ t시점에 비해 t+1년시점에 시세 차익을 기대할 수 있는 상품, 채권과 주식의 구성 비율은 50%에서 60%로 높아짐

38 금융 자산 ③

· 각 시점별 금융 상품 자산 보유액

(단위:만 원)

구분	(가) t시점	(나) t+1시점
정기 예금	50	65
요구불 예금	120	130
주식	450	585
채권	380	520

① (가)에서 저축성 예금, 정기 예금에 투자한 금액은 50만 원임
② (가)에서 시세 차익을 기대할 수 있는 금융 상품, 주식과 채권의 비중은 83%임
③ **(나)에서 이자 수익을 기대할 수 있는 금융 상품의 비중은 55%이다. (O)**
이자 수익을 기대할 수 있는 금융 상품은 정기 예금, 요구불 예금, 채권으로 55%에 해당함
④ (나)에서 주주로서의 지위를 부여하는 금융 상품, 주식의 투자 수익은 135만 원(585-450)임
⑤ 예금자 보호 제도의 적용을 받는 금융 상품, 정기 예금과 요구불 예금의 비중은 (가) 시기에 17%, (나) 시기에 15%로 감소함

39 금융 자산 ④

· t시점 대비 t+1시점의 수익률은 C>A>B>D 순으로 높음 채권, 주식, 정기 예금, 요구불 예금 순으로 수익률이 높다고 했으니 A는 주식, B는 정기 예금, C는 채권, D는 요구불 예금에 해당함

① A 주식은 만기가 없는 금융 상품임
② B 정기 예금에 비해 A 주식은 수익성이 높음
③ B 정기 예금과 D 요구불 예금은 예금자 보호 제도의 적용을 받음
④ **시세 차익을 기대할 수 있는 금융 상품의 구성 비율은 높아졌다. (O)** 시세 차익을 기대할 수 있는 금융 상품은 주식과 채권으로 60%에서 68%로 높아짐
⑤ 주주로서의 지위를 부여하는 금융 상품, 주식의 구성 비율은 40%에서 45%로 높아짐

COMMENT 금융 상품의 일반적인 특징 이해와 함께 기본적인 수익률 계산은 할 수 있어야 함

40 국제 무역　　　　　　　　　③

· 갑국은 Y재를 특화하여 30개 생산하고, 을국은 X재를
특화하여 20개를 생산함. 또한 X재 5개와 Y재 10개가
교환된 것을 통해 X재와 Y재의 교환 비율은 1:2임

① 갑국은 Y재에 특화하여 30개를 생산함
② 양국 간 X재와 Y재의 교환 비율은 1:2이다.
③ **갑국의 X재 최대 생산 가능량은 15개보다 적다. (O)**
갑국은 X재를 수입함, 수입국은 교역 후 비교 열위에
있는 X재에 대한 소비의 기회비용이 감소해야 하기
때문에, 갑국이 교역에서 이익을 얻기 위해서는 교역
전 X재 1개의 생산의 기회 비용이 Y재 2개보다 커야
함. 따라서 갑국의 Y재 생산량은 최대 30개이므로 X재
최대 생산 가능량은 15개보다 적음
④ 을국은 X재를 수출함, 수출국은 교역 후 비교 우위에
있는 X재에 대한 소비의 기회비용이 증가해야 하기
때문에, 을국이 이익을 얻기 위해서는 교역 전 X재
1개의 소비의 기회비용은 Y재 2개보다 작아야 함,
따라서 Y재 1개 생산의 기회비용은 X재 1/2보다 큼
⑤ 을국의 교역 후 X재 소비의 기회비용은 Y재 2개임, 이
기회비용이 교역 전의 4배라면 교역 전 X재 소비의
기회비용은 Y재 1/2개에 해당함. 을국의 X재 최대
생산 가능량은 20개로 Y재 최대 생산 가능량은
10개임

41 국제 무역　　　　　　　　　②

· 교역 전 갑국은 노동량 절반씩 투입하여 X재 40개, Y재
80개를 생산했으므로 최대 생산 가능량은 각각 X재
80개, Y재 160개에 해당함
· X재를 특화하여 생산한 갑국은 교역 후 X재를 60개,
Y재를 100개 소비하므로 X재 20개를 수출하고 Y재
100개를 수입했음을 알 수 있음 X재 1개당 Y재 5개의
비율로 교역을 진행함

① 갑국의 X재 최대 생산 가능량은 80개임
② **갑국의 X재 1개 생산의 기회비용은 Y재 2개이다. (O)**
갑국의 최대 생산 가능량은 X재 80개, Y재 160개로
X재 1개 생산 기회비용은 Y재 2개에 해당함
③ 을국은 Y재를 특화하여 수출함, 교역 후 기회비용이
증가해야 이익이기 때문에, 교역 전 을국의 Y재 1개
생산의 기회비용은 X재 1/5개보다 작음
④ 양국 간 X재와 Y재의 교환 비율은 1:5임
⑤ 을국은 Y재를 수출하는 국가로 교역 후 을국의 Y재
1개 소비의 기회비용은 교역 전에 비해 증가해야
이익이 발생함

42 국제 무역　　　　　　　　　④

· 생산의 기회비용

구분	갑국	을국
X재	Y재 3/2개	Y재 1/2개
Y재	X재 2/3개	X재 2개

① 갑국의 Y재 1개 생산의 기회비용은 X재 2/3개임
② 갑국은 Y재, 을국은 X재 생산에 비교 우위가 있음
③ 을국은 X재 1개를 수출할 때 Y재를 1/2개보다 많이
수입할 수 있어야 이익이 발생함, Y재 1개를 수입할
수 있으므로 교역에 참여함, 교역 후 비교 우위에 있는
수출 재화의 소비의 기회비용이 클 때 이익이 발생함
④ **양국 모두 이득이 되는 교환 범위는 X재 1개당 Y재
1/2개 초과, 3/2개 미만이다. (O)**
X재를 수출하는 을국은 교역 후 X재 1개 소비의
기회비용이 증가해야 이익이 발생하고(X재 1개당 Y재
1/2개 초과), X재를 수입하는 갑국은 교역 후 X재
1개 소비의 기회비용이 감소해야 이익이 발생함(X재
1개당 Y재 3/2개 미만)
⑤ 양국 간 교역이 이루어지면 교역 이전에 비해 갑국은
Y재, 을국은 X재 소비의 기회비용이 증가함

43 국제 무역 ⑤

교역 전 소비량을 통해 아래와 같이 최대 생산 가능량을 구할 수 있음

· 최대 생산 가능량

구분	갑국	을국
X재	20	30
Y재	40	30

· 교역 전 소비의 기회비용

구분	갑국	을국
X재	Y재 2개	Y재 1개
Y재	X재 1/2개	X재 1개

갑국은 Y재를, 을국은 X재를 특화하여 수출함

교역 후 소비량을 통해 X재와 Y재의 교환 비율을 알 수 있음, 갑국은 Y재 40개를 생산하고, 24개를 소비한 것을 통해 16개를 수출했음을 알 수 있음. 을국은 X재 30개를 생산하고 X재 18개를 소비한 것을 통해 12개를 수출했음을 알 수 있음, X재 12개와 Y재 16개가 교환됨

① 을국은 X재 생산에 비교 우위를 가짐

② X재 최대 생산 가능량은 갑국은 20개, 을국은 30개임

③ ㉠은 '12', ㉡은 '16'임
갑국은 을국에게 X재 12개를 수입하고, 을국은 갑국에게 Y재 16개를 수입해 소비함

④ X재 12개와 Y재 16개가 교환되었으므로 X재와 Y재의 양국 간 교환 비율은 3:4임

⑤ **갑국은 Y재 1개를 교역할 때마다 X재 1/4개의 이득을 갖는다. (O)**
갑국은 교역 전 Y재 1개 생산의 기회비용이 X재 1/2개였음, 양국 간 교역 비율은 Y재 1개당 X재 3/4개로 Y재 1개를 교역할 때마다 X재 1/4개의 이득이 생김

44 국제 무역 ⑤

· t기 최대 생산 가능량

구분	갑국	을국
X재	100	50
Y재	80	60

· t기 생산의 기회비용

구분	갑국	을국
X재	Y재 4/5개	Y재 6/5개
Y재	X재 5/4개	X재 5/6개

· t+1기 최대 생산 가능량

구분	갑국	을국
X재	100	50
Y재	120	(가)

· t+1기 생산의 기회비용

구분	갑국	을국
X재	Y재 6/5개	Y재 (가)/50개
Y재	X재 5/6개	X재 50/(가)개

갑국은 t기와 t+1기 모두 X재에 비교우위를 가짐

① 갑국은 t+1기에 X재에 비교우위를 가져야 하기 때문에 을국의 X재 1개 생산의 기회비용은 6/5보다 커야하므로 (가)는 60보다 커야함

② t기에 갑국은 교역을 통해 Y재 60개까지 소비할 수 있음

③ t기에 갑국은 X재와 Y재 생산에 모두 절대 우위를 가짐

④ t+1기에 갑국의 X재 1개 생산의 기회비용은 Y재 6/5개로 1개보다 큼

⑤ **X재와 Y재의 1:1 교환 비율은 t+1기의 ㉠에 포함되지 않는다. (O)**
갑국은 X재 1개를 수출할 때 Y재를 6/5개보다 많이 수입할 수 있어야 이익이 발생함, 즉 X재 1개 소비의 기회비용이 Y재 6/5개보다 커야 이익이 발생하므로 1:1 교환 비율은 양국 모두 이익이 발생하는 범위에 해당하지 않음

· t기 최대 생산 가능량

구분	갑국	을국
X재	20	50
Y재	40	25

을국은 X재 30개, Y재 10개를 소비하고 있었으며 X재 1개 생산의 기회비용은 Y재 1/2개라고 함 →따라서, Y재 1개를 포기하면 X재 2개를 생산할 수 있기 때문에 을국의 최대 생산 가능량은 X재 50개, Y재 25개가 됨

· t기 생산의 기회비용

구분	갑국	을국
X재	Y재 2개	Y재 1/2개
Y재	X재 1/2개	X재 2개

· t+1기 최대 생산 가능량

구분	갑국	을국
X재	30	50
Y재	40	25

· t+1기 생산의 기회비용

구분	갑국	을국
X재	Y재 4/3개	Y재 1/2개
Y재	X재 3/4개	X재 2개

① 을국의 Y재 최대 생산량은 25개임, Y재를 5개 포기한다면 X재를 10개 생산할 수 있기 때문에 Y재 20개 생산할 경우 X재의 최대 생산량은 10개임

② 갑국의 X재 1개 생산의 기회비용은 t기에 Y재 2개, t+1기 Y재 4/3개로 감소함

③ 갑국은 두 시기 모두 Y재 생산의 기회비용이 작으므로 Y재에 비교우위를 가짐

④ **X재와 Y재의 3:5 교환 비율은 t기에는 ㉠에 포함되지만, t+1기에는 ㉠에 포함되지 않는다. (O)**
  t기에 X재 1개 소비의 기회비용은 Y재 1/2개보다 크고 2개보다 작을 때, 양국 모두에게 이익이 발생함
  t+1기에는 X재 1개 소비의 기회비용은 Y재 1/2개보다 크고 4/3개보다 작을 때, 양국 모두에게 이익이 발생함

⑤ t+1기에 을국이 X재 30개와 Y재 24개를 소비하였다면, X재와 Y재의 교환 비율은 5:6임
  을국은 X재를 특화하여 50개 생산함, 교역 후 X재 30개를 소비했다면 X재 20개를 수출하고, Y재 24개를 수입한 것으로 X재와 Y재의 교환 비율은 5:6임

▶▶ 4단원. 세계화와 평화

STEP.1

1	2	3	4	5	6	7	8	9	10	11	12	13	14	15
①	②	①	④	③	①	⑤	③	①	②	③	⑤	②	②	⑤

16	17	18	19	20
③	①	⑤	①	⑤

STEP.2

1	2	3	4	5	6	7	8	9	10	11	12	13	14	15
③	⑤	③	④	④	②	③	③	④	①	③	②	③	①	②

16	17	18	19	20	21	22	23	24	25	26	27	28	29	30
①	③	④	⑤	④	④	①	③	⑤	④	⑤	⑤	①	①	④

31	32	33	34	35	36
①	③	⑤	⑤	②	④

STEP.3

1	2	3	4	5	6	7	8	9	10	11	12	13	14	15
②	②	③	③	⑤	⑤	③	③	⑤	③	③	②	③	②	⑤

16	17	18	19	20	21	22	23	24	25	26
④	②	④	③	②	⑤	⑤	①	⑤	④	①

1 세계화와 지역화   ①

· (가): 세계적으로 중심지 역할을 수행하는 도시 →세계
도시
· (나): 지역 브랜드화 →지역화 전략

– 생태 도시: 인간과 자연이 조화롭게 공존하며
지속가능성을 기반으로 설계된 친환경 도시
– 다국적 기업의 현지화 전략: 현지 문화에 맞게 제품,
서비스 등을 조정하는 전략
– 문화의 획일화: 문화가 동일한 형태로 변해가는 현상
문화의 세계화로 전 세계 다양한 문화들이 활발하게
교류되며 초국적 세계 문화가 형성되는 과정에서 소수
문화 쇠퇴 등이 발생하기도 함

2 공간적 분업   ②

· 휴대 전화가 세계 여러 국가의 협력 업체에서 생산된
부품으로 만들어지는 것을 나타냄 → '공간적 분업'의
사례에 해당함

① 플랜테이션: 열대 기후 환경에서 선진국의 자본과
기술, 원주민의 노동력이 결합된 형태의 상업적 농업
② **공간적 분업: 기업의 규모가 커지면서 기업의 각
기능이 공간적으로 분리되는 현상 (O)**
③ 산업 공동화: 산업의 기반이 해외로 이전하면서 고용
감소, 지역 경제 침체가 나타나는 현상
④ 지역 브랜드: 지역의 고유한 자원을 활용하여 그 지역
자체를 하나의 브랜드로 구축하는 지역화 전략
⑤ 탄소 발자국: 생산과 소비의 모든 과정에서 발생하는
탄소 배출량을 수치화한 것

3 다국적 기업   ①

· ㉠: 다국적 기업의 생산 공장 이전
다국적 기업은 임금과 생산비가 저렴한 곳으로 생산
공장을 이전함

– **ㄱ. 일자리가 감소하여 실업 문제가 발생할 것이다. (O)**
생산 공장 유출로 일자리가 감소하고 실업 문제가
발생함
– **ㄴ. 상인들의 매출 감소로 지역 경제가 침체될 것이다.
(O)** 고용 감소는 소비 감소로 이어져 상인 매출 감소와
지역 경제 침체로 이어짐
– ㄷ. 경기 침체로 인구가 감소할 것임
– ㄹ. 금융 자본이 집중되지 않음

4 지역화 전략   ④

· '콜롬비아 커피'는 지리적 표시제로 지역화 전략의
사례에 해당함

– 지역화 전략: 세계화에 대응하기 위해 경제적, 문화적
측면에서 다른 지역과 차별화할 수 있는 전략
– 지리적 표시제: 특정 지역의 지리적 특성을 반영한
우수한 상품이 그 지역에서 생산, 가공되었음을
증명하고 표시하는 제도

5 지역화 전략   ③

· 부뇰 토마토 축제는 장소 마케팅, 카망베르 치즈는
지리적 표시제의 사례에 해당함
→ 지역 경쟁력 강화를 위한 지역화 전략

– 장소 마케팅: 특정 장소를 하나의 상품으로 인식하고,
매력적으로 보일 수 있도록 이미지와 시설 등을
개발하는 전략

6 지역화 전략   ①

· 세계화에 대응하기 위해 지역 대표 상품을 활용하여
다른 지역과 차별화할 수 있는 계획을 마련함 → 세계화
시대의 지역화 전략

7 세계화와 지역화   ⑤

① 교통과 정보 통신 기술의 발달로 정보와 물자 이동에
드는 시간과 비용이 감소하며 ㉠ 세계화가 이루어짐
② ㉡ 다국적 기업은 공간적 분업을 통해 경영의 효율성을
추구함. 경영 전략을 세우고 기업을 관리하는 본사는
본국의 대도시에, 연구 및 개발 기능을 담당하는
연구소는 우수한 인력 확보에 유리한 선진국에, 생산
공장은 저임금 노동력을 확보하기 유리한 개발
도상국에 주로 설립함
③ ㉢ 지역 축제는 지역의 정체성 강화와 지역 경제
활성화에 기여할 수 있음
④ ㉣ 지구촌 분배 정의 추구 사례로 개발 도상국의
생산자에게 정당한 대가를 지불하는 공정 무역이 있음
⑤ **㉤은 지역 고유의 전통 문화 정체성이 강화되는
현상이다. (X)** 문화의 세계화로 초국적 세계 문화가
형성되는 과정에서 소수 문화 쇠퇴, 전통 문화 정체성
약화 등이 나타나기도 함

8 세계화의 영향   ③

- ㄱ. ㉠ 다국적 기업의 본사는 주로 경영 전략을 세우고
  기업을 관리하는 기능을 수행하므로 본국의 대도시에
  입지함, 저임금 노동력이 풍부한 국가에 입지하는 것은
  다국적 기업의 생산 공장임
- ㄴ. ㉡은 정치, 경제 등의 측면에서 세계의 중심지
  역할을 한다. (O) 세계 도시는 정치, 경제, 문화 등
  다양한 측면에서 세계의 중심지 역할을 하는 도시임
- ㄷ. ㉢을 해결하기 위한 노력으로 공정 무역을 들 수
  있다. (O) 국가 간 빈부 격차를 해결하기 위한
  노력으로 개발 도상국의 생산자에게 정당한 대가를
  지불하는 공정 무역을 들 수 있음
- ㄹ. ㉣ 문화의 획일화로 인해 각 지역 고유문화의
  정체성이 약화됨

9 세계화와 다국적 기업   ①

· (가): 다국적 기업 생산 공장 유입

- ㄱ. (가)에는 '일자리 증가'가 들어갈 수 있다. (O)
  다국적 기업의 생산 공장이 개발 도상국에 들어오면
  해당 지역의 일자리가 증가하고 지역 경제가 활성화되는
  긍정적 영향이 나타남
- ㄴ. ㉠이 진행될수록 국제 교류의 시·공간적 제약이
  작아짐
- ㄷ. ㉡ 연구소는 기술 수준이 높고 우수한 인력 확보가
  유리한 선진국에, ㉢ 생산 공장은 저임금 노동력이
  풍부하고 생산비 절감이 유리한 개발 도상국에 주로
  입지함
  다국적 기업은 경영의 효율성을 높여 경쟁력을 확보하고
  이윤을 극대화하기 위해 공간적 분업을 지향함

COMMENT 2022 개정 교육과정 첫 해의 기출 문제임.
세계화와 다국적 기업에 관한 내용을 평이하게 출제함.

10 지역화 전략의 사례   ②

· 지역 축제는 장소 마케팅의 대표적인 사례로 지역화
  전략에 해당함

- (가): 강원도 화천 산천어 축제 → A
  한랭한 겨울철 기후를 활용한 지역 축제
- (나): 보령 머드 축제
  갯벌을 활용한 지역 축제 → C

11 평화의 의미   ③

- ㄱ. ㉠ 소극적 평화의 실현은 구조적 폭력의 해소를
  보장하지 못함, 소극적 평화는 범죄, 테러, 전쟁 등과
  같은 직접적, 물리적 폭력이 없는 상태를 의미함
- ㄴ. ㉡은 경제적 착취와 빈곤이 제거된 상태를
  포함한다. (O) 적극적 평화는 경제적 착취와 빈곤과
  같은 구조적 폭력이 제거된 상태를 포함함
- ㄷ. ㉢은 모든 종류의 폭력이 사라진 상태를 지향한다.
  (O) 진정한 평화는 직접적, 물리적 폭력과 구조적 폭력,
  문화적 폭력이 모두 사라진 상태를 지향함
- ㄹ. ㉢ 진정한 평화는 ㉡ 적극적 평화 없이 ㉠ 소극적
  평화의 달성만으로도 실현되지 않음
  진정한 평화는 소극적 평화에 머무르지 않고 적극적
  평화를 실현할 때 이루어짐

12 평화의 의미   ⑤

· 강연자: 진정한 평화는 직접적 폭력과 구조적 폭력,
  문화적 폭력까지 모두 사라진 적극적 평화를 실현하는
  것이라고 봄

① 소극적 평화는 언제든지 깨어질 수 있으므로 진정한
  평화라고 할 수 없다고 함
② 소극적 평화는 직접적 폭력이 제거된 상태라고 봄
③, ④ 적극적 평화는 직접적 폭력의 제거와 함께 구조적,
  문화적 폭력과 같은 모든 종류의 폭력이 제거되어야
  달성할 수 있다고 봄
⑤ 진정한 평화는 적극적 평화를 달성함으로써
  이루어진다. (O) 진정한 폭력은 적극적 평화를 실현할
  때 이루어질 수 있다고 봄

13 평화의 의미 ②

· 사상가: 갈퉁

- ㄱ. **모든 사람은 폭력이 없는 평화로운 삶을 누려야 한다. (O)** 모든 사람은 인간다운 삶을 위해 적극적 평화까지 누려야 한다고 봄
- ㄴ. 의도 없이 발생한 빈곤, 차별은 구조적, 간접적 폭력이라고 보며, 이 또한 제거되어야 한다고 봄
- ㄷ. **적극적 평화 실현을 위해 불평등한 제도를 개선해야 한다. (O)** 구조적 폭력을 개선해야 적극적 평화를 실현할 수 있다고 봄
- ㄹ. 적극적 평화는 전쟁이 사라지는 것만으로는 실현될 수 없다고 봄, 직접적 폭력과 간접적 폭력이 모두 사라져야 실현될 수 있다고 함

14 평화의 의미 ②

· ㉠: 소극적 평화, ㉡: 적극적 평화

① ㉠ 소극적 평화는 무력 충돌이 없는 상태를 포함함
② **㉠의 실현은 빈곤 문제의 해결을 보장한다. (X)** 소극적 평화의 실현은 직접적 폭력이 없는 상태로 빈곤과 같은 구조적 폭력의 해결을 보장하지 못함
③ ㉡ 적극적 평화는 모든 종류의 폭력이 제거된 상태로 각종 억압과 차별이 사라진 상태를 포함함
④ ㉡ 적극적 평화를 실현하기 위해 구조적 폭력을 제거하기 위한 사회 제도의 개선이 요구됨
⑤ ㉠ 소극적 평화, ㉡ 적극적 평화는 모두 물리적 폭력, 직접적 폭력이 제거된 상태를 포함함

15 평화의 의미 ⑤

· 강연자: 갈퉁

- ㄱ. 물리적 폭력의 제거만으로는 진정한 평화가 실현되지 않음, 진정한 평화는 모든 종류의 폭력이 제거될 때 실현된다고 봄
- ㄴ. 적극적 평화가 실현될 때 삶의 질이 향상됨
- ㄷ. **종교에 대한 차별은 적극적 평화의 실현을 어렵게 만든다. (O)** 종교에 대한 차별은 문화적 폭력으로 적극적 평화의 실현을 저해함
- ㄹ. **정의롭지 못한 사회 제도는 적극적 평화 실현에 위협이 된다. (O)** 정의롭지 못한 사회 제도는 구조적 폭력으로 이어질 수 있으므로 적극적 평화 실현에 위협이 됨

16 평화통일 ③

· 분단 비용은 분단을 유지하는 데 소모되는 비용으로 소모적, 지속적 성격을 지님
통일 비용은 서로 다른 체제를 통합하는 데 드는 비용으로 한시적이며 투자적인 성격을 지님
장기적으로 통일 편익이 통일을 위한 비용보다 크다고 보며 평화통일을 지향함

① 통일 비용은 통일 전과 후에 한시적으로 발생한다고 봄
② 분단 비용은 통일 이후에는 발생하지 않음
③ **통일로 얻게 되는 장기적 이익이 통일 비용보다 크다. (O)** 통일 편익이 통일 비용보다 크다고 함
④ 분단 때문에 치러야 하는 소모적 비용은 분단 비용임
⑤ 서로 다른 체제를 통합하는 데 드는 비용은 통일 비용임

17 국제 사회의 행위 주체 ①

· ㉡: 국가, ㉢: 국제 연합, ㉣: 국제 비정부 기구
→ ㉠: 다국적 기업

- 갑: **㉠의 예로 그린피스, 국경 없는 의사회를 들 수 있지요. (X)** 그린피스, 국경없는 의사회는 국제 비정부 기구임
- 을: ㉡ 영토, 국민, 주권을 가진 국제 사회의 행위 주체는 국가임
- 병: ㉢ 국제 연합은 정부 간 국제기구의 예에 해당함
- 정: ㉣ 개인과 민간단체가 회원으로 가입할 수 있는 국제 기구는 국제 비정부 기구의 예에 해당함
- 무: ㉠은 다국적 기업으로 (가)에는 '세계 여러 나라에서 생산과 판매를 하며 국제적으로 활동하는 기업'이 들어갈 수 있음

18 평화 실현을 위한 국제 사회의 노력 ⑤

· 난민 문제 해결 방안: 안보
안보는 외부 침략이나 내전으로부터 국가를 지키는 것뿐 아니라 인간에게 위협이 되는 모든 문제로부터 인간의 존엄과 가치를 지키는 확장된 인권 개념
→ 소극적 평화를 넘어 적극적 평화를 강조함, 물리적 폭력과 구조적, 문화적 폭력을 제거하여 난민 문제를 해결할 수 있다고 봄

19 평화의 의미   ①

· 강연자: 갈등 상황에서 견해가 다르더라도 서로를
  존중하며 의사소통하는 자세가 필요하다고 주장함
  → 평화적인 방법으로 대화하면서 갈등을 해결해야
  한다고 봄

20 평화통일   ⑤

① 독일의 분단 배경은 종교 갈등이 아닌, 정치 및 군사적
  요인에 의한 것임
② 독일은 경도상 우리나라의 서쪽에 위치하여 표준시가
  느림
③ ㉠ 사회 통합을 위한 노력으로는 경제적 격차의 해소,
  남북한 간 교류와 협력 추구, 우호적인 환경 조성 등이
  있음
④ ㉡은 분단 극복을 위해 이념적 갈등을 축소해야 한다는
  것임
⑤ ㉢에는 이질화 문제 해소를 위한 교류 협력의 활성화가
  있다. **(O)** 통일을 위해서는 이질적 문화 차이 해소를
  위한 교류 협력이 필요함을 시사함

1 지역화 전략 ③

· (가): 지리적 특성을 반영한 상품을 보호하기 위해
  고유한 상표를 부여 → 지리적 표시제
· (나): 옥토버페스트 지역 고유 맥주를 활용한 축제
  → 장소 마케팅

– 지역화 전략: 세계화에 대응하기 위해 경제적, 문화적
  측면에서 다른 지역과 차별화할 수 있는 전략
– 지리적 표시제: 특정 지역의 지리적 특성을 반영한
  우수한 상품이 그 지역에서 생산, 가공되었음을
  증명하고 표시하는 제도
– 장소 마케팅: 특정 장소를 하나의 사품으로 인식하고,
  매력적으로 보일 수 있도록 이미지와 시설 등을
  개발하는 전략

2 다국적 기업 ⑤

· 각 지역의 고유한 특성을 보여 주는 매장의 모습을 통해
  현지의 개성을 표현하여 고객 만족도를 높이고 있는
  다국적 기업의 현지화 전략 사례가 나타남

– 다국적 기업의 현지화 전략: 지역의 특성을 반영하여
  현지 문화에 맞게 제품, 서비스 등을 조정하는 전략

①, ②, ③, ④ 해당 사례와 관련 없음

3 지역화 전략 ③

· ㉠: 암스테르담 슬로건 → 지역 브랜드화
· ㉡: 뮌헨 지역 생산 인증 마크 맥주 → 지리적 표시제

– 지역 브랜드화: 지역의 고유한 자원을 활용하여 그 지역
  자체를 하나의 브랜드로 구축하는 지역화 전략
– 생산공정의 표준화: 제품 생산 과정의 작업 방법, 절차,
  기준을 통일한 생산 방식
– 공정 무역: 개발 도상국의 생산자에게 정당한 대가가
  돌아가도록 하여 생산자들이 자립할 수 있도록 돕는
  무역 방식

4 지역화 전략 ④

· 문화적 자원을 활용하여 쇠퇴해가는 지역을 관광 도시로
  재생하여 지역 경제를 활성화한 사례가 제시됨

– 장소를 매력적인 상품으로 개발하는 전략 → 장소 마케팅

5 지역화 전략 ④

· 생산지 이름을 표시하여 보호하는 제도 → 지리적 표시제

– 경제 블록: 지리적으로 인접하고 상호 의존도가 높은
  국가들이 공동의 이익을 위해 구성하는 배타적인 경제
  협력체로 유럽 연합, 미국·멕시코·캐나다 협정 등이 있음
– 공정 무역: 개발 도상국의 생산자에게 정당한 대가가
  돌아가도록 하여 생산자들이 자립할 수 있도록 돕는
  무역 방식
– 국제적 분업: 기업의 규모가 커지면서 각 기능이
  국제적으로 분리되는 현상

6 지역화 전략 ②

· 파마산 치즈는 그 지역에서 생산, 가공되었음을
  증명하고 표시하는 지리적 표시제 사례에 해당하며,
  산티아고 순례길은 장소를 매력적인 상품으로 개발하는
  전략인 장소 마케팅 사례에 해당함

①, ③, ④, ⑤ 해당 사례와 관련 없음

7 지역화 전략 ③

· 홍콩과 리옹은 지역 이미지 창출을 통한 지역 브랜드화
  사례에 해당함

①, ②, ④, ⑤ 해당 사례와 관련 없음

8 지역화 전략 ③

· 지리적 특성이 반영된 우수한 상품이 해당 지역에서
  생산, 제조, 가공되었음을 증명하고 표시하는 제도로
  '샴페인', '블루 마운틴 커피', '다르질링 차' 등이 대표적
  사례에 해당함 → 지리적 표시제

9 지역화 전략 ④

· (가): 생산지 이름을 표시하여 보호하는 제도
  → 지리적 표시제
· (나): 장소를 매력적인 상품으로 개발하는 전략
  → 장소 마케팅

– 경제의 세계화: 지구적 차원의 협력과 분업을 통한
  생산의 효율성이 증대되고 소비 활동이 확대되는 현상

10 다국적 기업의 공간적 분업 ①

· 다국적 기업은 공간적 분업을 통해 경영의 효율성을
 추구함. 경영 전략을 세우고 기업을 관리하는 본사는
 (가) 선진국의 대도시에 입지하고, 연구 개발 시설의
 주요 기능은 **(나) 신제품 개발**이며, 생산 공장은 **(다)
 저임금 인력**이 풍부하여 생산비를 절감할 수 있는 개발
 도상국에 주로 입지함

- 경영 전략을 구상하는 것은 다국적 기업의 본사의
 기능에 해당함

11 세계화에 따른 문제점 ③

· '나': 세계화는 국가 간 경제적 불평등을 심화시키고,
 환경 파괴 등의 문제를 유발한다고 봄
· '어떤 사람': 복지, 편리, 의료 혜택을 모두가 누릴 수
 있게 된다고 봄

- ㄱ. 세계화로 인해 전 지구적 차원의 인권 문제가
 해결된다고 보지 않음
- **ㄴ. 세계화에 따른 경쟁으로 국가 간 빈부 격차가
 심화된다 (O)** 자본가 기술력이 풍부한 선진국에 경제적
 부(富)가 집중되어 선진국과 개발 도상국 간 빈부
 격차가 커진다고 봄
- **ㄷ. 세계화는 환경을 파괴하여 인류의 고통을 증가시킬
 수 있다 (O)** 일부 국가가 이익을 독점하고, 노동력
 착취, 환경 파괴 등의 문제를 발생시킨다고 봄
- ㄹ. '세계화는 의료 분야의 국제적 협력을 용이하게 할
 수 있다'는 것은 '어떤 사람'의 입장에 해당함

12 세계화의 영향 ②

· 갑: 세계화의 부정적 영향, 을: 세계화의 긍정적 영향

① 갑은 세계화로 인해 개발 도상국보다 선진국의 부를
 증대시킨다고 봄
② **갑: 세계화는 개별 국가의 문화적 고유성 유지를
 저해한다. (O)** 문화의 세계화로 각 지역이나 나라의
 고유한 정체성을 약화시키고 문화의 획일화를
 초래한다고 봄
③ 을은 세계화로 인해 국제 사회의 상호 의존성이
 약화된다고 보지 않음
④ 을은 세계화로 인해 국가 간의 문화 교류가 증가한다고 봄
⑤ 갑은 자본과 기술을 보유하고 있는 선진국이 경쟁에서
 유리해지기 때문에 세계화로 인해 국가 간의 부의
 불평등이 증대한다고 봄

13 세계화의 영향과 공간적 분업 ③

① 연구와 개발, 기술이 필요한 기능은 선진국에서, 생산
 기능은 개발 도상국에서 이루어지는 국제 분업이
 발생함
② 기획 및 디자인 기능을 담당하는 영국은 생산 기능을
 담당하는 튀니지보다 노동자의 평균 임금이 높음
③ **튀니지는 경영 관리 기능, 영국은 생산 기능을
 담당한다. (X)** 튀니지는 생산 기능을, 영국은 경영
 관리 기능을 담당함
④ 세계화로 인해 개발 도상국에 다국적 기업의 생산
 공장이 유입되며 고용이 창출되고 지역 경제가
 활성화된다는 긍정적 영향이 발생함
⑤ 다국적 기업의 생산 공장이 개발 도상국에 유입되며
 선진국에 대한 경제 의존도가 심화될 수 있다는 부정적
 영향이 있음

14 세계 도시   ①

· (가): 최상위 세계 도시, (나): 상위 세계 도시, (다): 하위 세계 도시
· A: 런던, B: 뉴욕

- ㄱ. A는 유럽, B는 아메리카에 위치한다. (O)
  런던은 유럽, 뉴욕은 아메리카에 위치함
- ㄴ. (가)는 (다)보다 생산자 서비스업 종사자 비율이 **높다.** (O) 최상위 세계 도시는 하위 세계 도시보다 생산자 서비스업 종사자 비율이 높음
- ㄷ. (다) 하위 세계 도시의 수가 더 많음
- ㄹ. (다) 하위 세계 도시는 가장 인접한 동일 계층의 세계 도시 간 평균 거리가 가까움

COMMENT 2025 평가원 수능 대비 예시 문항 20번에서 세계 도시에 대한 자료를 분석하는 문제를 출제함. 세계 도시 체계에 대한 내용을 제시해주고 이를 해석하는 문제가 출제될 수 있으므로 알아둘 필요가 있음

COMMENT 세계 도시 체계: 도시의 규모와 기능 및 영향력에 따라 세계 도시 간 계층

- 최상위 세계 도시(뉴욕, 런던, 도쿄), 상위 세계 도시, 하위 세계 도시로 구분되며, 최상위 세계 도시로 갈수록 도시 수는 적어지며, 동일 계층의 도시 간 평균 거리는 멀어짐. 국제 기구의 본부, 다국적 기업의 본사, 생산자 서비스업 기능이 집중되며, 영향력이 커짐

COMMENT 생산자 서비스업: 상품의 생산 및 유통 과정을 담당하는 생산자에게 필요한 서비스로 금융, 보험, 부동산업, 회계 서비스, 연구 개발 등이 이에 해당함

15 세계 도시   ②

· (가): 뉴욕, 최상위 세계 도시
· (나): 뭄바이, 하위 세계 도시

- ㄱ. (가)에는 국제 연합(UN) 본부가 있다. (O)
  국제 연합의 본부는 뉴욕에 위치함
- ㄴ. 최상위 세계 도시는 뉴욕, 런던, 도쿄로 (가)에 해당함
- ㄷ. (가)는 (나)보다 생산자 서비스업 종사자 비율이 **높다.** (O) 최상위 세계 도시는 하위 세계 도시보다 생산자 서비스업 종사자 비율이 높음
- ㄹ. 세계 500대 다국적 기업의 본사 수는 최상위 세계 도시에 더 많음

16 세계 도시   ①

· (가): 뉴욕, (나): 시드니

- ㄱ. (가)에는 국제 연합(UN)의 본부가 있다. (O)
  국제 연합의 본부는 뉴욕에 위치함
- ㄴ. (나)는 오스트레일리아에 있다. (O)
  (나)는 시드니로 오스트레일리아에 위치함
- ㄷ. 북반구에 있는 (가) 뉴욕은 1월이 겨울이며, 남반구에 있는 (나) 시드니는 1월에 여름으로 1월 평균 기온은 (나) 시드니가 더 높음
- ㄹ. 세계 금융 시장에 주는 영향력은 (가) 뉴욕, 최상위 세계 도시가 더 큼

17 국제 사회 행위 주체, 평화에 대한 쟁점   ③

· (가): 국가는 독립된 주권을 가진 유일한 행위 주체로, 힘의 논리를 바탕으로 국익을 추구하며 국제 평화는 국가 간 힘의 평형 상태야서만 실현된다고 보는 입장
· (나): 국제기구도 국제 사회의 행위 주체, 국제 평화는 국제기구의 대화와 협력으로 실현된다고 보는 입장

- (가) 입장에 비해 (나)는 X(국제기구가 국제 분쟁 해결에 기여한다고 보는 정도)가 **높고,** Y(국가 간 힘의 균형을 평화 실현의 주된 방법으로 보는 정도)는 **낮고,** Z(국제 사회에서 활동하는 행위 주체가 다양하다고 보는 정도)는 **높음** → ㉢

18 평화의 의미   ④

· 사상가: 갈퉁

- ㄱ. 인간다운 삶의 조건을 위협하는 문화는 폭력인가? (O) 인간다운 삶의 조건을 위협하는 문화는 문화적 폭력에 해당한다고 봄
- ㄴ. 사회 구조 개선은 적극적 평화 실현을 위해 **필요한가?** (O) 구조적 폭력을 제거하기 위해 사회 구조 개선은 필요하다고 봄
- ㄷ. 폭력은 항상 문화적 폭력과 구조적 폭력으로부터 시작된다고 보지 않음
  직접적, 문화적, 구조적 폭력의 모든 폭력으로부터 시작될 수 있다고 봄
- ㄹ. 언어에 담긴 상징적 차원의 폭력은 직접적 폭력으로 **이어질 수 있는가?** (O) 문화적 폭력은 직접적 폭력으로 이어질 수 있음

19 평화의 의미   ⑤

· 사상가: 갈퉁

① 물리적 폭력과 함께 간접적 폭력까지 제거해야 진정한 평화가 달성된다고 봄
② 적극적 평화는 전쟁의 종식으로 완전하게 실현되지 않음, 직접적 폭력과 구조나 문화에 의한 간접적 폭력까지 제거해야 완전하게 실현됨
③ 소극적 평화는 물리적, 직접적 폭력이 없는 상태를 의미함
④ 평화 실현을 위해서라도 폭력적인 수단은 정당화될 수 없다고 봄, 진정한 평화는 오직 평화적인 방법을 통해서만 실현될 수 있다고 봄
⑤ **인간 존엄성 실현을 위해 적극적 평화가 달성되어야 하는가? (O)** 갈퉁은 모든 사람의 인간다운 삶, 인간 존엄성 실현을 위해 소극적 평화뿐만 아니라 적극적 평화가 달성되어야 한다고 함

20 평화의 의미   ④

· 강연자: 갈퉁

① 구조적 폭력은 전쟁, 직접적 폭력이 발생하는 원인이 될 수 있다고 봄. 폭력은 직접적, 구조적, 문화적 폭력의 삼각형에서 어떤 꼭짓점에서도 시작될 수 있고 다른 꼭짓점으로도 이어진다고 함
② 폭력의 주체는 개인으로 한정된다고 보지 않음, 사회 구조에 의해 구조적 폭력이 발생할 수 있다고 봄
③ 진정한 평화는 직접적 폭력의 제거와 함께 구조적, 문화적 폭력이 제거되어야 완성된다고 봄
④ **문화적 폭력은 구조적 폭력을 정당화하는 요인이 될 수 있다. (O)** 문화적 폭력은 구조적 폭력을 정당화, 은폐하는 요인이 될 수 있다고 봄
⑤ 폭력은 직접적, 구조적, 문화적 폭력에서 시작될 수 있으며 다른 폭력으로 이어질 수 있다고 봄

21 평화의 의미   ④

· 사상가: 갈퉁

- ㄱ. 정치적 억압과 경제적 빈곤은 구조적 폭력에 해당함
- ㄴ. **평화는 평화적 수단으로 성취되는 것이 바람직하다. (O)** 진정한 평화는 오직 평화적인 방법을 통해서만 실현될 수 있다고 봄
- ㄷ. 직접적 폭력과 함께 구조적, 문화적 폭력이 제거되어야 진정한 평화가 이루어진다고 봄
- ㄹ. **인종 차별을 정당화하는 문화도 폭력으로 보아야 한다. (O)** 인종 차별을 정당화하는 문화는 문화적 폭력이라고 봄

22 평화의 의미   ①

· 사상가: 갈퉁

- ㄱ. **문화적 폭력으로 인해 직접적 폭력이 발생할 수 있다. (O)** 폭력은 직접적, 구조적, 문화적 폭력의 삼각형에서 어떤 꼭짓점에서도 시작될 수 있고 다른 꼭짓점으로도 이어진다고 함
- ㄴ. **빈곤과 차별은 인간 삶의 수준을 저하시키는 폭력이다. (O)** 빈곤과 차별은 구조적 폭력으로 인간 삶의 수준을 저하시킨다고 봄
- ㄷ. 진정한 평화는 물리적 폭력과 구조적, 문화적 폭력이 제거되어야 달성된다고 함
- ㄹ. 구조적 폭력의 제거를 위해서라도 폭력적인 방법은 정당화될 수 없다고 봄, 진정한 평화는 오직 평화적인 방법을 통해서만 실현될 수 있다고 함

23 평화의 의미   ③

· 사상가: 갈퉁

① 갈퉁은 폭력의 예방과 근본적 제거를 강조함
② 종교와 교육 내부에도 간접적 폭력이 존재할 수 있다고 봄
③ **사회 제도나 관습에 따른 억압도 폭력으로 간주될 수 있다. (O)** 사회 제도나 관습에 따른 억압은 구조적 폭력이라고 봄
④ 물리적 폭력의 제거만으로는 적극적 평화를 달성할 수 없다고 봄
⑤ 평화의 실현을 위해서라도 폭력을 사용하는 것은 정당화될 수 없다고 봄, 평화적 수단에 의한 평화를 추구함

24 평화의 의미　⑤

· 사상가: 갈퉁

– 진정한 평화는 전쟁의 종식만으로는 실현되지 않는다.
(O) 진정한 평화는 모든 종류의 폭력이 제거된 적극적
평화를 실현할 때 이루어질 수 있다고 봄
– 억압과 차별을 철폐하기 위해 직접적 폭력을 사용해야
한다. (X) 구조적 차별을 철폐하기 위해 직접적 폭력을
사용해야 한다고 보지 않음, 평화적인 방법을 사용해야
한다고 함
– 직접적 폭력이 없는 곳에서도 구조적 폭력이 존재할 수
있다. (O) 직접적 폭력이 없는 곳에서도 빈곤, 차별,
억압 등의 구조적 폭력이 존재할 수 있음
– 불평등을 정당화하는 사상과 이념은 폭력으로 정의될 수
있다. (O) 불평등을 정당화하는 사상과 이념은 문화적
폭력에 해당함

25 평화의 의미　④

· 사상가: 갈퉁

– ㄱ. 적극적 평화는 직접적, 물리적 폭력과 구조적 폭력,
문화적 폭력까지 제거된 상태를 의미함
– ㄴ. 진정한 평화는 평화적 방법을 통해서 달성해야
한다. (O) 폭력적인 수단을 통해서는 결코 진정한
평화를 달성할 수 없다고 함
– ㄷ. 간접적으로 행해진 억압과 착취는 구조적 폭력에
해당 한다고 봄
– ㄹ. 문화적 폭력은 직접적 폭력을 용인하고 정당화할 수
있다. (O) 사상, 이념, 종교 등을 통한 문화적 폭력은
직접적, 구조적 폭력을 용인하고 정당화할 수 있다고 봄

26 평화의 의미　⑤

· 사상가: 갈퉁

– ㄱ. 적극적 평화를 실현하기 위한 폭력이라도 정당화될
수 없다고 봄
– ㄴ. 진정한 평화는 직접적 폭력이 사라져야 실현될 수
있다. (O) 직접적 폭력이 존재하면 진정한 평화는
실현될 수 없다고 함
– ㄷ. 비의도적인 구조적 폭력은 진정한 평화 실현을
저해한다. (O) 비의도적이더라도 구조적 폭력은 진정한
평화 실현을 저해함, 진정한 평화는 모든 폭력이 제거된
적극적 평화를 실현할 때 이루어질 수 있음
– ㄹ. 문화적 폭력은 다른 폭력을 정당한 것으로 인식하게
한다. (O) 사상, 이념, 종교 등을 통한 문화적 폭력은
직접적, 구조적 폭력을 용인하고 정당한 것으로
인식하게 한다고 봄

27 평화의 의미　⑤

· 사상가: 갈퉁

– ㄱ. 평화적인 방법으로 평화를 달성해야 한다고 봄
– ㄴ. 신체에 직접적인 고통을 가하는 직접적, 물리적
폭력 이외에 구조적, 문화적 폭력이 존재한다고 봄
– ㄷ. 문화적 폭력은 직접적 폭력을 일으키는 원인이 될
수 있다. (O) 폭력은 직접적, 구조적, 문화적 폭력의
삼각형에서 어떤 꼭짓점에서도 시작될 수 있고 다른
꼭짓점으로도 이어진다고 함
– ㄹ. 진정한 평화의 실현을 위해 구조적 폭력도 제거해야
한다. (O) 진정한 평화의 실현을 위해서는 모든 종류의
폭력이 제거되어야 한다고 봄

28 평화통일　①

· 갑은 통일의 필요성을 경제적 가치에서 찾아서는
안된다고 보며, 을은 통일이 민족의 경제적 이익 증대를
위해 추진되어야 한다고 봄

① 통일의 필요성을 민족의 경제적 이익 증진에서 찾아야
하는가? (O) 갑은 반대, 을은 동의할 질문으로 토론의
핵심 쟁점으로 적절함
②, ③, ④, ⑤ 갑과 을이 모두 동의할 내용임

29 평화통일   ①

· 갑은 인권과 같은 보편적 가치의 실현 측면에서 통일을
주장하며, 을은 경제적 측면에서 통일의 실현을 주장함

① 갑: 물리적 폭력과 달리 인권 침해는 폭력으로 볼 수
없다. (X) 갑은 인권 침해도 폭력이라고 봄
②, ③, ④, ⑤ 모두 적절함

30 평화통일   ④

· ㉠: 바람직한 통일을 위한 노력

- ㄱ. 남북한 간의 이질성을 극복하기 위해 노력해야
한다. (O) 문화 및 경제 교류를 통해 서로를 이해하고
협력하기 위해 노력했다는 점에서 알 수 있음
- ㄴ. 제시문에서는 체제 통합보다 문화 및 경제 교류를
통한 사회 통합이 선행되어야 한다고 봄
- ㄷ. 남북한 간의 상호 신뢰를 구축하기 위해 노력해야
한다. (O) 문화 및 경제 교류를 통해 서로를 이해하고
협력하기 위해 노력했다는 점에서 알 수 있음
- ㄹ. 국제 사회의 지지와 협력을 받을 수 있도록
노력해야 한다. (O) 통일을 우려하는 주변국을 설득하는
작업도 병행했다는 점에서 알 수 있음

31 평화통일   ①

· 경제, 문화 분야의 민간 교류를 활성화하여 점진적으로
통일해야 한다고 주장함 → 정치적 통합으로 통일의
외형부터 갖추어야 한다는 주장에 대해 '체제 합일보다
민간 차원의 소통을 우선해야 함을 간과한다'고 반박할
수 있음

32 평화통일   ③

· ㉠: 바람직한 통일을 위한 노력

①, ②, ④, ⑤ 모두 적절함
③ 통일 이전이 아닌 통일 이후에 사회 통합을 위해
힘써야 한다. (X) 통일 이전부터 사회 통합을 위해
힘써야 한다는 점을 알 수 있음

33 평화통일   ⑤

· 갑은 국민적 동의에 기초하여 경제, 예술 분야부터
교류해야 한다고 보는 반면, 을은 서로 다른 체제를
통합하는 정치적 결단이 신속하게 선행되어야 한다고 봄
→ '통일 편익 극대화를 위해 정치적 통합을 우선해야
하는가?'라는 질문은 갑은 반대, 을은 찬성할 것이기
때문에 토론의 쟁점으로 적절함

34 동아시아 역사 갈등   ⑤

· (가): 중국, 베트남, 필리핀, 타이완, 말레이시아,
브루나이 국가 간 영토 갈등
→ 난사 군도(스프래틀리, 쯔엉사 군도) C
· (나): 일본, 중국, 타이완 간 영토 갈등, 일본이 실효
지배 중
→ 센카쿠 열도(댜오위다오 열도) B

- A: 쿠릴 열도, 러시아와 일본 간 영토 갈등으로
러시아가 실효 지배 중

35 동아시아 역사 갈등   ②

· A: 쿠릴 열도, B: 난사 군도

- ㄱ. A는 현재 러시아가 실효 지배하고 있다. (O)
쿠릴 열도는 현재 러시아가 실효지배 하고 있음
- ㄴ. B의 분쟁 원인은 종교 갈등이 아닌 역사적 배경과
해양 자원을 둘러싼 경쟁에 해당함
- ㄷ. B는 A보다 분쟁 당사국의 수가 많다. (O)
B 난사 군도의 당사국은 중국, 베트남, 필리핀, 타이완,
말레이시아, 브루나이로 총 6개국이며, A 쿠릴 열도의
당사국은 러시아, 일본으로 총 2개국임
- ㄹ. A 쿠릴 열도의 분쟁 당사국에 일본이 포함되지만,
B 난사 군도의 분쟁 당사국에는 일본이 포함되지 않음

COMMENT 동아시아 역사 갈등 부분에서 영토 문제와,
동북공정 부분은 지도를 통해 위치를 학습해둘 필요가
있음

36 동아시아 역사 갈등 해결 방안 ④

· (가): 동아시아 화해를 위해 노력한 사례

① 중국의 동북공정은 고조선, 부여, 고구려, 발해의
  역사를 중국사의 일부라고 주장하여 역사적 왜곡에
  대한 우려가 제기됨
②, ③, ⑤ 동아시아 화해를 위해 노력한 사례에 해당하지
  않음
④ **한·중·일 공동 역사 교재 집필 (O)**
  역사 왜곡을 바로잡기 위해 공동 역사 연구를 진행하여
  한·중·일 공동 역사 교재 집필함

1 지역화 전략   ②

· (가)는 장소를 매력적인 상품으로 개발하는 전략인 **장소 마케팅** 사례에 해당하며, (나)는 지리적 특성을 반영한 상품을 보호하기 위해 고유한 상표를 부여하는 **지리적 표시제** 사례에 해당함

2 지역화 전략   ②

· 싱가포르와 뉴질랜드 로토루아 사례는 지역의 상품, 서비스, 축제 등을 브랜드로 인식시켜 지역 이미지를 높이고 지역 경제를 활성화하는 전략인 **지역 브랜드화** 사례에 해당함
　→ 지역화 전략을 통해 **지역 이미지를 창출**할 수 있음

3 다국적 기업   ③

· (가): 디자인과 소프트웨어 개발은 캘리포니아 본사에서, 조립과 같은 생산은 중국에서 하고 있다는 것을 통해 **공간적 분업**이 이루어지고 있음을 알 수 있음
· (나): 제조업이 다른 지역으로 이전하여 고용 인구와 생산액 비중이 감소하게 된 **산업 공동화** 현상의 사례가 제시됨

– 공간적 분업: 기업의 규모가 커지면서 기업의 각 기능이 공간적으로 분리되는 현상
– 산업 공동화: 산업의 기반이 해외로 이전하면서 고용 감소, 지역 경제 침체가 나타나는 현상

4 다국적 기업   ③

– ㉠은 **국경을 초월하여 생산과 판매 활동을 하는 기업을 말한다. (O)** 다국적 기업은 국경을 초월하여 생산과 판매 활동을 하는 기업을 의미함
– ㉡은 **기업의 기획·관리, 연구, 생산 기능 등이 공간적으로 분화되는 현상이다. (O)**
　공간적 분업은 기획·관리 기능을 담당하는 본사는 본국의 대도시에, 연구·개발 기능을 담당하는 연구소는 선진국의 대도시에, 생산 기능을 담당하는 생산 공장은 개발 도상국에 공간적으로 분화하여 입지하는 현상을 의미함
– ㉢에 들어갈 용어는 '소비자 서비스업'이다. (O)
　서비스업은 수요 주체에 따라 소비자 서비스업과 생산자 서비스업으로 구분됨
– ㉣에 해당하는 업종으로는 소매업, 요식업, 미용업 등이 있다. (X) 소매업, 요식업, 미용업 등은 소비자 서비스업에 해당함. 생산자 서비스업은 상품의 생산 및 유통 과정을 담당하는 생산자에게 필요한 서비스로 금융, 보험, 부동산업, 회계 서비스, 연구 개발 등이 이에 해당함

5 지역화 전략   ⑤

· (가)는 지역의 특징을 담은 이미지를 개발하여 브랜드로 인식시켜 지역 이미지를 높이고 지역 경제를 활성화하는 전략인 **지역 브랜드화** 사례에 해당함
· (나)는 특정 지역의 지리적 특성을 반영한 우수한 상품이 그 장소에서 생산되었음을 인증하는 제도인 **지리적 표시제** 사례에 해당함

6 세계화와 지역화 ⑤

① ㉠세계화로 국경의 의미와 역할이 약화되고 있음, 세계화는 국경을 넘어 세계가 하나의 공동체로 통합되는 현상을 의미함

② ㉡ 다른 곳과 차별화된 그 지역만의 고유한 정체성을 강조하는 흐름은 지역화를 의미함

③ ㉢ 지리적 표시제는 자국 내에서도 법적 보호를 받지만, 자국에서만 법적 보호를 받는 것은 아님 협정을 맺은 여러 국가에서 세계적으로 보호됨

④ ㉣ 장소 마케팅은 지역화 전략 중 하나로 지역 문화의 고유성을 강화함

⑤ **㉤은 지역성의 변화에 따라 변경될 수 있다. (O)** 지역 브랜드를 개발하는 것은 지역성이 변화함에 따라 변경될 수 있음

7 세계 도시 ③

- ㄱ. ㉠ 세계 도시는 세계적인 중심지 역할을 수행하는 도시로 인구 천만 명 이상의 기준을 충족시켜야 세계 도시가 되는 것은 아님

- ㄴ. **㉡은 생산자 서비스업이다. (O)** 상품의 생산 및 유통 과정을 담당하는 생산자에게 필요한 서비스로 금융, 법률, 컨설팅, 보험, 부동산업, 회계 서비스, 연구 개발 등이 이에 해당함

- ㄷ. **㉢을 확인하는 지표로 도시 간 국제 항공편 운항 횟수를 들 수 있다. (O)** 최상위 세계 도시는 세계 정치, 경제의 핵심적인 기능을 수행하고 있기 때문에 다른 도시에 비해 공항 총여객 수와 국제 항공편 운항 횟수가 더 많음

- ㄹ. ㉣은 ㉤보다 도시의 수가 적음 하위 세계도시에서 최상위 세계 도시로 갈수록 도시 수는 적어지며, 동일 계층의 도시 간 평균 거리는 멀어짐. 국제 기구의 본부, 다국적 기업의 본사, 생산자 서비스업 기능이 집중되며, 영향력이 커짐

8 세계 도시 ③

· (가): 뉴욕, (나): 시드니

① (가)에서 가장 많이 사용되는 언어는 영어임

② 국제 연합(UN)의 본부는 (가) 뉴욕에 있음

③ **(가)는 (나)보다 세계 도시 체계에서 계층이 높다. (O)** (가) 뉴욕은 최상위 세계 도시에 해당함

④ (나) 시드니의 표준 경선은 동경 150도이며, (가) 뉴욕의 표준 경선은 서경 75도임, 동경에 위치할수록 시간이 더 빠르므로 (가)보다 (나)에서 2024년이 일찍 시작됨

⑤ (가) 뉴욕과 (나) 시드니는 모두 해당 국가의 수도가 아님 미국의 수도는 워싱턴 D.C이며, 호주의 수도는 캔버라임

9 세계 도시 ⑤

· 세계적인 영향력을 갖는 세계 도시들은 공항 여객 수와 다른 도시와의 주간 운항 편수가 많음, 따라서 도시 간 항공 운항(직항) 편수가 많은 (가)와 (라)는 최상위 세계 도시인 뉴욕과 런던 중 하나가 됨

· (가)와 (다)는 도시 간 최단 거리가 3.4km로 가장 가까움. 따라서 (가)와 (다)는 뉴욕과 멕시코시티 중 하나가 되어야 하며 위의 조건에 따라 (가)는 뉴욕, (다)는 멕시코시티, (라)는 런던이며, 나머지 (나)가 다카가 됨

① 갑: (나)는 다카로 방글라데시에 위치함

② 을: (다)는 멕시코시티임, 세계 도시 체계에서 최상위 계층의 도시는 (가) 뉴욕, (라) 런던임

③ 병: 국제 연합(UN)의 본부가 위치하며, 세계 금융의 중심지인 곳은 (가) 뉴욕임

④ 정: (다) 멕시코시티는 멕시코의 수도이지만, (가) 뉴욕은 미국의 수도가 아님

⑤ **무: 멕시코시티~런던의 최단 거리는 다카~런던의 최단 거리보다 길어요. (O)** (다)~(라) 간 최단 거리는 8.9천km, (나)~(라) 간 최단 거리는 8.0천km임

COMMENT 2025 평가원 수능 예시 문항 20번에서 세계 도시의 복잡한 자료를 분석하는 문제가 출제됨. 자료를 기반으로 해석하는 문제가 출제될 가능성이 있기 때문에 연습이 필요함

10 평화의 의미　　　　　③

· 갑: 직접적 폭력, 구조적 폭력, 문화적 폭력이 사라진
  상태를 진정한 평화라고 봄 →갈퉁
· 을: 국가 간 평화 조약 체결만으로는 영원한 평화를
  실현할 수 없다고 봄, 평화 연맹을 통해 모든 전쟁의
  영원한 종식을 추구함 → 칸트

① 갑: 구조적 폭력은 문화적 폭력에서 시작될 수 있으나,
  항상 문화적 폭력에 의해서만 시작되는 것은 아님
② 갑: 비의도적 폭력이라도 평화 실현을 방해한다고 봄
③ **을: 평화 연맹은 모든 전쟁의 영원한 종식을 추구한다.**
  (O) 칸트는 평화 연맹을 통해 모든 전쟁의 영원한
  종식을 추구함
④ 을: 영원한 평화는 국가 간 평화 조약 체결만으로는
  실현할 수 없다고 봄
⑤ 갑과 을: 물리적 폭력의 소멸이 진정한 평화의 실현을
  보장한다고 보지 않음, 갈퉁은 물리적 폭력과 함께
  구조적, 문화적 폭력이 모두 제거되어야 한다고
  보았으며, 칸트는 물리적 폭력의 소멸만으로 영구
  평화를 보장할 수 있다고 보지 않음

COMMENT 칸트의 영구 평화론은 통합사회2 지학사,
미래엔 교과서에 수록됨, 갈퉁의 평화의 의미와 함께
알아둘 필요가 있음

11 평화의 의미　　　　　③

· 갑: 평화 연맹을 통한 영원한 평화를 추구함 → 칸트
· 을: 직접적, 구조적, 문화적 폭력을 제거한 진정한
  평화의 실현을 추구함 → 갈퉁

－ ㄱ. 갑: 칸트는 평화 연맹에 주권을 위임해야 한다고
  보지 않음, 개별 국가의 주권을 보장해야 한다고 함
－ ㄴ. **을: 경제적 불평등에 의한 인간 소외도 평화 실현을**
  방해한다. (O) 경제적 불평등에 의한 인간 소외는
  구조적 폭력이라고 봄, 구조적 폭력은 진정한 평화의
  실현을 방해한다고 함
－ ㄷ. 을: 갈퉁은 폭력 주체의 의도성이 없는 경우라도
  폭력이 성립된다고 봄
－ ㄹ. **갑과 을: 평화를 위한 예방적 처방 없이 진정한**
  평화는 불가능하다. (O) 칸트는 평화 연맹을, 갈퉁은
  모든 종류의 폭력을 제거하는 예방적 처방을 통해
  진정한 평화가 실현될 수 있다고 봄

12 평화의 의미　　　　　②

· 갑: 평화를 창조하는 일은 직접적 폭력을 치료하고
  구조적 폭력을 예방하는 것 → 갈퉁
· 을: 국제법의 이념은 독립해 있는 국가의 분립을 전제로
  하기 때문에 하나의 초강대국 아래 통합되는 것보다
  낫다고 봄 →칸트

① 갈퉁은 비의도적인 폭력의 제거 없이는 적극적 평화가
  완성될 수 없다고 봄, 비의도적인 구조적, 문화적
  폭력까지 완전하게 제거되어야 한다고 봄
② **갑: 문화 속의 일부 상징은 구조적 폭력을 정당화할**
  위험이 있다. (O) 갈퉁은 이념, 종교, 사상, 상징 등의
  문화적 폭력이 구조적 폭력을 정당화할 수 있다고 봄
③ 칸트는 영구적인 평화의 실현을 위해서는 개별 국가의
  정치 체제가 공화정 체제여야 한다고 봄, 국민의 동의,
  법치, 자유 보장이라는 전제 조건이 되는 공화정 정치
  체제가 영구 평화를 위한 제도적 기반이라고 봄
④ 칸트는 평화 실현을 위해 국가의 주권이 평화 연맹에
  양도되어야 한다고 보지 않음, 개별 국가의 주권을
  보장해야 한다고 함
⑤ 갈퉁은 전쟁 행위의 중지 뿐만 아니라 직접적, 구조적,
  문화적 폭력이 모두 제거되어야 한다고 보았으며,
  칸트는 전쟁 행위의 중지와 함께 제도적 조건이
  충족되어야 영원한 평화가 실현될 수 있다고 봄

13 평화의 의미 ③

· 갑: 개별 국가들의 주권이 유지된 상태의 평화 연맹을
  통해 전쟁을 억제할 수 있다고 봄 → 칸트

① 영구 평화가 실현된다고 하더라도 세계 공화국을
   수립할 수 있다고 보지 않음, 자유로운 국가들이 세계
   공화국을 의욕하지 않는다고 봄
② 영구 평화는 모든 전쟁의 영구적 종식을 요청함
③ **대내 권력이 전제적일수록 전쟁을 일으킬 가능성은
   증가한다. (O)** 전제적일수록 국민의 동의와 견제가
   사라지고 권력자의 이익 추구가 전쟁 결정에 직접
   작용하기 때문에 전쟁 가능성이 증가한다고 보며, 영구
   평화를 위해서는 개별 국가의 정치 체제가 공화정
   체제여야 한다고 봄
④ 방문한 외국인은 내국인과 동일하게 기본적 인권
   보장과 법적 보호를 받아야 한다고 봄
⑤ 연맹에 가입한 주권 국가들은 연맹 체제에 기초한
   국제법에 의해 공통으로 규제될 수 있음

14 평화의 의미 ②

· 갑: 평화 연맹을 주장함 → 칸트
· 을: 국제 정치를 권력을 얻기 위한 투쟁이라고 봄 →
  모겐소

① 칸트는 영구 평화를 위해 모든 국가가 평화 연맹에
   참여해야 한다고 보았지만 평화 연맹이 많아야 한다고
   보지 않음
② **갑: 국제법의 이념은 독립적인 국가들 간의 분립을
   전제로 한다. (O)** 국제법은 자유로운 국가들의 연방
   체제에 기초한다고 보았으므로 독립적인 국가들의
   분립, 개별 국가의 주권을 보장해야 한다고 봄
③ 모겐소는 국제 평화는 세력 균형을 통해 실현될 수
   있다고 보았으므로 국가 간의 동맹 없이도 국제 평화
   실현이가능하다고 봄
④ 모겐소는 국제 정치와 국내 정치가 그 본질에 있어서
   같다고 봄, 모두 정치 권력을 얻기 위한 투쟁이라고 봄
⑤ 모겐소는 세력 균형을 통해 국제 평화가 실현될 수
   있다고 보았으므로 국가의 주권 제한 없이도 국제
   평화의 실현이 가능하다고 봄
   칸트는 국가 간 제약 없이는 어떠한 평화도 정착될 수
   없다고 봄

COMMENT 국제 평화에 대한 칸트와 모겐소의 입장은
통합사회2 지학사 교과서에 수록됨. 제시문을 기반으로 한
추론형 문항은 출제될 가능성이 있으므로 문제를 통해
사상가의 입장을 파악해둘 필요가 있음

15 평화의 의미　　　　　　　　⑤

· 갑: 갈퉁, 을: 칸트

① 갈퉁은 진정한 평화는 평화적 수단과 과정으로
　실현되어야 한다고 봄
② 갈퉁은 문화적 폭력이 구조적 폭력을 정당화하는
　역할을 한다고 봄
③ 칸트는 타국의 정치 체제 변화를 위한 폭력적 개입은
　오히려 새로운 전쟁을 촉발한다고 보며 허용되어서는
　안된다고 함
④ 칸트는 평화 연맹의 목표는 국가 간 합병을 통한 세계
　공화국 설립으로 보지 않음, 자유로운 국가들이 세계
　공화국을 의욕하지 않는다고 봄
⑤ 갑과 을: 모든 전쟁의 영구적 종식은 진정한 평화
　실현에 필수적이다. (O) 갈퉁은 모든 전쟁이
　영구적으로 종식되고, 모든 종류의 폭력이 제거될 때
　진정한 평화를 실현할 수 있다고 보았으며, 칸트는
　전쟁의 영구적 종식을 진정한 평화 실현의 필수
　조건이라고 보며 영구 평화를 실현하기 위해 모든 전쟁
　수단의 금지와 국가 간 연맹 확장이 필요하다고 봄

16 평화의 의미　　　　　　　　④

· 갑: 영구 평화론 →칸트
· 을: 직접적, 구조적, 문화적 폭력의 예방 →갈퉁

① 칸트는 개별 국가의 주권을 인정하면서 평화 연맹을
　통해 영원한 평화를 실현해야 한다고 봄
② 칸트는 국제법을 통해 국가 간 우호와 시민의 자유를
　증진해야 한다고 봄
③ 갈퉁은 차별을 정당화할 수 있는 편견을 극복하기 위한
　교육은 적극적 평화를 실현하는 방법이라고 봄
④ 을: 직접적 폭력을 제거함으로써 인간 존엄 실현의
　조건이 완비된다. (X) 직접적 폭력의 제거와 구조적,
　문화적 폭력이 제거되어야 인간 존엄 실현의 조건이
　완비된다고 봄
⑤ 칸트는 평화의 실현을 위해서는 공화정과 평화
　연맹이라는 정치 제도의 개선이 필요하다고 보았으며,
　갈퉁은 정치 제도의 개선을 통해 구조적 폭력을
　제거해야 한다고 봄

17 평화의 의미　　　　　　　　②

· 갑: 영구 평화론 → 칸트
· 을: 직접적, 간접적 폭력의 제거 →갈퉁

－ ㄱ. 갑: 평화 연맹은 모든 전쟁의 영구적 종식을 목표로
　한다. (O) 평화 조약과 달리 평화 연맹은 모든 전쟁의
　영구적인 종식을 추구한다고 봄
－ ㄴ. 모든 사람은 지구상 어디서든 환대받을 권리를
　가진다고 보며 영구 평화를 위해 요구되는 세계
　시민법은 인권 보장을 위한 것이라고 봄
－ ㄷ. 을: 문화적 폭력은 구조적 폭력을 올바른 것으로
　보이게 한다. (O) 갈퉁은 문화적 폭력은 구조적, 직접적
　폭력을 정당화할 수 있다고 함
－ ㄹ. 갈퉁은 폭력의 사용은 어떠한 경우에도 허용될 수
　없다고 본 반면, 칸트는 외부의 침략으로부터 조국을
　방어하기 위한 전쟁은 가능하다고 봄

COMMENT 칸트의 영구 평화론은 통합사회2 지학사,
미래엔 교과서에 수록됨, 갈퉁의 평화의 의미와 함께
알아둘 필요가 있음

18 평화의 의미　　　　　　　　④

· 갑: 칸트, 을: 갈퉁

－ ㄱ. 갑: 이방인이 평화롭게 처신하는 한 우호적으로
　대우해야 한다. (O) 세계 시민법으로 환대권을
　규정하며, 이방인이 평화롭게 처신하는 한 우호적으로
　대우해야 한다는 인권 보장을 강조함
－ ㄴ. 칸트는 평화 연맹을 국가와 동일한 주권적 권력체가
　아니라, 주권 국가들의 연합체라고 봄
－ ㄷ. 을: 폭력의 예방 없이는 적극적 평화를 실현할 수
　없다. (O) 갈퉁은 적극적 평화 실현을 위해 모든
　폭력의 제거와 예방이 필수적이라고 봄
－ ㄹ. 갑, 을: 모든 전쟁의 종식은 진정한 평화 실현의
　필수 조건이다. (O) 칸트와 갈퉁은 전쟁의 종식만으로
　진정한 평화가 실현되는 것은 아니라고 보았으나 모든
　전쟁의 종식이 진정한 평화의 필수 조건이라고 봄

19 평화의 의미 ③

· 갑: 칸트, 을: 갈퉁

- ㄱ. **갑: 평화 연맹은 그 소속 국가의 자유를 국제법에 따라 보호한다. (O)**
  칸트는 평화 연맹에 소속된 개별 국가의 자유는 국제법에 따라 보호된다고 봄
- ㄴ. **을: 목표로서의 평화뿐 아니라 과정으로서의 평화도 중요하다. (O)**
  갈퉁은 평화적 수단에 의한 평화를 추구하며 목표로서의 평화뿐 아니라 과정으로서의 평화도 중요하다고 봄
- ㄷ. 갈퉁은 폭력적인 방법으로는 어떠한 평화도 달성할 수 없다고 보며 평화적인 수단에 의한 평화를 추구함

20 평화통일 ②

· 통일 과정에서 정부뿐 아니라 경제, 언론, 종교, 문화, 학문, 체육 등 시민 사회의 다양한 분야에서 교류를 추진해야 한다고 강조함 ②

① 통일에 대한 점진적 접근으로 체제의 통일을 해야 한다고 봄
③ 화해와 협력을 정치적 통일에 필요한 과정으로 봄
④ 타국의 경험에서 통일에 대한 시사점을 찾아야 한다고 봄
⑤ 남북한 간 이질성 완화를 통해 정치적 통일을 해야 한다고 봄

21 평화통일 ⑤

· (가)는 통일로 인한 사회 안전망 강화를 강조하며, (나)는 경제적 측면의 이점을 강조함

- (가)의 입장에 비해 (나)의 입장이 갖는 상대적 특징은 X(통일을 통한 경제 성장의 중요성을 강조하는 정도)는 **높고**, Y(통일을 통한 한반도 평화 실현의 중요성을 강조하는 정도)는 **낮고**, Z(통일을 통한 사회 안전망 확대의 중요성을 강조하는 정도)는 **낮음** → ⓜ

22 평화통일 ⑤

· 갑은 분단 비용 해소를 근거로 통일이 꼭 실현되어야 한다고 보며, 을은 통일 편익이 통일 비용보다 적을 수 있으므로 통일을 꼭 실현해야 할 과제라고 보지 않음

① 갑: 사회경제적 불평등 완화는 통일의 근거에 포함될 수 있다고 봄
② 갑: 통일의 근거는 보편적 권리 보장에 있다고 봄
③ 을: 통일 비용이 증가하여 통일 편익보다 비용이 크다면 통일의 당위성이 약화될 수 있다고 봄
④ 을: 통일 비용이 남북 경제 통합의 기대 효과와 같은 통일 편익을 초과할 가능성이 있다고 봄
⑤ **갑과 을: 분단 비용 해소와 통일 편익을 통일의 근거로 고려해야 한다. (O)** 분단 비용, 통일 편익을 고려하여 통일의 필요성을 논의하고 있음

23 평화통일 ①

· (가)는 경제적 측면에서 통일의 필요성을 강조하고, (나)는 세계 평화의 측면에서 통일의 필요성을 강조함

- (가)에 비해 (나)는 X(통일의 경제적 효과를 강조하는 정도)는 **낮고**, Y(통일을 통한 인도적 가치의 실현을 강조하는 정도)는 **높고**, Z(통일이 국제 평화에 기여함을 강조하는 정도)는 **높음** → ㉠

24 평화통일 ⑤

① 급진적 통일은 점진적 평화 통일보다 더 많은 비용을 초래한다고 봄
② 통일을 위해 정치적 통합보다 비정치적 협력을 우선해야 한다고 봄
③ 인도적 측면도 고려하여 통일을 성취해야 한다고 봄
④ 이유와 방식을 불문하고 통일을 성취해야 한다고 보지 않음
⑤ **통일은 민족의 번영과 인류의 보편적 가치 구현에 기여해야 한다. (O)** 통일은 평화와 민족의 공동 번영, 이산가족의 고통 해소, 자유와 평등 신장에 기여한다고 봄

25 평화통일   ④

· 갑은 종전 선언을 하더라도 북한의 적대 정책은 유지될
  것이므로 북한의 핵 폐기에 대한 반대급부로서
  추진되어야 한다고 본 반면, 을은 종전 선언은 상호
  적대 정책을 전환하는 신호탄이 되며, 북한만을 위한
  시혜가 아니므로 상호주의의 대상이 아니라고 보며,
  오히려 종전 상태를 명분으로 핵을 개발한다는 북한
  입장을 변화시킬 수 있다고 함

①, ②, ③, ⑤ 모두 갑과 을이 동의할 내용으로 토론의
  핵심 쟁점으로 부적절함

④ **종전 선언은 상호주의 관점에서 이루어져야 하는가?**
  (O) 종전 선언에 대해 갑은 상호주의의 관점에서
  이루어져야 한다고 보는 반면, 을은 상호주의의 대상이
  아니라고 봄

26 평화통일   ①

· (가)는 정치적 영역에서의 급진적인 통일을 강조하는
  반면, (나)는 비정치적 영역에서부터 점진적으로 통일을
  해야 한다고 봄

− (가)에 비해 (나)는 X(정치 제도적인 측면의 통합을
  우선시하는 정도)는 **낮고**, Y(사회, 문화적인 측면의
  통합을 우선시하는 정도)는 **높고**, Z(점진적인 방식에
  의한 통합을 우선시하는 정도)는 **높음** → ㉠

▶▶ **5단원. 미래와 지속가능한 삶**

STEP.1

1	2	3	4	5	6	7	8	9	10	11	12	13	14	15
②	③	⑤	③	③	③	③	⑤	⑤	③	⑤	⑤	④	④	③

16	17	18	19	20	21	22	23
④	⑤	④	①	③	③	④	⑤

STEP.2

1	2	3	4	5	6	7	8	9	10	11	12	13	14	15
①	③	⑤	⑤	③	②	①	②	①	③	①	⑤	①	④	②

16	17	18	19	20	21	22	23	24	25	26	27	28	29	30
⑤	①	④	②	①	③	②	⑤	④	①	①	④	④	⑤	⑤

31	32	33	34
④	⑤	①	⑤

STEP.3

1	2	3	4	5	6	7	8	9	10	11	12	13	14	15
③	②	②	④	⑤	⑤	③	③	③	⑤	③	③	③	②	②

16	17	18	19	20	21	22	23	24	25	26	27
④	⑤	②	③	③	②	④	①	②	①	②	①

1 인구 변화 ②

· A: 합계출산율과 인구 증가율이 높은 아프리카
· B: 합계출산율과 인구 증가율이 낮은 유럽

- **갑: A는 B보다 인구 증가 속도가 빨라요. (O)**
  아프리카는 유럽보다 인구가 빠르게 증가함
- 을: A 아프리카는 B 유럽보다 합계 출산율이 높음
- **병: B는 A보다 경제 발전 수준이 높아요. (O)**
  유럽은 아프리카보다 산업화가 먼저 시작되었으며, 경제
  발전 수준이 높음
- 정: B 유럽은 A 아프리카보다 노인 인구 비율이 높음
  유럽은 유소년층 비율이 낮고, 노년층 비율이 높아
  저출생·고령화 문제를 겪고 있음

2 인구 구조 ③

· (가): 청장년층 인구가 많음 → 서울특별시
· (나): 노년층 인구가 많음 → 의성군

① (가)는 노년층에서 여자가 남자보다 많음
② (나)는 노년층 인구가 유소년층 인구보다 많음
③ **(가)는 (나)보다 고령화 현상이 심하다. (X)**
   유소년층 인구가 적고, 노년층 인구가 많은 (나)에서
   고령화 현상이 더 심함
④ 3차 산업이 발달한 (가) 서울은 (나) 의성군보다 3차
   산업 종사자 수 비율이 높음
⑤ (가)는 서울특별시, (나)는 의성군에 해당함

3 세계의 인구 변화와 인구 문제 ⑤

· ㉠: 합계출산율과 인구 증가율이 높은 콩고 민주 공화국
· ㉡: 합계출산율과 인구 증가율이 낮은 독일

- ㄱ. 합계 출산율을 높이기 위한 출산 장려 정책은
  ㉡ 독일에서 필요함
- ㄴ. ㉡ 독일에서는 저출생·고령화 현상으로 청장년층
  인구가 감소하며 노동력 부족 문제가 심각하게 나타나고
  있음
- **ㄷ. ㉠은 ㉡보다 이촌향도 현상으로 인해 도시 인구가
  빠르게 증가한다. (O)**
  콩고 민주 공화국은 도시화 가속화 단계로 이촌 향도
  현상으로 인한 도시 인구 증가율이 높음
- **ㄹ. ㉠은 ㉡보다 각 국가의 총인구에서 유소년층
  인구가 차지하는 비율이 높다. (O)**
  합계출산율이 높은 콩고 민주 공화국에서는 유소년층
  인구 비율이 높음

4 인구 구조 ③

· 세 국가 중 유소년층 비율이 가장 높은 A는 아프리카의
  말리, 노년층 비율이 가장 높은 B는 유럽의 프랑스,
  나머지 C는 아시아의 베트남에 해당함

- ㄱ. 인구 과잉 문제를 겪고 있는 A 말리는 B
  프랑스보다 산아 제한 정책의 필요성이 큼
- **ㄴ. A는 C보다 청장년층 인구 대비 노년층 인구
  비율이 낮다. (O)**
  말리는 베트남보다 노년 부양비가 낮음, 청장년층 인구
  대비 노년층 인구가 많을수록 노년 부양비가 증가함
- **ㄷ. B는 A보다 평균 수명이 길 것이다. (O)**
  의학의 발달과 생활 수준의 향상으로 프랑스의 평균
  수명이 말리보다 긺
- ㄹ. B의 청장년층 인구 비율은 61.6%이며, C의
  청장년층 인구의 비율은 69.7%로 C의 청장년층
  인구의 비율이 더 높음

5 인구 이동 ③

- ㄱ. ㉠의 주요 발생 원인은 기후 변화임
- ㄴ. ㉡은 인구 유입이 인구 유출보다 **활발하다. (O)**
  싱가포르는 인구 유입이 인구 유출보다 많은 순
  유입국에 해당함
- ㄷ. **(가)는 환경적 요인, (나)는 경제적 요인으로**
  발생하였다. (O) (가)는 가뭄으로 인한 기후 난민으로
  환경적 요인의 인구 이동 사례이며, (나)는 좋은
  일자리를 찾아 이동한 경제적 요인의 인구 이동 사례에
  해당함
- ㄹ. (나)는 자발적 이동에 해당함

6 인구 지표 ③

· (가): 개발도상국이 많은 아프리카에서 높게 나타남
  → 합계 출산율
· (나): 선진국이 많은 앵글로아메리카와 오세아니아에서
  높게 나타남 → 노년 인구 비율

- 인구 밀도는 국토의 면적 대비 인구수로 산출되며
  아시아의 중국, 인도, 방글라데시 등의 국가에서 높게
  나타남

7 인구 변천 모형 ③

· (가): 출생률은 높으나 사망률이 급감하는
  2단계(다산감사)
· (나): 출생률이 급감하는 3단계(감산소사)
· (다): 출생률과 사망률이 낮은 4단계(소산소사)

- ㄱ. (가)는 의학의 발달, 생활 환경 개선 등으로
  사망률이 감소하고 있기 때문에 1955년 이후 기대
  수명이 높아짐
- ㄴ. **(나)는 1955년 이후 인구의 자연적 증가가**
  나타났을 것이다. (O) (나)는 출생률이 사망률보다 높기
  때문에 인구의 자연적 증가가 나타남
- ㄷ. **(나)는 (다)보다 산업화 시작 시기가 늦었을 것이다.**
  (O) (다)는 인구 변천 3단계를 지나 4단계에 해당하며,
  산업화가 일찍 시작된 선진국임
- ㄹ. (다)는 (가)보다 2015년의 노년 인구 비율이 높음
  (다)는 인구 변천 단계 4단계에 해당하는 선진국으로
  저출생·고령화 문제를 겪고 있으므로 노년 인구 비율이
  가장 높음

COMMENT 인구 변천 모형은 천재, 비상, 미래엔, 동아
등 다수 교과서에 자료로 제시됨

8 인구 이동 ⑤

· 신문 기사의 인구 이동 유형: 내전으로 인한 인구
  이동으로 정치적 이동 유형에 해당함

① 멕시코 인이 미국으로 이동하는 것은 경제적 이동임
② 영국 청교도가 아메리카로 이동하는 것은 종교적
  이동임
③ 미국 북동부 주민이 선벨트로 이동하는 것은 환경적,
  경제적 이동에 해당함
④ 아프리카계 노예가 아메리카로 이동하는 것은 강제적
  이동에 해당함
⑤ **정치적 - 아프가니스탄 난민이 주변국으로 이동 (O)**
  전쟁, 내전, 분쟁을 피해 이동하는 난민은 정치적 이동
  유형에 해당함

9 인구 문제 ⑤

① ㉠ 저출산 현상은 자녀에 대한 가치관의 변화, 양육비 증가 등이 원인임
② 의학 기술의 발달에 따라 평균 수명이 늘어나 ㉡ 고령화 현상이 발생함
③ ㉢ 저출생·고령화로 인한 문제 해결 방안으로는 출산 장려금 확대와 노인 복지 정책 마련 등이 있음
④ ㉣ 촌락에서는 노동력 부족과 휴경지 증가 등의 문제점이 나타남
⑤ ㉤은 1970년대보다 2000년대에 뚜렷하게 나타났다. **(X)** 촌락을 떠나 도시로 이동하는 이촌향도 현상은 도시화 가속화 단계에서 뚜렷하게 나타남 2000년대는 도시화 종착 단계로 이촌향도 현상이 뚜렷하게 나타나지 않음

10 인구 문제 ③

· 저출생·고령화 문제

– 갑: 장기적 측면에서 출산 억제 정책이 아닌 출산 장려 정책이 필요함
– 을: 노인 복지 시설을 늘리고 실버 산업을 육성해야 합니다. **(O)** 노년층의 안정적 생활을 위한 사회적, 제도적 지원 정책이 마련되어야 함
– **병: 노년층을 위한 일자리를 늘려야 합니다. (O)** 노년층 취업 기회 확대, 일자리 증가 등의 정책을 통해 경제적 활동에 적극적으로 참여할 수 있도록 해야함
– 정: 노후를 안정적으로 준비하도록 정년을 늘려야 함

11 선진국과 개발도상국 인구 특성 ⑤

· (가): 출산 장려 정책 → 선진국
· (나): 산아 제한 정책 → 개발도상국

– ㄱ. (가) 선진국은 유소년층 인구 비율이 낮은 종형, 방추형 인구 구조가 나타남
– ㄴ. (나)는 인구 과잉 문제가 나타남
– **ㄷ. (가)는 (나)보다 평균 수명이 길 것이다. (O)** 의학의 발달과 생활 수준의 향상으로 (가)에서 평균 수명이 더 긺
– **ㄹ. (나)는 (가)보다 유소년 인구 비중이 높을 것이다. (O)** 합계 출산율이 높은 (나)에서 유소년 인구 비중이 더 높게 나타남

12 인구 지표 ⑤

· 유럽, 앵글로 아메리카, 오세아니아 등 선진국 비율이 높은 대륙에서 높게 나타남 → ⑤노년 인구 비율

① 인구 밀도는 국토 면적 대비 인구수가 많은 중국, 인도, 방글라데시 등의 국가에서 높게 나타남
②, ③, ④ 유아 사망률, 인구 증가율, 합계출산율은 모두 개발도상국에서 높게 나타나는 인구 지표에 해당함

13 신·재생 에너지 ④

① 독일의 평균 일사량이 영국보다 많음
② 중국의 평균 일사량은 세계 평균 미만임
③ 태양광 발전량이 가장 많은 국가는 중국임
④ **대한민국의 태양광 발전 비율은 세계 평균 미만이다. (O)** 세계 평균 태양광 발전 비율에 못미치는 것을 자료를 통해 확인할 수 있음
⑤ 아랍 에미리트는 평균 일사량이 가장 많은 국가이지만 태양광 발전량은 적음

14 신·재생 에너지 ④

· 판의 경계에 위치하여 지진과 화산 활동이 활발한 아이슬란드는 (가) **지열** 에너지를 활용하며, 고온 건조한 기후 조건으로 일사량이 많은 에스파냐에서는 (나) **태양광** 에너지를 활용하여 전기를 생산함

· 아시아·태평양에서 생산량이 가장 많은 B는 석탄이며, 서남아시아에서 생산량이 가장 많은 A는 석유, 유럽과 북아메리카에서 생산량이 많은 C는 천연가스임
· A: 석유, B: 석탄, C: 천연가스

① B 석탄은 산업 혁명 시기에 주요 연료로 이용됨
② A 석유는 수송용 연료 및 화학 공업의 원료로 주로 이용됨
③ **C는 저장 및 수송 기술의 발달로 소비량이 증가하고 있다. (O)** 천연가스는 냉동액화 기술의 발달로 소비량이 증가함
④ B 석탄은 생산지에서 소비 비중이 높아 국제 이동량이 적음
⑤ B 석탄은 C 천연가스보다 연소 시 대기 오염 물질의 배출량이 많음, 연소 시 대기 오염 물질 배출량은 석탄〉석유〉천연가스 순으로 많음

· 사우디아라비아, 이라크에서 생산량이 많은 (가)는 석유임
· 중국과 오스트레일리아, 인도네시아, 인도에서 생산량이 많은 (나)는 석탄임

① (가) 석유는 신생대 지층에 주로 매장되어 있음
② (나) 석탄은 산업 혁명 시기에 주요 에너지 자원이었음
③ (가) 석유는 자동차와 항공기 등의 연료로 주로 사용됨
④ **(가)는 (나)보다 국제 이동량이 많다. (O)**
자원의 편재성이 가장 큰 석유는 국제 이동량이 가장 많음
⑤ (나) 석탄의 상용화 시기가 더 먼저임

· 서남아시아 산유국에서 가장 많은 수출이 이루어짐 → 석유

① 연소 시 대기 오염 물질이 배출됨
② 산업혁명의 원동력이 된 자원은 석탄임
③ 재생 가능한 자원으로 분류되지 않음, 석유는 고갈 자원임
④ 방사능 누출 피해의 우려가 큰 것은 원자력 발전에 해당함
⑤ **에너지 자원 중 세계 소비량이 가장 많다. (O)**
전 세계 1차 에너지 소비량은 ‘석유〉석탄〉천연가스’ 순으로 많음

· (가): 석유, (나): 석탄

① 산업 혁명 시기의 주요 에너지 자원은 (나) 석탄임
② 운송 수단의 연료로 주로 이용되는 것은 (가) 석유임
③ (나) 석탄은 고기 조산대 주변에 주로 분포함
④ **(가)는 (나)보다 국제 이동량이 많다. (O)**
편재성이 큰 석유는 국제 이동량이 가장 많음
국제 이동량은 ‘석유〉천연가스〉석탄’ 순으로 많음
⑤ 세계 에너지 소비량에서 차지하는 비중이 큰 것은 (가) 석유임

· (가) 국가군: 자원의 매장량이 많으며 경제 발전 수준이 높은 국가 → A
· (나) 국가군: 자원의 매장량이 적으나 교육 수준과 기술력이 높은 국가 → C

20 화석 에너지 ③

· 전 세계 1차 에너지 소비 비중은 '석유〉석탄〉천연가스〉수력〉원자력' 순이므로 A는 석유, B는 석탄, C는 천연가스임

① 산업혁명 당시 주요 연료로 이용된 것은 B 석탄임
② 주로 자동차 연료 및 화학 공업의 원료로 이용되는 것은 A 석유임
③ **C는 냉동 액화 기술의 발달로 소비량이 증가하였다. (O)** 냉동 액화 기술, 저장 및 수송 기술의 발달로 천연가스 소비량이 증가함
④ A 석유는 일부 지역에 편중되어 국제 이동량이 많음
⑤ C 천연가스는 B 석탄보다 연소 시 대기 오염 물질 배출량이 적음

21 화석 에너지 ③

· 사우디아라비아, 베네수엘라 볼리바르, 이란, 이라크 등에서 매장량이 많은 자원은 석유임

① 산업 혁명의 원동력이 된 자원은 석탄임
② 방사능 누출과 폐기물 처리의 문제가 뒤따르는 것은 원자력 발전에 해당함
③ **세계에서 가장 많이 소비되는 에너지 자원이다. (O)** 전 세계 1차 에너지 소비 비중은 '석유〉석탄〉천연가스〉수력〉원자력' 순으로 높음
④ 소비지와 매장지가 일치하지 않아 국제적 이동량이 많음
⑤ 대기 오염 물질의 배출이 적지 않음

22 과학 기술 발달에 따른 사회적 책임 ④

· 갑: 사회적 책임을 지지 않아도 된다는 입장
· 을: 사회적 책임을 져야 한다는 입장

– ㄱ. 갑은 과학자가 모든 연구 과정에서 사실 판단을 배제해야 한다고 보지 않음
– ㄴ. **을: 과학자의 연구는 인류의 행복 실현에 이바지해야 한다. (O)** 인류 복지 증진에 기여해야 한다고 봄
– ㄷ. 과학자가 자신의 연구 결과에 대한 책임으로부터 자유로워야 한다고 보는 것은 갑의 입장에 해당함
– ㄹ. **갑, 을: 과학자의 임무에는 자연에 대한 객관적 진리 탐구가 포함된다. (O)** 갑, 을 모두 과학자는 객관적 진리 탐구를 해야한다고 봄

23 과학 기술 발달에 따른 사회적 책임 ⑤

– ㄱ. 과학 기술자의 연구 결과는 선악 판단의 대상이 아니라고 보지 않음, 자신의 연구 목적이 인류에 이바지 하는 것인지 검토해야 한다고 봄
– ㄴ. 과학 기술자는 연구 결과의 부작용을 공개해야 한다고 봄, 자신의 연구가 사회에 어떤 영향을 가져올 수 있는지 예측하여 공개해야 한다고 함
– ㄷ. **과학 기술자는 과학 기술의 사회적 영향력을 고려해야 한다. (O)** 연구가 미칠 사회적 부작용, 영향력을 고려해야 한다고 봄
– ㄹ. **과학 기술자는 연구가 인류 복지에 공헌하는지 검토해야 한다. (O)** 연구 목적이 인류에 이바지해야 한다고 보며, 연구가 인류 복지에 공헌하는지 검토해야 한다고 봄

1　우리나라 인구 구조　①

· 유소년층 인구 비율이 가장 높은 (나) 시기는 1960년, 노년층 인구 비율이 가장 높은 (다) 시기는 2062년임
· (가): 2022년, (나): 1960년, (다): 2062년

- ㉠: **(가)는 (나)보다 총인구가 많아요. (O)**
  2022년의 인구가 1960년 대비 많음
- ㉡: **(나)는 (가)보다 합계출산율이 높아요. (O)**
  합계출산율이 높은 (나) 1960년 시기에 유소년층 인구 비율이 가장 높음
- ㉢: 노년층 인구 비율이 가장 높은 (다) 시기에는 (가) 시기보다 중위 연령이 높음
- ㉣: 시기가 이른 순으로 배열하면 (나)-(가)-(다)임

2　우리나라 인구 구조　③

· 사망자 수보다 출생아 수가 많고 노령화 지수가 가장 낮은 (가) 시기는 1980년, 출생아 수 대비 사망자 수가 많고 노령화 지수가 가장 높은 (다) 시기는 2060년임
· (가): 1980년, (나): 2020년, (다): 2060년

① (가)시기보다 (나)시기에 출산 장려 정책의 필요성이 더 큼
② 노년 인구 부양비는 (다)시기에 가장 높음
③ **(다)는 (가)보다 중위 연령이 높을 것이다. (O)**
  청장년층 인구 비율이 가장 낮고, 노년층 인구 비율이 가장 높은 (다) 시기에 중위 연령이 가장 높음
④ (나), (다) 시기 모두 출생아 수보다 사망자 수가 많은 인구의 자연적 감소가 나타남
⑤ (가)~(다) 중 총부양비는 (나)가 가장 작을 것임
  총부양비는 청장년층 인구 비율과 반비례함, 따라서 총부양비는 (다) 시기에 가장 큼

$$\text{총부양비} = \frac{\text{유소년층 인구} + \text{노년층 인구}}{\text{청장년층 인구}} \times 100$$

COMMENT ⑤ 총부양비와 청장년층 인구는 반비례 관계라는 것을 활용하는 선지는 빈출 선지임

3　세계의 인구 구조　⑤

· 세 국가 중 유소년층 인구 비율이 가장 높은 (다)는 아프리카의 콩고 민주 공화국이며, 노년층 인구 비율이 가장 높은 (나)는 유럽의 독일임
· (가): 인도, (나): 독일, (다): 콩고 민주 공화국

① (가)는 (나)보다 노년 인구 부양비가 낮음
  노년 부양비는 청장년층 인구에 대한 노년층 인구의 비율로 독일이 인도보다 높음
② (나) 독일은 (다) 콩고 민주 공화국보다 합계 출산율이 낮음
③ 유소년층 비율이 가장 높은 (다) 콩고 민주 공화국은 (가) 인도보다 중위 연령이 낮음
④ (가)~(다) 중 총인구는 (가) 인도가 가장 많음
⑤ **(가)~(다) 중 산업화 시작 시기는 (나)가 가장 이르다.**
  (O) 산업화는 유럽에서 가장 먼저 시작됨

4　세계의 인구 구조　⑤

· 세 국가 중 노년층 인구 비율이 가장 높은 (가)는 오스트레일리아, 유소년층 인구 비율이 가장 높은 (다)는 아프리카의 니제르임
· (가): 오스트레일리아, (나): 인도, (다) 니제르

① 유소년층 인구 비율이 높은 피라미드형 인구 구조는 (다)에서 나타남
② 국토 면적 대비 총인구가 많은 (나) 인도에서 인구 밀도가 더 높음
③ (나)는 (다)보다 청장년층 인구 비율이 높으므로 총부양비가 더 낮음
④ 노년층 인구 비율이 가장 높은 (가) 오스트레일리아의 중위 연령이 더 높음
⑤ **(가)~(다) 중 합계 출산율이 가장 높은 국가는 (다)이다. (O)** 합계출산율이 가장 높은 국가는 유소년층 인구 비율이 가장 높은 (다) 니제르에 해당함

COMMENT 일반적으로 합계 출산율이 낮은 유럽, 앵글로 아메리카, 오세아니아의 선진국은 노년층 인구 비율이 높게 나타나고, 합계 출산율이 높은 아프리카의 개발도상국은 유소년층 인구 비율이 높게 나타남

5 세계의 인구 구조 ③

· 합계 출산율이 높은 (가)는 니제르, 노년층 인구 비율이 높은 (나)는 에스파냐임

①, ②, ④ 합계 출산율이 낮은 에스파냐에서는 유소년층 인구 비율이 낮아 인구의 자연 증가율이 낮고, 유소년 부양비가 낮으며, 중위 연령이 높음

③ **1인당 국내 총생산이 적다. (X)**
산업화가 일찍 시작되어 경제적으로 발달한 선진국에서는 1인당 국내 총생산이 더 많음

⑤ 3차 산업이 발달하여 3차 산업 종사자 비율이 더 높음

6 세계의 인구 구조 ②

· '100-(노년층 인구 비율+청장년층 인구 비율)= 유소년층 인구 비율'로 유소년층 인구 비율을 구할 수 있음
· 노년층 인구 비율이 낮고, 유소년층 인구 비율이 높은 (가)는 니제르이며, 노년층 인구 비율이 높고, 유소년층 인구 비율이 낮은 (나)는 독일임
· (다) 카타르는 산유국으로 남성 노동력 유입이 증가하여 청장년층 인구 비율이 매우 높음
· (가): 니제르, (나): 독일, (다): 카타르

① (가)는 아프리카에 위치함
② **(나)는 1960년에 비해 2023년에 총부양비가 높다.**
(O) 독일은 1960년에 비해 2023년에 청장년층 인구 비율이 감소함, 따라서 총부양비는 증가함
③ 노년층 인구 비율이 높은 (나) 독일에서 2023년 중위 연령이 더 높음
④ 남성 외국인 노동력 유입이 많은 (다) 카타르에서 2023년 청장년층의 성비가 높음
⑤ (가) 니제르의 1990년 유소년층 인구 비율이 높음

$$\text{총부양비} = \frac{\text{유소년층 인구+노년층 인구}}{\text{청장년층 인구}} \times 100$$

COMMENT ② 총부양비와 청장년층 인구는 반비례 관계라는 것을 활용하는 선지는 빈출 선지임

7 세계의 인구 구조 ①

· (가)는 유소년층 인구 비율이 높은 아프리카의 말리이며, (나)는 유소년층 인구 비율이 낮은 유럽의 독일임

① **(가)는 (나)보다 중위 연령이 낮다. (O)**
유소년층 인구 비율이 더 높은 말리는 중위 연령이 더 낮음
② 1인당 국내 총생산은 경제 수준이 높은 (나) 독일에서 더 많음
③ (나)는 (가)보다 총부양비가 더 낮음
총부양비는 청장년층 인구 비율과 반비례하기 때문에 청장년층 인구 비율이 더 높은 (나)의 총부양비가 더 낮음
④ 유소년층 대비 노년층 인구 비율이 높은 (나) 독일은 (가) 말리보다 노령화 지수가 높음
⑤ (가)는 아프리카, (나)는 유럽에 위치함

8 세계의 인구 구조 ②

· 1인당 국민 총소득이 많고 합계 출산율이 낮은 (가) 국가군은 선진국에 해당하며, 1인당 국민 총소득이 적고 합계 출산율이 높은 (나) 국가군은 개발도상국에 해당함

- 갑: **(가)는 (나)보다 중위 연령이 높습니다. (O)**
합계 출산율이 낮은 (가)에서는 유소년층 인구 비율이 낮고 노년층 인구 비율이 높기 때문에 중위 연령이 높음
- 을: (가)는 (나)보다 노년 인구 부양비가 높음
- 병: **(나)는 (가)보다 노령화 지수가 낮습니다. (O)**
유소년층 인구 비율이 높고 노년층 인구 비율이 낮은 (나)에서는 노령화 지수가 낮음
- 정: (가) 선진국에서 3차 산업 종사자 비율이 높음

9 세계의 인구 구조 ①

· 총부양비: 청장년층 비율이 더 낮은 (가)에서 더 높음
· 인구 밀도: 면적 대비 인구수가 많은 (나)에서 더 높음
· 중위 연령: 유소년층 인구 비율이 낮고, 노년층 인구 비율이 더 높은 (나)에서 더 높음
· 합계 출산율: 유소년층 인구 비율이 더 높은 (가)에서 높음

- A: (가)에서 높은 총부양비, 합계 출산율
- B: (나)에서 높은 인구 밀도, 중위 연령

10 세계의 인구 구조   ③

· 노년층 인구 비율이 높은 (가)는 유럽의 독일, 유소년층
  인구 비율이 높은 (다)는 아프리카의 차드임
· 성비가 높은 (나)는 서남아시아의 아랍에미리트임
· (가): 독일, (나): 아랍에미리트, (다): 차드

① (가) 독일에서는 유소년층 비율이 낮으므로 피라미드형
   인구 구조가 나타나지 않음
② (나) 카타르에서 남성 인구의 비율이 높으므로 성비가
   더 높음
③ **(나)는 (다)보다 청장년층 인구 비율이 높다. (O)**
   '100-(유소년층 인구 비율+노년층 인구
   비율)=청장년층 인구 비율'로 청장년층 인구를 파악할
   수 있음
④ (다) 차드는 (가) 독일 보다 국토 면적은 넓으나
   총인구가 적으므로 인구 밀도가 낮음
   일반적으로 사막 기후에서는 인구 밀도가 낮음
⑤ (가)는 유럽, (다)는 아프리카에 위치함

COMMENT 서남아시아의 산유국은 남성 노동력 유입이
많으므로 성비가 높고, 청장년층 인구 비율이 높음

11 세계의 인구 구조   ①

· (가): 유소년층 인구 비율이 높은 개발도상국, 에티오피아
· (나): 노년층 인구 비율이 높은 선진국에 해당함, 프랑스

– (가) 국가에 대한 (나) 국가의 상대적 특징으로
  도시화율은 **높고**, 노령화 지수는 **높고**, 합계 출산율이
  낮아 인구의 자연 증가율은 **낮음** →A

12 세계의 인구 구조   ⑤

· 세 국가 중 노년층 인구 비율이 가장 높은 (나)는
  유럽의 이탈리아, 유소년층 인구 비율이 가장 높은
  (다)는 아프리카의 니제르임
· (가): 사우디아라비아, (나): 이탈리아, (다): 니제르

① (가)는 서남아시아에 위치함
② 노년층 인구 비율이 높은 (나)의 중위 연령이 높음
③ 유소년층 인구 비율이 높은 (다)의 합계 출산율이 높음
④ 경제 발달 수준이 낮은 (다)는 (가)보다 1차 산업
   종사자 비율이 높음
⑤ **(다)는 (나)보다 산업화의 시작 시기가 늦다. (O)**
   산업화는 유럽에서 가장 먼저 시작됨

13 인구 이동   ①

· (가): 더 좋은 일자리를 찾기 위한 인구 이주
  → ㄱ. 경제적 요인에 의한 자발적 인구 이주
· (나): 내전으로 인한 인구 이주
  → ㄷ. 정치적 요인에 의한 강제적 인구 이주

14 인구 이동   ④

· 우크라이나, 시리아의 인구 이동은 모두 전쟁으로 인한
  인구 이동에 해당함 → 분쟁 발생에 따른 난민의 이동

15 인구 이동   ②

· (가): 폴란드에서 가장 많은 인구가 유입됨 → 독일 A
· (나): 멕시코에서 가장 많은 인구가 유입됨 → 미국 C
· (다): 인도, 방글라데시, 파키스탄에서 많은 인구가
  유입됨 → B 아랍에미리트

COMMENT 인접한 국가 중 경제적으로 발달한 국가로의
이동이 뚜렷하게 나타남

COMMENT 서남아시아의 산유국으로는 주변 아시아
국가(인도, 파키스탄)에서 젊은 남성 노동력이 유입됨

16 인구 이동   ⑤

① ㉠유럽의 노동력 부족의 원인으로는 저출산, 고령화로
   인한 생산 가능 인구의 감소가 있음
② ㉡분쟁, 내전으로 인한 난민의 이주는 정치적 요인에
   의한 이주에 해당함
③ ㉢난민 유입 증가로 인한 문제에는 문화·종교적 갈등이
   들어갈 수 있음
④ ㉣임금이 높고 일자리가 풍부한 것은 인구 흡인 요인에
   해당함
⑤ **㉤에서 ㉣로 이주하는 인구는 여성이 남성보다 많다.**
   (X) 인도, 파키스탄에서 산유국으로 이주하는 인구는
   남성이 여성보다 많음

17 인구 이동 ①

- · A는 유럽으로의 유입 인구는 많으나, 유럽에서 A로의 인구 유출은 거의 없는 아프리카에 해당함
- · C는 유럽으로의 인구 유입은 적으나, 유럽에서 C로의 인구 유출이 많은 앵글로아메리카에 해당함
- · B는 유입, 유출 인구가 모두 많은 아시아임
- · A: 아프리카, B: 아시아, C: 앵글로아메리카

- ㄱ. **A는 유럽보다 1인당 평균 임금이 낮다. (O)** 경제 발전 수준이 낮은 아프리카는 유럽보다 1인당 평균 임금이 낮음
- ㄴ. **B는 C보다 세계 인구에서 차지하는 비율이 높다. (O)** 아시아는 유럽보다 세계 인구에서 차지하는 비율이 높음, 2020년 기준 '아시아〉아프리카〉유럽〉라틴아메리카〉앵글로아메리카〉오세아니아' 순으로 높음
- ㄷ. C 앵글로아메리카는 A 아프리카보다 산업화의 시작 시기가 이름
- ㄹ. A는 아프리카, B는 아시아, C는 앵글로아메리카임

18 인구 이동 ④

- ㄱ. 시리아에서 터키로의 인구 이동은 내전으로 인한 난민의 인구 이동으로 강제적 성격이 강함
- ㄴ. **시리아에서 독일로 이동하는 사람들은 주로 이슬람교 신자이다. (O)** 시리아는 이슬람교를 믿는 사람들이 대다수임
- ㄷ. 개발도상국 터키에서 선진국 독일로 이동하는 사람들은 주로 저임금 단순노동직에 종사함
- ㄹ. **터키에서 독일로 이동하는 사람의 수가 독일에서 터키로 이동하는 사람의 수보다 많다. (O)** 터키에서 독일로 이동하는 사람의 수는 153만 1천 명, 독일에서 터키로 이동하는 사람의 수는 37만 1천 명임

19 화석 에너지 ②

- · 중국에서 소비 비율이 매우 높은 (나)는 석탄이며, 미국에서 소비 비율이 가장 높은 (가)는 석유임

① 산업 혁명 초기의 주요 에너지원은 (나) 석탄임
② **(가)는 (나)보다 수송용으로 소비되는 비율이 높다. (O)** 석유는 주로 수송용, 석탄은 주로 산업용으로 소비됨
③ 국제 이동량은 편재성이 큰 (가) 석유가 많음
④ 러시아는 미국보다 석탄 소비 비율이 더 높지만, 화석 에너지 총 소비량이 미국이 더 많으므로 미국의 석탄 소비량이 더 많음
⑤ 중국은 석유의 소비량 비율이 천연가스보다 더 높음 천연가스 소비 비율은 '100-(석유 소비 비율+석탄 소비 비율)'로 구할 수 있음

20 화석 에너지 ①

- · 미국, 러시아, 이란, 카타르에서 생산량이 많은 (가)는 천연 가스임
- · 중국에서 생산과 소비가 많이 이루어지며, 인도네시아, 인도, 오스트레일리아 등에서 생산량이 많은 (나)는 석탄임

① **(가)는 냉동 액화 기술의 발달로 사용량이 급증하였다. (O)** 천연가스는 냉동 액화 기술의 발달로 운반과 사용이 편리해지며 소비량이 급증함
② (나) 석탄은 산업용으로 많이 이용됨
③ (가) 천연가스는 (나) 석탄 상용화된 시기가 늦음
④ (가) 천연가스는 (나) 석탄보다 대기 오염 물질 배출량이 적음, 연소 시 대기 오염 물질 배출량은 '석탄〉석유〉천연가스' 순으로 높음
⑤ (가)는 (나)보다 세계 1차 에너지 소비량에서 차지하는 비율이 낮음, 세계 1차 에너지 소비량은 '석유〉석탄〉천연가스' 순으로 높음

COMMENT 카타르는 천연가스 생산량과 수출량이 많은 국가임, 천연가스를 구분하는 힌트가 되는 국가로 알아두면 문제를 풀기 용이함

21 화석 에너지 ③

- 천연가스의 국가별 생산량 및 순수출량 비중임

① 제철 공업용으로 이용되는 비중이 높은 것은 석탄임
천연가스는 산업용 및 가정용으로 사용되는 비율이 높음
② 주로 신기 조산대 주변에 매장되어 있음
고기 조산대 주변에 매장된 자원은 석탄임
③ **냉동 액화 기술의 발달로 소비량이 급증했다. (O)**
천연가스는 냉동 액화 기술의 발달로 운반과 사용이 편리해지며 소비량이 급증함
④ 세계 1차 에너지 소비 구조에서 차지하는 비중이 가장 높은 것은 석유임
⑤ 화석 에너지 자원 중 연소 시 대기 오염 물질 배출량이 가장 많은 것은 석탄임

22 화석 에너지 ②

- 사우디아라비아에서 많이 소비하는 A는 석유, 러시아에서 많이 소비하는 B는 천연가스, 인도에서 많이 소비하는 C는 석탄임

① A 석유는 주로 신기 조산대 주변에 매장되어 있음
석유와 천연가스는 주로 신기 조산대 주변에, 석탄은 고기 조산대 주변에 매장되어 있음
② **B는 냉동 액화 기술이 개발된 이후 소비량이 급증하였다. (O)** 천연가스는 냉동 액화 기술의 발달로 운반과 사용이 편리해지며 소비량이 급증함
③ B 천연가스는 C 석탄보다 연소 시 대기 오염 물질의 배출량이 적음, 연소 시 대기 오염 물질 배출량은 '석탄〉석유〉천연가스' 순으로 높음
④ C 석탄은 A 석유보다 산업용으로 이용되는 비율이 높음
석탄은 주로 산업용, 석유는 주로 수송용으로 이용됨
⑤ 세계 1차 에너지 소비 구조에서 차지하는 비율은 A〉C〉B 순으로 높음

COMMENT 서남아시아의 산유국은 주로 석유와 천연가스를 소비하고, 석탄의 소비 비중이 매우 낮다는 것을 알아두면 고난도 문제를 풀 때 도움이 됨

23 화석 에너지 ⑤

- 아시아 및 오세아니아에서 주로 생산되는 (가)는 석탄, 유럽 및 러시아, 앵글로 아메리카에서 주로 생산되는 (나)는 천연가스, 서남아시아에서 주로 생산되는 (다)는 석유임

① 냉동 액화 기술의 발달로 소비량이 급증한 것은 (나) 천연가스임
② (나) 천연가스는 주로 신생대 지층에 매장되어 있음
③ (가) 석탄은 산업 혁명 초기 주요 에너지원이었음
④ (나) 천연가스는 (가) 석탄보다 연소 시 대기 오염 물질의 배출량이 적음
⑤ **(다)는 (나)보다 본격적으로 상용화된 시기가 이르다.**
(O) 석탄, 석유, 천연가스 순으로 본격적으로 상용화됨

24 화석 에너지 ④

- 러시아에서 소비 비중이 높은 A는 천연가스, 사우디아라비아에서 소비 비중이 높은 B는 석유, 중국에서 소비 비중이 높은 C는 석탄임

① C 석탄은 산업 혁명 초기 주요 동력원으로 사용되었음
② A 천연가스는 냉동 액화 기술 발달로 소비량이 빠르게 증가함
③ A 천연가스는 C 석탄보다 연소 시 대기 오염 물질의 배출량이 적음
④ **B는 C보다 세계 1차 에너지 소비 구조에서 차지하는 비율이 높다. (O)**
세계 1차 에너지 소비량은 '석유〉석탄〉천연가스' 순으로 높음
⑤ C 석탄은 산업용, B 석유는 수송용으로 이용되는 비율이 높음

COMMENT 중국, 인도와 같은 개발도상국은 주로 석탄을 소비하고, 천연가스의 소비 비중이 낮음

COMMENT 서남아시아의 산유국은 주로 석유와 천연가스를 소비하고, 석탄의 소비 비중이 매우 낮다는 것을 알아두면 고난도 문제를 풀 때 도움이 됨

25 화석 에너지 ①

· 중국, 인도, 오스트레일리아에서 주로 생산되는 (가)는 석탄이며, 서남아시아에서 주로 생산되는 (나)는 석유임

- ㄱ. 국제 이동량이 많다. (O)
  석유는 석탄보다 편재성이 커 생산지와 소비지가 일치하지 않아 국제 이동량이 많음
- ㄴ. 상용화된 시기가 늦다. (O)
  석탄이 석유보다 먼저 상용화됨
- ㄷ. 석유는 수송용으로 이용되는 비율이 높음
- ㄹ. 세계 1차 에너지 소비에서 차지하는 비율이 높음
  세계 1차 에너지 소비량은 '석유〉석탄〉천연가스' 순으로 높음

26 화석 에너지 ①

· 몬순 아시아 및 오세아니아에서 주로 생산되며, 동아시아에서 주로 수입하는 자원은 석탄임

① **산업 혁명 시기의 주요 에너지 자원이었다. (O)**
  석탄은 산업 혁명기의 주요 에너지 자원이었음
② 신생대 제3기층 배사 구조에 주로 매장되어 있는 것은 석유와 천연가스임
③ 냉동 액화 기술이 개발되면서 소비량이 급증한 것은 천연가스임
④ 자동차, 항공기 등의 수송용 연료로 사용되는 비중이 높은 것은 석유임
⑤ 화석 에너지 중 연소 시 대기 오염 물질의 배출량이 가장 적은 것은 천연가스임

27 화석 에너지 ④

· 사우디아라비아에서 주로 생산하는 (가)는 석유, 중국과 오스트레일리아에서 주로 생산하는 (나)는 석탄임

① (가) 석유는 신기 조산대에 주로 매장되어 있음
② (나) 석탄은 산업 혁명 시기에 주요 동력원으로 사용됨
③ 화석 에너지 중 대기 오염 배출량이 가장 적은 것은 천연가스임
④ **(가)는 (나)보다 운송용 연료로 사용되는 비중이 높다.**
  (O) 석유는 석탄보다 수송용으로 사용되는 비중이 높음
⑤ (가) 석유는 세계 에너지 소비량에서 차지하는 비중이 가장 높음

28 신·재생 에너지 ④

· 아이슬란드에서 발전량이 높은 (가)는 지열임
· 영국, 독일에서 발전량이 높은 (나)는 풍력임

① (나) 풍력은 바람의 방향과 속도가 발전소의 입지에 영향을 줌
② (가) 지열은 판의 경계 부근에서 개발 잠재력이 큼
③ (나) 풍력은 발전 시 기상 조건의 영향을 많이 받음
  (가) 지열은 기상 조건의 영향을 받지 않음, 지형 조건의 영향을 받음
④ **이탈리아는 영국보다 지열 발전량이 많다. (O)**
  (가) 지열 발전은 판의 경계에서 가능하기 때문에 이탈리아에서 지열 발전량이 더 많음
⑤ 네 국가 중 (나) 풍력 발전량이 가장 많은 곳은 독일임

COMMENT 신·재생 에너지의 주요 국가들도 파악해둬야 함

29 신·재생 에너지 ⑤

· (가): 지각 내 축적된 열에너지를 이용한 지열 발전
· (나): 일사량이 풍부한 특성을 이용한 태양광 발전
· (다): 바람이 지속적으로 부는 해안 지역의 특성을 이용한 풍력 발전

① (가)지열은 중국의 신·재생 에너지 공급량 중 가장 높은 비율을 차지하지 않음
  수력, 풍력, 태양광 발전의 비율이 더 높음
② 판의 경계 부근에서 개발 잠재력이 높은 것은 (가) 지열 발전임
③ 수력이 전 세계 발전량에서 차지하는 비율이 더 높음
  신·재생 에너지 중 수력의 발전량이 가장 큼
④ (가) 지열은 (다) 풍력보다 발전 시 기상 조건의 영향을 적게 받음, 지열은 지형 조건의 영향을 크게 받음
⑤ **(나)는 (다)보다 주야간의 발전량 차이가 크다. (O)**
  태양광은 풍력보다 주야간의 발전량 차이가 큼

30 요나스의 책임 윤리 ⑤

· 사상가: 현세대가 미래에 발생할 부정적인 결과를
  예견하여 새로운 의무를 도출해야 한다고 봄 → 요나스

① 인간의 기술과 행위가 자연을 파괴할 수 있기 때문에
  자연을 보존하는 것도 책임의 대상에 포함된다고 봄
② 미래 세대는 아직 존재하지 않으므로 호혜적
  관계(상호적 관계)를 맺을 수 없다고 봄
  현세대에서 책임져야 한다고 보았음
③ 현세대는 인류의 존속을 조건부 명령이 아닌 절대적
  명령으로 수용해야 한다고 봄
④ 현세대는 자신이 의도하지 않은 결과까지도 책임져야
  한다고 봄
⑤ **현세대는 예견되는 부정적 결과로부터 새로운 의무를
  도출해야 한다. (O)**
  몰락 과정에 대한 징조를 통해서 비로소 윤리적
  원리들이 발견될 수 있으며, 이로 인해 새로운 의무가
  도출된다고 함

COMMENT 요나스의 책임 윤리는 지학사 교과서에
자료로 제시되어 있음. 지구촌 미래 사회에 대한 전망과
연계하여 출제될 가능성이 있으므로 대략적으로라도
파악해 둘 필요가 있음

31 요나스의 책임 윤리 ④

· 사상가: 요나스

– ㄱ. **윤리학은 희망보다 공포를 논의의 대상으로 삼아야
  한다. (O)** 윤리는 위험을 고려하여 도출해야 한다고 함
– ㄴ. **인간의 책임 범위는 자연에 대해서까지 확대되어야
  한다. (O)** 인간의 기술과 행위가 자연을 파괴할 수
  있기 때문에 인간의 책임 범위를 자연까지 확대해야
  한다고 봄
– ㄷ. **인간은 과학 기술로 인한 비의도적 결과까지
  책임져야 한다. (O)** 과학 기술로 인한 의도하지 않은
  결과까지 책임져야 한다고 봄
– ㄹ. 미래 세대는 아직 존재하지 않으므로 호혜적
  관계(상호적 관계)를 맺을 수 없다고 봄
  현세대는 미래 세대와 자연에 대한 일방적 책임을 져야
  한다고 보았음

32 요나스의 책임 윤리 ⑤

· 사상가: 요나스

– ㄱ. 현세대와 미래 세대 간에는 호혜적 책임이 성립할
  수 없다고 봄. 현세대는 미래 세대와 자연에 대한
  일방적 책임을 져야 한다고 보았음
– ㄴ. 현세대의 책임 범위는 자연까지 확대되어야
  한다고 봄
– ㄷ. **현세대는 인류 존속에 대한 책임을 의무로 인식해야
  한다. (O)** 인류 종(種)의 미래와 실존까지 고려해야
  한다고 함
– ㄹ. **현세대는 사후적 책임뿐만 아니라 사전적 책임도
  져야 한다. (O)** 이미 발생한 결과에 대해서만 책임지는
  것이 아니라 앞으로 발생할 수 있는 결과까지 고려해야
  한다고 강조함

33 과학 기술 발달에 따른 사회적 책임 ①

· 갑은 과학 기술자에게 연구 과정에서 내적 책임은
  부과되지만, 외적 책임을 부과해서는 안 된다고 주장함
· 을은 과학 기술자에게 내적 책임과 외적 책임이
  부과되어야 한다고 주장함
· 따라서 '과학 기술자에게 외적 책임을 부과해야
  하는가?'가 토론의 핵심 쟁점으로 적합함

34 과학 기술 발달에 따른 사회적 책임 ⑤

· 갑은 과학 기술자가 연구 윤리를 준수하며, 연구 결과가
  사회에 미칠 영향에 대해서 책임을 져야 한다고 주장함
· 을은 과학 기술자가 연구 윤리를 준수해야 하지만, 연구
  결과가 사회에 미칠 영향에 대해서는 책임을 요구해서는
  안 된다고 주장함
· 따라서 '과학 기술자는 연구 결과가 사회에 미칠 영향도
  책임져야 하는가?'가 토론의 핵심 쟁점으로 적합함

1　세계의 인구 변화　　③

- 세계에서 차지하는 인구 비율이 가장 높은 (다)는 아시아임
- 인구 증가율이 가장 높은 (가)는 합계 출산율이 가장 높은 아프리카이며, 인구 증가율이 가장 낮은 (나)는 유럽임
- (가): 아프리카, (나): 유럽, (다): 아시아

- ㄱ. 2015년 전 세계 총인구는 약 75억 명이고, 아프리카가 차지하는 비율은 20% 미만으로 20억 명 미만임
- ㄴ. **(다)에서 인구가 가장 많은 국가는 중국이다. (O)** 2015년 아시아에서 인구가 가장 많은 국가는 중국임
- ㄷ. **(나)는 (가)보다 중위 연령이 높다. (O)** 유럽은 아프리카보다 노년층 인구 비율이 높으므로 중위 연령이 높음
- ㄹ. 경제 발전 수준이 높은 (나) 유럽에서 1인당 평균 소득이 높음

COMMENT 최근 전 세계 인구수는 '아시아〉아프리카〉유럽〉라틴아메리카〉앵글로아메리카〉오세아니아' 순으로 많다는 것을 알아두면 (가)~(다)를 바로 구할 수 있음

COMMENT 현재는 중국보다 인도의 인구수가 더 많음 전 세계 인구수 1위 국가는 인도라는 것을 알아둘 필요가 있음

2　세계의 인구 구조　　②

- 2020년 기준 노년층 인구 비율이 가장 높은 (다)는 유럽, 유소년층 인구 비율이 가장 높은 (가)는 아프리카임
- (가): 아프리카, (나): 아시아, (다): 유럽

3　세계의 인구 구조　　②

- '총부양비= 유소년 부양비+노년 부양비'로 총부양비에서 노년 부양비를 빼면 유소년 부양비를 구할 수 있음
- (가)는 유소년 부양비가 가장 높으므로 아프리카의 앙골라, (다)는 노년 부양비가 가장 높으므로 유럽의 독일임
- (가): 앙골라, (나): 브라질, (다) 독일

① (가) 앙골라는 남반구에 위치함
② **(나)는 노령화 지수가 100 이하이다. (O)** 브라질은 노년 부양비보다 유소년 부양비가 더 큼, 따라서 유소년층 인구가 노년층 인구보다 많으므로 노령화 지수는 100 이하임
③ (가) 앙골라는 (나) 브라질보다 합계 출산율이 높음
④ (다) 독일의 유소년 부양비가 가장 낮음
⑤ (다) 독일의 중위 연령이 가장 높음

4　세계의 인구 구조　　④

- 노년층 인구 비율이 가장 높은 (가)는 유럽의 독일, 유소년층 인구 비율이 가장 높은 (다)는 아프리카의 나이지리아임
- (가): 독일, (나): 베트남, (다): 나이지리아

① 인구의 자연 증가율은 합계 출산율이 가장 높은 (다) 나이지리아에서 높음
② 노년층 인구 비율이 가장 높은 (가) 독일의 중위 연령이 가장 높음
③ 인구 변천 모형의 인구 감소 단계는 출생아 수보다 사망자 수가 많은 상태로 선진국의 일부 국가에서 나타남
④ **(가)는 (나)보다 노년 인구가 많다. (O)** (가) 독일과 (나) 베트남의 총인구는 유사하나 노년층 인구 비율은 독일이 훨씬 높기 때문에 (가) 독일의 노년 인구수가 더 많음
⑤ (다) 나이지리아는 청장년층 비율이 낮고, 유소년층 비율이 높아 (나) 베트남보다 유소년 부양비가 높음

- 유출 인구보다 유입 인구가 많은 (가)는 유럽이며, 유출 인구가 가장 많은 (라)는 아시아임
- 2020년 기준 합계 출산율이 가장 높은 (다)는 아프리카임
- (가): 유럽, (나): 라틴 아메리카, (다): 아프리카, (라): 아시아

- ㄱ. 전 세계에서 인구가 가장 많은 국가는 (라) 아시아에 위치함
- ㄴ. 2020년 기준 (가)는 (나)보다 인구가 많다. (O)
  최근 전 세계 인구수는
  '아시아〉아프리카〉유럽〉라틴아메리카〉앵글로아메리카〉오세아니아' 순으로 많음
- ㄷ. (라)는 (다)보다 인구 밀도가 높다. (O)
  아시아는 아프리카보다 인구 밀도가 높음
- ㄹ. 1960년 합계 출산율은 아프리카 〉 라틴 아메리카 〉 아시아 순으로 높다. (O)
  1960년 합계 출산율은 (다)〉(나)〉(라) 순으로 높은 것을 그래프에서 확인할 수 있음

COMMENT 인구의 순 유입 대륙은 경제적 발달 수준이 높은 유럽, 앵글로아메리카, 오세아니아이며, 인구의 순 유출 대륙은 아시아, 아프리카, 라틴아메리카에 해당함 그 중, 아시아의 유출 인구가 가장 많다는 것을 기억해두면 문제를 풀기 용이함

- 2020년 기준 유소년 부양비가 가장 높은 A는 아프리카의 에티오피아, 노년 부양비가 가장 높은 C는 유럽의 스웨덴임
- A: 에티오피아, B: 멕시코, C: 스웨덴

① C는 1970년의 노령화 지수가 100보다 낮음
  유소년 부양비가 노년 부양비보다 많음, 따라서 유소년층 인구가 노년층 인구보다 많다는 것으로 노령화 지수는 100미만임
② A는 아프리카, B는 아메리카에 위치함
③ A는 C보다 두 시기 모두 합계 출산율이 높음
④ B는 A보다 2020년의 국가 내 2차 산업 종사자 비율이 높음, 멕시코는 2차 산업이 발달하여 2차 산업 종사자 비율이 에티오피아보다 높음
⑤ C는 B보다 2020년의 총부양비가 높다. (O)
  총부양비는 유소년 부양비와 노년 부양비를 합한 것으로 스웨덴은 약 62, 멕시코는 약 51임

COMMENT 항상 최근 시기를 기준으로 그래프를 먼저 파악해야 함, 일반적으로 유소년 인구 비율과 유소년 부양비가 가장 높은 곳은 아프리카에 위치한 국가이며 노년 인구 비율과 노년 부양비가 가장 높은 곳은 유럽에 위치한 국가임

7 세계의 인구 구조 ③

- 유소년층 인구 비율이 가장 높은 (다)는 나이지리아임
- (가)와 (나)는 모두 노년층 인구 비율이 높음, 연령층별 인구의 총합은 총인구수임. 미국의 총인구수가 더 많기 때문에 (나)가 미국임
- (가): 프랑스, (나): 미국, (다): 나이지리아
- 2010~2015년 기준 가장 자연 증가율이 높은 C는 합계 출산율이 가장 높은 나이지리아임
- A와 B는 2010~2015년 모두 자연 증가율이 낮음, 1950~1955년 기준으로 합계 출산율 감소가 가장 먼저 나타난 유럽의 프랑스가 A, 나머지 B가 미국임
- A: 프랑스, B: 미국, C: 나이지리아

① 1950~1955년 인구의 전체 증가율은 C, (다) 나이지리아가 가장 높음
② 2010~2015년 인구의 자연 증가율은 C, (다) 나이지리아가 가장 높음
③ **2010~2015년 (나)는 (가)보다 순 유입 인구가 많다. (O)** B 미국의 순 이동률이 A 프랑스의 순이동률보다 크므로 미국의 순 유입 인구가 많음
④ 2015년 유소년층 인구는 B 미국이 더 많음
⑤ 2015년 총인구는 B 미국〉 C 나이지리아〉 A 프랑스 순으로 많음

COMMENT 인구 증가율 부분은 자료 기반형 문제로 출제될 가능성이 있으므로 7~10번 문항으로 연습해볼 것

COMMENT 앵글로아메리카와 유럽을 구분할 때는 합계 출산율이 가장 낮은 유럽에서 인구의 자연 증가율이 낮고, 저출생, 고령화 현상이 심각하게 나타난다는 것을 활용하면 쉽게 구분할 수 있음

8 인구 특성 ③

- 대륙별 인구 수는 '아시아〉아프리카〉유럽' 순으로 많으므로 (나)는 아시아, (가)는 아프리카, (다)는 유럽임
- (가): 아프리카, (나): 아시아, (다): 유럽
- 2010~2015년 인구의 순 이동률이 양(+)의 값으로 유출 인구보다 유입 인구가 많은 A는 유럽임
- 2010~2015년 인구의 자연 증가율이 가장 높은 C는 아프리카임
- A: 유럽, B: 아시아, C: 아프리카

① 1950~1955년 (다) 유럽, A는 순 이동률이 음(−)의 값으로 유출 인구가 유입 인구보다 많았음
  제2차 세계 대전 직후 유럽은 인구 유출이 많았음
② 1950~1955년 (나) 아시아, B는 (가) 아프리카, C보다 인구의 자연 증가율이 낮음
  두 시기 모두 아프리카의 인구의 자연 증가율이 더 높음
③ **2010~2015년 B는 C보다 순 유출 인구가 많다. (O)** 아시아는 아프리카보다 총인구가 많아 인구 유출 규모가 크기 때문에 순 유출 인구가 많음
④ 전체 인구 증가율은 인구의 자연 증가율과 순 이동률을 더해서 구할 수 있음, 2010~2015년 C 아프리카의 전체 인구 증가율이 더 높음
⑤ 2015년 대륙별 인구는 B 아시아〉 C 아프리카〉 A 유럽 순으로 많음

COMMENT 유출 인구수 1위는 아시아이지만, 순 이동률은 비율이므로 C를 아시아로 보면 안 됨, 인구의 자연 증가율이 가장 높은 대륙은 합계 출산율이 가장 높은 아프리카에 해당함

- 2015~2020년 기준 자연 증가율이 가장 높은 B는 합계 출산율이 가장 높은 아프리카이며, 자연 증가율이 가장 낮은 D는 유럽임
- A는 D 유럽 다음으로 자연 증가율이 낮으며, C에 비해 순 이동률이 양(+)의 값으로 인구의 순 유입이 나타나는 북부 아메리카임
- A: 북부 아메리카, B: 아프리카, C: 아시아, D: 유럽

① A는 2015~2020년 자연 증가율이 양(+)의 값이므로 출생자 수가 사망자 수보다 많은 인구의 자연적 증가가 나타남
② B의 전체 증가율이 커진 것은 자연적 증감이 주 원인임
   순 이동률은 거의 변화가 없음
③ **D는 2015~2020년에 유출 인구가 유입 인구보다 많다. (X)** D는 자연 증가율은 음(–)의 값으로 출생자 수보다 사망자 수가 더 많음, 그러나 전체 증가율은 양(+)의 값이 나타나므로 순 이동률은 양(+)의 값임 따라서 유입 인구가 유출 인구보다 많음
④ C 아시아는 A 북부 아메리카보다 총인구가 많음
⑤ 2015~2020년 중위 연령은 D〉A〉C〉B 순으로 높음

10 인구 특성   ⑤

- A: 출생률, B: 연평균 인구 증가율, C: 사망률
- 출생률이 가장 높은 (가)는 라틴 아메리카, 출생률이 가장 낮은 (다)는 유럽임
- (가): 라틴 아메리카, (나): 앵글로아메리카, (다): 유럽

① A는 출생률, C는 사망률에 해당함
② (가) 라틴 아메리카는 (나) 앵글로아메리카보다 국가의 수가 많음
③ (나) 앵글로 아메리카는 (다) 유럽보다 인구 밀도가 낮음
   국토의 면적 대비 인구수는 유럽이 더 많음
④ (다) 유럽은 (가) 라틴아메리카보다 노년층 비율이 높으므로 중위 연령이 높음
⑤ **(가)로부터의 유입 인구는 (다)가 (나)보다 많다. (X)**
   라틴 아메리카로부터의 유입 인구는 유럽보다 앵글로아메리카가 더 많음
   라틴 아메리카에서는 주로 앵글로아메리카로 인구가 이동함

11 인구 이동   ③

- 앵글로아메리카로 대부분 이동하는 (다)는 라틴 아메리카임
- 유럽으로 이동하는 인구 비율은 지리적으로 인접한 아프리카에서 더 높음, 따라서 (나)는 아프리카임
- (가): 아시아, (나): 아프리카, (다): 라틴 아메리카

- ㄱ. 세계 인구에서 차지하는 인구 비율이 가장 높은 곳은 (가) 아시아임
- ㄴ. **(가)는 (다)보다 인구 밀도가 높다. (O)** 아시아는 라틴 아메리카보다 인구 밀도가 높음
- ㄷ. **동일 대륙 내 이주 비율은 라틴 아메리카보다 아프리카가 높다. (O)** 라틴 아메리카는 26.3%, 아프리카는 51.6%임
- ㄹ. 아시아는 유럽으로 이주하는 비율(20.2%)이 앵글로아메리카로 이주하는 비율(15.3%)보다 높음

12 인구 이동   ③

- 2015~2020년 기준 인구의 자연 증가율이 가장 높은 (나)는 합계 출산율이 가장 높은 아프리카의 세네갈이며, 인구의 자연 증가율이 가장 낮은 (라)는 유럽의 독일임
- 미국 내 이민자 수가 가장 많은 (가)는 미국으로의 인구 이동이 가장 많은 멕시코임
- (가): 멕시코, (나): 세네갈, (다): 인도, (라): 독일

- ㄱ. **(나)는 (가)보다 2015~2020년 합계 출산율이 높다. (O)** 세네갈의 합계 출산율이 더 높음
- ㄴ. **(다)는 (가)보다 2015~2020년 자연 증가한 인구가 많다. (O)** (다)와 (가)의 인구의 자연 증가율은 비슷하나 인도의 총 인구가 더 많으므로 자연 증가한 인구는 (다) 인도가 더 많음
- ㄷ. 2020년 중위 연령은 (다) 인도보다 노년층 비율이 더 높은 (라) 독일이 더 높음

COMMENT 멕시코에서는 미국으로의 인구 이동이 가장 활발함

13 화석 에너지 ③

· 오스트레일리아에서 가장 많이 공급되는 A는 석탄이며,
  이란에서 가장 많이 공급되는 C는 천연가스임
· A: 석탄, B: 석유, C: 천연가스

① 신생대 제3기층 배사 구조 내에 매장되어 있는 것은
   석유와 천연가스임
② B 석유는 수송용으로 사용되는 비율이 높음
③ **B는 C보다 세계 1차 에너지 소비 구조에서 차지하는
   비율이 높다. (O)**
   세계 1차 에너지 소비 구조에서 차지하는 비율은
   '석유〉석탄〉천연가스' 순으로 높음
④ A 석탄이 가장 먼저 상용화됨
⑤ 이란은 2018년에 천연가스 공급량 비율이 더 높음

COMMENT '이란은 석유보다 천연가스 공급 및 소비량이
더 많다'는 것을 알아두면 고난도 문제를 풀 때 용이함

14 화석 에너지 ②

· 중국의 소비 비율이 매우 높은 B는 석탄이며, 나머지
  A는 석유임
· A: 석유, B: 석탄

－ ㄱ. **A는 세계 1차 에너지 소비에서 차지하는 비율이
   가장 높다. (O)** 세계 1차 에너지 소비 구조에서
   차지하는 비율은 '석유〉석탄〉천연가스' 순으로 높음
－ ㄴ. B 석탄을 가장 많이 수입하는 국가는 중국임
－ ㄷ. **A는 B보다 상용화된 시기가 늦다. (O)**
   석탄이 가장 먼저 상용화됨
－ ㄹ. A 석유는 수송용으로 이용되는 비율이 높음

COMMENT 2022년 기준 중국은 전 세계 석탄 생산량의
52.8%를 차지하고 있으며, 소비량은 54.8%를 차지하고
있음
석탄은 중국에서 생산 및 소비되는 비율이 매우 높음

15 화석 에너지 ②

· C는 (가)에서 가장 많이 소비됨 → C는 석탄이며,
  (가)는 중국임, 따라서 (나)는 러시아임
· (나) 러시아의 소비량이 많고, (가) 중국의 소비량이
  적은 A는 천연가스임
· (가): 중국, (나): 러시아, A: 천연가스, B: 석유, C:
  석탄

① A 천연가스는 B 석유보다 본격적으로 상용화된 시기가
   늦음 '석탄, 석유, 천연가스' 순으로 상용화됨
② **B는 C보다 세계 1차 에너지 소비량에서 차지하는
   비율이 높다. (O)** 세계 1차 에너지 소비 구조에서
   차지하는 비율은 '석유〉석탄〉천연가스' 순으로 높음
③ C 석탄은 A 천연가스보다 연소 시 대기 오염 물질의
   배출량이 많음
   대기 오염 물질 배출량은 '석탄〉석유〉천연가스' 순으로
   많음
④ 중국은 러시아보다 1990년 천연가스 소비량이 적음
⑤ 미국의 석탄 소비량은 1990년에 비해 2020년에 적음

COMMENT 석탄은 중국에서 생산 및 소비되는 비율이
매우 높음 → 따라서 C와 (가)를 석탄과 중국으로 파악할
수 있어야 함

COMMENT 중국은 석탄 소비 비율이 매우 높으나,
천연가스 소비 비율이 낮다는 것을 활용하면 A
천연가스를 더욱 쉽게 파악할 수 있음

16 화석 에너지 ④

· 인도에서 소비량 비율이 높은 (다)는 석탄이며, 미국에서
  소비량 비율이 높은 (가)는 천연가스임
· 신·재생 에너지 소비 비율은 유럽에서 높게 나타남.
  따라서 독일에서 상대적으로 높은 비율을 차지하는
  (나)는 신·재생 에너지임
· (가): 천연가스, (나): 신·재생 에너지, (다): 석탄

- A는 사우디아라비아에서 생산량이 많은 석유이며, B는 이란에서 생산량이 많은 천연가스임
- 석유와 천연가스 생산이 모두 많은 (가)는 러시아임
- C는 석탄이며, 석탄의 전 세계 생산량의 절반 이상 차지하는 (나)는 중국임
- A: 석유, B: 천연가스, C: 석탄, (가): 러시아, (나): 중국

① B 천연가스는 A 석유보다 상용화된 시기가 늦음
② B 천연가스는 C 석탄보다 세계 1차 에너지 소비량에서 차지하는 비율이 낮음
③ C 석탄보다 A 석유는 국제 이동량이 많음
④ (가)는 유럽에 위치함
⑤ **(가)는 (나)보다 국가 내 1차 에너지 소비량에서 B가 차지하는 비율이 높다. (O)**
  러시아는 중국보다 국가 내 1차 에너지 소비량에서 천연가스의 비율이 더 높음

- 중국, 인도, 인도네시아, 오스트레일리아에서 주로 생산되는 (가)는 석탄이며, 사우디아라비아에서 주로 생산되는 (나)는 석유, 러시아, 이란에서 주로 생산되는 (다)는 천연가스임
- (가): 석탄, (나): 석유, (다): 천연가스

① (가) 석탄의 최대 생산국은 중국이지만, 중국은 석탄을 수입함
  석탄을 주로 수출하는 국가는 오스트레일리아, 인도네시아임
② **(나)는 산업용보다 수송용으로 소비되는 비율이 높다. (O)** 석유는 주로 수송용으로 소비됨
③ (나) 석유는 세계 1차 에너지 소비량에서 차지하는 비율이 가장 높음
④ (나) 석유는 (다) 천연가스보다 먼저 상용화됨
⑤ (가)~(다) 중 (다) 천연가스는 연소 시 대기 오염 물질 배출량이 가장 적음, (가) 석탄이 가장 많음

COMMENT 주요 국가를 보고 자원을 파악할 때, 미국의 경우에는 석유와 천연가스를 모두 많이 생산하기 때문에 미국을 보고 구분하기는 어려움, 석유와 천연가스를 구분할 때는 사우디아라비아를 통해 석유를 먼저 구분해야 함

- 인도에서 가장 높은 소비 비율을 차지하는 C는 석탄이며, 인도에서 가장 소비 비율이 낮고 러시아에서 가장 소비 비율이 높은 A는 천연가스임
- 세 국가에서 모두 일정 비율 이상 소비하는 B는 전 세계 소비량이 가장 많은 석유이며, 브라질에서 소비 비율이 높은 D는 수력임
- A: 천연가스, B: 석유, C: 석탄, D: 수력

① C 석탄은 산업 혁명 초기의 주요 에너지 자원이었음
② C 석탄은 고기 조산대에 주로 매장되어 있음
③ **B는 C보다 국제 이동량이 많은 에너지 자원이다. (O)**
  편재성이 큰 석유는 생산지와 소비지가 일치하지 않아 국제 이동량이 가장 많음
④ B 석유는 주로 수송용으로 이용됨
⑤ B 석유는 세계 1차 에너지 소비량에서 차지하는 비율이 가장 높음

- A자원은 (나) 국가에서 대부분 소비됨 → A는 석탄이며, (나)는 중국임
- 중국에서는 석탄 소비 비율이 높고, 천연가스 소비 비율이 낮음, 따라서 (나)의 소비 비율이 가장 낮은 C는 천연가스임
- A: 석탄, B: 석유, C: 천연가스
- (다)는 석유와 천연가스 소비 비율이 높은 미국이며, 석탄 소비 비율이 높고 천연가스 소비 비율이 낮은 (가)는 인도임
- (가): 인도, (나): 중국, (다): 미국

① A 석탄은 산업용으로 소비되는 비율이 높음
② A~C 중 A 석탄이 가장 먼저 상용화됨
③ **세계 에너지 자원 소비에서 차지하는 비율은 B>A>C 순이다. (O)** '석유>석탄>천연가스' 순으로 높음
④ (가) 인도는 C 천연가스의 최대 수출국이 아님
  천연가스는 주로 미국, 러시아, 카타르가 수출함
⑤ (가), (나)는 아시아대륙에, (다)는 아메리카 대륙에 위치함

COMMENT 석탄은 중국에서 생산 및 소비되는 비율이 매우 높음 → 따라서 A와 (나)를 석탄과 중국으로 파악할 수 있어야 함

21 화석 에너지   ②

· 브릭스(BRICS)국가 중 중국, 인도, 남아프리카 공화국은 석탄 산지로 석탄의 소비 비율이 높음, 따라서 (가)는 석탄임
· A와 B는 러시아와 브라질 중 하나인데, B는 (나)의 소비량 비율이 매우 높음, 러시아에서 천연가스의 소비 비율이 높기 때문에 (나)는 천연가스 B는 러시아임
· A: 브라질, B:러시아, (가): 석탄, (나): 천연가스

- ㄱ. 프랑스는 석유 소비량이 천연가스 소비량보다 많다. (O) 석유 소비량은 '100-(석탄 소비 비율+ 천연가스 소비 비율)'로 구할 수 있음
- ㄴ. (가) 석탄의 세계 최대 수출국은 오스트레일리아, 인도네시아로 브릭스(BRICS) 국가에 해당하지 않음
- ㄷ. 세계 1차 에너지 소비량에서 차지하는 비율은 (가) 석탄이 (나) 천연가스보다 높음
- ㄹ. A는 B보다 국가 내 1차 에너지 소비량에서 수력이 차지하는 비율이 높다. (O) 열대 우림 기후가 나타나는 브라질은 유량이 많아 러시아보다 국가 내 1차 에너지 소비량에서 수력이 차지하는 비율이 높음

22 신·재생 에너지   ④

· 판의 경계에 주로 분포하는 (가)는 지열, 세계적으로 수력 발전량이 많은 중국과 브라질에 주로 분포하는 (나)는 수력, 일사량이 풍부한 건조 기후에 주로 분포하는 (다)는 태양광임

① (나) 수력은 유량이 풍부하고 낙차가 큰 곳이 발전에 유리함
② (가) 지열은 지각 내 축적된 열에너지를 이용한 발전 방식임
③ (가) 지열은 (다) 태양광보다 발전 시 지형 조건의 영향을 많이 받음
④ 노르웨이는 (나)의 발전량이 (다)의 발전량보다 많다. (O) 노르웨이는 융빙수로 유량이 풍부하고 낙차가 크기 때문에 수력 발전량에 유리함
따라서 수력 발전량이 태양광 발전량보다 많음
⑤ 전 세계 발전량은 수력(나)>태양광(다)>지열(가) 순으로 많음

23 신·재생 에너지   ①

· 러시아와 빙하 지형이 발달한 노르웨이에서 발전량이 많은 (가)는 수력, 연중 편서풍이 부는 해안 지역인 독일, 영국에서 발전량이 많은 (나)는 풍력, 여름철 고온 건조하여 일사량이 풍부한 에스파냐, 이탈리아에서 발전량이 많은 (다)는 태양광, 판의 경계인 이탈리아, 아이슬란드에서 발전량이 많은 (라)는 지열임

① (라)의 발전량이 전 세계에서 가장 많은 국가는 미국이다. (O) 지열 발전량이 전 세계에서 가장 많은 국가는 미국임
수력, 태양광, 풍력 발전량이 전 세계에서 가장 많은 국가는 중국임
② 아이슬란드 발전량은 (나) 풍력보다 (가) 수력이 많음 아이슬란드는 빙하 지형이 발달하여 낙차가 크며, 융빙수에 의해 유량이 풍부해 수력 발전에 유리함
③ 덴마크는 편서풍이 부는 해안 지역으로 (다) 태양광보다 (나) 풍력 발전량이 많음
④ (라) 지열은 (다) 태양광보다 발전 시 지형 조건의 제약을 많이 받음
⑤ (가)~(라) 중 전 세계 발전량은 (가) 수력이 가장 많음

COMMENT ⑤ '신·재생 에너지 중 전 세계 발전량은 수력이 가장 많다'는 것은 빈출 선지임

24 신·재생 에너지   ②

· 프랑스는 원자력 발전으로 전력을 많이 생산하는 국가로 (가)는 원자력이며, (나)는 신·재생 에너지임

- ㄱ. (가)는 (나)보다 방사성 폐기물 처리 비용이 많이 든다. (O) 원자력은 방사성 폐기물 처리 비용이 발생함
- ㄴ. 국가별 소비량 비율 상위 5개국 중 아메리카 대륙에 위치한 국가 수는 (가)는 미국으로 1개, (나)는 미국, 브라질로 2개임
- ㄷ. (나)는 (가)보다 발전원으로 이용하는 국가 수가 많다. (O) 신·재생 에너지는 원자력보다 발전원으로 이용하는 국가 수가 많음
- ㄹ. (나) 신·재생 에너지는 (가) 원자력보다 세계 1차 에너지 소비 구조에서 차지하는 비율이 높음

25 요나스의 책임 윤리   ①

· 사상가: 요나스

- ㄱ. **과학 기술 연구의 자유는 무제한으로 허용되어서는 안 된다. (O)** 과학 기술 연구의 자유는 무제한적일 수 없으며, 책임 윤리에 따라 제한되어야 한다고 봄
- ㄴ. **과학 기술자는 연구의 장기적 결과에 대해 숙고해야 한다. (O)** 단기적 성과뿐 아니라 장기적 결과의 영향에 대해 숙고해야 한다고 봄
- ㄷ. 과학 기술자의 행위가 가치중립적일 수 없다고 봄 과학 기술의 응용은 윤리적 책임을 수반한다고 함
- ㄹ. 과학 기술자는 내적 책임과 함께 사회적 책임을 수반해야 한다고 봄

26 과학 기술 발달에 따른 사회적 책임   ②

· 갑은 '과학자의 내적 책임만을 인정해야 한다'는 입장이며, 을은 '과학자의 내적 책임과 외적 책임(사회적 책임)을 모두 인정해야 한다'는 입장임

① , ④ , ⑤ 을이 간과하고 있는 내용이 아님
② **연구 활성화를 위해 사회적 책임을 강조해서는 안 됨을 간과한다. (O)** 갑이 을에게 제기할 비판으로 적절함
③ 갑과 을은 과학자 집단이 준수해야 하는 윤리가 존재한다고 봄

27 요나스의 책임 윤리   ①

· 사상가: 요나스

① **인류의 존속을 위해 과학 기술의 힘을 억제해야 함을 생각하라. (O)** 과학 기술의 힘은 인류 존속을 위협할 수 있으므로 미래 세대를 보호하기 위해 책임윤리에 따라 억제해야 한다고 봄
② 과학 기술의 단기적 효과보다 장기적 결과의 위험성에 주목해야 한다고 봄
③ 과학 기술이 윤리의 나침반이 되어서는 안 된다고 봄
④ 자연도 책임의 대상이라고 보며, 환경 보존은 필수적 책임이라고 봄
⑤ 도구적 이성에 따른 현대 과학 기술의 발달이 새로운 윤리적 문제들을 발생시켰다고 봄